현대기업과 경영관리

박영배

MODERN MANAGEMENT

도서출판 청람

머리말

경영학은 많은 사람들의 현장경험과 과학적 연구를 통하여 축적된 '경영문제'에 대한 체계적인 지식으로 이루어진 학문이다. 역사적으로 볼 때 경영문제는 사회가 발전하면서 자연발생적으로 나타났으며, 따라서 경영학은 인류가 당시의 사회환경에 적응하기 위한 어떤 필요성에 의해 탄생되었다고 할 수 있다. 그러한 필요성은 또한 사회발전을 주도하는 다양한 조직들에 의해 대두되었기 때문에 경영문제는 조직의 존재를 떠나서는 생각할 수 없게 되었다.

경영학은 다른 학문에 비하면 상당히 짧은 발전역사를 가지고 있다. 그러나 인류의 생활환경과 과학기술, 그리고 조직 자체의 빠른 변화와 함께 경영학의 학문체계와 내용은 다음과 같이 여러 측면에서 지속적으로 변화·발전되어 왔다.

첫째, 초기에는 주로 실무적이고 제한적인 경험에 의존하였던 지식이 수많은 논쟁과 검증, 그리고 수정의 과정을 거치면서 과학적이고 보편적인 이론으로 발전하였다.

둘째, 예전에는 합리성과 규범성이 강조되는 연역적 방법에 의존하던 것이 점차 사회적·심리적 요소를 받아들이면서 실증성이 강조되는 귀납적 방법을 중시하는 학문으로 발전되었는데, 이는 경영학이 조직구성원의 행동을 이해하고 예측하는 측면에서 더욱 정확해지고 치밀해졌음을 의미한다.

셋째, 또한 하나의 고정된 시간과 공간 속에서의 조직을 연구대상으로 삼았던 것이 이제는 동태적 환경에서의 조직의 적응 및 성장능력과 그 과정에 관심을 기울이게 되었다. 이는 바로 모든 조직들이 향후에도 지속적으로 직면해야 할 가장 중요하면서 해결하기 힘든 '경영문제'에 속하는 것이기도 하다.

넷째, 최근에는 경영학의 적용범위에 있어서도 큰 변화를 가져왔다. 경영지식이 이제는 기업조직이나 특정 국가의 사회문화체계에만 제한적으로 적용되지 않게 되었는데, 이것은 경영학이 이론적·실천적 측면에서 모두 큰 보편성을 갖게 되었음을 의미하는 것이다.

이 책은 이상과 같은 경영학의 변화와 발전추세에 초점을 두고 여러 학파들의 이론과 원리를 체계적이고 귀납적으로 분석·정리하였다. 따라서 어느 한 학파의 이론이나 주장에 치우침이 없이 많은 실무자와 학자들의 경험과 연구들 중에서 현재 보편적으로 수용되고 있는 대표적인 것들을 선택하여 독자들에게 보다 객관적이고 완전한 경영학의 기초지식을 전달하려고 노력하였다.

현대경영학은 전통적으로 독일을 중심으로 하는 경영경제학과 미국의 경영관리학이 양대조류를 형성하면서 발전하여 왔다. 이 중에서 실용성격이 강한 경영관리학의 제반 이론과 실무적 기법들이 이 책의 근간을 이루고 있다. 따라서 이 책에서 다루고 있는 다양한 이론과 기법들은 실천지향적·실무중심적 사고의 성과들로써 환경변화와 더불어 조직에서 나타나는 경영문제를 효율적이고 효과적으로 해결하는 데 중점을 두고 있다.

이 책은 경영관리의 원론적 지식체계를 규범적 접근방법에 입각하여 서술함으로써 학문적 일관성과 교육적 수월성을 동시에 확보하려고 노력하였다. 따라서 경영관리를 계획·조직·지휘·통제 등의 기능으로 나누어 설명하였으며, 환경변화에 따른 시대적 요구가 이들 경영관리기능에 어떻게 반영되어 왔고, 향후에는 또 어떤 방향으로 전개되어야 할 것인지에 관심을 집중함으로써 학문의 전통적 정체성을 확립하면서 동시에 현대적 실천방안을 체계적으로 제시하였다.

한편, 현대사회에서 경영관리의 적용대상이 기업조직일 수만은 없을 것이다. 이 책에서 다루고 있는 경영관리의 제반 원리 내지 실천방안들은 기업조직뿐만 아니라 그 밖의 다양한 비영리·서비스조직에도 보편적으로 적용할 수 있다. 다만 이 책에서 기업이라는 용어가 제목과 함께 많이 언급되고 있는 것은 영리를 목적으로 하는 기업조직이 여전히 현대의 자본주의경제를 주도해 나가고 있기 때문일 뿐이며 그 밖의 조직들을 외면하거나 소홀히 다루려고 하는 것이 아니라는 점을 밝혀 둔다.

이 책은 지자가 그동안 대학에서 오랜기간에 걸쳐 연구하고 강의한 경험을 토대로 집필하였으며, 특히 경영관리의 지식체계를 다양한 사회문화적 풍토에 효과적으로 응용할 수 있는 방안을 통하여 범세계적인 경영방식을 모색하기 위한 기초적 지식체계를 확립하고자 하는 취지에서 쓰여졌다.

이 책은 크게 6개의 부분으로 구성되었다. 제1부는 경영관리의 기초지식에 해당하는 부분으로서 경영관리의 성격과 학문체계, 경영관리의 전개과정, 현대기업의 성격과 형태, 그리고 현대기업의 경영환경 등을 다루게 된다. 제2부에서부터 제5부까지는 이 책의 핵심부로서 계획화 · 조직화 · 지휘화 · 통제화 등 현대기업의 네 가지 경영관리기능의 이론과 실행방안에 대해 체계적으로 살펴보게 된다. 그리고 제6부는 이 책의 마지막 부분으로서 현대기업의 경영관리와 경영자에 초점을 두고 기업경영의 글로벌화와 함께 현대의 기업이 극복해야 하는 경영환경 변화와, 그에 따라 반드시 실천하고 구현해야 할 지식경영과 경영혁신 그리고 비전경영 등에 대해 살펴보고, 현대경영자의 역할변화와 능력에 관한 문제를 논의하게 된다.

이 책을 집필하는 데 있어 그동안 국내외에서 출간된 많은 관련 문헌들이 중요한 밑거름이 되었다. 그리고 저자는 나름대로 많은 노력을 기울였으나 사실상 미숙한 점이 많으리라고 생각된다. 따라서 『현대기업과 경영관리』에서 다루어야 할 내용이 부족하거나, 다루고 있다 하더라도 미흡한 점에 대해서는 독자들의 질책과 조언을 기대하지 않을 수 없다. 참고로 '신화의 인물, 불멸의 기업' 부분에 인용한 글과 내용들은 이 책의 연구방향과 편집방식에 적합하도록 일부 문장과 용어를 수정하였거나 전체 내용을 요약하였음을 밝혀둔다.

이 책을 집필하고 출판하는 과정에서 많은 도움을 주신 여러분께 깊이 감사드린다. 이 책의 출판을 흔쾌히 허락해 주신 도서출판 청람의 이수영 사장님과 세심한 교정과 편집을 통해 이 책이 아름다운 모습을 지닐 수 있도록 도와주신 이영란 실장님을 비롯한 편집부 여러분께도 진심으로 감사드린다. 그리고 원고정리와 교정 등 전 집필과정에서 저자와 함께 동고동락하며 실제적인 도움을 준 세명대학교 박사과정의 이상우 선생에게 고마움을 표하며, 저자의 연구와 저술활동에 항상 큰 힘이 되고 있는 滋雨學林과 그 회원들의 발전과 학문적 성취를 진심으로 기원한다.

끝으로 항상 어려움을 같이 하면서 따뜻한 격려와 함께 용기를 북돋우어 주고 있는 아내에게 늦게나마 고마운 마음을 전하며, 이 작은 기쁨을 같이 나누고자 한다.

2009년 5월
20년 정든 신월교정에서
청설모와 벗하며

저 자

차례

제1부 경영관리와 현대기업의 성장

제5장 계획의 효과적 실행

제3부 현대기업의 조직기능

제6장 조직기능의 성격과 조직설계

제11장 계획화와 통제화의 기법과 활용

제12장 의사결정과 경영정보시스템

제6부 기업의 글로벌화와 현대경영관리

제13장 기업경영의 글로벌화와 문화환경

제14장 현대기업의 경영관리와 경영자

제1부 경영관리와 현대기업의 성장

제 1 장

경영관리의 의의와 전개과정

제 1 장 경영관리의 의의와 전개과정

제 1 절 현대조직과 경영관리

1. 현대조직의 발전

드러커(Drucker, 1974 : 3-4)는 일찍이 "과거 50년 동안 세계상의 모든 개발국들은 대부분 이미 '조직의 사회'(society of institutions)로 전환되었다"고 말했다. 경제적 생산과 보건위생, 교육과 환경보호, 그리고 새로운 지식의 추구와 국방 등과 같은 중요한 사회적 과업은 모두 기업 · 정부 · 군대 · 교회 · 병원 · 학교 등과 같은 일련의 다양한 조직을 통하여 이루어지며, 이들 조직이 발휘하는 효과의 높고 낮음은 전체사회의 생활과 복지 그리고 안전에 직접적으로 영향을 미친다. 따라서 이러한 사회에서 어떻게 다양한 조직들로 하여금 효과를 발휘하고 과업을 달성하게끔 할 수 있는가 하는 것은 매우 기본적이고 중요한 문제이다.

사실상 이러한 현상은 이미 선진화된 국가에만 해당되는 것으로 볼 수는 없다. 어느 나라를 막론하고 발전을 위해 노력하는 사회라면 모두 그러한 상태로 향하여 나아간다고 볼 수 있다. 예를 들면, 우리나라의 경우 대부분의 사람들은 앞으로 병원의 분만실에서 출생하여 유치원, 각급 학교, 도서관, 헬스클럽, 결혼식장 등을 경유하여 병원, 보험회사, 양로원에 이르기까지 일생을 통하여 어떤 종류이든 간에 조직을 떠나서는 살아갈 수 없게 될 것이다. 이는 사람들이 과거에는 많은 일들을 개인이나 가정에 의존하여 해결했던 것과는 많은 차이가 있음을 보여준다. 물론 현재의 이와 같은 조직이 사람들을 충분히 만족시킨다고는 볼 수 없다. 그러나 조직의 그러한 부족한 측면은 사람들이 조직을 보다 효과적인 것으로 개선 · 발전시켜야 할 필요가 있다는 의미이지 이들 조직의 존재를 외면하거나 인정하지 말아야 한다고 말하려는 것이 결코 아니다.

그러면 어떻게 이와 같은 조직들로 하여금 그 서비스 효과를 충분히 발휘하도록 할 수 있을까? 이 문제에 대하여 보다 깊이 이해하기에 앞서 여기서는 우선 현대조직의 기본적 성격에 관하여 살펴보도록 하겠다.

2. 조직의 구성요소와 환경

우리가 평소에 항상 볼 수 있고 접촉하고 있는 대부분의 조직은 업무의 성질과 규모 그리고 구조 등에서 서로 다른 성격을 지니고 있다. 그러나 어느 조직을 막론하고 기본적으로는 반드시 다음과 같은 몇 가지 요소를 포함해야 한다(Hodge and Johnson, 1970; 박영배, 1999 : 4-5).

① **구성원** : 조직은 반드시 그것을 구성하는 사람들, 즉 구성원이 존재할 경우에만 성립될 수 있다. 그 수는 적게는 세 사람 많게는 수만 또는 수십만이 될 수도 있다. 다시 말하면, 구성원으로서의 사람들이 존재하지 않고는 어떤 조직도 성립될 수 없다.

② **목표** : 목표는 하나의 조직이 실현하려고 하는 상태 또는 노력의 방향을 말한다. 이는 또한 조직이 존재하는 이유라고 할 수 있으며, 조직구성원들을 결합시키는 중요한 힘이라고 할 수 있다.

③ **책임** : 조직의 목표에 근거하여 이루어지는 조직구성원들에 대한 활동범위와 구체적인 직무의 배분은 사실상 책임의 할당을 통해서만 실현될 수 있다. 따라서 책임이란 조직구성원들에게 그들이 조직목표를 달성하기 위해서는 어떤 노력과 행동을 해야 할 것인지를 알려주는 것이라고 할 수 있다.

④ **설비와 도구** : 조직구성원들로 하여금 주어진 책임을 효과적으로 수행할 수 있도록 하기 위해서는 반드시 작업을 행하는 데 필요한 장소와 설비 그리고 도구 등을 제공하여야 한다.

⑤ **협조** : 이상에서 열거한 각종 요소 간의 양호한 배합을 통하여 최대의 효과를 발휘하기 위해서는 조직 내에 각종 정책, 과정, 직위와 권한, 커뮤니케이션 경로 등을 설정하여 여러 작업과 직무가 체계적·통합적으로 수행될 수 있도록 하여야 한다.

앞으로 이 책을 통하여 살펴보려고 하는 모든 조직은 반드시 이상과 같은 다섯 가지 기본요소로 구성되어 있음을 의미한다. 그러나 우리는 또한 이와 같은 요소를 구비하고 있는 조직은 다만 구조만 완전히 갖추어진 자동차와 같을 뿐이라는 것을 이해하여야만 한다. 따라서 이러한 조직이 진정으로 그 기능을 발휘하기 위해서는 '노력방향'을 제시해 준다든지 움직이는 데 필요한 '동력과 정보'를 제공해 주어야 한다. 그러나 그러한 동태적인 요소들은 모두 조직내부의 요구나 여건에 의해 만들어지기보다는 그때그때 외부환경에 따른 필요성과 조건에 의하여 결정되는 것들이다. 따라서 한 조직의 의의와 기능을 완전히 이해하기 위해서는 반드시 그 조직이 위치하여 의존하고 있는 외부환경하에서 분석 · 평가해야 한다. 다시 말하면, 우리가 관심을 가지고 살펴보려는 현대조직은 하나의 진공상태 속에서 독립하여 존재하는 것이 아니라 존재하고 있는 당시의 외부환경 중의 일부분에 속하는 것임을 이해해야 한다. 이와 같이 조직의 노력방향과 임무는 당시의 환경과 사회의 요구에 의해 결정되고, 조직의 활동에 필요한 자원 또한 외부환경으로부터 획득하여야 하는데, 이러한 조직과 외부환경과의 관계는 최근 많은 사람들이 조직에 대하여 취하고 있는 또 하나의 새로운 관점을 나타낸다.

예를 들면, 현대의 다양한 조직들 가운데 특히 기업조직이 의존하고 있는 외부환경은 대체적으로 다음과 같은 두 가지의 차원으로 분류할 수 있다.

① **일반환경** : 사회 · 문화 · 정치 · 경제 · 글로벌 환경 등

② **과업환경** : 정부 · 시장 · 주주 · 기술 · 노동조합 · 방송매체 및 각종 사회적 압력집단 등

이들 환경요소들 중에서 어느 하나라도 변화가 발생한다면 이는 많은 기업조직의 생존과 발전에 중대한 영향을 미칠 것이다. 기업 외의 다른 조직들도 역시 그들 나름대로의 환경을 가진다. 그러나 같은 사회에 존재하는 조직이라면 조직의 성격이 어떻든 간에 그들이 직면하는 '일반환경'은 대체로 비슷하다고 할 수 있다. 조직과 환경의 관계에 대하여는 제2장에서 보다 상세히 다루도록 하겠다.

3. 조직유효성과 경영관리

우리는 지금까지 조직의 구성요소 및 조직과 외부환경의 관계에 대하여 간략하게 알아보았다. 여기에서는 계속하여 조직유효성에 관한 문제에 대하여 살펴보도록 하겠다.

도대체 무엇이 조직유효성의 크기를 결정하는가? 이것은 매우 대답하기 어려우면서도 복잡한 문제이다. 따라서 여기에서는 다만 비교적 기초적이고 기본적인 사항에 관해서만 살펴보도록 하겠다.

고전경제이론에 의하면 생산요소로서 노동력과 토지 그리고 자본의 세 가지를 중요시한다. 그러나 사실상 동일한 생산요소의 조건하에서 똑같은 결과가 나타날 수는 없다. 왜냐하면 결과는 생산요소 간의 운용과 결합방식에 따라 달라지기 때문이다. 따라서 마샬(Alfred Marshall) 이후부터는 생산요소로서 앞의 세 가지 요소 외에 결합과 운용의 방식을 나타내는 '조직요소'를 하나 더 추가하게 되었다.

여기서 말하는 조직요소는 사실상 '경영관리'를 의미한다. 즉, 이는 예정된 목표를 달성하기 위해서 조직구성원들로 하여금 서로 협조 · 협력하고 그들이 확보하고 있는 자원과 도구를 효과적으로 운용할 수 있게끔 하는 것을 말한다. 좀 더 구체적으로 말하면, 조직 속에서 경영관리를 통하여 달성해야 하는 것은 다음과 같은 세 가지 기본적인 과업이라고 할 수 있다(Drucker, 1974 : 39-43).

① **조직의 목적과 사명의 설정** : 목적과 사명은 반드시 조직이 속해 있는 사회의 요구를 기초로 하여 설정되어야 한다. 그리고 이는 또한 조직 자체의 능력과 조건이 반영되어야 한다.

② **직무의 설계** : 직무는 조직구성원의 욕구 및 능력과 조화될 수 있도록 설계하여 최대의 생산성이 나타날 수 있게 해야 한다.

③ **조직의 사회에 대한 영향** : 조직은 그의 존재와 행동이 전체사회에 미칠 영향과 작용을 예측하고 통제하여 사회복지에 대한 요구에 부합될 수 있도록 해야 한다.

기업조직뿐만 아니라 기타 다른 성질의 조직이라고 할지라도 현대의 조직은 모두 이와 같은 세 가지의 기본 과업이 효과적으로 달성될 수 있도록 노력해야 한다. 왜냐하면 조직유효성의 크기는 분명히 이들 기본 과업의 달성 정도를 근거로 하여 결정되기 때문이다. 그리고 이러한 기본 과업의 달성 여부는 조직의 경영관리가 얼마나 양호한가에 달려 있다고 할 수 있다. 따라서 경영관리를 일종의 조직 내의 기관이라고 한다면, 이 기관의 기능을 효과적으로 통제하는 것은 바로 조직유효성을 증대시키는 것을 의미한다고 할 수 있을 것이다.

아래에서는 경영관리란 무엇이며, 또한 이것이 어떻게 현대의 경영학으로 발전하게 되었는지에 대해 살펴보기로 한다.

4. 경영관리의 의의와 경영학의 성립배경

'경영관리'(management)란 이미 많은 사람들에 의해 보편적으로 응용되고 있는 용어이다 그러나 그 속에 내포되어 있는 의의는 때때로 응용되는 상황에 따라서 다르게 나타난다. 예를 들면, 우리는 하나의 조직이 강화해야 할 '필요성'으로서 경영관리를 강조하기도 하고, 조직 내 어느 위치에 있는 사람이 담당해야 할 직무 또는 업무 등과 같은 '인간의 활동'으로서의 경영관리를 강조하기도 하며, 또는 이론 · 원리 · 기술 등과 같이 경영의 제반 현상을 기술하고 해석하는 '체계적 지식'으로서의 경영관리를 말하기도 한다.

따라서 필요성과 활동 그리고 지식으로서의 경영관리는 도대체 무엇을 말하는가 하는 문제를 먼저 이해하는 것이 중요하다.

간단히 말하면 경영관리란 사람들이 사회 속에서 행하는 어떤 특성과 의의가 있는 일종의 활동이며, 그 목적은 집단의 협력을 통하여 공동의 과업 또는 목표를 달성하는 데 있다. 다시 말하면, 경영관리는 인간이 자신들의 생존과 발전 그리고 진보를 추구하는 데 필요한 일종의 수단 또는 방법이라고 할 수 있다. 이러한 점에서 볼 때 오랜 세월에 걸쳐 수많은 인력의 피나는 노력과 땀으로 이루어진 고대 이집트의 피라미드, 중국의 장성과 운하 등과 같은 건축물은 경영관리가 아주 오래전부터 인류사회에 존재해 왔음을 보여주는 대표적인 예라고 할 수 있다.

그러나 당시의 사람들이 그러한 위대한 건축사업에 종사하게 된 배경에는 노동자들의 자발적인 참여의사가 아닌 채찍이라는 강압적인 수단이 중요하게 작용하였음을 어렵지 않게 짐작할 수 있다. 또한 인도주의적 정신과 개인의 자유의사에 위배되는 그러한 강압적 수단에 의한 낭비와 희생의 대가는 그들이 실제로 필요로 하는 것에 비하여 엄청나게 큰 것임을 알 수 있다. 이것은 물론 앞으로 우리가 연구하려는 경영관리와는 근본적인 차이가 있다.

그러나 인류가 생활수준을 향상시키고 사회복지를 개선하기 위해서는 반드시 집단의 협력을 통해야 한다는 사실은 의심할 여지가 없는 것이다. 따라서 집단협력의 효과를 보다 증대시키기 위해서 경영관리의 필요성이 대두되었고, 이러한 필요성을 충족시키기 위하여 경영관리활동이라는 결과를 가져오게 되었으며, 이렇게 해서 점차로 축적된 이 방면의 지식들은 하나의 독립적인 학문으로서의 경영학이 성립하게 된 토대가 되었다. 그리고 이렇게 태동된 경영학이 과학적인 학문으로 지속적인 발전을 거듭하여 오늘에 이를 수 있었던 것은 앞에서 살펴보았듯이 무엇보다도 다양한 현대조직의 출현과 발전에 힘입은 바 크다고 할 수 있다.

또한 역사적인 경험에 비추어 보면 경영관리는 결코 고정불변하는 것이 아니라는 사실을 알 수 있다. 즉, 인류 생활환경의 변화와 과학기술의 발전에 따라 경영관리가 담당해야 할 과업과 내용 그리고 그에 관련된 개념과 이론 역시 끊임없이 변화 · 발전한다. 따라서 우리가 연구하려는 '경영관리현상'은 반드시 당시의 사회 · 문화와 정치 · 경제환경을 감안하여 통합적으로 고려되어야 한다. 다시 말하면, 경영관리를 전체적인 사회 · 문화시스템의 일부분으로 생각하여야 하며, 이것은 또한 전체시스템의 다른 부분과 끊임없는 상호작용의 관계에 있는 것으로 보아야 한다. 예를 들면, 한 사회의 구성원들이 공유해온 가치관과 생활방식의 변화는 경영관리의 개념과 실천방식에 영향을 미친다. 그리고 경영관리제도와 그 방법상의 발전은 또한 사회의 구조와 구성원들의 행동방식에 영향을 미치게 된다.

제2절 경영관리의 성격

1. 경영관리와 과학

여러 해 동안 "경영관리는 과학인가" 하는 문제에 관하여 많은 논란이 있어 왔다. 이와 관련하여 한편으로는 경영관리의 여러 학파들이 각기 중시하고 있는 서로 다른 가설과 논단 그리고 고려요소의 존재는 사람들로 하여금 경영관리를 과연 과학이라고 할 수 있는가 하는 문제에 회의를 느끼게 하였다. 왜냐하면 경영관리가 진정으로 과학에 속하는 학문이라면 이에 관한 여러 이론들 사이에는 반드시 체계성과 일치성이 있어야 하는데 실제로는 그렇지 못하다는 것이다. 다른 한편으로 사람들은 항상 경영관리가 "이론상으로는 충분히 설명이 되지만 실행하는 데 있어서는 적합하지 않다"고 비평한다. 즉, 이들은 경영관리이론이 그것을 실행하는 측면에 있어서는 진실성에 문제가 있다는 것이다.

사실상 경영관리가 과학인가 하는 문제는 우리가 채택하는 과학에 대한 정의와 관계가 있다. 과학은 일반적으로 '절대성'과 '상대성'이라는 서로 다른 두 개의 의미를 지닌다. 전자에 의하면 과학은 절대 동요될 수 없는 이미 축적된 지식을 의미한다. 그러나 후자에 의하면 과학의 본질은 이미 축적되어 있는 지식 그 자체에 있는 것이 아니라 일정한 과정과 방법이 끊임없이 점진적으로 발전하는 성질에 있다는 것이다. 여기서 말하는 일정한 과정과 방법이란, 첫째로 객관적으로 검증할 수 있고, 둘째로 이성적 비판을 받아들이며, 셋째로 이와 같은 검증과 비평에 의거하여 수정하거나 심지어는 배척할 수 있는 성질을 말한다.

만일 과학의 '절대적 의의'를 채택하면 지금까지 축적되어온 경영관리지식은 아직 과학의 초기단계 또는 하나의 가설검증단계에 속한다고 할 수 있다. 이것은 물리학이나 화학 등 이미 그 위치가 견고한 기초과학과 비교하여 볼 때 정확성과 신뢰성 면에 있어서 큰 차이가 존재한다. 따라서 어떤 사람들은 경영관리는 기껏해야 부정확한 과학(inexact science)일 뿐이라고 말한다(Koontz and O'Donnell, 1976 : 11-12). 그러나 만일 과학의 '상대적 의의'를 채택하면 원래 어떤 과학지식이라고 할지라도 모두 일종의 초기의 가설단계에 속했었다고 할 수 있다. 여기에서 경영관리는 기타의 과학과 비교해 볼 때 이 방면에 있어서 정도상의 차이가 존재할 뿐이라고 할 수 있다. 따라서 중요한 것은 우리가 과연 과학적 방법을 통하여 이 방면의 지식을 탐구할 수 있느냐 하는 것인데, 만일 그에 대한 대답이 긍정적인 것이라면 경영관리는 하나의 과학으로서 손색이 없다고 할 수 있다. 사실상 경영관리의 짧은 발전과정에 있어서 학자들은 바로 과학적 방법을 이용하여 경영영역 내의 현상과 문제에 대하여 끊임없이 검증하고 수정하고 새롭게 창조하려고 노력해 왔다. 따라서 우리는 경영관리를 하나의 과학이라고 생각하는 데 주저할 필요가 없는 것이다.

한편, 경영관리 자체가 지니는 실천적 성격 때문에 사람들은 종종 경영관리의 실제적 응용성 여부를 가지고 과학성을 평가하기도 하는데, 이와 관련하여 우리는 경영관리이론과 경영관리실무를 구분해야 할 필요가 있다. 먼저 이론의 의의는 사물 간의 성질이나 관계에 대하여 객관적으로 기술하는 데 있으며, 이것은 항상 일반원칙으로 표현된다. 이에 반하여 실무는 실제의 문제를 해결하기 위해서는 반드시 행동을 취해야 한다는 데에서 그 의의를 찾을 수 있는데, 이것은 영향을 미치는 요인이 일반적으로 매우 넓고 복잡하며 환경에 따라 차이가 있으므로 일종의 특수성을 갖는다고 할 수 있다.

따라서 이론을 실무에 응용하는 것은 바로 '일반원칙'을 각종 '특수상황'에 적용하는 것과 같다고 할 수 있다. 그러나 기존의 이론이 모든 발생가능한 특수상황을 포함할 필요는 없는 것이다. 특히 현재 경영관리가 처해 있는 발전단계에서 수많은 현상과 문제에 완전히 부합될 수 있는 이론은 아직 존재하지 않는다고 할 수 있다. 그리고 어떤 이론이 어떠한 상황에 가장 적합한지는 종종 실무자의 판단과 선택에 달려 있다고 할 수 있는데, 그러한 실무자의 판단과 선택이 항상 정확하다고도 할 수 없다. 따라서 이론의 응용성 내지 실용성에 관한 문제를 이론 그 자체의 부적합성으로만 돌려서는 안 된다는 것이다.

이론은 많은 현상으로부터 일반화 또는 추상화된 결과라고 할 수 있다. 따라서 우리는 이러한 이론을 이용하여 관련된 현상을 해석하고 예측할 수 있게 된다. 이는 실무상 해결해야 할 문제에 방향을 제시해 주며, 사고범위를 축소시켜 주고, 또한 의사결정이 잘못될 수 있는 가능성을 줄여준다. 만일 어떤 이론이 어느 경우에도 전혀 적합성이 없다는 것이 발견된다면 바로 이론 자체에 문제가 있다고 할 수 있다. 그러나 이러한 경우에 우리가 해야 할 일은 보다 신뢰할 수 있고 대표성이 있는 이론을 찾아내기 위해 노력해야 하는 것이지 결코 모든 이론을 포기해야 한다는 것이 아니다.

2. 경영관리의 학문적 성격

경영관리는 이제 나름대로의 고유한 연구영역을 형성하며 하나의 독립적인 학문으로서 그 위치를 굳혀가고 있다. 따라서 경영관리는 학문적 성격상 기본적으로 지향하는 바나 주연구대상 등에 있어서 같이 사회과학에 속하는 여타의 학문분야와는 많은 차이를 보인다. 앞에서 논의한 바와 같은 경영관리는 '과학성'이라는 근본적인 성격 외에 다른 학문분야와 구별되는 독특한 성격을 지니고 있다고 할 수 있는데, 이에 대하여 구체적으로 살펴보면 다음과 같다.

① **종합과학적 성격** : 경영관리는 여러 학문분야를 망라한 종합과학적인 관점에서 연구하는 학문이라고 할 수 있다. 이러한 종합과학적 내지 학제적(interdisciplinary) 성격은 경영관리가 하나의 협동시스템으로서의 조직을 연구대상으로 하고 있기 때문에 형성된 것이다. 예를 들면, 경영관리의 대표적인 주연구대상인 기업조직에는 기술적 · 경제적 · 사회적 · 심리적 · 법률적 측면 등과 같은 문제들을 다양하게 포함하고 있고, 이러한 여러 측면의 문제들이 한데 어우러져 나타나는 복잡한 경영현상을 설명하고 이해하기 위하여는 공학, 경제학, 사회학, 심리학, 정치학, 법학 등과 같은 학문분야의 이론과 관점들을 응용하는 것이 필요하게 되기 때문이다. 그런데 여기에서 분명히 해야 할 것은 경영관리가 여러 타학문분야의 개별적인 연구성과를 단순히 집대성하는 것으로 형성된 학문이 아니라는 점이다. 경영관리의 종합과학적 성격의 핵심은 다양하고 복잡한 경영현상을 종

합적으로 이해·예측·통제할 수 있게 하여 주는 종합적인 이론체계를 구축하는 데 있다. 따라서 경영관리는 조직의 경영현상을 해명하기 위하여 여러 타학문분야의 관련개념이나 이론을 재검토·평가·흡수하여 이를 경영관리라는 중심개념과 관련지워 체계화한 통일적인 종합이론으로 이루어진 하나의 독립적인 학문인 것이다(김원수, 1994 : 29-30).

② **성과지향적·실천적 성격** : 경영관리는 경영현상을 이해하는 데 그치지 않고 실제로 이를 통해 조직의 성과를 높이려는 성과지향적이고 실천적인 측면을 지니고 있다. 특히 기업조직의 경우에는 생산성과 같은 경제적인 성과가 기업이 지속적으로 성장·발전하는 데 매우 중요하기 때문에 경영관리는 이러한 성과를 높일 수 있는 방안을 개발하고 그것을 효과적으로 실무에 적용하기 위하여 많은 노력을 기울이고 있다.

③ **인본주의적 성격** : 경영관리는 종전과 같이 단순히 경제적 목표만을 중시하지 않고 그것과 동시에 조직구성원의 인본주의적(humanistic) 가치에도 큰 관심을 기울인다. 이것은 하나의 조직이 지속적으로 성장·발전하기 위하여는 생산성만을 일방적으로 추구해서는 안 되며, 조직구성원들의 다양한 욕구를 충족시키고 그들이 생활의 터전인 조직을 통하여 행복한 삶을 영위할 수 있도록 해 주어야 한다는 생각에서 연유하는 것이다. 경영관리의 이러한 성향은 인간에 대해 지니고 있는 상당히 낙관적이고 긍정적인 견해와 더불어 개인의 만족, 성장, 자기개발, 자아실현 등을 강조하는 데에서 찾아볼 수 있다.

④ **상황적합적 성격** : 경영관리는 경영현상을 연구하는 데 있어 어떠한 상황에나 모두 적합한 하나의 보편적인 이론이나 원리를 도출해내기보다는 여러 상황을 고려하여 그에 적합한 이론이나 원리를 찾아내는 데 많은 노력을 기울인다. 물론 모든 학문이 보편성과 특수성의 양면성을 지니는 것이기는 하나, 경영관리의 연구대상인 조직의 경영활동은 그 과정이 매우 복잡하고 또 수많은 요인들에 의해 영향을 받기 때문에 보편적으로 적용할 수 있는 하나의 최적안을 도출해낸다는 것은 사실상 어려운 일이다. 그렇다고 해서 경영관리가 이론이나 원리의 특수성만을 강조하는 고집불통의 학문은 절대 아니다. 경영관리가 상황적 접근방법(contingency approach)을 중시하는 것은 이 접근방법이 오히려 객관적이고 보편적인 원리를 발견하는 데 도움이 되는 측면도 아울러 지니고 있기 때문이다.

3. 경영관리와 관련학문

앞에서 살펴본 바와 같이 종합과학적 성격을 지니는 경영관리는 그동안 같이 사회과학으로 분류되는 다른 학문들 뿐만 아니라 자연과학에 속하는 학문들과도 밀접한 연관을 맺으면서 발전하여 왔으며 또한 앞으로도 그러할 것이다. 이와 같이 경영관리와 가까운 관계를 갖는 학문분야는 매우 다양할 것이나 여기에서는 [그림 1-1]에서와 같이 비교적 대표적인 몇 가지의 학문분야만을 예를 들어 살펴보도록 하겠다.

① 경제학(economics) : 경제학은 한 나라의 전체경제(국민경제)를 대상으로 하여, 희소한 자원을 어떻게 배분하고 누구를 위하여 어떤 재화를 얼마만큼 생산·분배·소비할 것인가를 연구하는 학문이다(김성태 외, 1993, 4-5). 그리고 이와 같이 경제학에서 연구대상으로 삼고 있는 전체경제는 이의 구성체인 기업을 포함한 다양한 실체들, 즉 개별경제에 의해 움직이게 되는데, 이러한 개별경제를 주연구대상으로 하는 학문이 바로 경영관리인 것이다. 따라서 경제학과 경영관리는 서로가 제각기 분리되어 있는 것이 아닌 상호보완적인 관계에 있다할 것이다(한희영, 1987, 18-19). 최근에는 많은 경제학적인 사고나 이론 또는 분석방법 등이 보다 현실적이고 실천적인 경영문제를 해결하는 데 적합하도록 다듬어져서 경영관리에 효과적으로 응용되고 있는데, 이를 가능하게 만든 대표적인 학문이 바로 관리경제학(managerial economics)이다.

② 수학(mathematics) : 수학은 본래 숫자나 도형에 관한 학문으로 인식되어 왔다. 그러나 최근에는 수학의 관심대상이 여기에만 한정될 수는 없게 되었다. 경영관리에서도 수학적 기법을 이용하여 복잡한 경영현상을 해명하기 위한 경영관리기법을 개발하고 경영상의 의사결정모델을 구축하려는 노력이 지속적으로 이루어져 왔으며, 많은 부분에서 이미 큰 성과를 얻고 있기도 하다. 이렇게 수학적인 지식을 경영관리에 응용하려는 학문으로 경영수학(business mathematics)이 있다.

③ 문화인류학(cultural anthropology) : 문화인류학은 인간의 행동을 문화적인 시간과 공간의 차원에서 규명하는 데 연구의 초점을 두고 있는 학문이다. 즉, 이 학문은 문화가 시대와 지역을 달리하면서 갖는 공통점과 차이점은 무엇이며, 그 속에서 인간의 행동은 또 어떠한 공통점과 차이점을 보이는가 하는 면에 주된 관심을 기울인다. 현재 경영관리에서 중요한 연구주제로 다루어지고 있는 조직문화와 조직환경, 그리고 문화비교적인 관점에서 연구되고 있는 조직구성

원의 가치체계 · 태도 · 행동 등에 대한 조직 간 · 국가 간의 비교 및 관리방안은 대부분 문화인류학의 지식과 연구방법론으로부터 큰 도움을 받고 있는 연구분야라고 할 수 있다(박영배, 2008 : 16). 그리고 이와 같이 문화인류학적인 사고와 이론, 연구방법 등을 경영학에 응용하려는 학문분야를 비교경영학(comparative management) 또는 문화비교경영학(crosscultural management)이라고 한다.

④ 심리학(psychology) : 심리학은 인간과 동물의 행동을 측정하고 설명하는 데 중점을 두며 때로는 행동의 변화를 추구하기도 하는 학문분야이다. 심리학이 경영관리에 미친 영향은 매우 크다고 할 수 있는데, 이는 심리학자들이 인간의 개인적 행동을 이해하고 예측하는 데 많은 노력을 기울였기 때문일 것이다. 심리학자들 중에서도 경영관리의 지식체계에 특히 크게 기여한 학자들은 조직심리학자(organizational psychologists)들이다. 이들은 처음에는 작업자의 피로와 권태 등의 문제와 작업능률을 떨어뜨리는 여러 작업환경요인들에 대한 연구에 관심을 기울였으나, 최근에는 연구영역을 조직구성원들의 학습, 지각, 퍼스낼리티, 교육훈련, 동기부여, 직무만족, 의사결정과정, 업적평가, 태도측정, 종업원선발기법, 직무설계, 직무스트레스 등으로 확대시킴으로써 경영관리에 기여하는 범위가 더욱 커지게 되었다(Robbins, 1989 : 7-9). 이들의 연구성과는 주로 경영심리학(management psychology)이라는 학문분야를 통하여 경영관리에 효과적으로 응용되고 있다.

⑤ 공학(engineering) : 공학은 기초과학의 이론과 연구성과를 주로 기업의 생산현장과 관련된 분야에 활용하기 때문에 응용과학에 속하는 학문이다. 이 학문의 주연구대상은 노동수단에 관한 것이지만 최근에는 노동 그 자체에 대하여 큰 관심을 기울인다. 이와 같이 공학적인 이론과 연구방법을 경영관리에 응용하려는 학문분야로는 산업공학(industrial engineering)이 대표적이다.

⑥ 사회학(sociology) : 심리학이 개인의 행동 그 자체에 중점을 두고 연구하는 학문인 데 반하여, 사회학은 조직을 하나의 사회시스템(social system)으로 보고 그 안에서 어떤 역할을 수행하는 사람들 사이의 관계를 연구하는 학문이라고 할 수 있다. 즉, 사회학은 인간의 행동을 연구하는 데 있어서 한 개인에 초점을 두는 것이 아니고 동료관계에 있는 여러 사람들을 동시에 고려한다는 것이다. 이 학문이 경영관리에 끼친 영향을 지대하다. 특히 공식적이고 복잡한 조직 내의 집단행동(group behavior)에 대한 연구성과를 통하여 경영관리에 크게 기여

해 오고 있다. 이에 관련하여 경영관리가 현실적으로 사회학으로부터 값진 지식을 받아들이고 있는 분야로는 집단역학, 사회화과정, 공식조직이론, 관료제조직, 커뮤니케이션, 권력, 갈등, 조직문화 등이 있다. 그리고 사회학의 이러한 지식체계를 경영학에 응용하려는 학문분야가 경영사회학(managerial sociology)이다.

⑦ 법학(law) : 넓은 의미로는 법을 연구대상으로 하는 모든 학문이 법학에 포함된다. 그러나 좁은 의미로는 법해석학만을 법학으로 지칭하기도 한다. 경영관리와 법학과의 관계는 매우 다양하며 긴밀하다고 할 수 있다. 예컨대, 기업설립은 회사법에, 사업에 관하여는 사업법에, 실제적인 경영활동에 관하여는 행위법으로서의 채권법 · 물권법 · 어음법 · 공정거래법 등에 규정되어 있으므로 경영관리는 자연인과 마찬가지로 법으로부터 이탈할 수 없다(추헌, 1993 : 80-81). 법학에서 다루어지는 법체계는 상당히 넓지만 그 속에서도 경영관리가 필요로 하는 법률을 중점적으로 연구하는 학문분야가 경영법학(science of business law)이다.

⑧ 통계학(statistics) : 통계학이란 어떤 집단에 대해 관찰을 하여 얻은 수량적 자료를 분석하고 그 결과를 해석하는 학문이다. 이 학문은 현대의 경영관리에 있어서 매우 중요한 역할을 담당하고 있다. 예를 들면 인력예측, 시장조사와 판매예측, 종업원의 태도조사, 품질관리 등은 모두 통계학적 지식을 전제로 하지 않고서는 그에 대한 이해가 거의 불가능하다. 통계학에는 사회통계학과 수리통계학이라는 두 분야가 있는데, 경영관리에서는 경영통계학(business statistics)이라는 분과학문을 통하여 주로 사회통계학의 지식을 경영관리에 응용하고 있다.

⑨ 기타의 관련학문 : 이상에서 살펴본 경영관리의 관련학문들은 사실 몇 가지의 예에 불과한 것이다. 이 밖에도 많은 학문들이 경영관리가 발전하는 데 직 · 간접적으로 기여하고 있다. 예컨대 행정학, 회계학, 노동과학, 의학 등과 이들 학문의 분과학문들도 경영관리의 여러 연구분야에 매우 크게 기여하고 있다.

[그림 1-1] 경영관리와 관련학문

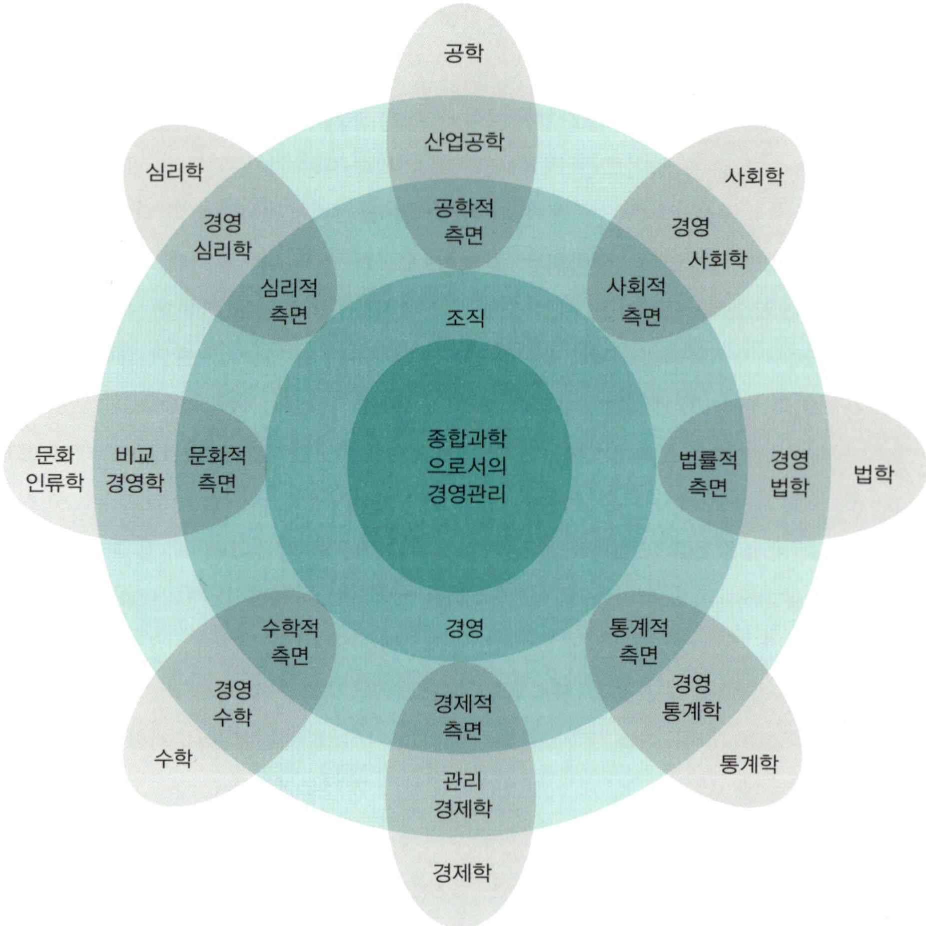

주 : 본 그림은 모든 관련학문분야를 망라한 것이 아니며 다만 예시적인 것에 불과하다. 또한 각 학문분야의 내용 역시 예시적인 것이지 완벽한 것이 아니다.
자료 : 김원수, 1987 : 14 수정

제3절 경영관리의 학문체계와 이 책의 구성

1. 경영학의 연구대상

경영학이 하나의 독립적인 학문 내지 과학으로서 인식되고 그 지위를 확고히 하기 위하여는 독자적이면서 명확한 나름대로의 연구대상이 설정되어 있어야 한다. 그러나 "경영학이 무엇을 대상으로 연구하는 학문인가" 하는 문제는 국내외를 막론하고 오래전부터 학자들 사이에서 논란의 대상이 되어 왔으며, 아직까지도 이 문제에 대하여 일치하는 견해를 찾아보기가 어렵다. 그렇다면 경영학의 연구대상을 정립하는 문제에 대하여 어째서 학자들 간에 논란이 계속되고 있는 것인가? 이에 관하여는 여러 원인들을 들 수 있겠지만, 가장 근본적인 원인은 경영학이 역사적으로 독일의 경영경제학과 미국의 경영관리학이라는 각기 그 추구하는 바가 다른 두 줄기의 큰 흐름으로 발전되어 왔으며, 또한 이 와중에서 학문적 뿌리가 다른 학자들이 나름대로의 관점에서 경영학을 연구하면서 이에 대한 혼란이 가중되었기 때문이다.

경영학의 연구대상에 대한 논쟁은 그동안 여러 측면에서 복잡하게 이루어져 왔다. 그 중에서 비교적 중요한 쟁점의 하나는 연구대상으로서의 조직의 성격 내지는 범위를 어떻게 규정하는 것이 옳은가 하는 문제이다. 여기에는 두 가지의 서로 다른 견해가 대립하고 있는데, 하나는 실체론적인 관점에 따라 여러 성격의 조직들 중에서 영리조직 내지 산업조직으로서의 기업(business)을 연구대상으로 보는 견해이고, 다른 하나는 이와는 달리 기능론적인 관점에 따라 경영자 또는 관리자가 수행하는 기능을 경영관리(management)로 인식하고 이것을 연구대상으로 보는 견해이다(김원수, 1994 : 10-11). 이 중에서 전자는 주로 독일경영학의 입장에서 취하는 견해이고 후자는 주로 미국경영학에서 취하는 견해인데, 미국경영학의 경우에는 독일경영학에서와는 다르게 기업이라는 영리조직(산업조직)뿐만 아니라 정부 · 군대 · 교회 · 가정 · 학교 · 단체 · 협회 · 병원 등과 같은 다양한 비영리조직 내지는 서비스조직을 대상으로 경영관리원리를 연구하려는 입장을 취한다.

그렇다면 우리는 경영학의 연구대상을 어디에 두어야 할 것인가? 기업만을 대상으로 할 것인가 아니면 기업과 그 밖의 모든 비영리 · 서비스조직을 이에 포함할 것인가? 만일 기업만을 연구대상으로 하는 경우에는 경영학의 학문적 구체성과 특수성이 증가하기 때문에 이 학문의 적용을 통한 기업조직의 문제해결 가능성 또한 높아지게 될 것이나, 반면에 학문적 일반성 내지 보편성은 오히려 줄어들기 때문에 이 학문이 포괄할 수 있고 적용할 수 있는 대상분야의 범위는 그만큼 좁아지게 될 것이다. 따라서 경영학의 연구대상을 어디에 두어야 하는가 하는 것은 결국 선택의 문제이며, 이와 같은 선택은 또한 기본적으로 연구의 목적이나 필요에 따라 달라질 수밖에 없다고 할 수 있다.

그런데 현대의 자본주의 경제체제하에서는 영리를 목적으로 하는 기업조직이 핵심적인 역할을 하는 것은 분명하지만, 자본주의가 발달하면 할수록 비영리 · 서비스조직의 사회적 · 경제적 중요성 내지 역할 또한 빠른 속도로 증대한다는 사실을 부인할 수가 없다. 최근에는 사회적 요구에 따라 비영리 · 서비스조직의 종류가 다양해지고 그 수가 날로 증가하는 추세에 있다. 따라서 이들 조직 간에도 기업 못지 않게 생존을 위한 경쟁이 심화되면서 많은 조직들이 기업의 경영관리방식을 도입하려고 노력하고 있다.

이러한 관점에서 볼 때 경영학의 연구대상영역을 기업조직으로 제한하기보다는 보다 넓은 대상으로 확대하여 나가면서 그 보편성과 함께 비영리조직에 대한 문제해결 가능성도 높이려는 노력이 요구된다. 따라서 이 책에서는 연구대상을 영리조직과 함께 비영리 · 서비스조직의 경영관리에 두는 것을 원칙으로 한다. 그리고 이와 같은 맥락에서 이 책에서 기업이라는 용어를 자주 사용하는 것은 영리를 목적으로 하는 기업조직이 여전히 현대의 자본주의경제를 주도해 나가고 있기 때문인 것이지 그 밖의 비영리 · 서비스조직의 경영관리를 의도적으로 외면하거나 소홀히 다루려는 것이 아니라는 점을 밝혀둔다.

2. 경영관리의 학문체계

앞에서 살펴본 바와 같이 경영학의 연구대상에 대한 견해가 국가 간 · 학자 간에 일치하지 않듯이, 경영학의 기본적 체계 또한 국가와 학파의 학문적 배경과 성격에 따라 큰 차이를 보인다. 여기에서는 이 책의 연구목적에 맞추어 '실천과학적'인 성격이 두드러지는 미국경영학을 중심으로 경영관리의 학문체계를 살펴보기로 한다.

실천과학적 색채가 짙은 미국경영학은 그 본질이 바로 경영관리(management)에 있다. 따라서 원론부분과 각론부분의 내용은 모두 이러한 경영관리적인 관점에 입각하여 분류되어 있다.

[그림 1-2]에 보는 바와 같이 경영관리의 원론부분은 주로 경영관리기능 내지 경영관리과정의 관점으로서의 내용인 계획화, 조직화, 지휘화, 통제화 등이 중점적으로 다루어진다. 그리고 각론부분에서는 공업경영이든 상업경영이든 상관없이 그러한 경영유형에서 요구되는 업무기능에 따라서 생산관리론, 마케팅관리론, 인사관리론, 재무관리론 등으로 크게 나누어진다.

[그림 1-2] 경영관리의 일반적 학문체계

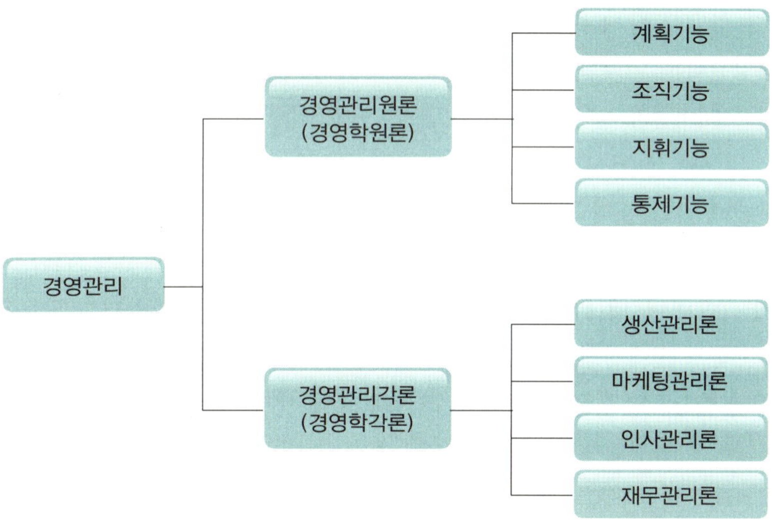

이상과 같이 경영관리의 학문체계는 원론부분은 주로 경영관리의 과정 내지 운영의 측면을 중점적으로 다루고 있으며, 각론부분은 경영유형에 따라 발휘하게 되는 업무기능을 중심으로 하는 기능별체계를 따르고 있다는 점을 하나의 특징으로 들 수 있다.

3. 이 책의 구성

앞에서 살펴보았듯이 경영관리는 하나의 과학(science)으로서 이론의 개발을 통해 체계적인 경영이론을 구축하는 데 심혈을 기울여 오고 있으며, 동시에 실천성을 강조하면서 경영의 현실문제를 해결하기 위한 다양한 기법들을 꾸준히 개발 · 축적하여 왔다. 따라서 경영학을 공부하려고 하거나 또는 깊이 연구하기 위하여는 무엇보다도 먼저 그러한 경영학의 전반적인 지식체계, 즉 이론적 · 실천적 차원의 축적된 연구성과를 체계적으로 이해하는 것이 중요하다. 이 책은 바로 그러한 점에 중점을 두고 현대의 경영학을 선도하고 있는 경영관리(management)의 다양한 이론들을 원론적 차원에서 체계적으로 분석 · 정리하였다. [그림 1-3]에서 보는 바와 같이 이 책은 크게 6개의 부분으로 이루어졌는데, 그 내용을 간략하게 살펴보면 다음과 같다.

제1부는 경영관리의 기초에 해당하는 부분으로서 경영관리의 의의와 역사적 전개과정, 그리고 현대기업의 성격과 경영환경에 대해 알아보게 된다. 먼저 제1장을 통해 경영관리가 성립하게 된 배경으로서 현대조직은 어떠한 성격을 지니는가, 그러한 조직에서 경영관리는 어떠한 의미가 있는가, 그리고 경영관리는 과학인가, 경영관리의 학문적 성격을 어떻게 규정해야 할 것인가, 또한 경영관리는 타 학문들과 어떠한 연관을 맺고 있으며, 독립적 학문으로서 연구대상은 무엇이고 그 체계는 어떻게 이루어졌는가에 대해 알아본 다음, 현대경영학을 선도하고 있는 미국의 경영관리학은 역사적으로 어떠한 전개과정을 거쳐 지금에 이르렀는지에 대해 살펴보게 된다.

제2장에서는 현대기업의 성격과 형태, 경영환경 등과 관련된 내용을 다루게 된다. 여기에서는 먼저 현대기업은 어떠한 형태로 분류되고, 경영환경은 왜 중요하며, 기업의 여러 경영환경요인들 중에서 특히 고려해야 할 것에는 무엇이 있으며, 그러한 환경적 요인들이 기업경영에 어떻게 영향을 미치는지에 대해 알아본다. 그리고 제3장에서는 경영관리주체로서의 경영자의 성격은 어떠하며, 경영자로서 갖추어야 할 능력과 그 역할은 무엇인지, 그리고 현대기업의 경영관리기능에 관한 전반적인 내용 등에 대해 중점적으로 살펴보게 된다.

제2부에서는 현대기업의 계획기능을 다루게 된다. 제4장에서는 경영관리의 첫 번째 기능인 계획화란 무엇을 말하며, 계획화의 차원과 구조는 어떻게 이루어졌는가, 계획수립을 위한 조직은 어떻게 개발해야 하며, 계획수립에 대한 라인경영자와 스탭의 역할은 무엇인가 하는 문제를 살펴본다. 제5장에서는 계획화의 결과인 계획에는 어떤 것들이 있으며, 그러한 계획들을 효과적으로 실행하기 위한 방법 내지 제도로서 목표관리와 비전경영을 어떻게 운용 · 실현할 것인지를 다루게 된다.

제3부에서는 현대기업의 조직기능에 대해 중점적으로 살펴보게 된다. 먼저 제6장에서는 조직화는 왜 중요하며, 조직구조는 어떤 요소들로 구성되는지, 그리고 조직구조를 설계하는 데 고려해야 할 요소는 무엇이 중요하고, 조직에서의 라인과 스탭은 각기 어떤 권한을 어떻게 행사하는 것이 바람직하며, 그들 간의 관계는 어떠해야 하

는지에 대해 알아본다. 제7장에서는 조직의 기본형태에는 어떤 것들이 있는가, 그리고 조직에서 인적자원을 충원하는 데 어떤 문제들을 고려해야 하며, 인적자원의 개발을 위한 교육훈련은 어떠한 방법으로 어떻게 실행해야 효과적인가 하는 문제를 중점적으로 다루게 된다.

제4부에서는 현대기업의 지휘기능을 다루게 되는데, 제8장에서는 지휘화란 무엇이며 어떠한 성격을 지니는가, 그리고 지휘의 핵심이라고 할 수 있는 동기부여는 어떻게 이루어지며, 그것의 주요 이론에는 어떤 것이 있고 그 내용은 무엇인지, 또한 그러한 동기부여 이론들이 실무적인 면에서 시사하는 것은 무엇인지를 알아본다. 그리고 제9장에서는 지휘기능을 효과적으로 수행하는 데 요구되는 경영자의 리더십과 커뮤니케이션에 대해 살펴보게 된다. 여기에서는 먼저 리더십이론을 역사적 흐름에 따라 조명해 봄으로써 경영자가 보다 효과적인 리더가 되기 위하여는 어떻게 해야 바람직한지를 알아보고, 다음으로 조직에서의 커뮤니케이션은 어떠한 과정을 거쳐 이루어지며, 커뮤니케이션이 보다 효과적으로 이루어지도록 하기 위하여는 어떻게 하는 것이 좋은지를 살펴보게 된다.

제5부에서는 경영관리의 마지막 기능인 통제기능을 다루게 된다. 제10장에서는 먼저 통제의 의의, 기본과정 및 통제의 유형 등에 대해 알아보고, 경영통제시스템은 어떻게 설계하고 운용할 것인가, 그리고 통제기능을 효과적으로 수행하기 위하여 기업의 회계제도와 내부감사제도를 어떻게 운용할 것인지를 살펴본다. 제11장에서는 계획과 통제의 실제적인 실행기법으로 예측과 예산 그리고 그 밖의 몇몇 중요한 기법들을 예로 들어 그것의 성격과 구체적인 활용방법에 대해 알아보게 된다. 그리고 제12장에서는 이상의 모든 경영관리기능을 수행하는 데 있어 반드시 요구되는 의사결정과 경영정보시스템에 대해 중점적으로 살펴보게 된다. 여기에서는 먼저 의사결정은 왜 중요한가, 그 과정은 어떻게 이루어지며, 그에 관한 주요 쟁점은 무엇이 있는가, 그리고 개방시스템으로서의 의사결정은 어떻게 이루어지며, 집단의사결정은 왜 중요하고, 그것을 효과적으로 실행하기 위하여는 어떤 점에 유의해야 하는가를 알아본다. 다음으로 정보는 의사결정을 하는데 어떠한 중요성이 있는가, 기업조직에서 경영정보시스템을 구축하고 그것을 효과적으로 운용하기 위하여는 어떻게 해야 할 것인지를 살펴보게 된다.

제6부에서는 기업경영의 글로벌화 및 현대의 경영과 경영자에 관한 문제를 다루게 된다. 먼저 제13장에서는 기업의 글로벌화와 관련하여 글로벌경영활동은 어떻게 전

개되며, 글로벌기업의 조직구조는 어떻게 설계하여야 하고, 조직구조와 경영전략을 효과적으로 결합시키기 위하여는 어떻게 할 것인가를 알아본 다음, 글로벌경영에 있어서 문화적 환경을 이해하는 것이 왜 중요하며, 기업의 경영문제를 문화비교적으로 연구하기 위하여는 어떻게 해야 할 것인지를 살펴보게 된다. 제14장에서는 현대의 경영환경은 어떻게 변화할 것인가, 그렇게 변화하는 환경에 대처하기 위한 방안으로서 지식경영과 경영혁신 그리고 비전경영을 어떤 방향으로 어떻게 실천하고 구현할 것인가, 그리고 현대의 경영자는 어떠한 특징과 능력을 갖추어야 하고, 그의 역할은 어떻게 바뀌어야 하며, 그러기 위해서는 또한 어떠한 노력이 요구되는가 하는 보다 미래지향적인 문제들에 대해 살펴보게 된다.

[그림 1-3] 이 책의 구성

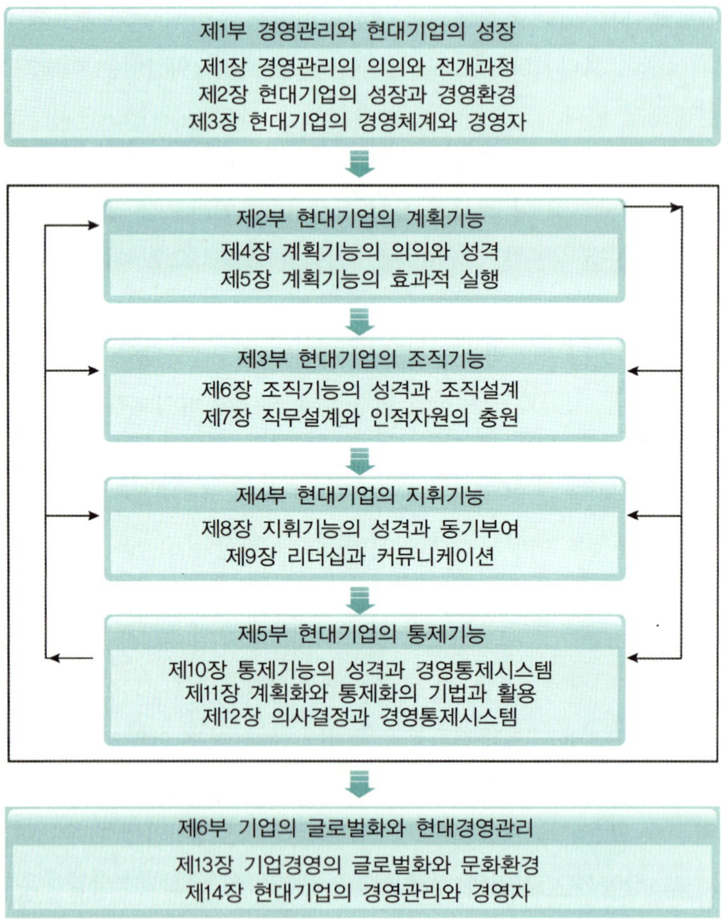

제4절 경영관리학의 전개과정

1. 경영관리학의 단계적 발전과정

오늘날에 있어서 독일경영학과 더불어 세계경영학의 양대조류로 인식되고 있는 미국경영학은 대략 100여 년 남짓한 짧은 역사를 지니고 있다. 그러나 학문의 역사가 단순히 짧다고만 해서 그것이 곧 학문적인 내용이나 깊이를 재는 기준이 될 수는 없다. 왜냐하면 미국경영학은 300년 이상의 전통을 자랑하는 독일경영학과는 전혀 다른 역사적인 배경과 환경 밑에서 생성 · 발전되어 왔기 때문이다. 따라서 미국경영학은 그 학풍에 있어 독일경영학과는 다른 나름대로의 독특한 특징을 지니게 되었다. 이를테면, 학자나 대학교수에 의해 그 역사가 이어진 독일경영학이 이론적인 면이 강한 학풍을 지니게 된 것에 비하여, 기술자나 기사와 같은 현장실무자들에 의해 시작된 미국경영학은 아무래도 실용주의적 · 실천적인 면이 강한 학풍을 형성하면서 오늘에 이르게 되었다고 할 수 있다.

이렇게 실용주의의 사조가 학문의 밑바닥에 깔려 있는 탓에 흔히 경영관리학이라고 일컬어지기도 하는 미국경영학은 대체적으로 다음과 같이 세 단계의 전개과정을 거치면서 발전되어 왔다고 할 수 있다(Kast and Rosenzweig, 1970 : 170). 여기에서는 이와 같은 단계에 의거하여 경영관리학의 발전과정을 살펴보기로 한다.

제 1 단계 : 전통적 경영관리이론 시대

1. 과학적 관리학파
2. 관리과정학파
3. 관료제학파

제 2 단계 : 근대적 경영관리이론 시대

4. 행동과학학파
5. 경영과학학파

제 3 단계 : 현대적 경영관리이론 시대

6. 시스템이론학파
7. 상황이론학파

2. 전통적 경영관리이론

1) 과학적 관리학파

사실상 '과학적 관리'(scientific management)는 당시에 있어서 일종의 경영관리에 대한 새로운 관점을 나타내는 것이지 그것을 광범하고 완전한 하나의 이론체계라고는 볼 수 없다. 과학적 관리는 작업자나 작업책임자들이 선호하는 방법이 아닌 계획, 표준화, 객관적 분석 등에 의해 결정된 작업방법을 통하여 작업효율을 증대시키는 데 초점을 맞춘다. 따라서 이러한 정신이 결국 '과학적'이라는 것이며, 이때 경영자의 책임은 바로 이러한 과학적 분석의 결과를 근거로 하여 작업자들이 작업활동을 지도하는 것이다(박영배, 1999 : 38-4).

"흔히 '과학적 관리의 아버지'라 불리우는 테일러(F.W. Taylor)는 1856년에 태어나 처음에는 필라델피아에서 기계제작에 관한 공부를 하였다. 그후 1878년 미드베일 철강회사(Midbale Steel Co.)에 노무자로 입사하여 1884년에는 주임기사로 승진하였으며, 1890년 이 회사를 떠날 당시에는 이미 작업을 자문해 줄 수 있는 위치에 도달해 있었다. 그는 1898년에 다시 베들레헴 철강회사(Bethlehem Steel Work)에서 일하게 되었다.

테일러는 당시 인력의 낭비가 심하고 종업원들의 임금이 너무 적다는 데 불만을 가지고 있었다. 그러던 중 그는 실제의 경험을 통하여 모든 작업을 먼저 가장 간단한 여러 조작단위로 분해시키고, 작업자들로 하여금 각자 특정 작업에만 전문적으로 임할 수 있게 한 다음, 각종 실험을 통하여 가장 효과적인 작업방법을 찾아내고, 그러한 작업방법을 근거로 하나하나의 작업에 대하여 일정한 표준작업량을 정해놓은 다음, 끝으로 이들 작업을 다시 조합하면 전체적인 작업의 흐름을 보다 체계적이고 효과적으로 구성할 수 있다는 사실을 발견하였다. 테일러가 이러한 관점에 입각하여 시행한 가장 대표적인 실험의 하나가 베들레헴 철강회사에서 행한 '선철운반실험'이다. 이 공장에서 일하는 작업자들은 한 사람이 하루에 평균 12.5톤의 선철을 운반하고 있었다. 테일러는 그 중에서 한 사람의 작업자를 선정하여 그 사람의 운반 및 이동동작을 상세히 기록·분석하여 가장 효과적인 작업방식을 설계한 다음, 작업자들에게 그 새로운 방식에 따라 선철운반작업을 하도록 한 결과 작업자 한 사람이 하루에 47.5톤을 운반할 수 있다는 사실을 발견하였다. 이 새로운 작업방식은 작업자들로 하여금 작업시간의 43%는 일하고 57%는 휴식을 취하게 하는 것이었는데, 테일러는 이 방식에 의하여 작업능률을 무려 4배까지 향상시킬 수 있었던 것이다.

테일러가 시도한 또 하나의 실험은 작업자들이 사용하는 삽과 그 용량의 크기에 관한 문제를 해결하기 위한 것이었다. 이 실험 역시 베들레헴 철강공장에서 진행되었다. 당시 작업자들은 각자 크기가 서로 다른 개인용 삽을 이용하여 분탄과 철광가루를 퍼내는 작업을 하고 있었다. 테일러는 이와 같은 작업방식이 매우 비효율적이라는 사실을 발견하였다. 그는 삽의 크기뿐만 아니라 퍼내는 물체의 무게 역시 작업효율에 영향을 미친다고 생각했다. 따라서 테일러는 가장 우수한 작업자를 선정하여 크기가 모두 다른 몇 자루의 삽을 이용하여 역시 중량이 서로 다른 물체를 번갈아 가며 퍼내게 하고, 이 작업자의 작업량을 하루단위로 상세히 기록했다. 그 결과 테일러는 삽 한 자루로 퍼내는 물체의 중량이 21.5파운드일 때의 효과가 가장 좋게 나타난다는 사실을 발견했다. 회사는 테일러의 이러한 실험결과를 근거로 하여 각종 크기가 다른 삽을 준비하고 작업자들로 하여금 비교적 무거운 물체에 대해서는 작은 삽을 그리고 비교적 가벼운 물체에 대해서는 큰 삽을 사용하도록 하였으며, 또 물체의 종류에 관계없이 한 번 삽질에 21.5파운드를 초과하지 않는다는 원칙을 정했다. 회사는 이렇게 테일러가 제안한 작업방식을 적용한 결과 필요한 작업자 수를 600명에서 140명으로 줄일 수 있었고, 작업자 한 사람의 하루 작업량을 16톤에서 59톤으로 증가시켰다. 또한 작업자들은 그들의 하루 임금이 1.15달러에서 1.85달러까지 증가하게 되었다."

이상 열거한 두 가지 실례는 사람들이 테일러의 과학적 관리운동을 설명할 때 가장 자주 인용하는 내용이다. 그리고 사람들은 곧잘 이들 실험이 바로 과학적 관리의 전부인 것처럼 오해하는 경향이 있다. 그러나 사실상 과학적 관리의 진정한 의미는 바로 이 실험의 배후에 숨겨져 있는 과학정신이라고 할 수 있으며, 이러한 정신이야말로 기타의 수많은 장소와 상황에 응용할 수 있는 것이다.

과학적 관리의 경제상의 의의는 개인의 재주와 솜씨에 의존하던 시대를 청산하고 장치화를 통해 대량생산을 실현하는 데 있다. 따라서 이러한 과학정신하에서 경영자의 직책 역시 과거와는 달라져야 한다. 다시 말하면, 과거에는 개인의 경험에만 의존하여 작업자의 작업을 지도할 수 있었다. 그러나 지금은 그러한 방식으로는 안 되고 경영자는 반드시 그가 감독하는 작업을 과학적으로 분석하여 가장 효과적인 작업방법을 찾아내야 하는 동시에 과학적 방법에 근거하여 작업자를 선발 · 훈련하여야 하며, 그들의 작업기술을 배양해야 하고, 작업자가 과학적 원칙에 입각하여 작업을 행하는지를 주의깊게 살펴야 한다. 그리고 경영자와 작업자 간의 책임영역을 명확히 구분하여 나름대로의 능력을 충분히 발휘할 수 있게 하여야 한다(Taylor, 1965 : 140).

테일러는 이러한 관리방식이 노사 모두에게 유리하다고 말한다. 즉, 생산성이 증가함에 따라 작업자의 임금수입 역시 증가하는 결과를 가져온다는 것이다. 테일러가 주로 걱정했던 일은 경영계층의 반발이었다. 왜냐하면, 그의 방식을 응용하는 경영자들은 자신들이 생각하는 대로 작업자와 그 작업을 지배할 수 없게 되어 결국 그들이 오랫동안 누려온 특권을 빼앗기는 결과를 초래하기 때문이다. 그러나 그 후에 가장 큰 장애는 경영계층이 아닌 바로 작업자들로부터 발생하게 되었다.

작업자들은 테일러가 제창한 방식하에서는 그들이 마치 기계와 같이 작업하는 것과 같다고 주장한다. 심지어 인센티브제도 역시 작업자들로 하여금 반드시 높은 수준의 작업성과를 유지하도록 강요하기 위한 것이며, 생산성의 증대에 의해 증가한 소득의 대부분이 그들이 아닌 회사에 귀속된다는 이유로 환영받지 못했다. 특히 테일러는 그가 제창한 제도하에서는 노사가 충분히 협력하는 결과를 가져오기 때문에 노동조합이 필요하지 않다고 강조했는데, 이것이 노동조합간부들의 격렬한 반대를 불러일으키는 원인이 되었다.

그러나 당시의 사회환경하에서 산업생산성의 제고가 하나의 절박한 사회적 요구였기 때문에 테일러가 제창한 과학적 관리방법은 일종의 해결방안으로써 강력한 매력을 지니고 있었다. 따라서 산업계는 각 방면의 반대에도 불구하고 이것을 보편적으로 채택 · 응용하기에 이르렀다. 또한 과학적 관리운동은 미국의 산업계에 영향을 미쳤을 뿐만 아니라 유럽과 아시아의 산업계에도 지대한 영향을 미치게 되었다. 현재까지도 과학적 정신은 경영관리실무 속에 여전히 존재하며 경영과 작업상의 문제를 해결하는 데 중요한 역할을 담당하고 있다. 일부의 경영자들은 많은 문제들을 해결하는 데 있어서 이제는 이러한 방법을 응용할 수 없게 되었다고 생각한다. 그러나 몇 십년을 통하여 발전된 자동화 및 자료처리시스템은 여전히 과학적 관리운동이 자연적으로 연장된 결과임을 알아야 한다.

앞에서 지적한 바와 같이 테일러와 과학적 관리운동을 추진한 그밖의 사람들은 결코 경영이론가나 조직이론가는 아니다. 그러나 그들이 제시한 실무적 주장 속에는 권한과 책임의 구분, 계획과 작업의 분리, 기능식 조직의 채용, 통제표준의 설정, 인센티브제도의 개발, 예외적 관리원칙의 실시 등과 같은 많은 중요한 이론적 개념들이 포함되어 있다. 또한 테일러 이후에 비로소 미국기업에 인사와 품질관리 등의 부서가 생겼을 정도로 과학적 관리운동이 기업경영에 미친 영향은 매우 깊고도 넓다고 할 수 있다.

2) 관리과정학파

미국에서 과학적 관리운동이 활발하게 전개되고 있던 때와 거의 같은 시기에 유럽에서도 실무종사들과 학자들을 중심으로 하여 또 다른 관점으로의 경영관리이론이 전개되었다. 여기서 말하는 소위 '또 다른 관점'이란 테일러의 연구가 공장에서의 작업이라는 제한된 범위 안에서 가장 효과적인 작업방식을 찾아내려고 한데 반하여, 이것은 일종의 보다 넓은 관점에서 비교적 높은 계층에 보편적으로 응용할 수 있는 관리원칙을 제시하려는 노력을 말한다. 그 주요 내용은 공식적 조직구조에서의 일반적인 관리과정에 관한 것이었다. 따라서 이것을 관리과정(management process)이론 내지는 관리과정학파라고 부른다.

만일 미국의 테일러가 '과학적 관리의 아버지'라면, 프랑스의 페이욜(Henri Fayol)은 '관리과정학파의 아버지'라고 할 수 있다. 페이욜은 자신의 경험을 토대로 하여 '산업 및 일반관리'(Administrian Industrélle et Générale)란 저서를 1916년에 출판하였다. 그 후 이 저서는 1929년에 가서야 처음으로 영어로 번역되어 널리 알려지게 되었다.

페이욜은 여기에서 경영관리는 계획(planning) · 조직(organization) · 명령(command) · 협조(coordination) · 통제(control) 등 5개의 성분으로 구성된다고 보았다. 이것은 또한 5개의 경영관리과정 또는 경영관리기능이라고도 불리는데, 이러한 과정 내지 기능은 기업조직뿐만 아니라 정부 · 군대 · 교회 · 학교 등과 같은 다른 성질의 조직에 대해서도 적용할 수 있다. 따라서 이것은 '일반적 경영관리과정'에 속한다고 할 수 있다.

페이욜은 이러한 경영관리과정의 틀을 근거로 하여 경영자들이 반드시 실행해야 할 14가지의 관리원칙을 제시하였는데, 중요한 내용은 다음과 같다(Fayol, 1949 : 19-42).

① **분업의 원칙** : 전문화를 통해 작업효율을 증대시키기 위해서 작업은 반드시 세분되어야 한다.

② **권한과 책임의 원칙** : 권한과 책임은 동등해야 한다. 즉, 권한만 있고 책임이 없어서는 안 되며, 책임만 있고 권한이 없어서도 안 된다.

③ **규율의 원칙** : 하나의 조직이 원만한 경영을 통하여 발전을 하기 위해서는 반드시 좋은 규율을 유지해야 한다.

④ **명령통일의 원칙** : 모든 종업원들은 오직 한 사람의 상사에게만 보고하여야 한다.

⑤ **지휘통일의 원칙** : 같은 목표를 달성하기 위한 집단의 활동은 한 사람의 상사와 하나의 계획하에서 이루어져야 한다.

⑥ **개인이익의 조직이익에의 귀속의 원칙** : 조직 전체의 이익은 반드시 개인이나 집단의 이익에 우선되어야 한다.

⑦ **보상의 원칙** : 조직이 구성원들에게 제공하는 보상은 공정해야 하고 개인과 조직이 모두 만족할 수 있어야 한다.

⑧ **집권화의 원칙** : 권한의 집중은 조직이 필요로 하는 하나의 조건이며, 조직이 구성되면서 나타나는 자연적인 결과이다.

⑨ **계층의 원칙** : 모든 조직은 최고경영자에서부터 최하위 구성원에 이르기까지 명확히 계층화되어야 한다.

⑩ **질서의 원칙** : 조직의 구성원들은 모두 조직 내에서 적당한 지위를 가져야 한다. 그렇게 함으로써 구성원들은 직무를 수행하는 데 있어서 시간과 노력의 낭비를 막을 수 있으며 조직 내의 질서를 유지할 수 있게 된다.

⑪ **공평의 원칙** : 경영자는 항상 공정해야 하고 정의로와야 하며 또한 친절해야 한다.

⑫ **안정의 원칙** : 구성원들에게는 직위와 임기에 대해 안정성이 보장되어야만 충분한 적응을 통하여 능력을 발휘할 수 있게 된다.

⑬ **주도의 원칙** : 조직 내의 어떤 계층을 막론하고 자기들이 주도적이라는 정신을 지닐 때 비로소 적극적 · 열성적으로 직무를 수행할 수 있게 된다.

⑭ **단체정신의 원칙** : 구성원들은 서로 협조하면서 인화 · 단결을 도모하여야 한다.

여기에 열거한 페이욜의 14개의 관리원칙은 후에 여러 경영이론가들에 의해서 수정되기는 하였으나 여전히 관리과정학파라는 한 학파의 공통적인 특징을 보여준다.

영국에서는 구릭크와 우르윅(Gulick and Urwick, 1937)이 정부와 산업계에서 근무한 경험을 바탕으로 하여 다음과 같은 몇 가지의 원칙을 제시하였다.

① 조직구조의 필요성에 따라 인재를 등용한다.
② 높은 계층 경영자는 권위의 원천임을 인정한다.
③ 지휘통일의 원칙을 준수한다.
④ 일반 및 전문스탭(staff)을 이용한다.
⑤ 목적 · 과정 · 구성원 · 공간 등의 원칙에 의거하여 부문을 설치한다.
⑥ 권한부여와 예외의 원칙을 이용한다.
⑦ 책임과 권한은 동등해야 한다.
⑧ 적당한 통제의 폭을 고려해야 한다.

또 미국에서 관리과정학파로서 그 기여도가 가장 큰 사람으로는 제너럴모터스회사(General Motors Corp.)의 최고계층의 경영자인 무니와 레일리(Mooney and Reily, 1931)를 들 수 있다. 그들은 실무에 종사하여 얻은 경험과 역사상의 정부 · 교회 · 군대 등의 조직을 검토한 후에 다음과 같은 4개의 기본원칙을 제시했다.

① **조정원칙**(the coordinative principle) : 공동목표를 추구하는 데 있어서 구성원들의 행동을 일치시킨다.
② **계층원칙**(the scalar principle) : 조직구조와 권위를 강조한다.
③ **기능원칙**(the functional principle) : 과업은 부문별로 담당시킨다.
④ **스탭원칙**(the staff principle) : 라인(line)과 스탭을 분리시켜 전자는 직권을 행사할 수 있도록 하며, 후자는 건의 및 정보를 제공하도록 한다.

우리는 이상의 원칙들이 아직까지도 많은 조직들에 의하여 지켜지고 있음을 알 수 있다. 그러나 관리원칙을 비평하는 사람들은 이들 원칙들이 너무 단순화되어 있어 융통성이 없으며 상호모순적이라고 말한다. 예를 들어 '통제의 폭'에 관하여 말하면, 한 사람의 경영자가 과연 몇 사람의 부하를 통제해야 가장 적당한 것인지를 말하기는 어렵다. 왜냐하면 이는 관련된 많은 상황에 의하여 달라질 수 있기 때문이다. 그리고 '분업의 원칙'과 '지휘통일의 원칙'은 서로 모순적일 수 있다(Simon, 1959 : 21-26). 그러나 이러한 비평들이 타당한지의 여부는 관리원칙을 적용하는 사람들이 이들 원칙을 어떻게 생각하느냐에 달려있다고 할 수 있다. 만일 경영자가 어느 하나의 원칙을 어떤 상황에서든지 모두 적용할 수 있다고 생각한다면 이는 명백히 그 관리원칙이 적용될 수 있는 범위를 벗어나는 위험한 생각이라고 할 수 있다. 그러나 경영자가 하나의 실제적 문제를 해결하고 또 의사결정을 내리는 데 있어서 관련되는 원칙을 충분히 이해하고 당시의 상황에 근거하여 그 원칙들의 장 · 단점을 파악할 수 있다면 관리원칙은 여전히 이용가치가 있다는 것을 부인할 수 없을 것이다.

페이욜은 "관리원칙들은 하나의 상황 · 법규 · 규칙 등의 명칭으로 부를 수도 있는데 구태여 '원칙'(principle)으로 부르기를 원하는 이유는 이것들이 융통성이 없는, 그리고 변하지 않는 것이라는 오해를 피하기 위해서이다"라고 말한다. 그는 또 경영실무에 관련해서 절대적이고 불변하는 것은 있을 수 없으며 모든 것은 정도상의 문제라고 강조한다. 따라서 똑같은 상황에서라도 같은 원칙을 두 번 이상 응용하는 경우는 매우 드문데, 이는 반드시 당시의 서로 다른 환경과 조화시켜야 하기 때문이라는 것이다(Fayol, 1949 : 19).

관리과정은 경영관리를 연구하는 데 있어서 하나의 중요한 접근방법이다. 아직도 경영관리를 연구하는 많은 사람들은 여전히 이 관리과정의 '개념적 틀'을 기초로하여 새로운 관점을 첨가하고 또 발전시킨다. 그러나 이와 같은 접근방법이 결점이 없는 것은 아니다. 이러한 결점에 관해서는 바로 뒤에서 다시 살펴보도록 하겠다.

3) 관료제학파

이 학파의 경영관리이론은 특정의 조직모형을 중심으로 하여 이루어지는 것으로서 일반적으로 '관료제론' 또는 '관료제모형'(bureaucratic model)이라 불리운다. 여기서 말하는 '관료'라는 말은 우리가 일반적으로 이해하고 있는 관료적인 번잡한 수속이나 업무처리를 의미하는 것이 아니다. 여기서 관료는 역사적으로 볼 때 개인독재 또는 주관에 의한 통치를 대신할 수 있는 '조직' 또는 '제도'를 의미한다. 따라서 여기에서는 이러한 의미상의 혼동을 피하기 위해 관료라는 말 대신 '계층구조'라는 말을 사용하도록 하겠다. 물론 관료라는 개념과 마찬가지로 '계층구조' 역시 진정한 의의를 나타내는 데는 부족하다고 할 수 있다. 그러나 이 용어가 적어도 부분적으로나마 이 학파의 이론을 설명하는 데 보다 적합하고 동시에 '관료'와 같은 오해를 피할 수 있다는 것에 사용상의 의미를 부여할 수 있겠다.

관료제 학파의 가장 중요한 인물로는 베버(Max Weber, 1864~1920)를 들 수 있다. 베버는 현대사회학의 창시자인 동시에 경제 · 사회 · 정치사상에 대하여 모두 중요한 기여를 한 학자라고 할 수 있다. 그러나 여기에서는 다만 경영관리와 관계가 있는 그의 사상과 이론에 관하여만 개괄적으로 설명하도록 하겠다.

베버는 원래 한 사람의 사회학자이다. 따라서 그는 전체 역사와 사회발전의 관점에서 근대조직의 발전을 강조한다. 그가 제시하는 조직에 관한 이론은 사실상 전체사회 이론의 일부분이라고 할 수 있다. 그는 계층조직을 현대사회의 필요성에 의해 탄생된 결과라고 강조한다. 계층조직은 기업 · 정부 · 군대와 같이 복잡한 기구에 있어서 가장 효과적인 조직방식이라는 것이다.

이러한 계층조직의 핵심은 '합리적 · 합법적 권한'(rational-legal authority)을 창출하는 데 있다. 즉, 조직구성원은 각자 그들이 위치하고 있는 지위가 있고, 합법적 절차에 따라 어떤 권위를 획득하며, 또 그러한 권위에 의거하여 명령을 내릴 수 있음으로써 일종의 계층구조(hierarchy)를 형성한다. 베버의 의견에 따르면 이러한 조직모형은 기타의 어떠한 방식보다도 정확하고 안정적이며 믿을 수 있다고 한다. 또한 그는 이러한 종류의 조직이 있으므로 해서 경영자와 부하들은 믿음을 가지고 그들이 획득하는 결과를 평가할 수 있게 된다고 강조한다(Weber, 1964 : 337).

근래에 일부 학자들(Hall, 1963)은 베버가 제시한 계층조직모형은 결코 절대적인 것이 아니라 그 '정도'와 관계가 있다고 말한다. 따라서 만일 우리가 그것을 계층화 또는 관료화(bureaucratization)의 정도를 말한다면 다음과 같이 6개의 차원을 포함한다. 이들 6개 차원상의 정도가 높으면 높을수록 계층화 또는 관료화의 정도 역시 높아진다고 할 수 있다.

① 기능적 전문화(functional specialization)의 기초에 의거한 분업의 정도
② 권한계층의 구분이 명확한 정도
③ 각종 지위에 있는 사람들에 대한 권한과 책임규정의 상세한 정도
④ 작업과정 또는 단계의 상세한 정도
⑤ 인간관계에 있어서 공평무사한 정도
⑥ 선발과 승진이 기술능력에 의해 결정되는 정도

이들 학자들과 같은 해석에 따르면 베버가 제시한 모형은 공식적 조직을 연구하거나 평가하는 데 있어서 중요한 기초가 될 수 있다. 왜냐하면 조직은 모두 위의 6개의 차원에 의하여 관료화의 정도가 얼마나 되는지를 평가할 수 있기 때문이다. 그러나 이들의 관점에서 볼 때, 베버가 처음 제시한 조직모형은 또한 너무나 '이상적 형태'에 불과한 것이라는 사실을 이해할 수 있다.

베버는 그가 제시한 조직모형이 산업혁명 이후에 나타난 대규모 조직에 가장 적합한 것이라고 주장한다. 그러나 그 후 많은 학자들(Merton, 1957 : 195-206 ; Selznick,

1949 ; Gouldner, 1954)은 만일 베버의 이상적 형태의 조직이 진정으로 존재한다면 그러한 형태의 조직에 의한 영향은 역기능적(dysfunctional)일 것이라고 주장한다. 특히 가장 현저히 나타날 수 있는 역기능적인 현상은 조직이 규칙 · 규정 · 절차 등을 너무 중시함에 따라 이것이 수단이 아닌 목적으로 되어 조직의 진정한 목적이 오히려 무시될 수 있고, 집권화가 너무 과도하게 이루어진 결과 리더가 독단적 · 전제적으로 될 가능성이 있다는 것이다.

물론 우리는 베버의 이론이 아무런 가치가 없는 것이라고 단정적으로 말할 수는 없다. 베버의 조직모형이 탄생되기까지에는 사람의 손에 의한 생산보다는 기계에 의한 대량생산의 필요성이 요구되었던 중요한 사회적 배경이 있었다. 이러한 산업발전 초기의 환경하에서 베버의 조직모형은 확실히 효율적인 것으로 인정받을 수 있었다.

그러나 그 이후에 조직의 발전이 점차로 창의성과 혁신성에 의존하게 됨에 따라 보다 탄력적이고 적응능력이 강한 특성을 지닌 조직이 요구되었다. 따라서 이러한 환경하에서 베버가 주장하는 고도로 구조화되고 분업화된 조직모형은 오히려 조직의 성장과 활력을 저해하는 주요 요인으로 바뀌게 되었다. 이와 같이 조직이 필요로 하는 변화는 환경과 과업이 변함에 따라 나타난다. 따라서 경영이론을 연구하는 사람들은 반드시 이러한 사실을 이해하지 않으면 안 된다.

4) 전통적 경영관리이론의 한계

이상에서 설명한 과학적 관리, 관리과정, 계층조직 등 세 가지 이론을 하나의 전통적 경영관리이론으로 묶어 설명하는 데에는 그만한 이유가 있다. 이들 이론들 간에는 비록 여러 가지 면에서 차이를 보이기도 하지만 그 기본전제와 여러 가지의 주장이 완전히 일치하거나 거의 가깝게 접근하고 있다.

먼저, 이들 이론은 모두 순이성기초로부터 출발하고 있다. 즉, 합리성과 효율성에만 합치되면 개인이나 조직에 의해서 모두 받아들여질 것이라고 생각한다. 이러한 관념하에서 만일 사람들의 행동이 '경제인'(economic man)적이라면 조직 역시 순이성적이다. 그러므로 조직에서는 다만 직무의 논리성과 필요성에 근거하여 직위와 부문을 설치하고 적당한 사람을 선택하여 각 직위상에 배치만 하면 모든 것이 순조롭게 진행된다. 만일 문제가 발생한다면 그것은 직무설계와 조직구조가 합리적이지 못하기 때문이다. 따라서 그러한 결함만 없다면 문제는 절대 발생하지 않는다는 것이다.

또한 이들 이론은 한결같이 사람들이 조직 내에서 일하는 이유를 경제적인 보상을 추구하기 때문이라고 생각한다. 전통이론이 사람들의 직무동기를 무시했던 것은 결코 아니다. 그러나 이들 이론은 그러한 동기문제를 다만 물질이나 금전의 제공을 통하여 해결하려고 하였다. 동시에 조직 내에서 경영자는 다만 조직이 그에게 부여한 권한을 행사할 수만 있다면 하급자들 역시 그의 지휘나 명령에 복종할 것이기 때문에 어떠한 문제도 발생하지 않는다는 것이다.

근대 경영학자들의 이와 같은 전통이론에 대한 비평은 상당히 많은데 그 중 몇 가지 중요한 것들을 요약하면 다음과 같다.

첫째, 전통이론은 모두 외적 환경요인의 조직과 경영관리에 대한 영향을 이론 내에 도입하지 않았다. 전통이론이 고려하는 것은 대부분 조직 내의 문제에 국한되었다. 따라서 시스템 관점에서 보면 전통이론은 폐쇄시스템(closed system)이라고 할 수 있다(Thompson, 1967 : 6). 오랫동안 사람들은 경영관리에 대하여 종종 한 가지 인상만을 견지하는 경향이 있었다. 즉, 그들은 경영관리란 오직 조직의 효율에 관한 문제만을 다루는 것으로 이해했다. 그리고 조직이 환경에 적응하기 위해서 그것을 어떻게 변화시켜야 하는지에 대해서는 경영관리밖의 문제로 도외시해 왔는데, 사람들의 이러한 생각은 전통이론의 영향을 받은 결과라고 말하지 않을 수 없을 것이다.

둘째, 전통이론은 사람들의 행동을 너무 단순화하였다. 즉, 한편으로는 사람들이 일하는 이유를 금전적 보수를 추구하기 때문이라고 생각했다. 또 사람들은 이러한 목표하에서 자기에게 가장 유리한 행동을 한다는 것이다. 그리고 다른 한편으로는 다만 구조화된 조직을 만들고, 엄격한 규칙과 규정을 정하고, 상세한 계획과 엄밀한 감독을 이용할 수 있으면 조직구성원들의 행동을 충분히 장악할 수 있다고 생각했다(March and Simon, 1958 : 36). 그러나 비평자들은 이러한 가정들은 모두 사실에 부합되지 않는다고 말한다. 이러한 비평에 관하여는 뒤에서 여러 '근대적 경영이론'을 설명할 때 다시 살펴보도록 하겠다.

셋째, 이론적 관점에서 볼 때 전통이론이 주장하는 것은 대부분 과학적 방법에 의한 검증을 거치지 않은 직관적 추론에 속한다고 할 수 있다. 따라서 도대체 실제의 행동을 해석하고 예측하는 데 있어서 그 타당도(validity)가 얼마나 되는지에 대해서 매우 회의적이라고 할 수 있다.

요컨대 각종 전통적 경영관리이론들이 아직까지도 여전히 경영관리지식의 기초가 되고 있으며 앞으로도 결코 소멸되지 않을 기여도가 있다는 것을 부인할 수는 없다. 그러나 이 이론들의 위에서와 같은 여러 한계점과 그에 따른 문제들로 인하여 새로운 관점의 이론들이 대두되기에 이르렀다.

3. 근대적 경영관리이론

1) 환경의 변화와 새로운 이론의 출현

경영관리에 관한 새로운 이론의 출현은 몇몇 총명하고 재능이 있는 사람들의 독창성에 기인하는 것이 아니고 객관적 환경의 변화에 따른 필연적인 결과라고 할 수 있다. 여기서 경영관리이론가의 공헌은 이러한 환경적 변화를 개념화 · 체계화 · 성문화시켜 의사소통과 분석 그리고 학습할 수 있는 지식으로 전환시킨 데 있다고 할 수 있다.

우리가 충분히 숙지하고 있듯이 근대세계의 가장 큰 특징은 바로 그 변화의 속도에 있다고 할 수 있는데, 그 중에서 조직과 경영관리에 가장 중요하게 관련된 것으로는 다음과 같은 몇 가지가 있다.

첫째, 각종 조직규모의 계속적인 확대와 복잡화, 그리고 그로 인한 지리적 범위(공급원천 및 시장), 상품의 종류(다각화), 과학기술, 정보, 자금 및 각종 전문지식 등의 증대로 말미암아 본래의 고도로 구조화 · 형식화된 경영관리방식이 더 이상 효과적인 것이 될 수 없는 상황에 이르게 되었다.

둘째, 생산기술과 정보기술이 급속도로 발전됨에 따라 그에 적응할 수 있는 새로운 조직구조와 조직구성원들의 자질 그리고 작업방식 등이 필요하게 되었다.

셋째, 산업화는 생산과 소비패턴에 영향을 미쳤을 뿐만 아니라 동시에 도시화와 소가족제도의 가속화와 같이 사회구조에도 커다란 변화를 가져왔다. 따라서 본래의 가족제도와 농촌과 같은 각종 사회구조는 점점 그 기능을 상실하게 되었으며, 그로 인하여 작업조직이 귀속감과 같은 사람들의 사회적 욕구를 만족시켜 줄 수 있는 원천을 대신하게 되었다. 이와 같이 사람을 고용하고 있는 조직은 다만 피고용자들에게 지급하는 임금의 합리성 여부뿐만 아니라 그들의 각종 사회심리적 욕구를 충족시켜야 하는 문제까지도 고려하지 않으면 안 되게 되었다.

넷째, 각종 과학의 발전 중에서도 특히 행동과학의 발전은 경영관리에 대하여 가장 직접적으로 기여하게 되었다. 행동과학의 인간행동에 관한 새로운 지식은 조직내의 개인과 집단의 행동에 대하여 직접 응용할 수 있을 뿐만 아니라 그들의 행동을 계속적으로 개발 · 발전시킬 수 있는 잠재력을 지니고 있었다. 또한 통계학과 작업연구의 발전은 경영자에게 매우 유용하면서도 위력적인 도구를 제공해 주었다. 즉, 경영자들이 과거에는 반드시 자신들의 직접적인 감각과 경험에만 의존하여 해결해야만 되었던 문제를 이제는 논리적이고 일정한 방식에 의하여 해결할 수 있게 되었다(Levinson, 1965).

다섯째, 당시 사람들의 가치관의 변화 역시 새로운 이론이 출현하는 데 있어서 중요한 요인으로 작용하였다. 예를 들면, 개인의 존엄성이 중시됨에 따라 기업의 목적이 더 이상 이윤추구에만 집착할 수 없게 되었고, 경영자의 권력 기초 역시 전제적 명령을 통해서는 확립될 수 없게 되었다. 이러한 상황하에서 과거의 전통적 경영관리 이론의 기본가정은 흔들릴 수밖에 없었고 학자들은 반드시 당시의 실제상황에 부합되는 가설을 근거로 하여 새로운 경영관리이론을 모색해야만 하였다.

2) 행동과학학파

경영관리의 기본적인 목적은 집단의 역량을 이용하여 조직의 목표를 달성하는 데 있다. 따라서 인간행동에 대한 연구는 의심할 여지가 없이 경영관리에서 매우 중요한 하나의 영역을 차지한다고 할 수 있다. 그런데 행동과학의 연구대상 중에 그러한 인간행동에 대한 분야가 포함되어 있음으로 해서 많은 학자들은 행동과학의 내용과 지식 그리고 연구방법을 이용하여 경영상의 여러 가지 문제들을 연구하게 되었는데, 그와 같은 연구경향을 행동과학학파라고 일컫는다(Tannenbaum, Weschler and Massarick, 1961 : 9).

이러한 연구방법을 이용한 최초의 연구는 메이요(Elton Mayo)에 의해서 1927~1932년에 걸쳐서 실시된 호손실험(Hawthorne Experiment)이다.

"'호손'이란 미국 웨스턴 일렉트릭회사(Western Electric Co.)의 공장명칭이다. 사람들은 당시에 유행하던 과학적 관리에 근거하여 종업원의 생산성은 주로 조명도·통풍상태·휴식시간 등과 같은 각종 실제적인 작업환경요인에 의해서 결정되는 것으로 알고 있었다. 이 회사 역시 이러한 이론에 근거하여 국가연구위원회(National Research Council)와 공동으로 공장의 조명도와 종업원들의 생산효율 사이에 어떤 관계가 있는가를 알아보기 위한 연구를 실시하였다. 초기의 연구에서 연구자들은 조명도를 높이면 생산효율, 즉 산출량이 증가할 것이라고 가정하였다.

연구자들은 먼저 작업자들을 두 개의 집단으로 나누었다. 한 집단은 조명도가 서로 다른 상태에서 일하는 '실험집단'(experimental group)으로 하고, 다른 한 집단은 그 공장의 정상적인 조명상태에서 일하는 '통제집단'(control group)으로 나누어 조사하였다. 연구자들이 조명도를 증가시키자 예상했던 대로 실험집단의 산출량이 올라갔다. 그러나 뜻밖에도 통제집단에 대해서는 불빛을 전혀 밝게 해 주지 않았는데도 산출량이 역시 올라갔던 것이다. 더욱 놀라운 것은 실험집단의 조명도를 줄였을 때도 산출량이 하락하기는커녕 반대로 증가한다는 사실이었다(Mayo, 1933 : Roethlisberger and Dickson, 1939). 이러한 결과는 이들 연구자들로 하여금 실제의 환경요인들 이외에 생산효율에 영향을 미치는 또 다른 요인이 반드시 존재할 것이라는 생각을 갖게 하였다.

회사는 메이요, 화이트헤드(T.N. Whitehead) 및 뢰스리스버거(F.R. Roethlisberger) 등 세 사람의 하버드대학 교수들에게 요청하여 존재할지도 모를 사회적·심리적 요인을 찾아내기 위한 연구를 계속하도록 하였다. 이들의 연구는 장장 5년간 3단계에 걸쳐 실시되었다.

제1단계에서 메이요와 그의 동료들은 6명의 여자종업원들을 대상으로 하여 각종 실험을 설계하고 작업환경·작업시간·휴식시간 등 요인의 산출량에 대한 영향을 관찰하였다. '과학적 관리'이론에 의하면 이들 조건들이 열악하게 변한다면 산출량은 당연히 감소해야만 한다. 그러나 이들은 이 실험을 통하여 실제로는 그렇지 않다는 사실을 발견하였다. 따라서 이들은 이러한 조건들의 변동에 관계없이 산출량이 증가하는 것은 '종업원들의 사회적 관계의 변화, 동기와 만족의 증대, 감독방식의 변화 등에 기인하는 결과'라는 사실을 발견하게 되었다.

이상과 같은 제1단계의 연구결과에 대해 연구진은 흥미있는 현상을 밝혀냈다고 깨닫고 제2단계에서는 3년간에 걸쳐 그 회사의 전 부문에서 21,000여 명을 방문·면접하는 데까지 연구를 확대하였다. 그리고 다음과 같은 공통점을 발견하였다.

첫째, 종업원들이 호소하는 각종 고충이 반드시 실제적인 객관적 사실을 표현하는 것만은 아니며, 그것은 내면적으로 깊이 숨겨져 있던 것이 근본적인 원인이 되어 형성된 일종의 개인적인 고민이나 괴로움을 의미하는 것일 수도 있다.

둘째, 어떠한 사물이나 사람을 막론하고 모두 어떤 사회적 의의를 지닐 것이다. 따라서 그러한 사물이나 사람과 '종업원의 만족' 사이에 관계가 있는지 여부는 종업원 본인의 상황에 따라 달라질 것이다.

셋째, 종업원 개인의 상황은 역시 각종 요인들 간의 종합적 관계에 의해 결정된다. 이들 관계는 개인감정·욕망·이익관계뿐만 아니라 개인의 과거와 현재의 인간관계도 포함된다.

넷째, 한 사람의 종업원에게 부여되는 사물과 환경(예를 들면 작업시간·임금

등)의 의미와 가치는 일반적으로 그가 조직 내에서 차지하고, 있는 지위와 직무에 따라 달라진다.

다섯째, 한 사람의 종업원에 있어서 조직내부의 사회구조는 일종의 가치체계를 나타내는 것이다. 따라서 개인은 그러한 가치체계 중에서 자신이 인식하는 사회적 지위와 반드시 획득해야 할 보상의 개념에 따라서 만족 또는 불만족을 느끼게 된다.

여섯째, 종업원이 가지고 있는 사회적 욕구는 조직내·외에서의 집단생활을 통한 개인의 경험에 의해서 결정된다.

호손연구의 마지막 단계는 14명의 남자종업원들로 구성된 한 작업집단에 대한 관찰연구였다. 그들은 거의 6개월간에 걸쳐 실시한 관찰을 통하여 종업원들 간에 형성된 비공식집단에 의해 설정된 생산량과 기업이 요구하는 생산량은 항상 일치하지 않으며, 회사에서 이들에게 제공하는 상금 역시 이들에 의해 설정된 생산량에 아무런 영향을 미치지 못한다는 사실을 발견하였다. 또한 종업원 각자와 책임자(예를 들면, 반장)가 담당하는 역할 역시 비공식집단에 의해 결정된다는 사실이었다. 이와 같이 연구자들은 이 마지막 연구를 통하여 비공식조직의 힘이 상당히 크다는 사실을 밝혀내었다."

이상의 호손연구에 대한 설명을 통하여 우리는 행동과학학파와 전통학파 간에는 다음과 같은 두 가지의 아주 큰 차이점이 있음을 알 수 있다.

첫째, 행동과학학파는 조직을 개인, 비공식적 집단, 집단 간 관계, 공식적 구조 등으로 구성된 하나의 사회적 시스템으로 생각한다. 이에 반하여 전통적 경영관리사상은 일반적으로 조직을 오직 공식적 구조만으로 생각한다.

둘째, 행동과학학파는 과학적 연구방법을 이용하여 조직행동을 연구한다. 예를 들면, 호손연구에서의 각종 연구설계는 역시 사회심리학 또는 사회학에서 이용하는 방법이다. 또한 상관요소의 발굴과 추론은 전통학파의 연역적 방법에 의해 얻은 결과에 비하여 훨씬 신중하다고 할 수 있다.

개인과 집단을 중심으로 하여 조직과 경영관리를 연구하게 되었다는 것은 경영학사에 있어서 하나의 큰 전기라고 아니할 수 없다. 호손연구 이후에 조직과 경영관리를 연구하는 데 있어서 이러한 요소들을 고려하지 않는 사람은 거의 찾아볼 수 없게 되었다. 기본적으로 이 이론은 "하나의 사회적 시스템하에서 사람들의 활동·상호관계·정서 등이 실제의 행동을 유발시키고, 이는 또한 간접적으로 조직의 생산성과 구성원들의 발전 및 만족을 결정한다"고 강조한다. 따라서 이러한 이론을 제시한 초기의 학자들을 인간관계학파(human relations school)라고 부른다.

이 학파에 속하는 학자들은 기업을 하나의 '사회적 시스템의 틀'로 본다. 그리고 이러한 틀 안에서 어떤 문제를 선택하고 그에 대한 연구를 진행한다. 예를 들면, 학자에 따라서는 '집단역학'(group dynamics)이론에 근거하여 소집단내의 리더십 · 인간관계 · 커뮤니케이션 · 협조 등의 행동을 연구하며(Maier, 1952 ; Tannenbaum, Weschler, and Massarik, 1961 ; Argyris, 1962), 또는 종업원과 과학기술과의 관계, 특히 장치생산 방식과 종업원의 욕구 및 사회적 시스템의 관계를 연구하기도 한다(Walker and Guest, 1952 ; Walker, Guest and Turner, 1956). 그리고 어떤 학자들은 주로 개인과 조직의 갈등 및 조화의 문제에 초점을 두고 연구하는데(McGregor, 1960 ; Argyris, 1957), 이들은 모두 이 학파를 대표하는 학자들이라고 할 수 있다.

그러나 이 학파는 항상 사회적 · 심리적 요인의 결과는 매우 중시한데 반하여 경제 · 과학기술 · 정치 등 요인의 작용을 소홀히 했다는 즉, 실무상에 있어서 사사건건 '종업원의 중요성'만을 강조한 나머지 조직 본래의 목적 · 과업 · 생산성 등을 망각했다는 비평을 받는다. 또 어떤 사람은 이 학파의 이론은 사람들로 하여금 인간행동에 대한 지식을 이용하여 종업원들을 조종할 수 있도록 하는데 이것은 매우 부도덕한 일이라고 반박하기도 한다.

3) 경영과학학파

어느 관점에서 보면 경영과학(management science)학파와 과학적 관리학파 간에는 명칭뿐만 아니라 그 정신에 있어서도 맥락을 같이한다고 할 수 있다. 이 두 학파는 모두 경영관리의 문제를 해결하는 데 있어서 과학적 방법(특히, 계량적 방법)을 중시한다. 그리고 이들 학파가 똑같이 관심을 갖는 것은 효과를 증대시키기 위해서는 '실제로 어떻게 할 것인가'하는 기술적 측면보다는 '반드시 어떻게 해야 하는 것인가'하는 규범적 측면을 중시한다. 따라서 사이몬(Simom, 1960 : 14-15)은 이 두 학파는 그 기본철학에 있어서 어떤 차이점이 있는지를 판별하기가 힘들다고 한다.

그러나 경영과학학파는 과학적 관리학파와 비교하여 볼 때 확실히 차이점이 존재한다. 예를 들면, OR(operation research)과 컴퓨터와 같은 도구는 테일러 시대에는 이용할 수 없는 것들이었다. 그러나 제2차 세계대전 이후에 이러한 도구의 신속한 발전에 힘입어 경영과학은 각종 복잡한 문제를 해결할 수 있게 되었다. 그리고 경영과학이 응용되는 범위는 과학적 관리와 같이 공장 내의 동작 및 시간과 같은 문제에 국한되지 않고 상당히 광범위하다고 할 수 있다.

또한 경영과학학파와 행동과학학파 간에는 기본적인 차이가 존재한다. 즉, 조직과 개인에 대한 행동에 있어서 행동과학학파가 사회적 · 심리적 측면을 중시하는 데 반하여, 경영과학학파는 합리적 가정에 기초하는 경제적 · 기술적 측면을 보다 중시한다.

모든 학파가 다 그러하듯이 경영과학에 대하여 명확한 정의를 내린다는 것은 상당히 어려운 문제이다. 먼저 경영과학은 OR · 계량경영학 · 계량분석 · 시스템분석 등과 같이 여러 가지의 명칭으로 불리운다. 학자에 따라서는 이들 명칭이 똑같은 내용을 나타낸다고 하기도 하고 그렇지 않다고 하기도 한다. 가장 보편적으로 사용되는 OR이라는 명칭에 대해 가장 권위있는 몇몇의 학자는 "OR의 가장 보편적 의의는 시스템을 운용 · 통제하는 사람들이 문제를 해결하는 데 있어서 과학적인 방법 · 기술 · 도구 등을 응용하여 최적의 해답을 얻을 수 있도록 하는 것이다"라고 말한다(Churchman, Ackoff and Arnoff, 1957 : 8-9). 이와 같은 정의를 만일 경영과학에 대한 정의라고 한다고 해도 크게 이상한 것은 없을 것이다. 그러나 또 어느 학자는 "OR은 비교적 실무적인 문제의 해결을 중시하는 반면, 경영과학은 주로 일반이론을 정립하는 데 중점을 둔다"고 강조하는데(Symonds, 1957 : 126), 이는 아마도 일종의 개념상의 차이점을 설명하는 것이라고 할 수 있다. 그러나 실제의 상황에서는 누가 경영과학자이고 누가 OR연구자인지, 또 어떤 논문이 경영과학에 속하는 것이고 OR연구에 속하는 것인지를 엄격히 구분한다는 것은 상당히 어려운 일이다.

일반적으로 경영과학학파의 기본적인 공통점은 모형설정(model building)이라는 과정에 있다. 그들은 "만일 경영관리 또는 의사결정이 하나의 논리적 과정이라면 수학적 부호 및 방정식을 이용하여 특정 문제에 관련된 요소와 그 요소들 간의 관계를 나타낼 수 있으며, 각종 계량적 방법을 이 모형에 적용하여 최적의 해답을 얻을 수 있다"고 믿는다.

경영과학학파의 특색을 좀 더 구체적으로 살펴보면 다음과 같다(Kast and Rosenzweig, 1960 : 98-99).

첫째, 과학적 방법을 강조한다.

둘째, 문제를 해결하는 데 있어서 체계적 접근법을 사용한다.

셋째, 수리적 모형을 설계하는 데 중점을 둔다.

넷째, 관련된 현상을 계량화하는 수학 및 통계학의 절차를 활용하여서 해답을 얻으려고 노력한다.

다섯째, 사회적 · 심리적 요소보다는 경제적 · 기술적 요소에 더욱 관심을 갖는다.

여섯째, 컴퓨터를 도구로 이용한다.

일곱째, 전체시스템의 관점을 강조한다.

여덟째, 폐쇄시스템 내에서 최적의 전략적 의사결정을 추구한다.

아홉째, 기술적(descriptive) 모형보다는 규범적(normative) 모형을 선호한다.

경영과학이 본격적으로 시도된 것은 제2차 세계대전 당시 OR을 군사상에 응용하기 시작하면서부터이다. 그리고 군사상에 응용되어 좋은 성과를 거둔 OR은 그후 군사 이외에 기업 · 정부 · 대학과 같은 각종 조직에 광범위하게 응용되었다. 미국의 기업들은 1950년대와 1960년대에 OR기법을 보편적으로 이용하여 각종 경영관리상의 문제를 해결하였다. 이 시기에 있어서 특히 미국의 중 · 대형 기업들이 조직 내에 OR부문을 설치하는 것은 극히 일반적인 현상이었다(Schumacher and Smith, 1965). 근래 우리가 익혀 온 시스템분석(system analysis), 비용 - 효익분석(cost-benefit analysis), 네트워크분석(network analysis), 계획예산제도(planning-programming-budgeting systems) 등의 기법들은 모두 경영과학방면의 발전에 기인하는 분석기법들이다.

경영과학에 의하면 문제에 관련된 모든 요소들은 반드시 계량화할 수 있어야 한다. 이러한 제한 때문에 경영과학의 각종 기법들은 주로 재고통제 · 생산통제 · 배분문제와 같은 비교적 구조화된 문제 또는 조직 내 중간계층이나 하부계층에 속하는 작업성격의 문제에만 응용되어 왔다. 즉, 경영과학의 각종 기법들은 최고경영층과 관계있는 전략적 문제나 기타 계량화 또는 구조화할 수 없는 문제들에 대해서는 그 적용범위가 극히 제한적이었다. 더욱 불행한 일은 경영관리상에 나타나는 문제의 대부분이 전략적 문제들이거나 계량적 · 구조화할 수 없는 문제들이라는 것이다.

그러나 근래에 와서 컴퓨터의 성능이 놀라울 정도로 발전하였고, 특히 시뮬레이션기법이 발전함에 따라 경영자들은 충분히 구조화시키기 어려운 문제를 해결하는 데에도 경영과학을 보다 많이 응용할 수 있게 되었다. 이러한 경우에 경영자들이 얻는 것은 반드시 '최적'의 해답이 아닌 '어떠한 범위 내에서 충분히 받아들일 수 있는' 해답이다. 또한 경영자들이 이때부터 점차 중요하게 생각하게 된 것은 어떤 종류의 문제에 대한 의사결정이든 간에 가장 결정적으로 영향을 미치는 요소는 '경영자 자신의 판단'이라는 점이었다. 따라서 의사결정을 하는 데 있어서는 반드시 이러한 판단요소가 고려되어야 한다는 것이다. 예를 들면, 만일 경영과학자가 '표현력과 기술능력이 모두 우수한 경영자가 실제로 의사결정을 하는 과정'에 대하여 연구한다고 한다면, 그 학자는 아마도 어떤 원칙을 발견할 것이고, 또 그 원칙에 근거하여 일종의 의사결정에 관한 경험적 프로그램을 설계할 것이다. 소위 '휴리스틱 프로그램'(heuristic programming)기법이 바로 이러한 발전경향을 대표하는 것이라고 할 수 있다. 따라서 경영과학자는 그러한 연구를 행하는 데 있어서 다만 통계나 수학적 기법뿐만 아니라 행동과학자들에 의해 제공된 지식과 연구결과 또한 반드시 이해하고 이용할 수 있어야 할 것이다.

경영과학에 관하여 또 한 가지 우리가 무시할 수 없는 사실은 경영과학에 의해 얻은 연구결과와 제안을 어떻게 실행할 것인가 하는 문제이다. 이것은 또한 경영과학자와 경영자 간의 관계 또는 이들 간의 조화에 관한 문제라고 할 수 있다. 대부분의 경영자들은(만일 그들이 경영학석사학위를 가지고 있다고 할지라도) 경영과학자가 아니며, 계량분석과 컴퓨터에 관하여 엄격한 훈련을 받지 않았을 수도 있다. 따라서 경영자들은 종종 경영과학전문가가 사용하는 언어와 방법을 이해하지 못하며, 그들의 제안이나 건의를 과감하게 받아들일 수 없게 된다. 또한 경영과학자들은 일반 경영자들과의 의사소통이 충분히 이루어지지 못함으로 해서 자연히 동료전문가들과의 교류를 통한 의사소통에만 만족할 수밖에 없다. 이렇게 경영자와 경영과학자 간에 점차로 형성된 보이지 않는 단절은 결국 모두에게 큰 손실이 된다. 따라서 이러한 문제점을 해결하기 위해서 경영과학전문가는 자신의 전문적 기술의 범주를 벗어나 경영자들과의 능동적인 의사소통을 통하여 상호 간의 이해를 촉진시킬 수 있도록 노력해야 한다.

4. 현대적 경영관리이론

우리는 앞에서 전통적 경영관리이론과 몇 가지 비교적 새로운 이론에 관하여 개략적으로 알아보았다. 그리고 이와 같은 이론들이 상호배타적 관계가 아닌 상호보완적 관계에 있음을 이해하였다. 그러나 경영관리이론이 고도로 발전되고 또한 복잡화됨에 따라 사람들은 이들 이론을 통합할 수 있는 하나의 완전한 이론체계가 필요하다는 생각을 갖게 되었다. 이러한 필요성에 의해서 나타난 것이 바로 시스템개념(systems concept)이며, 이러한 개념을 기초로 하는 접근방법의 하나가 '시스템이론'(systems theory)이다. 또한 이러한 시스템개념에 입각하여 시스템이론의 추상적인 내용을 구체화시켜주는 경영관리의 접근방법으로 상황이론(contingency theory)이 나타나게 되었다.

1) 시스템개념과 그 응용

(1) 시스템개념

시스템(system)이란 말을 우리는 간혹 체계 또는 제도라는 용어로 사용하기도 한다. 그러나 근래에는 '시스템'이란 용어가 비교적 보편적으로 사용되고 있다. 따라서 여기에서도 '시스템'이란 용어를 그대로 사용하도록 하겠다.

시스템의 기본개념은 매우 간단하다. 즉, 이것은 하나의 '부분들로 결합된 또는 구성된 통일된 전체'를 말한다. 그러나 이러한 개념 속에는 상당히 넓은 응용범위가 내포되어 있다. 예를 들면, 천체 중의 은하시스템 · 태양시스템, 자연 중의 하천시스템 · 산맥시스템, 인문사회 중의 경제시스템 · 교통시스템 등은 모두 하나의 복잡한 그러나 통일된 시스템을 이루고 있다. 그리고 하나의 큰 시스템은 여러 개의 하위시스템(subsystem)으로 구성된다. 예를 들면, 하나의 통일된 시스템으로서의 사람의 몸, 즉 인체는 골격 · 순환 · 신경 등의 하위시스템으로 이루어져 있다. 또한 이러한 하위시스템은 다시 몇 개의 더 작은 시스템(sub-subsystem)으로 구성된다. 이와 같이 상하가 분명한 계층성은 시스템이 지니는 하나의 기본특성이라고 할 수 있다.

이러한 시스템개념은 자연과학 · 생물과학 · 사회과학에 모두 응용할 수 있다. 따라서 시스템개념은 현대과학을 연구하는 데 있어서 하나의 기본적인 준거체계(frame of reference)로 볼 수 있다. 이러한 관점에서 학자들은 "각종 학문은 모두 매우 비슷한 그리고 한 방향으로서의 개념과 원리를 가진다고 할 수 있는데, 이러한 공통적인 개념과 원리를 일반화하면 여러 학문영역을 하나로 통합 · 통일시킬 수 있다"는 사실을 발견하였다(Bertalanffy, 1950, 1951 ; Boulding, 1956). 이와 같이 시스템개념을 토대로 하여 여러 학문영역에 걸쳐서 과학적인 지식을 통합하는 기초로 제시된 이론이 '일반시스템이론'(general system theory)이다.

(2) 폐쇄시스템과 개방시스템

만일 모든 시스템을 외부환경과의 관련하에서 분류할 때 우리는 외부환경과의 상호작용여하에 따라 시스템을 폐쇄시스템과 개방시스템으로 나눌 수가 있다. 폐쇄시스템(closed system)은 일종의 자아존재적 시스템으로서 외부환경의 영향으로부터 독립되어 있다. 예를 들면, 기계시스템은 하나의 대표적인 폐쇄시스템이라고 할 수 있다. 모든 폐쇄시스템은 또한 하나의 공통적인 특성을 지니는데 그것은 이 시스템이 사망 또는 해체라는 끝으로 가고 있다는 것이다.

그러나 개방시스템(open system)은 이와는 반대로 외부환경과 동태적인 관계를 유지한다. 즉, 개방시스템은 외부환경으로부터 자원 · 에너지 · 정보 등의 투입물(inputs)을 받아들이고, 이를 시스템작용을 통하여 재화나 서비스 등 형태의 산출물(outputs)로 전환시켜 다시 환경 속으로 내보내게 된다. 이때 계속적으로 피드백이 이루어져서 환경과의 균형상태를 유지하게 된다. 이러한 개방시스템의 일반적인 모형을 그림으로 나타낸 것이 [그림 1-4]이다. 따라서 개방시스템은 폐쇄시스템이 반드시 거쳐야 하는 사망과 해체의 과정을 상쇄시킬 수 있다.

일반적으로 생물 및 사회시스템은 반드시 개방시스템에 속하여야 한다. 예를 들면, 기업은 하나의 사회시스템으로서 외부환경으로부터 인력 · 원자재 · 자금 및 각종 정보 등을 받아들여 이것들을 다시 기업조직의 작용을 통하여 상품 · 서비스 · 이윤 · 사회적 책임 등으로 전환시켜서 사회에 제공하게 된다. 그리고 이러한 과정은 순환적으로 계속됨으로써 기업은 생존과 발전을 유지할 수 있게 된다.

[그림 1-4] 개방시스템으로서의 조직의 일반모형

(3) 시스템개념과 경영관리

우리는 앞에서 경영관리이론에 관하여 살펴보면서 전통이론은 조직을 하나의 폐쇄시스템으로 간주한다는 사실을 이해하였다. 즉, 전통이론은 조직의 내부구조 · 과업 · 권한관계 등을 기초로 하여 조직 및 경영관리문제를 분석하며, 조직을 일종의 기계시스템으로 보고 고도의 합리적 관점을 취한다. 따라서 전통이론은 결과적으로 '조직과 외부환경 간의 밀접한 관계'와 '산출과 투입 간의 교환의 필요성'을 무시하게 되었다.

현대의 경영관리이론은 일종의 개방시스템이라는 기본관념을 기초로 하여 이루어진다. 한편으로 조직의 생존은 외부환경과의 양호한 교환관계에 의하여 유지된다. 따라서 조직은 반드시 환경의 변화에 적응할 수 있도록 목표와 내부구조 그리고 기능을 조정해야 한다. 또 다른 한편으로 개방시스템은 그 내부에 존재하는 여러 하위시스템들 사이의 상호의존관계를 강조한다. 하위시스템들은 하나의 전체시스템 내에서 일종의 기능적 분화(functional differentiation)에 의하여 복잡하게 조직되어 있는데, 그 중 어떤 하위시스템은 여러 하위시스템 간의 균형상태를 유지시키는 데 필요한 기능을 가지며, 또 어떤 하위시스템은 다른 하위시스템 또는 전체시스템으로 하여금 변화의 필요성에 적응할 수 있게 하는 기능을 가진다. 각 하위시스템들은 이와 같이 나름대로의 기능을 통하여 상호간의 의존관계를 유지하게 된다.

(4) 정보 및 의사소통시스템

시스템이론이 시스템 내외의 상호관계를 중시함으로써 정보와 의사소통은 매우 중요한 문제로 대두된다. 이것은 조직이 필요로 하는 정보를 외부환경으로부터 어떻게 받아들이는가 하는 문제뿐만 아니라 조직 내부의 여러 하위시스템 간의 의사소통 문제 역시 매우 중요하다는 것을 말한다.

전체 조직은 하나의 정보망(information network)으로 볼 수 있다. 또한 각 계층의 경영자들은 이러한 정보망 속에서 의사결정에 필요한 각종 정보를 수집하게 된다. 따라서 조직 내의 각 부문, 각 구성원, 각종 기구설비 등은 모두 이러한 정보에 의하여 연결된 일련의 정보시스템으로 볼 수 있는데 이는 전통적 관념과 큰 차이를 나타낸다. 즉, 전통적 관념은 다만 책임과 권한관계를 강조하여 이것이 조직도상에서 상사와 부하 간의 계층관계만으로 표현되기 때문에 그들 간의 정보유통관계는 무시된다. 이러한 전통적 관념하에서의 조직구조는 그것이 정보유통의 필요성에 직면할 때에는 매우 부적합하거나 비효율적인 것이 된다(Mockler, 1974). 따라서 좀 더 상세히 관찰한다면 우리는 조직 내에서 경영자가 그들의 과업을 보다 효과적으로 수행하기 위하여는 종종 공식적 조직구조가 아닌 비공식적 경로를 통하여 정보를 수집해야 한다는 사실을 발견할 수 있다. 이러한 사실은 또한 조직구조를 설계할 때에는 반드시 정보의 흐름에 관한 문제를 고려해야 한다는 것을 보여주는 것이다(Johnson, Kart and Rosenzweig, 1964).

이상의 내용을 종합하면, 현대의 경영관리이론은 조직을 하나의 개방시스템으로 보며, 조직 그 자체는 또한 보다 큰 사회 또는 경제시스템 중의 하위시스템의 하나로 간주된다. 따라서 조직은 환경으로부터 각종 투입물을 받아들이는 동시에 환경이 필요로 하는 산출물을 제공해야 한다. 또한 조직의 목표와 내부구조가 환경변화에 적응할 수 있도록 하고 그 내부의 여러 하위시스템들 사이에 양호한 조화와 협조관계를 유지하기 위해서는 '정보와 의사소통'이라는 하위시스템에 의존하여야 한다.

(5) 사회 · 기술시스템

조직은 개방시스템인 동시에 또한 일종의 사회 · 기술시스템(socio-technical system)이라고 할 수 있다(Rice, 1963 : 182). 즉, 하나의 조직은 비록 그것이 어떠한 종류의 조직이든 간에 반드시 과업에 따라서 일정한 기술조건들을 필요로 하는데, 이러한 기술조건들은 상호 관련되어 하나의 기술적 하위시스템(technological subsystem)을 구성한다. 예를 들면, 방직공장이나 컴퓨터공장 등의 기술적 하위시스템은 관련 제품을 제조하는 데 필요한 각종 설비 · 기구 · 도구 · 작업방법 등으로 구성된다. 따라서 각 조직은 이러한 기술적 하위시스템이 서로 다름으로 해서 그 투입과 산출의 내용도 역시 달라진다.

하나의 조직은 또한 사람들로 구성된다. 따라서 사람들 간의 복잡한 관계는 역시 또 하나의 사회적 하위시스템(social subsystem)을 형성한다. 이 하위시스템은 구성원들의 욕구 · 가치관 · 정서 등으로 구성된다. 그리고 시스템 자체는 비록 조직의 투입 · 산출과 직접적인 관계는 없지만 기술적 하위시스템의 효과와 효율을 결정하는 중요한 요인이 된다.

기술적 하위시스템과 사회적 하위시스템은 실제로는 서로 분리할 수 없는 것이다. 왜냐하면 기술적 하위시스템 역시 사회적 하위시스템 내 구성원들의 구성방식과 조직구조 그리고 상호관계를 결정하기 때문이다. 이들 두 하위시스템 중에서 어느 하나에 변화가 발생하면 반드시 다른 하나에 영향을 미치게 된다. 따라서 현대의 경영관리이론은 다만 어느 한 측면만을 중시하거나 다른 측면을 무시해서는 절대로 안 된다. 이들 모두를 동시에 고려해야만 비로소 조직 전체의 생존과 발전을 유지할 수 있게 된다. 앞에서 살펴본 전통적 경영관리학파와 인간관계학파의 문제점은 바로 이들이 각각 기술적 · 사회적 하위시스템 중에서 어느 한쪽만을 중시한다는 데 있다.

(6) 경영관리시스템

전체조직의 입장에 보면 경영관리 역시 하나의 하위시스템, 즉 경영관리적 하위시스템(managerial subsystem)으로 간주할 수 있다. 이 하위시스템의 주요 기능은 기술 및 사회적 하위시스템을 계획 · 조직 · 통제하고, 이들을 상호결합시키며 또한 전체조직을 계속적으로 환경과 관련시키는 데 있다. 드러커는 이 경영관리적 하위시스템을 조직의 활력과 유효성을 책임지는 기관이며 모든 작용은 바로 이 하위시스템에 근거하여 발생한다고 강조한다(Drucker, 1974 : 40-43).

2) 상황이론과 경영관리

상황이론(contingency theory)은 각 조직이 처해 있는 환경조건이 각기 다르기 때문에 조직의 경영관리도 조직마다 달라야 한다는 것을 내용으로 하고 있다. 좀 더 상세히 설명하면, 상황이론은 특정 조직은 환경과 어떤 관련을 맺고 있으며 그 관련성이 조직에 어떠한 영향을 미치는가 하는 문제에 초점을 두고 있다. 사회 · 문화 · 기술 · 경제 · 법률 · 정치 등의 외부환경은 조직의 구조 · 관리 · 인간에 영향을 미치고, 조직 내의 기술시스템은 구조나 사회 · 심리 등의 하위시스템에 영향을 미친다. 따라서 이러한 시스템적인 관점에서 조직 외부의 어떤 환경이 조직시스템과 그 하위시스템에 어떻게 영향을 미치며, 조직시스템과 그 하위시스템이 어떠한 관계를 이룰 때 조직의 유효성이 높아질 수 있는가, 그리고 각 변수 간의 적합적인 관계는 환경요인과 조직 그리고 각종 하위시스템 간에 어떤 관계를 말하는 것인가 하는 문제를 합리적으로 해명하려는 것이 바로 상황이론인 것이다(신유근, 1983 : 89).

경영관리학에서 상황이 중요하다고 인식하는 것은 새로운 것이 아니다. 폴렛(M.P. Follet) 여사는 이미 1920년대에 '상황의 법칙'(the law of situation)에 관하여 언급한 가운데 "상이한 환경은 역시 상이한 종류의 지식을 필요로 한다"고 강조하면서 똑같은 조건이라면 특정의 상황이 필요로 하는 지식을 지니는 사람이 당연히 그 당시의 리더가 되어야 한다고 주장한 바 있다. 그 후 20여년이 지난 1948년 스톡딜(Stogdill, 1948)은 리더십에 관한 연구를 통하여 리더에게 필요한 특성(trait)은 바로 그가 처해 있는 상황에 따라서 달라져야 한다고 결론지었다(박우동, 1989 : 66). 그러나 상황이론이라는 명칭이 경영관리에서 일반화된 것은 1967년 로렌스와 로쉬(Lawrence and Lorsh, 1967)의 연구를 계기로 해서였다. 그들은 상황이론의 중요한 조건으로서 다음의 네 가지를 들고 있다.

첫째, 경험자료의 체계적인 수집을 기초로 하는 조직에 관한 연구일 것.

둘째, 다변수적(multivariate)인 연구일 것.

셋째, 상이한 여건하에서 조직이 어떻게 기능하는가를 이해하고 설명하려는 의미에서 조건적일 것.

넷째, 조직에 초점을 두는 특정의 조사방법과 학문적 영역 그리고 개념적 구조에 구속되지 않을 것.

이 중 넷째 조건은 조건이라기보다는 오히려 상황이론의 종합과학적 특성 또는 개방성을 나타내는 것이고, 첫째 및 둘째 조건은 조직에 관한 실증분석의 거의 모두에 해당하는 것이다. 따라서 그들이 말하는 고유한 조건이란 바로 세 번째의 '조건적' 특성이라고 할 수 있다. 그들에 따르면 상황이론이란 보편주의적 이론에 대비되는 조건적 이론이기 때문에 어떤 이론에는 그 이론이 적용가능한 영역이 있다는 것이다. 이를 다른 말로 하면, 모든 상황에서 모든 조직에 유효성을 가져다 주는 유일한 이론은 존재하지 않는다는 것을 의미한다.

상황이론은 여러 가지 지식 또는 원리를 실제의 상황에 적용시킴으로써 경영관리 이론의 발전에 크게 기여하였다. 경영자들은 이러한 상황적 접근방법(situational approach)을 이용하여 특정 상황하에서 어떤 기법이 조직목표를 달성하는 데 가장 효과적인지를 보다 정확하게 파악할 수 있다.

제 2 장 현대기업의 성장과 경영환경

제2장 현대기업의 성장과 경영환경

제1절 현대기업의 성격과 형태

1. 기업의 개념과 성격

1) 기업의 개념

오늘날의 자본주의 경제체제는 여러 종류의 다양한 조직들에 의해 유지되고 있는데, 그 가운데에서도 기업조직은 가장 핵심적인 역할을 하는 존재라고 할 수 있다. 특히 현대의 경제사회가 이른바 고도산업사회(high industrial society)로 일컬어질 정도로 비약적인 발전을 할 수 있었던 것은 바로 기업이라는 영리를 추구하는 조직이 있어 왔기 때문이라고 해도 지나친 말이 아니다. 따라서 현대의 경영학이 이러한 기업조직을 주된 관심대상으로 삼아야 한다는 주장도 어떻게 보면 당연한 것이라고 할 수 있다.

그렇다면 이렇게 자본주의 경제체제를 지탱하는 핵심적 존재로서 경영학의 관심대상이 되고 있는 기업을 어떠한 개념의 조직으로 이해하여야 할 것인가? 사실 기업에 대하여 단정적인 정의를 내린다는 것은 매우 위험하다. 왜냐하면 국가의 주도적인 사상 내지 이념에 따라서, 그리고 기업과 관련을 맺고 있는 집단이나 개인의 입장에 따라서 기업을 보는 관점이 다르고 또 그것을 달리 인식하기 때문이다. 그러나 오늘날의 경제사회가 주로 기업경영에 의해 유지되고 있는 자본주의 경제체제하에서는 기업을 독자적인 존재로서의 '협동적 생산실체'(cooperative production entity)로 보는 견해가 지배적이라고 할 수 있다. 다시 말하면 기업은 특정 이해관계집단의 이해실현을 위한 도구 내지 수단이 아니라, 그 자체가 하나의 독립적인 행위주체로서 노사 간 및 기타 이해관계집단의 협동에 의해 이루어지는 생산활동을 효율적으로 수행하기 위해 조직화된 실체라는 것이다. 따라서 이와 같은 기업개념에 의하면 현대의 기업조직은 다음과 같은 특성을 지니게 된다(김원수, 1994 : 66-70).

첫째, 기업은 여러 이해관계집단의 '협동관계'를 바탕으로 성립·존속·성장하여 가는 하나의 협동시스템이다. 인간이 협동을 하게 되는 까닭은 개인의 육체적·생리적·심리적·경제적·사회적 한계를 극복하여 개인 단독으로는 얻을 수 없는 만족이나 이익을 얻으려 하기 때문이다. 이러한 협동은 사람들이 각기 다른 일을 하되 결과적으로는 그 일의 성과가 결합·통합되어 공동의 목표가 보다 더 효율적으로 달성되는 방식으로 전개되는 '분업'을 바탕으로 이루어진다. 그리고 이렇게 분업을 바탕으로 하는 협동관계는 본질적으로 협동참가자들 사이에 상호의존성(interdependence)과 대등성(equality) 그리고 자주성(autonomy)이 있어야만 협동참가자들의 협동의욕을 고취시킬 수 있으며 그들의 공동목표에 대한 합의와 그것의 달성을 기대할 수 있게 된다.

둘째, 기업은 본질적으로 생산기능을 수행하는 조직이다. 여기에서 생산기능이란 기업이 보유하고 있는 자원, 즉 생산요소들을 적당한 비율로 결합·변환하는 과정을 통하여 사회가 요구하는 여러 가지의 효용가치를 창출·부가하는 활동을 말한다. 예컨대, 제조업의 경우에는 흔히 생산요소로 불리워지는 토지·노동·자본의 세 가지 자원이 결합된다. 이 중에서 토지는 공장의 입지는 물론 원재료와 같은 자연자원, 기후, 온도와 습도, 지하수 등을 말하며, 노동은 지적·육체적 노동 및 종업원 개인의 모든 특성을 포함한다. 또한 자본은 건물, 도구, 기계설비, 가공재료 등을 포함한다. 이와 같은 변환과정으로서의 생산기능은 경영자의 경영관리기능에 의해 합리적으로 계획·통제된다. 그리고 생산기능에 의해 창출·부가된 효용가치는 상품이나 서비스와 같은 형태로 사회에 제공된다.

셋째, 기업은 실체(entity)로서의 독립적 존재이다. 실체란 기업 그 자체를 기업의 소유자인 주주의 사적 소유물로 보지 않고 이와는 별개의 독자적인 존재로 인식하는 것을 말한다. 다시 말하면, 이는 기업을 원칙적으로 기업의 구성원인 경영자나 종업원 및 기업의 소유자인 주주와는 별도로 생명력을 지니고 있어 자주적·영속적으로 존속하는 존재로 보는 것이다. 따라서 기업이란 스스로 독립적·영속적으로 존재하고 기능을 수행하는 존재라고 할 수 있다. 드러커(P.F. Drucker)는 이러한 의미에서 기업을 고객, 즉 사회가 부를 창출하는 데 쓰이는 생산수단 내지 자원을 위탁한 '사회적 기관'(social institution)이라고 말한다(Drucker, 1977 : 37). 오늘날 여러 국가들이 파산법을 개정하여 기업에 대한 특정 집단(채권자, 종업원, 주주 등)의 권리보다는 영구적 존속체 내지는 독자적인 사회적 존재로서의 기업 그 자체의 유지·존속에 우선권을 주고 있는 것도 이러한 맥락으로 이해할 수 있다(Drucker, 1973 : 50).

2) 기업의 성격

기업은 전체경제를 구성하고 있는 다른 많은 조직들과 마찬가지로 '조직'으로서의 그리고 '시스템'으로서의 성격을 지니게 되는데, 기업의 이러한 성격에 대하여 구체적으로 살펴보면 다음과 같다(김원수, 1994 : 70-78).

① **조직으로서의 성격** : 기업조직(business organization)으로 불리우는 기업은 조직으로서의 성격을 가진다. 이른바 조직이란 특정의 목표를 달성하기 위하여 형성된 사회적 집합체로 일컬어진다. 여기에서 '사회적 집합체'란 상호의존적인 관계에 있는 사람들의 집합체를 말한다. 다시 말하면, 사람들은 개인적 욕구를 스스로 충족할 수 없을 때 다른 사람들의 도움을 필요로 하게 되는데, 이러한 사람들이 모여 형성되는 것이 조직이라고 할 수 있다. 그런데 사람들이 조직의 구성원으로서 개인의 욕구를 충족하기 위해서는 조직 자체가 지속적으로 유지·성장·발전해야만 하며, 그러기 위해서는 그에 요구되는 조직의 목표를 달성하는 데 공헌을 하지 않으면 안 된다. 따라서 개인과 조직 사이에는 어느 한쪽에 의한 일방적인 관계가 아닌 양자가 서로 도움을 주고받는 상호보완적인 관계가 형성·유지되어야 한다. 즉, 조직을 구성하고 있는 개인들은 조직을 위해 노력해야 하며, 조직 또한 그 구성원들이 필요로 하는 것을 제공해 주어야 한다는 것이다. 이것은 조직이 특정의 목표를 달성하기 위해서는 반드시 그 구성원들이 각기 개인의 목표를 달성할 수 있도록 해 주어야 한다는 것을 의미하는데, 바나드(C.I. Banard)는 이미 오래전부터 개인과 조직 간의 이와 같은 관계를 '내적 균형'(internal equilibrium)이란 개념을 사용하여 설명하고 있다(Barnard, 1938). 따라서 이러한 관점에서 보면, 기업 역시 하나의 목표지향적 조직인 이상에는 종업원과 기업의 목표가 조화를 이루지 않으면 안 된다. 즉, 조직인(organizational man)으로서의 종업원들은 기업을 위하여 최선을 다해야 할 것이며, 기업 또한 그것을 생활의 장으로 삼으면서 생활하는 종업원들의 삶이 보다 윤택하고 행복해질 수 있도록 충분한 여건을 마련해 주어야 한다는 것이다.

② **시스템으로의 성격** : 앞에서 기업조직을 하나의 협동시스템이라고 하였듯이 기업은 시스템으로서의 성격을 가진다. 시스템(system)이란 상호관련이 있는 여러 부분들로 결합 내지 구성된 통합적 전체(integrated whole)를 말한다. 조직시스

템은 보통 목표 · 가치시스템, 기술시스템, 구조시스템, 사회 · 심리시스템, 관리시스템 등과 같은 여러 개의 하위시스템(subsystem)으로 구성되어 있다. 이들 하위시스템들은 나름대로의 기능을 통하여 상호 간의 의존관계를 유지하면서 전체시스템으로서의 조직을 형성하고 있는 것이다. 그리고 이러한 시스템은 외부환경과 관련하여 폐쇄시스템(closed system)과 개방시스템(open system)으로 나누어진다. 폐쇄시스템은 일종의 자기의존적 시스템으로서 외부환경의 영향으로부터 독립되어 있다. 그러나 개방시스템은 이와는 반대로 외부환경과 동태적인 관계를 유지한다. 기업시스템은 그 성격상 개방시스템이라고 할 수 있다. 따라서 기업은 외부환경으로부터 자원 · 에너지 · 정보 등의 투입물(inputs)을 받아들이고, 이를 시스템 내부의 하위시스템을 통하여 재화나 서비스 등과 같은 형태의 산출물(outputs)로 전환시켜 다시 환경중으로 내보내게 된다. 이때 계속적으로 피드백이 이루어져서 환경과의 균형상태를 유지하게 된다. 이와 같이 기업은 하나의 개방시스템으로서 투입 · 전환 · 산출의 순환적 활동을 반복적으로 수행함으로써 외부환경에 적응하면서 조직 자체를 지속적으로 유지 · 성장 · 발전시켜 나가는 것이다.

2. 기업의 형태

1) 기업형태의 의의와 분류

앞에서 살펴본 바와 같이 본질적으로 협동적 생산실체로서의 성격을 지니는 기업은 크게는 업종이나 출자자의 수와 성질, 그리고 그 규모의 크기 등과 같은 다양한 기준에 의하여 여러 가지의 형태로 분류될 수 있다. 그러나 기업의 형태는 보다 좁은 의미인 '법률형태'와 '경제형태'로 분류하여 이해하는 것이 일반적이라고 할 수 있다.

기업의 법률형태란 법률로서 정하여진 기업형태를 말한다. 이러한 분류기준에 의하면, 기업형태에 관한 법률은 국가에 따라 차이가 있을 수 있기 때문에 나라마다 서로 다른 기업형태를 가지고 있게 된다고 볼 수 있다. 우리나라의 법률이 규정하고 있는 기업형태로는 개인기업 · 합자회사 · 주식회사 · 유한회사 · 익명조합 · 상호회사 · 협동조합 등이 있다. 그러나 기업이 법률적으로는 이와 같은 형태를 갖추고 있으나 실질적으로는 그렇지 않은 경우도 있게 된다. 이를테면 법률적인 의미에 있어서는 주식회사라고 할지라도 주식의 전부를 한 개인이나 몇몇의 가족이나 친척이 소유하고 있는 경우에는 실질적으로는 개인기업과도 같은 것이다. 따라서 경영학자들은 법률에 규정된 기업의 종류와는 따로 경제적인 의미에서 기업의 종류를 분류하게 되었는데, 이것이 기업의 경제형태인 것이다.

기업의 경제형태는 법률적인 의미에서가 아니고 출자자와 경영자 그리고 지배자의 관계로부터 본 기업의 실질적인 형태를 뜻한다. 기업을 이러한 기준으로 분류하게 되면, 출자자와 이에 따르는 책임의 부담이 민간인인가, 혹은 국가 내지 지방공공단체인가, 또는 그 양자인가에 따라 사기업·공기업·공사합동기업의 세 가지로 크게 나누어진다. 이 중에서 특히 사기업은 다시 개인기업과 공동기업으로, 또 공동기업은 소수공동기업과 다수공동기업으로 구분된다. 이 중에서 개인기업은 법률형태의 개인상인이며, 소수공동기업은 법률형태의 합명회사·합자회사·유한회사 등이 해당된다. 그리고 다수공동기업의 법률형태로는 주식회사와 협동조합이 있다.

이상에서 살펴본 법률형태와 경제형태로서의 기업의 종류와 이들 두 기업형태 간의 관계를 요약하면 [그림 2-1]과 같다.

[그림 2-1] 기업형태의 분류

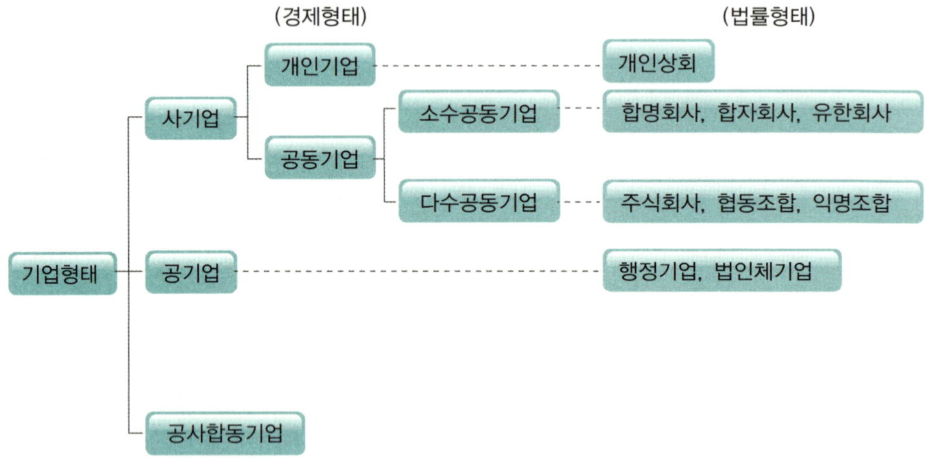

1) 기업의 형태별 특성

(1) 사기업

사기업(private enterprise)이란 민간의 자본을 가지고 민간인의 손에 의해 영리를 목적으로 영위되는 기업을 의미한다. 따라서 그것은 자본주의 경제체제의 특징적인 기업형태로서 출자자가 개인인가 또는 2인 이상의 공동인가에 따라 개인기업형태와 공동기업형태로 나누어진다.

개인기업(individual enterprise)은 가장 오랜 전통을 지닌 사기업으로서 기업의 자본을 한 개인이 출자하고, 위험의 부담과 기타 운영상의 모든 책임을 개인이 무한으로 지게 되는 기업형태를 말한다. 따라서 개인기업에 있어서 출자자는 곧 경영자라고 할 수 있다. 때에 따라서는 경영을 다른 사람에게 위임하는 경우도 있으나, 출자자 자신이 직접 경영활동을 지휘·관리하는 것이 보통이다. 그러므로 개인기업에 있어서는 원칙적으로 출자와 경영 그리고 지배가 일치한다(이기을, 1990 : 155). 이러한 개인기업은 기업형태 가운데서 가장 단순한 형태로서 상법상에 규정된 개인상인이 이에 해당한다. 개인기업은 기업의 설립과 운영이 비교적 용이하고, 환경변화에 기민하게 대처할 수 있으며, 기업주로서의 경영자는 자신의 능력과 창의력을 경영상에 충분히 반영시킬 수 있게 된다. 그러나 개인기업은 자본규모의 약소, 자본축적원천의 협소, 타인자본조달의 어려움, 대외신용의 열세, 개인의 지배관리능력의 한계 때문에 기업경쟁상 불리한 점이 많다(한희영, 1987 : 341-342).

공동기업(general enterprise)은 출자자가 개인이 아니라 2인 이상의 공동으로 구성되는 사기업형태를 말한다. 공동기업은 집단기업으로 불리우기도 하며, 출자자가 소수인가 다수인가에 따라 소수공동기업과 다수공동기업으로 나누어진다. 소수공동기업의 특징은 단순히 출자자의 수가 적은 데 있는 것이 아니라, 이들 출자자가 서로 인간적으로 친밀하게 결합되어 있다는 것이다. 따라서 이러한 기업을 일명 '인적 공동기업'이라고도 하며, 출자자는 서로 친밀한 관계에 있는 동지나 혈연관계 밑에서 구성되는 경우가 보통이다. 이에 반하여 다수공동기업에서는 출자자 상호 간에 그러한 인적 결합보다는 자본적 결합이 중시되기 때문에 '자본적 공동기업'이라고 일컬어진다. 일반적으로 소수공동기업에 속하는 기업형태로는 합명회사·합자회사·유한회사 등이 있고, 다수공동기업으로는 주식회사·협동조합·익명조합 등을 들 수 있다. 그리고 이 중에서 유한회사는 소수공동기업에 속하면서도 다수공동기업처럼 자본적 결합이 중시되는 점이 특징이라고 할 수 있다. 이들 공동기업에 대하여 좀 더 자세히 살펴보면 다음과 같다.

① **합명회사** : 합명회사(ordinary partnership)는 2인 이상의 사원이 공동출자하는 회사로서 출자자들은 기업의 채무 및 경영상의 책임에 대하여 연대해서 무한책임을 지게 된다. 따라서 합명회사의 사원은 전원이 무한책임사원인 것이다. 출자에 있어서는 물적재산·인적신용·노무 등 어느 것이든 가능하며, 모든 사원의 승낙이 필요하다. 출자자가 여러 명이라는 점에서 보면 개인기업의 한계를 조금은 극복하고 있기는 하지만, 무한책임을 지는 사원들은 상호 간에 극히 밀접한 인적 결합관계를 유지하고 있다는 면에서 개인기업과 가장 가까운 성격의 기업형태라고 할 수 있다. 이와 같이 합명회사는 전사원이 무한책임을 지기 때문에 대외신용력이 매우 높아진다. 그러나 같은 이유로 출자자를 폭넓게 모집할 수 없다는 단점이 있다.

② **합자회사** : 합자회사(limited partnership)는 무한책임사원과 유한책임사원으로 구성되는 이원적 기업조직의 형태이다. 유한책임사원은 자기의 출자분에 대해서만 책임을 지며 또 그에 대한 감사권을 갖지만 경영에는 직접 관여하지 않는다. 합자회사는 이와 같이 무한책임사원과 유한책임사원으로 구성되기 때문에 합명회사와는 달리 조금은 자본적 결합의 성격을 지니게 된다. 따라서 합자회사는 출자자를 폭넓게 구할 수 있다는 이점이 있다. 그러나 자기의 지분을 양도하는 데는 무한책임사원 전원의 동의가 필요하기 때문에 자본의 교환성이 극히 결여되어 있어 신용자본으로서의 경제적인 요건을 충분히 갖추지 못한 점이 이 기업형태의 가장 큰 한계라고 할 수 있다.

③ **유한회사** : 유한회사(private company)는 비교적 적은 수의 유한책임사원만으로 구성되는 기업형태이다. 유한회사는 합명회사나 합자회사와 같이 소수공동기업에 속하면서도 인적 결합보다는 자본적 내지 물적 결합이 중시되는 점을 큰 특징으로 볼 수 있다. 따라서 어떻게 보면 주식회사형태의 소수공동기업이라고도 볼 수 있다. 그러나 사원의 전부가 자기의 출자분에 대해서만 책임을 진다는 점에 있어서는 주식회사와 동일하나, 출자자인 사원의 수가 제한되어 있고, 출자자를 공모할 수 없으며, 회사의 설립절차가 간편하고 재무제표의 공개의무도 없다는 점에서 보면 주식회사와도 다른 특징을 가지고 있다. 결국 유한회사는 주식회사의 설립조건과 조직 등을 간소화하거나 변형하여 만들어진 기업형태로 볼 수 있다. 따라서 유한회사는 자본결합이 상당히 폐쇄적이면서도 출자자는 주

식회사와 동일하게 유한책임의 혜택을 받을 수 있기 때문에 중소규모의 기업에 적합한 기업형태라고 할 수 있다.

④ **주식회사** : 주식회사(stock corporation)는 출자자인 주주가 출자액(주식의 인수가액)의 한도 내에서 회사의 자본위험에 대한 책임을 지는 다수공동기업이다. 주식회사의 출자금(자본금)은 적은 액수의 주식으로 분할되어 증권화되며, 증권화된 주식은 제3자에게 자유롭게 양도할 수 있다. 그리고 주주가 바뀐다고 해도 주식회사의 경영은 그대로 계속되는데, 이는 회사의 집행기관인 이사회(borad of directors)가 구성되어 다수의 주주를 대리해서 직접 경영을 담당하기 때문이다. 이러한 점으로 보아 주식회사가 다른 기업형태와 구별되는 것은 유한책임제·자본증권화·중역제도라는 세 가지 특징 때문이라고 할 수 있다.

주식회사에서는 출자자인 주주의 재산과 회사의 재산이 구별된다. 따라서 주주는 회사의 채무 내지 자본위험에 대해서 그의 개인재산을 가지고 이를 부담할 필요가 없어진다. 다시 말하면, 주주는 회사채권자에 대해 출자액 이상으로는 책임을 지지 않는다는 것이다. 그리고 증권화된 주식은 원칙적으로 매매·양도가 자유스럽기 때문에 회사는 많은 출자자로부터 필요한 만큼의 자본을 손쉽게 모집할 수 있고, 투자자는 적당한 만큼의 주권을 증권시장에서 구입하기만 하면 그 회사의 출자자이자 주주로서 출자분만큼의 권리를 갖게 된다. 또한 주식회사는 사실상 집행기관인 이사회를 두어 중역(director)들이 주주들을 대신해서 직접 경영을 담당하도록 하고 있기 때문에 출자(소유)와 경영이 분리되어 자본적 결합이 가능해진다. 따라서 출자자 상호간의 인적 결합을 중시하는 합명회사나 합자회사 등과는 달리 주식회사에서는 출자자인 주주 자신보다도 그 주주가 가지고 있는 주식의 수가 더 중요하게 되는 것이다.

⑤ **협동조합** : 협동조합(cooperative)은 경제적으로 허약한 지위에 있는 중소생산자나 소비자가 서로 협력하여 그 경제적 지위를 향상시키고 복지를 도모할 목적으로 공동출자된 기업형태이다. 따라서 협동조합은 회사형태와는 다른 특수형태의 다수공동기업이라고 할 수 있다. 이러한 협동조합은 일반적으로 다음과 같은 원칙에 의해서 운영된다(정수영, 1994 : 113). 첫째, 조합 자체의 영리보다는 조합원의 상호부조에 중점을 둔다. 둘째, 조합원의 임의 가입·탈퇴가 인정되고, 각 조합원은 출자액에 관계없이 평등한 의결권을 가진다. 셋째, 잉여금이 생겼을 때는 원칙적으로 조합원의 이용도에 따라 배분을 행한다. 이들 원칙은 상조주의·민생주의·

이용주의라고도 일컬어지며, 협동조합의 커다란 특징이 되고 있는 것이다. 협동조합은 조합원의 성격에 따라 크게 생산협동조합(producers' cooperative)과 소비협동조합(consumers' cooperative)으로 분류할 수 있다. 전자는 소규모의 생산자들이 조직하는 조합으로서, 업종에 따라 농업협동조합 · 축산협동조합 · 수산업협동조합 · 신용협동조합 등으로 나누어지며, 또 사업내용에 따라 판매조합 · 구매조합 · 이용조합 · 신용조합 · 생산조합 등으로 분류되기도 한다. 후자는 소비자들이 생활에 필요한 재화나 용역을 조달하기 위해 조직하는 조합으로서, 조합원의 성격에 따라 지역조합과 직장조합으로 나누어지기도 하며, 또 조합이 취급하는 재화나 용역의 종별에 의하여 주택조합 · 의료조합 · 식당조합 · 일반소비조합 등으로 분류되기도 한다.

⑥ **익명조합** : 익명조합(dormant partnership)은 출자를 하고 경영에 직접 참가하는 무한책임의 조합원인 영업자와 출자는 하지만 경영에는 참가하지 않는 유한책임의 조합원인 익명조합원으로 구성되는 기업형태이다. 익명조합은 실질적으로 영업자와 익명조합원이 공동으로 사업을 경영하는 기업조직이기는 하나, 익명조합원의 이름은 법률상 외부에 공표되지 않는다. 따라서 익명조합원이 출자한 재산은 영업자의 명의로 운용되기 때문에 표면적으로는 마치 영업자의 개인기업처럼 간주된다. 익명조합의 영업상의 이익은 영업자와 익명조합원이 나누어 갖게 되며, 영업상의 손실에 대하여 익명조합원은 그 출자액의 한도 내에서만 책임을 진다. 이러한 익명조합은 어떻게 보면 합자회사와 비슷하나, 익명조합은 법인격을 지니지 못한다는 점에서 합자회사와는 다르다고 할 수 있다(이기을, 1990 : 162). 익명조합은 영업자가 자기의 지배권을 잃지 않고 자본을 조달할 수 있다는 장점이 있는 반면에, 출자자의 이름과 출자액이 공표되지 않기 때문에 사회적인 신용력이 약하다는 결점도 있다.

(2) 공기업

공기업(public enterprise)이란 국가 또는 지방공공단체가 출자자가 되어 경영상의 책임을 담당하는 기업형태를 말한다. 공기업이 사기업과 다른 점은 자본이 국가나 지방자치단체의 소유로 되어 있고, 직접적이고 궁극적인 목적이 기업자체의 영리추구가 아니라 사회의 공익을 우선으로 한다는 점이다. 따라서 공기업은 보통 공공이익이 확보되어야 하는 분야, 공공단체가 재정수입을 목적으로 하거나 사회자본(social capital)을 정비하기 위한 분야, 그리고 일반복지향상을 꾀하기 위한 분야 등에서 사업이 이루어지게 된다.

공기업은 기준을 달리 함으로써 여러 가지의 형태로 분류할 수 있으나 기본적으로는 크게 다음과 같이 행정기업과 법인체기업으로 나누어 생각할 수 있다.

① **행정기업** : 행정기업이란 국가 또는 지방자치단체가 자본을 전액 출자하여 직접 운영하는 공기업형태를 말한다. 따라서 행정기업은 경영의 자주성이 없는 형태로서 보통 행정기관의 하나로 취급되기 때문에 관청기업으로 불리우기도 한다. 행정기업은 조달청이나 서울시정개발연구원 등과 같이 행정조직의 일부로서 재산권과 경영권이 전적으로 국가나 지방자치단체에 귀속되어 있다.

② **법인체기업** : 법인체기업이란 법인격이 주어진 공기업을 말한다. 다시 말하면, 이는 국가나 지방자치단체와는 별개로 독립적 법인체로 설립됨으로써 경영전반에 대해 완전한 자치권이 부여된 형태의 공기업이라고 할 수 있다. 이러한 법인체기업은 특별법에 의한 법인격이 주어지며 보통 특수법인의 형태를 취하게 된다. 이에 해당하는 것으로는 각종의 공사·공단·사업단 등이 있다.

(3) 공사합동기업

이상에서 우리는 사기업과 공기업에 대해 살펴보았다. 그런데 기업형태에는 이외에도 공사합동기업이 있다. 이른바 '공사합동기업'(mixed undertaking)이라는 것은 국가 또는 지방자치단체와 민간이 공동으로 출자하고 서로 협력하여 경영하는 기업형태를 말한다. 따라서 이는 사기업과 공기업이 혼합된 기업형태로서 공사혼합기업 또는 공사공동기업으로 일컬어지기도 하는데, 이러한 의미의 공사합동기업이 성립하는 데는 다음과 같은 몇 가지의 경우가 있다. 첫째로 국가 또는 지방자치단체가 민간인과 공동으로 출자하여 기업을 신설하는 경우, 둘째로 국가 또는 지방자치단체가 기존의 사기업에 출자하여 그 경영에 참여하는 경우, 셋째로 이와는 반대로 민간인이 기존의 공기업에 출자하고 그 경영에 관여하는 경우, 마지막으로 기존의 공기업과 사기업이 합동하는 경우 등이다.

공사합동기업이 성립되는 동기나 이유는 국가에 따라 또 경우에 따라 다르겠지만, 일반적으로 공공성이 강한 사업을 사기업과 같은 경영방식에 의하여 능률적으로 운영할 필요가 있기 때문이다. 그리고 이와 같은 공사합동기업의 형태에는 특별법에 의해 설립된 형태와 상법상의 주식회사로 설립된 기업형태의 두 가지가 있지만, 실제로는 주식회사의 형태를 갖춘 공사합동기업이 대부분을 차지하고 있다. 그러나 공사합동기업이 주식회사의 형태를 취한다고 해서 사기업의 주식회사와 동일한 것이 아니다. 국가 또는 지방자치단체와 민간인과의 공동출자에 의해 설립되는 공사합동기업에는 민간인인 개인주주와 정부주주가 있게 되며, 대부분의 경우에 정부나 기타의 행정기관이 이사의 임면권을 장악하고 있다는 점이 사기업으로서의 주식회사와 다르다고 할 수 있다. 현재 우리나라의 경우에는 포항종합제철 등의 주식회사와 민영화되지 못한 시중은행들이 공사합동기업의 전형이 되고 있다.

제2절 현대기업의 성장

1. 기업성장의 의의와 성장단계

1) 기업성장의 의의

기업조직의 계속적인 성장(growth)을 유지하는 것은 경영자가 추구하는 가장 중요한 목표의 하나이다. 사람들은 보통 조직의 성장이 조직규모의 확대를 의미한다고 생각한다. 그러나 만일 조직의 규모를 종업원수나 매출액 또는 생산능력 등의 개념으로 이해하여야 한다면 그것은 성장 그 자체라기 보다는 오히려 성장의 결과로 보아야 할 것이다(Litterer, 1973 : 651).

사실 기업성장에 대하여 명확한 정의를 내린다는 것은 매우 어려운 일이다. 왜냐하면 기업의 성장형태는 외부환경의 변화와 차이에 따라서 달라지기 때문이다. 예를 들면, 현재 신속히 성장하는 산업과 이미 성숙단계에 들어선 산업, 그리고 매우 번영하고 있는 경제와 쇠퇴하고 있는 경제 등과 같은 서로 다른 환경하에서 기업의 성장을 똑같은 표준을 사용하여 일률적으로 측정할 수는 없다. 따라서 학자에 따라서는 기업성장을 '하나의 기업조직이 현재 직면해 있는 환경 속에서 생존과 번영을 유지할 수 있는 능력'이라고 비교적 추상적으로 정의하기도 한다. 그러한 정의에 따르면 경쟁이 격렬하고 빠르게 변화하는 환경 속에서 원래의 '시장지위'를 계속 유지할 수 있는 기업은 성장하는 기업으로 볼 수 있다.

2) 기업성장의 단계

경영학에서 그동안 기업성장의 문제를 중점적으로 다룬 문헌은 별로 많지 않았다.

왜냐하면 많은 문헌들이 주로 '정태적 조직'으로서의 기업이 부딪치는 문제에 초점을 맞추었거나, 기업성장을 다루었다고 할지라도 그것에 초점을 두고 다루기보다는 다만 어떤 문제에 관련된 많은 요인들 중의 하나로서만 취급했기 때문이다. 따라서 여기에서는 기업 내지 조직의 성장에 관한 대표적인 이론들을 중심으로 하여 기업은 과연 어떠한 단계를 거쳐 성장하는지를 구체적으로 살펴보기로 하겠다.

(1) 기업진화론모형

블레이크(R.R Blake) 등은 기업조직은 일련의 진화하는 과정을 거치면서 성장하는 것으로 보았다. 이와 관련하여 그들은 기업의 진화과정을 기업가적 단계, 제도적 단계, 동태적 단계로 분류하였는데, 이에 대하여 좀 더 자세히 살펴보면 다음과 같다 (Blake, Avis and Mouton, 1964 : 13-18).

① **기업가적 단계** : 이는 기업경영의 중점이 오로지 손익의 측면에만 두어지는 단계로서, 기업의 성장은 전적으로 기업가의 탁월한 추진력과 결단력에 달려 있게 된다. 따라서 이 단계에서 기업가는 오직 성과목표를 달성하는 데 중점을 두고 부하를 지휘·통솔하게 되며, 종업원들은 어떤 제도적 장치나 규정에 의해 움직이는 것이 아니라 기업가에 대한 경외심과 충성심으로 기업에 기여하게 된다. 그러나 기업의 규모가 커짐에 따라 기업가는 혼자의 능력만으로 기업을 관리할 수 없게 된다. 따라서 기업에는 점차 보다 체계적인 경영관리제도를 도입하는 일이 중요하게 된다.

② **제도적 단계** : 기업이 기업가적 단계에서 제도적 단계로 들어서게 되면 종래의 전통적 관행 대신에 공식적인 규칙이나 규범 등에 의해 종업원들의 행동이 관리된다. 즉, 이 단계에서는 예산, 직무기술서, 절차, 경기예측 등과 같은 여러 가지 제도적 장치가 마련되어 이것이 종업원들을 관리하게 된다. 기업은 이러한 제도적 단계를 통하여 조직 전체가 목표지향적으로 통합되면서 경영의 합리화를 기할 수 있게 되는 것이다. 그러나 이 단계가 오랫동안 지속되면 기업의 성장은 오히려 둔화되는 결과를 가져오게 된다. 왜냐하면 이러한 제도는 조직을 경직화시키면서 종업원들이 자주성과 창의성을 발휘할 수 없게 만들기 때문이다.

③ **동태적 단계** : 기업이 동태적 단계로 접어들면 제도적 단계의 각종 제도들은 보다 탄력적으로 운용되면서 종업원들은 자주성과 창의성 그리고 활력을 회복하게 된다. 다시 말하면, 이 단계에서도 체계적인 제도적 장치들이 그대로 유지되거나 또는 더 강화되기도 하지만, 이것은 종업원들의 행동을 억압하여 기계화시

키는 것이 아니라 그것의 자주성과 창의성을 조성하는 수단이 된다는 것인데, 이는 기업이 행동과학의 지식을 바탕으로 하는 목표관리 · 팀워크(team work) · 갈등관리 등과 같은 경영관리기법들을 기업의 제도 내에 도입하여 체계적으로 운용하기 때문에 가능한 것이다. 따라서 이 단계에서 종업원들은 자주성과 창의성을 마음껏 발휘하면서 개인의 성취욕구를 충족시키고 일로부터 만족을 얻게 되며, 이것이 기업의 성장과 발전으로 이어지게 된다.

(2) 기업수명주기모형

기업주기모형은 기업의 성장을 조직의 수명주기(organizational life cycle)의 관점으로 파악하려는 입장의 이론이다. 이 이론에서는 기업은 세 단계를 거치면서 성장 · 발전하는 것으로 본다. 즉, 초기에 단일의 산업 내지 업종에 속하는 제1단계 기업(소규모기업)은 일인경영체제의 취약성을 극복하려는 노력을 통하여 기능적 전문화에 의한 경영합리화를 추구하는 제2단계 기업(통합적 기업)으로 발전하며, 이는 다시 다제품전략에 의한 분권적 조직구조를 취하는 제3단계 기업(다각화기업)으로 나아가게 된다는 것인데, 이에 대하여 보다 상세히 살펴보면 다음과 같다(Steiner and Miner, 1977 : 84).

① **제1단계의 소규모기업** : 제1단계에 속하는 소규모기업은 소유주가 곧 경영자가 되는 단일경영체제를 취하게 된다. 이때의 기업은 단일품목의 제품을 생산하여 단일경로를 통해 판매하게 되며, 경영자는 상당히 전제적이며 단기적인 사고를 가지고 경영관리의 모든 기능에 대해 혼자서 의사결정을 내린다.

② **제2단계의 통합적 기업** : 기업이 제2단계에 접어들면 소유주인 기업가를 대신하여 기능적으로 전문화된 일단의 경영자가 경영관리를 담당하게 된다. 따라서 이 단계에서는 여러 계층의 경영자들이 위계적 질서 아래 상호협동하면서 기업을 운영하게 된다. 그리고 이때의 경영자에게는 제품별 · 기능별 관리능력이 요구되며, 기업은 제반의 경영관리비용과 생산원가의 절감을 통하여 경영성과를 높이는 데 주력하게 된다.

③ **제3단계의 다각화기업** : 제3단계는 기업이 다수의 제품을 생산하여 다수의 유통경로를 통해 판매하는 단계이다. 이 단계에서 기업은 대부분 사업부제 조직구조를 취하면서 업무적 의사결정에 관한 권한을 경영자에게 위임하게 된다. 따라서 경영자들은 전문경영자로써 요구되는 광범위한 경영관리능력을 갖추지 않으면 안 된다.

(3) 조직성장단계모형

기업성장에 관한 이론 중에서 가장 널리 알려진 것이 그레이너(L.E. Greiner)가 제시한 조직성장단계이론이다. 그레이너에 의하면 조직의 성장은 다섯 단계를 거쳐 진행되며 각 단계는 반드시 위기와 변혁기를 맞게 된다는 것이다. 또한 그는 모든 성장단계는 성장을 위한 성장전략과 다음 성장단계로 이행하기에 앞서 반드시 해결되어야 할 경영관리문제(management problem)가 존재한다고 주장한다(Greiner, 1972).

[그림 2-2]는 이러한 조직성장의 다섯 단계와 각 단계에서 나타나는 위기 및 성장전략 등을 보여준다.

① **창의력에 의한 성장단계** : 이 단계에서 조직의 성장은 창업자의 '창의력'(creativity)을 통하여 이루어진다. 이 단계에서 창업자는 자신의 창의력을 발휘하여 제품을 생산하고 판매하기 때문에 조직 전체의 활동과 발전을 장악하게 된다. 이때의 창업자는 관리적 활동에는 관심이 없고 제품의 제조와 판매에만 모든 노력을 집중하는 기술지향적·업무지향적인 사람이라고 할 수 있다. 그러나 조직이 점차 성장함에 따라 조직 내의 관리에 관한 문제는 더욱 증가하고 복잡해지기 때문에 창업자는 자신의 노력이나 비공식적 커뮤니케이션과 같은 방식으로는 더 이상 문제를 해결할 수 없다는 것을 인식하게 된다. 따라서 이러한 조직 내의 관리에 관한 문제가 심각한 상태가 되어 창업자의 힘으로 더 이상 수습할 수 없게 되면 조직은 '과연 누가 조직의 이러한 국면을 수습할 것인가?' 하는 '리더십위기'(crisis of leadership)가 발생하게 된다.

② **지시에 의한 성장단계** : 리더십위기하에서 조직이 계속적으로 성장하기 위해서는 반드시 강력한 경영자를 찾아내어 창업자의 전폭적인 지지하에 혼란에 빠진 조직을 일사불란하게 이끌어 갈 수 있어야 한다. 이렇게 해서 조직은 리더십위기에서 벗어나 강력한 경영자의 집권적인 경영방식과 명령체계를 통하여 성장을 계속하게 되는데 이것을 '지시에 의한 성장'(growth through direction)이라고 한다. 따라서 이 단계에서 낮은 계층의 경영자들은 오직 상급자의 명령과 지시에 따라서만 직무를 수행하게 된다. 그리고 시간이 지남에 따라 낮은 계층의 경영자들은 그러한 경영방식과 명령체계에 불만을 느끼고 보다 많은 자주적 의사결정권을 요구하게 된다. 그러나 집권적인 경영방식에 익숙해져 있는 높은 계층의 경영자들은 그러한 경영방식을 쉽사리 포기하거나 변화시키기가 어렵게 된다. 결국 이들 사이에는 심각한 갈등이 발생하여 종업원들의 사기가 저하되거나

심지어 조직을 떠나는 사람도 나타나게 되는데 이러한 상황을 조직의 '자주성위기'(crisis of autonomy)라고 한다.

[그림 2-2] 조직성장의 5단계

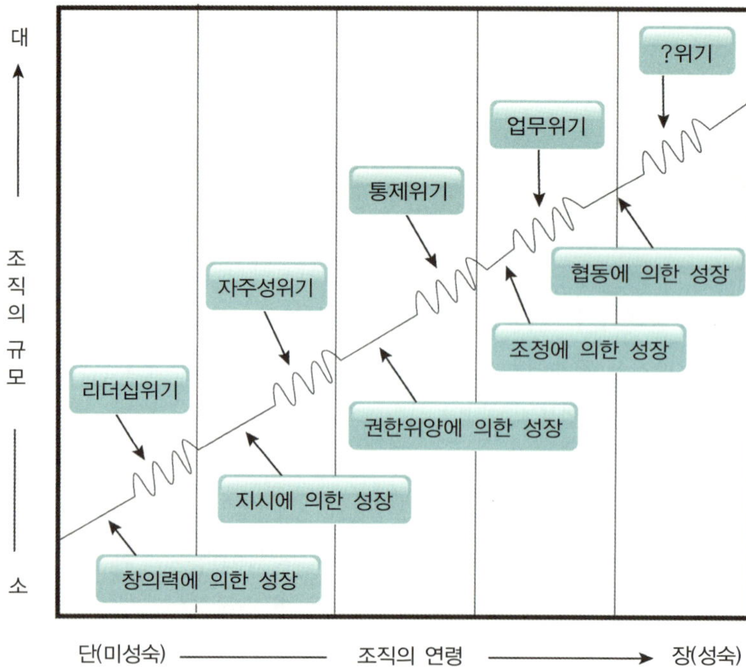

③ **권한위양에 의한 성장단계** : 조직이 성장을 계속하기 위해서는 반드시 위에서 설명한 자주성위기를 극복할 수 있어야 한다. 그리고 그러한 위기를 해결하기 위해서는 권한위양적인 경영방식을 채택하여야 한다. 다시 말하면, 조직은 이 단계에서 분권적 조직구조를 개발하여 낮은 계층의 경영자들에게 보다 큰 의사결정권을 부여하고 높은 계층의 경영자들은 최소한도의 통제권만을 유지함으로써 성장을 계속하게 된다. 그러나 그러한 '권한위양에 의한 성장'(growth through delegation)이 어느 시점에 이르게 되면 높은 계층의 경영자들은 과도한 분권화의 결과 조직의 업무가 매우 산만해지며 각 계층 및 각 부서의 종업원들에게 농후한 본위주의적 태도가 만연되어 더 이상 통제할 수 없는 상황에 처하게 된다. 이것이 이 단계에서 다음의 성장단계로 이행하기에 앞서 반드시 극복하여야 할 '통제위기'(crisis of control)이다.

④ **조정에 의한 성장단계** : 통제위기를 극복하기 위해서 조직은 또 다시 집권적 경영방식을 채택하여 높은 계층의 경영자들이 모든 의사결정권을 장악해야 할 필요성을 느끼게 된다. 그러나 조직이 집권적 경영체제로 다시 돌아가는 것은 이미 권한위양이 이루어져 자유를 만끽하고 있는 낮은 계층의 경영자와 종업원들의 적의와 불만을 낳게 할 뿐이다. 따라서 조직은 보다 효과적인 해결책으로 최고경영층을 감시자로 하는 위원회나 계획 및 경영정보시스템을 통하여 각 부서간의 행동을 조정하는 동시에 조직 전체의 활동 및 발전상황을 보다 효과적으로 장악할 수 있게 된다. 그러나 이러한 '조정에 의한 성장'(growth through coordination)의 목적을 달성하기 위해서 조직은 반드시 작업상의 많은 절차와 규정을 증가시켜야 한다. 그리고 그렇게 증가된 절차와 규정 등은 조직규모가 확대되고 업무가 복잡하게 된 후에는 작업의 효율성에 부정적으로 작용하게 되어 오히려 조직의 발전과 생존에 방해가 되는 존재로 바뀌게 된다. 이것이 이 단계에서 조직이 당면하는 '업무위기'(crisis of redtape)이다.

⑤ **협동에 의한 성장단계** : 사실상 상당한 규모의 조직은 일련의 조정을 위한 제도나 수단을 채용하지 않을 수 없다. 그리고 업무위기는 그러한 목적을 달성하기 위하여 공식적인 절차와 규정에 지나치게 의존하게 될 때 발생하게 되는 것이다. 따라서 조직이 과도한 절차와 규정에 의한 비효율성을 극복하기 위해서는 반드시 각 부서 및 경영자들 간의 협동의지를 고취시켜야 한다. 그렇게 함으로써 조직은 '협동에 의한 성장'(growth through collaboration)의 단계로 진입할 수 있게 된다. 그러면 이 단계에서는 또한 어떤 위기가 나타날 것인가? 이 문제에 대하여 그레이너는 확실한 대답을 피하고 있다. 그러나 그는 이 단계에서 조직구성원들은 과중한 직무와 끊임없이 요구되는 창의성에 대한 이중의 압박감으로 인하여 육체적·정신적으로 쇠잔하게 되어 결국 '심리적인 포화상태'(psychological saturation)에서 오는 위기가 발생할 것으로 예측한다.

기업의 성장이 반드시 이상과 같은 다섯 단계를 통하여 이루어진다고는 할 수 없다. 그러나 우리가 이와 같은 조직의 성장단계를 통하여 이해할 수 있는 것은 기업조직도 생물체와 마찬가지로 계속적인 성장과정을 거치기 때문에 그러한 과정 속에서 발생하는 문제점과 그 해결방법은 시기에 따라 달라져야 한다는 점이다. 이는 이 책의 앞 부분에서 강조하고 있는 '상황이론'에도 부합되는 것이다.

2. 기업성장의 방법

이상에서 살펴본 바와 같이 기업의 성장은 여러 단계를 거치면서 이루어진다. 그러나 그와 같은 기업 내지 조직의 성장에 관한 이론들은 기업성장을 주로 조직구조나 경영관리기능 등에 초점을 두고 설명하고 있기 때문에 기업의 성장이 실제로 어떠한 방법으로 이루어지는가 하는 보다 현실적인 측면을 이해하기에는 부족하다고 할 수 있다. 기업의 성장은 실제로 두 가지 방향으로 이루어진다. 하나는 기업 자체의 자본축적에 의한 내부적 성장이고, 다른 하나는 타기업과의 상호결합을 통하여 성장을 추구하는 외부적 성장이다. 이 중에서 여기에서는 기업의 외부적 성장에 초점을 맞추어 기업성장의 방법을 살펴보기로 하겠다.

1) 기업다각화

기업다각화(bisiness diversification)란 기업이 운영하고 있던 업종 이외의 다른 업종에 진출하여 여러 업종을 동시에 운영하게 되는 것을 말한다. 기업의 다각화를 좁은 의미로 볼 때에는 서로 다른 업종이나 산업에 진출하는 '사행적 다각화'만을 말하나, 이를 넓게 보는 경우에는 기업이 생산과정상의 다른 제품을 추가적으로 제조하고 판매하는 것과 같은 '수평적 다각화'의 경우도 포함한다(김원수, 1994 : 507~509).

기업이 다각화는 이유는 환경의 변화나 경쟁의 격화에 대응하여 기업활동을 수행하는 데 따르는 위험을 분산시킴으로써 기업의 안전성을 확보함과 아울러 경영합리화를 통하여 기업의 성장을 촉진하고, 나아가서 시장지배력을 강화하면서 이익을 증대하려는 데 있다. 이러한 다각화는 기업이 성장하기 위하여는 당연히 추구하지 않으면 안 되는 기업성장의 방법이다. 왜냐하면 기업환경의 동태적인 변화와 치열한 경쟁에 적응하면서 기업이 성장하기 위해서는 반드시 새로운 사업분야로 진출하지 않으면 안 되기 때문이다.

한편, 기업이 다각화하는 과정에서 쉽게는 기업 자체의 기술이나 시설을 활용하여 다각하는 경우가 있는데, 이를 '내부적 다각화'라 한다. 이에 대해 기업이 다른 업종의 기업과 계열화하거나 여러 가지의 방식으로 결합하여 다각화하는 경우를 '외부적 다각화'라고 한다. 이러한 의미에서 보면 아래에서 설명하려는 기업성장의 여러 방법들은 그 성격상 후자의 경우에 속하는 것으로도 볼 수 있다.

2) 기업집중

기업집중(business concentration)이란 몇 개의 단독기업들이 여러 가지 방식으로 상호결합하여 보다 큰 자본을 형성함으로써 기업의 안정과 시장에서의 지배력을 강화하려는 일련의 현상을 일컫는다. 기업결합(business combination) 또는 산업집중(industry concentration)으로도 불리우는 기업집중은 기업 상호 간의 경쟁을 제한하거나 배제하고, 생산공정의 합리화를 기하며, 나아가 타기업에 대한 지배력을 강화할 목적에서 이루어지는 경우가 대부분이다.

기업집중은 결합의 방법에 따라 기업연합, 기업합동, 콘체른의 세 가지 형태로 분류된다.

① **기업연합** : 기업연합(association)은 기업이 독립성을 유지하면서 상호 간의 협약에 의해 결합하는 기업집중의 한 형태이다. 이 형태는 결합된 기업의 독립성이 법적이나 실질적으로 유지되기 때문에 그에 따른 취약성 또한 크다고 할 수 있다. 이와 같은 기업연합형태 중에서 가장 대표적인 것으로 '카르텔'(kartel)이 있다. 이것은 동종산업 또는 유사산업에 속하는 기업들이 시장통제를 목적으로 일정한 협약에 따라 결합하는 수평적 결합형태이다. 카르텔에 가맹한 기업은 제각기 기업으로서의 독립성을 유지하기 때문에 외견상으로는 단독기업과 큰 차이는 없다. 다만 시장활동에 있어 어느 정도의 제한을 받을 뿐이어서 일종의 독립기업의 연합체라고 할 수 있다. 이와 같은 카르텔은 기업 간에 체결한 협약내용에 따라 판매카르텔 · 구매카르텔 · 생산카르텔의 세 가지로 구분되는 것이 보통이다.

② **기업합동** : 기업합동(fusion)은 기업연합과는 달리 기업이 각자 법적 내지 실질적으로 독립성을 완전히 버리고 하나의 기업으로 결합하는 기업집중형태이다. 이것은 기업집중형태들 중에서 결합의 강도가 가장 높은 형태에 속한다. 기업합동형태의 대표적인 예로는 트러스트(trust)가 있다. 트러스트는 기업 상호 간의 출자를 결합하여 대자본의 힘에 의해 시장을 지배하고자 하는 목적에서 형성되는 독점적 기업결합체로서, 동종산업에 속하는 기업 상호 간의 수평적 결합에 의하여 성립되는 것이 보통이다. 그러나 좀 복잡한 형태의 트러스트는 수직적으로 결합하여 시장을 독점함과 동시에, 원료의 확보를 용이하게 하면서 생산공정의 합리화를 꾀하기도 한다. 이러한 식의 트러스트는 매우 고도화된 형태라고 할 수 있는데, 기업은 이러한 방식의 트러스트를 통해 서로 관계가 있는 몇 개

의 업종을 하나의 기업내로 흡수하면서 그의 경영내용을 다각화하기도 한다. 어찌되었든 트러스트의 경우에는 여러 개의 기업이 하나의 통일적인 의사에 의해 완전히 지휘·통일되기 때문에 카르텔의 경우보다 그 결합력이 강하고, 따라서 참가기업에 대한 경영합리화도 손쉽게 실시할 수 있다. 동시에 트러스트에 있어서는 시장에 대한 독점적 지배력이 매우 강하기 때문에 보다 넓은 범위에 걸쳐 시장을 지배할 수 있게 된다(이기을, 1990 : 264-266).

③ **콘체른** : 콘체른(konzern)은 몇 개의 기업이 각각 독립성을 유지하면서 주식의 보유 또는 자금의 대부와 같은 금융적 방법에 의해 결합된 기업집중의 한 형태이다. 따라서 콘체른은 법률상으로 독립된 기업들의 결합이라는 점에서 트러스트와는 다르며, 오히려 카르텔과 유사하다. 그러나 콘체른은 시장지배보다는 경영지배가 주목적이라는 점에서 카르텔과도 다르다고 할 수 있다. 이러한 성격의 콘체른에서는 참가기업들이 주로 주식의 소유에 의해 지배되어 사실상 일체가 되기 때문에 그 결합력이 매우 강하게 된다. 따라서 콘체른은 기업집중형태로서는 가장 고도의 것이라 할 수 있다. 또한 콘체른은 카르텔이나 트러스트처럼 주로 동종산업이나 유사산업에 속하는 기업 간에만 한정되는 일이 없으며, 전혀 관련이 없는 산업의 기업 간에도 형성된다. 따라서 콘체른의 집중형태에는 수평적 결합도 있으며 수직적 결합도 있게 된다. 이러한 점에서 콘체른은 기업집중 가운데서 가장 복잡한 형태라고 볼 수 있다. 콘체른은 그 기업집중의 목적에 따라 산업콘체른·판매콘체른·금융콘체른 등으로 분류된다. 이 중에서 산업콘체른과 판매콘체른은 단순히 생산합리화나 생산비절감, 또는 영업비절감이나 거래망확보 등을 목적으로 결합하는 형태이나, 금융콘체른은 이와는 달리 생산이나 판매상의 제휴가 없는 경우에도 전적으로 금융상 내지 출자상의 목적으로 결합하는 것이 보통이다(한희영, 1987 : 356-357).

이상에서 살펴본 여러 가지 기업집중형태 가운데서도 특히 카르텔이나 트러스트는 시장지배가 주목적이므로 결국은 경쟁의 제한을 통한 시장독점이 빚어지게 마련이다. 그리고 콘체른은 시장독점이 직접적인 목적이 아니라 할지라도 콘체른의 세력이 크게 확장되는 경우에는 사실상 시장독점의 폐해를 피할 수 없게 되는 경우가 많다. 따라서 대부분의 국가에서는 법적인 장치를 통하여 이와 같은 카르텔이나 트러스트 또는 독점적 콘체른과 같은 기업집중을 부분적으로 규제하거나 또는 전면적으로 금지하기도 한다.

따라서 오늘날의 기업들은 이러한 형태의 기업집중방식을 지양하고 보다 발전된 형태의 기업결합을 통하여 기업의 성장과 발전을 추구하는 경향을 보이고 있는데, 비교적 대표적인 것으로는 기업계열화 · 기업집단 · 콩글로머리트 · 조인트벤처 등을 들 수 있다.

3) 기업계열화

기업계열화란 대기업이 중소기업을 하청기업 내지 하청공장으로 하여 자기의 지배하에 둠으로써 생산공정의 합리화 또는 제품이나 판매시장의 확보를 기하려는 기업결합의 한 형태이다. 이것은 대기업 간에 경쟁을 배제하거나 시장을 지배할 목적에서 형성되는 결합형태와는 달리, 오로지 생산공정의 기술적 결합과 생산능률의 증대 등을 실현할 목적으로 행해지는 것이기 때문에 기업집중이라고 하지 않고 기업계열화라고 부른다.

기업계열화는 주로 대기업이 모체가 되어 중소기업을 그의 하청공장이나 판매대리점으로 하여 형성되는 경우가 일반적이다. 우리나라와 같이 중소기업은 많지만 소수의 대기업이 경제를 주도해 나가는 나라에서는 바로 이와 같은 방식으로 형성된 기업계열화가 주류를 이룬다. 그러나 때로는 중소기업 상호 간에도 그 중심이 되는 모공장을 정하여 계열화를 행하는 경우도 있는데, 이러한 경우에는 이를 기업계열화라 하지 않고 각별히 '기업협업화'라 부른다(한희영, 1987 : 352). 이러한 방식의 계열화는 특히 대만과 같이 중소기업이 경제를 주도하고 있는 나라에서 많이 이루어진다. 어쨌든 기업계열화는 보통의 경우 지배관계에 의해 이루어지게 되는데, 특히 대기업과 중소기업간에 행해지는 기업계열화는 전자가 후자의 주식을 취득하든지, 임원을 파견하든지, 관련기술을 제공해 주든지 하는 등의 방식을 통하여 지배관계를 형성하는 것이 일반적이라고 할 수 있다.

4) 기업집단

기업집단(business group)이란 기업결합의 한 형태로서 상호 간에 보완적인 역할을 하는 여러 개의 생산부분이 생산기술적인 입장에서 결합하여 하나의 생산적 집합체를 구성하는 것이다. 각 참가기업들은 저마다 법률적 · 경제적 독립성을 유지하면서 서로 인접된 입지조건에 처해 있는 것을 그 특징으로 하며, 상호 간의 결합관계는 지배 · 종속관계에 얽매이지 않기 때문에 서로 다른 자본계열에 속하는 기업들이 모여서 기업집단을 형성하는 경우도 있다. 그런 의미에서 이것은 주로 자본을 중심으로 한 결합 내지 지배관계에 의해 형성되는 기업집중과는 다른 성격의 기업결합형태라고 할 수 있다(한현, 1980 : 108).

기업집단으로서 가장 대표적인 것이 '콤비나트'(kombinat)이다. 콤비나트는 그 어원이 러시아어에서 유래되는 '다각적 결합공장'이라는 뜻으로서, 독립된 기업들이 기술적 합리화를 도모하기 위하여 지역적으로 결합된 기업집단을 일컫는다. 따라서 이것은 대기업 간의 자본적 결합을 직접적 목적으로 하는 것이 아니고, 무엇보다도 생산자원을 다각적·효과적으로 이용한다든지, 원료의 확보를 쉽게 한다든지, 연료비나 수송비를 절약하고 중간이윤을 배제한다든지 하는 것과 같이 기술적인 면에 있어서의 유기적인 결합을 주목적으로 한다는 데 그 특징이 있게 된다.

그러나 콤비나트가 기술적 결합을 목적으로 한다고 하더라도 기업을 결합시키기 위해서는 어느 정도의 자본적 결합이 필요할 때도 있게 된다. 이러한 경우 콤비나트는 대기업 상호 간의 주식의 보유에 의해 성립되기 때문에 보통 콘체른의 형태를 취할 때가 많다. 그렇지만 그러한 경우에도 자본적 결합은 어디까지나 기술적 결합을 기초로 하여 기업 간의 기술적인 제휴관계가 형성되게 마련이다. 따라서 콤비나트는 이와 같이 서로 관련되는 기업 간의 기술적 결합을 도모하기 위하여, 이들 기업이 같은 지역에 공장을 인접하여 건설하고, 서로 밀접한 협력관계를 형성함으로써 성립되는 것이다(이기을, 1990 : 269-270).

5) 콩글로머리트

콩글로머리트(conglomerate)는 1950년대 후반부터 미국에서 급격히 늘어나기 시작한 새로운 기업결합형태이다. 이것은 하나의 기업이 자기와는 전혀 관련이 없는 업종의 기업을 합병 또는 매수함으로써 다각적 경영을 행하는 거대기업을 뜻한다. 이러한 새로운 형태의 기업결합이 미국에서 생겨난 것은 당시에 미국의 공정거래법에 해당하는 '클레이톤법'(Clayton Act) 제7조가 개정되면서 동종 또는 유사기업 간에 수평적이거나 수직적 결합이 어렵게 되었기 때문이다. 이리하여 1968년에는 이러한 방법에 의한 합병이 기업합병의 대부분을 차지하게 되었다. 그러나 이러한 기업결합형태 또한 거대기업인 만큼 다른 기업을 압박하고 시장을 독점함으로써 발생되는 폐해를 전혀 배제할 수는 없다고 할 수 있다.

6) 조인트벤처

일명 공동출자회사 또는 합작회사라고도 불리우는 조인트벤처(joint venture)는 두 개 이상의 기업이 공동으로 출자함으로써 설립되는 회사를 말한다. 따라서 국내기업 간의 공동출자도 이에 해당하나, 일반적으로는 해외기업과의 공동출자 또는 공동경영을 조인트벤처라고 한다. 조인트벤처에서의 출자는 현금·시설·기계·기술 등 다양한 형태로 이루어지는 것이 보통이다.

한편, 조인트벤처에 있어서는 전투자액의 과반수 이상을 소유한 쪽의 발언권이 커지게 되는 것은 당연한 일이다. 따라서 외국자본의 출자비율이 제한되는 것이 보통이다. 이러한 기업형태는 외자도입이나 기술제휴에 의하여 국내산업을 발전시킨다는 데 그 의의가 있다. 그러나 잘못하면 외국세력에 눌리어 피고용적인 성격이 짙어지고, 공해산업이나 이미 사양화된 산업이 묻어 들어오기 쉽다. 그뿐만 아니라 타국경제에의 종속성이 심화되는 결과를 초래할 위험성도 배제할 수 없을 것이다.

7) 다국적기업

다국적기업(multinational corporation : MNC)이라는 것은 세계 여러 나라에 사업본부나 공장을 갖고 세계를 상대로 영업활동을 하며, 주주도 각국에 산재되어 여러 나라의 사람이 국적을 초월하여 경영활동을 전개하는 기업을 말한다. 다국적기업은 세계를 대상으로 경영활동을 행하기 때문에 본국은 그의 한 부분에 지나지 않는다. 따라서 이는 소속국가·국적·국경을 넘어 활동하기 위하여 세계에 널려 있는 각 거점은 세계 각국의 국적을 가지는 현지법인으로 설립되며, 이러한 면에서 이것을 세계기업(world enterprise)이라고도 한다.

다국적기업이 외국에 진출하는 거점을 확립하기 위해서는 전액 자사출자에 의한 현지법인을 설립하여 그의 종속회사로 하거나, 각국의 대기업과 제휴 또는 매수 등의 방식으로 결합하는 방법 등이 사용된다. 오늘날 많은 국가의 거대기업들은 대부분 이러한 방법을 통하여 다국적기업화하는 경향이 짙게 나타나고 있는데, 이것은 시장확보뿐만 아니라 현지의 자본·노동력·생산자원 등을 효과적·효율적으로 이용할 수 있기 때문이다. 그렇지만 현지국의 입장에서 보면, 다국적기업이 지나치게 거대화함으로써 현지국의 경제에 부정적으로 영향을 미치기도 하기 때문에 현지국과 심각한 마찰을 빚는 경우도 많다.

제3절 현대기업과 경영환경

1. 경영환경의 중요성과 구성체계

1) 경영환경의 중요성

오늘날 경영에 관여하고 있는 사람은 반드시 그가 생존하고 있는 환경을 철저하게 이해하지 않으면 안 된다. 왜냐하면 그러한 지식을 근거로 하여 그와 같은 환경 속에서 자신이 몸담고 있는 기업이 수행해야 할 역할을 결정해야 하기 때문이다. 많은 사람들은 하나의 기업은 시장의 경기상황, 원료공급의 질, 가격과 수량, 신기술의 개발, 법규의 변경 등과 같은 환경의 작용과 영향력에 대하여 다만 굴복하거나 수동적으로 적응하는 방법 밖에는 없다고 생각한다. 예를 들면, 많은 기업들은 환경이 기업에 유리한 방향으로 변하면 당연히 그러한 변화의 기회를 장악하고 이용한다. 그러나 만일 그 변화의 방향이 기업에 불리하게 진행될 때에는 아무런 대책도 강구하지 못하고 손실과 타격을 입고 시장으로부터 밀려나거나 심지어는 그로 인하여 기업의 전체사업이 실패하는 운명을 맞기도 한다.

그러나 사실은 완전히 그렇지만은 않다. 기업은 또한 자기의 힘으로 또는 다른 조직들과의 적극적인 협력이나 계획적인 노력을 통하여 불리한 환경요인을 변화시킬 수 있다. 예를 들면, 기술상의 선두적 위치를 유지하기 위하여 전문가의 지식과 정보의 분석을 통해 미래의 경제 및 과학기술의 발전을 예측하고 연구개발부문을 적극적으로 육성·발전시킨다든지, 시장과 원료의 공급원천을 분산시켜 특정 지역이나 국가에 대한 의존도를 감소시킨다든지, 또는 사회에 대한 각종 봉사와 공익을 위한 활동에 종사하여 일반대중 및 정부와의 관계를 개선시킬 수 있을 것이다. 따라서 하나의 기업은 상당한 정도 내에서 능동적으로 기회를 창출함으로써 그 생존환경을 개선시킬 수 있다.

물론 대규모의 기업, 특히 국제적인 기업은 능동적으로 그의 환경을 개선시킬 수 있는 능력이 비교적 많다. 반면에 비교적 규모가 작은 기업은 대부분 이러한 기회와 능력이 상당히 결여되어 있다. 그러나 이러한 중소형기업도 사회와 경제발전에 적극적으로 기여한다면 정부와 사회로부터 비교적 많은 관심과 협조를 이끌어 낼 수 있게 됨으로써 그들이 처해 있는 불리한 위치를 극복할 수 있을 것이다.

2) 경영환경의 구성체계

기업조직을 일종의 사회적·기술적 개방시스템이라고 한다면, 이러한 시스템을 보다 효과적으로 관리하기 위해서는 반드시 '생존공간'으로서의 환경을 먼저 이해하여야 한다. 그러나 조직이 어떤 환경과 관련을 맺고 있느냐 하는 것은 조직의 성격에 따라 모두 다르다고 할 수 있다. 기업조직 역시 그 업종과 규모가 다름에 따라 당면하는 환경 역시 달라질 수밖에 없을 것이다. 따라서 모든 조직에 직접적·간접적으로 영향을 미치는 환경을 모두 설명한다는 것은 사실상 불가능한 일이기도 한 것이다.

경영환경을 서로 성격이 다른 구성환경으로 분류하는 기준이나 방식으로는 여러 가지가 알려져 있지만, 가장 기본적이며 대표적인 분류방식은 환경의 조직에 대한 영향력과 조직의 환경에 대한 관리가능성을 동시에 고려하여 환경을 과업환경과 일반환경으로 분류하는 것이다(Robbins, 1991 ; 신유근, 1996 : 53-55). [그림 2-3]은 이와 같은 분류방식에 의한 경영환경의 구성체계를 보여주는 것인데, 이에 대해 간략히 살펴보면 다음과 같다.

[그림 2-3] 경영환경의 구성체계

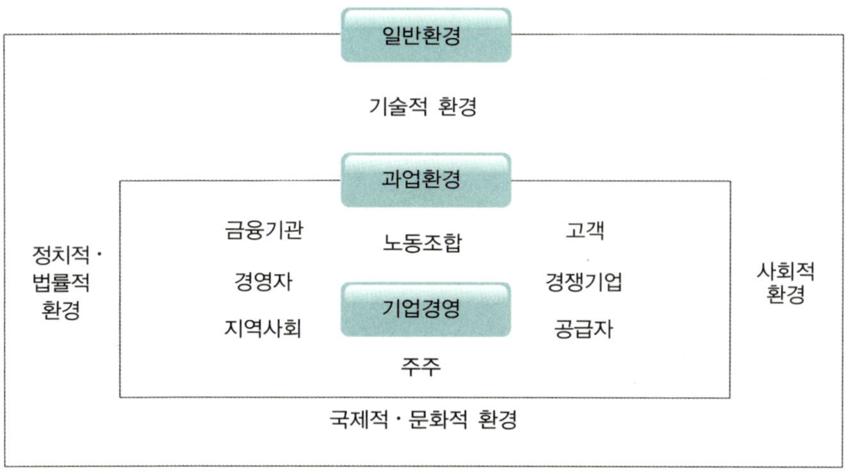

먼저 과업환경(task environment)이란 기업과 밀접한 관련을 가지면서 기업경영에 직접적으로 영향을 미치는 근접환경을 말한다. 따라서 이는 기업의 입장에서도 그 대상이 확인되므로 어떤 영향력의 행사가 가능하여 관리가능한 기업환경이라고 할 수 있다. 이러한 과업환경은 일반적으로 기업의 경영활동으로 인해 직접적·간접적으로 이득이나 손해를 보는 이해관계자(stakeholder)들로 분류되는데, 여기에는 주주·노동조합·고객·지역사회·경영자·경쟁기업·공급자·금융기관 등이 포함된다.

다음으로 일반환경(general environment)이란 어떤 특정 조직에 대해서만 영향을 미치는 것이 아니라, 사회전체 속에 있는 모든 조직에 공통적으로 영향을 미치는 환경을 일컫는다. 기업의 입장에서 보면 그 대상이 파악되지 않기 때문에 일반환경요인에 대하여 어떤 영향력을 행사하기가 어렵다. 이러한 일반환경은 통상 크게 기술적 환경, 정치적·법률적 환경, 사회적 환경, 국제적·문화적 환경 등으로 나누어 살펴볼 수 있다.

이상과 같은 과업환경과 일반환경의 중요성은 상황의 변화나 조직의 성격이나 활동에 따라 달라질 수 있다. 특히 과업환경의 상대적 중요성은 같은 기업조직이라 할지라도 업종이나 규모가 다름에 따라 큰 차이가 있을 것이다. 그렇지만 일반환경은 대체적으로 모든 조직들에 있어서 공통적으로 중시되는 환경이라고 할 수 있다. 특히 오늘날 우리 사회가 다원화 및 글로벌화되어 가는 추세에서 이와 같은 일반환경의 영향력은 더욱 커지고 있다 할 것이다. 아래에서는 이들 일반환경요인들이 기업경영에 미치는 영향에 대하여 보다 구체적으로 살펴보기로 한다.

2. 경영환경이 기업경영에 미치는 영향

1) 과학기술의 발전과 기업경영

넓은 의미로의 과학기술(technology)은 어떠한 과업이나 활동을 수행하고 달성하는 데 요구되는 모든 지식을 말한다. 예를 들면, 기업조직은 과학기술에 의존하여 모든 투입을 산출로 전환시키는데, 이때 이용되는 과학기술은 하드웨어(hardware)로서의 기계설비와 각종 도구, 그리고 소프트웨어(software)로서의 작업방법과 조작기술 등이 있다. 한 조직의 구조·운용방식·효율성 등은 항상 응용하는 과학기술의 수준과 종류에 따라서 그 결과가 달리 나타난다.

이러한 과학기술 중의 일부는 조직 내에서 개발·발전시킬 수 있으나 그외의 대부분은 외부환경으로부터 들여와야 한다. 사실상 조직 내부에서 개발된 것이라 할지라도 역시 조직외부 과학기술의 영향을 받지 않을 수 없다. 따라서 경영자는 반드시 이러한 외부의 과학기술환경을 이해하지 않으면 안 된다. 우리는 근대사회의 가장 큰 특징중의 하나가 과학기술의 신속한 발전이라는 사실을 부인하지 않는다. 특히 20세기 후반기를 통하여 우리가 보아온 항공기 · 인공위성 · 우주선 · 핵발전소 · 정보통신 등은 놀랄만큼 진보된 과학기술의 산물들이다. 이것들은 100년 전 심지어 50년 전만 하더라도 모두 불가사의한 것들이었다.

과학기술의 환경은 두 가지 중요한 경로를 통하여 기업조직에 보편적이고도 막대한 영향을 끼쳤다. 그 중의 하나가 기계화로부터 자동화(automation)로의 발전이며, 다른 하나는 컴퓨터의 이용이다.

(1) 생산시스템의 자동화

산업혁명은 수공업생산을 기계생산으로 대체하고 여기에 각종 에너지의 원천을 이용함에 따라 개인의 생산성을 크게 증대시켰다. 그러나 이와 함께 종업원들의 임금수준 역시 계속 증가함에 따라 기업들은 인력을 절감할 수 있는 설비를 개발 · 이용하는데 주력하게 되었다. 예를 들면, 1966년 미국의 한 저명한 주간지의 보도내용에 의하면 미국 내 한 도시의 자동차 터미널에 위치한 어느 식당에서는 자동화된 주방설비를 갖추었는데, 이 설비는 한 사람의 종업원이 주문서에 기입된 음식이름을 컴퓨터에 입력시키기만 하면 한 시간 내에 400개의 햄버거, 400개의 소시지, 360봉지의 감자튀김, 175마리의 닭튀김 그리고 그 밖의 각종 음료 등을 자동으로 고객들에게 공급할 수 있다. 또한 이 기계설비가 할 수 있는 일은 포장과 운반작업 뿐만 아니라 직접 조리하고 배치하는 각종 복잡한 과정까지도 포함한다는 것이다(Business Week, 1966 : 42).

물론 이와 같은 예는 오늘날의 발전된 자동화생산에 비하면 하나의 매우 간단한 응용에 불과한 것이다. 그러나 당시에 있어서 그러한 자동화설비는 사람들에게 인력을 절감할 수 있는 매우 경이적인 과학기술로 받아들여졌다.

최초의 자동화는 미국 디트로이트 자동차공장에서 응용되었다. 이 공장에서는 생산에 필요한 각종 기계들을 생산과정에 따라 순서대로 배치한 다음, 각종 기계장치를 이용하여 제조된 물건들은 한 위치에서 다음 위치로 이동시킬 수 있도록 하였다. 그 결과 이 공장은 극소수 작업자들의 도움만으로도 생산활동을 효과적으로 수행할 수 있었다. 이러한 종류의 자동화를 일반적으로 '디트로이트 자동화'(Detroit automation)라고 부르는데, 이러한 생산방법은 그 후 금속 · 전기기구 등 대량생산을 필요로 하는 산업에 광범위하게 이용되었다. 그러나 화학 · 정유 · 제강 등 공정생산산업에서의 자동화는 주로 컴퓨터의 통제를 통하여 생산공정을 감시 · 계산 · 비교 · 평가 · 수정한다. 따라서 이러한 형태의 자동화는 '피드백 통제기능을 가지는 자동화'(automation with feedback control)라고 볼 수 있다. 이것은 비교적 초기의 디트로이트 자동화에 비하여 상당히 발전된 형태로서 전 과정을 통하여 모든 계기의 확인과 필요한 조정이 사람에 의해서가 아닌 시스템 자체의 자동통제에 의해서 이루어진다.

최근에 개발된 또 하나의 자동화로 '비연속적 자동화'(discontinous automation)라는 것이 있다. 이러한 형태의 자동화시스템은 자체에 자기통제능력이 있을 뿐만 아니라 정보의 투입을 통하여 전체의 작업순환과정 역시 통제할 수 있다. 또한 이러한 시스템은 공정생산에서와 같이 반드시 연속적으로 계속 생산하지 않아도 됨으로써 상당히 큰 탄력성을 지닌다.

그러나 어떠한 자동화방식이든 간에 직접적으로는 모두 기업의 기술적 하위시스템의 변화에 영향을 미치며, 간접적으로는 심리적・사회적 하위시스템과 관리적 하위시스템에 영향을 미친다.

(2) 정보처리시스템의 자동화

위에서 알아본 생산시스템의 자동화뿐만 아니라 정보 또는 자료처리기술 역시 상당한 발전을 가져왔다. '생산시스템의 자동화'가 생산과정의 발전을 의미한다면 '정보처리시스템의 자동화'는 바로 경영관리와 그 의사결정과정에 있어서의 발전을 의미한다고 할 수 있다. 간단히 말하면, 정보처리시스템의 자동화는 자료의 수집・처리・운반・비교 등 그동안 사람들에 의해 행해진 작업을 '전자자료처리설비'를 통하여 대행하게 되었음을 의미한다. 특히 최근 컴퓨터의 놀랄만한 발전은 과거 개인의 기억과 판단에 의존했던 경영상의 의사결정방식에 커다란 변화를 가져오게 되었다. 즉, 기업의 경영자들은 컴퓨터의 기억용량과 처리속도를 이용하여 보다 믿을만한 자료를 보다 빨리 수집하고 이용할 수 있게 되었다. 예를 들면, 생산과 재고통제와 같이 비교적 일상화・공식화된 의사결정에 대해서는 이미 거의 자동화된 수준에 이르게 되었다. 물론 이 방면의 기술을 직접 최고경영층의 의사결정에 응용하기에는 아직 곤란하다고 할 수 있다. 그러나 근래에 와서 전략적 정보시스템에 관한 연구문헌이 증가하고 있고, 또한 시뮬레이션기법을 결합시켜 효과적으로 응용할 수 있게 된다면 멀지않은 장래에 최고경영층의 의사결정에 있어서도 역시 획기적인 변화가 발생할 것으로 생각된다.

(3) 과학기술의 발전이 기업경영에 미치는 영향

이상에서 살펴본 생산시스템과 정보처리시스템의 자동화와 같은 과학기술의 발전이 경영에 미치는 영향을 좀 더 상세히 알아보면 다음과 같다.

첫째, 과학기술의 발전은 계획기능에 영향을 미친다. 과학기술의 신속한 발전으로 말미암아 기업은 기존의 제품과 생산방법을 더 이상 이용할 수 없게 된다. 그러나 자동화설비에 대한 투자는 전통설비와는 비교할 수 없을 정도로 큰 규모의 자금이 필요하게 되기 때문에 이는 기업경영에 있어서 위험을 증가시키는 중요한 요인으로 작용한다. 따라서 기업이 보다 잠재력과 장래성이 있는 시장과 상품을 개발하기 위해서는 창의성과 혁신성 그리고 전략성이 있으며 비교적 장기적 측면으로서의 예측과 계획이 필요하며, 이는 또한 반드시 객관적이면서도 빈틈없는 분석을 거친 자료를 필요로 하게 된다. 자동화된 정보처리시스템의 발전은 경영자들이 이러한 방면의 문제를 해결하는 데 도움이 된다.

둘째, 조직 역시 과학기술변화의 영향을 크게 받는다. 예를 들면, 자동화가 진전됨에 따라 조직구조는 각종 원료들을 자동화된 공정과 결합시켜야 하기 때문에 여러 기능 간의 수평적 통합이 필요하게 된다. 따라서 기능적 조직구조나 엄격한 계층구조를 유지하기가 어려워진다(Kast and Rosenz weig, 1970 : 161). 정보기술의 발전이 조직에 미치는 영향에 대해서는 학자들 간에 의견을 달리한다. 예를 들면, 어느 학자들은 정보기술의 발전은 의사결정의 집중화를 촉진시킨다고 주장하며(Leavitt and Whisler, 1958), 또 어떤 학자는 정보기술의 발전은 최고경영층이 하부경영층과 신속한 의사소통을 할 수 있게 함으로써 작업에 관련된 많은 의사결정의 권한을 하위경영자들에게 위양시킬 수 있다고 주장한다. 그러나 어떤 방향으로 변화를 가져오든 간에 조직방식이 과학기술발전의 영향을 받는다는 것은 부인할 수 없는 사실이라고 할 수 있다.

셋째, 과학기술의 조건은 역시 조직구성원의 구성에 영향을 미친다. 예를 들면, 자동화의 정도가 비교적 높은 기업에서는 비기술직 종업원의 수는 감소하는 반면 기사와 같은 기술직 종업원의 수는 증가한다. 따라서 이러한 종업원들에 대한 선발・훈련・처우・동기부여・감독 등의 방식은 모두 일반종업원들과는 달라져야 할 것이다. 근래에 경영학에서 조직개발이 특히 중요시되는 것은 이와 같은 과학자・기사・전문가에 대한 리더십 및 통제문제에 관한 관심이 반영된 결과라고 할 수 있다.

넷째, 정보설비를 이용할 수 있게 됨에 따라 조직은 필요한 때 필요한 만큼의 자료를 얻을 수 있게 됨으로써 통제기능을 크게 강화시킬 수 있게 되었다.

지금까지 살펴본 과학기술발전이 경영에 미치는 영향들은 몇 가지 비교적 대표적인 사실만을 열거하고 이에 개략적인 설명을 덧붙인 것에 불과하다. 과학기술의 발전이 경영에 미치는 영향은 이외에도 상당히 광범위하다고 할 수 있다. 이에 대해서는 앞으로 이 책의 각 장을 통하여 계속적으로 살펴보도록 하겠다.

2) 정치적 · 법률적 환경과 기업경영

20세기에 들어와서, 특히 제2차 세계대전 이후에 정부의 기능이 계속 확대됨에 따라 정부와 기업 간의 관계가 매우 밀접하게 되었다. 기업경영의 전통적 관념하에서는 상업에 종사한다는 것과 정치와는 각기 별개의 문제에 속하였다. 그러나 오늘날과 같은 현실세계 속에서 그러한 관념은 이미 존재해서는 안 되는 동시에 존재할 수도 없는 것이 되었다. 여기서 소위 기업이 정치나 법률과 관계가 있다는 말은 기업계 인사가 반드시 선거에 참여해야 한다거나 공직에 몸을 담아야 한다는 것이 아니고, 정부의 정책 · 입법 · 행정조치 등에 있어서의 변화가 기업의 경영방식에 매우 크게 영향을 미친다는 것을 의미한다. 만일 기업의 경영자가 이러한 변화에 무감각하게 대처한다면 그 기업은 장래에 큰 손실과 그에 따른 위험을 감수하지 않으면 안 된다.

정부와 기업 간의 관계는 여러 방면에 걸쳐서 복잡하게 이루어진다. 그러나 여기에서는 비교적 직접적인 방면에 대해서만 요약하여 설명하도록 하겠다.

(1) 정부의 경제적 기능

기업의 경영에 미치는 몇 가지 중요한 정부의 경제적 기능을 살펴보면 다음과 같다.

첫째, 현대의 민주국가에서 국가경제의 건전한 발전과 안정을 유지하는 것은 정부의 중요한 임무이다. 따라서 정부는 이러한 임무를 달성하기 위하여 각종 서로 다른 방법과 수단을 이용하게 된다. 예를 들면, 선진공업국과 개발도상국을 포함하여 많은 국가들은 중 · 장기의 경제계획을 수립하여 거시경제의 발전방향에 대한 목표와 전략을 설정하는데, 그 내용은 생산 · 투자 · 인력 · 무역 등 거시적 구성요소뿐만 아니라 각종 산업부문의 구체적인 활동지표까지도 포함한다. 이러한 경제계획의 강도와 구체화의 정도는 각국의 경제제도에 따라 많은 차이를 보인다. 그러나 어느 나라를 막론하고 이러한 경제계획의 강도와 구체화 정도는 일반적으로 그 나라 정부의 정책과 시행의지를 반영한다고 할 수 있다. 따라서 만일 기업의 경영방침이 정부의 경제계획의 정신과 목표에 부합된다면 그 기업은 많은 부분에서 비교적 용이하게 적응해 나갈 수 있을 것이다. 그러나 반대로 기업이 국내에서도 대량으로 생산되는 제품을 외국으로부터 수입해 온다든지 또는 점차 사양화되어 가는 산업에 계속적인 투자를 한다든지 하여 정부의 경제계획에 위배되는 경영방침을 계속 고집한다면 결국 정부의 제약 등 각종 요인으로 인하여 어려운 상황에 처하게 될 것이다.

둘째, 정부는 항상 화폐의 유통량을 통제한다든지 수요를 자극한다든지 하는 방법을 통하여 국민경제활동의 보조와 수준을 조정하게 되는데, 이러한 정부의 각종 조치들은 기업들에 대하여 직접 또는 간접으로 영향을 미친다. 예를 들면, 만일 정부가 금리인하조치를 취하면 기업들은 자금의 여유를 가지고 사업을 확충하는 데 투자함으로써 보다 유리한 위치를 확보할 수 있다. 그러나 만일 정부가 긴축정책의 일환으로 은행의 대출조건을 까다롭게 한다면 기업은 상환능력을 유지하기 위하여 고정투자를 감소시키지 않으면 안될 것이다. 또한 정부는 감세나 대량지출 등의 방식을 통하여 수요를 자극하고 구매력을 증가시켜 기업의 생산활동을 활성화시킬 수도 있으며, 반대로 시장경기의 과열을 방지하기 위하여 재정지출을 감소시키거나 예산의 균형을 유지하여 시장의 구매력을 감소시킬 수 있다. 이와 같이 정부의 금융정책과 각종 조치들은 모든 기업들에 대하여 상당히 영향을 미치게 된다.

셋째, 정부는 사회나 소비자의 이익을 보호하기 위하여 항상 각종 법규를 제정하여 특정 업종이나 기업활동을 지도·규제한다. 가장 보편적인 예는 정부가 수도·가스·전기 등의 공공사업에 관여하여 그에 대한 경영정책이나 요금비율의 결정은 반드시 정부의 허가를 받도록 법적으로 규정하는 것이다. 또한 정부는 공정경쟁을 보장하기 위해서 각 업종 내에서의 독과점이나 합병 등의 행위에 대하여 일정한 규제를 가한다. 그리고 사회안정과 투자자들의 이익을 보호하기 위하여 보험·금융·투자사업 등에 대하여 특정 법규를 제정하고 그 영업범위나 자금의 운용방식을 제한하기도 한다. 최근에는 정부의 관여 및 통제범위가 환경오염을 방지하고 생태계의 균형을 유지하는 방면에까지 확대되고 있는데, 이러한 정부의 각종 관여와 규제를 통한 법적 조치들은 기업의 경영자들이 절대 등한시해서는 안될 것들이다.

넷째, 기업과 가장 밀접한 관계를 갖는 것은 역시 정부의 조세와 노동정책이라고 할 수 있다. 한 나라의 조세제도는 기업의 납세 후의 잉여에 영향을 미칠 뿐만 아니라 기업의 비용구조와 구매 및 투자의 의사결정에 보편적으로 영향을 미친다. 따라서 조세와 관련된 자료들은 경영자가 의사결정을 하는 데 있어서 없어서는 안될 정보이다. 또한 노사관계에 있어서 근로자의 지위와 임금수준이 높아짐에 따라 야기될 수 있는 문제 역시 경영자들이 가장 주의를 기울여야 할 대상이다. 특히 오늘날의 정부는 근로자들의 이익을 보장하고 노사간의 화합관계를 유지하기 위하여 근로자들(특히, 여성과 미성년 근로자)의 작업시간, 작업환경 및 조건, 안전, 복지 등에 관한 법규를 제정한다. 따라서 만일 기업이 이러한 각종 법규를 위반하게 되면 국가로부터 처벌을 받을 뿐만 아니라 나아가 아주 중대한 노사분규를 초래하게 된다.

다섯째, 많은 국가들의 정부는 기업활동에 대하여 각종 규제를 가하기만 하는 것이 아니고 동시에 장려조치나 육성방안과 같은 각종 협조도 제공한다. 예를 들면, 가장 일반적으로 볼 수 있는 것이 세금감면・저리융자 등과 같이 기업의 투자를 장려하기 위한 각종 조치들이다. 또한 정부는 경제발전과 공업화의 필요성에 따라 기업의 연구개발을 지원하거나 외국으로부터 새로운 과학기술을 들여오고 근로자들의 직업교육과 훈련을 실시하기도 한다. 따라서 기업을 경영하는 사람이 만일 이러한 정부의 각종 협조를 효과적으로 이용한다면 국가정책의 발전방향에 부응하는 결과뿐만 아니라 기업 자체의 발전을 위해서도 상당히 큰 도움과 힘을 얻을 수 있게 된다.

여섯째, 정부의 기능이 확대됨에 따라 정부예산이 전체 국민생산액에서 차지하는 비중 역시 계속 증가하게 되는데, 이것은 또한 정부가 시장에서 중요한(심지어는 가장 큰) 구매자의 역할을 담당하게 된다는 것을 의미한다. 정부의 구매범위는 국방・건설・행정 등 각 방면에 걸쳐서 상당히 광범위하다. 정부가 민간으로부터 제품을 구매하거나 어떤 공사를 의뢰할 때에는 경쟁입찰과 같은 일정한 과정 및 수속절차를 필요로 한다. 따라서 기업의 관계자들은 반드시 정부가 구매 시에 필요로 하는 각종 규정을 이해하고 이러한 규정에 의거하여 모든 일을 처리할 수 있어야 한다.

(2) 정부의 정책 및 조치가 기업경영에 미치는 영향

지금까지 정부의 여러 기능중에서 직접적으로 기업에 영향을 미칠 수 있는 몇 가지 방면에 대하여 살펴보았다. 기업의 입장에서 보면 정부가 시행하는 각종 정책과 조치들 중에는 환영할 만한 것들이 있는가 하면 기업의 자주적 경영과 발전에 대하여 오히려 제한적이거나 방해가 되기 때문에 달갑지 않은 것들도 있다. 이것은 물론 기업경영자는 일반적으로 투자자와 기업 자체의 이익에 근거하여 행동한다는 입장상의 문제뿐만 아니라 기업의 정부에 대한 일반적 관계 내지 태도와 관계가 있다. 만일 기업계가 정부에 대하여 일관되게 협조와 지지의 태도를 보인다면 정부가 취하는 기업에 대한 제한조치에 관하여 비교적 건설적인 입장에서 자신들의 의견과 건의를 표시할 수 있을 것이다. 이와는 반대로 기업계와 정부가 모두 상대방에게 적대적인 입장을 취한다면 쌍방 간의 의사소통과 절충의 기회는 대폭 줄어들 것이다.

또한 만일 기업계의 이익과 사회대중의 이익이 서로 상충한다면 민주정부제도하에서 결과적으로 불리한 위치에 처하게 되는 측은 대부분의 경우에 있어서 바로 기업이라고 할 수 있다. 근래에 와서 기업이 담당해야 할 사회적 책임은 갈수록 증가하고 있다. 이것은 기업경영자들이 자기 자신의 이익만을 생각해서는 안 되고 비교적 광범위한 이해관계의 관점을 취해야 한다는 것을 의미한다. 그러므로 기업은 자신의 입장보다는 정부의 입장에 더욱 가깝게 접근하려는 노력이 필요하며, 정부가 취하는 각종 정책과 조치들에 대하여 항상 세밀한 관심과 주의를 기울여야 할 것이다.

3) 사회적 환경과 기업경영

근래에 사람들은 기업이 단순히 재화와 서비스만을 생산하는 하나의 경제적 조직일 뿐만 아니라 동시에 일종의 사회적 조직이라는 사실을 깨닫게 되었다. 즉, 기업이 행하는 일은 그가 생존하고 있는 사회의 각 방면에 모두 밀접하게 영향을 미치며, 사회적 환경과 그의 변화 역시 기업에 대하여 직접적 또는 간접적으로 중대한 영향을 미친다. 여기에서는 사회적 환경의 관점에서 사회적 환경의 어떤 측면이 기업과 밀접한 관계가 있는지에 대해 알아보도록 하겠다. 물론 사회적 환경이라는 것은 종교・교육・가정・사회구조・생활방식 등에 관련된 매우 복잡한 개념이다. 따라서 여기에서는 기업과 비교적 밀접한 관계를 가지는 몇 가지 사회적 발전경향에 국한하여 살펴보기로 한다.

(1) 사회적 가치관

모든 문화와 사회는 다같이 각자의 독특한 가치관을 지니며 이는 사회구성원과 조직의 태도 및 실제의 행동에 대하여 매우 보편적이고도 깊게 영향을 미친다. 비교적 기본적인 가치관은 한 사회의 종교・가정・교육・기업 등과 같은 조직 또는 제도에 반영될 뿐만 아니라 과학・효율・권위・변화・저축・시간・작업 등과 같은 비교적 추상적인 관념이나 활동을 통해서도 표현된다. 예를 들면, 가족관념이 매우 농후한 사회에서의 기업경영은 보통 가족구성원으로서의 관계를 통하여 진행된다. 또한 효율을 중시하지 않는 사회에서는 진보된 많은 도구와 방법들이 사람들에게 쉽게 받아들여지지 않는다. 그리고 일하는 것을 인생에 있어서 가장 중요한 목적으로 인식하고 있는 사회에서 경영자의 종업원들에 대한 동기부여와 감독 등의 직무는 그렇게 어렵지 않은 일이라고 생각될 것이다.

이러한 현상들에 대하여 기업의 경영자는 항상 당연한 것으로 대수롭지 않게 생각하는 경향이 있다. 그러나 사실상 경영자 자신과 종업원들이 취하는 태도와 행동은 항상 어떤 특정 가치관의 지배를 받고 있다고 할 수 있다. 이 방면에 관련된 문제들은 상이한 문화적 배경을 지니는 경영환경하에서 가장 쉽게 발견할 수 있다. 따라서 이에 관한 내용은 아래의 '글로벌환경과 기업경영'에서 다시 살펴보도록 하겠다.

(2) 사회복지와 환경보호

기업을 경영하는 데 있어서 가장 중요한 투입자원의 하나는 인력이다. 또한 경영자가 협력을 이끌어내야 하는 대상 역시 사람이다. 따라서 사람은 경영환경 중의 가장 중요한 요소라고 할 수 있다. 특히 산업혁명 이후에 여성과 근로자의 보호에 대한 문제는 단순히 생산성의 관점이 아닌 바로 사회적인 관점에서 다루어지게 되었다. 즉, 이들은 개인의 가치와 존엄성 면에서 다른 사람들과 조금도 차이가 없음에도 불구하고 사회에서 비교적 연약하고 쉽게 무시와 학대를 받을 수 있는 집단에 속하기 때문에 반드시 보호를 받아야 한다는 것이다.

최근에는 또한 사회는 퇴직종업원들의 권리와 복지문제 및 청소년문제 등에 대하여 관심을 기울이기 시작했다. 이러한 사회적 관심의 변화는 기업의 경영에 큰 영향을 미치게 된다. 예컨대, 요즘의 많은 기업들은 퇴직종업원들을 위하여 일부 또는 전부의 생활비용과 의료비용을 지급하고 청소년들에게는 기술훈련과 직업기회를 제공하고 있는데, 이는 사회환경의 변화에 따라 대두된 사회복지에 대한 요구가 기업경영에 어떻게 영향을 미치는지를 보여주는 것이다.

또한 사회적 환경의 측면에서 중요한 관심의 대상이 되고 있는 것이 환경오염에 관한 문제이다. 이것은 넓은 의미에서 보면 인간 및 기타의 생물과 그 생활환경 간에 어떻게 하면 조화와 균형상태를 계속 유지할 수 있는가 하는 문제이다. 특히 인간의 환경에 대한 오염은 생태균형을 위협하는 가장 큰 요인이 되고 있는데, 이러한 문제는 고도로 공업화된 국가들로부터 가장 먼저 발생하였다. 예를 들면, 1962년 미국의 카슨(Rachael Carson) 여사는 일찍이 그의 저서 『조용한 봄』(Silent Spring, 1962)에서 살충제의 일종인 DDT가 먹이사슬(food chain)을 통하여 어떻게 각종 생물, 특히 인간의 생존에 위협이 되고 있는지를 감동적인 필체로 설명하고 있다. 이러한 오염문제는 공기·물·쓰레기·방사능·소음·토지의 사용방식 등 매우 다양한 요인들과 관계가 있는데, 공업화의 정도가 높을수록 이러한 문제는 더욱 심각하다고 할 수 있다. 특히 최근에는 우리나라를 비롯하여 많은 국가들에서도 이러한 환경오염은 매우 중요하고 심각한 문제로 대두되고 있다.

환경오염의 문제는 기업과 밀접한 관계가 있다. 왜냐하면 오늘날 기업의 생산·제조 및 기타의 각종 활동은 환경을 오염시키는 가장 중요한 원천이 되고 있기 때문이다. 따라서 사회와 정부가 이러한 문제의 심각성을 깨닫고 일단 어떠한 조치를 취하게 되면 가장 먼저 그리고 가장 많이 압력을 받게 되는 것이 바로 기업이다. 그리고 보다 실제적인 문제는 그동안 이러한 오염문제의 해결은 기업의 '외적 비용'(external costs)에 속하는 것으로서 사회대중에 의해 부담되던 것이, 지금은 기업의 생산·제조 방법을 바꾼다든지 오염방지설비를 확충해야 하다든지 하여 그 막대한 지출을 기업이 직접 부담해야 하는 기업의 '내적 비용'(internal costs)으로 바뀌게 되었다는 것이다. 이러한 지출은 기업의 경영비용을 크게 증가시키고 경쟁력을 감소시키며 경우에 따라서는 기업의 생존에 까지 심각한 영향을 미치게 된다. 또한 기업의 이러한 오염문제해결을 위한 대책이나 조치가 부당하게 되면 사회 전체에 좋지 않은 결과를 초래할 것이다.

따라서 이러한 상황하에서 기업이 어떠한 입장을 취해야 할 것인지 하는 문제는 기업의 경영자들이 극복해야 할 가장 큰 도전의 하나라고 할 수 있다. 최근에 많은 기업들이 '녹색경영'(green management)을 매우 중요하게 인식하면서 실행에 옮기기 시작한 것도 바로 이같은 경영환경변화에 적응하기 위한 경영전략의 일환으로 이해할 수 있다.

(3) 소비자운동

우리 사회가 농업중심의 사회였을 때 소비자와 판매자 사이에는 개인적 관계를 유지하고 있었다. 그리고 그때의 상품은 비교적 단순하고 종류 역시 많지 않았기 때문에 소비자들은 판매자들을 신뢰할 수 있었고 자신의 경험과 판단만을 근거로 하여 필요로 하는 상품을 선택할 수가 있었다. 그러나 근래에 와서 상품의 대량생산과 대량판매가 이루어지고, 나아가 상품의 기능이 복잡해지고 그 종류가 다양해짐에 따라 소비자들의 상품판단능력은 갈수록 부족하게 되었다. 특히 소비자들은 대부분 판매자들이 대중전달매체나 포장 그리고 상표 등을 통하여 제공하는 정보에 기초하여 상품에 대한 지식을 얻게 되었다. 이러한 정보들은 모두 기업의 상품판매에 대한 필요성에서 출발하는 것이기 때문에 그 내용이 과장되거나 부실하기 쉽고 기업에 불리한 사실은 고의적으로 생략되는 경우가 많다. 이러한 상황하에서 아무런 조직적 힘이 없는 일반 소비자들은 자금능력이 크고 치밀하게 조직되어 있는 기업들에 대하여 항상 고립감과 함께 무력감을 느끼게 된다.

전통사회에서는 이러한 문제들이 그다지 중시되지 않았다. 왜냐하면 생산자와 판매자들은 모두 그들이 취하는 행위가 옳은지 그른지 또는 상품이 가격만큼의 가치가 있는지 없는지 하는 것은 개인적 도덕성의 문제와 직접 관련되는 것이라고 생각했으며, 또한 일반사람들도 구매자는 자신이 구매하는 상품과 그 행위에 대해 책임을 져야 하며 구매후에 발생하는 문제는 모두 구매자 자신이 신중하지 못했기 때문에 발생한 결과일 뿐이지 판매자와는 무관한 것이라고 생각했다.

그러나 근래에 와서 이러한 생각은 점차 바뀌게 되었다. 즉, 소비자들은 각종 권리가 있으며 착취당해서는 안 되고, 기업의 부당행위에 대항할 수 있는 나름대로의 조직을 갖추어야 하며, 정부 역시 전체사회의 관점에서 보다 적극적으로 소비자의 이익을 보호해야 한다는 것이다. 이러한 관념에 기초하는 운동을 미국에서는 '소비자주의'(consumerism)라고 부른다. 이 운동이 주장하는 권리는 1962년 케네디 대통령이 국회에 보낸 문서중에 잘 나타나 있는데, 주요 내용은 다음과 같다.

① **안전의 권리** : 상품은 사용자의 안전을 위협하거나 해쳐서는 안 된다. 특히 식품·완구·전기제품 등의 상품은 이 점에 각별히 유의하여야 한다.

② **의사반영의 권리** : 소비자들의 상품에 대한 반응과 의견은 반드시 적당한 경로를 통하여 책임을 져야 할 기업이나 정부기관에 반영될 수 있어야 한다.

③ **선택의 권리** : 소비자들에게는 판매자의 강요를 맹목적으로 수용하지 않고 반드시 이성적으로 선택할 수 있는 기회가 주어져야 한다.

④ **정직한 정보를 받을 권리** : 소비자들은 상품에 관하여 반드시 완전하고 정확한 정보를 제공받을 수 있어야 한다. 그렇게 됨으로써 소비자들은 앞의 세 가지 권리를 행사할 수 있게 된다.

이러한 소비자운동이 일어나게 된 이후에 여러 국가에서 소비자조직과 소비자대변인이 출현하게 되었다. 특히 미국과 일본 그리고 유럽 각국의 정부는 소비자관련부서를 설치하여 소비자의 이익을 보호·촉진하는 데 본격적으로 관심을 기울이기 시작하였으며, 현재에는 많은 국가들이 소비자 보호를 위해 심혈을 기울이고 있다. 또한 기업들 역시 이러한 사회적 조류와 역량을 외면할 수 없게 됨에 따라 상품의 개발과 마케팅기능을 수행하는 데 있어서 소비자의 권리를 중요한 요소로 고려하게 되었다. 특히 최근에는 인터넷 등 정보통신기술이 크게 발전함에 따라 소비자들은 정부나 특정 단체에 의지하지 않고도 스스로 자신들의 이익과 권리를 보호하고 확장할 수 있게 됨에 따라 기업은 지금까지와는 또 다른 방식과 태도로 이에 대처해 나가지 않으면 안 되게 되었다.

(4) 기업의 사회적 책임

앞에서 살펴본 몇 가지 사회환경변화에 관한 중요한 문제들은 모두 경영자와 경영관리이론에 대하여 엄청난 충격으로 작용하게 되었다. 즉, 사회의 관념이 변화한 결과 기업들은 더 이상 투자자의 사유재산으로만 존재할 수 없게 되었고 동시에 하나의 사회적 조직으로 편입되었다. 따라서 기업은 투자자의 이익을 추구하는 동시에 역시 사회의 기타 구성원들과 전체사회의 복지를 증진시키는 데 관심을 갖게 되었다. 경영자 또한 기업이윤의 극대화만을 추구할 수 없게 되었고 사회의 욕구 또한 중요하게 고려하지 않을 수 없게 되었다. 예를 들면, 빈곤한 저개발국가의 기업은 국민생활에 필요한 각종 상품을 저렴한 비용으로 대량생산하여 국민의 생활수준을 향상시키는 데 도움이 될 수 있어야 하며, 경제가 침체되어 있을 때에는 비교적 높은 고용수준을 유지하여 실업문제를 완화시켜야 하고, 각종 산업의 생산활동으로 인하여 생태계의 균형에 문제가 발생한 경우에는 국민의 '생활의 질'(quality of life)이 유지·개선되도록 많은 노력을 기울여야 한다.

기업이 이와 같은 사회적 책임을 이행하기 위하여 취하는 각종 결정과 행동은 전체사회에 대하여 이익이 될 뿐만 아니라 장기적으로는 기업에 대해서도 역시 매우 유리하게 작용한다. 그러나 우리는 기업이 사회적 책임을 이행함에 따라 동시에 발생될 수 있는 다음과 같은 문제점에 유의하지 않으면 안 된다(Glueck, 1977 : 566-571).

첫째, 경영자가 다른 사람들의 돈, 즉 투자자 또는 주주들의 자금을 이용하여 기업의 사회적 책임을 수행하는 활동에 참여할 수 있는 권한의 범위는 어떠한가? 다시 말하면, 경영자의 그러한 권한은 어떤 한도 내에서 합리적이 될 수 있고 또 어느 한도를 초과할 때 불합리하게 되는가 하는 것은 매우 중요하고도 민감한 문제이다.

둘째, 만일 기업이 사회적 책임의 부담 때문에 그 비용이 증가하게 되면 그렇지 않은 경쟁자에 비해 시장에서의 지위가 불리하게 되거나 심지어 생존에 위협이 될 수 있다.

셋째, 기업이 사회적 책임의 수행으로 인해 증가된 비용을 상품가격에 전가시켜 소비자들에게 부담시킨다면, 이는 결국 소비자들로부터 일종의 세금을 징수하는 것과 같으며, 스스로 이들의 구매력을 감소시키는 결과를 초래할 수 있다.

넷째, 사회적 책임에 관한 수많은 활동들 중에서 경영자는 어느 것이 더욱 중요하고 또 중요하지 않은지를 어떻게 비교하고 선택할 수 있는가? 일반적으로 이것은 전체사회의 가치판단과 정책에 관련된 문제라고 할 수 있다. 따라서 개인으로서의 기업경영자는 그러한 문제에 대하여 가장 이상적으로 판단할 수 있는 능력이 없으며, 또한 사회를 대표하여 그러한 판단을 할 수 있는 자격도 없다고 할 수 있다.

이러한 문제들의 존재가 경영자들에게 그들이 사회적 책임의 수행에 대하여 관심을 기울이지 않아도 된다는 점을 합리화시켜 주지는 못한다. 왜냐하면 사회적 환경과 압력은 이미 경영자들의 그러한 행위를 용납하지 못하는 단계에 와 있기 때문이다. 따라서 이러한 사회적 압력과 문제들 사이에서 의사결정을 어떻게 해야 할 것인가 하는 것은 역시 경영자들이 당면하고 있는 하나의 중요한 과제라고 할 수 있다.

4) 글로벌환경과 기업경영

21세기에 들어와 기업의 글로벌화는 기업발전과정에 있어서 가장 중요한 추세의 하나로 되었다. 기업의 글로벌화와 관련하여 관심의 대상으로 가장 중요하게 논의되기 시작한 것이 세계중심기업(geocentric corporations)이다. 세계중심기업은 세계를 단일시장으로 보고 전 세계적으로 표준화된 제품을 가장 적은 비용으로 생산할 수 있는 지역을 찾아 제조·판매하는 기업으로서 "모든 것은 하나를 위해, 하나는 전체를 위해"라는 생각으로 경영활동을 수행한다. 따라서 그 경영철학과 경영방식 역시 범세계화됨에 따라 모국과 외국을 구별하지 않고 지구 전체를 고려의 대상으로 하며 가장 유리한 조직과 전략을 개발·선택한다.

(1) 기업경영의 글로벌화

오늘날 대부분의 기업은 그 규모와 관계없이 글로벌환경의 영향을 받지 않을 수 없다. 국제 간의 교통과 통신의 급속한 발전으로 말미암아 국가들 사이의 무역량은 놀랄 정도로 증대하게 되었다. 비록 일부 국가에서의 보호주의적 경향이 자유무역을 위협하는 요인이 되고 있기는 하지만, 보다 장기적이고 기본적인 조류는 인류가 추구하는 자원의 교환과 그것의 효과적 이용에 대한 갈망은 정치나 법규 등과 같은 인위적인 장애요인들에 의하여 쉽사리 억제되거나 없어지지 않고 하나의 큰 힘으로 작용한다는 것이다. 따라서 국가 간의 관계는 시간이 지남에 따라 더욱 밀접한 방향으로 발전할 것이다. 이러한 경향은 또한 만일 어느 한 나라에서 환율변동, 정치사변, 홍수 및 지진 등의 천재지변, 노동자파업 등과 같은 중대한 변동이 발생하면 이 또한 직접 또는 간접으로 다른 나라의 기업에도 영향을 미치게 되어 기업의 경영활동에 심각한 지장을 초래하게 된다는 것을 나타낸다.

예컨대, 우리나라는 국민총생산(GNP)에서 무역이 차지하는 비중은 실로 막대하다. 많은 산업들은 주로 외국시장과 무역에 의존하여 생존하고 있으며, 필요로 하는 각종 원료와 기술 또한 여전히 외국으로부터 들여오지 않으면 안 된다. 따라서 기업의 경영전략은 글로벌환경의 변화에 민감하게 적응할 수 있어야 한다. 이는 또한 기업의 경영자들은 글로벌환경에 대하여 보다 깊게 이해해야 한다는 것을 의미한다.

한편, 이러한 기업경영의 글로벌화 추세는 기업들에게 세계시장에 진입할 수 있는 다양한 방법과 기회를 제공하게 되었다. 예를 들면, 예전에는 단순히 수출과 수입에 의존하던 기업들이 지금은 합작투자, 라이센싱, 기술용역, 경영계약, 독자적인 기업의 설립 등 각종 방법을 통하여 보다 큰 이익과 발전을 추구할 수 있게 되었다. 그리고 이러한 기업의 글로벌화 추세는 또한 경영자들이 이제는 보다 많은 범세계적 지식과 경험을 갖추어야 한다는 것을 보여준다.

(2) 문화적 환경의 차이

일반적으로 글로벌경영환경과 국내경영환경의 가장 큰 차이 중의 하나는 문화적 측면에 있다고 할 수 있다. 따라서 기업의 글로벌화 추세와 더불어 경영자들이 당면한 가장 큰 도전은 서로 다른 문화환경을 어떻게 인식·이해하고 또 그것을 경영관리의 의사결정과정에 도입하고 응용할 수 있는가 하는 문제이다. 사람들이 가장 쉽게 범할 수 있는 오류는 본국의 문화와 가치관을 다른 문화체계에 적용하여 "사람들은 누구나 똑같이 생각하고 행동한다."고 단정하는 것이다. 그러나 실제로는 결코 그렇지 않다.

문화(culture)는 물질과 정신의 두 가지 측면을 모두 포함한다. 물질적 측면으로서의 문화, 즉 물질문화는 사람들이 의·식·주와 각종 즐거움에 대한 욕구를 충족시키기 위한 필요성에 의해 사용하는 설비·도구·생산기계 및 방법 등을 말한다. 문화적 관점에서 보면 이러한 물질문화는 사람들이 실제 생활상의 필요에 의해서 개발해 낸 각종 방법과 도구들을 말하며, 이것들은 오랜 시간을 통하여 개량·발전·계승되어 일종의 문화유산을 이루게 된다.

정신적 측면으로서의 문화, 즉 정신문화는 사회조직·언어·문자·풍속습관·가치관 등을 들 수 있다. 그러나 사실상 물질문화와 정신문화를 명확히 구분한다는 것은 매우 어렵다. 왜냐하면 정신적 측면에 속하는 각종 문화활동의 대부분은 역시 물질적인 도구 또는 설비의 도움에 의하여 이루어지며, 또한 물질적 측면에 속하는 각종 도구나 설비 등도 마찬가지로 어떤 정신적 의미를 내포하고 있기 때문이다. 예를 들면, 종교라는 정신적 측면으로서의 문화활동은 역시 제기 또는 제물 등을 이용하여 이루어지며, 서로 다른 각종 도구와 물품은 항상 사회적 계층이나 지위 등 그 사용자의 사회적 신분을 나타낸다.

기업이 일단 범세계적 경영환경 속으로 진입하게 되면 가장 먼저 부딪치게 되는 것이 이러한 문화상의 거리감이다. 사람들의 사물에 대한 이해와 의사소통은 항상 유형적인 문자나 언어의 범주를 초월하여 이루어진다. 특히 의사소통방식은 문화가 다름에 따라 서로 다른 의미와 해석을 가능하게 함으로써 쌍방 간에 오해와 문제를 불러일으킨다. 따라서 기업이 해외에 공장이나 자회사을 설립하고 현지인들을 종업원으로 채용한 다음에, 그들의 행동을 지도・통제하고 작업동기를 불러일으키기 위해서는 반드시 그들의 문화적 배경과 가치관의 특성을 고려하지 않으면 안 된다.

물론 글로벌환경은 이러한 문화환경에만 국한되는 것이 아니고 정치・경제・법령 등을 모두 포함한다. 따라서 이러한 환경하에 처해있는 경영자는 반드시 각 방면의 상황과 변화요인을 의사결정을 내리는 데 중요하게 고려하여야 한다.

(3) 글로벌기업의 경영활동

오늘날 경영자가 기업경영에 관련된 글로벌환경을 보다 상세히 이해하기 위해서는 앞에서 설명한 일반적인 환경 이외에 특히 글로벌기업(global business)에 대한 지식을 갖추지 않으면 안 된다. 왜냐하면 글로벌기업에서 근무하고 있는 사람은 물론이고 그러한 기업에 속해 있지 않은 사람일지라도 대부분 그러한 기업조직과 직접적 또는 간접적으로 관계를 유지하지 않으면 안 되기 때문이다.

글로벌기업을 다만 몇 나라에 걸쳐서 경영활동을 하는 기업으로 이해하는 것은 충분하지 못하다. 왜냐하면 글로벌기업은 기타의 많은 특색과 성질을 지니는 기업조직이기 때문이다. 그러나 도대체 구체적으로 어떠한 특색과 성질을 지니는 조직을 글로벌기업이라고 할 수 있는가 하는 것은 아직까지 학자들 간에 일치하는 견해를 찾아보기 어렵다. 예를 들면, 어떤 사람은 글로벌기업이란 반드시 일정한 규모에 도달해야 하며, 몇 개국 이상에서 업무활동에 종사해야 하고, 해외에 있는 자산의 가치가 반드시 전체 기업자산에서 일정비율 이상을 차지해야 한다고 주장한다. 또 어떤 사람들은 수출이나 수입과 같은 무역 또는 판매활동만으로는 부족하고 반드시 몇 개 이상의 생산기지를 가지고 있어야 하며, 해외사업으로부터 벌어들이는 소득의 순이익이 반드시 기업 전체 순이익의 일정비율 이상을 차지해야만 글로벌기업이라고 할 수 있다고 주장한다.

그러나 경영의 관점에서 보면, 글로벌기업의 가장 기본적인 특징은 역시 그 경영철학이 전 세계적인 관점을 취한다는 데 있다. 따라서 지리적 또는 지역적이 아닌 시장 수요 · 기술 · 자원 또는 제품 등에 의해서 결정되는 경영범위로서의 경영영역(business boundaries) 내에서 가능한 시장을 개발하고, 필요한 자원을 획득하며, 또 이들 자원의 가장 이상적인 배분을 통하여 조직의 목표를 달성하려고 노력하는 기업이 글로벌기업이라고 할 수 있다. 예를 들면, 어느 글로벌기업은 몇몇 나라들이 어떤 제품에 대하여 잠재적 수요를 지니고 있다는 것을 발견할 것이다. 그러나 그들 시장 중 어느 시장의 수요량도 직접투자에 의해 생산할 만한 가치를 가지지 못한다면, 이 글로벌기업은 자신이 가지고 있는 시장에 대한 지식과 제품의 기술을 이용하여 이들 시장의 수요를 동시에 모두 충족시킬 수 있는 적당한 제품을 설계하려고 할 것이다. 그렇게 함으로써 기업은 최소의 생산규모에 의한 적은 비용으로 전체시장의 수요를 모두 충족시킬 수 있게 된다.

또한 이 글로벌기업은 각 지역의 자원조건 · 생산기술 · 기본설비 · 투자환경 등을 분석한 후에 그 중 어느 한 지역에 대규모 공장을 설립하고 모든 제품을 생산하여 여러 지역에 공급할 수도 있다. 또는 각 지역의 가장 유리한 조건을 근거로 하여 지역별로 각기 부속품이나 원료를 분담하여 생산할 수 있도록 하고 이들을 다시 배합하여 완성품을 생산할 수 도 있으며, 반제품이나 원료를 각각의 시장에 수출하여 현지에서 완제품을 생산하는 방법을 취할 수도 있고, 합자나 위탁생산의 방식을 이용하여 특정 지역에서 예상하지 못한 사정으로 인하여 발생할지도 모르는 위험을 감소시킬 수도 있을 것이다.

물론 이상 설명한 것들은 몇 가지 방식만을 열거한 것에 불과하다. 각종 시장 · 공급원천 · 경영방식 사이의 결합방식은 이 외에도 수없이 많다. 경영관리의 측면에서 보면 글로벌기업은 이러한 전 세계적인 계획 · 조직 · 통제의 경영방식을 통하여 자신의 생존과 발전을 추구하게 된다. 그러나 모든 글로벌기업이 다같이 이러한 이상을 완전히 실현한다는 것은 불가능한 일이다. 왜냐하면, 각 진출국 또는 현지국(host country)들은 모두 그 나름대로의 이익과 관점을 중시하기 때문에 글로벌기업의 전략이나 계획과 충돌이 발생할 수도 있다. 이러한 상황하에서 만일 현지국 정부가 어떤 주장을 견지한다든지 또는 극단적인 경우에 국유화와 같은 제한정책이나 조치를 취하게 된다면, 글로벌기업은 보통의 경우에 있어서 현지국 정부에 굴복할 수밖에는 없기 때문에 자신의 전략이나 계획을 변경하지 않으면 안 된다. 물론 어떤 경우에 있어서는 글로벌기업 역시 투자를 감소시킨다거나 완전히 철수하겠다는 전략으로 현지국 정부를 위협할 수도 있고, 또는 각종 미묘한 수단과 방법을 이용하여 현지국 정부의 정책에 대해 영향력을 행사할 수도 있을 것이다.

이러한 정치적 요인에 의한 제한 외에도 글로벌기업은 또한 마찬가지로 사회·문화 및 법규의 제한을 받는다. 이러한 제한의 힘이 강하면 강할수록 글로벌기업은 그가 가장 유리하다고 생각하는 결합방식에 의하여 경영활동을 수행할 수 없게 되는데, 이것이 바로 여러 글로벌기업들이 생존하고 발전하는 데 장애가 되는 상대적인 약점이라고 할 수 있다. 최근에 많은 학자들은 글로벌기업의 미래를 낙관할 수 없다고 전망하기도 하는데, 이것은 글로벌기업의 발전을 제한하는 요인(특히, 정치적 제한요인)이 시간이 감에 따라 증가한다는 것을 의미한다. 따라서 글로벌기업의 미래가 어떻게 될 것인가 하는 문제는 일반적으로 정치적 추세에 중대한 변화가 없을 것이라는 전제 하에서 경영자가 어떻게 하면 현지국과 양보와 협조의 관계를 정립하느냐에 달려 있다고 할 수 있다.

(4) 경영관리의 보편성과 특수성에 관한 문제

기업경영에 대한 글로벌환경의 영향을 설명하면서 절대 빠뜨릴 수 없는 한 가지 이론적인 문제는 바로 경영관리의 보편성과 특수성에 관한 것이다. 즉, 이것은 세계 각국의 다양한 사회문화적 환경하에서 모두 효과적으로 적용할 수 있는 경영관리이론 내지는 원칙이 존재하는가 하는, 바꿔 말하면 경영관리이론 또는 원칙이 '문화구속적'(culture-bound)인 특성을 지니는가 하는 문제이다.

이 문제에 대한 학자들의 견해에는 많은 차이가 있다. 이 문제에 대하여 비교적 초기에 중요한 연구결론을 제시한 학자로 곤잘레즈와 맥밀란(Gonzalez and McMillan, Jr., 1961) 두 사람을 빼놓을 수가 없다. 그들이 브라질에서 연구한 결과에 의하면, 미국의 경영철학은 그 자체로 하나의 특수한 예에 속하는 것이지 결코 어느 곳에나 보편적으로 적용할 수 있는 것이 아니라는 것이다. 그러나 이들이 주장하는 것은 주로 인간관계의 측면에 편중되고 있음을 알 수 있다. 예를 들면, 경영자와 종업원 그리고 공급자와 고객의 관계와 같은 인간관계는 문화와 사회적 요인의 영향을 비교적 많이 받는다고 할 수 있다. 그러나 작업연구·예산·통계예측 등과 같은 의사결정 또는 경영관리기법에 대해서 많은 학자들은 이러한 기술 내지 기법들은 모두 보편적으로 응용할 수 있는 성질을 지닌다는 데 의견을 같이한다.

쿤쯔(Koontz, 1969) 역시 이 문제에 대하여 비교적 철저히 분석한 학자이다. 그는 '경영관리의 과학'과 '경영관리의 기술'은 반드시 분리시켜 생각해야 한다고 주장한다. 여기서 말하는 과학이란 체계적 지식을 말하며, 기술이란 이러한 지식을 어떻게 현실세계에 응용하여 그 구체적 목적을 달성할 수 있는가 하는 것을 말한다. 그러나 이 두 가지는 서로 별개의 동떨어진 것이 아니고 아주 밀접한 관계를 지닌다. 예를 들면, 토목공사·의료·회계·스포츠 등 어떤 종류의 직업에 종사하든 간에 체계적인 지식이 있어야 보다 효과적으로 응용할 수 있게 된다. 그러나 이러한 지식을 응용하기 위해서는 과학적인 지식외에 각종 가치관 및 외부환경요소를 고려해야 한다. 따라서 이러한 관점에서 볼 때, 서로 다른 문화 또는 사회적 배경하에서는 역시 서로 다른 방법이 필요하게 된다는 것이다.

각종 경영관리원칙들은 사람들로 하여금 몇 가지 변수들 간의 관계를 일반화할 수 있게 하며, 또한 이러한 부분적인 지식을 통합하여 보다 체계적인 이론을 개발할 수 있도록 돕는다. 그러나 앞에서 설명한 바와 같이 이러한 체계적 지식을 응용한다는 것은 이미 과학 그 자체의 문제가 아닌 바로 응용의 기술에 관한 문제이다. 따라서 이 두 가지의 개념을 혼동해서는 안 된다. 최근에 경영학을 연구하는 데 있어서 일부 학자들은 경영관리의 기본원칙과 그것을 응용할 때 반드시 고려해야 할 환경요소를 분리시켜 보편적 특성을 가지는 경영관리원칙을 찾아내고 그것을 다시 서로 다른 문화체계 속으로 이전시키려는 노력을 기울이고 있다. 이러한 연구방법을 '비교경영학'(comparative management)이라고 한다.

제 3 장

현대기업의 경영체제와 경영자

제3장 현대기업의 경영체제와 경영자

제1절 현대기업의 경영체제와 경영자의 성격

1. 경영체제와 경영자의 유형

1) 경영체제의 유형

경영체제는 소유권의 분산정도와 경영권의 소재라는 두 가지 기준에 따라 구분되어진다(신유근, 1996 : 82-84).

하나는 소유권의 분산정도를 기준으로 경영체제를 유형화하는 것이다. 소유권의 분산 정도는 기업의 소유권이 개인 혹은 소수의 집단에 집중되어 있는지, 그렇지 않으면 다수의 주주에게 분산되어 있는지를 보여주는 개념이다. 이러한 기준에 따라 소유권이 어느 한 개인이나 그의 가족에 집중되어 있는 경우를 '소유경영체제'라 하고, 여러 사람들에게 분산되어 있는 경우를 '전문경영체제'라고 일컫는다. 이와 같이 소유권을 기준으로 기업의 경영체제를 구분하는 것은 자본주의 경제체제에서 현실적으로 소유권을 가진 사람들이 기업경영에 대해 강력한 영향력을 행사한다는 점을 반영하기 때문에 유형화의 기준으로서 설득력이 높다. 그러나 이는 소유권이 어느 정도 분산되어야 전문경영체제라고 할 수 있는가에 대한 기준치가 상당히 자의적이며, 기업지배개념의 핵심이라 할 수 있는 기업경영에 대한 실질적인 최종의사결정권의 소재형태를 간과했다는 한계를 지니고 있다.

다른 하나는, 경영권의 소재를 기준으로 경영체제를 유형화하는 것이다. 경영권의 소재란 누가 기업경영의 중요한 의사결정에 대한 통제권을 갖고 있으며, 기업지배를 위한 전략적 지위를 차지하고 있는지를 보여주는 것이다(Herman, 1981 : 17-52). 만일 자본의 대표, 예를 들어 대주주 자신이나 다수지분을 가진 소유자의 가족, 또는 이사형식의 대리인이 직접적으로 경영권을 행사하고 또한 중요한 경영의사결정권을 갖고 있다면 이를 자본대표가 지배하는 '소유경영체제'라 하고, 그 반대로 자본의 소유관계와는 상대적으로 거리가 있는 전문경영인이 이러한 권한을 행사한다면 이를 경영대표가 지배하는 '전문경영체제'라 말한다.

현대기업의 경영체제를 올바로 이해하기 위해서는 소유권의 분산 정도와 경영권의 소재라는 두 가지 기준을 모두 사용하여 이를 유형화하는 것이 많은 도움이 된다. 따라서 여기에서는 이에 따른 구분으로서 가장 전형적인 경영체제인 소유경영체제와 전문경영체제라는 두 가지 상반되는 유형에 대해서 살펴보기로 한다.

먼저 소유경영체제란 소유권을 집중적으로 보유한 소유주가 기업경영의 중요한 의사결정권까지 지배·통제하는 경영체제를 말한다. 즉, 소유권이 특정의 개인이나 집단에게 집중되어 있는 상태에서 소유권과 경영권이 분리되어 있지 않고 높은 일치도를 보이는 경우이다. 이에 따라 기업의 주식을 집중적으로 소유하고 이익분배를 집중적으로 받는 특정 개인이나 집단이 존재하게 되고, 자본 또는 소유권을 대표하는 소유경영자가 경영정책과 자본의 수익 및 운영활동에 대한 통제권을 지니게 된다.

다음으로 전문경영체제란 소유권이 다수의 주주에게 분산됨에 따라 소유권과 경영권이 분리되고 경영대표가 기업경영의 중요한 의사결정권을 지배·통제하는 경영체제를 말한다. 이러한 전문경영체제에서는 외부주주가 자본을 제공하는 기능을 맡고, 장기정책이나 주주의 지분은 이사회에 의해 결정되며, 전문경영인이 기업의 운영과 수익을 통제·지배하게 된다.

이상에서 살펴본 바와 같이 소유경영체제는 소유권과 경영권이 일치되어 있는 경영체제를, 그리고 전문경영체제는 이 두 가지가 분리되어 있는 경영체제를 일컫는다. 그런데 오늘날에는 기업의 규모가 커지고, 기업경영의 문제가 복잡해지면서 기업의 경영체제를 종래의 소유경영체제보다는 전문경영체제로 전환하는 것이 보다 바람직한 것으로 여겨지고 있는데, 이는 아래에서 살펴보려고 하는 소유와 경영의 분리에 따른 전문경영자의 발전과 같은 맥락에서 이해할 수가 있다.

2) 경영자의 유형

기업조직에서 주로 경영관리기능에 속하는 책임과 직무를 담당하고 있는 일부분의 구성원들을 일반적으로 '경영자'(manager)라고 부른다. 전통적으로 볼 때 기업의 경영자는 동시에 그 기업의 소유자였다. 이러한 경우에 소유권과 경영권은 분리되지 않는다. 왜냐하면 기업의 소유권이 가족에게 계승되고 경영권 역시 마찬가지로 가족 중의 소유권 계승자에게 전적으로 이전되기 때문이다. 이와 같이 소유와 경영이 분리되지 않고 소유주 또는 기업가 자신이 경영자를 겸하게 되는 경우에 이러한 경영자를 '소유경영자'(owner manager)라고 한다. 이러한 소유경영자는 오늘날 작은 규모의 기업에서 쉽게 찾아볼 수 있으며, 대규모의 기업이라 할지라도 소유와 경영이 아직까지 분리되어 있지 않은 경우에는 이러한 유형의 경영자가 여전히 나타나고 있다.

한편, 기업의 규모가 점차 확대되고 경영활동이 복잡성을 띠게 되면 소유주 또는 사업가는 혼자서 모든 경영관리기능을 감당할 수 없게 되기 때문에 따로 경영자를 고용하여 자신이 갖고 있는 경영관리기능의 일부를 그에게 위양하지 않으면 안 된다. 이렇게 경영관리기능의 일부를 위양받은 사람을 '고용경영자'(employed manager)라고 일컫는다. 그러나 이들은 비록 경영관리기능의 일부를 담당한다고는 하나 경영전반에 대한 권한과 책임은 여전히 소유주에게 있기 때문에 단순한 유급경영자(salaried manager)에 불과한 것이다.

그러나 기업의 규모가 대형화되고 경영활동이 극도로 복잡해지게 되면 소유경자나 고용경영자의 능력만으로는 경영활동을 합리적으로 수행하기가 어려워지기 때문에 과학적인 경영능력을 지니고 있는 전문가를 필요로 하게 되는데, 이러한 경우의 경영자를 '전문경영자'(professional manager)라고 일컫는다. 따라서 전문경영자는 오늘날 소유와 경영이 분리된 주식회사형태의 대규모 기업에서 찾아볼 수 있으며, 그의 권한은 출자기능을 제외한 대부분의 경영관리기능에 걸쳐 포괄적으로 미치게 된다.

오늘날 이와 같은 전문경영자의 출현은 근대산업발전사에 있어서 하나의 중대한 사건으로 인식되어 이것을 '경영혁명'으로까지 표현하기도 한다. 이들 전문경영자들의 조직 내의 지위는 소유자와 피고용자의 사이에 위치한다. 즉, 전문경영자들은 한편으로는 주주나 자본주가 아니면서도 그들이 향유하는 권위를 가지고 다른 피고용자들에게 명령을 내리며 그들의 직무에 협조할 수 있다. 그러나 다른 한편으로는 전문경영자들은 또한 다른 종업원들과 마찬가지로 피고용자에 속한다. 따라서 그들의 권위는 소유권이 아닌 바로 경영능력으로부터 획득된다.

한 연구조사에 의하면 1929년 미국의 200대 기업의 최고경영자들 중에서 40%가 주주가 아닌 사람들로 이루어졌다고 하며, 1966년에 이르러서는 미국 대기업의 85%가 이미 그 경영권이 주주의 손아귀를 벗어났다는 조사보고가 있다(박영배, 1999 : 128).

이러한 전문경영자들의 경영철학은 소유경영자들의 그것과 많은 차이를 나타낸다. 즉, 전문경영자들이 관심을 기울이는 것은 주로 사업을 건전하게 성장시키는 데 있지 결코 개인의 투자이익을 보장하는 데 있지 않다. 또한 이들은 사회와 국가경제의 이익을 상당한 비중을 두고 고려하기 때문에 종종 투자자들의 이익과 충돌을 일으키기도 한다.

2. 경영자와 전문가의 직업적 특성

현대사회가 점점 복잡해짐에 따라 사람들이 종사하는 업종 역시 상당히 다양해졌다. 여기에서 살펴보려는 전문경영자도 바로 일종의 이러한 현대사회의 산물이라고 할 수 있다. 그러나 직업의 성질과 그 정신을 진정으로 이해하기 위해서는 먼저 '전문직업'(professional)이 뜻하는 바를 살펴보지 않을 수 없다.

비록 모든 직업이 사회에서 나름대로의 의미가 있는 역할을 가지고 어떤 적극적 기능을 수행한다고 할지라도 현대사회에 있어서 그 중 일부의 직업들은 다른 직업들이 향유하지 못하는 어떤 독특한 지위를 가지고 특별히 사람들로부터 관심의 대상으로 중요시 된다. 이것이 바로 '전문직업'이라고 불리우는 것으로서 다음과 같은 몇 가지 특징을 지닌다.

첫째, 전문직업에 종사하기 위해서는 비단 스승으로부터 전수받은 기예나 수예 또는 개인적 경험에만 의존하는 것이 아니라 하나의 지식 또는 체계적 이론에 의거해야 한다. 다시 말하면 이러한 직업은 지식과 체계적 이론의 습득이 최소한 경험만큼 중요시 된다.

둘째, 전문직업에 종사하는 사람은 전문지식과 훈련을 통해 획득한 직업적 권위에 의하여 사회와 고객들로부터 인정을 받는다. 예를 들면, 사람들은 이들이 수행하는 업무의 범위 내에서 이들이 사용하는 방법과 기술을 존중하여야 하며 함부로 간섭하거나 평가·판단할 수 없다.

셋째, 전문직업에 종사하는 사람은 반드시 그가 담당하는 사회적 책임과 기능을 인식해야 한다. 일반적으로 전문직업에 종사하는 사람은 기타 다른 직업에 종사하는 사람보다 높은 보수를 받는다. 그러나 그러한 보수는 부산물에 불과한 것이지 전문가가 추구하는 목표가 되어서는 안 된다.

넷째, 전문직업에 종사하는 데 있어서는 일종의 행위규범이 존재한다. 예를 들면, 같은 직업간 또는 고객과의 관계는 특정의 윤리원칙에 의해 형성된다. 따라서 구성원들은 반드시 그러한 윤리원칙을 자율적으로 준수하려고 노력하지 않으면 안 된다.

다섯째, 전문직업에 종사하기 위해서는 반드시 일정한 자격 또는 조건을 획득하기 위한 과정을 거쳐야 한다. 예를 들면, 이러한 직업에 종사하기 위해서는 그에 필요한 훈련을 받는다든지 고시를 통과하여 공적으로 인정받을 수 있는 일정한 자격을 구비해야 한다.

여섯째, 전문직업에 종사하는 사람들은 항상 일정한 형태의 동업조합을 조성하여 한편으로는 그들의 사회적 지위와 발전을 보장하고, 다른 한편으로는 구성원들로 하여금 특정의 행위규범을 준수하도록 하여 구성원 자격과 행위를 통제하며 같은 직업 간의 의사소통을 통한 협조를 촉진하려고 노력한다.

일곱째, 사회가 발전함에 따라 이러한 전문직업에 종사하는 사람의 수는 증가하게 되며, 이들의 사회전체에 대한 영향력과 중요성 역시 증대하게 된다.

사실상 위에 열거한 몇 가지 기본적 특징들은 비교적 이상화된 조건이라고 할 수 있다. 현대화된 국가에서 의사·변호사·회계사 등은 비교적 이들 조건에 접근하는 직업들이라고 볼 수 있으며, 이러한 '전문개념'은 역시 사회의 점진적 발전과 그에 따른 필요성에 의해 출현한 것이라 할 수 있다. 예를 들면, 의사는 기초과학과 의료설비가 진보하고 의사 개인의 경험만 가지고는 더 이상 환자를 진단하거나 치료할 수 없게 됨에 따라 반드시 이 방면의 학술적인 지식을 습득하고 갖추어야 한다.

또한 의사는 이러한 일반인의 상식과 판단을 초월하는 전문지식과 소양을 구비함에 따라 사회와 환자의 가족들로부터 상당한 정도의 신뢰와 존경을 받으면서 환자의 정확한 진단과 치료를 위해 노력한다. 의사들에게는 또한 이러한 신뢰와 권위의 남용에 의한 폐단을 방지하기 위하여 엄격한 행위규범과 자율행위가 요구된다. 그러나 의사들의 이러한 행위규범은 그 정당성을 판단하기가 어렵기 때문에 문외한들에 의해 무분별하게 결정되어서는 안 된다. 따라서 이 방면에 전문지식과 풍부한 경험을 가지고 있으며 동시에 같은 직업에 종사하는 사람들의 의견을 존중해야 할 필요가 있는데, 이러한 의미에서 의사들의 모임인 '의사협회'는 상당한 권위를 갖게 된다. 또한 의사란 직업은 사람들의 건강과 생명에 관계되므로 모든 사람이 자유롭게 이 직업을 가질 수는 없다. 따라서 국가와 조합은 항상 자격고시와 같은 방법을 통하여 사람들이 이 직업에 종사할 수 있는 자격을 제한한다. 그리고 일단 자격을 획득하여 이 직업에 종사하게 된 사람들은 날로 발전하는 전문지식과 기술을 습득하기 위하여 협회가 주관하는 학술발표회 또는 세미나 등을 통하여 상호 간에 필요한 정보와 의견을 교환하여야 한다. 예를 들면, 많은 국가들에서는 의사란 직업에 계속 종사하기 위해서는 매년 일정한 횟수만큼 관계되는 학술회의에 참가하여야 한다. 그렇지 않으면 이 직업에 종사할 수 있는 자격을 잃게 된다. 이것은 전문지식과 기술의 계속적인 습득을 통하여 사회의 그들에 대한 신뢰와 존경 그리고 그들 자신의 권위를 유지하기 위한 하나의 방법이기도 한다.

지금까지 설명한 '전문직업표준'으로 보면 '경영관리'라는 직무가 이들 표준에 완전히 합치된다고 할 수는 없다. 그리고 많은 사람들은 아직까지 경영자가 의사나 변호사와 마찬가지로 일종의 전문직업의 지위를 가진다고 인정하기를 꺼린다. 그러나 이들 표준은 '있다와 없다' 또는 '부합된다와 부합되지 않는다'와 같은 두 개의 극단적인 분류를 나타내는 것이 아닌 다만 '정도상의 차이'만을 나타낸다. 따라서 이러한 관점에서 보면 먼저 '경영관리'가 현대사회에 있어서 가장 중요하고도 보편적인 직업의 하나라는 것과 그의 성패는 전체 국가 또는 사회의 발전에 중대한 영향을 미친다는 사실은 의심의 여지가 없는 것이다. 또한 경영 내지 조직에 관한 체계적 지식은 현재 신속하게 발전하고 있으며, 경영자의 전문지위와 권위성 역시 점차로 사회대중과 소유권자로부터 존경의 대상이 되고 있다. 그리고 경영자 또는 경영인과 관계가 있는 각종 단체들 역시 점차 출현·성장하여 상당한 영향력을 행사하고 있으며, 경영관리 교육이 보편화됨에 따라 경영자의 사회적 책임의식 또한 이전에 비하여 상당히 강화되고 있는 것이 사실이다.

따라서 이러한 추세로 보아 현대사회에서 경영자는 전문직에 종사하는 사람, 즉 전문가로서 인정받는 데 손색이 없다고 할 수 있다. 그리고 이러한 경영자의 사회적 지위는 비단 개별적인 조직의 경영관리에 관계될 뿐만 아니라 전체사회의 현대화에도 영향을 미치게 된다.

제2절 경영자의 능력과 역할

1. 경영자의 능력

전문경영자의 우수성 여부는 그의 경영관리적 자질 내지 경영관리능력에 달려 있다. 그러면 경영관리능력이란 무엇을 말하는 것인가?

우리는 먼저 경영관리능력과 작업능력(또는 업무능력)을 구별할 수 있어야 한다.

여기서 작업능력 또는 업무능력이란 기구의 조작·상품설계·장부처리·상품판매 등과 같이 사람들이 특정작업이나 업무를 처리하거나 수행할 수 있는 능력을 말한다. 사람들은 오랫동안 이러한 업무 또는 작업능력만을 중시하여 이 방면의 처리능력이 우수한 사람을 주로 승진시켜 경영관리기능의 직무를 수행시켜 왔다. 그러나 그것은 작업(업무)기능과 경영관리기능의 직무가 필요로 하는 능력이 각기 다르다는 것을 무시하는 처사라고 할 수 있으며, 그러한 결과는 결국 직무수행의 실패로 나타날 가능성이 높다. 한 사람의 우수한 작업자가 반드시 한 사람의 우수한 경영자가 될 수 있는 것은 아니며, 우수한 경영자 역시 반드시 우수한 작업자가 될 수 있는 것도 아니다.

그러면 우수한 경영자란 도대체 어떠한 사람을 말하는가? 그것은 일반적으로 당시의 조직상황과 필요성에 의해 결정된다고 할 수 있기 때문에 그러한 조건을 추상적으로 일일이 열거한다는 것은 매우 어려운 일이다. 사실상 성공적인 경영자란 모두 똑같은 유형에 속하는 것이 아니다. 어떤 사람은 성공적인 경영자란 정직하고 원칙을 중시하며 사람들로부터 존경을 받고 사람들을 설득할 수 있는 사람이라고 강조한다. 또 어떤 사람은 적극적이고 진취적이며 책임을 질 줄 알고 신용을 지킬 줄 아는, 그리고 협력할 줄 알고 공정무사한 사람을 성공적 경영자의 중요한 조건으로 강조하기도 한다. 그러나 학자에 따라서는 그러한 조건들이 '바람직한 사람'의 기준이 될 수는 있을지언정 결코 '효과적인 경영자'의 조건이 될 수는 없으며, 가장 중요한 조건은 조직구성원들간에 자발적인 협력과 단결을 도모하여 하나의 화목한 전체로 결합시킬 수 있는가 하는 것이라고 말한다.

근래에 와서 많은 학자들은 사람들의 인격적 특질로부터 우수한 경영자의 조건을 찾으려는 노력을 포기하고 그 대신에 사람들의 경영적 자질 또는 능력을 중시하기 시작하였는데, 그 중에서 자주 지적되는 것으로 다음과 같은 세 방면의 능력을 들 수 있다(박영배, 1999 : 132-134).

1) 기술적 능력

기술적 능력이란 작업이나 업무를 처리하는 데 응용할 수 있는 지식과 경험을 말한다. 앞에서 설명한 바와 같이 이와 같은 기술적 능력은 경영관리능력과 같은 것이 아니며, 경영자가 반드시 이런 방면의 전문가가 되어야 할 필요도 없고, 꼭 필요한 경우에는 전문기술자의 협조를 이용할 수도 있다. 그러나 경영자가 만일 이 방면에 전혀 문외한이라면 조직 내의 기술자들과 의사소통이 불가능하게 되어 필요한 경우에 그들로부터 협조를 구할 수가 없다. 따라서 경영자는 어느 정도의 기술적 능력을 구비해야 할 필요가 있다.

일반적으로 경영자에게 필요한 기술적 능력의 정도는 경영자의 조직 내 지위와 밀접한 관계가 있다. 예를 들면, 하부경영층에 속하는 경영자에게는 비교적 높은 정도의 기술적 능력이 필요하다. 그러한 기술적 능력이 그들의 경영능력에 미치는 영향을 매우 크다고 할 수 있다. 그러나 상부경영계층에 속하는 경영자들은 기술에 대한 일반적 지식이나 능력을 구비하는 것만으로 족하다고 할 수 있다. 사실상 관계되는 각종 기술의 범위가 상당히 광범위하므로 높은 계층의 경영자들이 이 모든 기술에 속속 정통할 수도 없는 것이다.

좀 더 구체적으로 말하면, 생산부서의 경영자가 제조 및 공정에 관한 지식을, 마케팅부서의 경영자가 판매촉진기술을, 연구개발부서의 경영자가 연구방법에 관한 지식을, 그리고 병원 행정부서의 경영자가 의료에 관한 지식을 어느 정도 구비하고 있다면 그들에게 주어진 경영관리기능을 효과적으로 수행하는 데 상당한 도움이 될 것이다.

2) 인간관계능력

경영자는 반드시 타인의 역량을 효과적으로 활용할 수 있어야만이 주어진 과업을 성공적으로 완성할 수 있다. 따라서 그들이 사람과의 신뢰와 협조적인 인간관계를 어떻게 형성하느냐 하는 것은 매우 중요하다. 인간관계능력 중에서 일반적으로 가장 중시되는 것이 경영자의 커뮤니케이션능력과 리더십능력이라고 할 수 있다. 전자는 경영자가 자기의 의도나 생각을 다른 사람들이 명확히 이해할 수 있도록 하는 능력을 말하며, 후자는 경영자가 그의 부하들에 대하여 발휘하는 영향력을 말한다. 이들에 관해서는 앞으로 좀 더 상세히 살펴볼 것이다.

인간관계학파가 등장하면서부터 경영자의 이 방면에 대한 능력은 특히 관심의 대상으로 중요시 되었다. 그러나 이러한 능력을 너무 강조한 결과는 "경영자들이 너무 부하들의 비위를 맞추는 데에만 관심을 기울임에 따라 조직목표와 개인의 창의성 등 또 다른 중요한 면은 소홀히 하게 되었다"고 염려하는 소리도 있었다. 물론 무슨 일이든간에 지나치게 한편으로만 치우치는 것은 결코 바람직하지 못하다고 할 수 있다. 그러나 경영자는 반드시 어느 정도의 인간관계능력을 구비해야 한다는 것은 의문의 여지가 없는 것이다.

3) 개념화능력

경영자가 부딪치는 문제들은 항상 매우 복잡하고 애매한 성질의 것들이다. 또한 이들 문제는 여러 방면에 다양하게 영향을 미치면서 중대한 결과를 가져오게 된다. 따라서 이러한 문제들에 대하여 그 중요성과 시간적 필요성에 따라 해결의 우선순위를 정하고 각종 해결방안의 우열성과 위험도를 평가하기 위해서는 주로 경영자가 지니고 있는 사고능력 또는 개념화능력에 의존해야 한다.

개념화능력은 각종 계층의 경영자들에게 모두 중요하다. 특히 계층이 높아질수록 당면하는 문제가 더욱 복잡해지고 추상적이며 비일상적인 성질을 나타낸다. 따라서 경영자가 속해 있는 계층이 높아질수록 이러한 개념화능력의 필요성은 더욱 커진다. 미국 제너럴 일렉트릭(General Electric)회사의 한 고위간부는 일찍이 "제너럴 일렉트릭과 같이 규모가 큰 기업의 높은 계층경영자는 다만 그들의 책상 앞에 앉아서 지시를 내리거나 그 직위에만 의존하여 직무를 수행하는 것이 아니며 바로 그들의 개념화능력에 의존하여 직무를 수행한다"고까지 이 능력의 중요성을 강조하였다(Thackray, 1978). 또한 개념화능력은 기술적 능력이나 인간관계능력과는 달리 타인에게 위양하거나 타인의 협조를 얻을 수 있는 성질의 것이 아니다. 따라서 높은 계층의 경영자를 선발하거나 훈련할 때에는 반드시 특별히 이 능력을 중시하여야 한다.

2. 경영자의 역할

일반적으로 경영자의 활동에 관한 연구들은 경영자가 실제로 하는 일이 무엇인가 하는 문제에 대하여 충분한 해답을 제시해 주지 못하고 있다. 그러한 연구들은 경영자의 실제적인 활동내용보다는 전통적 경영관리기능(계획화 · 조직화 · 지휘화 · 통제화)과 같은 사전에 이미 구체적으로 정의된 경영자의 행동에 초점을 두고 행해진 것이었다. 그러나 민쯔버그(Mintzberg, 1975)는 비구조화된 관찰방법을 통하여 경영자들의 활동을 연구한 결과 그들이 전통적인 경영관리기능을 수행할 뿐만 아니라 다양한 다른 활동을 전개한다는 결론에 도달하였다. 그리고는 그는 경영자의 그러한 활동이 10가지의 역할(roles)로 구성된다는 사실을 발견하고 이것을 다시 상호 간의 관련성에 의거하여 대인관계의 역할, 정보전달의 역할, 의사결정의 역할 등 세 가지로 분류하였다.

1) 대인관계의 역할

대인관계의 역할(interpersonal role)은 경영자가 조직으로부터 부여받은 공식적 권한을 통하여 수행할 수 있는 것으로서, 이는 다시 다음과 같은 세 가지의 관련 역할로 분류된다.

① **대표자 역할**(figurehead role) : 경영자는 전체조직 또는 그 하부조직의 대표자로서 공식적인 권한을 가지고 법적·사회적 성격을 지닌 특정의 상징적 의무를 수행하여야만 한다. 예를 들면 경영자는 특정의 회합이나 행사를 주관한다든가, 의례나 의식에 참가한다든가, 공적인 내방객을 접견한다든가 하는 등의 역할을 반복하여 수행해야 한다. 경영자의 이러한 대표자 역할은 가장 기본적인 역할이라고 할 수 있다.

② **지도자 역할**(leader role) : 경영자는 조직구성원이 조직목표를 달성하는 데 기여하도록 만들어야 할 책임이 있다. 따라서 경영자는 하급자들에게 방향을 제시하고, 동기를 부여하고, 적절한 작업환경을 마련해 주어야 한다. 경영자의 활동 중 많은 부분이 이러한 지도자 역할과 관련이 있다. 예컨대 조직구성원의 선발·훈련·지휘·승진·제재 등과 같은 활동은 모두 지도자 역할에 해당하는 것들이다.

③ **연결자 역할**(liaison role) : 경영자는 조직 내외의 사람들이나 집단들과 여러 가지의 관계를 맺고 유지할 수 있어야 한다. 이러한 다양한 관계들은 필요한 정보와 지지를 얻는 데 꼭 필요한 것이다. 연결자 역할은 경영자가 사회적인 행사나 회의에 참석한다든지, 각종 축하편지를 보낸다든지, 동료·고객·공급자·정부관계자 등과 점심약속을 하거나 안부전화를 한다든지 하는 사교적인 행동을 포함한다.

2) 정보전달의 역할

유능한 경영자는 항상 자신의 정보망을 가지고 의사결정을 내리는 데 도움이 되는 정보를 수집한다. 경영자가 대인관계의 역할을 수행할 때 많은 사람을 접촉하게 됨에 따라 이러한 정보망이 자연스럽게 형성된다. 정보전달의 역할(information role)은 다음과 같은 세 가지의 관련 역할로 분류할 수 있다.

① **정보탐색자 역할**(moniter role) : 경영자들은 각종 정보원천으로부터 끊임없이 유용한 정보를 얻기 위하여 외부환경을 면밀히 탐색하여야 한다. 이러한 목적으로 하는 활동에는 보고서와 정기간행물을 검토하는 일, 회의나 브리핑에 참석하

는 일, 그리고 각종 연락망을 점검하고 현장을 시찰하는 일 등이 포함된다. 특히 많은 정보는 비공식적인 경로를 통하여 전달되기 때문에 경영자는 그러한 정보의 신뢰도와 가치를 평가할 수 있어야 한다.

② **정보전달자 역할**(disseminator role) : 경영자는 내외의 각종 정보원천으로부터 얻은 정보를 그대로 또는 그 뜻을 해석하고 적절히 편집한 뒤 조직 내의 다른 사람들에게 전달해야 한다. 이는 보통 회합・메모・서신・브리핑 등과 같은 경로를 통하여 전달된다. 그리고 중요한 것은 경영자는 어떤 정보를 얼마만큼 어느 사람에게 전달해야 할지를 결정해야 한다는 것이다.

③ **대변인 역할**(spokesperson role) : 경영자는 자신의 하급자들 뿐만 아니라 조직의 외부에 있는 사람들에게 조직의 가치를 반영하는 정보(예를 들면, 조직의 계획・정책・활동 등)를 전달하여 그들에게 조직에 대한 좋은 인상과 믿음을 심어주어야 한다. 다시 말하면, 경영자는 조직을 대표하여 주주・고객・납품업자・정부부처・언론 등에 대한 조직정보의 제공을 통하여 자기 조직의 입장을 효과적으로 밝혀 그들로부터 신망을 얻어낼 수 있어야 한다.

3) 의사결정의 역할

경영자가 정보를 필요로 하는 가장 큰 이유는 바람직하고 지혜로운 의사결정을 내리기 위해서라고 할 수 있다. 의사결정의 역할(decisional role)은 경영자의 세 가지 역할 중에서도 가장 중시되는 것으로서 다음과 같은 네 가지의 관련 역할로 분류된다.

① **기업가 역할**(entrepreneurial role) : 경영자는 조직을 환경에 맞게 적응시키고 변화를 이끌어 낼 수 있는 방안을 강구해야 한다. 따라서 경영자는 신제품 개발・시장조사・조직구조의 재정비 등과 같은 전략적 의사결정을 통하여 환경변화에 관한 전략을 수립해야 한다.

② **위기수습자 역할**(disturbance-handle role) : 경영자는 조직이 예기치 못한 위기에 직면하거나 절박한 상황에 놓였을 때 이를 효과적으로 수습할 책임이 있다. 위기상황으로는 부하직원들 간의 마찰, 화재나 사고, 태업, 주요 하급자의 이직 등을 들 수 있는데, 경영자들은 이러한 상황이 갑작스레 발생했을 때 지혜롭게 대처하고 수습할 수 있어야 한다.

③ **자원분배자 역할**(resource allocator role) : 경영자는 인력・용역・자재・설비 등과 같은 인적・물적 자원의 분배에 책임을 지고 조직의 각 부문에서 필요로

하는 자원은 무엇이며, 한정된 자원을 어떻게 균등하게 할당할 것인지를 결정해야 한다. 다시 말하면, 경영자는 예산 및 주요 결정사항들을 검토·승인하고 인원의 할당, 목표의 설정, 자본지출의 결정, 그리고 작업계획의 수립 등과 같은 일련의 의사결정을 수행하여야 한다.

④ **협상자 역할**(negotiator role) : 경영자는 조직을 대표하여 종업원·고객·공급자들과의 협상에 임하여 이들과 조직 간의 이해관계나 분쟁문제를 조정·해결해야 한다. 예를 들면, 최고경영자는 공급자나 고객과의 계약협상, 주요 구성원들과의 고용협상, 그밖에 타기업의 인수나 은행융자의 신청 등과 같은 협상에 참여하여 필요한 결정을 내려야 한다.

이상에서 살펴본 10가지 역할은 전체조직의 관점에서 제시한 것이다. 따라서 이들 역할은 상호 간에 관련성을 가지는 동시에 경영자의 이들에 대한 상대적 중요성은 경영자들이 속해 있는 조직계층과 부문특성 그리고 상황에 따라서 차이가 있게 된다.

제3절 경영관리기능과 경영자의 직무

1. 기업의 경영관리기능

경영관리 그 자체는 본래 하나의 과정(process)으로 볼 수 있다. 조직이 이미 정해진 목표를 효과적으로 달성하기 위해서는 이러한 과정을 통하여 조직의 자원을 효과적으로 운용하여야 한다(Connor, 1974 : 22-27). 그리고 이러한 과정 속에는 성질이 다른 몇 가지 기능(functions)이 포함되어 있다. 사람들이 오랫동안 경영관리의 내용과 방법을 연구하는 데 있어서 가장 많이 이용하는 접근방법이 있는데 그것은 바로 이들 기능으로부터 착수하는 것이다. 따라서 여기에서는 경영관리를 보다 명확히 이해하기 위하여 먼저 경영관리과정 또는 관리과정에 포함되어 있는 몇 가지 기본기능에 대하여 개괄적으로 살펴보도록 하겠다.

그런데 여기서 먼저 강조해야 할 것은 경영관리과정을 몇 가지 기능으로 구분해서 하나하나 설명하는 것은 하나의 추상화된 또는 개념화된 분석방법이라는 것이다. 사실상 이들 기능 간에는 서로 분리할 수 없는 상호작용관계가 존재한다. 소위 "머리카

락 하나로 몸전체를 움직인다"는 말과 같이 어떤 하나의 기능에 변화가 발생하면 기타의 기능들 역시 필연적으로 영향을 받는다. 이는 또한 어느 한 기능의 작용을 이해하기 위해서는 반드시 전체의 경영관리과정으로부터 착안해야 한다는 것을 의미한다. 이와 같은 관계는 마치 인체의 생리작용을 연구할 때 각 부분의 기관을 서로 떼어놓고는 생각할 수 없는 이치와 같은 것이다.

경영관리기능의 구분에 대하여 학자들 간에 일치하는 견해를 찾아보기가 어렵다. 학자에 따라서는 이를 '계획화－통제화'로 이분화하여 설명하기도 하고, 또 '계획화－조직화－충원－지휘화－커뮤니케이션－동기부여－통제화'와 같이 보다 세분하여 분석하기도 한다. 이와 같이 경영관리기능을 동일한 방식으로 분류하는 것이 어려운 이유는 앞에서 설명한 것과 같이 경영관리기능이란 원래 일종의 개념화의 산물임을 나타낼 뿐이지 결코 객관적 사물을 기술하는 것이 아니기 때문이다.

여기에서는 설명상의 편의를 도모하고 여러 분류방식 간에 절충을 취하여 경영관리기능을 계획화・조직화・지휘화・통제화의 네 가지로 구분하여 살펴보도록 하겠다.

1) 계획화

계획화(planning)란 앞으로 시행해야 할 행동에 대해서 분석하고 선택하는 과정을 일컫는다. 좀 더 구체적으로 말하면, 경영자는 그가 책임을 져야 할 구체적인 행동을 결정하기 전에 먼저 미래의 가능한 각종 행동대안들 중에서 여러 가지 분석을 통하여 가장 적합하다고 생각되는 방안을 선택하게 된다. 여기서 가장 바람직한 행동방안은 경영자 자신이 달성해야 할 기본가정과 미래의 환경상황 및 조직 내부의 자원조건 등을 근거로 하여 각종 대안들의 비용과 이익관계를 비교・평가한 후에 선택된다. 따라서 이러한 행동대안의 개발과 분석 그리고 비교・평가를 통하여 가장 바람직한 행동방안을 선택하는 일련의 과정을 조직의 계획기능이라고 한다.

계획기능의 성질은 매우 다양하다고 할 수 있다. 예를 들어, 시간적 측면에서 보면 그것은 10년, 20년 또는 그 이상의 장기적인 것일 수도 있고, 1년이나 1개월 또는 그보다 더 짧은 단기적인 것일 수도 있다. 또한 계획기능이 포함하는 범위의 측면에서 보면, 그것은 한 조직의 전체적 측면일 수도 있고, 한 부서 또는 특정 프로젝트만을 위한 부분적 측면일 수도 있다. 그리고 업무기능(operating function)의 측면에서 보면, 계획은 일종의 생산일정에 속할 수도 있고 또는 마케팅이나 재무방면의 활동과 관계되는 것일 수도 있다. 그러나 실행가능한 방법이나 방식이 하나 이상 존재한다면 그들은 모두 계획과정을 통하여 선택될 때만이 가장 바람직한 행동방안이 될 수 있다.

여기서 한 가지 주의해야 할 것이 있다. 즉, 이 책에서 말하는 계획화(planning)와 계획(plan)은 서로 관계는 있지만 엄밀한 의미로는 서로 다른 별개의 개념 또는 내용이라는 것이다. 계획화(planning)는 경영관리기능의 하나로서 일종의 과정을 말한다. 사람에 따라서는 이를 '계획과정' 또는 '계획수립'이라고 부르기도 한다. 이에 대하여 계획은 계획화의 산물, 즉 그 결과를 말한다. 그러나 경영관리의 관점에서 진정으로 중요한 것은 이러한 계획(plan)이라는 결과를 탄생시킨 계획과정이라고 할 수 있다. 왜냐하면 훌륭한 계획은 역시 효과적인 계획과정을 통하여 만들어지기 때문이다.

2) 조직화

조직화(organizing)란 조직의 내부구조를 설정하고 직무・구성원・권한 및 책임 간에 적당한 분업과 협력관계가 발생되도록 하여 각종 업무와 관리행동이 효과적으로 진행될 수 있도록 하는 과정을 말한다.

조직은 먼저 조직의 전체목표를 달성하는 데 요구되는 각종 직무를 어떤 기초에 의거하여 몇 개의 부문 또는 단위로 조합하여야 한다. 만일 조직의 과업범위가 협소하거나 단순하다면 이러한 부문이나 단위의 조합작업은 그리 복잡하지 않을 것이다. 그러나 많은 경우에 있어서 필요한 직무의 항목과 성질이 매우 다양하여 설치해야 할 부문이나 단위가 종과 횡으로 상당히 복잡하게 된다. 일반적으로 우리가 흔히 볼 수 있는 조직도는 바로 이러한 기본구조를 나타낸 것이다. 그러나 조직화의 문제는 조직도를 만드는 것 이외에도 각 부문에 대한 과업할당, 그리고 그에 따른 권한과 책임관계를 설정하여야 하며, 또 효과적인 의사소통경로를 설정하고 적합한 인원을 충원하여야 하는 것이다.

조직구조가 양호한지의 여부는 조직의 유효성과 효율성에 매우 크게 영향을 미친다. 조직구조가 불량하면 직무의 중복을 초래하거나 필요한 직무를 빠뜨리게 되어 구성원들 간에 협조와 협력이 어려워지고, 또 의사결정이 늦어지거나 제대로 이루어지지 않는 등의 결과를 가져온다. 따라서 어떤 조직이든 간에 조직을 관리하는 데 있어서는 양호한 계획만을 가지고는 충분하지 않으며 거기에는 반드시 양호한 조직기능의 도움이 있어야만이 계획화의 결과인 계획(plan)을 실행에 옮길 수 있게 된다.

그런데 조직기능의 양호성은 결코 고정불변하는 것이 아니라는 사실을 이해해야 할 필요가 있다. 즉, 조직기능은 조직의 과업과 외부환경의 변화에 상응하여 항상 변화해야 한다. 그렇게 함으로써 조직기능이 조직의 설립 초기에만 필요한 것으로 국한되지 않고 하나의 계속적인 과정으로 존재할 수 있게 되는 것이다.

3) 지휘화

지휘화(leading)는 경영관리과정 중에서 일종의 영향력을 발휘하고 운용하는 기능을 말하며, 그 목적은 조직구성원들의 노력의도를 불러일으키고 그 노력을 올바른 방향으로 인도하여 그들의 생산성과 조직에 대한 기여도를 증대시키는 데 있다.

앞에서 살펴본 바와 같이 경영관리의 기본적 의의는 집단의 역량을 빌어서 조직목표를 달성하는 데 있다. 따라서 사람들로 구성된 조직을 관리하는 과정에서 지휘기능이 차지하는 비중과 위치는 매우 중요하다고 할 수 있다. 예를 들어, 아무리 훌륭한 계획기능과 조직기능을 가지고 있는 조직이라 할지라도 만일 구성원들이 사기가 저하되어 일할 의욕을 잃고 있다면 그러한 계획과 조직기능은 형식적인 것으로 되어 효과적으로 작용하지 못하게 된다.

우리나라와 같은 민주사회에서 조직구성원들의 행동에 영향을 미치기 위해서는 오직 권위나 명령에만 의존할 수는 없다. 사람들의 근로의욕과 잠재능력을 진정으로 촉발시키기 위해서는 많은 사회심리적 요소들을 이해하여야 하며, 동시에 과업특성과 외부환경 등의 상황변화에 민감하게 반응하여야 한다. 이와 같이 경영관리과정 중의 지휘화는 매우 복잡하고도 실행하기 어려운 기능이라고 할 수 있다.

대다수의 경영자들이 지휘기능을 수행하는 데 있어서 부딪치는 가장 어려운 문제는 그들이 지휘 내지 관리해야 하는 대상이 바로 사람이라는 점이다. 따라서 경영자는 항상 다양한 욕구체계를 지니고 있는 개인들의 행동을 하나의 동일한 방향으로 이끌어 나가기 위해서는 어떻게 해야 할 것인가 하는 과제를 안고 있게 되는데, 이에 대한 가장 효과적인 해결방안으로 인식되고 있는 것이 부하들의 욕구를 충족시킴으로써 그들로부터 일에 대한 만족을 이끌어내고, 부하들에게 영향력을 적절히 행사하여 그들의 행동을 전체조직과 집단의 목표를 적극적으로 달성하려는 방향으로 유도하며, 그러기 위해서는 필요한 정보나 메시지가 상호 간에 원할하게 전달될 수 있어야 한다는 점이다. 따라서 최근에는 지휘기능을 효과적으로 수행하는 문제와 관련하여 경영자의 동기부여 · 리더십 · 커뮤니케이션에 대한 자질 내지 능력이 중시되고 있다.

4) 통제화

조직이 매우 양호한 계획을 수립하였다 할지라도 일단 그 계획을 실행하고 난 후에는 대부분 실행과정에서 경험하는 사실들과 실행 후의 결과가 원래의 가정 또는 예측했던 것과는 상당한 차이가 있음을 발견한다. 그러한 차이 내지 의외적 상황은 계획과정을 개선시키는 것만으로는 완전히 제거할 수가 없다. 따라서 이러한 문제는 바로 경영관리과정 중의 또다른 기능을 통하여 해결하여야 하는데, 그것이 바로 경영관리과정의 마지막 기능인 '통제기능'이다.

통제화(controlling)는 기본적으로 측정하고 비교하고 수정하는 일련의 과정을 말한다. 즉, 경영자는 어떤 형태의 피드백시스템(feedback system)을 설치하여 외부환경이나 조직성과 등과 같이 조직과 관련되는 실제상황을 조직구성원이나 컴퓨터시스템을 통하여 원래 예상했던 상황이나 표준과 비교하고, 만일 그 편차가 일정한 한도를 초과하게 되면 반드시 그 원인을 찾아내어 원래의 계획대로 행동을 취하게 되는데, 이러한 모든 일련의 과정을 통제화라고 한다.

여기서 주의해야 할 것은 통제화는 결코 사후검토만을 의미하지 않는다는 것이다. 왜냐하면 "소 잃고 외양간 고친다"는 속담처럼 일이 발생하기를 기다려 겨우 착오를 발견하게 된다면 수정활동이 이루어진다 해도 대부분의 경우에 있어서 시간적으로 너무 늦게 되어 거의 도움이 되지 않기 때문이다. 따라서 경영관리에 있어서 강조되는 통제기능이란 어떤 행동을 취하는 당시에 그 행동을 바르게 인도하고 바로잡을 수 있는 작용이 발생할 수 있도록 하기 위한 것이다. 예를 들면, 필요한 정보에 대한 피드백이 정확하고 신속하게 이루어진다면 그러한 목적을 달성하는 데 상당히 도움이 될 것이다. 또한 만일 일정한 평가표준을 선택하고 실행할 수 있는 통제시스템을 설치하여 사전에 조직구성원들의 행동에 영향을 미치어 그들로 하여금 조직이 원하는 방향으로 노력하도록 할 수 있다면 통제의 작용이 소극적·수동적이 아닌 보다 적극적·능동적으로 이루어질 수 있을 것이다.

사실상 경영관리과정 중의 통제기능과 계획기능 간에는 떼어놓을래야 떼어놓을 수 없는 밀접한 관계가 존재한다. 계획이 없이는 통제 역시 존재할 수가 없다. 즉 "마부의 채찍을 벗어난 말의 달리는 방향은 예측하거나 바로잡을 수가 없다"는 속담처럼 계획이 없이는 통제 역시 그 존재이유와 목적을 잃게 된다. 따라서 경영관리과정에 관하여 설명할 때에는 계획기능과 통제기능을 한데 묶어서 상대적이면서도 연속적인 관계에서 다루기도 한다.

2. 경영관리기능과 업무기능의 관계

이상에서 설명한 경영관리기능은 일반적으로 '보편적으로 적용할 수 있는 성격을 지니는 기능'이라고 할 수 있다. 이것은 기업조직에 적용할 수 있을 뿐만 아니라 학교·군대·병원 및 기타 문화·사회조직과 같은 유형의 조직에서도 똑같이 적용할 수 있다. 그러나 경영관리기능은 원래 영리를 목적으로 하는 기업조직을 통하여 발전되어 왔다. 즉, 이는 실제의 제도와 실무 면에 있어서 주로 기업의 필요성과 상황에 맞추어 발전되어온 측면이 강하다고 볼 수 있다. 따라서 이러한 제도와 실무를 비영리조직에 이전하여 적용하기 위해서는 반드시 어느 정도의 조정과 수정을 거쳐야 할 필요가 있다.

그러한 조정 및 수정방식의 하나가 이들 경영관리기능을 특정 조직의 업무특성에 의한 요구, 즉 업무기능(operating function) 내지 기업기능(business function)과 결합시키는 것이다. 조직의 성질에 따라 그에 필요한 업무기능은 모두 다르다. 예를 들며, 우리가 일반적으로 잘 알고 있는 기업의 업무기능으로 마케팅·생산·재무·인사·연구개발·회계 등이 있다. 도매업이나 소매업을 주로 하는 기업은 이들 업무기능 중에서 생산기능은 구매기능으로 대체시킬 수도 있을 것이다. 그러나 대학조직의 업무기능은 기업과는 많은 차이가 있을 것이다. 즉, 대학은 그 중요한 업무기능으로 교학·연구·출판·학술활동·학생과외활동 및 설비개발·총무 등을 들 수 있다. 병원이나 군대의 업무기능 역시 기업이나 학교와는 또 다른 특성을 지닐 것이다.

여기서 주의하여야 할 것은 이러한 업무기능을 경영관리기능과 혼동하거나 같은 성질의 것으로 이해해서는 안 된다는 것이다. 업무기능은 특정 조직의 업무목적과 수단에 부합하기 위해 개발·발전된 것으로 조직의 특성에 따라 각기 다르게 나타난다. 이에 반하여 경영관리기능은 각종 조직이 지니는 서로 다른 업무의 성질에 제한을 받지 않고 어떠한 특성의 업무기능일지라도 보편적으로 적용할 수 있는 것이다. 따라서 우리는 이 두 종류의 기능을 상호교차적 관계로 생각할 수 있다. [그림 3-1]은 기업조직 중의 업무기능과 경영관리기능 간에 형성되는 이러한 교차적 관계를 나타낸 것이다.

[그림 3-1] 기업조직의 업무기능과 경영관리기능의 관계

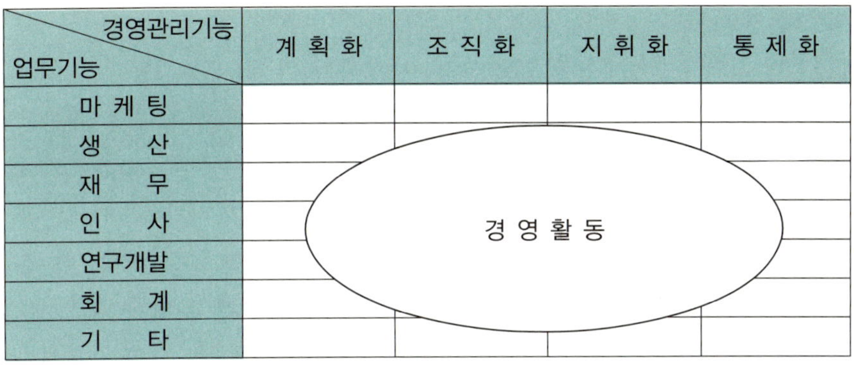

이 그림에서 우리는 각종 경영관리기능을 마케팅과 생산 등 기업의 업무기능에 응용할 수 있음을 알 수 있으며, 이는 곧 마케팅관리, 생산관리 등 기업의 각종 업무기능의 관리로 나타나고 있음을 이해할 수 있다. 마찬가지로 업무기능과 경영관리기능의 이러한 관계를 대학조직에 응용한 결과는 교학관리·연구관리 등으로 나타낼 수 있다.

3. 경영관리기능과 사회적 가치관

1) 경영관리기능과 경영자의 직무

조직 속에서 경영관리기능을 담당·수행하는 사람을 일반적으로 경영자(manager)라고 한다. 그러나 여기서 반드시 이해하여야 할 것은 모든 경영자의 직무가 오직 경영관리기능에만 국한되지는 않는다는 사실이다. 즉, 경영자들은 평소에 경영관리기능에 속하지 않는 직무도 역시 수행한다. 예를 들면, 기업의 마케팅부서에 속해 있는 경영자가 스스로 고객을 방문하여 상품판매를 촉진하려고 노력한다면 그가 수행하는 그러한 직무는 판매, 즉 일종의 업무기능이지 결코 경영관리기능에 속하는 것으로 볼 수 없다.

또한 회사의 사장이 반드시 참여해야 하는 외부행사나 강연 등도 역시 일종의 대외활동, 즉 업무기능에 속하는 것이다. 마찬가지로 병원의 원장이 의사로서 행하는 환자의 치료나 수술 등과 같은 행위와, 대학총장이 교수로서 행하는 강의나 연구활동 역시 업무기능적 성질의 직무에 속하는 것이지 경영관리기능적 성질의 직무라고 볼

수 없다. 그러나 영업부장 · 사장 · 병원원장 · 대학총장 등과 같은 조직 내의 직위는 일반적으로 경영관리기능상의 직위로 인식되는 것이다.

이와 같이 경영자들이 부분적으로 담당 · 수행하는 비경영관리기능적 직무는 사실상 많은 경우에 있어서 경영자들이 피할 수 없는 것이며, 또한 그들에 대한 그러한 직무의 할당이 잘못된 것이라고 생각할 필요도 없는 것이다. 문제는 경영자가 활용할 수 있는 시간과 노력에는 한계가 있다는 것이다. 따라서 경영자가 그러한 이유 때문에 이들 두 가지 성질의 직무를 도저히 동시에 담당 · 수행할 수 없거나, 이 두 가지 직무 사이에 갈등이나 충돌이 발생한다면 반드시 다음과 같은 문제에 대해 생각해야 한다. 즉, 그가 달성해야 할 주요 과업은 무엇인가? 경영관리기능에 관한 것인가 또는 비경영관리기능에 관한 것인가? 그러한 종류의 직무를 반드시 그에게 담당시켜야 하는가? 그러한 종류의 직무를 조직 내의 다른 사람에게 담당시켜 수행하게 할 수는 없는가?

일반적으로 많은 조직에서 흔히 나타나는 현상은 경영자들이 업무기능에 속하는 직무를 담당 · 수행하는 시간과 노력이 차지하는 비중이 너무 과중하다는 것이다. 따라서 많은 경영자들이 그들의 주요 직무인 경영관리기능을 효과적으로 수행할 수 없게 되기 때문에 조직은 흔히 심각한 문제에 부딪치거나 상당한 손실을 입게 된다. 그러므로 경영자들은 이러한 상황이 발생되지 않도록 적극적으로 노력하여야 한다.

2) 경영관리기능의 수행과 가치관의 변화

앞에서 살펴본 바와 같이 경영관리기능은 일종의 수단이나 방법의 성격을 지니는 것으로서 우리는 이것을 통하여 조직의 과업 또는 임무를 효과적으로 달성할 수 있게 된다. 그러나 그러한 경영관리기능을 성공적으로 수행하기 위해서는 도덕성이나 가치관과 같은 여러 가지 실질적인 문제들을 고려하지 않으면 안 된다.

예를 들면, 계획기능은 목표 및 수단을 선택하는 것과 밀접하게 관련되어 있는데, 목표의 선택은 각종 가치관의 영향을 받게 된다(여기서 말하는 가치관은 시장가치 또는 이윤에만 한정되는 것이 아니고 사회와 정치 그리고 문화와 같은 여러 방면의 가치와도 관련되는 것이다). 그리고 수단의 선택 역시 가치관과 관계가 있다고 할 수 있는데, 이는 소위 "목적을 달성하기 위해서는 어떤 수단을 택하지 않을 수 없다"는 말로 설명된다.

이러한 가치관은 사회의 정치 · 경제 · 교육 · 종교 등의 환경이 변화함에 따라 또한 상당한 정도로 따라서 변화하게 된다. 예를 들면, 사람들은 한때 경영자의 유일한 책임은 투자자나 주주들에게 최대의 이윤을 보장해 주는 것이라고 생각했다. 이러한 가치관하에서 경영자들은 다만 비용은 감소시키면서 수익을 증가시킬 수 있는 방법만을 강구하려고 노력했다. 따라서 그들은 각종 자원을 확보하고 상품과 서비스를 판매하는 데 필요한 시장을 통해서만 조직의 성과를 평가했다.

그러나 지금에 와서는 이러한 가치관에 많은 변화를 가져오게 되어 경영자는 주주에 대한 책임뿐만 아니라 소비자·종업원·사회대중 그리고 생태환경의 이익까지도 고려하지 않으면 안 된다. 예를 들면, 기업은 소비자의 이익을 보장하기 위해서 반드시 그들에게 비교적 완전하고 객관적인 정보를 제공하여 그들로 하여금 유리한 구매를 통하여 상품의 효용을 최대한 획득할 수 있도록 도움을 주어야 한다. 또한 기업은 종업원의 복지를 증진시키기 위해서 그들이 임금에 대해서 뿐만 아니라 나아가 직무활동의 질에 대해서도 만족할 수 있도록 하여야 하며, 환경오염의 피해 등 사회적인 문제의 해결을 위해서도 노력하여야 한다. 이러한 일들이 종종 기업의 지출과 비용을 증가시키고 이윤을 감소시키며 또한 기업이 반드시 져야 할 법률적 책임의 한계를 벗어난 것이라고 주장하는 사람도 있으나 일반적으로는 기업의 '사회적 책임'(social responsibility)으로 인식되고 있다. 따라서 이러한 가치관하에서 경영자들이 행하는 의사결정과 행동은 이전의 그것과 당연히 큰 차이를 보이지 않으면 안될 것이다.

지금까지 기업조직을 예로 들어 사회적 가치관의 변화가 기업의 경영관리기능에 미치는 영향에 관해서 알아보았다. 그러나 기업조직뿐만 아니라 학교·병원·교회 등 비영리적 성격을 지니는 조직도 역시 모두 사회적 책임의 문제를 지닌다. 따라서 이들 비영리적 성격을 지니는 조직의 경영관리 역시 가치관의 영향을 떠나서는 생각할 수 없는 것이다.

신화의 인물, 불멸의 기업 1

경영관리의 뿌리와 기둥 : 테일러와 드러커

테일러(Frederick W. Taylor)*

테일러는 1856년 미국의 필라델피아에서 출생했다. 1872~74년 필립스 엑스터(Phillips Exeter) 고등학교에 다녔고, 부친과 함께 유럽여행을 했으며, 프랑스와 독일의 학교에도 다니는 등 높은 수준의 보통교육을 받았다. 그는 법률가가 되기를 원했고 하버드 대학에 입학이 허락되었으나, 당시 눈병 때문에 입학을 포기하였다.

1874년 테일러는 필라델피아의 한 작은 펌프 공장에 무보수의 견습공으로 입사하였으며, 얼마 후 주물제작기술자 · 기계기술자로 승진했다. 그는 담배를 피우지도 않았고, 술 · 커피 · 차와 같은 자극성 있는 것은 마시지도 않는 금욕적인 생활을 하면서 힘들게 4년 동안의 도제생활을 마쳤다. 자기의 몸과 마음을 통제하는 것에 대한 이런 관심은 나중에 규율과 하나의 최선의 방법(one best way)에 대한 집착으로 나타났다.

테일러는 1898~1901년에 펜실베니아 베들레헴에 있는 베들레헴 철강회사에 근무했다. 이때 마운셀 화이트(Maunsel White)와 함께 고속도구제강법(high-speed tool steel)을 개발하고, 1900년 파리전시회에 처음 전시했다. 그리고 파리국제대학 전시회에서 화이트와 공동으로 상을 받았다. 1901년 이후에 그는 대가를 받는 업무(working for payment)로부터 은퇴하고, 죽을 때까지 미국과 해외에서의 과학적 관리법의 보급을 위해 무보수 상담역(unpaid consultant) · 강연자 등으로 정열을 쏟았다. 1910년에는 동부철도회사의 임율사건(Eastern Rates Case)에 관한 브렌데이스(Louis D. Brandeis)의 심리과정에서 과학적 관리법이 전국적인 주목을 받았고, 테일러는 일반대중들에게까지 알려지게 되었다.

테일러의 작업방식에 대한 탐구적인 자세는 생산현장의 직공, 관리자, 엔지니어 그리고 연구원 생활을 하면서 크게 빛을 발했다. 다양한 사회적 현상을 논리적으로 증명해야 한다는 것을 강조한 실증주의 사회학자 콩트가 사회학의 아버지로 불리듯이, 모든 작업활동에 태업방지와 생산성향상을 위한 과학적 관점이 도입되어야 한다는 주장을 펼친 테일러는 흔히 '경영학의 아버지'로 불린다. 특히 베들레헴 철강회사의 엔지니어로 근무하면서 그의 동료 화이트와 공동으로 발명한 고속 금속절삭기는 당시 기계의 생산성을 눈부시게 향상시켰으며, 그가 고안한 컨베이어 벨트에 의한 작업방식은 후세에 테일러리즘으로 일컬어지게 되는 과학적 작업방식의 효시가 되었다.

---

* 이재규(1998), "지식사회적 관점에서 재조명한 프레더릭 테일러의 생애와 사상", 경영사학, 제17집, pp.37~57 요약

과학적인 관리법의 핵심은 무엇보다도 기계 및 도구의 효용성의 극대화, 철저한 전문화 및 불필요한 작업활동의 제거, 그리고 차별성과급제도를 통해 궁극적으로는 생산성을 증대시키는 것이라 할 수 있다. 작업방식의 단순화와 경제성의 원칙에 치중한 테일러의 과학적 관리법은 전문적 지식과 역량이 요구되는 업무에는 적합하지 않으며, 또한 종업원들의 자율성과 창의성을 무시한 표준화된 기계적 효율성, 즉 능률의 논리만 강조했다는 비판을 받고 있다. 그러나 태업과 주먹구구식 관리방식을 탈피하고 과학적 관리와 공정한 보상으로 생산성 향상을 추구하는 것이 기업과 구성원 모두가 공존공생할 수 있는 길이라는 점을 밝혀준 테일러의 사상은 결코 간과되어서는 안될 것이다.

드러커(Peter F. Drucker)*

'현대경영학의 아버지'로 존경을 받는 미국의 경영학자 피터 드러커 박사는 1909년 오스트리아 수도 빈에서 태어났다. 드러커는 GM에 대한 컨설팅 결과를 바탕으로 쓴 『기업의 개념』이란 저서를 통해 현대경영학의 거장으로 인정받기 시작했다. 또한 그는 고전경제학에서 중시됐던 노동과 자본의 가치가 떨어지고 지식이 경제의 기준이 되는 지식사회가 도래할 것이라는 미래관을 제시함으로써 지식경영의 장을 열었고, 자본주의와 사회주의의 경제성과의 차이로 인해 소련이 붕괴될 것을 실제 역사로 증명되기 10년 전에 예언하는 등 세계적인 석학으로 꼽혀왔다. 1939년 30세 때에 첫 저서 『경제인의 종말』을 비롯하여 『경영의 실제』, 『단절의 시대』, 『미래경영』, 『자본주의 이후의 사회』 등 수많은 저술은 우리에게 시대를 초월한 깨달음을 갖게 했다.

드러커는 한국을 마음속 깊이 인정한 몇 안 되는 서구 학자의 한 사람이었다. 한번은 드러커에게 미국의 한 신문기자가 세계에서 기업가정신이 가장 뛰어난 나라가 어느 나라인지 물었더니, 그는 "말할나위 없이 한국"이라고 대답했다고 전해진다. 그가 한국에 대해서 이런 평가를 하게 된 데는 배경이 있다.

드러커는 한국동란이 끝난 후, 1954년께 미국 정부의 요청에 따라 한국의 교육문제를 점검하기 위해 우리나라를 방문한 적이 있었다. 당시 그가 본 것은 불모의 황폐한 국토에, 산업이라야 그저 농업밖에 없는 '가난한 농업국가 한국'의 모습이었다. 그런 나라가 불과 40년 만에 조선·철강·전자 등 산업의 강국으로 두각을 나타내면서 세계경제의 당당한 일원으로 떠오르자 드러커 박사는 경탄해 마지 않았고, 한국이야말로 자신이 평생동안 신념을 가지고 주창해 온 자유시장경제와 기업가정신의 성공사례로 여겼던 것이다.

드러커에 의하면 현대사회는 지식과 지식이 어우러져서 새로운 지식을 창출하는 경영혁명의 사회다. 그는 사회 전반에 걸쳐 스며든 '효과적인 경영'만이 자유세계를 지탱케 하고, 독재자와 전체주의가 다시 등장하지 못하게 하는 단 하나의 대안이며, 여기에 타협은 있을 수 없다고 역설한다. 그의 가르침은 한국경제의 발전을 위해 명확한 방향을 제시한다. 요컨대, 드러커가 칭찬해 마지 않던 한국이 그동안 이루었던 성장과 번영을 계속 구가하기 위해서는 오직 기업하기 좋은 나라를 만드는 것 외에는 대안이 없다. 다시 말하면 한국의 번영은 기업이 공장을 해외로 이전하지 않고도 한국에서

---

* 문근찬(2005), "피터 드러커가 본 한국", 한경닷컴, 2005년 11월 18일자

경쟁력을 갖고 경영할 수 있는 여건을 조성할 수 있는가, 그리고 예비 기업가들이 기꺼이 모험을 감수하고 자신의 성취와 국가경제 발전에 이바지하고자 새로운 기업을 세우는 창업을 활발히 할 수 있느냐에 달려 있다는 것이다.

테일러와 드러커의 비교*

테일러와 드러커의 사회에 대한 공헌을 사회를 보는 관점, 사회에 대한 기여, 생산성의 핵심, 생산성 향상의 목적, 품질을 보는 관점, 경영자의 임무, 일하는 방식 등에서 비교하면 다음과 같이 정리할 수 있다. 우리는 이같은 비교를 통해 경영관리학의 역사적 흐름과 시대적 차이를 이해할 수 있다.

첫째, 사회를 보는 관점에서, 테일러는 당시 미국의 인구증가가 이민인구의 증가에 크게 영향을 받고 있었고, 사회는 전반적으로 그 중심이 토지에서 공장으로 이동하는 시대였으나 정착사회를 모델로 삼았다. 이에 반하여 드러커는 사회가 지식사회가 될수록 이동성이 커지는 현상을 강조하였다.

둘째, 사회에 대한 기여라는 측면에서, 테일러는 노동생산성 향상을 통해 근로자를 부유하게 만들고, 결과적으로 공산주의 혁명의 확산을 막았다. 드러커는 사회가 산업사회에서 지식사회로 바뀌는 시점에 근로자가 노동생산성 위주의 육체근로자에서 지식생산성 위주의 지식근로자로 변신하는 방법을 제시하였다.

셋째, 생산성의 핵심이라는 측면에서, 테일러는 국가와 개인의 부를 증진한다는 목적에서 산출량의 증가에 초점을 맞추었다. 그러나 드러커는 생산기술의 향상에 따라 산출량보다는 품질수준이 글로벌 스탠더드에 맞거나 남다른 품질을 강조했다.

넷째, 생산성향상의 목적이라는 측면에서, 테일러는 마르크스식의 노사갈등 해결을 위해서가 아니라 기업주와 근로자 사이에 최고의 임금과 최소의 인건비라는 공통의 목적을 달성하여 산업평화를 유지하려는 것이었다. 드러커는 생산성향상을 자원의 효율적 이용이라는 측면을 중시하고, 기업을 포함해 조직은 조직의 외부, 즉 사회에 결과를 제공하고 봉사할 때 존재의 의미가 있다고 보았다.

다섯째, 품질 자체를 보는 관점에서, 테일러는 품질을 최소기준을 설정해야 하는 생산활동의 제약요인으로 보았고, 드러커는 품질을 끊임없이 향상해야 할 대상으로 보았다.

여섯째, 경영자의 임무라는 측면에서, 테일러가 초기의 조직이론에 기여한 두 가지 큰 공헌은 계획과 집행의 분리 그리고 직능식 조직이었는데, 그것은 당시 근로자의 지식수준이 낮았기 때문이었다. 따라서 경영자의 임무는 부하를 감독하는 것이었다. 드러커는 부하가 지식근로자로써 자기 자신을 스스로 관리하도록 자율성을 부여하는 것이 경영자가 반드시 수행해야 할 임무라고 강조했다. 그리고 지식근로자로서의 부하는 끊임없는 자기혁신과 지속적인 학습을 통해 새로운 지식을 창출·축적함으로써 성과의 양과 질을 모두 향상시켜야 하는 책임이 따른다고 강조하였다.

일곱째, 일하는 방식의 측면에서 테일러는 경영자가 치밀한 계획을 수립한 후 정확하게 지시하고 엄격하게 감독하여 근로자들이 게으름을 피우거나 그밖에 작업을 지연시키는 원인들을 제거함으로써 생산성의 향상을 가져올 수 있다고 강조했다. 이에 대하여 드러커는 경영자의 지시나 감독보다는

---

* 이재규(1999), "프레더릭 테일러와 피터 드러커의 경영사상에서의 생산성연구", 경영사학, 제20집, pp.47~68 요약

자율성 부여를 통해 근로자가 스스로 계획을 수립하고 실행하게 되면 개인의 창의성을 고취시킴과 동시에 결과에 대한 책임이 강조되기 때문에 생산성향상을 기할 수 있다고 보았다.

테일러와 드러커의 비교

비교내용	테일러	드러커
사회를 보는 관점	정착사회	이동사회
사회에 대한 기여	산업사회의 가난한 자를 부유하게 만듬	지식사회의 낙오자가 되지 않도록 함
생산성의 핵심	산출량의 증가	품질의 증가
생산성 향상의 목적	산업평화	조직유지와 사회공헌
품질을 보는 관점	제약요인	향상의 대상
경영자의 임무	계획과 집행의 분리, 부하의 감독	자율성 부여와 지식근로자 스스로의 관리
일하는 방식	치밀한 계획수립, 정확한 지시와 엄격한 감독	스스로의 계획수립과 실행, 자율성 부여와 책임

제 2 부

현대기업의 계획기능

제4장 계획기능의 의의와 성격

제1절 계획화의 특성과 과정

제2절 계획화의 차원과 구조

제3절 계획수립과 계획조직

제4장 계획기능의 의의와 성격

제1절 계획화의 특성과 과정

1. 계획화의 기본개념과 특성

1) 계획화의 기본개념과 요건

제3장에서 간단히 살펴본 바와 같이 계획화는 일종의 분석과 선택의 과정을 말하는 것으로서 그 대상은 미래의 어떤 행동이라고 할 수 있다. 이에 대하여 이미 선택된 미래의 행동방안을 계획(plan)이라고 한다. 따라서 계획화와 계획은 두 개의 서로 다른 개념으로서, 후자는 실제의 행동시에 반드시 따라야 할 방법 또는 방안을 나타낸다. 그러나 일반적으로 양호한 계획은 반드시 양호한 계획과정을 통해서만 존재할 수 있는 것이다. 따라서 경영관리기능의 관점에서 중요한 것은 계획화라고 하는 계획을 수립하는 과정이지 그 산물인 계획이 아니다.

계획화의 핵심은 '선택'하는 데 있다. 따라서 사람들은 계획화를 일반적으로 이러한 선택이 핵심을 이루는 의사결정(decision making)과 같은 개념으로 간주하기도 한다. 그러나 사실상 계획화와 의사결정은 많은 차이가 있다. 계획과정에는 많은 의사결정의 절차를 포함한다. 그러나 의사결정의 응용범위는 오직 계획을 수립하는 데에만 국한되지 않는다. 경영자는 계획기능 이외의 경영관리기능을 수행할 때에도 마찬가지로 의사결정의 문제에 부딪치게 된다. 다시 말하면, 의사결정은 결코 미래의 목표나 행동계획에만 국한되지 않는다. 따라서 경영자가 또 다른 시점에서 선택하는 것은 계획수립과는 관계가 없는 다른 개념일 수도 있는 것이다.

계획화는 경영관리의 가장 기본적인 기능으로서 그 자체는 끊임없이 계속되는 일련의 과정으로 이루어진다. 기업은 이러한 과정을 통하여 앞으로의 발전방향과 목표를 설정하고 목표를 달성하기 위한 각종 방안을 사전에 선택할 수 있게 된다. 따라서 계획화는 반드시 다음과 같은 세 가지 요건을 포함하여야 한다.

첫째, 기업의 미래에 대해 초점이 두어져야 한다.

둘째, 행동요소를 포함하여야 한다.

셋째, 조직과 결합되어야 하며, 이 작업에 대하여 책임을 가지고 전적으로 참여하고 시행할 수 있는 전문요원이나 단위가 주어져야 한다.

2) 계획화의 특성

우리 속담에 "소 잃고 외양간 고친다"든지 "항상 준비하는 자세가 필요하다"든지 하는 말은 모두 계획화의 중요성과 그 의의를 나타내는 말이라고 할 수 있다. 이러한 계획화는 경영의 관점에서 다음과 같은 몇 가지 특성을 지닌다.

① 우선성(primacy) : 계획화는 기타의 경영관리기능과 비교해 볼 때 우선적 특성을 지닌다고 할 수 있다. 모든 경영관리기능은 각기 상호연관되어 있어서 이것을 하나하나씩 분할한다는 것은 사실상 어려운 일이다. 그러나 계획기능은 항상 다른 기능들에 우선해서 존재한다. 즉, 모든 조직은 반드시 목표와 전략을 먼저 선택한 후에 비로소 조직・충원・지휘・통제 등과 같은 활동을 진행시킬 수 있게 된다. 따라서 계획과정에 어떤 착오가 발생하게 되면 기타의 기능 역시 구제할 수 없는 어려운 상황에 처하기 쉬우며, 반대로 계획과정이 양호하고 정확하다면 기타의 기능에 착오가 발생한다 할지라도 불충분한 점을 비교적 용이하게 보완하여 문제를 해결할 수 있게 된다.

② 합리성(rationality) : 경영에서의 계획화는 본질적으로 감정적・직관적이 아닌 이성적・합리적인 운용과정에 속한다고 할 수 있다. 따라서 계획과정에서의 목표와 전략의 선택은 기업 자체의 특성, 생존환경, 이용 가능한 자원 및 행동결과 등과 같은 객관적 사실을 기초로 하는 평가가 이루어진 다음에야 비로소 결정된다. 물론 계획과정에 감정이나 직관 등의 요소가 조금도 포함되지 않을 수 없고 또 어떤 위험요소를 완전히 배제할 수도 없을 것이다. 그러나 계획과정에 참여하는 사람들은 항상 자기가 알고 있는 모든 지식과 객관적 사실을 이용하여 가능한 한 신뢰할 수 있는 결과를 얻기 위해 노력하게 된다.

③ 시간성(timing) : 계획기능은 항상 시간적 요소를 포함한다. 예를 들면 '반드시 언제까지 완성해야 할 것인가', '어느 부분의 과업을 먼저 완성해야 하고 또 어느 부분은 좀 후에 완성해도 좋은가', '어느 것을 빨리 또 어느 것을 천천히 해야 할 것인가' 하는 문제들은 모두 계획의 시간성과 관계가 있는 것들로서 그

선택이 시간적으로 타당한지의 여부에 따라 계획의 가치가 결정된다. 사실상 우리는 어떠한 성격의 계획이든 간에 모두 시간을 하나의 중요한 조건 또는 기초로 하지 않는다고는 생각할 수 없다.

④ **연속성(continuity)** : 계획화는 일종의 끊임없이 계속되는 과정을 나타낸다. 어떤 단계에서 계획화의 결과는 하나의 계획으로 표시될 수 있으나, 경영에 있어서의 계획기능은 여전히 앞을 향하여 계속된다고 할 수 있다. 왜냐하면 우리가 속해 있는 세계는 항상 동태적이므로 외부환경과 기업 자체의 과업은 모두 수시로 변하게 되어 기업은 항상 미래의 목표와 행동을 선택해야 하는 문제에 부딪치기 때문이다. 또한 계획기능은 이렇게 끊임없이 계속되어야만 최대의 효과를 발휘할 수 있게 된다.

2. 계획기능의 역사적 전개과정

계획의 개념은 상당히 오래전부터 여러 분야에서 사용되어 왔다고 할 수 있다. 그러나 기업에서 공식적으로 계획이란 용어를 사용하기 시작한 것은 아마도 20세기에 들어와서부터라고 볼 수 있을 것이다. 그 이전에 상공업에 종사하던 사람들이 사업발전을 위한 미래의 구상과 행동방안을 생각하지 않았다고는 할 수 없다. 그러나 그들의 그러한 생각은 개인의 머릿속에만 머물러 있었지 결코 일정한 순서나 단계에 의하여 체계적으로 성문화하지는 못한 것이었다. 따라서 그러한 생각은 오늘날 기업에서 행하는 계획수립과는 큰 차이가 있다고 할 수 있다.

그러나 20세기에 들어온 이후 기업의 규모가 확대되고 시장과 상품에 관한 문제가 복잡화됨에 따라 경영자 개인의 안목과 궁리만으로는 더 이상 기업의 활동을 배분할 수 없게 되었다. 따라서 실질적인 필요성 때문에 기업은 점차 성문화된 계획수립방식을 채택하게 되었다. 그러나 초기의 계획기능은 대부분 단기적 성격을 지닌 것으로서 일상적 작업에 국한되어 있었다. 또한 각 부문에서 취하는 계획수립은 모두 자기 부문의 입장과 시각에만 편중된 것으로서 기업 전체의 발전과 전체조직을 통합할 수 있는 작용이 결여된 것이었다.

최근 60여 년 동안에 과학기술과 기타 환경의 신속한 변화에 따라 상품의 수명주기는 현저히 단축되었고, 시장에서의 경쟁 또한 날이 갈수록 격렬하게 되었다. 이러한 상황에서 기업은 미래의 발전과 행동에 대하여 될 수 있는 한 빨리 예측하고 장악해야 할 필요성을 느끼게 되었다. 그리고 컴퓨터와 정보수집 및 분석의 기술 역시 획기적으로 진보됨에 따라 기업의 그러한 필요성은 빠르게 실현될 수 있게 되었다. 그러나 보다 중요한 사실은 시대가 바뀜에 따라 사람들의 계획기능에 대한 생각에 근본적인 변화가 발생하게 되었다는 것이다.

처음에 사람들은 외부환경은 매우 안정되어 있다는 가정에 기초하여 계획을 수립하였다. 그러나 그러한 가정에 기초하여 수립된 계획은 환경이 바뀜에 따라 무의미하거나 이미 쓸모없는 것이 되었다. 따라서 사람들은 점차 외부환경은 영원히 변하지 않는 안정적인 것일 수가 없다는 사실을 깨닫게 되었다. 그러나 이때의 사람들은 또한 외부환경은 그것이 어떻게 변하든 간에 인력으로는 저항하거나 예측할 수 없는 것이라고 생각했다. 이러한 관념하에서 기업이나 기타의 조직들 역시 그 자체로는 아무런 능력이 없으므로 하늘의 뜻에 따를 수밖에 없고 잘해야 환경의 변화에 순응하는 것이 최선의 방법이라고 생각했다.

그러나 근래에 와서 사람들의 계획의 대한 생각은 크게 변하였다. 사람들은 한편으로 외부환경의 변화가 조직의 생존과 발전에 대하여 중대한 영향을 끼친다는 사실을 인정하게 되었다. 또한 사람들은 변화하는 환경 속에서 노력하기만 하면 자신의 발전방향을 충분히 장악할 수 있는데, 이러한 노력은 바로 계획과정을 통하여 이루어진다는 사실을 인식하게 되었다. 다시 말하면, 계획기능은 바로 체계적으로 자기자신을 변화시킬 수 있는 하나의 방법이라는 것이다. 계획기능에 대한 필요성은 이와 같이 외부환경의 지속적인 변화에 기인하는 것이다. 따라서 안정적·정태적인 환경하에서의 계획기능의 가치는(비록 그것의 작용이 여전히 존재한다고 할지라도) 크게 감소할 수밖에 없는 것이다.

결론적으로 말하면, 외부환경이 변화·발전함에 따라서 계획기능의 성격 역시 단기적·전술적인 것으로부터 보다 장기적·전략적인 것으로 바뀌어 나아가게 된다.

3. 계획기능의 이점과 계획수립과정

1) 계획기능의 이점

계획기능은 기업에 대하여 여러 가지의 이익을 가져다 준다. 그 중에서 특히 중요한 몇 가지를 요약하면 다음과 같다.

첫째, 조직이 성공할 수 있는 기회를 증대시킨다. 계획을 수립하지 않는 기업은 모든 일을 "하늘의 뜻에 맡긴다" 또는 "되는대로 처리한다"는 식의 생각을 가지고 있다. 그러나 계획을 중시하고 계획수립을 이행하는 기업은 어떤 행동을 취하기 이전에 반드시 외부환경 중에 존재하는 각종 유리한 또는 불리한 요소들과 자신이 처해 있는 상황과 위치를 파악하고, 자신이 장악할 수 있는 자원조건을 충분히 고려한 다음 선택과 분배를 진행한다. 글루엑크(Glueck, 1977 : 318-319)는 일찍이 계획에 관한 몇 가지 실증연구의 결과를 검토한 후에 어떤 사업에 종사하든 간에 계획활동을 수행하는 기업은 그렇지 않은 기업에 비하여 기업성과가 모두 높게 나타나고 있음을 발견하였다. 그는 또한 계획수립이 양호한 기업은 비교적 쉽게 금융기관의 신뢰와 지지를 획득할 수 있음으로써 필요한 자금을 보다 용이하게 확보하고 있음을 발견하였다.

둘째, 경영자로 하여금 보다 효과적으로 환경의 변화에 적응할 수 있도록 한다. 계획기능은 경영자들이 그들의 안목을 미래에 둘 수 있도록 돕는다. 따라서 경영자들은 환경의 변화가능성을 비교적 용이하게 예측하고 그에 대한 대책을 강구할 수 있다. 그러나 이에 반하여 계획수립이 없는 기업의 경영자들은 오직 하루하루의 일상적 업무에만 관심을 두고 환경변화에는 주의를 기울이지 않는다. 따라서 일단 환경에 변화가 있음을 발견한 다음에는 이미 손을 쓸 수 없는 상황에 처하게 된다.

셋째, 종업원들이 전체 기업의 목표를 중시할 수 있도록 한다. 계획과정을 통하여 개인 및 단위의 직무와 기업목표 사이에는 어떤 관계가 발생하게 된다. 따라서 모든 구성원들은 각기 자기가 담당하는 직무의 가치와 의의를 깨닫게 된다. 그러나 만일 종업원들이 이러한 기업목표의 중요성을 인식하지 못한다면 각 단위나 개인들은 오직 자신의 이익만을 생각할 수밖에 없게 되어 각자 자기가 옳다고 생각하는 것만을 행하는 결과를 초래한다. 또한 이러한 상황하에서 각 단위나 개인은 현상유지에만 급급하게 되어 현상을 변화시키기 위한 어떠한 조치나 행동도 쉽게 받아들이려고 하지 않는다.

넷째, 다른 경영관리기능들이 효과적으로 발휘될 수 있도록 돕는다. 만일 양호한 계획수립이 이루어지지 않으면 기타의 어떤 경영관리기능도 효과를 발생하기가 어려워진다. 특히 통제기능은 가장 직접적으로 영향을 받게 된다. 예를 들어, 계획에 의해 제공되는 성과평가를 위한 표준이 없다면 통제는 그 기능을 상실할 수밖에 없을 것이다. 이것은 바로 앞에서 설명한 계획기능이 지니고 있는 '우선성'의 중요성을 나타낸다.

2) 계획수립과정

계획화 내지 계획기능은 일종의 분석과 선택의 과정이라고 할 수 있다. 따라서 여기에서는 기업조직을 대상으로 하여 계획수립과정에 대해 간단히 설명하도록 하겠다. 일반적으로 계획수립과정은 [그림 4-1]에서 보는 바와 같이 8단계의 절차로 이루어지는데, 이에 대해 좀더 상세히 살펴보면 다음과 같다.

① **경영사명의 설정** : 기업의 경영사명은 기업이 사회에 제공할 수 있는 서비스 또는 효용을 말한다(Newman and Warren, 1977 : 350-361). 이러한 경영사명이 있음으로 해서 기업은 그 자신의 존재이유와 발전방향을 확정지을 수 있게 된다.

② **목표의 설정** : 기업은 이미 세워진 경영사명에 의거하여 일정한 기간 내에 달성하고자 하는 정도나 완성하려고 하는 과업, 즉 목표를 설정하게 된다. 그러나 이러한 목표의 달성은 결코 기업의 대대적인 성공을 의미하는 것이 아니고 계속 노력해야 할 방향 또는 이정표에 불과한 것이다.

③ **환경의 예측** : 기업이 설정한 목표를 달성할 수 있는지 없는지 그리고 그 목표를 어떻게 달성해야 하는지 하는 것은 모두 외부환경의 영향을 크게 받는다. 예를 들면 경제상황, 소비자의 욕구, 경쟁력, 정치적 변동 등은 모두 기업이 소홀히 할 수 없는 중요한 환경요소들이다. 따라서 기업은 이들 요소들을 예측・분석해야 할 뿐만 아니라 발전가능한 상황에 근거하여 가정을 세워야 한다. 그렇게 함으로써 기업은 계획수립의 기초를 마련할 수 있다.

④ **자원조건의 평가** : 기업은 자신이 확보・운용할 수 있는 인력・재력・기술・원료 등과 같은 자원조건을 반드시 평가하여야 한다. 그렇게 함으로써 자신이 이용할 수 있는 수단과 방법을 결정할 수 있게 된다.

⑤ **대안의 개발** : 계획기능의 중요한 작용 중의 하나는 경영자로 하여금 각종 실행가능한 대안을 객관적으로 평가할 수 있게 하는 것이다. 따라서 계획과정의 중요한 절차의 하나는 각종 실행가능한 대안들을 개발하는 것이다. 이들 대안들은 모두 외부환경과 기업 자체의 자원조건에 근거하여 결정된다.

⑥ **계획의 선택** : 외부환경과 자원조건에 근거하여 결정된 각종 실행가능한 대안들 중에서 가장 적합하다고 생각되는 방안, 즉 계획을 선택하여야 한다. 이와 같은 최적의 계획을 어떻게 선택해야 하는가에 대해서는 이 책의 '의사결정' 부분에서 보다 상세히 살펴보도록 하겠다.

⑦ **계획의 실행** : 좁은 의미에서의 계획과정은 앞의 제6단계에서 이미 끝났다고 할 수 있다. 그러나 사실상 선택된 계획이 바라는 효과를 발생할 수 있는지의 여부는 그것의 실행상황에 달려 있다고 할 수 있다. 여기서 말하는 실행상황이란 조직화·지휘화·통제화 등 기타의 경영관리기능의 실행과 관계가 있다.

⑧ **평가와 수정** : 계획을 실행하고 난 이후에 기업은 반드시 실제의 자료를 수집하여 예측상황과 비교하여 보고 어떤 효과가 발생했는지 또는 어떤 문제가 있는지를 평가하여야 하며, 필요하다면 계획을 수정해야 한다. 일반적으로 이러한 평가와 수정은 통제기능에 속한다고 할 수 있다. 그러나 또 다른 관점에서 보면 평가와 수정은 또 다른 계획의 수립과정, 즉 '재계획화'(replanning)라고 볼 수 있다.

[그림 4-1] 계획수립과정

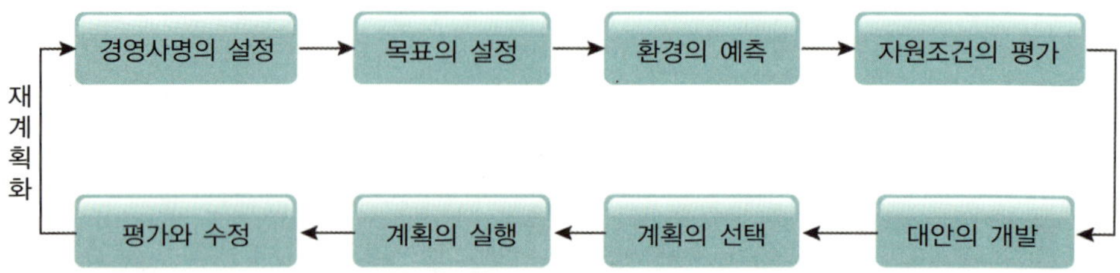

제2절 계획화의 차원과 구조

1. 계획화의 차원

기업에서 계획을 수립하는 일은 그다지 단순한 것이 아니다. 왜냐하면 계획수립은 서로 다른 여러 차원에서 이루어지며, 또 그에 따라 계획수립의 목적과 작용 그리고 방법 등이 달라지기 때문이다. 그리고 여러 차원에서 이루어지는 계획수립은 서로 다른 성격 내지 유형의 계획(plan)들을 탄생시킨다. 계획화의 차원으로서 반드시 고려해야 할 것으로는 다음과 같은 몇 가지가 있다.

① **조직계층의 수준(level)** : 기업조직 내 각 계층의 모든 경영자들은 반드시 계획을 수립하는 일에 종사하여야 한다. 그러나 계층의 높고 낮음에 따라 경영자들

이 수행하는 계획수립의 성격도 역시 달라진다. 일반적으로 최고경영층에서의 계획수립은 기업목표・기본전략・기업예산 등과 같은 전략적 성질에 속한다. 그리고 중간계층의 경영자들이 수행하는 계획수립은 주로 부문 내지 기능적 성질에 속하는 것인데, 이것은 최고경영층에서 결정된 목표와 전략이 다시 각 부문의 과업・정책・예산 등으로 전환되는 것을 의미한다. 또한 하부계층에서의 계획수립은 주로 실행적 성질에 속하는 것들이다. 예를 들면 작업시간표, 작업과정의 배분, 지출항목의 결정 등에 관한 계획의 수립을 말하는데, 이러한 계획수립은 모두 중간경영층에서 수행하는 계획화의 결과를 근거로 하여 이루어진다.

② 적용범위(scope) : 기업에서 수립되는 각종 계획들은 또한 서로 다른 범위를 지닌다. 예를 들면 '전체계획'은 기업 전체를 그 범위로 하는 계획으로서 주로 기업의 생존과 발전에 관한 전략에 중점을 두고 수립된다. 그리고 '부문계획' 내지 '기능계획'은 마케팅・재무・생산・연구개발 등과 같은 업무기능의 활동범위에 국한된 계획을 말한다, 또한 '단순계획'(single-use planning) 또는 프로젝트 성격의 계획이 있는데, 이것은 그 범위가 특정적이고 구체적인 목표를 달성하는 데 국한하여 수립되는 계획을 말한다.

③ 적용시간(time) : 각종 계획은 그 적용시간의 길고 짧음이 각기 다르다. 일반적으로 기업이나 정부기관에서 쉽게 볼 수 있는 것은 1년, 6개월, 한 계절, 1개월 등을 한 기간으로 하는 '단기계획'(short-range planning)이다. 그러나 오늘날 많은 조직들은 이러한 단기계획 외에도 비교적 긴 시간이 소요되는 '중기계획'(medium-range planning) 과 '장기계획'(longrange planning)을 필요로 한다. 그러나 이들 계획의 차이점이 오직 그 시간의 길이에만 있는 것은 아니다. 보다 중요한 차이점은 이들 계획이 지니는 목적과 작용 그리고 방법에 있다고 할 수 있다.

④ 반복성(repetitiveness) : 어떤 계획의 수립은 오직 특정의 과업이나 목적만을 달성하기 위해 필요로 하는 것이다. 따라서 이렇게 수립되는 계획은 일종의 '비반복성 계획'에 속하는 것으로서 특정 과업이나 목적을 달성한 이후에는 종결된다. 예를 들면, 기업에서 특정 프로젝트를 완성하기 위한 계획은 그 프로젝트가 일단 완성되면 거기서 종결되고 더 이상 반복되지 않는다. 그러나 기타의 많은 계획들은 일정한 기간을 기준으로 하여 반복적으로 수립된다. 예컨대 여러 조직

에서 많이 수립 시행하는 '몇 개년 계획' 또는 '몇 년도 계획' 등은 이렇게 반복적으로 진행되는 계획을 말한다.

2. 계획화의 구조

이상에서 살펴본 계획화, 즉 계획수립과정은 하나의 구체적인 조직과 결합하면서 서로 다른 성질을 지니는 여러 유형의 계획들을 탄생시킨다. 근래에 와서 기업계와 경영학자들은 그러한 독특한 의미와 작용을 지니는 여러 유형의 계획들을 하나로 통합할 수 있는 틀을 개발하여 그 안에서 계획들 사이의 결합과 협조관계를 정립하려고 노력하였다. 여기에서 중점적으로 살펴보려고 하는 스테이너(G.A. Steiner)의 '계획화 모형'도 이러한 노력의 일환으로 제시된 것인데, 이 모형은 특히 계획화의 전체적인 구조와 그 동태적인 과정을 체계적으로 설명해 줌으로써 여러 차원에서 수립되는 계획들 사이의 관계를 일목요연하게 이해하는 데 큰 도움을 준다.

1) 스테이너의 계획화모형

스테이너가 제시한 계획화모형은 [그림 4-2]에서 보는 바와 같다. 이 모형은 전체계획과정을 계획화의 기초, 계획화의 주체, 계획의 실행과 검토 등 세 부분으로 나누고, 이들 각 부분 간의 동태적인 관계를 보여주는데, 이에 대하여 좀 더 상세히 살펴보면 다음과 같다(Steiner, 1969 ; 박영배, 1999 : 159-164)

(1) 계획화의 기초

계획화모형에서 제1부분에 속하는 '계획화의 기초'는 다시 다음과 같은 세 가지 요소들을 포함한다.

① **기업의 사회적 · 경제적 목적** : 기본적인 의미에서 보면 기업이 생존할 수 있는 가장 중요한 원인은 바로 기업의 사회에 대한 기여 때문이라고 할 수 있으며, 또한 이러한 사회에 대한 기여는 기업이 필요로 하는 자원과 이윤을 획득할 수 있는 기반이 된다. 따라서 기업의 계획화는 반드시 이러한 관점에서 출발하여 '경영사명' 또는 '경영경계'를 설정하고 사회적 · 경제적 목적을 충족하려고 노력해야 한다. 예를 들면, 해상운수회사의 경영사명은 고객들의 여가를 즐기는 행위가 보편화됨에 따라 '교통상의 편의'를 제공하는 것에서 '수상여행의 즐거움'을 제공하는 것으로 바뀌지 않으면 안 되게 되었다. 마찬가지로 사회적 수요가

바뀜에 따라 기업의 경영사명도 반드시 변화하지 않으면 안 된다. 이와 같이 기업의 기본적인 사회적·경제적 목적은 계획화의 중요한 기초가 된다.

② **최고경영자의 가치관** : 이것은 기업 최고경영자의 도덕관념과 경영방식(style of management)을 말한다. 이러한 요소들은 눈으로 파악할 수 없는 무형적인 것이지만 기업이 그의 목적을 선택하고 종업원·고객·동업자·공급자·정부기관 등과 관계를 맺는 데 대하여 상당히 큰 영향을 미친다. 이러한 최고경영자의 가치관은 많은 경우에 있어서 기업이 이윤을 쟁취하는 데 아무런 도움이 되지 못하거나 오히려 불리하게 영향을 미친다. 따라서 이와 같은 경우에 최고경영자의 가치관은 기업의 윤리에 대하여 소극적으로 작용하거나 또는 '제한조건'(constraints)으로 작용하게 된다. 특히 근래에 와서 기업의 사회적 책임에 대한 관념에 변화가 옴에 따라 이러한 요소의 중요성은 더욱 증가하게 되어 기업계획의 가장 중요한 기초의 하나로 등장하게 되었다.

③ **기업의 환경적 기회와 문제 그리고 기업자체의 장·단점** : 계획화의 기본목적의 하나는 기업이 앞으로 부딪칠 수 있는 문제와 포착 가능한 기회를 찾아내어, 문제를 해결하고 기회를 이용할 수 있는 자원과 역량을 준비하는 데 있다. 그러나 똑같은 객관적 환경이라고 할지라도 기업에 따라서 서로 다른 문제와 기회로 작용하는데, 이것은 각 기업들이 필요로 하는 조건과 상황이 모두 다르기 때문이다. 예를 들면, A회사는 연구개발능력은 강하나 자금조달능력이 약할 수도 있으며, B회사는 매우 우수한 생산능력을 갖추고 있으나 유능한 경영인력이 부족할 수도 있다. 따라서 기업은 반드시 외부환경과 기업 자체의 조건을 동시에 고려하여 미래의 발전방향을 계획하여야 한다.

(2) 계획화의 주체

계획화모형에서 제2부분에 속하는 '계획화의 주체' 또한 다음과 같은 세 가지 요소로 이루어진다.

① **전략적 계획** : 일반적으로 장기계획이라고 불리우는 계획들은 엄밀하게 말하면 여기에서의 전략적 계획에 해당한다고 볼 수 있다. 전략적 계획을 수립하는 목적은 "기업의 기본목적, 기본정책, 전략 및 앞으로 필요한 자원의 획득·사용·처분 등에 관한 기준과 원칙을 결정하는 데 있다"고 할 수 있다. 따라서 기업은 이러한 계획과정을 통하여 기업의 발전방향뿐만 아니라 그 특성 및 사업활동의 범위를 확정할 수 있게 된다. 예를 들면, 석유회사는 앞에서 설명한 '계획화의

기초'에 대한 분석을 근거로 하여 원유의 새롭고 보다 유리한 용도를 증가시키기 위해서는 어떤 종류의 석유화학제품을 개발할 것인지를 결정한다. 또한 증가하는 구매력을 충족시키기 위하여 판매회사의 현지설립을 통한 새로운 시장에의 진입을 결정한다. 따라서 이러한 계획을 통하여 이 회사는 그의 경영사명과 경영경계 등 중요한 원칙상의 결정을 내리게 되는데, 이것은 기업의 발전방향과 함께 매우 중요한 의미를 지니게 된다.

전략적 계획은 생산, 마케팅, 재무, 조직, 경영자의 선발과 훈련, 가격결정, 이윤, 자본지출, 광고, 연구개발 등과 같은 각 방면의 활동들을 두루 포함할 수도 있다. 그러나 전략적 계획에 있어서 특히 중요한 것은 이러한 모든 활동들을 반드시 포함해야 할 필요가 없다는 것이다. 즉, 전략적 계획의 가장 중요한 특징의 하나는 바로 이것이 중점적이면서 목표지향적 성격의 계획에 속하기 때문에 지나치게 상세한 부분은 피해야 한다. 또한 상이한 문제에 대한 계획의 시간길이가 모두 같을 필요가 없다. 왜냐하면 계획의 시간은 문제 자체의 성질과 필요성에 의해서 결정되기 때문이다.

② **중기계획** : 중기계획이 적용되는 기간은 보통 1년을 초과하며 많은 경우에 있어서 3~5년을 그 기간으로 잡고 있는 것이 일반적이다. 중기계획 역시 자체의 목표와 목표를 달성하는 데 필요한 정책과 전략이 존재한다. 그러나 이러한 목표·정책·전략들은 대부분 전략적 계획에 근거를 두고 있다. 중기계획은 전략적 계획에 비하여 그 내용이 보다 상세하며 협조작용이 있다는 것이 특징이라고 할 수 있다.

전략적 계획이 '문제'에 초점을 둔다면 중기계획은 바로 '시간'에 초점을 둔다고 할 수 있다. 따라서 전략적 계획과는 달리 중기계획은 포함하는 사안들의 계획기간은 모두 같게 된다. 따라서 계획수립자는 일정기간을 단위로 하여 정기적으로 계획을 수립하게 된다. 또한 중기계획은 주로 기업의 과업과 능력에 의거하여 상세한 계획을 수립하며, 각 계획 간의 조화와 협조관계를 중시하기 때문에 세밀하지 못한 전략적 계획을 보다 구체적이고 상세한 내용으로 전환시킨다. 기업에서는 통상 목표의 달성가능한 상황을 나타내는 대차대조표와 손익계산서를 계획기간 내에 각 연도별로 미리 작성하여 계획의 전모를 이해할 수 있도록 한다.

③ **단기계획** : 단기계획의 기간은 보통 하나의 예산년도를 기준으로 하기 때문에

통상 1년이 되며, 이것은 또한 중기계획 중의 제1차년도 계획에 해당한다. 앞에서 설명한 바와 같이 중기계획은 비록 그 자체로 상당히 상세하다고 할 수 있지만 시간·예산·과정 등의 측면에서 아직은 실천할 수 없는 상태에 있기 때문에 보다 단기적인 계획을 통하여 구체적으로 실행할 수 있는 방안에 대한 설계가 필요하다. 따라서 단기계획은 순전히 일종의 '운영적 계획'(operational planning)에 속한다고 할 수 있기 때문에 이윤·판매량·생산량 등과 같은 중요한 목표 이외에도 종업원의 판매목표, 생산성 및 유동률 등과 같이 노력의 방향과 고과의 근거로 삼을 수 있는 보다 구체적인 성과목표(performance targets)를 포함한다. 물론 연도예산 역시 단기계획 중의 중요한 한 부분이라고 할 수 있다.

(3) 계획의 실행과 검토

스테이너의 계획화모형에서 제3부분에 속하는 '계획의 실행과 검토'의 주요 내용은 다음과 같다.

① **계획실행을 위한 조직의 설계** : 만일 효과적이고 적합한 조직이 없다면 아무리 훌륭한 계획이라 할지라도 실행할 수가 없게 된다. 따라서 전체의 계획과정 중에 필요한 조직 및 인력의 배합을 반드시 고려해야 한다. 예를 들면, 기업이 어떤 신제품을 개발한다거나 새로운 시장을 개척할 계획을 수립한다면 반드시 그에 필요한 조직을 고려해야 한다. 다만 우리가 주의해야 할 것은 조직의 설계는 계획을 실행하기 위한 필요성에 부합될 수 있어야지 계획을 실행할 수 없는 부적합한 것이 되어서는 안 된다는 것이다. 따라서 전체의 계획과정에서 조직설계 역시 매우 중요한 한 부분을 차지한다고 할 수 있다.

② **계획의 검토와 평가** : 효과적인 계획화는 그 결과인 계획의 실행에 대한 계속적인 감시와 정기적인 검토를 포함하여야 한다. 그렇게 함으로써 실행상황을 이해할 수 있으며 재계획화의 기초를 마련할 수 있다. 만일 계획의 실행결과와 예상결과가 일치하지 않고 큰 차이가 난다면 경영자는 반드시 그 원인을 밝혀내고 대책을 강구해야 할 책임이 있다.

(4) 계획연구

스테이너의 계획화모형에는 지금까지 설명한 세 개의 부분 외에 아직 두 개의 계획활동을 더 포함하고 있는데, 그 중 하나가 '계획연구'(planning studies)이다. 이 계획활동이 앞의 세 부분에 속하지 않는 이유는 이러한 연구가 계획화의 각 단계에서 모두 없어서는 안 되는 것이기 때문이다. 전체 계획과정의 장점 중의 하나는 그것이 모든 과학적 방법의 사용과 객관적이고 체계적인 사고를 수용한다는 데 있다. 따라서 계획과정의 효과는 그 배후에 계획연구의 뒷받침이 있는지 없는지, 그리고 그러한 계획연구의 질이 어떠한지에 따라 결정된다고 할 수 있다. 대부분의 기업에서 계획과정을 통하여 보편적으로 실시되는 경제예측·시장분석·투자분석 등은 모두 그러한 계획연구의 대표적인 예이다.

(5) 실행가능성의 측정

앞의 계획연구와 마찬가지로 계획화의 각 단계에서 선택하는 모든 목표와 수단은 반드시 실행가능성에 대한 측정이 행해져야 한다. 실행가능성의 측정은 계획을 실행하는 데 나타날 수 있는 심각한 폐단과 계획수립을 위한 여러 의사결정 간의 모순 및 충돌을 제거하는 것이 그 목적이다. 계획화의 각 단계에서 참고할 수 있는 실행가능성에 대한 측정표준은 상당한 차이가 있다. 그러나 일반적으로 경영자의 가치관, 설비 및 인력조건, 측정시기, 자금상황, 투자회수율, 시장점유율 등은 모두 공통적으로 고려해야 할 문제들이다.

지금까지 스테이너의 계획화모형에 포함된 몇 가지 중요한 계획활동에 대하여 간단히 살펴보았다. 여기에서 마지막으로 강조해야 할 것은 각 계획활동은 일종의 조립라인과 같은 기계적인 과정이 아니고 각 활동 간에 상호조정할 수 있는 유기적인 과정이라는 것이다. 따라서 전체적 계획과정은 활동들 사이의 양호한 배합과 조화를 통하여 가장 바람직한 종합적 효과를 얻을 수 있어야 한다.

[그림 4-2] 계획화의 구조와 과정

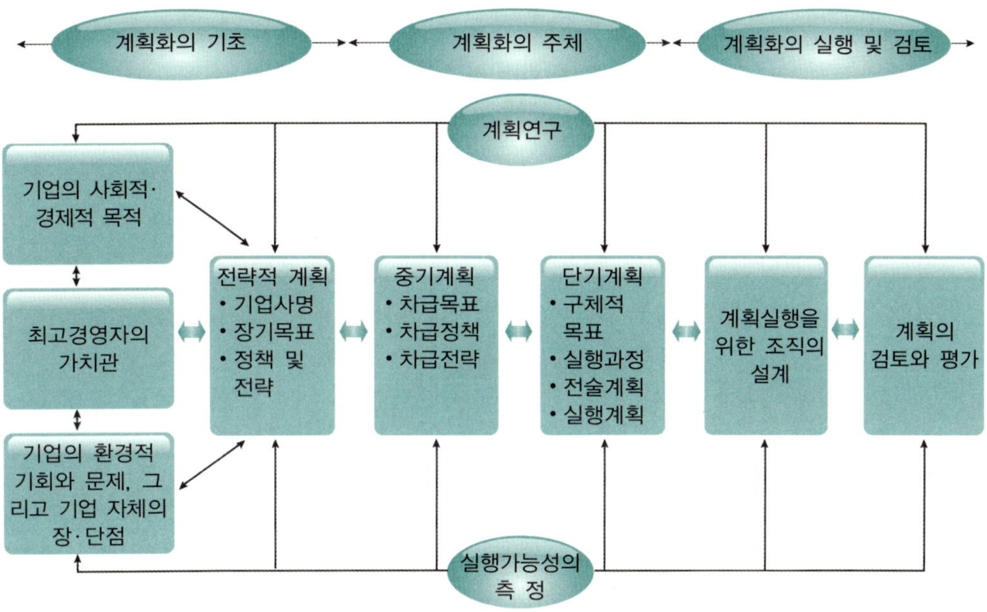

2) 계획화의 전제

이상에서 살펴본 스테이너의 계획화모형에는 포함되지 않았지만 전체의 계획과정에 빼놓을 수 없는 하나의 매우 중요한 요소 내지 절차로 '계획화의 전제'(planning premises)가 있다.

계획은 항상 미래에 대한 불확실성을 지니기 때문에 기업이나 경영자가 이러한 불확실한 미래에 대하여 의사결정을 내리는 데 있어서는 많은 어려움이 따르게 된다. 특히 각종 외부환경요소들은 대부분 경영자나 기업 자체로는 통제할 수 없거나 사전에 예측하기도 어렵다. '계획화의 전제'는 바로 이러한 문제를 해결하기 위해 필요한 것이라고 할 수 있다. 즉, 이것은 한편으로는 계획수립 당시의 가장 훌륭한 지식을 기초로 하여 통제할 수 없는 환경요소들에 대하여 미리 되도록 긍정적으로 설명하고 이것을 방안을 선택하는 근거, 즉 전제로 생각한다. 그러나 또 한편으로는 이러한 전제가 미래의 사실발전과 반드시 부합한다고 할 수는 없다는 것을 인정한다. 따라서 이러한 경우에 이것은 다만 일종의 임시적 전제로만 생각할 수 있다.

그러나 이러한 임시적 전제도 계획과정에 있어서 적어도 다음과 같은 두 가지의 중요한 이익을 가져다 준다.

첫째, 임시적 전제는 기업내부의 미래에 대한 생각이나 관점을 통일시킨다. 즉, 이것은 기업 내의 각 부문 또는 각 단위들이 모두 공통적인 인식과 기초 위에서 각자 계획을 수립할 수 있도록 돕는다. 따라서 임시적 전제는 적어도 전체 계획과정의 내적 일치성(internal consistency)을 유지할 수 있게 한다. 그러나 이것이 기업내부에 서로 다른 의견이나 생각이 존재하는 것을 허용하지 않는다는 것이 아니다. 계획화의 전제를 세울 때 또는 계획화전제의 보다 구체적 내용을 선정한 후에라도 또 다른 견해나 자료가 보다 건설적이고 객관적인 것이라면 모두 참고의 대상으로 거절되어서는 안 된다. 그러나 그것들을 계획화의 기초로 삼기 위해서는 반드시 일치성을 고려해야 한다. 근래에 와서 환경변화가 격렬해지고 예측하기 힘들어짐에 따라 많은 기업들은 이러한 환경변화로부터의 안전과 신속한 대응을 위하여 환경에 대한 여러 가지의 전제를 세우고 이들 전제에 대하여 각기 다른 방안을 마련한다. 그러나 특정의 환경요소에 대해 각 부문들이 모두 근거로 삼는 전제는 반드시 일치할 수 있도록 해야 한다.

둘째, 임시적 전제는 계획을 검토하고 수정할 수 있는 근거를 제공한다. 계획이 일련의 특정 전제를 기초로 하여 수립됨에 따라 계획과 전제 사이에는 어떠한 특정의 논리적·계량적 관계가 존재하게 된다. 그리고 시간이 지남에 따라 외부환경은 점차 그의 추세와 실제의 모습을 노출하게 되거나 지식정보가 보다 믿을 수 있고 충분해짐에 따라 계획수립자는 원래의 전제가 실제의 상황에 부합하는지의 여부를 검토할 수 있게 되며, 나아가 계획 자체를 조정하거나 수정할 수 있게 된다. 이렇게 계획과정은 계속 끊임없이 진전되어 개인의 주관적 의견이 아닌 보다 객관적인 기초 위에서 진행될 수 있게 된다.

3) 계획의 시간폭에 관한 문제

앞에서 우리는 계획의 적용시간, 즉 계획기간의 길이에 관한 문제를 간단히 살펴보았다. 여기에서는 이 문제에 대하여 보다 상세히 알아보도록 하겠다.

어떤 사람은 계획이 포함하는 시간의 길이는 하나의 공간적인 문제이기 때문에 실제의 경영이나 의사결정에는 아무런 영향을 미치지 않으며 보다 중요한 것은 현재 당면하고 있는 문제라고 주장한다. 그러나 그러한 주장은 그럴듯하게 들리지만 사실은 옳은 것이 아니다. 왜냐하면 그러한 주장은 의사결정의 '미래성'(futurity)을 무시하고 있기 때문이다. 의사결정의 미래성이란 개념은 다음과 같이 두 가지 측면에서 설명할 수 있다.

첫째, 오늘 한 개인이 내리는 각종 의사결정은 종종 일정한 시간 내에서 미래의 기업발전에 영향을 미친다. 예를 들면, 공장건설에 대한 투자나 새로운 시장의 개발과 같은 의사결정이 이루어진다면 그것은 결국 미래의 발전방향과 발전범위에 대한 중대한 결정을 앞당겨서 행한 것과 같게 된다. 다시 말하면 이러한 기업의 발전방향과 발전범위가 장래의 환경조건에 부합되든 또는 부합되지 않든 간에 그 결과에 대한 '원인'은 이미 결정된 것과 같다는 것이다. 따라서 설사 어떤 결정이 지금 막 이루어진다 해도 그것의 미래에 대한 의의를 고려하지 않으면 안 된다.

둘째, 오늘 의사결정을 통하여 이루어지는 선택들 중에서 어떤 것이 적당한 선택인지는 의사결정자가 생각하는 미래의 시간폭과 밀접한 관계가 있다. 예를 들면, 의사결정자가 앞으로의 1년을 고려하여 선택하는 방안과 5년이나 10년을 고려하여 선택하는 방안의 결과는 큰 차이가 있다.

이상의 두 가지 측면에서 보면 "현재가 중요한 것이지 장래는 고려할 필요가 없다"는 생각은 옳지도 않을 뿐더러 가능하지도 않은 것이다. 따라서 계획수립이 얼마나 긴 시간을 고려하여 이루어져야 하는가 하는 것은 매우 기본적인 문제라고 할 수 있다. 계획의 시간폭이 너무 짧으면 의사결정의 미래에 대한 의미를 충분히 이해할 수 없게 되므로 선택안이 반드시 적당한 것이라고는 할 수 없으며, 계획의 시간폭이 너무 길면 현재의 의사결정이 영향을 미칠 수 있는 한계를 벗어나거나 너무 먼 장래의 외부환경에 대해서는 알지 못함으로써 계획은 아무런 이용가치가 없는 것으로 된다. 그러나 너무 길지도 짧지도 않은 적당한 시간폭은 어떤 것인가 하는 문제는 간단히 대답할 수 있는 성질의 것이 아니다.

최근 많은 기업들이 실행하는 계획을 예로 들어 보면 5년의 기간을 필요로 하는 것이 있는가 하면 20~25년의 기간을 필요로 하는 것도 있고, 심지어는 100년을 기간으로 잡고 있는 계획도 있다. 물론 25년 이상의 장기적 기간을 요하는 계획은 비교적 특수한 경우로서 주로 전력·상수도·철도와 같은 공공사업 분야에 적용된다. 특히 임업회사는 현재 심은 나무를 목재로 사용하기 위해서는 몇 십년의 기간이 필요하기 때문에 이러한 먼 훗날의 목재수요를 고려하지 않으면 안될 것이다. 그러나 음식점이나 의류회사 등은 5년의 계획기간은 분명히 너무 긴 시간폭이라고 할 수 있다.

그러면 계획의 시간폭을 선택하는 데 있어서 적당한 기준은 무엇인가? 이에 대하여 톰프슨(Stewart Thompson)은 일찍이 계획의 시간폭을 결정하는 데 있어서는 반드시 다음과 같은 몇 가지 요소들을 고려해야 한다고 강조했는데(Thompson, 1962 :

14-26), 이는 현재에도 중요한 기준으로 유용하게 활용할 수 있을 것이다.

① **리드타임** : 리드타임(lead time)은 한 기업의 주요 상품이 착상되어서부터 설계, 공장의 설립, 생산, 분배 등의 과정을 통하여 도태될 때까지의 시간을 말한다. 예를 들어, 한 전력회사가 증가하는 전력수요에 대처하기 위하여 핵발전을 통한 전력공급을 결정했다고 하자. 그러면 이 전력회사의 리드타임은 일반적으로 핵발전소를 건설하는 데에서부터 전력을 공급하는 데까지의 시간을 포함할 수 있다. 그러나 만일 상품이 시장에 나오자 마자 도태하지 않는 것이라면 사용 후에 더 이상 쓸모없게 되어 도태할 때까지의 시간을 리드타임에 포함시켜야 한다. 따라서 이러한 리드타임의 길이에 따라서 계획의 시간폭이 결정된다고 할 수 있다.

② **투자를 회수하는 데 소요되는 시간** : 기업은 공장설비나 인력에 대한 투자에 대하여 그것이 어떻게 되든지 방치할 수 없다. 즉, 기업이 투자를 하려고 할 때에는 당연히 투자액을 회수하는 데 필요한 시간을 고려해야 하는데, 이러한 회수시간의 길고 짧음은 자연히 그 계획의 시간폭에 영향을 미친다.

③ **외부환경요소** : 이상 두 가지 요소는 모두 기업 자체에 관계되는 것이다. 그러나 계획의 시간폭은 이들 외에도 외부환경변화의 영향을 받는다. 예를 들면, 회사가 새로운 고객유형 또는 시장이 몇 년 후에 출현할 것이라고 예측한다면, 그리고 그러한 고객과 시장의 변화가 매우 중요한 정도에 도달할 것이라고 예측한다면 계획의 시간폭은 그와 같은 변화가 발생하는 시간을 포함하여야 한다. 그렇게 함으로써 기업은 변화에 대응할 수 있는 목표와 전략을 수립할 수 있게 된다. 그리고 계획의 시간폭에 영향을 미치는 또 하나의 중요한 외부환경요소로서 기업이 가장 중시하는 자원의 변화를 빼놓을 수 없다. 기업이 만일 원료나 과학기술 같은 자원에 근본적인 변화가 있을 것이라고 예측한다면 계획기간은 반드시 그러한 시간을 포함하여야 한다. 예를 들면, 석유화학제품회사나 석유개발회사는 석유가 지구상에서 고갈되는 시간을 고려하여 반드시 전략적 계획을 수립해야 할 것이다.

지금까지 계획의 시간폭에 영향을 미치는 요소들에 관해 알아보면서 느낄 수 있는 한 가지 문제는 계획의 기간은 될 수 있는 한 연장해야 좋지 않을까 하는 것이다. 그러나 사실은 그렇지 않다. 계획의 시간폭이 너무 길면 미래의 상황을 예측하기가 어렵게 된다는 문제 외에 계획의 탄력성에도 부정적 영향을 미친다는 문제가 있다. 계획의 탄력성은 그것의 경제성과 효율성을 상실하지 않으면서 변화하는 상황에 따라 적절히 적응할 수 있는 성질을 말한다. 따라서 계획의 시간폭이 너무 길면 상황에 적절히 적응할 수 없게 되어 결국은 실행불가능한 상태로 되기가 쉽다. 예를 들어, 어느 기업이 10년 후 시장에 어떤 변화가 올 수 있다는 자신감을 가지고 있다고 하자. 이러한 상황하에서 이 기업이 그러한 10년 후의 변화에 대처하기 위하여 지금부터 10년의 시간폭을 가지는 계획을 수립한다면 차라리 5년을 더 기다려 5년 후에 똑같은 변화에 대처하기 위한 계획을 수립하는 것 만큼의 효과를 기대할 수가 없을 것이다. 왜냐하면 이 회사의 상황적응능력에 비추어 보아 5년 후에도 이러한 변화에 효과적으로 대처할 수 있는 계획을 충분히 수립할 수 있으며, 특히 지금보다는 5년 후에 변화의 상황을 더욱 확실히 이해할 수 있고 보다 완전한 정보나 자료를 접할 수가 있기 때문이다.

또한 기업이 어느 정도의 시간폭을 선택했다고 해서 기타의 모든 계획의 내용을 그 시간폭과 똑같이 장기적으로 고려할 필요는 없다. 예를 들면, 자영조림장을 가지고 있는 제지회사의 조림계획의 시간폭은 50년 이상이 될 수 있다. 그러나 이 회사의 종이제품의 광고나 분배계획 그리고 재무계획 등은 그렇게 긴 세월의 시간폭을 고려할 필요가 없고 중기계획이나 단기계획으로 수립·실행할 수가 있는 것이다.

마지막으로 반드시 이해해야 할 것은 계획의 기간을 정하는 방법은 고정방식과 연장방식의 두 가지 종류가 있다는 것이다. 전통적으로 우리가 항상 들을 수 있는 경제개발 5개년계획과 같은 것은 고정방식에 속한다. 이러한 고정방식은 시간이 지남에 따라 계획기간 역시 그만큼 줄어든다. 그리고 마지막 계획년도가 지나면 계획의 의미는 자연히 소실된다. 이에 반하여 연장방식은 비교적 진보적인 방법이라고 할 수 있다. 이 방식은 시간이 지남에 따라 계획기간 역시 그만큼 연장된다. 예를 들면, 기업이 연장방식에 의하여 시간폭이 1년인 광고계획을 수립한다면, 1년 후 이 광고계획의 기간은 소실되지 않고 다시 1년이 자동적으로 연장되게 된다. 따라서 우리는 이 방법을 통하여 계획의 시간폭을 일정하게 계속 유지시킬 수 있다.

제3절 계획수립과 계획조직

계획수립은 기업 내의 어느 사람들이 담당하여야 하는가? 우리는 앞에서 경영관리 기능에 관해 살펴보면서 계획기능은 기본적으로 경영자들 각자가 책임지지 않으면 안 되는 것으로 이해했다. 그러나 조직의 규모가 점차 커지고 환경의 변화가 갈수록 복잡해짐에 따라 기업 내 각 계층의 경영자들은 각종 계획을 전담하여 수립하는 데 필요한 시간과 전문지식이 부족하게 되었다. 따라서 계획수립을 주로 담당하여 라인 경영자들이 보다 효과적으로 계획기능을 수행할 수 있도록 지원해 주는 전문단위가 출현하기에 이르렀다. 특히 이러한 상황은 기업이 전략적 계획이나 장기계획을 중요시한 이후에 더욱 활발해졌다. 여기에서는 바로 이러한 문제에 관해 살펴보도록 하겠다.

1. 계획시스템과 계획조직의 개발

1) 계획시스템의 발전단계

계획수립을 위한 조직은 계획과정에 따라 변한다. 따라서 기업이 계획수립을 위한 조직을 구성하기 위해서는 반드시 먼저 계획시스템의 변화를 이해하지 않으면 안 된다. 여기에서는 지나치게 단순화한다는 위험이 있기는 하지만 계획시스템의 개발을 몇 개의 발전단계로 나누어 살펴보기로 하겠다. 기업의 계획시스템은 일반적으로 다음과 같은 단계를 거치면서 변화·발전하게 된다(Litschert, 1968 ; 박영배, 1999 : 170-171).

① **제1단계** : 오직 비공식적인 단기계획만이 있을 뿐이다. 장기계획은 이따금씩 매우 드물게 존재하며 그것도 생산·재무·마케팅 등과 같은 소수 기능부문의 단순계획(single-use plans)에 국한된다. 그리고 앞으로 계획을 어떻게 실행해야할 것인가에 대한 일정한 과정이나 방법이 없다.

② **제2단계** : 비공식적인 단기계획시스템을 설치한다. 장기계획은 여전히 소수 기능부문의 단순계획에 국한된다. 역시 계획실행을 위한 일정한 과정이나 방법이 없다.

③ **제3단계** : 공식적인 단기계획시스템을 설치한다. 소수의 기능부문 내에 역시 공식적인 장기계획시스템을 설치한다. 그러나 계획실행을 위한 일정한 과정이나 방법은 아직도 없다.

④ **제4단계** : 공식적인 단기계획시스템을 설치한다. 모든 기능부문 내에 보편적으로 공식적인 장기계획시스템을 설치한다. 계획실행을 위한 일정한 과정이나 방법은 여전히 결여되어 있다.

⑤ **제5단계** : 공식적인 단기계획시스템을 설치한다. 전체계획시스템을 설치한다. 계획의 집행은 일정한 과정과 방법을 통하여 이루어진다.

2) 계획조직의 개발

계획수립을 위한 조직, 즉 '계획조직'의 구성은 기업이 처해 있는 발전단계에 따라 달라진다. 기업의 발전 정도가 높을수록 높은 계층의 경영자들이 계획수립과정에 참여하는 정도가 높으며, 전문스탭이나 전문부서에 대한 필요성 역시 증가한다. 발전의 초기단계에서는 모든 계획들이 부문경영자들에 의하여 수립된다. 그 후 기업은 점차 이들 각 부문에 의해 수립되는 계획들 간의 상호협조와 의사소통의 필요성을 인식하고 최고경영자 밑에 일종의 계획위원회를 설치하여 계획들 사이의 상호작용을 전면적으로 지원한다. 또한 기업은 계획위원회로 하여금 보다 적극적인 지도와 협조작용을 발휘할 수 있도록 하기 위해서 전문적인 조언과 지원 그리고 지식을 제공할 수 있는 기업 자체의 '계획스탭'을 필요로 하게 된다. 그리고 기업의 규모가 더욱 커지게 되어 여러 개의 사업부조직을 거느리게 되면 회사에 계획단위를 설치하는 것만으로는 각 사업부 경영자들과의 협조가 어렵게 됨에 따라 점차 각 사업부 내에도 유사한 계획단위를 설치하게 된다. 이와 같이 되면 전체의 기업조직구조 속에서 계획조직 역시 하나의 하위시스템을 이루며, 부사장계층의 경영자가 이 조직을 전담하여 관리하게 된다.

2. 라인경영자와 계획스탭의 역할

1) 라인경영자의 계획기능

기업 내에 독립적인 계획단위(통상 기획부서라고 함)를 설치한다는 것이 각 부문경영자들은 계획을 수립하지 않아도 된다거나 계획수립은 이제 더 이상 그들의 책임이 아니라는 것을 의미하지 않는다. 왜냐하면 진정한 계획은 크고 작은 의사결정들을 포함하고 있으며, 이러한 의사결정은 반드시 경영자들이 담당해야 할 직무이고 책임이기 때문이다. 물론 전문스탭들의 계획에 대한 영향력을 무시할 수는 없다. 그러나 이들 스탭들이 기본적으로 하는 일은 경영자들을 도와서 그들이 특정의 의사결정을 보다 신속하고 효과적으로 내릴 수 있도록 지원하는 것일 뿐이다.

중요한 것은 최고경영층의 경영자들이 계획과정에 참여하는 것이다. 만일 이들이 계획수립을 중시하지 않고 또 계획과정에 참여하지 않는다면 각 부문 및 단위의 발전방향에 대한 협조와 통제를 할 수 없을 뿐만 아니라, 전체의 계획은 모두 형식적으로 되어 결국 실제의 효과를 발휘할 수 없게 된다. 예를 들면, 과거 미국의 많은 기업들은 모든 책임을 계획실무자들에게 주어 계획을 수립하게 하고 또 그들 손으로 계획서까지 작성하도록 한 다음 최고경영층의 사람들은 이 계획서를 단지 몇 분에 걸쳐 대강 읽어보고 바로 문서철에 집어 넣은 후 모든 일이 다 이루어진 것처럼 더 이상 관심을 기울이지 않는 경향이 있었다(許士軍, 1985 : 100). 따라서 이들 회사의 계획수립은 그 초기단계에서 이미 실패했다고 할 수 있다.

2) 계획스탭의 역할

계획스탭이나 계획부문을 별도로 설치함으로써 얻을 수 있는 가장 큰 이점은 그들이 다른 일상적 업무에 쫓기지 않고 오로지 계획에 관한 일에만 열중할 수 있다는 것이다. 계획스탭은 각 방면의 전문가들로 구성되어 있기 때문에 계획을 수립하는 데 있어서 각종 현대적 기술과 지식을 활용할 수 있다. 또한 그들은 비교적 객관적이고 공정한 입장에 있음으로써 본위주의로 흐르지 않고 기업 전체의 이익을 도모하는 관점에서 계획을 고려할 수 있다. 따라서 그들은 종종 동시에 최고경영층의 상담역을 맡기도 한다.

일반적으로 계획스탭은 직접 회사의 계획을 수립하지는 않는다. 그들의 중요한 역할은 기업 내 각 단위의 계획을 지원하고 협조해 주는 것이다. 따라서 그들은 여러 부문계획들 사이의 상호관계를 상세히 검토하고 각 부문별 계획이 회사 전체의 장기적 목표에 부합되는지를 연구해야 한다. 그러나 특수한 상황하에서 만일 특정의 부문계획이 기업의 현재업무와는 동떨어진 내용으로 되어 있거나 심지어 전혀 관계가 없는 것일 경우에는 계획스탭이나 계획부문이 단독적으로 계획수립을 진행할 수도 있다.

또한 이러한 계획스탭이나 계획부문은 일반성을 지니는 것 뿐만 아니라 어떤 경우에는 특수성을 지니는 것도 있다. 예를 들면 인사·회계·재무·생산·마케팅 등의 부문은 각자 그들의 직무와 책임의 범위 내에서 다른 업무부문의 계획에 전면적으로 협조하게 된다. 즉, 예산의 경우에 있어서 회사 내의 각 단위는 모두 각자의 예산을 편성하게 된다. 그러나 이들 부문별 예산은 반드시 마지막으로 회계부문을 거쳐야만 다시 회사의 전체예산으로 편성될 수 있으며 또 그 후에 예산위원회의 심의를 거쳐 회사의 전체계획과 결합할 수 있게 된다.

계획스탭의 출현은 현대의 기업조직이 고도로 발전한 결과라고 할 수 있다. 그러나 또한 그와 함께 나타난 문제가 라인경영자와 계획스탭 간에 발생하는 '계획의 갭'(planning gap)이다. 이것은 라인경영자와 계획스탭 간에 존재하는 상황예측·목표·가정 및 기타 각종 기본관념상의 중대한 차이를 말한다. 계획스탭은 각종 발전된 도구와 기술을 이용할 수 있으며 전문자료의 원천을 잘 알고 있다. 그러나 그들은 종종 자신의 기본적 기능이 업무경영자들을 대신하는 것이 아니고 그들에게 협조하는 것이라는 사실을 망각한다. 반대로 라인경영자들은 자신들의 업무가 항상 많고 번잡하기 때문에 종종 계획수립을 시간의 낭비로 생각하고 될 수 있는 한 적극적으로 참여하는 것을 피하려고 한다. 따라서 기업의 계획이 효과를 나타내기 위해서는 반드시 이러한 '계획의 갭'을 제거하거나 최대한 감소시켜야 한다.

신화의 인물, 불멸의 기업 2

시련은 있어도 실패는 없다 : 정주영과 현대그룹

■ 정주영의 경영철학과 현대의 기업정신*

1915년 강원도 홍천의 아산리라는 작은 농촌마을에서 6남 1녀 중 장남으로 태어난 아산(峨山) 정주영은 광복 2년 뒤인 1947년에 현대그룹의 초석을 놓아 기업을 일으키고 반세기의 세월 속에 한국 최대제일의 기업집단으로 성장시켜 놓은 개척자적인 자수성가형 기업가이다. 그는 불모지나 다름없던 한국경제가 오늘의 선진대열로 도약하기까지 미래를 지향하는 통찰력과 불굴의 투지력으로 한국경제를 선도해 온 우리나라 기업계의 혜성 같은 선구자라고 할 수 있다.

정주영은 제도적인 교육과정을 거치지 못했으나, 스스로 공부하고 노력하는 자세와 지적 열망을 통해 기업가적 소양을 갖추었다. 그는 앞서가는 기업가로서의 뚜렷한 업적을 남겼을 뿐만 아니라, 근면·검소·친애의 사훈 아래 창조적 예지, 적극적 의지, 강인한 추진력이라는 아산정신(Asanism)과 경륜을 가진 경영자로서 여러 분야에 걸쳐 창업과 기업활동을 전개하면서 경영원칙을 제시하고 그것을 일관되게 추진·실천함으로써 후세의 창업기업가나 전문경영자들에게 귀감이 될 수 있는 훌륭한 기업가적 교훈을 남기고 있는 것이다.

정주영의 경영이념과 기업가정신을 통하여 발견할 수 있는 사실은 그의 행적을 한국형 실천경영학 표본으로서 제시하더라도 손색이 없다는 것이다. 이것은 정주영의 한평생에 걸친 창업과 기업가활동을 통하여 축적된 경험과 경륜의 결정체로 형성되어 있음을 의미한다. 그의 창업과 기업변신, 그리고 기업가로서의 성공은 한국적 현실상황에서 이루어진 실증적 경영학의 참모습이라고 할 수 있다. 다시 말하면 아산정신은 그가 지닌 기업가적인 하나의 현상을 한국경제라는 현실에 접목시켜 적응하면서 개척자적인 비전(vision)과 불굴의 의지로 실천에 옮겨간 경영철학이며, 이른바 '정주영학'의 근원을 이루는 것이다.

아산정신으로 불리우는 창조적 예지, 적극적 의지, 강인한 추진력은 정주영의 경영철학인 동시에 현대의 기업정신으로서 현대구성원들의 가치관을 한 울타리로 묶어 놓음으로써 현대 발전신화의 모태가 되었다고 할 수 있는데, 이에 대해 좀 더 상세히 살펴보면 다음과 같다.

- 창조적 예지 : 현대인들은 창조적 예지란 "미래지향적인 사고로 고객 및 사회가 원하는 바에 부응하기 위하여 항상 새롭고 신선함을 추구하는 지혜를 의미한다"고 말한다. 미래지향적인 사고와 항상 새롭고 신선함을 추구하는 자세가 서로 융합되고 조화되어 창조적 예지의 기본틀을 형성하는 것이다. 따라서 이 미래지향적인 사고와 신선함을 추구하는 자세는 현대 발전의 핵심이라고 할 수 있다. 현대그룹의 모기업이 세계적인 건설사로 성장할 수 있었던 것은 정주영의

* 김성수(1999), "아산 정주영의 생애와 경영이념", 경영사학, 제19집, pp.5~45 요약

미래지향적인 사고와 신선함을 추구한 결과라고 할 수 있다.

- 적극적 의지 : 아산정신 그것은 투철한 주인의식과 능동적으로 대처하는 자세이며, 바로 이것이 적극적 의지로 표현되는 것이다. 정주영이 일생동안 가장 의욕적이고 활기차게 일한 공사장은 이루 헤아릴 수 없이 많을 것이다. 공사장 곳곳이 모두 그에게는 도전과 의욕의 현장이었을 것이다. 그리고 그같은 현장에서 피가 마르고 살이 떨리는 위급한 순간도 많았을 것이다. 그러나 그는 투지를 불태웠다. 반드시 완공하리라는 적극적 의지는 오히려 더 강해졌으며 결단을 빨리 하고, 물러설 때와 나아갈 때를 정확히 파악했다. 그리고 천진스럽고 억척스럽게 일했다. 정주영이 일하는 솜씨는 유능한 장교가 군사를 지휘하는 모습을 연상시킨다. 쉬지 않고 전진하며, 남보다 먼저 목적지에 도달한다. 때에 따라서는 과감하게 버리고 희생하기도 한다.
- 강인한 추진력 : 정주영은 다른 사람들이 불가능하다고 포기해 버린 일들을 험난한 여건 속에서도 강인한 정신력과 추진력으로 성공시킨 역사와 경험을 갖고 있다. 또한 세계 곳곳에서 사업을 수행하며 강인한 추진력과 정신력을 배양하고 체질화시켰다. 현대정신의 강력한 추진력을 이런 정주영의 강인한 추진력에서 탄생하였다.

현대의 경영이념과 가치경영*

경영이념은 창업자와 전문경영자가 기업경영에 대해 가지는 정신적 지주, 기본적 가치, 실천적 행동지침, 신념, 태도 등의 도덕적·윤리적 기준을 일컫는다. 다시 말하면, 기업의 경영자가 기업활동을 통하여 지켜야 할 정신적·실천적 행동지침이며 미래지향적인 행동 및 지도원리를 의미한다.

아산 정주영의 경영이념은 근검절약주의, 인간존중주의, 신용제일주의, 고객만족주의, 창의와 기술우선주의, 신념주의, 산업평화주의, 도전과 개척주의, 사업보국주의 등으로 표현되는데, 이와 같은 경영이념은 정주영이 현대건설을 창업한 후 기업을 세계적인 규모로 성장·발전시키는 과정에서 실천적 경영지침으로 작용하게 된다.

그 후 현대그룹은 1996년에 창업자의 경영이념 승계와 관련된 '가치경영'이라는 신경영이념을 제창하였다. 가치경영은 정주영의 경영이념과 철학을 더욱 계승·발전시키겠다는 의지의 표현으로서 궁극적으로는 세계제일의 기업이 되겠다는 선언이었는데, 이를 요약하면 다음과 같다.

첫째, 다양하고 보다 많은 고객이 만족할 수 있는 높은 가치를 제공하여 고객중심의 경영을 최우선으로 삼는다.

둘째, 기업구성원들의 복지향상과 자아실현의 장을 마련하여 구성원의 가치를 극대화시킨다.

셋째, 지속적이고 영구적인 기술개발과 경영효율성을 제고한다. 세계시장에서의 경쟁력을 높여 기업을 발전시키고 총체적인 가치를 확대시킨다.

넷째, 인류사회의 일원으로서 사회적 책임을 다하여 인간 삶의 가치를 창조하는 데 기여한다.

현대는 이상과 같은 경영이념과 가치경영을 구현함으로써 이제는 자동차, 건설, 조선, 정공, 철강, 기계, 금속 등 기간산업 분야에서부터 전자, 우주항공, 정보기술 등 첨단산업 분야에 이르기까지 한국경제를 이끌어 가는 선도기업으로 성장하였다. 또 금융, 화학, 에너지, 무역, 서비스 등 산업분야에서

---

* 김성수(1999), 앞의 논문 ; 이광종(1999), "현대그룹이 한국경제 발전에 미친 영향", 경영사학, 제19집, pp.217~258 요약

도 한국경제발전에 기여를 해왔고 또한 그것은 사업보국의 실천수단으로 이어져 왔다.

현대의 창업 반세기는 한국경제의 역사이며 한국중화학공업사는 바로 현대사라고 해도 과언이 아니다. 현대의 출발은 자동차이다. 쌀가게 점원, 자동차 수리공, 토건사 등으로 자수성가한 창업자 아산 정주영은 사업에 나선 뒤 1950년 한국전쟁을 전후해 미군 공사를 도맡아 따내면서 성장가도를 달렸다. 정주영은 오늘의 한국경제가 선진대열에 도약하기까지 기업인으로써 뚜렷한 경영관을 가지고 한국경제발전을 선도해 온 선구자일 뿐만 아니라 그의 신념과 사상을 산업현장에 펼친 실천적 경영사상가였다고 평가할 수 있다.

제 5 장

계획의 효과적 실행

제5장 계획의 효과적 실행

제1절 계획의 종류와 성격

1. 계획의 종류

우리는 제4장에서 계획화의 네 가지 차원, 즉 조직계층의 수준, 적용범위, 적용시간, 반복성 등을 설명하면서 계획이 여러 가지의 형태로 분류된다는 것을 이해하였다. 그런데 계획화의 이와 같은 네 가지 차원은 또한 여러 방식으로 상호결합하면서 다양한 종류의 계획들을 만들어 낸다. 그 중에서도 비교적 대표적인 것으로는 전략·방침·규정·절차·시간표·예산 등을 들 수 있다.

1) 전 략

전략(strategy)은 조직이 특정 목적을 달성하기 위한 수단을 말하며 중요한 자원에 대한 배분방식으로 표현된다. 예를 들면, 어느 기업이 빠르게 성장하려는 목적을 달성하기 위하여 몇 개의 기업을 사들여 합병하였다면, 이러한 합병방식은 하나의 전략이라고 할 수 있다. 그리고 새로운 시장에 진입하기 위하여 판촉능력이 비교적 강하고 신용이 탁월한 하나의 도매상을 선택하여 시장에서의 독자적인 판매권을 부여하기로 결정했다면 그 역시 일종의 전략이라고 할 수 있다.

2) 방 침

방침(policy) 역시 일종의 계획이다. 이것은 경영자에게 어떤 상황하에서 어떻게 의사결정을 내려야할지를 알려 준다. 방침의 내용은 어느 때에는 매우 포괄적일 수도 있으며 또 어느 때에는 상당히 구체적일 수도 있다. 그러나 그 내용이 어떻든 간에 방침은 경영자에게 자신이 독자적으로 판단하고 결정할 수 있는 충분한 여지를 남겨 준다. 예를 들면, 어느 기업이 "회사에서 필요한 사무기구의 구매는 반드시 국내에서 충분한 서비스능력을 갖추고 있는 공급상을 선택해서 한다" 그리고 "신입사원은 반드시 공개적인 시험을 통하여 채용한다"는 방침을 정했다면 "어떤 공급상을 선택하여 구매할 것인가", "구매는 어떠한 절차를 통하여 할 것인가", 그리고 "공개시험은 언제 시행할 것인가", "시험과목은 어떻게 정할 것인가" 하는 것과 같이 그 방침 속에 상세하게 규정하고 있지 않은 사항들은 주로 경영자의 개인적인 판단이나 상황에 의하여 결정할 수 있을 것이다.

방침과 전략은 때에 따라서는 명확하게 구분하기가 매우 어렵다. 많은 방침은 역시 일종의 전략이 될 수 있다. 예를 들면, 대리상을 선택할 때 고급상점이라는 인상을 풍기는 대리상을 우선적으로 선택하기로 했다면 이것은 일종의 방침인 동시에 역시 전략이라고 할 수 있다. 그러나 방침은 일반적으로 언제나 응용할 수 있는 성격을 지닌다고 할 수 있으나 전략은 그렇지 못하다. 또한 어떤 방침은 전략의 성격을 지니기도 하고, 또 어떤 방침은 실행이나 절차의 성격만을 나타내기도 한다.

3) 규 정

규정(rule)은 일종의 매우 구체적인 요구라고 할 수 있으며 '해도 되는' 또는 '해서는 안 되는' 두 종류의 상황을 포함하고 있다. 따라서 규정은 일종의 명령의 성격을 지닌다. 규정과 방침은 공통점을 지닌다. 즉, 이 두 가지는 모두 항상 출현하는 문제나 상황에 대해서는 반복적으로 응용할 수 있다. 그러나 가장 큰 차이점은 규정은 대부분 방침에 비하여 더욱 구체적이나 방침이 지니는 융통성 내지 탄력성은 없다고 할 수 있다. 예를 들면 "3일 이상의 결근을 원하는 종업원은 반드시 2일 전에 상급자에게 결근계를 제출하여야 한다" 또는 "공장 내에서는 흡연을 금지한다"와 같은 것은 이와 같은 규정의 대표적인 예라고 할 수 있다.

4) 절 차

절차(procedure)는 규정의 일종으로서 어떤 과업을 수행하는 데 있어서 반드시 이행하여야 할 순서를 나타낸다. 예를 들면 "고객으로부터 주문서를 접수한 후에는 그것을 어떻게 처리해야 하는가" 또는 "일정액을 초과하는 대외구매에 대해서는 어떻게 주문하고, 공급상을 선택하며, 계약을 체결하고, 대금을 지불하여야 하는가" 등과 같은 순서는 절차의 한 예이다.

5) 시간표

시간표(schedule) 역시 일종의 계획이다. 이것은 일련의 작업들에 대하여 상호 간의 순서와 진행 및 완성시간 등을 배정한다. 일반적으로 이러한 작업들은 매우 구체적이며 필요로 하는 시간 역시 사전에 평가할 수 있는 것들이다. 따라서 이들 작업에 대한 시간표는 종종 규정의 성격을 지닌다. 그러나 만일 작업내용이 불확실하거나 외부의 영향이 매우 커서 그 자체를 통제할 수 없을 경우에는 시간표를 배정한다 할지라도 그것은 규정의 성격보다는 참고나 지도의 성격을 띠게 된다고 할 수 있다.

6) 예 산

예산(budget)은 가장 자주 볼 수 있는 계획의 일종이다. 이러한 계획은 반드시 화폐로 표시되며 각 조직단위의 일정시간 내에서의 지출과 수입을 포함한다. 이렇게 숫자로 표시되는 예산은 일정한 과정을 거쳐 승인을 받게 되면 매우 높은 권위를 지니게 된다. 그러나 예산 그 자체는 결국 미래의 상황에 대한 일종의 예정을 나타내는 것이다.

아래에서는 먼저 전략에 관하여 보다 상세하게 설명한 다음에, 다시 방침과 규정 그리고 절차에 대하여 살펴보도록 하겠다. 예산에 대해서는 제11장에서 다시 설명하도록 하겠다.

2. 전략의 본질

1) 전략의 성격

전략은 계획들 중에서 가장 핵심적인 것이라고 할 수 있다. 이것은 목표와 구체적 행동 사이에 위치한다. 따라서 만일 전략이 없으면 행동은 매우 산만하거나 맹목적인 노력으로밖에 될 수 없기 때문에 협조와 종합적 효과를 발생하기 어렵게 되며, 나아가 목표를 효과적으로 달성하기가 어렵게 된다.

전략에는 여러 가지 성질 또는 유형이 있다. 예를 들면 전체계획시스템 중에는 전체전략, 장기전략, 기능전략, 지원전략 등과 같이 여러 가지 유형의 전략이 존재한다.

전략은 또한 계획들 중에서 가장 동태적인 부분이라고 할 수 있다. 왜냐하면 전략은 조직이 외부환경 또는 자체의 능력과 끊임없이 부딪치면서 선택하는 것이기 때문이다. 따라서 그러한 환경요소와 조직 자체의 장·단점이 바뀜에 따라 전략 역시 따라서 변화해야 한다. 이러한 관점에서 볼 때 상이한 업종과 환경하에서 기업이 세우는 전략은 역시 달라져야 할 것이다. 그리고 같은 업종과 환경하에 있는 기업이라 할지라도 기업 자체가 가지고 있는 능력조건이 같지 않다면 전략은 또한 그러한 조건에 따라 달라져야 할 것이다.

가장 적합한 전략을 어떻게 선택할 것인가 하는 것은 계획과정에서 가장 중요한 의사결정의 문제이다. 만일 전략의 선택이 부적절하게 이루어졌다면 그것의 집행이 효과적으로 진행된다 해도 한번이라도 착오를 범하기라도 하면 다시는 그것을 만회할 수 없게 된다. 반대로 전략의 선택이 매우 타당하게 이루어졌다면 그것을 집행하는 데 착오가 발생하여 중대한 영향을 끼친다 할지라도 그것을 만회할 기회는 언제든지 있게 된다. 따라서 전략에 대한 의사결정은 신중을 요하는 일이기 때문에 일반적으로 최고경영층에 의해서 이루어지는 것이 보통이다.

2) 전략적 · 전술적 의사결정

전략적(strategic) 의사결정과 비전략적 내지 전술적(tactical) 의사결정을 구분한다는 것은 결코 쉬운 일이 아니다.

일반적으로 전략은 회사 전체 또는 어떤 업무기능의 범위 내에서 방향성(directional)을 지니는 의사결정이며, 전술은 이러한 전략을 집행하기 위한 것이라고 할 수 있다. 또한 전략적 의사결정은 중요한 자원의 할당을 의미하는 데 반하여, 전술적 의사결정은 다만 그러한 자원의 분배상황에 따라 집행하는 것을 말한다.

[그림 5-1]의 "의사결정 사다리"(decision ladder)를 통하여 우리는 전략적 의사결정과 전술적 의사결정의 차이점을 보다 용이하게 이해할 수 있다(박영배, 1999 : 179-180).

그림에서 의사결정 (A)는 전략적 성질을 지닌다. 왜냐하면 이것은 미래의 기업발전목표로 다각화의 방향이 아닌 현사업을 확장하는 방향을 선택했기 때문이다. 이러한 전략을 선택함에 따라 기업당국은 또한 기타의 지원적 의사결정을 하기에 이르렀다. 예를 들면, (B)계층의 의사결정 중에서 기업당국은 비교적 높은 판매량의 목표를 설정했는데 이것 역시 전략적인 의미를 지닌다고 할 수 있다. 그후 기업당국이 (D)와 (E)계층에서 행한 의사결정은 모두 집행 또는 실행의 성질을 지니는 것이기 때문에 전략적 의사결정이라고 할 수가 없다.

[그림 5-1] 전략적 · 비전략적 의사결정 사다리

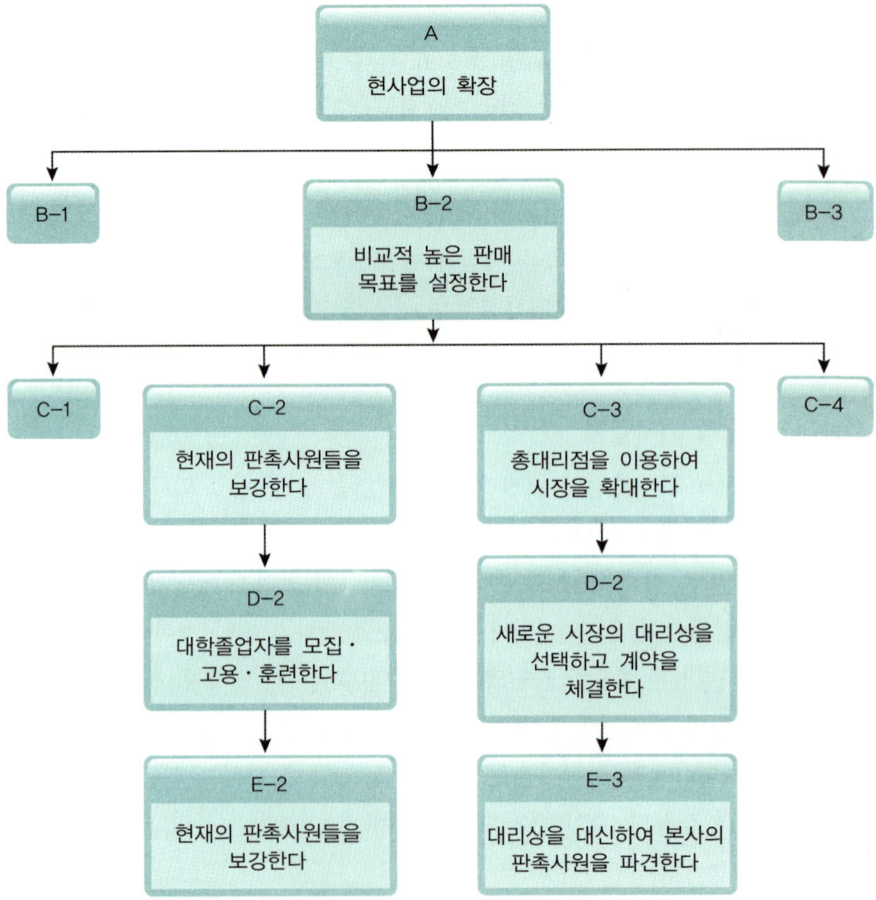

전략적 의사결정이 지니고 있는 특성은 위에서 설명한 '방향성' 이외에도 다음과 같은 것들을 들 수 있다.

첫째, 현재의 '제품 - 시장조합'(product-market mix)을 변화시킬 수 있다.

둘째, 취하는 행동은 일반적으로 비교적 높은 위험요소를 포함한다.

셋째, 비교적 많은 대안들 중에서 선택해야 하는 경우에 직면하며, 각 대안이 필요로 하는 자원 및 가져올 수 있는 결과는 중대한 차이가 있다.

넷째, 실행의 시기를 결정하는 것은 매우 중요한 선택이 된다.

다섯째, 경쟁상황에 있어서 변화를 가져올 수 있다.

여섯째, '혁신에 대한 비용과 위험성' 그리고 '낙후할 것'이라는 두 가지 생각을 절충한 결과를 나타낸다.

여기에서 전략적 의사결정과 전술적(비전략적) 의사결정의 차이를 강조하는 것은 많은 최고경영자들이 대부분의 노력과 시간을 전술적 의사결정을 행하는 데 소모하는 경향이 있다는 사실에 기인한다. 이러한 경향이 나타나게 된 원인은 매우 다양하다. 그 중에서 가장 중요한 요인으로 다음의 두 가지를 들 수 있다.

첫째, 전술적 의사결정은 대부분 경영자들이 매일 수행하는 작업과 직접적인 관계가 있다. 따라서 경영자들은 이러한 의사결정의 과정에 참여함으로써 심리적으로 보다 구체적인 성취감을 느낄 수 있을 뿐만 아니라 그들의 작업성과 역시 쉽게 표현할 수 있기 때문이다.

둘째, 이러한 의사결정은 모두 반드시 눈앞에서 행동을 취해야 하고 늦추거나 뒤로 미룰 수 없는 것이기 때문에 긴박감을 조성한다. 그러나 전략적 의사결정은 거의 앞당길 수도 또 늦출 수도 있는 것이기 때문에 일반적으로 반드시 눈앞에서 행하지 않으면 안될 이유가 없다.

그러나 만일 기업의 최고경영자들이 전략적 의사결정의 문제를 소홀히 한다면 경영상 중대한 문제와 함께 기업에 큰 손실을 가져오게 되며 심지어는 기업의 장기적인 생존에까지 영향을 끼치게 될 수도 있다.

3) 전체전략과 부문전략

전략은 또한 전체성과 부문성의 차이가 있다. 먼저 전체적인 전략은 또한 "총전략"(master strategy)이라고도 하는데, 이것은 기업이 사회에 제공하는 기본적 서비스의 성질과 그러한 서비스를 제공하는 방식을 나타낸다. 예를 들면, 기업이 환경 속에서 설정하는 최적의 생존공간을 의미하는 "경영경계"(business boundaries) 내지 "경영사명"은 바로 기업이 사회에 제공하는 기본적 서비스의 성질을 말하는 것이며, 경쟁상황에 직면하여 자신의 우세한 점을 십분 발휘하면서 동시에 열세를 만회하기 위해 취하는 기본적인 방법은 곧 서비스를 제공하는 방식을 말하는 것이라고 할 수 있는데, 이러한 것들은 모두 총전략적인 성질에 속한다고 할 수 있다.

또한 기업은 총전략을 기초로 하여 각 기능별로 보다 구체적인 전략을 개발하게 되는데 이것이 바로 부문전략이다. 기업이 부문을 어떻게 나누어 부문전략을 세울 것인가 하는 문제는 기업의 성격 및 기업이 운용하는 자원의 결합방식과 밀접한 관계가 있다. 일반적으로 시장개발 · 제품개발 · 인력개발 · 재무 · 연구개발 등은 매우 보편적이고도 중요한 부문에 속하는 것들이라고 할 수 있다. 따라서 이들 부문은 각기 부문적인 전략을 필요로 하게 된다.

3. 방침의 성격과 실행

1) 방침의 의의와 작용

앞에서 간단히 살펴본 바와 같이 방침(policy)은 결코 특정 문제에 대한 구체적 해결방안을 의미하지 않는다. 그러나 경영자는 방침을 통하여 그러한 구체적 해답을 찾을 수 있는 명확한 방향이나 범위에 보다 가까이 접근할 수 있다. 방침의 사용은 기업의 최고경영층에만 국한되지 않는다. 모든 계층의 경영자들은 그들이 구체적 행동이나 의사결정을 행하는 데 필요하다면 언제라도 방침을 적용하여 그러한 목적을 달성할 수 있다. 특히 권한위양(delegation of authority)을 실행하는 조직에서 그것의 진정한 목적을 달성하기 위해서는 하급자들이 무슨 일을 어떻게 처리하든 수수방관해서는 안 되고 동시에 그들을 사사건건 간섭해서도 안 되는데, 그러한 경우에 방침은 경영자에게 매우 효과적인 관리적 수단을 제공한다. 또한 비교적 큰 규모의 조직에서 서로 다른 사람들이 또는 서로 다른 시간에 똑같은 의사결정을 행해야 하는 경우에 있어서 의사결정 간에 일치성을 유지하기 위해서도 방침을 제정해야 할 필요가 있다.

일반적으로 방침의 내용은 다음과 같은 세 가지의 요소를 포함한다.

① **목표** : 이것은 방침을 제정하는 목적과 의의를 말한다. 따라서 목표는 사람들로 하여금 그것을 준수해야 할 이유 또는 그 취지가 어디에 있는지를 이해할 수 있도록 한다.

② **원칙** : 이것은 반복적으로 발생하는 상황은 반드시 어떻게 처리해야 한다는 일반적인 원칙을 말한다. 따라서 이러한 원칙은 모든 사람이 보편적으로 적용할 수 있는 것이다.

③ **행동규정** : 이것은 앞의 원칙들에 의거하여 설정되는 보다 구체적인 지침을 말한다. 사람들은 또 다른 해석을 필요로 하지 않고 이러한 행동규정에 따라서 즉시 의사결정을 할 수 있다. 따라서 행동규정은 그 적용대상에 있어서 융통성이 없다고 할 수 있다. 그러나 사람들은 이러한 행동규정이 정해져 있지 않은 문제에 대해서는 앞의 원칙을 적용할 수 있음으로써 의사결정의 융통성과 일치성을 증대시킬 수 있다. 예를 들면, 다음과 같은 한 회사의 방침에 대한 예를 통하여 목표·원칙·행동규정을 이해할 수 있다. A회사는 분배에 관한 방침에 있어서 "회사의 주요 상품은 고소득층 고객시장의 수요를 충족시킬 수 있어야 한다(목표)"고 규정하고 "상품의 분배경로를 선택하는 데 있어서는 반드시 고급품만을

취급하는 상점을 고려의 대상으로 한다(원칙)"고 결정하였으며, 이 회사는 또한 "상점들에 대하여 보다 구체적인 기준을 정하여 그러한 기준에 합당하는 상점에게만 상품의 판매권을 부여한다(행동규정)"고 결정하였다.

2) 방침의 유형

앞에서 설명한 바와 같이 조직에서의 방침의 사용은 특정 계층이나 경영범위에 국한되지 않는다. 그러나 일반적으로 방침은 그것을 응용하는 계층이 높을수록 그 범위는 넓어지며 일반성을 지닌다. 예를 들면, 모든 기업은 각기 나름대로의 가장 기본적인 방침을 가지고 있을 것이며 그것을 전체 조직에 응용할 때에는 기업의 사회적 책임이나 경쟁에 대한 입장과 같이 상당히 광범위하고 추상적인 내용이 된다. 그러나 반대로 그것을 공장내부의 방침에 응용할 때에는 공장안전과 설비의 보전 등과 같이 보다 구체적인 내용으로 된다.

사실상 기업에서 가장 자주 운용되는 것은 생산방침, 마케팅방침, 구매방침, 연구개발방침, 재무방침, 설비투자 및 보전방침, 인사방침 등과 같은 각종 기능범위에서의 방침이라고 할 수 있다. 여기서 기업의 마케팅방침의 내용을 예로 들어 그것에 관련되는 각종 문제들을 알아보면 다음과 같다.

① 제품에 관한 방침
- 품질의 수준
- 제품계열의 다양화 정도 및 품목 수
- 제품의 색상
- 양식의 설계

② 가격에 관한 방침
- 판매가의 단일화 또는 차별화
- 할인방법
- 가격의 선도자 또는 추종자

③ 유통에 관한 방침
- 직접판매의 여부
- 유통경로
- 대리상과의 관계

④ 상표에 관한 방침
- 상표의 사용 여부

- 단일상표 또는 가족상표
- 중간상 상표의 사용

⑤ 판매촉진에 관한 방침

- 광고매체의 선정
- 상품광고와 기업광고의 사용
- 중간상에 대한 협조
- 광고회사의 선택

이상 열거한 문제항목들은 다만 마케팅관리의 범위 내에서 방침으로 제정될 수 있는 몇 가지에 불과한 것들이다. 기업은 이와 같은 마케팅 이외에도 여러 가지의 기능을 가지고 있다. 따라서 기업이 제정할 수 있는 방침의 내용은 매우 다양하고 복잡하다고 할 수 있다. 그러나 그것이 회사가 경영 또는 관리에 관계되는 모든 항목에 대하여 방침을 제정해야 한다는 것을 의미하지는 않는다. 여기에 관해서는 아래에서 보다 상세히 설명하도록 하겠다.

3) 방침의 제정과 실행

(1) 방침의 제정

방침의 제정은 계획과정과 마찬가지로 기본적으로는 반드시 전체계획과정의 틀에 따라서 이루어져야 한다. 다시 말하면, 방침의 제정은 실제의 필요성에 근거를 두어야 하며 또한 분석과 선택의 과정을 통하여 이루어져야 한다. 그러나 어떤 경우에 있어서 방침은 하급자들의 요청에 의하여 이루어진다. 예를 들면, 하급자들이 어떤 의외의 상황에 부딪치거나 또는 그들의 권한과 책임범위에 대하여 의문이 발생했을 경우에 상급자들이 그와 같은 문제에 대하여 내리는 결정은 종종 일종의 방침과 같은 작용을 나타낸다.

또 어떤 경우에 있어서 회사 내부 또는 외부의 사람들은 회사가 어떤 문제에 대하여 취하는 입장과 행동에 있어서 상당히 일치하는 방식을 발견하는 경우가 있는데 그러한 방식은 일종의 방침으로 볼 수 있다. 예를 들면, 한 회사에서 일정한 기간을 통하여 승진한 사람들이 모두 특정 부문의 구성원들이었다면 우리는 그러한 현상을 통하여 이 회사의 인사(승진)방침을 추측할 수 있다. 그러한 방침을 "암묵적 방침"(implicit policy)이라고 한다. 다시 말하면, 그러한 경우에 회사가 취하는 조치 또는 행동은 비록 공식적으로 성문화된 방침은 아니라 할지라도 실제로는 방침과 같은 효력을 지닌다고 할 수 있다.

방침의 제정은 각 계층의 경영자들이 수행해야 할 계획기능에 속하는 동시에 그들의 중요한 관리적 수단이라고 할 수 있다. 방침이 일단 제정된 후에는 많은 사람들의 행동에 영향을 미치게 된다. 따라서 방침을 제정하는 과정에서 종종 관계되는 사람들의 의견을 널리 참고하여 실행상의 장애를 최소화시키게 된다. 또한 기업 내 스탭들의 일부는 이 방면의 전문가들이기 때문에 그들의 의견도 참고하여야 한다. 이와 같이 방침의 제정과정에는 항상 많은 사람들의 참여와 협조가 필요하게 된다.

또한 근래에 와서 기업과 정부 간의 관계가 갈수록 밀접해짐에 따라 정부가 제정하는 법규 또는 정책은 기업에 대하여 직접적으로 영향을 미친다. 따라서 기업은 정부의 정책에 저촉되는 의사결정이나 행동을 피하거나 또는 정부정책에 대한 지지를 표명하기 위하여 항상 정부정책에 호응할 수 있는 범위내 에서 기업의 방침을 제정하게 된다. 이와 같이 기업방침을 제정하는 데 있어서 외부의 환경 역시 중요한 영향요인으로 고려되어야 한다.

(2) 방침의 소통과 응용

훌륭한 방침이 제정되었다고 모든 일이 끝나는 것이 아니다. 보다 중요한 문제는 그러한 방침을 어떻게 각 계층의 경영자들에게 소통시켜 그들로 하여금 적당히 응용할 수 있게 하느냐 하는 것이다. 다시 말하면, 새로운 방침을 제정・공표하는 것만으로는 부족하다. 왜냐하면 어떤 사람은 직무를 처리하는 데 너무 바빠서 새로운 방침에 대하여 주의를 기울이지 못하거나, 직무의 이동이 빈번하여 신임자들이 미처 새로운 방침을 숙지하지 못하는 경우가 있기 때문이다.

방침의 가장 기본적인 소통수단은 방침을 성문화하고 그것을 다시 편집・인쇄하여 관계자들이 읽어볼 수 있도록 하는 것이다. 그러나 방침을 성문화함으로써 발생할 수 있는 문제점 또한 적지 않다고 할 수 있다. 예를 들면, 일단 성문화된 방침은 수정하기가 쉽지 않으며, 만일 방침이 기밀성이 있는 것이라면 그러한 기밀이 누출될 위험이 있기 때문이다. 따라서 방침을 성문화하는 데 있어서는 그러한 문제점을 신중히 고려해야 한다.

구두를 통한 소통 또한 이용해 볼만한 가치가 있는 방법이다. 예를 들면, 설명회나 토론회 등의 방식을 이용하여 특정 방침에 대한 사람들의 인상과 이해를 높일 수 있으며, 상급자들은 또한 그러한 기회를 이용하여 리더십기능을 발휘할 수 있다. 그러나 어떤 방침은 그것의 응용상황이 매우 복잡하고 응용기술 또한 매우 중요한 문제가 되는 것이 있다. 따라서 그러한 방침에 대해서는 서면이나 구두설명 등과 같은 방법으로는 부족하고 특별한 훈련과정을 설계하여 강의와 시범 그리고 토론 등의 방식을 거쳐야만 효과적인 실행을 기대할 수 있게 된다.

앞에서 설명한 바와 같이 방침을 실제로 응용하는 데 있어서는 당사자의 판단이 결정적인 역할을 한다. 방침을 응용하는 데 있어서 여러 응용상황이 모두 똑같을 수는 없으며 응용할 때마다 어떤 특수한 요소를 고려해야 한다. 따라서 방침을 응용한다는 것이 그렇게 간단한 일이 아니다. 일반적인 상황하에서 응용자는 반드시 될 수 있는 한 방침의 원칙과 규정에 의거하여 결정함으로써 일관성을 유지하려고 노력해야 한다.

그러나 종종 특수한 상황에 부딪칠 경우에는 예외적으로 처리하지 않으면 안 된다. 예를 들면, 인사방침이 내부승진을 원칙으로 하는 기업에서는 어느 직위에 결원이 발생하면 반드시 특정 부문의 구성원을 승진시켜 그 직위를 담당하도록 하여야 한다. 그러나 만일 특정부문의 구성원들 중에서 결원이 발생한 직위를 담당할 수 있는 자격요건을 갖춘 사람이 없을 경우에는 기업의 인사방침을 따른다는 것이 매우 불합리하게 된다. 그리고 그러한 상황하에서 회사의 방침을 실행하는 데 있어서는 상당한 융통성이 필요하게 된다. 따라서 어떻게 하면 그러한 융통성을 살리면서 동시에 전체적인 일관성을 유지하느냐 하는 것은 매우 중요한 문제이다. 그러나 방침의 융통성과 일관성 사이에 적당한 균형상태는 무엇인가 하는 문제에 대하여 참고할 만한 일정한 법칙은 존재하지 않으며 그것은 결국 경영자들의 능력에 달려 있다고 할 수 있다.

(3) 방침의 검토와 수정

기업 내외의 상황이 변함에 따라서 본래에는 매우 양호했던 방침이라도 실제의 상황에 적합하지 않은 것으로 된다. 만일 상황의 변화에도 불구하고 계속 본래의 방침을 견지한다면 기업은 상당한 손해와 위험을 감수하지 않으면 안 된다. 따라서 그러한 불리한 상황이 발생하는 것을 피하기 위하여는 기존 방침에 대한 정기적인 검토가 필요하게 된다.

그러나 기존의 방침을 정기적으로 검토한다는 것이 겉으로는 매우 쉬운 것 같지만 실제로는 상당히 어려운 일이다. 예를 들면, 만일 회사업무가 순탄하게 발전하고 있으며 회사의 이익 역시 만족할 만한 수준을 유지하고 있다면 대부분의 사람들은 현재의 방침을 검토하거나 수정하기를 원치 않을 것이다. 그러나 실제의 현황이 유리하다고 해서 현재의 방침에 아무런 문제가 없다고는 할 수 없는 것이다. 다시 말하면, 특정의 방침을 오랫동안 실행하게 되면 처음의 목적은 이미 잊어버리고 오직 규칙이나 규정에 따라 행사하는 것을 당연시 하게 되어 대부분의 사람들은 그 방침을 다시 한 번 상세히 검토하려고 노력하지 않게 된다. 그러나 사실상 그러한 상태는 경영상의 결함을 의미하기 때문에 앞으로 경영의 성과를 심각한 정도로 감소시키는 결과를 초래하게 된다.

3) 방침의 가치와 문제점

마지막으로 관리적 수단으로서의 방침의 가치와 문제점에 대해 알아보자. 먼저 방침이 지니는 가치는 중요한 것으로 다음과 같은 사항을 들 수 있다.

첫째, 방침은 권한위양을 가능케 한다. 즉, 경영자는 하급자들의 구체적 의사결정을 엄격하게 통제할 필요가 없게 된다. 그리고 하급자는 방침이 있음으로 해서 비교적 많은 융통성을 가지고 의사결정을 행할 수 있게 된다.

둘째, 방침은 경영의 효율성을 증대시킨다. 방침은 항상 나타나는 많은 문제를 해결할 수 있는 방향과 범위를 사전에 결정하기 때문에 경영자들은 많은 시간과 노력을 절약할 수 있으며, 문제에 대하여 비교적 상세하게 분석할 수 있게 된다.

셋째, 방침은 기업의 구성원들이 문제를 해결하는 데 있어서 특정의 원칙을 응용할 수 있게 함으로써 그들이 기업의 전략에 대하여 보다 완전하고 깊이 이해할 수 있게 한다.

넷째, 방침은 기업이 취하는 행동과 의사결정에 일관성이 유지될 수 있도록 한다.

다섯째, 방침은 다른 기업에 대한 이해를 증진시킨다.

그러나 방침의 작용을 효과적으로 이용한다는 것은 결코 쉬운 일이 아니다. 왜냐하면 방침을 제정하고 응용하는 과정에서 다음과 같은 문제점에 부딪치기 때문이다.

첫째, 방침의 진정한 의미를 문자를 통하여 정확하고 명백하게 표현하고 전달한다는 것은 결코 용이한 일이 아니다. 또한 방침을 공허한 구호가 되지 않도록 하기 위해서는 그것을 너무 복잡하거나 융통성이 없는 것으로 만들어서는 안 되는데 이것 역시 쉬운 일이 아니다.

둘째, 기업의 각종 방침들 간에 충돌이나 모순이 발생하지 않고 균형과 조화가 유지되도록 한다는 것은 매우 어려운 문제이다. 그렇게 되기 위해서는 기업은 나름대로의 완벽한 철학을 가지고 방침의 제정에 임해야 한다.

셋째, 기업이 제정하는 방침과 규정·절차·세칙 등은 반드시 일치하여야 하는데,

때에 따라서는 이들 간에 모순점이 존재하는 데도 불구하고 그러한 모순점을 발견할 수 없게 됨에 따라 결과적으로 방침은 그 구체적인 의미를 상실하게 된다.

넷째, 방침은 외부의 환경조건이 바뀌게 되면 역시 따라서 변해야 한다. 특히 방침은 정부의 정책이나 법규에 저촉되지 않도록 해야 한다.

다섯째, 기업이 중간상 · 공급자 · 은행 · 광고회사 등과 같은 외부조직과 체결하는 계약은 기업의 방침에 위배되지 않도록 해야 한다.

여섯째, 경영자들로 하여금 방침을 진정으로 이해하고 중시할 수 있게 하여야 한다. 또한 그들로 하여금 방침을 항상 의사결정과 행동상에 응용할 수 있도록 하여야 한다.

일곱째, 방침을 응용하는 사람들이 구체적인 상황하에서 그것을 통하여 최선의 판단을 할 수 있도록 해야 한다.

4. 규정과 절차의 성격

규정과 절차의 기본성질은 상당히 비슷하기 때문에 여기에서는 이들을 엄격히 구별하지 않도록 하겠다. 앞에서 설명한 바와 같이 규정과 절차는 때에 따라서는 방침의 일부분이 되기도 하고, 또는 방침을 구체적으로 확대한 것이 되기도 한다. 그러나 또 어떤 때에는 규정과 절차의 제정이 단순히 일상업무의 효율성을 증가시키기 위해서 이루어지기도 한다. 비교적 큰 규모의 기업에서 규정과 절차는 대부분 하나의 "표준작업과정"(Standard Operating Procedures : SOPs)으로 만들어진다.

규정 또는 절차와 방침 간의 관계를 예를 들어 설명하면 다음과 같다.

한 기업의 인사방침이 신규채용하는 경영자들에 대하여 교육 정도와 학교성적을 중시한다면, 이러한 방침에 근거하여 다음과 같은 구체적 규정이 제정될 수 있을 것이다.

첫째, 경상대학이나 공과대학의 졸업생에 국한한다.

둘째, 필기시험에 합격한 응시자들은 반드시 회사에서 정한 하루 동안의 공장참관 일정을 통하여 5명 이상의 하부 및 중간경영자들과의 면담을 거쳐야 한다.

셋째, 자력으로 학업을 마친 응시자는 우선적인 채용대상으로 고려한다.

넷째, 졸업성적이 앞에서 전체의 5% 이내에 속하는 응시자 역시 우선적인 채용대상이 된다.

만일 규정과 절차가 효과적으로 응용된다면 그것은 경영수단으로서 상당한 위력을 발휘할 수 있다. 앞에서 설명한 방침의 각종 용도의 대부분은 역시 규정과 절차에도 적용할 수 있다. 만일 기업의 모든 의사결정과 행동이 모두 규정과 절차에 의해 이루어질 수 있다면 경영활동은 지극히 단순하면서도 효과적으로 이루어질 것이다. 그러나 우리가 생활하고 있는 현실세계는 그렇게 단순하지 않다. 따라서 규정과 절차는 발생가능한 상황과 문제를 모두 포함할 수가 없다. 또한 현실의 문제는 너무 복잡하기 때문에 규정과 절차를 완전하게 적용할 수도 없다. 그러므로 그러한 상황하에서 우리는 반드시 규정과 절차를 응용할 수 있는 범위와 한도를 이해하여야 한다. 만일 그러한 범위와 한도를 초과하게 되면 규정과 절차는 적용상 융통성이 없거나 더 이상 응용할 수 없는 것이 되기 때문이다.

제2절 목표관리의 운용

1. 목표관리의 의의와 실행과정

1) 목표관리의 의의

계획기능이 될 수 있는 한 조직구성원의 전체적인 참여에 의해 수행될 때 보다 효과적일 것이라는 관점에서 보면 '목표관리'(Management By Objective : MBO)는 계획수립의 중요한 조건 내지 도구가 된다고 할 수 있다. "목표에 의한 관리"로 불리우기도 하는 목표관리는 일찍이 드러커(P.F. Drucker)에 의해 처음으로 제창되었으며, 그 후 오디온(G. Odiorne)에 의해 널리 보급되기에 이른 것으로서, 이는 경영목표의 효과적인 달성 내지는 계획기능의 효과적 실행을 위한 하나의 방안이라 할 수 있다. 즉, 목표관리란 종래와 같이 상급자가 부하의 업적을 평가하는 대신에 부하가 자기자신, 혹은 상급자와의 협의에 의해 양적으로 측정가능하면서 구체적이며 단기적인 업적목표를 설정한 다음, 스스로가 그러한 업적목표의 달성 정도를 평가해서 그 결과를 보고할 수 있게 한다는 데 핵심이 있다.

목표관리는 종업원 각자가 기업의 전체목표와 자기가 소속한 부문의 목표를 충분히 이해한 다음, 거기에 자기의 개인적 노력목표를 맞춤으로써 모든 종업원으로 하여금 기업의 전체목표를 달성하는 데 기여할 수 있게 함과 동시에, 종업원 각자에게는 자기가 경영에 있어서 주체적인 역할을 담당하고 있다는 의식을 높이게 하는 동기부여적(motivate)인 경영관리제도라고 할 수 있다(한희영, 1987 : 521). 이와 같은 목표관리는 인간의 행동과 동기부여의 철학에 근거를 두고 있으며, 이것의 성공의 관건은 모든 경영계층에서 전체목표를 개인의 목표로 전환시키는 능력에 달려 있다. 한편, 목표관리는 경영자와 부하들이 함께 참여하여 개인의 업적목표와 그에 관한 책임범위를 설정하기 때문에 모든 종업원들은 그들의 과업을 아주 자연스럽게 수행하게 된다. 그러나 종업원 개개인의 성과는 그들이 참여하여 설정한 목표가 얼마나 달성되었는지 하는 것을 기준으로 하여 엄격하게 평가된다(박우동, 1989 : 138).

2) 목표관리의 실행과정

목표관리를 실행하는 과정 내지 방식은 그것을 실시하고 있는 기업들 사이에 많은 차이가 있으나, 일반적으로는 다음과 같이 여섯 단계로 이루어진다(Odiorne, 1965).

① 제1단계 : 기업의 기본목표를 설정한다. 예를 들면, 전체 계획시스템을 채택·운용하고 있는 기업에서는 전략적 계획화의 결과가 곧 기본목표가 될 수 있다.

② 제2단계 : 이미 설정된 기본목표를 근거로 하여 목표를 달성하는 데 필요한 전략 또는 수단을 선택한다. 따라서 이 단계는 일종의 "수단과 목표의 분석"(means-end analysis)단계라고 할 수 있다.

③ 제3단계 : 선택된 수단은 그것을 실행해야 할 하부단위에 있어서는 역시 하나의 목표, 즉 하위목표가 된다. 따라서 하부단위의 경영자는 그 하부-하부단위의 경영자들과 함께 이 하위목표를 달성하기 위한 보다 상세한 수단을 개발해야 한다. 왜냐하면 그러한 수단은 또한 하부-하부단위의 목표, 즉 하위-하위목표가 되기 때문이다.

④ 제4단계 : 모든 계층의 경영자들은 그들에게 주어진 목표를 책임을 가지고 달성해야 한다. 즉, 이 단계는 목표의 실행단계가 된다.

⑤ 제5단계 : 모든 계층의 경영자들은 각기 목표실행의 결과, 즉 성과를 검토하고, 그러한 성과를 원래의 목표와 비교하며, 또한 그 비교결과를 상급자와의 토론을 통하여 평가한다.

⑥ 제6단계 : 지금까지의 각 단계로 이루어지는 과정은 다음의 계획기간을 통하여 반복적으로 진행된다.

이상과 같이 목표관리를 실행하는 과정에서 주의해야 할 점은 각 계층의 경영자들이 담당해야 할 목표는 상부단위로부터 명령의 방식으로 부여되거나 하달되는 것이 아니라 하부단위들로부터 제시된 후에 다시 상급자와의 토론을 통하여 결정된다는 것이다.

목표관리는 목표와 목표시스템의 확립을 중시할 뿐만 아니라 목표를 달성하기 위한 방법과 평가기준 그리고 평가방식 등을 역시 중시한다. 따라서 목표관리는 하나의 완전한 계획과 통제시스템이라고 할 수 있다. 만일 조직이 이러한 경영관리제도를 실시하기 위해서는 모든 조직구조와 정보처리시스템 그리고 예산과정 등이 반드시 상호조정될 수 있도록 균형과 조화를 이루어야 한다. 그렇지 않으면 목표관리를 성공적으로 수행하기가 어렵게 된다.

2. 목표관리의 실제적 운용

1) 목표의 설정

목표를 설정하는 데 있어서 가장 중요한 점은 반드시 목표를 구체적으로 측정할 수 있는 방법을 강구해야 한다는 것이다. 구체적 목표는 구체적인 실행계획을 수립하고 필요한 자원을 평가하는 데 도움이 된다. 구체적 목표는 또한 성과를 보다 정확하게 측정하고 평가할 수 있도록 함으로써 확실한 통제효과를 나타낸다. 예를 들면, "금년 말 이전에 특정 제품의 생산비용을 7% 절감한다"와 같은 목표를 설정한다면 이것은 단순히 "생산비용의 절감"과 같은 목표에 비하여 보다 실제적인 의의를 지닌다고 할 수 있다.

목표의 내용은 최소한 다음과 같은 두 가지 요소를 포함한다. 첫째, 목표는 판매량, 제조비용, 종업원 유동률 등과 같은 활동항목 또는 성과표준을 포함한다. 둘째, 목표는 앞의 활동항목 또는 성과표준에 있어서 도달하려고 하는 수준을 포함한다. 예를 들면 "생산량의 10% 증가", "제조비용의 5% 절감"과 같은 것을 말하는데, 이것을 "성과수준"(performance level)이라고도 한다. 이들 두 가지 요소에 관하여 좀 더 상세히 알아보면 다음과 같다.

먼저 경영자의 목표항목을 설정하는 데 있어서는 반드시 직무와 책임의 범위를 고려하여야 한다. 왜냐하면 그러한 범위를 초과하게 되면 목표항목은 아무런 의미도 없게 될 뿐만 아니라 여러 가지 어려움만 가중시키는 결과를 가져온다. 그러나 경영자의 직무와 책임범위 속에 모든 항목을 전부 포함시킬 수는 없고, 그 중에서 가장 기본적이고 중요한 의미를 지니는 항목만을 선택할 수 있을 뿐이다. "경영자가 책임을 지고 달성할 수 있는 성과"에 관한 것 외에 목표항목을 선택하는 데 또 하나 참고할 수 있는 것은 "개인의 발전목표"에 관한 항목이다. 개인의 발전목표는 경영자 개인의 능력을 향상시키는 것과 밀접한 관계가 있는데, 이것은 특정 방면에 있어서 경영자 개인의 결함을 보완하기 위한 것이거나 또는 경영자 개인의 승진을 준비하기 위한 것일 경우가 대부분이다. 또한 한 사람의 경영자가 책임져야 할 목표는 여러 가지 작은 목표항목들로 구성된다. 그리고 이들 목표항목들은 항상 상호관련성을 갖게 된다. 따라서 목표항목을 설정할 때에는 반드시 여러 목표항목들 사이의 균형과 조화를 고려해야 한다. 또한 모든 목표항목을 전부 달성할 수 없을 때에는 그 중요성에 따라 우선순위를 정하여 취사선택의 근거로 삼아야 한다.

다음으로 선정된 목표항목은 또한 달성가능한 성과수준을 필요로 한다. 그러나 모든 목표항목의 구체적 성과수준을 사전에 결정한다는 것은 쉬운 일이 아니다. 예를 들면, 스탭단위의 중요한 과업은 각 계층의 경영자들에게 의사결정이나 행동에 관한 의견을 제공하는 것이다. 그러나 그런 건의가 어떤 결과를 가져올 것인가 하는 것은 스탭단위로서는 직접 통제할 수 없다. 따라서 이러한 스탭단위의 구체적인 성과는 측정할 수가 없다. 이러한 경우에 스탭단위를 위해 설정한 목표는 행동방안은 될 수 있을지언정 그것이 결코 최후의 결과가 될 수는 없을 것이다. 그러나 이러한 상황에서라도 목표는 될 수 있는 한 구체적으로 설정되어야 한다. 예를 들면 "금년 8월 1일 이전에 회사의 연금계획에 관한 연구를 완성하고, 10월 1일 이전에 그 방안에 관하여 사장에게 건의한다"는 목표는 "연금계획에 관해 연구하고 그에 대한 건의를 제출한다"는 식의 목표에 비하여 훨씬 구체적이고 큰 의미를 지닌다고 할 수 있다. 그러나 이와 같은 목표도 한 걸음 더 나아가 "10월 1일 이전에 새로운 연금계획에 관한 건의를 사장에게 보고하기로 한다. 그러나 이 계획은 반드시 종업원들과 회사의 부담을 증대시키지 않는다는 원칙하에서 종업원들이 실질적으로 보다 많은 이익을 향유할 수 있도록 하여야 한다"는 목표와 같이 보다 구체화시킬 수 있다. 이와 같이 목표를 구체화시킴으로써 목표 내에 행동방안을 포함시킬 수 있으며, 작업자들이 고려해야 할 범위를 보다 확실하게 명시해 줄 수 있고, 또한 장래에 작업성과를 평가할 수 있는 근거로 삼을 수 있다는 이점을 얻을 수 있다.

2) 목표설정의 과정

목표관리의 중요한 이익 중의 하나는 이것이 각 계층의 경영자들에 대하여 강력한 자기통제(self-control) 작용과 모티베이션을 제공한다는 것이다. 그러나 실제로 이러한 이익을 얻을 수 있는지 하는 것은 목표설정의 과정과 매우 밀접한 관계가 있다. 엄밀히 말하자면 목표관리의 관념하에서 목표설정의 과정은 완전히 상부에서 하부(top down)로 이루어지지도 않고 또한 하부에서 상부(bottom up)로 이루어지지도 않는다. 즉, 이것은 쌍방적 커뮤니케이션과 협의를 통해 이루어지는 과정을 말한다. 이러한 목표설정의 과정에서 상급자와 그 부하들 중 도대체 누가 더 많은 책임을 지는가 하는 것은 일정한 것이 아니다. 이것은 기업에 따라 다르게 나타난다.

여기에서 목표설정의 과정에 관한 실례를 들어 보도록 하자.

"먼저 미국의 허니웰(Honeywell)회사는 매년 봄 이사장 명의로 회사의 향후 3년간의 기본목표를 발표하는데 그 중에는 회사의 중요한 발전방향과 각 사업부들이 회사에 대하여 반드시 기여해야 할 사항을 포함한다. 사업부의 경영자들은 각기 이러한 목표를 기재한 서류를 근거로 하여 자신들의 향후 3년간의 목표를 설정한다. 가을이 되면 사업부의 경영자들은 또한 그들의 3개년 계획에 기초하여 1월 1일부터 시작되는 다음 연도의 1년계획을 수립한다. 이와 같은 연도계획 중에는 먼저 해당 사업부의 이윤 · 영업액 · 자산수익률 · 신제품 등 방면의 구체적 목표가 열거되며, 다음으로 해당 사업부 내의 각 기능부문의 구체적 목표가 열거되고 동시에 각 기능부문 간에 상호협조해야 할 상황이 설명된다. 이 계획 속에는 비록 부문경영자들의 목표를 하나하나 열거하지 않고 있으나 각 기능부문의 목표는 사실상 이들 부문경영자들의 개별적 목표에 근거하여 설정된 것으로 볼 수 있다.

또 하나 미국의 제너럴 밀즈(General Mills)회사는 회사 내 모든 직위에 대한 직책설명서를 작성하여 각 직위의 사람들이 반드시 달성해야 할 성과를 열거한다. 각 직위의 경영자들이 해당 직위의 '목표를 위한 행동계획'(action plan of objectives)을 작성할 때에는 그들의 직책설명서에 열거된 성과항목을 근거로 하여 다음 일년 동안 그들이 달성하기를 기대하는 구체적인 성과를 기재한다. 물론 경영자들은 특정 연도 중에 그들의 직책설명서에 열거되어 있는 모든 항목에 대하여 구체적 성과가 있어야 한다는 것이 요구되지 않는다. 그런 다음 경영자들은 그들의 상급자와 행동계획에 관하여 토론하고 필요하다면 그것을 수정하여 쌍방이 모두 느끼기에 보다 큰 의의가 있고 실행가능하며 도전성이 있는 것으로 만든다."

이상 두 회사가 채택하고 있는 목표설정의 과정은 많은 차이를 보인다. 그러나 어떠한 과정을 채택하든 경영자 각자의 목표는 반드시 그 상급자로부터 토론을 통한 허가를 획득할 수 있어야 한다. 그렇게 해야만 경영자 각자의 목표가 회사의 전체발전 방향과 전략에 부합될 수 있으며 필요한 때 상급자의 특별한 지원을 받을 수 있기 때문이다.

목표관리에 있어서 상급자의 역할은 매우 중요하다. 만일 모든 목표가 상급자에 의하여 결정된다면 목표결정의 과정이 상당히 치밀하고 완전하다고 할지라도 그것은 목표관리라고 할 수 없다. 따라서 목표관리는 반드시 상급자와 하급자 쌍방 간의 커뮤니케이션과 협의과정에 의거하여야만 하는데, 이때 상급자는 반드시 다음과 같은 점에 주의를 기울여야 한다.

첫째, 상급자는 사전에 토론하려고 하는 문제와 상황에 대하여 상당한 준비를 해야 한다. 특히 회사나 해당 부문에 관계되는 목표에 대하여 뚜렷한 개념을 가지고 있어야 한다.

둘째, 상급자는 부하들이 충분하고 효과적으로 의견을 교환할 수 있도록 안정적이고 부담을 갖지 않는 분위기를 조성하여야 한다.

셋째, 상급자는 부하들의 의견을 경청하고 심한 비평을 삼가야 하며, 창의적이고 발전적인 견해나 의견에 대해서는 격려할 수 있어야 한다.

넷째, 상급자는 쌍방이 동의하는 목표는 반드시 문자로 기재하는 습관을 가져야 한다.

3) 성과의 평가

목표관리는 처음에 주로 인사평가시스템에서 "개인속성" 대신에 "직무성과"를 평가의 표준으로 삼으려는 노력에 의하여 실행되었다. 그러나 이러한 직무성과는 또한 계획의 목표를 근거로 하여 달성되는 것이기 때문에 목표관리는 인사관리시스템으로부터 일종의 "계획과 통제시스템"으로 확대되기에 이르렀다. 앞에서 설명한 바와 같이 목표관리를 이해하고 운용하기 위해서는 반드시 그의 통제작용을 중시해야 한다. 그렇지 않으면 목표를 설정하는 것만으로는 어떠한 작용도 발생할 수 없게 된다. 이러한 통제의 개념과 방법에 관해서는 뒤에서 보다 상세히 다루기로 하고 여기서는 목표관리와 비교적 직접적으로 관계되는 성과의 평가에 대하여 간단히 설명하도록 하겠다.

목표관리에 있어서 성과의 평가는 경영자가 일단 계획목표에 의거하여 실행한 후에 실제로 달성한 목표의 정도를 측정·평가하는 것을 말한다. 성과를 평가하는 데 있어서는 반드시 측정표준, 측정시간, 자료의 원천, 평가방법, 평가결과의 작용 등에 관한 문제를 고려하여야 한다.

먼저 측정표준은 구체적인 목표가 중요한 근거가 되지만 그 밖에 소요된 시간과 비용 등도 반드시 고려해야 한다. 성과를 측정하기 위한 표준을 설정하는 데 있어서 부딪치는 문제는 목표를 설정할 때와 마찬가지로 창의성이나 연구개발과 같은 목표는 그 성과를 측정하기가 매우 어렵다는 것이다. 이런 경우에는 성과를 측정하기 위한 명확한 표준(hard criteria)을 설정하기가 어려우므로 "목표달성을 위해 취하는 활동", "기대한 만큼 진행되고 있는지의 여부" 그리고 "예정된 예산의 지출현황" 등과 같은 "대체표준"(soft criteria)만을 사용할 수밖에 없게 된다.

그리고 측정시간의 문제에 있어서 목표관리를 실행하는 회사는 대부분 3개월·6개월·1년 등과 같이 일정한 기간을 정하여 목표를 점검한다. 즉, 경영자는 그의 상급자와 함께 정기적으로 이미 설정된 목표의 완성 정도를 항목별로 상세히 검토하게 된다. 그러나 기업의 활동은 끊임없이 계속되는 것이기 때문에 많은 목표의 달성상황은 수시로 변한다. 따라서 경영자들은 목표의 달성 정도를 검토하는 데 있어서 정기검토시기까지 기다릴 수가 없게 된다. 예를 들면, 회사가 3월말 이전에 생산설비의 확충을 끝낸다는 목표를 세웠다면 그 이전에 수시로 목표의 완성 정도를 점검해야지 일반 목표의 정기적 검토시기인 6월말 또는 12월말까지 기다릴 수는 없는 것이다.

또한 성과를 평가하는 과정에서 원래의 목표가 적당치 못한다는 사실을 발견했다면 경영자는 계획기간 중에 목표를 다시 조정하기로 결정할 수도 있다. 그러나 일반적으로 목표를 경솔하게 변경하는 폐단을 방지하기 위하여 경영자는 먼저 원래의 목표를 달성하는 데 필요한 새로운 방법을 적극적으로 모색하고 그에 필요한 새로운 계획을 강구하려고 노력해야지 즉시 목표를 바꾸려고 해서는 안 된다. 또한 회사 내 각 부문 간의 목표는 상호연관되어 있기 때문에 그 중 어느 한 부문의 목표를 수정하거나 변경하게 되면 다른 부문의 목표 역시 수정하거나 변경해야 할 경우가 생긴다. 예를 들면, 신제품의 생산이 원래의 계획대로 이루어지지 않는다면 판매와 운반 그리고 광고 등 방면의 목표도 그에 상응하여 새로 조정하지 않으면 안될 것이다. 물론 이상의 설명이 어떠한 상황에서도 원래의 목표를 수정할 수 없다고 말하려는 것이 결코 아니고, 원래의 목표를 수정할 필요성이 있을 경우에는 반드시 신중하게 생각하고 행동하여야 한다는 것을 강조하려는 데 목적이 있다.

3. 목표관리의 장점과 문제점

지금까지 목표관리의 실제적 운용상황과 그 내용에 관하여 살펴보았다. 여기에서는 목표관리는 어떤 장점을 가지는지 그리고 목표관리를 실행하는 데 있어서 어떤 장애와 문제점들이 있는지에 관하여 알아보도록 하자.

일반적으로 목표관리는 다음과 같은 장점이 있다(박영배, 2008 : 566-568).

첫째, 경영자로 하여금 그의 노력과 시간을 정확한 목표에 집중할 수 있도록 하며, 예상하는 성과를 쉽게 달성할 수 있도록 한다.

둘째, 조직에서 보다 큰 권한부여가 이루어지므로 경영자 한 사람이 지도・통제할 수 있는 하급자의 수, 즉 통제의 폭을 증가시킬 수 있다.

셋째, 우수한 인재를 보다 용이하게 발굴할 수 있다. 그리고 성과가 있는 경영자는 승진기회를 얻을 수 있다.

넷째, 목표관리제도는 일종의 경영인재를 양성하기 위한 방법이라고 할 수 있기 때문에 종업원들로 하여금 능력을 충분히 발휘할 수 있도록 만든다.

다섯째, 계획수립작업을 보다 완전하게 그리고 체계적으로 할 수 있게 한다.

여섯째, 경영자들로 하여금 통제의 개념을 바꿀 수 있도록 한다. 각 계층의 경영자들은 과업을 성공적으로 수행하기 위해서는 상급자가 자기를 감독하는 것이 아닌 자기가 자기 자신을 감독해야 한다는 사실을 깨닫는다. 다시 말하면, 통제하려는 대상이 달성하려는 과업이지 결코 개인의 행동이 되어서는 안 된다는 것이다.

일곱째, 종업원들은 자신이 직접 모든 과정에 참여하고 자기통제를 하기 때문에 과업을 달성하는 데 있어서 보다 큰 직무만족을 얻을 수 있다.

여덟째, 이상의 각종 장점을 통하여 상급자와 하급자 간의 협조관계를 현저히 개선시킬 수 있게 된다.

물론 모든 사람이 목표관리를 찬성하는 것은 아니다. 어떤 사람들은 목표관리를 실행한다고 해서 위와 같은 효과가 즉시 나타나는 것은 아니라고 주장한다. 목표관리의 효과는 실행환경과 실행방식 등이 적합한지의 여부에 달려있다는 것이다. 따라서 많은 경우에 있어서는 목표관리가 실패할 수 있는 가능성 또한 크다고 할 수 있는데, 그러한 상황으로는 다음과 같은 것들이 비교적 중요하다.

① **최고경영자의 목표관리에 대한 진정한 인식과 이해의 부족** : 최고경영자가 목표관리의 중요성을 인식하지 못함으로써 오직 목표관리의 운용만을 결정하고 그 후의 실제 실행에 관한 문제는 모두 하급자들에게 일임시킨다면 그러한 목표관리는 실패할 수밖에 없을 것이다. 왜냐하면 목표관리는 최고경영자의 참여에 의한 지속적인 관심과 지원이 있는 경우에만 각 계층의 경영자들 역시 적극적으로 참여하고 잠재력을 충분히 발휘할 수 있기 때문이다.

② **충분한 사전교육의 결여** : 비록 목표관리의 기본논리가 상당히 간단하고 명료하다 할지라도 그것을 실제의 직무상에 응용한다는 것은 쉬운 일이 아니다. 왜냐하면 목표관리를 효과적으로 실행하기 위해서는 종종 개인의 사고방식과 태도상의 변화가 요구되기 때문이다. 예를 들면, 목표관리는 경영자들로 하여금 그들의 주의력을 성과를 달성하는 작업이 아닌 성과 그 자체에 집중시킬 것이 요구되는데, 그것이 경영자들에게는 결코 쉬운 일이 아니다. 따라서 목표관리는 상당한 시간의 교육과 훈련을 통하여 구성원들이 그것을 철저히 이해한 후에 실행되어야 성공할 수 있다.

③ **목표선택의 부당성** : 예를 들어, 측정상의 편의만을 고려하여 단기목표나 너무 편협한 목표를 설정한다면 결국 중요한 장기목표를 소홀히 하는 결과를 초래할 것이다. 또한 비용절감의 목표를 달성하기 위해 반드시 필요한 기존의 공장설비의 보전을 하지 않거나 그 일을 뒤로 미루는 것과 같이 설정된 특정 목표만을 너무 강조하게 되면 기타의 필요한 요구는 무시되는 결과를 가져올 것이다.

④ **상급자-하급자 관계의 악화** : 상급자와 하급자 사이의 관계가 원만하지 못하면 쌍방이 협의과정을 통하여 모두 찬성할 수 있는 양호한 목표를 이끌어내기가 어렵게 된다. 또한 상급자가 직접 목표를 하급자에게 하달하거나 하급자가 완전히 상급자의 결정에 복종하여 자신은 어떤 의견도 표시하지 못하게 된다면 목표관리는 유명무실한 것이 될 것이다.

⑤ **실행기간 중 계속적 강화작용의 결여** : 행동과학과 목표관리에 관한 연구에 의하면 목표관리를 실행하는 기간 중에는 정기적인 강화작용이 필요하다. 예를 들면, 최고경영자는 정기적인 회의를 통하여 목표관리에 대한 관심과 지지를 표명하고, 하부계층경영자들의 실행노력을 격려해 주고 노고를 치하해 주어야 할 필요가 있다. 또한 인사부문은 목표관리에 관한 훈련을 실시하거나 자료를 제공하여 각 부문의 경영자 및 구성원들이 목표관리에 대하여 보다 정확하게 이해할

수 있도록 도와야 한다. 만일 이러한 강화작용을 위한 조치가 없으면 시간이 지남에 따라 사람들의 열의는 식게 되고 목표관리는 결국 실패하는 결과를 초래할 것이다.

⑥ **문서작업의 지나친 강조** : 어떤 기업은 목표관리를 열성적으로 실행한다는 사실을 보여주기 위해서 각종 복잡한 서식을 대량으로 설계하여 모든 계층의 경영자들로 하여금 그러한 서식에 따라 반복하여 서류를 작성하도록 하기도 한다. 그 결과 대부분의 사람들은 그러한 서류를 작성하는 데 너무 많은 시간을 허비하게 됨에 따라 결국에는 목표관리를 실행하는 데 대하여 반감을 갖게 되며, 나아가 목표관리 자체에 대해서도 거부감을 갖게 된다.

4. 목표관리의 효과적 실행

목표관리의 실제적인 발전은 인사관리방면의 성과평가제도(즉, 인사고과제도)의 변화에 기인되었다. 즉, 평가표준이 성실성 · 적극성 · 협조성 · 정직성 · 판단력 등과 같은 개인속성에서 목표로 바뀜에 따라 목표관리가 발전하게 되었다. 그러나 각 개인의 목표를 어떻게 설정해야 할 것인가 하는 것이 여전히 하나의 문제점으로 남아있던 차에 "수단 - 목표의 연쇄"(means-ends chain) 또는 계층개념이 나타남에 따라 경영자들이 목표는 결코 "각자가 스스로 옳다고 생각하는 바를 달성하려는 것"이 아니라는 사실을 인식하기에 이르렀다. 그리고 전략적 계획의 개념이 기업계에 받아들여진 이후에 이러한 목표시스템은 또한 전략적 계획과 관계를 이루게 되었다.

목표관리를 운용하려고 하는 기업은 반드시 마음의 준비가 있어야 한다. 왜냐하면 목표관리는 결코 단시일 내에 이룰 수 있는 성질이 아니기 때문이다. 기업이 목표관리를 보다 효과적으로 실행하기 위해서는 사전교육과 훈련이 필요할 뿐만 아니라 나아가 반드시 다음과 같은 단계를 고려해야 한다.

첫째, 기업은 목표관리를 운용하는 목적이 어디에 있는지를 명확하게 설명한다.

둘째, 목표관리를 실행하려는 부문과 단위를 열거한다.

셋째, 각 부문 및 단위 간의 관계를 확실하게 밝힌다.

넷째, 각 계층의 경영자들이 실행하여야 할 목표관리의 책임을 열거한다.

다섯째, 목표관리를 실행하는 각 계층의 목표와 그 목표의 완성일을 정하고, 정기적으로 실행진도를 점검한다.

제3절 비전경영과 계획의 실행

1. 경영비전의 개념과 구성요소

1) 경영비전의 개념

비전(vision)은 조직의 바람직한 미래상을 의미한다. 비전은 자신들이 속해 있는 조직이 장래에 어떠한 모습이기를 바라는 조직구성원 모두의 일치하는 소망이라고 할 수 있다. 따라서 기업조직에서의 비전, 즉 경영비전은 종업원들의 일치된 소망으로서 기업이 장래에 도달하고자 하는 가장 이상적인 모습이라고 할 수 있다.

경영비전은 기업의 역사와 전통, 그리고 미래에 대한 희망 등을 종합적으로 반영하여 기업이 나아가야 할 미래의 모습을 제시하는 이정표역할을 하는 것으로, 기업의 전체적인 방향을 제시해 주는 청사진이다. 시간의 측면에서 보면 장기적이고 범위의 측면에서는 포괄적인 성격을 지니는 경영비전은 언뜻 애매모호한 듯 보이지만, 경영환경의 변화 속에서 기업의 장기적 발전방향을 제시해 주고 성장을 이끌어 나가기 위한 보다 추상화된 전략적 이념체계로, 기업의 꿈을 실현시키기 위해 갖추어야 할 자기역할과 발전의 기본방향을 명확히 한 것이다. 예를 들어 "21세기 초일류기업"이라든가 "최고의 경쟁력을 갖춘 기업"이라든가 하는 것이 이에 해당한다(신유근, 1996 : 451-452).

흔히 경영비전은 계획이나 목표, 꿈 등과 개념적으로 많은 혼동을 일으킨다. 이러한 용어들과 구분하여 보면 비전은 미래가 어떠해야 하며 어떻게 보일 수 있는지에 관한 미래상을 말하고 계획(plan)이나 목표(goal)는 그러한 미래상을 현실로 만드는 수단으로 기능한다. 또한 비전은 아직까지 도달 못한 현실일 뿐 언젠가는 달성하려고 하는 미래상태에 대한 정신적 이미지를 가리키기 때문에 막연한 꿈과는 완연히 다르다. 이 외에도 비전이라는 개념은 간혹 경영이념과 혼돈되어 사용하기도 한다. 비전과 경영이념의 차이는 미래지향성에서 찾아볼 수 있다. 즉, 비전은 경영이념이 장래의 시·공간에서 상정되는 이상적인 기업상에 도달할 수 있도록 하는 행동의 지도원리이다. 이에 비해 경영이념은 비전을 현재의 시점으로 되돌려 나타낸 것이라고 할 수 있다(김정석, 1994 ; 신유근, 1996 : 452).

2) 경영비전의 구성요소

이상에서 살펴본 경영비전은 기업의 핵심이념(core ideology)으로서의 "존재지향비전"과 미래형상으로서의 "활동지향비전"으로 구성된다고 할 수 있다(Collins and Porras, 1994 ; 배종석, 2006 : 346-347).

존재지향비전과 활동지향비전은 각각 우리가 흔히 "존재하는 것"(being)과 "실행하는 것"(doing)으로 나누는 것과 맥락을 같이한다. 존재지향비전은 어떤 핵심적인 가치를 가지고 조직이 움직이는가에 대한 내용과 핵심목적 혹은 존재이유에 대한 것으로 구성될 수 있다. 핵심목적은 지구상에 수많은 기업이 있는데 어째서 또 우리 기업이 이 사회에 존재해야 하는지에 대한 명확한 해답을 요구한다. 활동지향비전은 어떤 목표를 가지고 무엇을 할 것인가에 대한 내용이다. 또한 우리가 열망하는 미래의 모습에 대한 구체적인 표현이다. 존재지향비전은 별과 같아서 우리가 그것을 딸수는 없지만 우리에게 분명한 방향성을 제시해주는 것이다. 그러나 활동지향비전은 산맥과 같아서 온 구성원이 힘을 합치면 오를 수 있는 그런 것이다. 존재지향비전의 경우는 '위대한', '대범한', '큰' 등의 수식어가 적당할 것이다. 흔히 비전을 후자의 의미로만 사용하는 경향이 있지만 존재지향비전을 먼저 명확히 하는 것이 중요하다. [그림 5-2]는 이와 같은 경영비전의 구성요소를 보여준다.

[그림 5-2] 경영비전의 구성요소

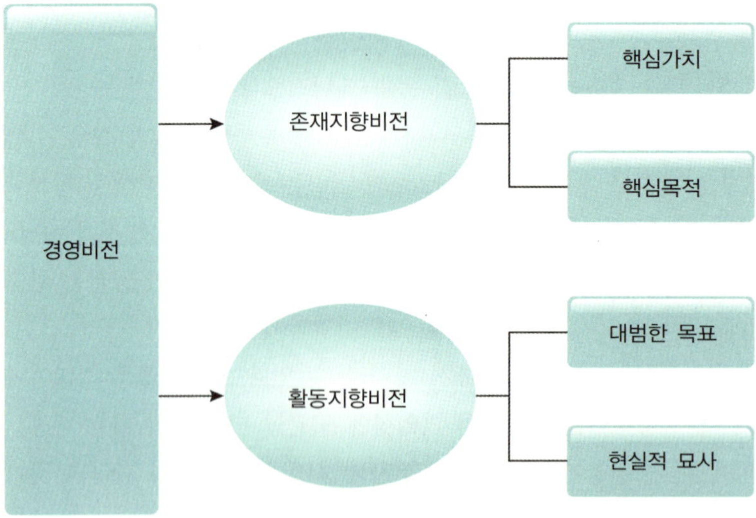

자료 : 배종석(2006) : 346 수정

2. 계획실행과 비전경영의 기능

경영비전은 기업이 경영사명과 목표를 설정하고 그것을 달성하기 위한 제반 계획들을 수립·실행하는 데 있어서 경영자를 포함하여 모든 종업원들의 행동을 일관되게 일정한 방향으로 이끄는 역할을 한다. 따라서 경영비전은 장기적 관점에서 종업원들에게 미래의 이상향으로서 인식되어야 하나 그것이 아무리 노력을 해도 도달할 수 없는 환상이어서는 안 된다. 즉, 경영비전에 담겨있는 이상향으로서의 미래의 소망은 현재는 존재하지 않고 불확실하지만 믿음을 가지고 추구하면 언젠가는 도달할 수 있는 가능성이 있어야 한다.

경영비전은 기업의 미래에 대한 이정표와 같아서 기업이 거기에 도달하기 위한 최선의 방법을 찾는 데 결정적인 역할을 한다. 또한 경영비전은 기업의 현재와 미래를 연결시켜 주는 고리로서 경영자가 계획과정을 통해 경영비전을 구현하기 위한 수단으로서의 다양한 계획(plan)을 어떻게 수립하고 실행할 것인지를 명확하게 인식시켜 준다. 따라서 기업의 모든 종업원들에게 공통적인 행동방향을 제시하는 경영비전을 공유하고 있는 기업만이 미래의 환경변화에 맞게 수립된 전략과 같은 중요한 계획들을 성공적으로 실행할 수 있는 역량을 모을 수 있는 것이다.

이와 같은 미래지향적인 경영비전을 창출하고 기업 내외의 변화하는 환경에 능동적으로 작용하여 새로운 미래를 창조하려는 경영활동을 비전경영(vision management)이라 하는데, 다음과 같은 몇 가지 기능을 통해 계획실행과 비전경영의 관계와 그 중요성을 이해할 수 있다(신유근, 1996 : 453-454).

첫째, 비전경영은 경영자의 높은 수준의 야망을 실현시키는 원동력이 된다. 일반적으로 경영비전은 경영자가 갖는 경영철학을 많이 반영하게 되는데 이런 견지에서 명확한 경영비전을 가지고 있는 경영자는 뚜렷한 경영철학을 가지고 있다는 의미가 되며, 더 나아가 확고한 경영비전과 그것을 현실로 만드는 계획으로서의 전략을 구상할 수 있는 능력을 가졌는가의 여부는 경영자가 회사나 사회에서 존경받는 조건이 되기도 한다(김정석, 1994).

둘째, 비전경영은 기업의 종업원들을 임파워먼트(empowerment)시키는 역할을 수행한다. 임파워먼트는 조직구성원에게 계획을 수립하고 실행하는 데 요구되는 권한과 능력을 부여하는 것으로 원래에는 경영자의 임무를 지칭하는 개념으로 사용되었다가 차츰 그 의미가 확장되었다. 비전경영은 내부적으로 구성원의 상상력과 창조력을 고무시키고, 이들 간의 원활한 커뮤니케이션을 지원하며, 모든 종업원이 공유하여 이들의 정신적 에너지를 폭발시키는 것과 같은 임파워먼트의 기능을 수행한다. 그리하여 이전에 기계와 같이 맹목적으로 지시를 따르기만 하던 종업원들이 기업 내에서 자신의 역할을 찾고, 창의적이고 의미있는 모험에 참여하는 인간으로 변화하면서 자신이 중요하다는 것을 느끼게 된다.

셋째, 비전경영을 통해 기업은 내외부의 이해관계자, 그 중에서도 특히 종업원에 대한 희망과 신뢰감을 심어줄 수 있다. 비전경영은 새로운 성장기회를 찾기 위해 신시장개발이나 신고객확보를 지향하기도 하지만 동시에 현재의 시장이나 현재의 고객에게도 계속적으로 관심을 유지하게 한다. 특히 현재의 고객 중에서도 내부고객인 종업원에게 도달가능한 꿈을 제시해 주면서, 동시에 제반 보상시스템을 통하여 성과에 대한 공정한 대가를 귀속시킬 것을 약속함으로써 구성원들이 믿고 따를 수 있는 밑바탕이 된다.

넷째, 비전경영은 기업경영시스템의 각 구성요소들을 통합시킨다. 향후 변화되는 경영환경에 대응하기 위해서는 기업의 모든 능력을 한곳으로 집중할 필요가 있다. 많은 경우 기업의 경영시스템은 동일된 방향 없이 각 요소 간의 연계가 잘 이루어지지 않은 채 하위시스템 간의 고립·분산적인 노력으로 그쳐버리기 쉬운데 비전경영은 이렇듯 소모적이기 쉬운 제반활동들을 통합적으로 이끌어 주는 방향타 혹은 이정표 역할을 수행함으로써 전사적인 노력의 결집을 가능하게 한다.

제3부

현대기업의 조직기능

제6장

조직기능의 성격과 조직설계

제6장 조직기능의 성격과 조직설계

제1절 조직화의 의의와 조직구조의 구성요소

1. 조직화의 중요성과 기본단계

1) 조직화의 중요성

조직화(organizing)는 경영관리의 두 번째 기능으로서 조직의 내부구조를 설계하고 과업·구성원·권한·책임 사이에 적절한 분업과 협력관계가 이루어지도록 하여 여러 업무와 관리행동이 효과적으로 실행될 수 있도록 하는 일련의 과정을 일컫는다. 즉 조직화란 조직에서 수행되어야 할 과업들은 무엇인가, 과업들을 어떠한 방법으로 한데 묶을 것인가, 그러한 과업의 수행을 누구에게 맡길 것인가, 과업수행에 필요한 권한과 책임은 어떻게 할당할 것인가, 누가 누구에게 무엇을 보고할 것인가, 특정의 의사결정이 어느 위치에서 이루어지게 할 것인가, 그리고 이와 같은 일련의 행동을 어떠한 조직구조를 통하여 실행할 것인가 등을 선택하는 데 관련된 경영관리의 기능이라고 할 수 있다.

조직화는 조직구조(organizational structure) 내지 조직(organization)이라는 개념과 구분되어야 한다. 전자는 동태적인 의미로서 조직을 형성·유지하기 위한 과정을 말하며, 후자는 정태적인 표현으로서 그러한 조직화의 결과로 형성된 실체라고 할 수 있다. 따라서 조직화는 경영자가 수행하는 기능 인데 반하여, 조직구조 내지 조직은 경영자를 포함한 모든 조직구성원들이 활동하는 배경인 것이다.

이와 같은 일련의 과정으로서의 조직화가 경영관리활동에 있어서 중요한 이유는, 조직화가 효과적으로 이루어질 경우 다음과 같은 이익을 얻을 수 있기 때문이다 (Charlisle, 1982 : 478 ; 박내회, 1991 : 187-188).

첫째, 업무의 흐름이 명확하게 된다.

둘째, 개인별 직무에 대한 지침을 제공해 준다.

셋째, 업무를 성공적으로 수행하는 데 요구되는 행동체계가 마련되기 때문에 계획수립과 통제화에 도움이 된다.

넷째, 의사소통과 의사결정을 위한 경로가 설정된다.

다섯째, 직무의 중복과 과업에 관련된 갈등을 막아준다.

여섯째, 조직구성원의 활동을 조직목표에 연결시킴으로써 직무수행성과를 증대시켜 준다.

2) 조직화의 기본단계

동태적인 과정인 조직화는 일반적으로 다음과 같은 네 단계로 이루어진다. 즉, 하나의 실체로서의 조직 내지 조직구조는 다음과 같은 단계로 이루어진 조직화의 과정을 통하여 형성되는 것이다(한희영, 1987 : 557-563).

① **제1단계** : 조직화의 첫 단계는 '조직목표를 달성하기 위해 해야 할 일'(the work to be done)을 찾아내는 데서부터 시작한다. 그것은 조직의 목표 내지 계획을 달성하기 위한 수단이 곧 조직이기 때문이다. 그런데 조직목표의 달성을 위해 해야 할 일 내지 활동은 주로 직무분석을 통하여 결정된다. 직무분석(job analysis)이란 어느 직무에 포함되어 있는 일의 내용과, 그러한 일을 수행하는 개인에게 요구되는 능력, 기능 또는 숙련도, 지식과 경험, 자격, 책임 등과 같은 요건을 분석·결정하는 일을 의미한다.

② **제2단계** : 이 단계에서는 먼저 결정된 일 내지 활동의 양과 질을 감안하여 하나하나의 직위(position)를 설정한다. 그리고 이렇게 설정된 직위들은 다시 그 동질성과 유사성을 고려하여 하나의 직무(job)로 편성된다. 여기서 유의해야 할 것은 직위와 직무는 결코 동일개념이 아니라는 점이다. 직위는 한 개인에게 할당된 과업의 집합으로서, 여기에는 과업을 수행하는 데 요구되는 권한과 책임이 주어진다. 그리고 직무는 작업의 종류와 수준이 비슷한 직위들을 집약·종합하여 하나의 관리단위로 편성한 것을 말한다.

③ **제3단계** : 여기에서는 제2단계에서 결정된 직위들 사이에 체계적인 관계를 설정하게 된다. 그러한 관계의 기본적인 요소가 되는 권한(authority)·책임(responsibility)·의무(accountability)의 세 가지이다. 이 세 가지 요소는 서로 밀접한 상호관계에 놓여 있으며, 경영관리에 있어서의 조직기능은 바로 이 세 가지 요소의 상호관계가 체계적으로 설정될 때 보다 효율적인 것이 될 수 있다.

한편, 권한·책임·의무 사이의 상호관계는 여러 가지의 규정·절차·제도·조직도 등에 의해 규정되는데, 이때 이들 요소 간의 관계설정을 위한 골격 내지 틀을 정하게 되는 것이 부문화(departmentation)라고 할 수 있다. 그리고 이렇게 해서 각 직위 간 관계의 기본적인 유형을 나타내는 것이 여러 가지의 조직형태인 것이다.

④ **제4단계** : 이 단계는 각 직위에 대해 구체적·특정적인 개인을 배치하게 되는 단계이다. 이 단계는 흔히 충원(staffing)의 단계로 불리어지며, 주로 인사관계가 그 대상이 된다. 따라서 이 단계에서는 직무가 기준이 되어 그에 적합한 사람을 충당하게 된다. 만일 직무수행에 요구되는 자질을 갖춘 사람이 없는 경우에는 적합자를 조직의 밖에서 널리 탐색하는 일과, 조직구성원들을 교육·훈련시켜 적합자로 양성하는 일도 이 단계에서 시도된다.

조직화는 대략 이상과 같은 네 단계를 거치면서 그 결과로서 정태적인 조직 내지 조직구조를 만들어 낸다. 그러나 경우에 따라서는 여러 가지 원인에 의해 이와 같이 형성된 조직의 유효성이 낮아지게 되는 일이 있기 때문에 '재조직화'가 필요하게 된다. 재조직화가 필요해지는 이유는 매우 다양하겠지만, 비교적 일반적인 것으로 조직목표의 변경, 직무분석기법의 보완, 직무의 개편 또는 폐지, 조직형태나 권한관계의 변경, 인사이동 등을 들 수 있다.

2. 조직구조의 개념과 구성요소

1) 조직구조의 개념

조직구조에 대하여 살펴보기 전에 우리는 먼저 '구조'(structure)에 대해 이해해야 할 필요가 있다. '구조'에 대한 가장 간단한 하나의 정의는 이것이 "하나의 조직을 구성하는 각 부문들의 특정한 관계형식"을 의미한다는 것이다(Kast and Rosenzweig, 1970 : 170 ; 박영배, 1999 : 204). 예를 들면, 해부학(anatomy)에서 연구하는 것은 인체의 각 구성부분, 즉 골격·기관·신경 등의 형성관계라고 할 수 있다. 이러한 '구조'는 항상 '과정'(process)과는 상대적인 개념으로 받아들여진다. 여기서 과정이란 "하나의 시스템에서 에너지 또는 정보가 동태적으로 변화하는 방식"을 나타낸다. 예를 들면 해부학과 상대적인 것으로 생리학(physiology)이 있는데, 이것은 생물체의 활동기능에 관한 문제를 연구하는 학문이라고 할 수 있다. 따라서 조직과정의 상대적 개념인 조직구조는 '조직 내의 직무 또는 부문 사이에 형성된 비교적 고정적인 관계'라고 할 수 있다.

조직구조는 매우 간단한 것이라고도 할 수 있고 또 매우 복잡한 것이라고도 할 수 있다. 예를 들면, 기업조직의 경우에 있어서 가장 간단한 상황하에서는 사장과 몇 명의 종업원만이 있을 수도 있고, 심지어는 그 종업원들이 사장의 가족으로만 이루어질 수도 있다. 이러한 상황하에서 과업과 권한의 할당 및 협조관계는 상당히 단순해진다고 할 수 있다. 그러나 기업의 업무가 점차 다양해짐에 따라 종업원의 수가 증가하게 되면 사장은 더 이상 혼자의 힘으로는 종업원들을 지휘할 수도 없고 또 그들 간의 협조를 이끌어 낼 수 없다는 것을 느끼게 되어 기업 내에 몇 개의 필요한 경영계층을 증설하고 그것을 관리할 수 있는 단위책임자를 두게 된다. 그리고 이때부터 기업에는 점차 비교적 복잡한 조직구조가 형성되게 된다.

만일 기업의 사업이 계속 확대되면 그와 같은 조직구조는 분업의 필요성에 따라 부문을 수평적으로 증가시켜야 될 뿐만 아니라 수직적인 계층 역시 증가시켜야 할 필요가 있게 된다. 그렇게 되면 조직구조는 보다 복잡해지고 부문 간·계층 간의 협조 역시 점차 곤란하게 된다. 그리고 이러한 상황이 계속되어 어느 수준에 도달하게 되면 조직은 반드시 그 구조를 새롭게 변화시켜야만 실제의 수요에 적응할 수 있게 된다. 예를 들면 기업이 다각화경영을 위해서 사업부제(divisionalization) 조직을 채택한다든지, 신제품개발을 위해서 프로젝트(project) 조직을 채택한다든지 하는 것이다. 이러한 구조들은 모두 비교적 높은 수준의 구조형태에 속하는 것으로서 뒤에서 보다 상세히 살펴보도록 하겠다.

2) 조직구조의 구성요소

조직구조는 보통 복잡성·공식화·집권화의 세 가지 요소로 구성된다. 이들 구성요소는 조직특성변수라고도 불리우는 것으로서 조직을 설계하는 데 직접적으로 영향을 미친다. 이들 구성요소에 대해 구체적으로 살펴보면 다음과 같다.

(1) 복잡성

복잡성(complexity)은 조직에서 과업의 분화가 이루어지는 정도를 말한다. 이 복잡성은 기본적으로 세 가지 방향에서 일어난다. 수평적 분화와 수직적 분화 그리고 지역적 분산 등이 그것인데, 이들은 조직의 복잡성을 증가시키는 원인이 되는 것이다.

① **수평적 분화** : 수평적 분화(horizontal differentiation)는 조직이 여러 서로 다른 부서나 전문화된 하위단위를 가지는 정도를 말한다. 일반적으로 조직 내에 전문적인 지식이나 기술을 필요로 하는 직무와 직종의 수가 많으면 많을수록 조직은 수평적으로 복잡해진다고 할 수 있다. 왜냐하면 조직 내에 전문영역별로 단위가 형성되고 부서의 수가 많아지면 조직구성원들의 다양한 목표지향성으로 말미암아 그들 간의 의사소통이 더욱 어려워질 뿐만 아니라 경영계층에서 구성원들의 활동을 조정하는 일도 점점 더 힘들어지기 때문이다(김남현, 1985 : 82). 이와 같이 수평적 분화는 직무전문화(job specialization) 및 부문화(departmentation)와 밀접한 관계가 있다.

② **수직적 분화** : 수직적 분화(vertical differentiation)는 조직 내의 계층의 수, 즉 조직계층의 깊이를 가리키는 말로서 과업의 분화가 상하관계를 가지고 이루어지는 것을 말한다. 수직적 분화는 조직 내의 명령계통과 관련되는 개념으로서 위계(hierarchy)라고도 한다. 최고경영층과 최하위계층 사이에 계층의 수가 많아지면 많아질수록 조직은 수직적으로 더욱 복잡하게 되어 의사소통의 왜곡가능성이 그만큼 더 커지며 경영자들의 의사결정을 조정하는 것 또한 점점 더 어려워지게 된다. 그리고 조직 내에 계층의 수가 많아지면 최고경영자가 종업원들의 작업활동을 감독하는 것이 더욱 어려워지게 된다.

③ **지역적 분산** : 지역적 분산(spatial differentiation)은 조직의 물리적인 시설과 인력이 지역적 또는 지리적으로 분산되어 있는 정도를 말한다. 조직의 사무실, 공장 또는 종업원들이 지역적으로 분산되어 있을수록 의사소통, 조정 및 통제가 더 어려워지기 때문에 복잡성 역시 증가하게 된다.

(2) 공식화

공식화(formalization)란 조직 내의 직무가 표준화되어 있는 정도를 말한다. 다시 말하면, 종업원의 행동이나 태도가 문서화된 규칙이나 절차 등에 명시되어 있는 정도를 의미한다. 고도로 공식화되어 있는 조직은 구성원들이 언제, 무엇을, 어떻게 해야 하는지를 미리 규정해 놓은 많은 규칙, 직무기술서, 규정, 절차 등이 존재한다. 반면에 공식화의 수준이 낮은 조직은 사전에 규정된 절차나 규칙이 상대적으로 적어 구성원들이 직무를 수행하는 데 있어서 자신들의 의사대로 상당한 재량권을 발휘할 수 있다. 직무수행에 관한 개인의 재량권은 사전에 조직에 의해 정형화된 활동의 총량과 반비례한다. 따라서 표준화의 정도가 크면 클수록 구성원 개인의 직무수행에 대한 재량권은 그만큼 적어진다. 이는 표준화가 조직구성원들이 대안적 행동을 취할 가능성뿐만 아니라 그것을 고려할 필요성을 제거시키기 때문이다.

공식화의 정도는 조직마다 다르며 같은 조직 내에서도 직무의 성격에 따라 매우 상이하게 나타난다. 일반적으로 단순하고 반복적인 직무일수록 공식화의 정도가 높으며, 고도로 전문화된 직무일수록 공식화될 가능성은 그만큼 줄어들게 된다. 또한 조직 내의 계층이나 기능부문에 따라서도 공식화의 정도는 다르게 나타난다. 즉, 조직의 상위계층으로 올라갈수록 공식화의 정도는 줄어들게 된다. 왜냐하면 상위계층에 속하는 사람일수록 비반복적이며 독특한 해결책이 요구되는 활동과 관계되므로 많은 재량권을 필요로 하기 때문이다. 그리고 생산부문의 직무는 판매부문이나 연구개발부문의 직무보다는 일반적으로 더 공식화되어 있다. 생산부문의 직무는 비교적 안정적·반복적이기 때문에 일반적으로 표준화되어 있는 반면에, 판매부문은 고객의 욕구변화에 대응하기 위해 유동적이어야 하며, 연구개발부문의 경우도 기술변화에 대하여 항상 창의적으로 대처해 나가야 하기 때문이다.

조직에서는 여러 가지 기법을 이용하여 구성원들의 행동을 표준화할 수 있는데, 일반적으로 비교적 널리 활용되고 있는 공식화의 기법으로는 다음과 같은 것들이 있다(김남현, 1985 : 108-115).

① **선발** : 조직은 일련의 선발과정을 통하여 조직 내의 직무를 성공적으로 수행할 수 있는 사람과 그렇지 못한 사람을 구별해낸다. 이 같은 선발과정에는 전형적으로 지원서, 시험, 면접, 신원조회 등과 같은 평가방법들이 포함된다. 지원자들은 이들 선발과정의 각 단계에서 조직이 요구하는 기준에 모두 적합하다는 평가를 받아야만 최종적으로 선발될 수 있는데, 이는 조직이 선발을 통하여 구성원의 행동을 규제한다는 것을 의미한다.

② **역할요구** : 모든 직무는 역할담당자가 어떻게 행동해야 할 것이라는 요구에 따라 수행된다. 예를 들면, 직무분석을 통해 조직에서 수행되어야 할 직무와 직무수행을 위해 필요한 종업원들의 행동을 규정한다. 이와 같이 조직이 '수행해야 할 직무'를 확인하고 그 직무수행에 필요한 '바람직한 행동'을 규정한다는 사실은 역할요구(role requirement)가 종업원들의 행동을 규제하는 데 큰 역할을 한다는 것을 의미한다.

③ **규칙·절차·방침** : 규칙(rules)은 종업원들이 해야 할 행동이나 해서는 안될 행동을 명시한 문서이다. 절차(procedures)는 과업을 수행하는데 있어서 종업원

들이 반드시 지켜야 할 일련의 순서를 나타낸다(박영배, 2008 : 453). 그리고 방침(policies)은 종업원들이 내리는 의사결정에 대하여 제약조건이 무엇인지를 말해주는 안내서이다.

④ **훈련** : 훈련(training)은 종업원들이 작업 또는 직무에 대해 보다 나은 기술과 지식 그리고 태도를 갖도록 하는 것으로서 직장내훈련(on the job training)과 직장외훈련(off the job training)이 있다.

⑤ **의식** : 의식(rituals)은 일종의 '인정의 과정'(proving process)을 말한다. 조직은 이와 같은 의식을 통하여 구성원들의 행동을 표준화하고 그들이 조직에 대해 강한 충성심을 갖고 몰입하도록 만든다.

(3) 집권화

집권화(centralization) 또는 분권화(decentralization)는 의사결정권이 조직 내의 어느 한 곳에 집중되어 있는 정도를 말한다. 즉, 이는 조직 내에서의 권한이 위에서 아래로 어떻게 배분 또는 분포되어 있는가 하는 정도와 양태를 가리키는 것이다. 만일 조직 내의 권한위양의 정도가 매우 낮아서 의사결정권이 대부분 최고경영층에 집중되어 있다면 그 조직은 집권적 조직에 속한다고 할 수 있다. 반대로 각 계층의 경영자들이 모두 비교적 높은 정도의 권한위양을 단행하여 의사결정권의 많은 부분이 하부계층으로 이양되어 있다면 그 조직은 분권적 조직에 속한다고 할 수 있다. 이와 같이 집권화 또는 분권화는 어느 특정 경영자의 권한위양 정도만을 말하는 것이 아니라 전체 조직의 관점에서 일컫는 것으로써 조직의 기본적인 경영철학을 나타낸다.

권한위양이 '없다' 또는 '있다'와 같이 권한의 절대적인 성질을 나타내지 않는 것처럼 집권화와 분권화 역시 권한의 절대적인 성질이 아닌 정도상의 문제를 말하는 것이다. 따라서 절대적인 집권화를 채택하고 있는 조직은 없는 것처럼 절대적인 분권화를 채택하고 있는 조직도 없다. 모든 조직들은 일반적으로 이 양극단의 사이에 위치한다고 볼 수 있다.

한 조직의 집권화 또는 분권화의 정도를 구체적으로 측정한다는 것은 사실상 어려운 일이다. 그러나 다음과 같은 지표를 통하여 서로 다른 조직 간의 집권화 정도 또는 분권화 정도의 차이를 비교할 수 있다(Dessler, 1980 : 151-152).

① **하부계층에 의한 의사결정의 수** : 하부계층에 의해 이루어지는 의사결정의 수가 많을수록 분권화 정도는 높아진다고 할 수 있다.

② **의사결정장소와 문제발생장소의 거리** : 이 두 장소 사이의 거리가 가까울수록 분

권화 정도는 높다고 할 수 있다. 예를 들면, 어떤 지역의 고객에 문제가 발생했을 경우에 그것을 회사의 최고경영층에 보고하여 해결해 주도록 요청하지 않고 현지 영업소에서 자체적으로 처리할 수 있다면 이 회사의 분권화 정도는 매우 높다고 할 수 있다.

③ **같은 계층 경영자의 의사결정 범위** : 의사결정의 범위가 넓을수록 분권화 정도는 높다고 할 수 있다. 예를 들면, A회사의 어느 계층 경영자는 마케팅 · 인사 · 생산 등의 문제에 대하여 의사결정을 할 수 있는 데 반하여, B회사의 같은 계층의 경영자는 그 중에서 마케팅의 문제에 대해서만 의사결정을 할 수 있다면, A회사의 분권화 정도는 B회사에 비하여 높다고 할 수 있다.

④ **상급자로부터 받는 지시의 수** : 한 사람의 하급자가 의사결정을 하기 전에 그의 상급자로부터 받는 지시의 수가 적을수록 분권화의 정도는 높다고 할 수 있다.

⑤ **경영자의 자유재량의 정도** : 기업의 정책, 규정, 절차 등이 허락하는 경영자의 자유재량이 클수록 분권화정도는 높다고 할 수 있다.

⑥ **상급자에게 보고하는 범위** : 한 사람의 경영자가 상급자에게 보고하는 사항의 범위가 작을수록 분권화 정도는 높다고 할 수 있다. 예를 들면, A회사의 어느 경영자는 반드시 6개월에 한번씩 해당부문의 투자회수율을 상급자에게 보고 하는 데 반하여, B회사의 경영자는 수시로 각종 생산 · 마케팅 · 재무와 같은 활동에 관한 상세한 내용을 상급자에게 보고해야 한다면, A회사의 분권화 정도는 확실히 B회사에 비하여 높다고 할 수 있다.

순수한 이론적 관점에서 집권화를 채택하는 것이 유리한지 또는 분권화를 채택하는 것이 유리한지를 결정한다는 것은 매우 어려운 일이다. 왜냐하면 집권화 또는 분권화의 채택은 반드시 특정 조직이 직면하고 있는 상황과 환경특성 등 여러 가지의 요인들을 고려하여 결정해야 하기 때문이다. 집권화 또는 분권화에 영향을 미치는 요인으로 비교적 대표적인 것을 들면 다음과 같다(박영배, 1999 : 209-211).

① **조직의 규모** : 이것은 가장 기본적으로 고려해야 할 요인이라고 할 수 있다. 왜냐하면 분권화의 발전은 원래 대규모조직의 경영상의 필요성에 의하여 이루어졌기 때문이다. 따라서 작은 규모의 조직은 자연적으로 집권적 조직에 속한다고 할 수 있다. 그러나 예외적인 경우가 있다. 연구에 의하면 매우 큰 규모의 철강 및 제지기업은 여전히 기능식의 집권화조직의 형태를 취하는 것으로 나타났다.

학자들은 이러한 기업들이 중시하는 것이 조직의 탄력성보다는 생산과 제조의 효율성이기 때문에 집권적인 경영방식을 채택하게 된다고 말한다(許士軍, 1985 : 261).

② **제품조합** : 제품라인이 많거나 다각화 정도가 비교적 높은 기업은 제품에 따라 시장과 생산 및 판매의 특성 그리고 나타나는 문제가 각기 다르기 때문에 집권적인 경영방식은 부적합하게 된다.

③ **시장의 분포** : 기업의 시장이 널리 분포되어 있거나 시장구조가 복잡하면 중앙집권적 경영방식은 부적합하게 된다. 왜냐하면 집권적 경영방식을 통해서는 의사소통이 효과적으로 이루어지지 않고 현지의 환경이나 수요의 특수한 성질에 적응할 수 없기 때문이다. 이러한 상황은 지리적으로 분산되어 있는 기업에 대하여도 똑같이 적용된다.

④ **업무기능의 성질** : 같은 조직에 속해 있다고 할지라도 업무기능에 따라 필요한 분권화 또는 집권화의 정도가 다르다고 할 수 있다. 일반적으로 마케팅과 생산기능에는 분권화가 적합하다고 할 수 있으며, 재무기능에는 오히려 집권화가 보다 적합한 경우가 많다.

⑤ **직무의 성질** : 일반적으로 직무의 성질이 비교적 일상적이고 규칙적인 경우에는 집권적 방식으로 의사결정을 하는 것이 적합하며, 그 범위가 일정하지 않거나 규칙적이 아닌 직무에 대한 의사결정은 권한을 하부계층에 위양하는 것이 적합하다고 할 수 있다.

⑥ **구성원의 특성** : 앞의 직무의 성질은 구성원의 특성과도 밀접한 관계가 있다. 일반적으로 비일상적인 직무는 대부분 동시에 전문성(professional)을 필요로 하는 직무에 속한다고 할 수 있다. 그리고 이러한 직무를 담당하는 구성원들은 교육수준이 비교적 높고 독자적인 판단과 의사결정을 선호하는 경향이 있다. 따라서 주로 이러한 사람들로 구성된 조직은 분권화의 경향이 두드러지게 나타난다. 반대로 구성원들이 비전문적이고 교육수준이 비교적 낮은 조직은 집권화가 더욱 적합하다고 할 수 있다.

⑦ **외부환경** : 만일 기업이 비교적 불안정하고 예측하기 어려운 환경에 직면해 있으면 분권화 경향이 강하게 나타난다. 그리고 기업의 생존이 정부나 노동조합 또는 원료공급자와 같은 외부의 특정 집단의 영향을 크게 받는다면 집권화의 경향이 비교적 두드러지게 나타난다.

이상의 내용을 종합해 보면 분권화에 적합한 상황은 일반적으로 공통점이 있음을 발견할 수 있다. 조직의 경영이 비교적 큰 탄력성을 필요로 하고, 비교적 신속한 반응과 창의성 및 능동성을 필요로 하는 경우에는 분권화가 적합하다고 할 수 있다. 또한 규모가 비교적 크고, 제품라인이 비교적 많으며, 시장구조가 복잡하고, 직무상의 변화가 많고, 외부환경을 예측하기 힘든 경우에도 분권화 조직을 채택하는 것이 적합하다고 할 수 있다. 특히 이들 상황들은 앞으로 대부분의 기업들이 반드시 당면해야 하는 상황이다. 따라서 대부분의 조직이 갈수록 분권화를 채택하는 경향이 보편화될 것이라는 사실은 의심할 여지가 없는 것이다.

3. 공식조직과 비공식조직

조직화는 경영관리기능의 하나로서 조직의 과업과 권한을 적당히 할당하고 통합하여 조직목표를 원활히 달성하려는 데 그 목적이 있다. 따라서 여기서 얻는 결과는 특정 과업과 권한의 조직방식이라고 할 수 있다. 예를 들면, 우리가 항상 볼 수 있는 어떤 조직(organization)의 조직도(organizational chart)는 이러한 결과를 나타내는 일종의 표현양식이다.

전통적 경영관리이론에서 말하는 조직기능은 일반적으로 이러한 의미로서의 조직을 일컫는다. 따라서 이러한 조직기능은 조직도 · 조직정관 · 직위명세서와 같은 문서를 근거로 하여 규정되기 때문에 일반적으로 이것을 '공식조직'(formal organization)이라고 부름으로써 '비공식조직'(informal organization)과 구별하고 있다.

여기서 '비공식조직'은 조직구성원들간의 상호작용을 통하여 자연적으로 형성된 일종의 집단관계라고 할 수 있다. 그리고 이러한 관계는 직접적 또는 간접적으로 구성원들의 개인행동과 집단행동에 영향을 미침으로써 조직유효성의 결정에 대하여 매우 중요하게 작용한다. [그림 6-1]에서 볼 수 있는 것처럼 공식조직 내에서 자연발생적으로 형성되는 동문회 · 등산회 · 향우회 등이 비공식조직에 해당한다. 이러한 비공식조직은 몇몇 구성원들의 취미나 기호에 의해 형성될 수도 있으며, 친목을 도모하기 위한 목적에서 형성될 수도 있다. 또한 경우에 따라서는 몇몇 사람들이 자신들의 지위를 안정화시키기 위한 파벌조성의 목적에 의해 형성되기도 한다. 이와 같이 비공식조직은 주로 개인의 목적을 충족시키기 위해 형성된다고 할 수 있다. 그렇지만 비공식조직의 목표가 공식조직의 그것과 일치하는 경우에는 전체의 조직에 긍정적으로 작용하게 된다. 따라서 조직에서 이러한 비공식조직을 어떻게 관리할 것인가 하는 것은 매우 중요한 문제라고 할 수 있다.

본 장과 제7장에서는 공식조직의 구조에 관하여 중점적으로 살펴보도록 하겠다. 위에서 설명한 바와 같이 비록 공식조직이 전체의 조직시스템을 대표할 수는 없지만 이것이 조직구성원의 활동과 의사결정에 있어서의 가장 기본적이고도 중요한 틀(framwork)을 제공한다는 것은 조금도 의심할 여지가 없는 사실이다.

[그림 6-1] 공식조직 내의 비공식조직

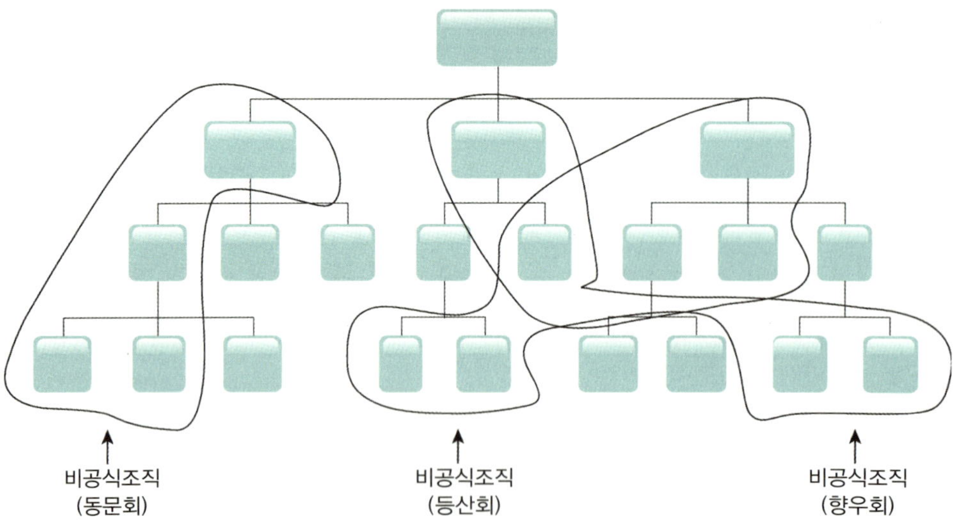

제2절 조직설계의 기본요소와 관점

1. 조직설계의 기본요소

여기에서는 조직설계, 즉 조직구조를 설계하는 데 있어서 반드시 고려해야 할 중요한 네 가지 기본요소인 분업, 부문화, 권한위양, 통제폭에 대하여 살펴보도록 하겠다.

1) 분 업

조직구조를 설계하는 데 있어서 가장 먼저 고려해야 할 것은 '분업'(division of labor)에 관한 문제이다. 전체 조직이 수행하여야 할 직무를 어느 한 사람이 전부 도맡아서 처리할 수는 없고 반드시 여러 사람이 분담하여 수행하여야 한다. 또한 직무는 어떤 원칙에 의하여 세분한 후 작업자로 하여금 비교적 작은 부분을 담당할 수 있게 해야만 나름대로의 소질을 발휘하고 기술을 숙련시킬 수 있으며 조직은 소위 말하는 '전문화'(specialization)의 이익을 창출할 수 있게 된다. 이러한 분업과 전문화의 원칙은 고전경제학으로부터 전통적 경영관리이론에 이르기까지 매우 중시되어온 개념이다.

분업의 원칙으로부터 조직구조를 본다면, 한 조직의 전체적 과업은 각종 성질이 다른 구체적인 작업으로 구분해야 할 뿐만 아니라, 이들 작업을 다시 특정의 단위나 부문으로 조합하여야 한다. 그리고 동시에 일정한 권한과 책임을 그러한 단위나 부문의 경영자들에게 부여하여 주어진 과업을 책임지고 달성할 수 있도록 하여야 한다. 따라서 분업과 전문화의 개념에 이어서 요구되는 것이 '부문화'에 관한 문제라고 할 수 있다.

2) 부문화

시스템(system)의 관점에서 보면, 조직 내 작업의 조합을 단순히 같은 성질의 작업만을 한 곳에 모아 놓은 것으로 생각해서는 안 된다. 왜냐하면 그러한 생각은 순수하게 기술적인 관점에 속하는 것이기 때문에 종종 그것이 달성해야 할 목적을 무시하게 되거나 조직의 전체 과업과의 연관성을 소홀히 하기 쉽다. 즉, 나무만 보고 숲을 보지 못하는 것과 같이 효율을 증대시킴으로써 오히려 효과는 잃어버리는 결과를 초래하기 쉽다는 것이다.

부문화(departmentation)는 구체적으로 어떤 구상이나 원칙을 근거로 하여 개별적인 작업(또는 직무)을 조합하는 과정이라고 정의할 수 있다. 기본적으로 부문화의 기초는 목적을 근거로 하는 요소, 그리고 내부의 과정이나 기능을 근거로 하는 요소 등 크게 두 가지로 분류할 수 있다.

(1) 목적별 부문화

목적을 기초로 하는 부문화는 다시 제품과 고객 그리고 지역의 세 가지 요소를 기초로 하는 부문화로 분류할 수 있다.

① **제품별 부문화** : 제품별 부문화(departmentation by product)는 조직 내의 많은 직무가 관련 제품이나 서비스를 근거로 하여 서로 다른 부문으로 조성되는 것을 말한다. 예를 들면, [그림 6-2]에서 보는 바와 같이 같은 제품 또는 서비스에 관계되는 생산과 판매 및 기타의 직무는 모두 효과적인 협조를 얻기 위하여 특정 제품부문 경영자의 책임하에 귀속된다. 이렇게 조성된 부문은 제품의 특성에 맞게 이 방면의 전문인력과 설비를 충분히 이용할 수 있다. 이러한 조직구조를 이용하는 기업은 대부분 규모가 상당히 큰 경우가 보통이며 여러 종류의 서로 다른 제품라인을 가진다. 따라서 각 부문은 서로 독립적인 경영형태를 취하며 각기 손실과 이익에 대한 책임을 부담하게 된다.

[그림 6-2] 제품별 부문화

② **고객별 부문화** : 만일 기업이 서로 다른 유형의 고객들에게 제공해야 할 서비스의 성질이 다르고 그에 따라 기업의 작업방식이 현저한 차이가 나는 경우에는 이러한 고객별 전문화(departmentation by customer)의 방식을 채택할 수 있다. 예를 들면, [그림 6-3]에서 보는 바와 같이 제조기업이 일반소비자와 산업사용자와 같은 유형의 고객을 모두 가지고 있다면 조직활동을 고객별로 나누어 부문화하는 것이 보다 효과적일 것이다.

[그림 6-3] 고객별 부문화

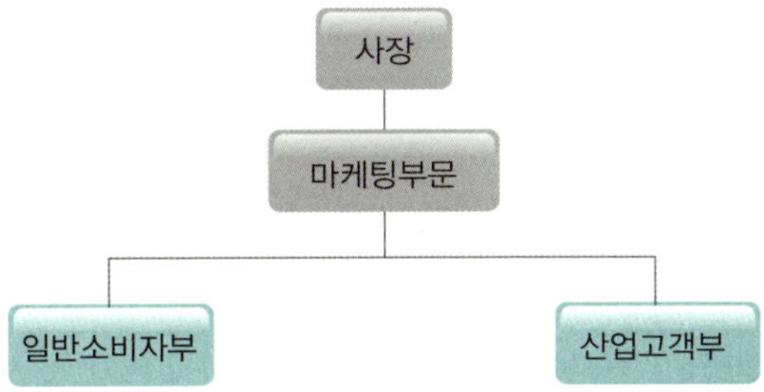

③ **지역별 부문화** : 기업의 시장범위가 매우 넓고, 지역에 따라 수요가 다르고 기업의 경영방식을 달리해야 할 필요가 있는 경우에는 조직활동을 지역별로 나누어 부문화할 수 있다. [그림 6-4]는 지역별 부문화(departmentation by territory or location)의 방식을 채택하고 있는 기업의 조직구조를 나타낸다.

[그림 6-4] 지역별 부문화

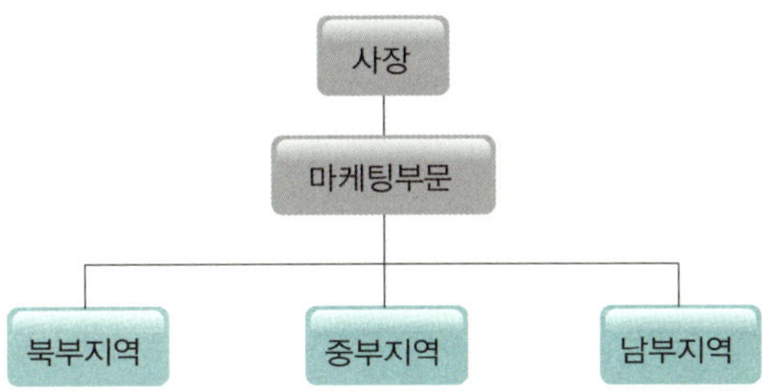

이상의 세 가지 목적별 부문화방식은 모두 공통적인 장·단점을 가지고 있다. 먼저 장점으로는 각종 서로 다른 수요에 효과적으로 대처할 수 있으며 고객들에게 비교적 양호한 서비스를 제공할 수 있다. 또한 기업의 계획과 통제가 비교적 용이하다고 할 수 있다. 그러나 단점으로는 항상 인원과 설비가 중복되므로 투자와 비용이 증가하고 그러한 인원과 설비를 충분히 그리고 효과적으로 이용할 수 없게 된다.

(2) 기능별·작업과정별 부문화

① **기능별 부문화** : 기능별 부문화(departmentation by function)는 조직의 업무기능(business function)을 기초로 하여 직무를 조합하는 것을 말한다. 예를 들면 기업조직의 경우에 있어서는 생산·마케팅·재무·인사 등이 가장 기본적인 업

무기능을 이루고 있으며, 그밖에 연구개발 · 공공관계 역시 매우 보편적인 업무기능이다. 하나의 조직이 그 업무기능을 어떻게 분류해야 하고 기능 간의 상대적 중요성은 어떠한가 하는 것은 조직의 성질에 따라 달라진다고 할 수 있다. 그러나 [그림 6-5]에서 보는 바와 같이 기능별 부문화가 그 기능을 기초로 하여 설계된다는 것은 변할 수 없는 것이다.

[그림 6-5] 기능별 부문화

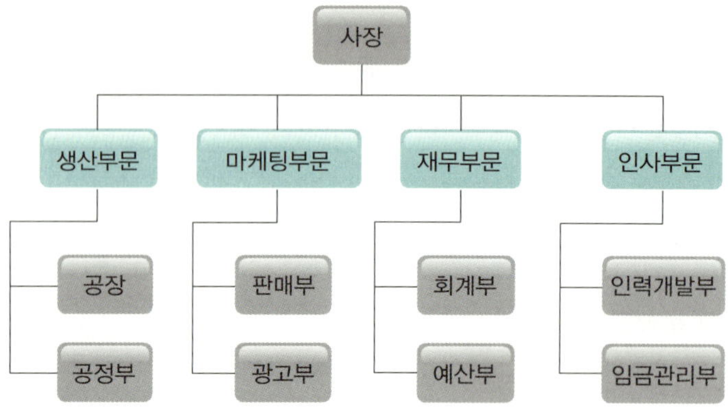

② **과정별 부문화** : 과정별 부문화(departmentation by process)는 직무를 그 진행과정을 기초로 하여 조합하는 방식을 말한다. 예를 들면 하나의 공장조직은 절삭 · 성형 · 용접 · 연마 · 조립 등과 같은 생산과정을 기초로 하여 부문화할 수 있다. [그림 6-6]은 이러한 부문화방식의 간단한 예를 나타낸다.

[그림 6-6] 과정별 부문화

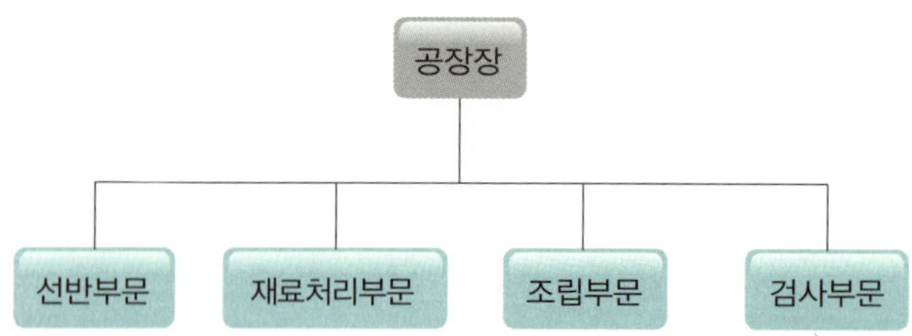

기능과 작업과정을 기초로 하여 부문을 설치하는 방식도 역시 공통적인 장 · 단점을 가지고 있다. 먼저 장점으로는 이러한 부문화방식은 모두 분업의 효과를 발휘할

수 있으며, 종업원들은 동일한 작업이나 유사한 작업을 수행하는 동료들과 접촉할 수 있는 기회가 비교적 많음으로써 전문지식과 기술을 향상시킬 수 있다. 또한 같은 용도의 기계와 설비를 한곳에 집중시켜 효과적으로 이용할 수 있다. 그러나 단점으로는 각자 자기의 직무에만 전념하게 되어 부문과 부문 간의 협조와 의사소통이 곤란하게 된다. 또한 각 부문은 자기 부문의 이해관계만을 강조하는 나머지 본위주의가 조성되어 조직 전체의 이익을 무시하는 결과를 가져올 수 있다.

(3) 혼합형 부문화

이상에서 살펴본 여러 부문화방식은 실제로는 몇 가지 가장 간단한 기본적 유형에 불과한 것이다. 따라서 실제로 응용할 때에는 일반적으로 동시에 몇 가지 방식을 혼합하여 조직구조를 설계하게 된다. 예를 들면, 규모가 큰 기업에는 사장 밑에 제품별로 몇 개의 부문을 설치하고 각 제품부문 내에는 다시 기능별로 여러 단위를 설치한다. 또한 각 기능단위는 그 성질에 따라 서로 다른 기초를 근거로 하여 부문화할 수 있다. 즉 마케팅부문은 지역을 근거로 하고, 생산부문은 과정을 근거로 하며, 또 인사부문은 서비스의 대상을 근거로 하여 부문화할 수 있을 것이다. [그림 6-7]은 이러한 혼합형의 부문화를 예시한 것이다.

[그림 6-7] 혼합형 부문화

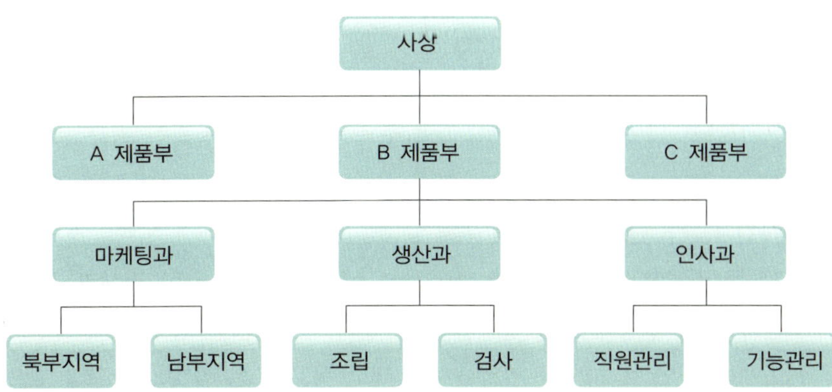

3) 권한위양

(1) 권한위양의 개념과 중요성

'권한위양'(delegation of authority)은 하급자들이 상급자를 대표하여 필요한 직무를 수행할 수 있도록 상급자가 하급자를 지정하여 어떤 권한과 책임을 부여하는 것을 말한다. 권한위양은 권한이 있다 또는 없다의 차이를 말하는 것이 아니라 권한을 얼마만큼 가지느냐 하는 정도상의 문제를 말한다. 예를 들면, 권한위양 정도가 낮다는 것은 하급자들은 반드시 모든 일을 상급자의 명령이나 지시에 따라 수행하여야 한다는 것을 말한다. 또한 권한위양 정도가 높다는 것은 상급자가 많은 과업을 하급자에게 맡겨 스스로 처리할 수 있도록 하는 것을 말한다. 물론 많은 경영자들은 권한위양의 정도에 있어서 이와 같은 양극단의 사이에 위치한다고 할 수 있다.

상급자들은 하급자에 대하여 권한을 위양하는 동시에 그것에 상당하는 책임을 부여한다. 따라서 하급자는 반드시 상급자에 대하여 주어진 만큼의 책임을 부담해야 한다. 그러나 여기서 주의해야 할 것은 부하들이 그러한 책임을 부담한다고 해서 상급자가 그 자신이 부담해야 할 책임에서 벗어난다는 것을 의미하지 않는다는 것이다. 왜냐하면 상급자는 부하가 그에게 책임을 부담하는 것과 마찬가지로 그 부분의 책임을 다시 그의 상사에 대하여 부담해야 하기 때문이다. 따라서 권한위양은 단순히 한 사람의 경영자가 다른 경영자를 대신하여 책임을 부담하는 관계가 아닌 한 계층 더 증가된 책임부담의 관계를 가져오게 된다.

권한위양의 이점은 명확하다. 권한위양은 경영자(특히 최고경영층)의 직무부담을 경감시킨다. 따라서 경영자는 권한위양을 통하여 일상적이고 잡다한 직무를 처리하는데 소요되는 시간과 노력을 절약할 수 있게 된다. 또한 권한위양은 불필요한 의사소통을 감소시킨다. 즉, 경영자는 결정권을 상황을 가장 잘 이해하는 하급자에게 부여하여 행사할 수 있도록 한다. 그러면 하급자는 상급자에게 보고할 필요가 없으며 상급자는 또한 자신이 결정해야 할 필요가 없게 된다. 특히 많은 경우에 있어서 책임지고 실행해야 할 사람으로 하여금 결정할 수 있도록 함으로써 실제의 상황과 필요성에 부합할 수 있게 된다. 권한위양의 또 한 가지 이점은 하급자들로 하여금 비교적 큰 책임을 부담할 수 있도록 함으로써 미래의 경영자를 양성할 수 있다는 것이다.

초기의 행동과학자들은 보편적으로 권한위양을 통하여 부하들에게 비교적 많은 책임을 부여하면 그들의 성취감을 만족시킬 수 있음으로 해서 큰 동기부여의 효과를 얻을 수 있다고 생각했다. 그러나 최근의 연구결과는 반드시 그렇지만은 않다는 것을 보여준다. 즉, 사람에 따라서는 상급자의 상세한 지시나 명령에 따라서 직무를 수행함으로써 오히려 큰 안전감을 느낀다는 것이다. 따라서 그런 사람은 권한위양을 증가시킬수록 곤혹감과 스트레스를 느낀다고 할 수 있다. 그러나 그런 사람은 일반적으로 관리적 책임을 담당하기에는 부적합한 사람이라고 할 수 있다.

(2) 권한위양의 장애요인

조직에서의 권한위양은 그것의 필요성과 여러 가지 이점에도 불구하고 종종 부족하게 이루어지는 경우가 있는데, 그것은 다음과 같은 장애요인 때문이라고 할 수 있다.

첫째, 하급자의 능력이나 경험이 중대한 직책을 담당하기에는 부족함에도 불구하고 그에게 일체의 권한과 책임을 부여한다면, 그 결과는 상급자가 하급자에게 같은 명령이나 지시를 여러 번 되풀이 해야 한다거나 중대한 착오를 범하는 결과를 가져오게 된다. 이러한 상황하에서는 우선 하급자를 훈련시키거나 직무를 이동시킨 후에 권한위양을 단행해야 할 것이다.

둘째, 직무의 중요성이나 긴급성으로 인하여 경영자 자신이 직접 처리해야만 하는 경우에는 하급자에 대한 진정한 권한위양이 이루어질 수 없게 된다.

셋째, 상급자 자신이 "경영자는 자기가 담당하는 직무를 직접 처리해야만 하고, 하급자들은 상급자가 제시하는 문제에 대해서만 대답할 수 있어야 한다"고 믿는 사람이라면 자신의 직무수행에 대한 권한을 하급자에게 위양할 수 없게 된다.

넷째, 부하의 일에 대하여 세세하게 간여하면 할수록 자신의 중요성이 그만큼 부각된다고 생각하는 경영자는 일체의 직무를 자기가 직접 처리하고 어떠한 문제든지 간에 모두 자신이 해결하려고 할 것이다.

다섯째, 자기의 지위에 대하여 안전감이 부족하다고 느끼는 경영자는 권한위양이 너무 많이 이루어지게 되면 조직 내 자신의 지위가 불리하게 된다고 생각한다. 이러한 경우에 있어서 하급자들이 모든 일을 상사에 의지하여 처리하려고 하면 중대한 착오는 범하지 않게 된다. 그리고 하급자들은 조직에 도움이 된다고 할지라도 그들의 상사에 대하여 불리한 행동은 하지 않으려고 할 것이다.

여섯째, 또한 경영자에 따라서는 자기 자신이 직접 명령이나 지시를 내림으로써 권력욕구를 충족시킨다. 따라서 이러한 상급자는 권한위양을 충분히 하지 않으려는 경향이 있다.

일곱째, 하급자가 과거의 경험을 통하여 진정한 권한을 획득할 수 없다는 사실을 발견하게 되면 사실상 효과적인 권한위양은 이루어지지 않게 된다. 다시 말하면, 권한위양의 여부에 관계없이 모든 일이 사실상 상급자로부터 결정된다면, 하급자들은 그러한 유명무실한 권한위양에 대하여 관심을 보이지도 않을 뿐더러 심지어는 그들에게 주어지는 권한을 거절하는 상황이 발생하기도 한다.

여덟째, 하급자가 과오를 범하는 것을 두려워하게 되면 진정한 권한위양이 이루어지기 어렵다. 즉, 자신의 과오나 좋지 못한 성과에 대해 처벌받는 것을 두려워한다면 하급자는 될 수 있는 한 상급자의 명령에 따라서만 일을 처리하려고 하기 때문에 그와 같은 하급자에 대한 권한위양은 큰 효과를 기대하기가 어렵다.

아홉째, 조직 내에 필요한 자원이나 정보가 부족하면 하급자들은 자신에게 위양된 권한을 행사하기가 어렵게 된다.

열째, 권한이 위양되면 하급자들이 수행해야 할 과업이 증가하게 된다. 따라서 하급자들이 그러한 증가된 과업을 완성하는 데 따른 적당한 동기부여가 이루어지지 않는다면 효과적인 권한위양을 기대하기가 어렵게 된다.

(3) 권한위양의 장애를 극복하기 위한 방법

권한위양은 조직으로 하여금 '집단의 결집된 힘'을 계속적으로 발휘할 수 있게 하는 하나의 비결이라고 할 수 있다. 그러나 위에서 설명한 각종 상황하에서는 상급자들이 지나치게 많은 권한을 지니게 됨으로써 조직유효성이 발휘되는 것을 방해하게 된다. 따라서 조직은 그와 같은 상황에 처하게 되면 그 원인을 규명하고 권한위양을 방해하는 각종 장애요인들을 극복할 수 있는 방법을 찾아야 한다. 다음과 같은 방법들은 그러한 장애요인을 극복하는 데 실무적으로 참고할만한 것이다.

첫째, 경영자는 반드시 하급자들이 지니고 있는 전문성과 그것의 기여가능성을 인식할 수 있는 기본적인 기준을 설정하여야 한다.

둘째, 경영자는 긴급하고 중요한 일이라고 해서 자신이 직접 처리하거나 사사건건 간여하기보다는, 그러한 성질의 직무일수록 사전에 충분한 시간적 여유를 가지고 권한위양을 통하여 하급자들의 지식과 지혜를 활용할 수 있는 방안을 강구하여야 한다.

셋째, 경영자는 필요에 따라 하급자들에 대한 훈련과 지도 그리고 동기부여를 통하여 책임을 담당할 수 있는 능력을 배양하여야 한다.

넷째, 양호한 통제시스템을 개발하여 하급자들이 어떤 문제나 어려움에 봉착하는 것을 신속하게 파악할 수 있도록 한다.

다섯째, 경영자는 하급자들의 고의가 아닌 과오는 용인하여야 한다.

여섯째, 경영자는 한편으로는 하급자들이 스스로 결정할 수 있도록 매우 엄하게 다그쳐야 하는 동시에, 다른 한편으로는 그들이 문제나 어려움을 용이하게 해결할 수 있도록 진심으로 협조하여야 한다. 그리고 하급자의 실수나 과오에 대하여 애매한 태도를 취해서는 안 된다.

일곱째, 경영자는 하급자들로 하여금 반드시 부담해야 할 책임과 달성해야 할 성과에 대하여 명확하게 인식할 수 있도록 하여야 한다.

여덟째, 경영자는 하급자들이 직책을 수행하는 데 필요한 자원에 대하여 주의와 관심을 기울여야 한다. 그렇지 않으면 능력이 있는 하급자라 할지라도 주어진 책임을 충분히 담당할 수 없게 된다.

아홉째, 책임을 완수한 하급자에게는 반드시 충분한 보상이 주어져야 한다.

열째, 조직구조의 설계가 권한위양에 유리하게 되어 있는지를 반드시 고려해야 한다.

4) 통제폭

통제폭(span of control)은 관리폭(span of management) 또는 감독폭이라고도 하며 조직구조를 설계하는 데 있어서 반드시 고려해야 할 중요한 개념이다. 통제폭은 한 사람의 경영자가 통제 또는 관리·감독할 수 있는 부하의 수를 말한다. 고전조직이론에 의하면 경영자 한 사람의 통제폭이 너무 크면 부하들을 효과적으로 감독할 수 없다고 말한다. 왜냐하면 모든 부하들의 활동은 경영자를 통하여 통합되는 것이기 때문에 부하의 수가 너무 많게 되면 경영자는 효과적인 협조를 이끌어 낼 수 없다는 것이다. 그러나 이러한 생각은 당시의 이론이 규정이나 과정 또는 부하들의 자발적인 협조 등과 같은 경영자 이외의 또 다른 협조방법에 대해서는 전혀 고려하지 않았음을 보여준다.

오래 전부터 많은 경영이론가들은 '최적의 통제폭'을 찾아내기 위하여 노력하였다. 그레뀨나(A.V. Graicunas)는 일찍이 부하들의 수가 산술급수적으로 증가할 때 경영자가 모든 부하들과 똑같은 접촉기회를 유지하기 위해서는 그 접촉횟수를 기하급수적으로 증가시켜야 한다는 사실을 발견하였다. 예를 들면, 두 명의 부하 A와 B를 거느리고 있는 경영자 M이 이들 부하를 접촉하는 방식은 두 차례의 '직접적 단독'(direct single) 접촉과, 두 차례의 '직접적 집단'(direct group) 접촉, 그리고 두 차례의 '간접'(cross) 접촉의 방식 등 모두 여섯 차례의 가능한 형태가 있다. 그러나 [그림 6-8]에서 보는 바와 같이 만일 부하의 수가 한 사람 더 늘어서 모두 세 사람이 된다면 이

경영자가 부하들을 접촉하는 형태는 모두 18차례로 증가하게 된다. 그레뀨나는 이러한 원칙에 의거하여 경영자가 부하의 수에 따라 그들을 접촉할 수 있는 방식의 수를 다음과 같은 공식으로 표시하였다.

$$C = N(\frac{2^N}{2} + N - 1)$$

위의 공식에서 C는 접촉형태의 총수 그리고 N은 부하의 수를 나타낸다. 따라서 부하의 수가 10명일 때 경영자가 접촉할 수 있는 수를 이 공식에 의해 계산하면 모두 5,210차례가 되며, N이 18일 경우에는 C가 2,359,602차례로 증가하게 된다(Graicunas, 1947 : 181-189 ; 박영배, 1999 : 223).

어느 학자는 최고경영자가 감독해야 할 부하는 그와 마찬가지로 경영층에 속하는 사람들이므로 그 통제폭은 비교적 작아야 하기 때문에 3~9명 사이가 적당하며, 하부계층의 경영자가 감독해야 할 부하는 일선작업자들이기 때문에 통제폭을 30명까지 증가시킬 수 있다고 말한다(Davis, 1968). 그의 이러한 주장은 통제폭의 크기는 사실상 다른 요인들에 의하여 결정되는 것이지 결코 고정적으로 설정하여 보편적으로 적용할 수 있는 표준이 아니라는 것을 나타낸다. 따라서 최근의 관점에서 보면 한 사람의 경영자가 효과적으로 감독할 수 있는 통제폭의 크기는 최소한 다음과 같이 세 가지 측면의 요인들을 고려하여야 한다.

[그림 6-8] 경영자와 부하 간의 접촉관계

부하가 2명일 때의 접촉상황	부하가 3명일 때의 접촉상황
직접적 단독접촉 1. M→A 2. M→B	1. M→A 2. M→B 3. M→C
직접적 집단접촉 3. M→A 및 B 4. M→B 및 A	4. M→A 및 B 5. M→A 및 C 6. M→B 및 A 7. M→B 및 C 8. M→C 및 A 9. M→C 및 B 10. M→A와 B 및 C 11. M→B와 A 및 C 12. M→C와 A 및 B
간접접촉 5. M→A→B 6. M→B→A	13. M→A→B 14. M→A→C 15. M→B→A 16. M→B→C 17. M→C→A 18. M→C→B

(1) 개인적 요인

① **경영자 개인의 선호** : 만일 경영자가 강렬한 '권력욕구'를 가지고 있다면 그가 원하는 통제폭은 비교적 클 것이다. 그러나 경영자가 강한 '관계욕구'를 가지고 있다면 너무 많은 수의 부하들은 원치 않을 것이다. 왜냐하면 부하의 수가 적을수록 그들과 의견을 교환하고 이해할 수 있는 기회가 많아지기 때문이다.

② **경영자의 능력** : 능력이 많은 경영자의 통제폭은 역시 커진다고 할 수 있다.

③ **부하의 능력** : 만일 부하들의 능력이 많으면 경영자의 통제폭 역시 증가한다.

(2) 직무적 요인

① **경영자의 직무특성** : 만일 경영자가 많은 시간을 계획이나 다른 부서와의 의사소통 또는 비관리적인 직무를 수행하는 데 소비하여야 한다면 부하를 감독하는 데 필요한 시간은 자연적으로 감소하므로 통제폭은 작아질 수밖에 없을 것이다.

② **부하의 직무특성** : 만일 부하의 직무가 항상 상사와 협의하여야 하는 성질의 것이라면 경영자의 통제폭은 자연히 감소하게 된다.

③ **부하 직무의 유사 정도와 표준화 정도** : 직무의 유사 정도와 표준화 정도가 높을수록 경영자의 통제폭은 커지게 된다.

④ **부하 간 직무의 관련성 정도** : 직무의 관련성 정도가 클수록 경영자를 필요로 하는 감독과 협조의 시간이 많아지므로 통제폭은 상대적으로 감소하게 된다.

(3) 환경적 요인

① **기술적 요인** : 대량생산방식하에서는 통제폭이 상당히 증가하게 된다. 그러나 수공생산방식하에서는 통제폭이 감소하게 된다.

② **지리적 요인** : 부하들의 작업장소가 분산되어 있으며 통제폭은 자연히 감소하게 된다.

이상에서 알 수 있듯이 통제폭의 크기는 많은 요인들의 영향을 받는다. 따라서 통제폭은 일정한 숫자로 고정하여 보편적으로 적용할 수 있는 것이 아니며, 개별적인 상황에 따라 적절하게 결정하여야 한다. 통제폭을 결정하는 데 있어서 비교적 참고할 만한 것으로 일찍이 록히드(Lockheed)기업에서 만들어 사용한 방법이 있다. 이 방법은 각 경영자들이 처해 있는 상황을 평가하는 여러 요인들을 근거로 계산된 '감독자 통제폭지수'(supervisory span of control index)를 이용하여 통제폭을 결정하는 것이다. 감독자통제폭지수의 가중치를 계산하는 방법은 [표 6-1]에서 보는 바와 같다.

[표 6-1] 록히드기업의 '감독자통제폭지수' 가중치 계산

요 인	가중치 계산				
기능의 유사성	완전히 같다 1	기본적으로 유사하다 2	유사하다 3	성질이 다르다 4	근본적으로 다르다 5
지리적 분포	같은 사무실 1	같은 건물 2	같은 장소/다른 건물 3	다른 지역/같은 장소 4	지역적 분산 5
기능의 복잡성	간단한 중복 2	일상성 4	약간 복잡 6	복잡/변화 8	고도로 복잡/다변적 10
지도 및 통제	필요성이 매우 적음 3	조금 필요함 6	정기적/중간 정도 9	항상 계속됨 12	매우 밀접하게 계속됨 15
협조의 필요성	매우 적음 2	일정함 4	큼/통제 용이함 6	매우큼 8	지극히 큼 10
계획의 범위 및 복잡성의 정도	범위 작음/단순 2	범위 제한적/단순 4	중간 정도 6	범위 넓음/다변화 8	범위 극히 넓음/불규칙 변화 10

2. 조직설계의 주요 관점

앞에서 설명한 조직구조의 구성요소와 조직구조를 설계하는 데 고려해야 할 요소들을 기초로 하여 실제 조직에 적용할 수 있는 조직구조를 설계할 수 있게 된다. 그러나 어떤 조직구조가 가장 효과적이냐 하는 데에는 그 관점이 다를 수 있을 것이다. 여기에서는 구체적인 조직구조의 형태를 살펴보기 전에 먼저 조직구조의 설계를 위한 기본이론들에 대하여 알아보도록 하겠다.

1) 고전학파와 행동학파의 조직이론

먼저 고전학파의 대표적인 조직이론으로는 베버(M. Weber)의 '계층조직모형'이 있다. 계층조직모형은 조직구조 · 지위 · 권한 · 공식규정 등이 모두 구체적이고도 명확하여야 하며, 조직구성원들은 반드시 조직 내의 지위, 즉 직위에 적합한 전문기술을

지녀야 하고, 그런 다음에는 사적인 감정에 치우치지 않고 규정에 근거하여 합리적으로 의사결정을 내려야 한다고 강조한다. 따라서 베버에 의하면 이러한 조직형태는 기계와 마찬가지로 매우 신속하고 효과적이며 엄격하고 신뢰할 수 있다는 것이다.

베버와 같은 시기에 또는 조금 후에 나타난 경영학자(또는 조직학자)들, 예를 들면 테일러(F. Taylor) · 페이욜(H. Fayol) · 우르윅(L.F. Urwick) 등이 제시한 이론들 역시 나름대로의 특색을 지니고 있다고 할 수 있다. 그러나 이들 이론의 기본적 관점, 즉 분업 · 통제폭 · 지휘통일 등과 같은 일정한 원칙을 강조하는 데 있어서는 베버의 이론과 같다고 할 수 있다. 따라서 이들 이론을 다같이 일컬어 고전조직이론이라고 하는 것이다.

이러한 고전학파의 조직이론은 그후 행동학파로부터 맹렬한 공격을 받는다. 행동학파는 고전학파의 조직구조모형이 지나치게 기계화되었기 때문에 '인간적 측면'을 무시했다고 비평한다. 그리고 그들은 인간조직은 일종의 사회시스템으로서 재화나 서비스를 효과적으로 생산해야 하는 동시에 조직구성원들의 각종 욕구를 충족시켜야 한다고 주장하다. 따라서 조직은 경제적 측면뿐만 아니라 사회적 측면도 동시에 지닌다는 것이다.

행동학파는 이렇게 조직이 지니고 있는 사회적 의의와 조직구성원들의 심리적 욕구 및 지각적 차이를 중시한다. 그들은 조직구조의 설계는 합리성과 이론적 요소만을 고려해서는 안 되고, 공식적 구조 · 권한 · 규정과 같은 방법에만 의존하여 인간의 행동을 통제하려 해서도 안 된다고 생각한다. 이러한 것들 외에 더욱 중요한 것은 소집단 · 동기 · 지각 · 상호작용 등과 같은 많은 비공식적 요소라는 것이다.

초기의 행동학자들은 그들이 주장하는 조직모형을 구체적으로 제시하지는 않았다. 그러나 근래에 와서 그들이 주장하는 바에 따라 점차 '유기적 모형'(organic model)이라는 조직구조가 나타나게 되었다. 이것은 고전학파에 속하는 '기계적 모형'(mechanic model)과는 상대적인 개념의 조직구조라고 할 수 있다. '유기적 모형'에 의하면 조직 내에서 권한과 책임의 할당은 될 수 있는 한 공식화와 고정화를 피하고 과업의 필요성에 따라 탄력적으로 이루어져야 한다. 그리고 구성원 각자의 직무는 세분화하거나 일상화하기가 쉽지 않으며 반드시 그 내용의 광범위성과 다변성에 유의하여야 한다. 또한 경영자의 리더십은 지휘계통을 통하여 부여된 권한과 같이 엄격해서는 안 되고 협조와 연결의 필요성에 기초하여야 한다.

학자들은 사실상 '기계적 모형'과 '유기적 모형'을 조직구조의 양 극단으로 생각한다. 따라서 유기적 모형에 가까운 조직은 개별적인 직무에 대하여 상세한 규정을 두지 않고 조직의 탄력성과 적응능력을 위하여 일방적인 지휘계통이 아닌 협조적인 커뮤니케이션 네트워크를 개발할 것을 강조한다. 이에 반하여 기계적 모형에 가까운 조직은 바로 유기적 조직과는 상반되는 점을 강조한다. 일반적으로 기능적 조직은 기계적 모형에 가까운 조직구조이며 프로젝트조직은 유기적 모형에 가까운 조직구조라고 할 수 있다(Shetty and Carlisle, 1972).

2) 상황이론

모든 조직은 기계적 형태와 유기적 형태가 각기 다른 정도로 조합된 방식을 나타낸다. 그러면 우리는 최적의 조합방식을 찾아낼 수 있는가?

일반적인 판단에 의하면 유기적 조직이 '인간'의 요소를 중시하고 비교적 이상적인 조직개념에 가깝기 때문에 가장 훌륭한 조직방식이라고 단정하기가 쉽다. 그러나 근래의 몇몇 연구결과는 문제가 그렇게 단순하지만은 않다는 사실을 보여준다. 이들 연구에 의하면 어떤 조직구조가 가장 적합한가 하는 것은 상황에 따라 달라진다는 것이다. 다시 말하면, 모든 상황에 보편타당하게 적용할 수 있는 하나의 조직구조는 결코 존재하지 않는다는 것이다. 조직이론에서 이와 같이 '상황' 요소를 특별히 강조하는 이론을 '상황이론'(contingency theory)이라고 하며, 이러한 관점과 입장에서 조직문제를 연구하는 것을 '상황적 접근방법'(situational approach)이라고 한다.

조직구조의 상황요소에 대하여 구체적으로 설명하기에 앞서서 여기서는 먼저 상황이론에 관한 몇 가지 중요한 연구결과를 살펴보도록 하겠다.

(1) 우드워드의 연구

우드워드(J. Woodward) 여사는 영국의 경영학자이다. 그녀와 그녀의 동료들은 영국의 100개 기업을 대상으로 하여 조직구조와 그에 대한 영향요인에 관하여 연구하였다(Woodward, 1975).

그들은 먼저 각 기업들로부터 다음의 자료를 수집하였다.

① 역사적 배경과 목표
② 제조과정과 제조방법
③ 조직 및 경영방식 그리고 경영과정
④ 조직도
⑤ 경영자의 자격조건

⑥ 같은 산업 내에서의 성공 정도
⑦ 노동인력의 구성

연구자들은 여섯 번째 자료를 이용하여 기업의 성공 정도를 평균수준 이상·평균수준·평균수준 이하로 분류하였다. 그리고 두 번째 자료를 이용하여 연구대상기업들을 다음과 같이 분류하였다.

① 단위소량생산(unit and small-batch)
② 대량생산(large-batch and mass production)
③ 연속적 장치생산(process production)

이들 세 가지 유형의 기업들은 생산 및 제조기술의 복잡 정도가 위에서 아래로 내려올수록 점차 높아진다고 할 수 있다. 연구결과에 따르면 기술유형이 단위소량생산과 연속적 장치생산에 속하는 기업들 중에서 성공적인 기업들은 대부분 행동학파가 주장하는 유기적 조직방식을 채택하고 있음을 발견하였다. 그러나 기술유형이 대량생산에 속하는 기업들 중에서 성공적인 기업들은 대부분 직무와 책임을 명확하게 규정하고 명확한 지휘계통을 중시하는 기계적 방식을 채택하고 있음으로 해서 고전학파의 주장에 더욱 접근하고 있는 것으로 나타났다. 따라서 우리는 이 연구결과를 통하여 기술조건이 조직구조의 유효성에 영향을 미치는 중요한 상황요인이라는 것을 이해할 수 있다. [표 6-2]는 우드워드의 연구결과를 요약하여 기술한 것이다.

[표 6-2] 우드워드의 연구결과

조직구조특성	단위소량생산기업 (예 : 자동차주문생산)	대량생산기업 (예 : 자동차조립생산)	장치생산기업 (예 : 정유공장)
지휘계통	불명확함	명확함	불명확함
라인과 스탭	엄격히 구분하지 않음	엄격히 구분함	엄격히 구분하지 않음
통제폭	작다	크다	작다
부문화의 기초	목적에 의함	과정에 의함	목적에 의함
전체의 조직구조	유기적 모형	기계적 모형	유기적 모형

(2) 번스와 스탈커의 연구

번스(T. Burns)와 스탈커(G.M. Stalker)는 영국의 20개 기업을 대상으로 하여 서로 다른 산업에 속해 있는 기업들의 효과적인 조직구조에 관하여 연구하였다(Burns and

Stalker, 1961). 이들은 연구대상기업을 인조사(rayon)를 생산하는 기업과 전자제품을 생산하는 기업으로 국한하였다.

연구결과에 따르면 인조사기업과 전자기업은 각기 두 가지 유형의 극단적인 조직구조를 채택하고 있는 것으로 나타났다. 즉 인조사기업이 채택하고 있는 조직구조는 고도의 집권화, 완벽한 정책과 절차 및 규정, 세밀한 분업화, 상세한 직무기술서, 생산과정을 기초로 하는 부문화, 라인과 스탭의 명확한 구분 등의 특징을 갖는 기계적 조직에 접근하는 것으로 나타났다. 그리고 이러한 조직설계를 채택하는 주요 목적은 높은 효율성을 추구하고, 기업 간의 경쟁은 매우 격렬하지만 시장 및 기술환경이 비교적 안정적인 산업특성에 효과적으로 적응하기 위해서라는 사실을 발견하였다.

그러나 이에 반하여 전자기업은 대부분 유기적 조직방식을 채택하는 경향이 매우 강하게 나타났는데, 이것은 이들 기업의 생존이 끊임없는 독창성과 발전에 의존해야 하는 것이기 때문에 창의성과 탄력성이 있는 조직구조를 필요로 한다는 것이다. 다시 말하면, 이들 기업은 종업원의 직무를 명확히 구분하지 않고, 명확한 지휘계통과 조직도가 없고, 권한위양과 분권화의 정도가 비교적 높으며, 구성원들은 특정의 계층이나 종속관계에 얽매이지 않고 직무의 필요성에 따라 직접 적합한 사람을 찾아 문제의 해결을 위한 협조를 구하는 것으로 나타났다. 그리고 이 연구는 이러한 유기적 조직구조가 시장과 기술이 급속하게 변동하는 산업환경에 보다 적합하다는 사실을 발견하였다.

이와 같은 연구결과에 근거하여 번스와 스탈커는 유기적 조직이 반드시 기계적 조직에 비하여 효과적이지만은 않다는 것을 강조하며 다음과 같이 말하고 있다.

> "우리가 적극적으로 강조하려는 것은 모든 제도는 각기 그에 적합한 특정의 상황조건이 존재한다는 것이다. 따라서 사람들이 어떤 하나의 제도가 모든 상황하에서 다른 제도에 비하여 우수하다는 인상을 갖지 않았으면 한다. 특히 우리의 경험에 의하면 안정적인 환경하에서는 어떠한 이유에 의해서도 유기적 조직이 기계적 조직을 대신할 수 없다는 것이다."

(3) 로렌스와 로쉬의 연구

미국의 하버드대학 교수인 로렌스(P.R. Lawrence)와 로쉬(J.W. Lorsch)는 조직구조와 외부환경의 관계에 대하여 연구하였다. 그러나 이들의 연구는 조직구조를 주로 조직부문 간의 '분화'(differentiation)와 '통합'(integration)에 초점을 두고 진행하였다(Lawrence and Lorsch, 1967).

이들은 연구의 대상으로 세 가지의 산업을 선택했다. 그 중에서 '플라스틱업'은 계속적인 기술적 창의성을 필요로 하는 산업으로서 고도의 불확실성과 예측하기 어려운 환경에 직면하고 있다. '용기업'은 경영환경이 매우 안정적인 산업으로서 기술적 창의성보다는 일정한 서비스와 품질수준을 유지해야 하는 문제에 직면하고 있다. 그리고 '식품포장업'은 당면하고 있는 환경이 위의 두 가지 산업의 사이에 속해 있는 산업이다. 다시 말하면 이 산업이 당면하고 있는 환경은 플라스틱업보다는 안정적이고 용기업보다는 변화가 많다고 할 수 있다.

그리고 조직구조의 특성 중에서 부문 간의 분화는 "각 기능부문 구성원들 간의 과업, 인간지향적 태도, 그리고 시간관 · 조직목표 · 부문목표 등에 대한 태도의 차이"를 말한다. 또한 통합이란 "조직과업을 달성하기 위한 각 부문 간 협조상황의 질"을 나타낸다.

연구결과에 의하면 동태적이고 복잡한 환경의 산업에 속하는 기업은 비교적 안정적이고 단순한 환경의 산업에 속하는 기업에 비하여 부문 간 분화의 정도가 높게 나타났다. 다시 말하면 플라스틱업의 분화의 정도는 식품포장업에 비하여 높으며, 식품포장업의 분화의 정도는 용기업에 비하여 높다는 것이다. 또한 이들 세 가지 산업에 속해 있는 기업들 중에서 유효성이 높은 기업들은 유효성이 낮은 기업들에 비하여 그 통합의 정도가 모두 높다는 사실을 발견하였다. 그러나 이들 기업이 채택하는 통합의 방법은 산업에 따라 큰 차이가 있다는 것을 알게 되었다. 예를 들면, 플라스틱업은 부문간의 높은 분화 때문에 발생하는 비협조적인 행동을 방지하기 위하여 하나의 공식부문으로 하여금 통합기능을 전담하도록 하고 있으며, 식품포장업에서는 통합의 책임을 경영자들이 각기 개별적으로 담당하다. 그리고 용기업에서는 바로 지휘계통을 통하여 통합의 목적을 달성하려고 노력한다. 또한 연구자들은 유효성이 높지 않은 한 용기기업에서는 플라스틱기업과 마찬가지로 통합을 전담하는 공식단위를 설치하고 있었지만 환경이 비교적 안정적이고 단순하기 때문에 거의 제기능을 발휘하지 못하는 불필요한 단위로 남아있게 된다는 사실을 발견하였다.

3) 상황모형하에서의 조직구조의 설계

우리는 이상에서 살펴본 세 가지 대표적인 조직연구의 결과를 통하여 가장 적합한 조직구조는 반드시 각종 기술과 환경요인을 고려하여 설계되어야 한다는 사실을 인식하게 되었다. 이와 같이 조직구조를 결정하는 데 영향을 미치는 요인은 일반적으로 아래의 네 가지 방면으로부터 나온다고 할 수 있다(Shetty and Carlisle, 1972 : 38-45).

(1) 경영자의 개인특성과 경영철학

경영자, 특히 최고경영자의 사업경영에 대한 정의, 경쟁방식, 경영철학 등은 모두 직·간접적으로 조직이 선택하는 조직구조의 형태에 영향을 미친다. 일찍이 챈들러(A.D. Chandler, 1962)가 제시한 "조직구조는 전략에 따라 결정된다"(structure follows strategy)는 이론은 바로 이러한 관점을 나타낸다. 여기서 경영자가 전략을 어떻게 수립하고 또 의사결정을 어떻게 내리느냐 하는 것은 그의 배경·지식·경험·가치관과 밀접한 관계가 있는 것이다.

(2) 과업의 성질

여기서 말하는 과업의 성질은 바로 조직목표를 달성하기 위한 기술조건 또는 기술요인을 가리킨다. 예를 들면, 위에서 설명한 우드워드의 연구는 곧 이러한 기술조건과 조직구조와의 관계를 보여주는 것이다. 기술조건은 직무의 할당, 작업흐름의 경직성, 권한의 위양 등에 영향을 미치기 때문에 결국은 조직구조의 형태에까지 영향을 미치게 된다.

또한 기술조건과 동시에 고려해야 할 것은 조직규모요인이다. 조직규모는 조직 내의 협조·명령·통제 등의 방식에 영향을 미치기 때문에 자연적으로 조직구조와도 밀접한 관계를 갖게 된다.

(3) 환경적 요인

위에서 설명한 번스와 스탈커의 연구 그리고 로렌스와 로쉬의 연구는 모두 환경적 요인의 조직구조에 대한 영향을 강조한다. 가장 중요한 환경적 특성으로는 변화의 속도와 불확실성의 정도를 들 수 있다. 또한 이들의 연구 이외에 갈브레스(J. Galbraith)는 미국 보잉사(Boeing Co)를 실례로 들어 조직구조의 변화와 외부환경의 관계를 설명하고 있다. 즉, 1964년 이후에 세계의 항공시장이 빠르게 확대됨에 따라 많은 불확실성의 요인들이 증가하게 되었다. 따라서 보잉사는 이러한 변화에 적응하기 위하여 한편으로는 기업 내의 각 기능부문을 강화시켰으며, 동시에 다른 한편으로는 제품과 공정설계부문 간의 연결작업을 전담하는 전문단위를 설치하였고, 각종 임시적 과업집단을 두어 기능부문들 사이에 원활한 협조가 이루어질 수 있도록 하였다.

(4) 조직구성원의 욕구

많은 연구들은 조직구성원의 욕구(needs)가 완전히 같지 않다는 사실을 보여준다.

예를 들면, 같은 조직 내에서 전문직에 종사하는 종업원은 비전문직의 종업원들에 비하여 직무의 자주성과 의사결정에의 참여 그리고 성취감의 충족을 더욱 중시한다(박영배, 2008 : 447). 또한 핵크만(J.R. Hackman)과 로울러(E.E. Lawler)의 유명한 연구에 의하면 조직구성원들은 각기 서로 다른 성장욕구와 사회적 욕구를 지니고 있기 때문에 똑같은 작업조건하에서 얻는 만족의 정도가 달라진다는 것이다(Hackman and Lawler, 1971). 따라서 조직구조를 설계하는 데 있어서는 조직구성원들 욕구의 구성상태를 고려하여야 할 것이다.

3. 라인과 스탭

조직이 복잡화되고 거대하게 바뀐 뒤에는 반드시 각종 기능과 기술을 보유한 전문가들을 이용하여 경영관리직무를 수행하여야 한다. 따라서 그러한 역할의 직위를 어떻게 조직시스템 속에 도입하느냐 하는 것은 기업에 있어서 하나의 중대한 문제라 할 수 있다. 왜냐하면 일단 그러한 직위를 조직구조 속에 도입하게 되면 기업은 반드시 조직의 권한 및 책임체계를 조정하지 않으면 안 되기 때문이다. 이것이 바로 모든 조직에 있어서의 '라인(line)과 스탭(staff)'에 관한 문제라고 할 수 있다.

1) 라인과 스탭의 의의

조직에 있어서 기본적인 문제의 하나는 라인과 스탭에 대하여 명확한 정의를 내리기가 매우 어렵다는 것이다. 그러면 도대체 라인과 스탭은 무엇을 말하는 것인가?

어떤 사람은 라인과 스탭의 구별은 그들이 담당하는 업무기능이 조직과업과 조직목표에 대하여 어떤 관계에 있으며 또 어떤 역할을 수행하느냐에 따라 결정되어야 한다고 강조한다. 만일 업무기능이 조직과업에 직접 관련되는 것이라면 그것은 라인의 활동 또는 기능에 속한다고 할 수 있다. 반대로 업무기능이 라인의 활동을 지원하는 것이라면 조직과업에는 간접적으로 관련되기 때문에 스탭의 활동 또는 기능에 속한다고 할 수 있다. 따라서 조직의 과업과 목표가 달라짐에 따라서 활동이나 기능이 라인에 속하는 것인지 또는 스탭에 속하는 것인지가 역시 달라진다. 예를 들면, 제조업에 있어서 일반적으로 생산 및 제조 그리고 마케팅과 같은 활동은 라인의 성질에 속한다. 그리고 인사와 재무 및 연구개발 등의 활동은 모두 생산과 마케팅 활동을 지원하기 위한 것으로서 스탭의 성질에 속한다고 할 수 있으며, 따라서 이들 부문은 역시

스탭부문이라고 할 수 있다. 그러나 엔지니어링 자문회사의 연구개발과 서비스활동은 라인의 성질에 속한다고 할 수 있다. 따라서 여기서 반드시 강조해야 할 것은 라인활동과 스탭활동을 구분하는 것은 어느 것이 더 중요하다는 것을 말하는 것이 아니고 이 두 가지가 모두 똑같이 중요하다는 사실을 의미한다는 것이다.

사실상 많은 경우에 있어서 이상과 같은 기준을 사용하여 라인부문과 스탭부문을 구분한다는 것은 매우 어려운 일이다. 어느 학자는 이러한 분류방식이 성장의 초기단계에 있는 기업에나 적합하다고 말한다. 왜냐하면 기업의 규모가 나날이 커지고, 업무의 내용 역시 갈수록 복잡해짐에 따라 어떤 기능이 조직목표와 직접적으로 관계가 있고 또 어떤 기능이 간접적으로 관계가 있는지를 판단하는 것이 사실상 매우 곤란해졌기 때문이라는 것이다(Logan, 1966).

또 많은 학자들은 라인과 스탭의 구별은 바로 권한관계에 따라 결정된다고 주장한다. 즉 명령계통의 일환으로 부하에 대하여 명령이나 지시를 하달할 수 있는 사람은 라인에 속하며, 반대로 명령이나 지시를 하달할 수 없는 경우에는 스탭에 속한다고 할 수 있다.

2) 라인권한 · 스탭권한 · 기능권한

'라인권한'(line authority)은 경영자가 그의 부하에 대해서 가지는 지휘, 즉 명령이나 지시를 하달할 수 있는 권한을 말한다. 그리고 '스탭권한'(staff authority)은 순수한 의미에 있어서는 다른 사람이 직무와 책임을 수행할 수 있도록 협조하고 건의할 수 있는 권한을 말한다. 그러나 다른 사람이 그러한 협조와 건의를 받아들여야 하는지의 여부는 스탭의 권한이 아니다.

또한 많은 경우에 있어서 일상적인 업무나 전문성을 요하는 직무를 막론하고 최고경영층은 조직 내에 명문화된 규정을 두어 스탭부문이나 스탭요원들에게 일정한 범위내에서 자발적으로 결정할 수 있는 권한을 부여하고 결정사항을 다른 부문에 통지할 수 있도록 하는데 이러한 권한을 '기능권한'(functional authority)이라고 부른다. 일반적으로 인사부문이나 회계부문이 가지는 권한은 이러한 기능권한에 속한다고 할 수 있다. 예를 들면, 공장에서 산업안전을 책임지는 사람은 스탭에 속한다. 그러나 그는 공장의 규정에 의거하여 공장 내의 작업방식과 안전시설에 대한 권한을 가지고 자신의 결정을 다른 부서에 하달할 수가 있다. 이와 같이 기능권한은 라인권한과 스탭권한 사이에 존재하는 일종의 결정권 또는 지휘권이라고 할 수 있다.

기능권한은 이미 오늘날의 조직에서 하나의 중요한 권력행사방식에 속하게 되었다.

그러나 그로 인하여 초래되는 문제에 대하여 주의하여야 할 필요가 있다. 예컨대 기능권한은 조직 내의 권한의 명확성과 책임관계를 문란하게 할 수 있다. 왜냐하면 스탭은 특정 라인을 지휘하지만 그에 대한 책임은 부담하지 않기 때문이라는 것이다. 바꿔 말하면, 스탭의 명령을 받는 사람들이 오히려 그 책임까지도 부담하여야 한다는 것이다.

따라서 그와 같은 문제를 최소화하기 위해서는 반드시 기능권한의 귀속과 행사범위가 명확히 규정되어야 한다. 예를 들면, 일정한 기한을 정하여 기능권한을 행사할 수 있도록 하고, 정해진 기한이 지나면 그러한 권한이 즉시 소실되도록 하는 것도 하나의 방법이 될 수 있다.

3) 라인과 스탭의 관계

전체 조직의 관점에서 라인과 스탭의 관계는 다음과 같은 몇 가지의 유형으로 분류하여 생각할 수 있다(Glueck, 1977 : 227).

① **단순한 자문의 성질** : 스탭은 업무부문의 요청에 응하여 또는 자발적으로 조언을 제공한다. 그러나 스탭은 라인의 명령을 받지도 않고 라인에게 명령할 수도 없다.

② **중앙스탭부문과 사업무문 내 스탭단위의 지위를 동시에 갖는 경우** : 스탭은 업무단위경영자의 요구에 응하여 또는 자발적으로 그들에게 조언을 제공한다. 그러나 업무부문 내의 스탭단위는 한편으로는 소속되어 있는 업무부문경영자의 지휘를 받아야 할 뿐만 아니라, 다른 한편으로는 상급부문인 중앙스탭부문의 지휘(즉, 기능권한)도 받아야 한다.

③ **스탭단위가 그의 구성원을 업무부문에 파견하는 경우** : 이때 파견된 구성원의 직속상급자는 여전히 스탭단위에 속해 있는 상사가 된다. 그러나 행정상으로는 반드시 업무부문경영자의 지휘를 받아야 한다. 또한 스탭단위의 책임자는 업무단위경영자의 동의가 있어야만 스탭단위의 구성원을 라인단위에 파견하거나 다시 불러들일 수 있게 된다.

④ **업무부문 내의 스탭단위를 설치하는 경우** : 이때 스탭단위는 완전히 업무부문경영자의 지휘와 감독을 받아야 하며, 업무부문에 대해서는 자발적으로 또는 그의 요구에 따라서 조언 및 의견을 제공하여야 한다.

라인과 스탭은 각자의 책임과 권한이 모두 다르기 때문에 종종 어떤 관점에 대하여 중대한 견해차가 발생하거나 상호 간의 협조가 곤란해지는 경우가 있다. 스탭은 특정 방면에 대하여 전문적 지식이나 풍부한 경험을 가지고 있다. 따라서 자기가 제시하는 의견이 가장 정확하다고 믿기 때문에 상대편에게 반드시 받아들이도록 강력하게 요구하는 경향이 있다. 그러나 스탭은 라인이 고려하고 있는 다른 방면의 요인들과 반드시 져야 할 책임에 대한 압력은 이해하지 못하는 경우가 많다. 그리고 스탭은 심리적으로 자기의 주장을 직접 하부경영자들에게 명령할 수 없다는 사실이 자신의 조직 내 지위와 중요성에 좋지 않은 영향을 미친다고 생각하기 때문에 종종 의식적·무의식적으로 라인경영자의 권한을 침범하는 경우가 있다. 이러한 경우에는 라인과 스탭 간에 갈등이나 마찰이 발생하기 쉽다.

화이트(Whyet, 1969)는 스탭이 라인경영자와 양호한 협력관계를 유지하기 위해서는 다음과 같은 점에 유의하여야 한다고 말한다.

첫째, 항상 접촉하고 의사소통을 통하여 상호 간에 의견을 교환한다.

둘째, 스탭은 건의나 조언을 제시하기 전에 될 수 있는 한 라인부문이 직면하고 있는 특수한 상황을 찾아내고 이해하여야 한다.

셋째, 스탭은 라인경영자와 일종의 상호보완적인 협조관계를 이루어야 한다.

넷째, 스탭은 자신보다는 라인경영자가 성과를 얻을 수 있도록 적극적으로 노력하여야 한다.

제3절 조직구조의 기본형태

1. 라인조직

라인조직(line organization)은 일명 직계조직 또는 군대식조직이라고도 불리우는 것으로서 과업의 분화라든가 부문화가 진전되지 않은 매우 단순하고 초보적인 조직형태이다. 이러한 라인조직은 산업화의 초기시대에 많이 볼 수 있었던 조직형태인데, 오늘날에도 창업단계에 있는 극히 작은 규모의 기업이나 중소기업에서 많이 찾아볼 수 있다.

보통 라인조직의 목표는 비용절감과 같은 효율성과 생산성의 제고에 두게 된다. 라인조직은 위계질서 및 분업의 원리에 따라 부서가 분화되며 동시에 동일하거나 유사한 기능들을 한데 모아 통합관리하는 부문화가 이루어져 [그림 6-9]에서 보는 바와 같이 좀 더 효율적으로 일하기 위해 생산부, 영업부 등의 기능별로 조직이 짜여진 형태가 나타난다. 일반적으로 라인조직에서는 구성원들이 직접적인 접촉관계 속에서 일을 하는 경우가 많아 비공식적이며 비관료적인 성격을 띠게 되고 커뮤니케이션도 비공식적인 경로가 많이 이용된다. 그러나 점차 몇몇 부서들 간에 커뮤니케이션이 공식화되기 시작한다. 또한 거의 모든 조직구성원들이 경영자와 개인적인 접촉을 가질 수 있을 정도로 관계가 밀접하기 때문에 구성원들은 경영자의 개인적 통제를 받게 된다. 라인조직은 특히 명령통일의 원칙, 전문화의 원칙, 통제폭의 원칙, 권한위양의 원칙, 권한과 책임 대응의 원칙 등과 같은 전통적인 조직원칙이 충실히 지켜지는 조직이다.

라인조직은 신속한 기동성을 가지고 있으며 강력한 추진력을 가지고 있다는 점, 경영자에게 개인능력 발휘의 기회가 제공된다는 점, 일사불란한 지휘가 가능하여 개별 부서의 조정이 용이하다는 점 등이 장점이다. 그러나 경영환경변화를 탐지하는 능력과, 혁신적인 태도를 촉진하는 데 한계가 있다는 점, 대규모 조직이 갖출 수 있는 시너지효과를 기대하기 힘들다는 점 등의 단점이 있다. 이런 장·단점을 고려해 볼 때, 라인조직은 경영환경이 불안정하여 불확실성이 높은 상황, 규모가 큰 상황에서는 그렇지 않은 상황에서보다 덜 효과적이다(신유근, 1996 : 223-224).

[그림 6-9] 라인조직

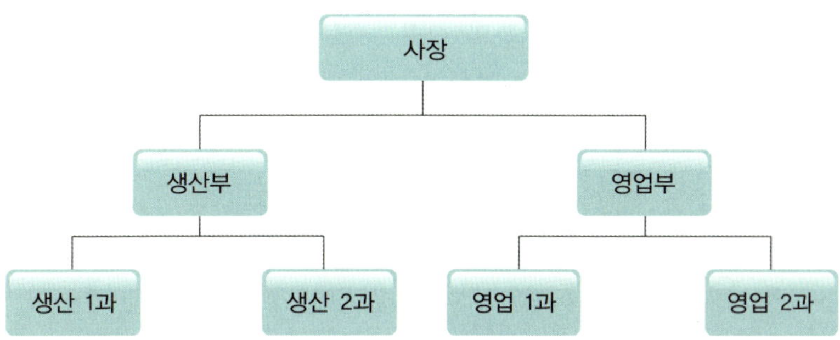

2. 라인스탭조직

시장점유율이 커지고 조직의 구성원도 많아지게 되면 경영자가 혼자서 조직 내부의 일들을 관여하기가 어려워진다. 즉, 조직의 규모가 더 커지고 제품계열의 수가 많아지면서 기존의 라인기능만으로는 모든 업무수행이 불가능하기 때문에 라인업무를 지원할 수 있도록 스탭기능이 분화되어 발달하게 된다. 규모가 비교적 작은 기업에서는 흔히 최고경영자가 개인스탭을 두거나, 규모가 큰 기업의 경우에는 최고경영자가 경영정책을 수립하고 주요 결정을 행하는 데 도움이 되도록 하기 위해 [그림 6-10]에서 볼 수 있는 것처럼 종합조정실 · 경영기획실 · 비서실 등과 같은 스탭부서를 두기도 하고 아예 경영연구소 · 기업문화연구소 등과 같은 방식으로 독립성을 강화하기도 한다. 이와 같은 라인스탭조직의 주요 목표는 효율성과 생산성을 제고하는 데 두어진다(신유근, 1996 : 224-226).

앞에서 살펴본 바와 같이 라인은 기업에서 경영목표를 달성하기 위해 필요한 업무를 수행하는 데 있어서 직접적인 권한과 책임을 갖고 있는 부서나 직위를 말하는 것으로서, 일반적으로 제조업의 경우 조직도상에서 제품을 제조하는 생산부문, 제품을 판매하는 영업부문 등을 라인이라 하고, 구매부서나 자금부서, 인사부서 등을 스탭이라고 한다(Bateman and Zeithamal, 1991 : 379-381). 그러나 점차 조직의 규모가 커지면 이들 인사 · 자금 · 구매부서들도 라인으로서의 성격을 갖게 되어 다시 이들 부서 내에 라인권한과 스탭권한을 가진 직위들이 나타나게 된다(Robbins, 1991 : 290).

라인스탭조직의 특징은 명령통일의 원칙과 전문화의 원칙을 조화시켜 경영의 대규모화, 즉 경영관리기능의 복잡화에 대응할 수 있도록 만들어졌다는 점이다. 또한 많은 부문들을 효과적으로 조정 · 통합하기 위해서 개인적 통제가 아닌 공식적인 통제가 실시된다. 예를 들어, 최고경영층과 현장부문들 간에 조정과 통제를 위한 정보시스템이 설치 · 사용되며, 커뮤니케이션이 문서를 통해 이루어지는 등 공식화된다. 이런 공식화와 함께 전략적인 조직운영 및 업무와 일상적인 조직운영 및 업무간에 과업의 분화가 정착되는데, 최고경영자는 계획과 전략만을 담당하고, 운영에 관계되는 것은 중간경영자에게 위임한다.

이러한 라인스탭조직은 종합적인 의사결정을 위한 정보의 축적과 활용이 가능하며, 라인은 스탭으로부터 유익한 조언과 권고를 받을 수 있고, 자기의 업무에 전념할 수 있다는 장점이 있다. 그러나 라인과 스탭 간에는 대립이나 갈등이 발생할 가능성이 높고, 효율성과 생산성을 증대시키기 위해 많은 부문과 계층이 생겨나면서 조직이 비대해지고 이른바 관료제화(bureaucracy)가 촉진된다. 이런 관료제화가 과도하게 진전되면 조직이 경직되어 조직구성원의 창의성이 억제되고 결과적으로 조직발전의 원동력이라 할 수 있는 혁신이 위축되는 '관료제의 비능률'(red tape)의 상황에 봉착하는 것이 일반적이다. 라인스탭조직은 조직이 대규모화되는 초기상황, 경영환경이 안정적이고 확실성이 높은 상황에서 효과적인 조직형태이다.

[그림 6-10] 라인스탭조직

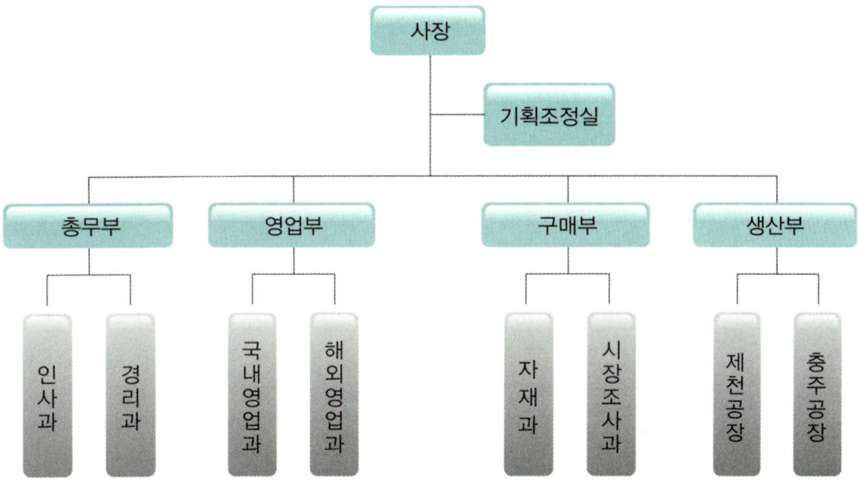

3. 사업부제조직

라인조직이나 라인스탭조직은 그 자체의 한계점 때문에 비교적 큰 분권화를 실시하기가 어렵게 된다. 따라서 기업의 규모가 증대하고 제품과 시장이 복잡하게 된 후에는 분권화의 필요성에 부응하기 위하여 제품이나 시장 또는 지역을 기초로 하는 부문화의 경향이 나타나게 되었다. 이러한 부문화에 의해서 형성된 부문을 사업부(devisions)라고 하는데, 이것은 오늘날 세계의 대형기업들이 가장 보편적으로 채택하고 있는 조직형태라고 할 수 있다. 사업부제조직(divisionalized organization)은 다음과 같은 두 가지의 기본적 특색을 지니고 있다.

첫째, 특정 제품에 관련되는 경영활동은 대부분 해당 사업부문의 책임자에 의해 장악된다. 따라서 사업부문의 책임자는 비교적 완전한 권한을 보유하고 행사할 수 있다.

둘째, 사업부문은 상당히 자주적이고 독립적인 지위를 가진다. 따라서 사업부문은 경우에 따라서는 하나의 독립적인 기업과 마찬가지로 많은 일을 주어진 권한 내에서 스스로 결정하고 처리할 수 있다.

모든 사업부는 각기 나름대로의 공정설계·제조·마케팅 등의 부문을 가지고 있다. 그러나 기업본부(본사) 역시 일련의 중요한 권한을 보유한다. 예를 들면 전체 기업목표, 전략적 계획, 기본경영정책, 재무정책, 회계제도, 기업합병, 중대한 자본지출계획, 최고경영층의 인사·노사관계 및 공공관계 등에 관한 권한은 대부분 기업본부에서 보유하게 된다. 기업본부의 이러한 방면에 있어서의 의사결정은 각 사업부 경영의 선결조건과 골격을 이루게 된다. 즉, 사업부는 기업본부의 지도하에 자신의 업무를 독립적으로 진행하게 된다. [그림 6-11]은 이러한 사업부제조직의 기본적인 틀을 보여준다.

사업부 자체에서 분권화를 채택할 것인가 또는 집권화를 채택할 것인가 하는 문제는 역시 상황에 따라서 달라진다고 할 수 있다. 어떤 사업부는 기능조직과 같이 매우 집권적 경영방식을 채택하기도 한다(Whisler, 1964 : 314-333). 그러나 대부분의 사업부는 한 번 이익분권화의 과정을 거쳤기 때문에 복잡 정도가 전에 비하여 상당히 감소하게 되고, 의사소통과 협조가 필요한 구성원의 수와 정보유통량 역시 크게 감소하게 된다. 따라서 중대한 의사결정과 행동이 전에 비하여 상대적으로 신속하게 이루어진다.

[그림 6-11] 사업부제조직

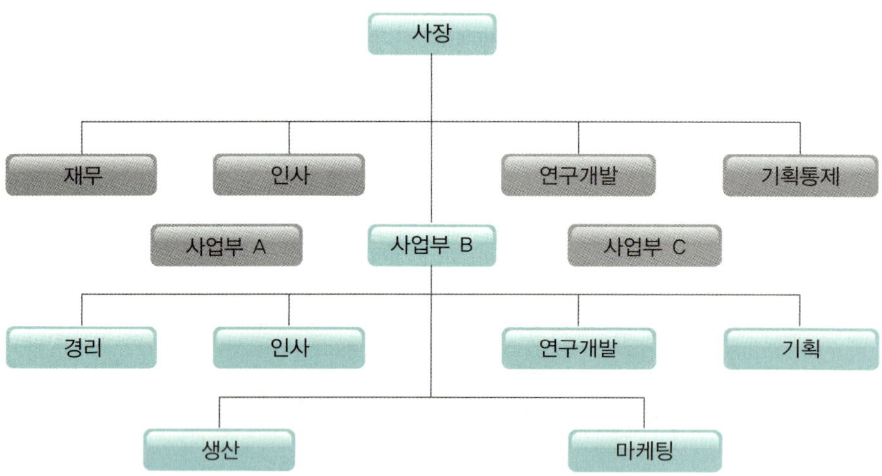

사업부제조직의 가장 큰 이점은 역시 경영통제가 용이하고도 효과적으로 이루어진다는 데 있다. 왜냐하면 이익이나 투자회수율과 같은 재무목표하에서 각 사업부의 성

과와 기여도가 모두 명확하게 나타나기 때문이다. 그리고 이러한 각 사업부의 성과와 기여도의 명확성은 또한 사업부의 구성원, 특히 경영자들에 대하여 중요한 동기부여의 요인으로 작용하게 된다. 그러면 대형조직이라면 모두 이러한 사업부제조직을 채택하여야만 하는가? 그에 대한 대답은 부정적이다. 왜냐하면 다음과 같은 많은 원인들이 부정적으로 작용하기 때문이다.

첫째, 사업부제조직은 기업의 업무를 자연적으로 서로 다른 사업부문으로 분할할 수 있고 또 각 사업부는 독자적인 사업단위로서의 역할을 담당하며 이익중심점(profit center)의 구실을 할 수 있어야만 의의가 있게 된다. 그러나 많은 기업의 업무성질은 그렇게 분할하기가 부적합하기 때문에 이러한 조직방식을 채택할 수 없게 된다.

둘째, 사업부제조직에서 이익이나 투자회수율과 같은 표준을 사업부분을 통제하기 위한 기업본부의 주요 수단으로 삼는다면 역시 문제가 있게 된다. 예를 들면, 기업이 장기적 이익을 달성하기 위하여 어떤 지출을 증가시킴으로써 해서 사업단위의 이익이 오히려 감소하는 결과를 가져오는 경우가 있다. 이러한 경우에는 사업단위의 불만이 증가하게 된다. 또한 어떤 사업단위는 이익의 증대를 꾀하기 위하여 삭감해서는 안될 지출까지도 삭감하는 경우가 있는데, 이러한 행위는 모든 사업부 또는 전체 기업에 대하여 불리한 영향을 미치게 된다.

셋째, 사업부제조직하에서는 종종 기업본부에서 사업부문에 대하여 구매나 공정설계와 같은 공통적인 업무를 지원하면서 사업부문들을 반드시 그러한 지원을 받아들여야 한다고 강제적으로 규정한다. 따라서 만일 사업부문들이 외부로부터 보다 저렴하고 양호한 서비스를 발견하고서도 기업본부의 규정 때문에 그것을 이용할 수 없는 경우에는 많은 문제가 발생하게 된다. 또한 기업본부의 경우에도 만일 그러한 지원에 대한 강제규정을 행사하지 않으면 어떤 중요한 정책을 집행하는 데 없어서는 안될 지원단위를 유지할 수 없게 된다.

넷째, 사업부제조직하에서의 가장 큰 문제점은 본사의 최고경영층과 사업부문 책임자 또는 경영자의 태도에 관한 문제라고 할 수 있다. 즉, 사업부문의 경영자는 본사의 최고경영자의 의사에 따라서 수동적으로 행동하거나 눈앞의 이해관계만을 고려해서는 안 되고 반드시 책임지고 있는 업무를 능동적으로 수행하거나 장기적인 이익에 대하여 전반적으로 고려해야 한다. 또한 본사의 최고경영층은 사업부문경영자를 충분히 신뢰하고 지지하며 불필요한 간섭은 하지 말아야만 이익분권화제도가 효과적으로 운용될 수 있다.

4. 프로젝트조직

제2차 세계대전 이후에 정부와 기업을 포함하여 많은 대형조직들은 앞에서 설명한 각종 조직형태를 가지고는 구체적이고 중대한 과업을 효과적으로 완성할 수 없다는 것을 깨닫기 시작하였다. 다시 말하면, 앞에서 설명한 기능이나 과정을 기초로 부문화한 조직하에서는 커뮤니케이션과 협조가 힘들거나 완만하게 이루어질 뿐만 아니라 그러한 기능부문이나 과정부문을 계속적으로 유지해야 할 것인가 하는 것도 문제가 된다. 또한 어떤 특수한 과업을 수행하기 위하여 조직 내에 장기적으로 유지할 필요가 없는 공식부문을 특별히 설치해야 할 경우에도 그때마다 전체의 조직부문을 대대적으로 개편하게 되어 인력과 재력을 증대시켜야 하는 부담이 따르게 된다. 따라서 이러한 문제점들을 해결하기 위하여 '프로젝트팀'(project team) 또는 '태스크포스'(task force)라 불리우는 조직구조가 나타나게 되었다.

미국에서는 이러한 프로젝트팀의 조직형태가 국방과 우주개발계획에 처음으로 응용되었다. 그리고 그 후에 이러한 조직형태는 기타의 특정 목적과 시간적 제한이 필요한 중대한 계획상에도 응용할 수 있게 되었다. 예를 들면, 기업의 신제품개발·연구개발·시장개발 등과 같은 성질의 계획에 있어서 프로젝트팀은 효과적으로 응용될 수 있다. 프로젝트팀은 일반적으로 다른 부문들과는 독립적으로 최고경영자의 밑에 설치되어 한 사람의 전문적인 프로젝트 경영자의 책임하에 관리된다. 그리고 팀은 주어진 과업을 달성하는 데 필요한 각종 전문인력으로 구성된다. 이러한 팀의 가장 큰 특색은 그 지위가 독립되어 있고 과업이 매우 구체적이라는 것이다. [그림 6-12]는 이러한 프로젝트조직의 기본적인 형태를 보여준다.

프로젝트조직의 가장 큰 장점은 다음과 같다(Hopkins, 1975).

첫째, 상당한 신축성이 부여되기 때문에 과업의 상황과 필요성에 따라서 설치와 해산 그리고 확충과 긴축이 비교적 자유롭다. 따라서 전체 조직의 구조와 업무에 영향을 미치지 않는다.

둘째, 구성원들은 일상업무의 영향을 받지 않기 때문에 주어진 과업을 완성하는 데 온 힘을 집중할 수 있다.

셋째, 필요에 따라서 여러 방면의 인재와 전문가를 흡수하여 그들의 지식을 충분히 활용할 수 있다. 따라서 창의적이고 과학적인 계획에 가장 적합하게 응용할 수 있다.

넷째, 주어진 과업이 구체적이고 명확하기 때문에 팀의 구성원들은 비교적 큰 성취감과 만족감을 가진다.

[그림 6-12] 프로젝트조직

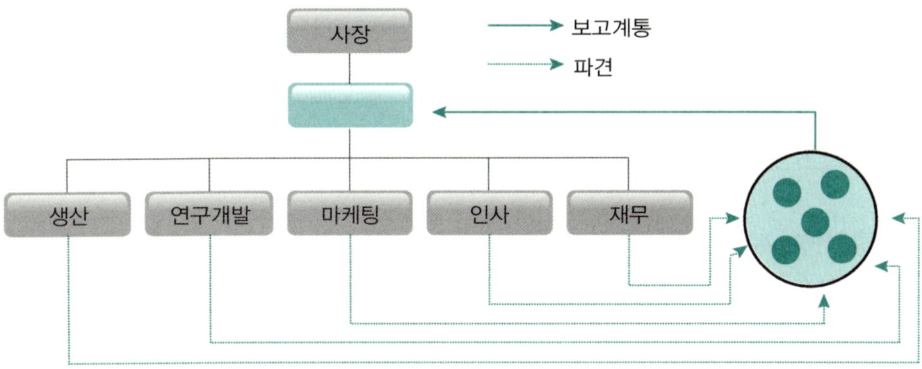

그러나 이러한 조직방식을 채택하는 것이 문제가 없는 것은 아니다. 예를 들면 다음과 같은 사항은 특별히 주의하여야 한다.

첫째, 프로젝트팀과 조직의 공식부문들 사이에 충돌이 발생하기 쉽다. 특히 팀의 구성원들이 공식부문에서 파견되는 경우에는 공식부문이 계획과 직무를 수행하는 데 지장을 받게 된다.

둘째, 프로젝트팀의 구성원들은 주어진 과업을 달성하는 데에만 너무 열성적으로 온갖 노력을 기울임으로써 그의 조직에 대한 영향이나 대가가 가치가 있는지 하는 것에 대해서는 무관심하기 쉽다. 다시 말하면, 구성원들은 자신의 직무에 대하여 감정적으로 되기 때문에 객관성을 잃어버리기 쉽다.

셋째, 프로젝트팀은 반드시 최고경영층의 지지를 받을 수 있어야 한다. 그러나 최고경영자가 프로젝트팀의 활동에 대한 관심이 과도하여 사사건건 간섭하게 되면 조직의 신축성과 창의성의 장점을 해치게 된다.

넷째, 프로젝트팀이 일정한 성과를 달성한 후에는 조직 자체가 해체됨으로써 원래의 성과와 노력이 계속적으로 지지받지 못한다. 따라서 모처럼 이룬 성과를 그르치게 되거나 용두사미의 결과를 가져올 수 있다. 이러한 현상은 특히 신제품을 개발하기 위한 과업에서 빈번히 발생한다.

이러한 프로젝트조직은 전체 조직 내에서 여러 가지의 지위를 가질 수 있다. 극단적인 예로 프로젝트팀은 다만 최고경영자의 스탭에 불과하여 명령이나 지휘의 권한이 주어지지 않고 모든 일을 최고경영자나 원래의 기능부문을 통하여 실행해야 하는 경우가 있다. 그러나 또 어떤 경우에 있어서는 프로젝트조직의 책임자는 자체의 인원과 설비를 가지고 모든 직무를 나름대로 수행할 수 있는 완전한 권한을 부여받기도 한다.

5. 매트릭스조직

라인조직이나 라인스탭조직과 같은 효율성 지향의 조직과, 사업부제조직과 프로젝트조직과 같은 유연성 지향의 조직 사이에서 기업은 효율성 목표와 유연성 목표를 동시에 달성할 수 있는 조직형태에 관심을 갖게 된다. 이러한 의도를 최초로 담고 만들어진 경영조직의 기본형태가 매트릭스조직이라고 할 수 있다.

매트릭스조직(matrix organization)은 한편으로는 생산·재무·마케팅·인사·공정·자재·노무 등과 같은 전통적인 기능부문 또는 과정부문이 있고, 또 한편으로는 최고경영자에 직접 속해 있는 프로젝트팀이 있다. 프로젝트팀의 구성원들은 대부분 원래의 기능부문으로부터 파견된다. 그러나 프로젝트가 진행되는 기간 동안에는 프로젝트팀의 경영자에게 귀속된다. 이러한 조직방식하에서 원래의 기능부문경영자는 종적인 권한을 행사하게 되고, 프로젝트팀의 경영자는 각 기능부문을 초월하여 횡적인 권한을 행사하게 된다. [그림 6-13]은 이와 같은 매트릭스조직구조를 예시한 것이다.

매트릭스조직은 기술과 시간에 좌우되며 고도로 전문화된 재화나 용역을 소량주문생산하고 판매하는 조직, 고도의 정보처리가 요구되는 불확실성에 직면하는 조직, 그리고 인적·물적 자원의 제약을 다루어야 하는 조직 등에 적용될 때 그 장점이 크게 나타날 수 있다. 그러나 매트릭스조직은 이중적 지휘체계에 기인하는 구성원들의 역할갈등과 역할모호성에 따라 스트레스를 유발할 수 있으며, 많은 이해관계를 가진 사람들이 얽혀 있기 때문에 의사결정 자체가 복잡해지고, 기능부서와 프로젝트 구성원들 사이에 권력투쟁이 발생하는 등 적지 않은 문제점도 동시에 가지고 있다.

[그림 6-13] 매트릭스조직

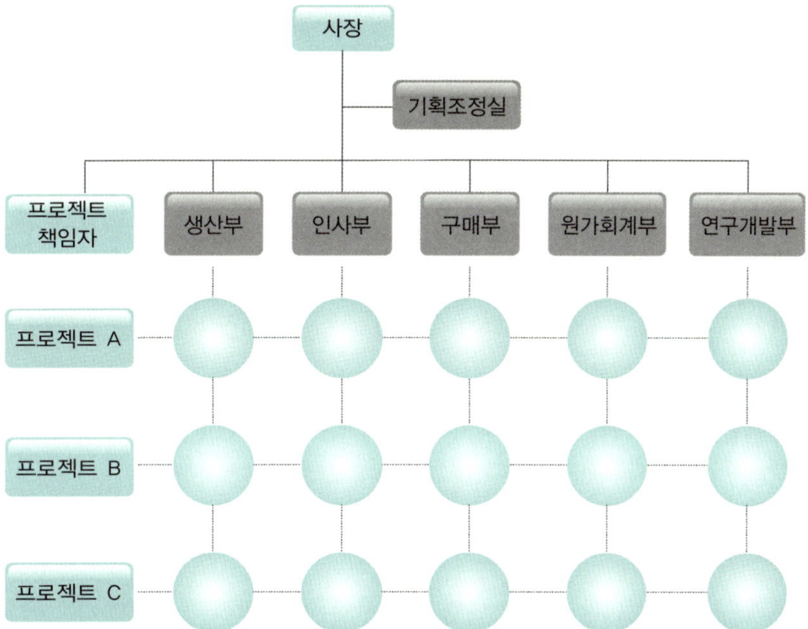

6. 자유형조직

자유형조직(free-form organization)은 생존하기 위해서 필요하면 끊임없이 형태를 변화시키는 아메바와 같은 조직구조이다. 이 자유형조직은 위계, 엄격한 권한규칙, 명령계통, 상하관계의 공식화 등을 크게 강조하지 않는다. 따라서 전통적인 기능부문 대신에 이익중심점이 이용된다. 이익중심점들은 결과지향적이고 목표달성을 위한 하나의 전체적인 팀으로 관리된다. 또 참여, 팀워크, 자기통제, 자율성을 통한 유효성이 강조된다. 다시 말하면, 각 이익중심점은 상이한 방식으로 설계될 수 있다. 그런 점에서 이러한 조직구조에서는 구성원의 행동적 측면에 비중을 많이 둔다(신유근, 1985 : 548).

자유형조직은 급격한 시장요구의 변화에 신축성있고 창의적으로 대처할 수 있다는 것을 큰 장점으로 들 수 있다. 그러나 그러한 고도의 신축성과 빠른 적응속도는 오히려 조직으로 하여금 효율적인 변화를 불가능하게 하거나 심지어는 적응방향을 상실케 할 수도 있다는 위험도 함께 지니고 있다. 이러한 형태의 조직은 전체적으로는 집권화된 통제를 하고자 하고 또 실제의 활동은 분권화를 시키고자 하기 때문에 컴퓨터에 의한 정보시스템을 구축하는 것이 필수적이라 할 것이다.

7. 네트워크조직

네트워크조직(network organization)은 첨단의 정보통신기술을 활용하여 조직의 유연성과 유기적 연계성을 극대화함으로써 새로이 출현하는 기술이나 사회적 유행 및 조류변화에 신속히 적응할 수 있게 설계된 조직형태이다(Robbins, 1990 ; 신유근, 1996 : 249-250).

네트워크조직은 실제의 물리적인 공간이 존재하지 않는다는 것과 핵심영역이나 필요한 기능을 외부와 네트워크한다는 면 등이 강조되는 조직형태로서 가상조직(virtual organization) 또는 모듈조직(module organization)으로 불리기도 한다.

전통적인 계층조직이 피라미드 구조를 취하면서 자본과 설비를 중시하고, 보상과 처벌을 통해 구성원들을 관리하며, 명령과 지시에 의한 직접적 통제방식을 중요한 관리수단으로 하는 데 반하여, 네트워크조직은 수평적으로 연계된 구조와 사람 및 정보를 중시하고, 참여에 의해 구성원들을 관리하며, 자기관리에 의한 통제방식을 중요한 관리수단으로 한다. 따라서 네트워크조직은 조직구성원 개개인의 전문지식과 자율권을 기초로 하여 개인능력 발휘의 극대화와 사업부문 간 의사소통의 활성화를 도모하는 데 매우 적합한 조직형태라고 할 수 있다.

네트워크조직은 [그림 6-14]에서 보는 바와 같이, 제품컨셉트나 독특한 디자인 또는 최신기술 등과 같은 핵심적 분야만을 보유하고 그 밖의 제품생산이나 판매유통 등과 같은 기능을 다른 기업들과 네트워크를 형성함으로써 소수의 인력으로도 종래의 대규모기업과 같은 경영활동을 수행한다. 따라서 전통적으로 종업원의 수로 판단하였다. 조직규모의 개념이 네트워크조직에서는 '네트워크 확장'으로 바뀌게 되었다.

이와 같은 네트워크조직의 장점으로는 자원중복과 투자를 감소시키고, 시장의 상황변화에 신속히 대응할 수 있으며, 극히 적은 자산과 인력으로 기업을 운영할 수 있고, 컴퓨터와 통신기술을 활용하여 조직 내에 원활한 커뮤니케이션이 이루어지도록 하고 시간과 공간의 제약을 극복하도록 하며, 거미줄처럼 연결된 통신 네트워크를 통해 정보를 축적하고 신속하게 처리하도록 조직의 학습능력을 향상시킬 수 있다는 점을 들 수 있다. 그러나 네트워크조직에서는 경영자가 생산과정을 직접 통제할 수 없기 때문에 생산과정에서 왜곡이 발생할 수 있으며, 구성원들이 정보처리 및 해석 능력이 부족하게 되면 조직운영이 극도로 비능률적이 된다는 단점이 있다(신유근, 1996 : 252-253).

이러한 네트워크조직은 소비자의 욕구가 유행에 따라 급변하거나 새로운 기술이 급속히 변화·발전하는 단계에 있는 산업에 매우 적합한데, 최근에는 패션산업·영화산업·출판산업·생명공학산업 등에서 주로 찾아볼 수 있다.

[그림 6-14] 네트워크조직

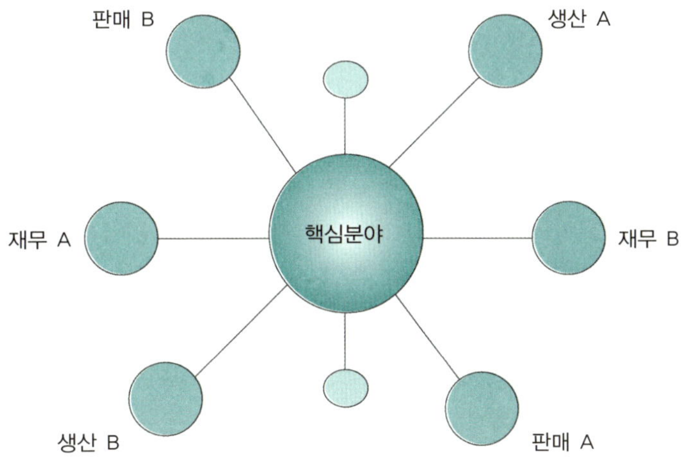

자료 : Kreitner and Kinicki, 1995; 신유근, 1996 : 251 수정

제 7 장

직무설계와 인적자원의 충원

제7장 직무설계와 인적자원의 충원

제1절 직무설계의 성격과 방법

1. 직무설계의 성격

조직구성원들이 일상적으로 수행하고 있는 직무(job)는 개인과 조직을 연결시켜 주는 가장 기본적인 단위이다. 즉, 조직에서의 직무는 구성원들의 욕구를 충족시켜야 할 뿐만 아니라 조직이 요구하는 생산성의 증대에 부합하여야 한다. 따라서 직무설계는 조직에서 개인과 조직의 목표를 통합하는 데 있어서 소홀히 다루어서는 안될 매우 중요한 문제이다.

직무설계는 제6장에서 살펴본 조직설계와 떼어 놓을 수 없는 밀접한 관계에 있다. 분업, 부문화, 권한위양, 통제폭 등 조직을 설계하는 데 있어서 고려해야 할 요소들은 공통적으로 조직구성원들의 과업과 책임을 어떻게 조직화하고 조정·통제할 것인가 하는 '직무의 내용'(content of jobs)의 문제에 관한 것들이다. 따라서 직무설계와 조직설계는 상호 간의 조화를 바탕으로 이루어져야 그 효과가 높게 나타날 수 있는 것이다.

1) 직무설계의 발전과정과 기본철학

직무설계(job design)는 직무의 내용과 수행방법 그리고 여러 직무 간의 관계를 설정하는 것을 말한다. 그러나 직무설계의 근본 문제는 직무의 능률과 작업자의 만족을 동시에 고려해야 한다는 데 있다. 다시 말하면 직무능률만을 강조한 나머지 작업자가 단조로움이나 싫증을 느낀다면 직무설계가 이상적으로 이루어졌다고 할 수 없다. 또한 반대로 작업자가 싫증이나 부담감을 느끼지는 않지만 능률적이지 못한 직무설계 역시 바람직하지 않다고 할 수 있다. 그러면 작업자와 직무요구를 모두 충족할 수 있도록 하기 위해서는 직무설계가 어떻게 이루어져야 하는가?

초기의 직무설계에 대한 생각은 '직무'를 위주로 하는 것이었다. 예를 들면, 테일러(F.W. Taylor)를 중심으로 하는 과학적 관리학파는 직무능률을 극대화시키기 위해서는 과학적 방법에 의하여 직무를 가능한 한 작은 단위로 세분화하여 작업자들에게 할당하고 가장 능률적인 작업방법을 알려주어야 한다고 주장하였다. 또한 그들은 작업자는 직무가 요구하는 조건에 가장 적합한 사람을 선택하여야 하며, 개인적 착오의 발생을 방지하기 위해서 치밀한 규칙과 절차를 설정해야 하며, 경영자는 엄격한 훈련을 통하여 작업자들이 직무를 효율적으로 수행할 수 있도록 하고, 정해진 규칙과 절차를 잘 지키고 감독을 잘 받아들이는 작업자에 대해서는 금전적 보상을 제공하여 격려해야 한다고 믿었다. 이와 같이 과학적 관리학파의 직무설계에 대한 기본철학은 "직무는 이미 결정된 조건이며 변화할 수 없는 것이기 때문에 작업자들을 직무의 요구에 적응시키거나 일치시켜야 한다"는 가정을 밑에 깔고 있음을 알 수 있다.

그러나 많은 작업자들은 실제로 단순하고 표준화되어 있는 직무를 결코 좋아하지 않는다는 것이다. 몇몇 학자들은 실제로 직무가 과도하게 단순화·표준화됨에 따라 종업원들의 유동률이 증가하고 직무를 소홀히 하여 불만심리가 깊어진다는 사실을 발견하였다(Guest, 1965 ; Walker and Guest, 1952 ; Garson, 1972). 이러한 상황하에서 일부 학자들과 기업의 실무자들은 직무의 단순화와 표준화는 더 이상 효과적인 방법이 되지 못한다는 것을 깨닫고 직무내용을 보다 확대하고 변화시킨 후에, 작업자들 스스로 자신의 직무를 점검하고, 작업방법과 작업과정을 선택하며, 일정한 범위 안에서 그 진행 정도를 통제할 수 있도록 하였다. 그리고 이러한 새로운 방법이 실제로 직무의 생산성을 증대시키고 종업원들의 직무만족도를 높인다는 사실을 입증하였다(Davis and Taylor, 1972 ; Ford, 1969).

직무설계의 이러한 경향, 즉 '직무확대'(job enlargement) 또는 '직무충실화'(job enrichment)는 직무설계의 기본철학이 이제는 크게 바뀌었음을 보여주는 것이다. 다시 말하면, 전통적 직무설계가 직무를 선결조건 또는 이미 알고 있는 요인으로 보는 데 반하여 직무확대나 직무충실화에 의한 직무설계는 그 자체를 작업자의 동기와 만족도 그리고 생산성에 영향을 미치는 수단으로 생각하게 되었다는 것이다. 그러나 그렇다고 해서 직무확대나 직무충실화에 의한 직무설계가 직무 자체의 요구를 완전히 도외시한다는 것이 아니고 될 수 있는 한 균형적인 관점에서 직무와 작업자를 모두 변화시켜 쌍방 간에 가장 적합한 조화가 이루어지도록 하는 데 목적이 있다고 할 수 있다.

2) 직무설계의 작업자 행동에 대한 영향

전통적 직무설계의 개념은 직무 자체는 작업자에 대하여 결코 직접적으로는 영향을 미치지 못하며, 만일 영향을 미친다면 금전적 보상이나 작업환경을 통해야만 가능하다고 생각한다. 그러나 사실상 직무는 그 자체로 작업자에 대하여 중대한 영향을 미친다고 할 수 있다. 몇몇 학자들은 직무가 다음과 같은 세 가지 경로를 통하여 작업자의 행동에 직접적으로 영향을 미친다고 주장한다(Porter 등, 1975 : 289-298).

첫째, 직무는 '개인의 생리적 활동(physiological activation) 수준에 대한 영향'을 통하여 작업자의 행동에 영향을 미친다. 활동이론(activation theory)에 따르면 사람들이 단순하고 반복적인 직무를 수행하게 되어 일단 그러한 직무와 환경에 익숙하게 된 후에는 생리적 활동수준이 점차 낮아지고 그에 따라 직무성과 역시 낮아지게 된다. 사람들은 생리적 활동수준이 일반적인 정상수준(characteristic norm)보다 낮아지게 되면 불쾌감을 느끼고 어떤 자극적인 힘을 발산하게 되며 그로 인하여 여러 가지 행동을 취하는 결과를 가져온다(Scott, 1966). 이때 사람들이 취하는 행동은 작업 중에 농담을 한다거나 쓸데없는 상상을 하는 등 직무에 직접적으로 지장을 초래하는 상태로 나타난다. 따라서 이러한 상황하에서는 사람들의 활동수준이나 사기가 일정한 수준으로 유지된다고 해도 직무성과는 점차 떨어지게 된다. 그러나 사람들이 취하는 행동이 직무를 몇 부분으로 분할하여 점차로 완성하려고 한다거나 작업의 보조를 조정하는 등 직무와 관계가 있는 것으로 나타나 활동수준을 자극한다면 사람들의 생리적 활동수준을 높일 수 있을 뿐만 아니라 동시에 직무성과 역시 증대시킬 수 있게 된다. 직무순환은 바로 작업자의 낮아진 생리적 활동수준을 자극하는 방법이라고 할 수 있다.

둘째, 직무는 '개인의 욕구를 충족시키고 목표를 달성할 수 있도록 하는 경로'를 통하여 그 행동에 영향을 미친다. 사람들이 직무를 통하여 얻을 수 있는 욕구충족과 목표달성의 정도와 내용은 직무에 따라 크게 달라진다. 예를 들면, 어떤 직무는 사람들에게 비교적 큰 사회적 욕구의 충족을 가져다 주며, 또 다른 직무는 생리적 욕구의 충족이나 자아실현 욕구의 충족을 가져다 줄 것이다. 물론 사람들이 중시하는 욕구는 각기 다르기 때문에 똑같은 직무설계하에서 나타나는 사람들의 행동 또한 큰 차이가 있다는 사실도 반드시 고려하여야 할 것이다.

셋째, 직무는 '개인의 욕구와 목표 자체에 대한 영향'을 통하여 작업자의 행동에 영향을 미친다. 바로 위에서 설명한 직무가 행동에 영향을 미치는 두 번째 경로에서는 개인의 욕구와 목표는 원래부터 존재하며 이미 알고 있는 것이라고 가정함으로써 서로 다른 직무설계는 서로 다른 만족을 주며 서로 다른 행동을 유발한다는 것을 강조한다. 그러나 여기서 강조하려는 것은 직무설계가 개인의 욕구와 목표 자체를 변화시킨다는 것이다.

직무설계의 개인의 욕구와 목표 자체에 대한 영향은 단기적 측면과 장기적 측면으로 나누어 생각할 수 있다. 먼저 단기적 측면에서 보면, 하나의 직무는 작업자에 대하여 결코 '단순한 일'로만 비치지 않는다. 즉, 직무는 작업자가 이미 지니고 있는 경험에 따라 어떤 욕구를 유발시킬 수도 있고 또 어떤 욕구는 억제시킬 수도 있다. 따라서 직무는 작업자의 욕구구조를 바꾸어 놓을 수 있는 것이다. 예를 들면, 어느 부서의 한 종업원이 과거에 온갖 노력을 기울여서 복잡한 수학적 계산을 필요로 하는 어려운 문제를 성공적으로 해결함으로써 성취욕구가 충족되는 경험을 했다고 하자. 그리고 그 종업원이 또 다시 그것과 비슷한 문제를 해결해야 할 과업에 직면하게 된다면, 그러한 과업은 그의 성취욕구를 유발시킴으로써 그로 하여금 또 다시 문제를 해결하는 데 온갖 노력을 기울이도록 할 것이다. 한편, 장기적 측면에서 보면 개인의 욕구와 목표 구조는 후천적으로 습득되는 것이다. 그리고 개인이 담당하는 직무의 특성이 그러한 욕구와 목표가 형성되는 데 중요한 힘으로 작용한다고 할 수 있다. 몇몇 학자들은 연구를 통하여 그러한 사실을 입증하고 있다. 예를 들면, 한 학자는 인구통계학적으로 유사한 특징을 가지는 사람들을 두 집단으로 나누고, 한 집단에게는 비교적 단순하고 중복성이 있는 직무를, 그리고 다른 집단에게는 비교적 복잡하고 자율성이 있는 직무를 담당하도록 하였다. 그리고 얼마간의 시간이 지난 후에 앞의 집단구성원들은 대부분 직무에 대하여 수동적으로 행동하며 모든 일에 대하여 소극적이고 개인적 야심과 발전에 대한 야망이 매우 적다는 사실과 함께 뒤의 집단구성원들은 모든 면에서 앞의 집단구성원들과는 상반되는 행동적 특성을 나타낸다는 사실을 발견하였다(Kornhauser, 1965).

2. 전통적 직무설계

1) 전문화와 표준화

직무설계의 가장 기본적인 방법을 '작업단순화'(work simplification)라고 하는데 이는 직무를 몇 개의 단순한 단위로 세분화하는 것을 말한다. 좀 더 상세히 알아보면 직무단순화의 원칙은 하나의 직무를 몇 개의 기본동작으로 분해한 다음에 직무내용을 가급적 단순하고 전문적인 것으로 설계하는 것이다. 예를 들면, 작업단순화는 다음과 같이 '동작연구'(motion study)를 이용하여 각종 기본동작을 분석한다.

첫째, 어떤 동작을 생략할 수 있는가?

둘째, 어떤 동작을 상호결합할 수 있는가?

셋째, 어떤 동작의 순서를 바꿀 수 있는가?

넷째, 어떤 동작을 단순화시킬 수 있는가?

작업단순화의 채택을 주장하는 사람들은 이것이 다음과 같은 이점이 있다고 생각한다.

첫째, 작업단순화를 통하여 기술수준이 비교적 낮은 작업자를 채용할 수 있으므로 해서 생산비용을 절감할 수 있다.

둘째, 기술수준이 낮은 작업자를 훈련시키기 위해 많은 시간을 필요로 하지 않게 된다. 따라서 필요한 작업자를 보충하는 데 큰 어려움이 없게 된다.

셋째, 한 사람의 작업자가 같은 일을 반복하게 되므로 숙련도와 기술을 증가시킬 수 있다.

넷째, 작업의 속도가 빨라지게 됨으로써 생산성이 증대한다.

그리고 작업의 정도와 작업동작이 일단 정해진 다음에는 작업표준화, 즉 작업방법과 설비를 표준화하게 된다. 그리고 다음에는 시간표준을 설정하게 되는데 이것은 과학적 관리에 있어서 '시간연구'(time study)의 범주에 속하는 것이다. 시간연구의 목적은 작업자가 특정 직무의 각 작업단위를 수행하는 데 소요되는 시간을 분석하는 데 있다. 주의하여야 할 것은 여기서 중시하는 시간은 하나의 직무를 전부 완성하는 데 소요되는 시간이 아니고 한 직무의 각 부분을 완성하기 위해 필요한 시간을 말한다. 왜냐하면 그러한 시간을 측정함으로써 작업자의 작업수행 정도를 관리하거나 작업자와 기계설비를 효율적으로 배치하는 등 여러 가지 용도로 이용할 수 있기 때문이다(Barnes, 1968). 그리고 이러한 방법은 일반적으로 스톱워치(stopwatch)를 사용하기 때문에 '스톱워치 시간연구'(stopwatch time study)라고도 부른다.

또한 시간표준을 설정하는 방법의 하나로 '작업표준법'(work sampling method)이 있다. 이는 특정 직무를 구성하는 작업단위를 결정한 다음에(예를 들면, 비서의 직무는 메모하기·전화받기·문서작성하기 등의 작업단위로 구성된다), 관측표본의 수를 결정하고, 임의의 시간을 선정하여 관측표본을 일정기간 동안 반복적으로 관측하고 그 상태를 기록·집계한 후, 이를 근거로 하여 통계적 방법을 통해 작업자가 직무의 각 작업단위에서 소비한 시간을 계산해 내는 방법이다.

과학적 관리의 관념하에서는 이상과 같은 시간표준이 관리의 중요한 기초가 된다. 그리고 이러한 시간표준은 아직까지도 기업의 생산일정과 표준원가계산(standard costing) 그리고 절약시간기준제도, 작업시간기준제도, 표준시간기준제도 등 시간을 척도로 하는 모든 인센티브제도에 폭넓게 이용되고 있다.

2) 직무순환

직무순환(job rotation)은 일종의 작업단순화에 근거하여 설계된 직무와 작업자를 결합시키는 방식을 말한다. 다시 말하면, 직무가 아무리 훌륭하게 설계되었다 하더라도 그것을 담당하는 사람을 잘못 선정하게 되면 배치목적과는 다른 나쁜 결과를 초래할 수 있다. 따라서 운영의 묘를 살려 이러한 문제점을 해결하는 방법이 직무순환이다. 직무순환에 의하면 종업원들은 각기 특정의 직무를 일정한 시간 동안 담당한 다음에는 정기적으로 전과는 성격상 다른 직무로 이동하게 된다. 이러한 직무순환이 갖는 경영상의 의미 내지 이점은 다음과 같다(Miller, 1973 : 24-26).

① **원활한 직무전환** : 조직이 직무순환제를 채택하게 되면 종업원들은 각기 하나가 아닌 여러 가지 직무나 작업을 담당할 수 있는 능력을 개발하게 된다. 따라서 중단시킬 수 없는 중요한 직무상에 불의의 사고나 갑작스런 이직으로 인하여 결원이 발생하는 경우에 직무전환을 통하여 필요한 인원을 신속하게 보충할 수 있다. 물론 직무순환제를 이용하는 데 있어서는 비교적 많은 훈련계획이 필요하게 되며 작업일정을 안배하는 데도 어려움이 따르게 된다.

② **공정한 직무부담** : 직무의 특성이나 성격에 따라 그것을 담당하는 종업원들의 부담 정도가 달라진다. 따라서 동료들과 똑같은 대우를 받으면서도 상대적으로 부담이 큰 직무를 고정적으로 담당하는 종업원들은 불공정함을 느끼게 되며, 심지어는 그로 인해 종업원들 사이에 심각한 갈등이 발생하기도 한다. 그러나 직무순환제를 채택하게 되면 모든 종업원들이 똑같이 여러 직무를 순환적으로 담당하기 때문에 심리적으로 공정함을 느끼게 된다.

③ **단조로움과 권태감의 감소** : 단순화된 후의 직무는 그 범위가 비교적 좁고 중복적이다. 따라서 종업원들이 그러한 직무를 고정적으로 계속 담당하게 되면 단조

로움과 권태감을 느끼게 되어 결국 직무만족과 생산성에 영향을 미치게 된다. 직무순환제는 종업원들이 성격이 다른 직무를 순환적으로 담당할 수 있도록 함으로써 이러한 문제점을 최소화할 수 있다.

④ **의사소통의 증진** : 직문순환제는 종업원 각자에게 모두 여러 직무를 직접 경험할 수 있는 기회를 제공한다. 따라서 유사한 직무를 담당하는 종업원들은 직무에 대한 공통적 경험을 토대로 상호 간에 이해와 협력을 증진시킬 수 있다.

3. 직무설계의 새로운 개념과 방법

1960년대에 들어와 일부의 학자들과 기업계에서는 과학적 관리운동이 "기업과 종업원이 다같이 번영하고 만족할 것"이라는 테일러가 예측한 결과를 결코 가져오지 못했을 뿐만 아니라, 직무의 전문화와 표준화의 결과 오히려 종업원들의 만족도가 낮아지고 유동률이 증가했다는 사실을 인식하게 되었다. 따라서 그들은 직무설계에 대한 그때까지의 조류에서 탈피하고 직무확대와 직무충실화와 같은 새로운 방식을 채택할 것을 주장하기에 이르렀다. 특히 종업원의 교육수준과 기대수준이 높아짐에 따라 직무 자체가 종업원들의 욕구수준에 부합하기 위해서는 종업원들에 대하여 보다 큰 의미가 있도록 설계되어야 한다고 생각하게 되었다.

1) 직무확대와 직무충실화

직무확대(job enlargement)란 직무내용을 확대하여 단순하고 반복적인 직무에 변화를 가져오게 하거나, 세분화된 몇 개의 작업을 통합하여 하나의 작업이 되도록 재편성하는 것을 말한다. 예를 들면, 하나의 전화번호부를 제본하는 데는 원래 21개의 절차가 필요하다. 따라서 각 절차에 한 사람씩 배치하여 작업하도록 하면 작업자는 같은 작업을 계속 반복하여야 한다. 그러나 직무를 확대하게 되면 이러한 21개의 절차는 한 사람의 작업을 통하여 이루어지게 된다. 이와 같이 직무확대는 전문화에 의한 직무설계와는 달리 종업원들이 직무에 대해 가지는 단조로움을 줄여줌으로써 만족도를 높이고, 그로 인해 이직률이나 결근율을 감소시킨다는 면에서 효과가 있다고 할 수 있다.

또한 직무충실화(job enrichment)는 종업원들에게 그들이 담당하는 직무에 관하여 직접적으로 계획・조직・통제할 수 있는 기회를 부여해 주는 것을 말한다. 따라서 작업자는 작업의 진행절차, 작업방법, 품질통제 등에 대하여 비교적 많이 참여하고 의사결정할 수 있는 기회를 갖게 된다. 직무확대와 직무충실화는 종종 같은 의미로 이해되기도 한다. 그러나 직무확대가 직무를 수평적으로 확대하는 것이라면 직무충실화는 직무를 수직적으로 확대한다는 점에서 차이가 있다. 따라서 전자를 '수평적 직무확대' 그리고 후자를 '수직적 직무확대'로 부르기도 한다. 또한 경영관리의 관점에서 보면 직무충실화는 직무의 작업자에 대한 내재적 의의를 증가시키는 데 있어서 직무확대에 비하여 한층 발전된 직무설계방식이라고 할 수 있다. 즉, 직무충실화는 직무확대에 비하여 거기에 동기요인이 강하게 부여된 것이라고 할 수 있다. 따라서 일반적으로 직무충실화는 단순히 직무의 수를 늘리는 직무확대에 비하여 그 효과가 높게 나타난다고 할 수 있다(Lawler, 1970).

직무충실화를 실행하는 초기에 종업원들은 보통 직무가 전에 비하여 더욱 어렵게 되었다고 생각한다. 그리고 그러한 단계를 거친 후에는 점차 직무가 지니는 의의를 인식하게 된다(Argyris, 1970). 직무충실화는 또한 작업자의 직무에 대한 태도에 따라서 효과가 달리 나타난다. 즉, 종업원들이 직무가 자신들에게 중요한 것으로 생각하는 경우에 직무충실화는 종업원들의 생산성과 만족도를 증가시키고 유동률과 결근율을 감소시킨다. 그러나 종업원들이 직무의 중요성을 인식하지 못하는 경우에는 직무충실화는 그 반대의 효과를 가져올 수도 있다.

또한 많은 학자들은 직무확대 · 직무충실화 · 작업단순화 등에 대한 작업자의 반응은 한마디로 단정지을 수 없는 것이라고 주장한다. 왜냐하면 직무 자체가 지니고 있는 특성뿐만 아니라 작업자들의 개인적 차이가 각종 직무설계방식의 효과에 영향을 미치기 때문이라는 것이다(Turner and Lawrence, 1965 ; Blood and Hulin, 1967 ; Hackman and Lawler, 1971). 따라서 우리는 이와 같은 여러 학자들의 주장을 통하여 직무설계의 효과는 반드시 상황적 관점에서 이해하여야 한다는 점을 알 수 있다.

2) 직무특성이론과 직무설계

우리는 위에서 두 가지 중요한 직무설계방식에 관하여 살펴보았다. 그러면 어떻게 그러한 직무설계를 통하여 종업원들의 동기를 유발시키고 직무만족도를 높일 수 있을 것인가? 이러한 문제를 해결하기 위해서는 먼저 직무의 각종 특성을 이해하고 그러한 직무특성을 광범하게 응용할 수 있어야 할 것이다. 이러한 관점에 입각하여 일단의 학자들은 종업원들의 동기와 직무만족에 관련되는 직무특성을 찾아내려는 데 관심을 집중하기 시작하였다. 그 결과로 나온 것이 '직무특성이론'(job characteristic approach)이다.

핵크만(J.R. Hackman)과 로울러(E.E. Lawler)는 직무특성을 자율성 · 과업일체성 · 기술다양성 · 피드백 · 타인과의 관계 · 교우의 기회 등 여섯 개의 차원으로 분류하였고, 이들 여섯 개 차원과 종업원들의 욕구수준 및 동기와 직무만족 사이의 관련성을 조사하였다. 연구결과 이들은 직무특성의 여섯 개 차원들 중에서 자율성 · 과업일체성 · 기술다양성 · 피드백 등의 특성을 많이 지니는 직무일수록 고차적 욕구(higher order need)를 갖고 있는 종업원들의 동기와 직무만족이 높아진다는 결과를 얻었다. 또한 이들은 고차적 욕구가 약한 종업원들에 있어서는 직무의 자율성 · 과업일체성 · 기술다양성 · 피드백 등과 같은 특성과 동기 및 직무만족 간의 관련성이 적게 나타난다는 사실을 발견하였다(Hackman and Lawler, 1971).

직무특성이론 중에서 가장 대표적인 것으로 핵크만(J.R. Hackman)과 올드햄(G.R. Oldham)이 제시한 직무특성모형(job characteristics model)을 들 수 있다(Hackman and Oldham, 1975). 이 모형은 위에서 설명한 핵크만과 로울러의 연구결과를 기초로 하여 제시되었는데, 그 요지는 몇 개의 핵심적인 직무특성이 중요한 심리상태를 유발하며 그러한 심리상태가 크게 존재할수록 종업원들은 좋은 감정을 갖게 되고 일을 더 잘하게 된다는 것이다.

직무특성모형은 [그림 7-1]에서 보는 바와 같이 네 부분으로 구성되어 있는데 그 내용을 알아보면 다음과 같다.

[그림 7-1] 직무특성모형

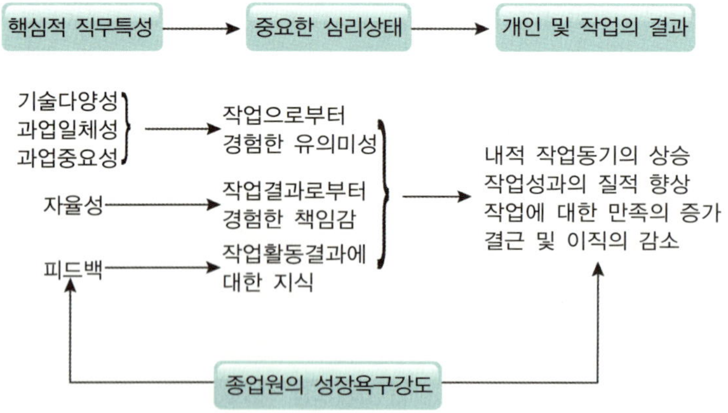

(1) 핵심적 직무특성

① **기술다양성** : 기술다양성(skill variety)은 직무가 작업자에게 기능과 능력을 발휘할 수 있는 기회를 제공하는 정도를 말한다.

② **과업일체성** : 개인의 직무는 어떤 일의 한 부분이기보다는 그 자체가 하나의 전체단위일 때 큰 의미를 가진다. 이렇게 직무 자체가 얼마나 완전한 것인가 하는 정도를 과업일체성(task identity)이라 한다.

③ **과업중요성** : 과업중요성(task significance)은 직무가 다른 사람의 활동이나 작업에 미치는 영향의 정도를 말한다. 예를 들면, 비행기 제동장치의 나사를 조이는 일을 하는 사람은 상자를 포장하는 사람과 기능수준은 비슷한 일을 한다고 할지라도 자기의 일에 더 많은 중요성을 부여할 것이다.

④ **자율성** : 자율성(autonomy)은 작업자들이 작업에 관한 일정과 방법을 선택하고 의사결정을 하는 데 부여된 재량권의 정도를 말한다.

⑤ **피드백** : 피드백(feedback)은 작업자가 자신이 수행한 일이 얼마나 효과적으로 이루어졌는지를 정보의 습득을 통하여 이해하는 정도를 말한다.

(2) 중요한 심리상태

중요한 심리상태는 사람들로 하여금 열심히 일하게 만드는 것은 무엇인가 하는 것을 알아보려는 것으로서 다음과 같이 세 가지 특성으로 나타난다.

① **작업으로부터 경험한 유의미성** : 개인이 직무를 통하여 그 일이 의미있고 가치있으며 보람있는 것이라고 느낀 정도를 말한다.

② **작업결과로부터 경험한 책임감** : 개인이 직무수행의 결과에 대하여 스스로 느끼는 책임감 정도를 말한다.

③ **작업활동결과에 대한 지식** : 자신이 직무를 얼마나 효과적으로 수행하고 있는지를 알고 이해하는 정도를 말한다.

(3) 개인 및 작업의 결과

개인 및 작업의 결과는 지금까지 설명한 직무특성과 심리상태가 관련된 일련의 과정을 통하여 나타난 결과로서 작업동기, 작업성과의 질, 만족, 결근율과 이직률 등이 포함된다.

(4) 성장욕구의 강도

성장욕구강도(growth need strength)는 직무특성과 그 결과를 조절하는 요인으로서 직무가 높은 동기잠재력(motivation potential)을 가진다 해도 모든 사람들이 똑같이 바람직한 결과를 나타내지 않는다는 사실을 설명하기 위한 것이다. 즉, 직무의 특성과 그 결과의 관계는 일관되게 나타나지 않을 수도 있는데 이는 사람들의 성장욕구의 강도가 각기 다르기 때문이라는 것이다. 이에 대하여 핵크만과 올드햄은 직무특성의 정도가 높을 때 높은 성장욕구를 가진 종업원들은 좋은 결과를 나타내지만, 성장욕구가 낮은 사람들은 직무가 높은 동기잠재력을 가진다 해도 좋은 결과를 나타내지 않을 수도 있다고 주장한다.

여기서 말하는 직무의 동기잠재력강도는 '동기잠재점수'(motivation potential score : MPS)를 구함으로써 알 수 있다. MPS를 계산하는 공식은 다음과 같다.

$$\text{MPS} = \{(\text{기술다양성} + \text{과업일체성} + \text{과업중요성})/3\} \times \text{자율성} \times \text{피드백}$$

공식에서 알 수 있는 것처럼 만일 자율성과 피드백 중에서 어느 하나라도 0에 가까우면 전체적인 MPS의 값은 0에 가깝게 된다. 또한 우리가 이 공식을 통하여 깨달을 수 있는 것은 앞에서 설명한 직무확대와 직무충실화의 목적이 이와 같은 직무특성상에 높은 점수를 부여해 줌으로써 작업자가 큰 동기를 유발할 수 있도록 한다는 데 있다는 점이다.

그러나 이상에서 설명한 직무특성이론의 가장 중요한 목적은 결코 직무확대나 직무충실화를 위한 이론을 정립한다거나 그것들을 실증하기 위한 근거를 마련하는 데 있는 것이 아니고, 오히려 그와 같은 직무설계의 전략들은 결코 어떠한 상황에 대해서도 모두 효과적으로 적용할 수 있는 보편타당성을 지니는 것이 아니라는 사실을 증명하는 데 있다. 이와 같은 관점에서 볼 때 직무특성이론이 시사하는 것은 직무확대와 직무충실화를 효과적으로 활용하기 위해서는 반드시 작업자의 욕구상황을 고려해야 한다는 점이다. 다시 말하면 직무설계는 반드시 조직구성원의 특성과 상호결합해야만 효과적으로 될 수 있다는 것이다.

4. 상황적응적 직무설계

직무설계는 조직구조의 상황에 따라서도 그 효과가 달라진다. 예를 들면 '기계적'인 조직구조에서는 직무확대방식을 채택하기가 어려워진다. 더욱이 그러한 조직구조에서 직무충실화를 실시하는 것은 거의 불가능하다고 할 수 있다. 왜냐하면 직무확대방식에 의한 직무설계는 기계적 조직구조가 필요로 하는 엄격한 감독・지휘체계・직무단순화 등과는 정반대의 상황이 요구되기 때문이다. 이에 반하여 '유기적'인 조직구조에서는 직무확대와 직무충실화의 방식을 채택함으로써 상당한 효과를 거둘 수 있게 된다.

포터(L.W. Porter)와 로울러(E.E. Lawler) 그리고 핵크만(J.R. Hackman)은 조직구조와 개인의 성장욕구강도를 고려한 직무설계모형을 제시하였다(Porter, Lawler, and Hackman, 1975 : 308-310). 직무설계방식을 단순화・표준화와 직무확대・직무충실화로 양분하고, 개인의 성장욕구강도는 높거나 낮은 경우로 나누며, 또한 조직설계 역시 유기적인 것과 기계적인 것으로 분리하고, 이것들은 다시 조직설계・성장욕구강도・직무설계의 세 차원으로 결합하게 되면 [그림 7-2]에서 보는 바와 같이 모두 8가지의 구체적 상황이 생기는데, 이들은 그와 같은 상황에 따라서 직무설계의 효과가 서로 다를 것이라고 주장한다.

[그림 7-2] 조직설계・직무설계・개인의 성장욕구 사이의 적합관계

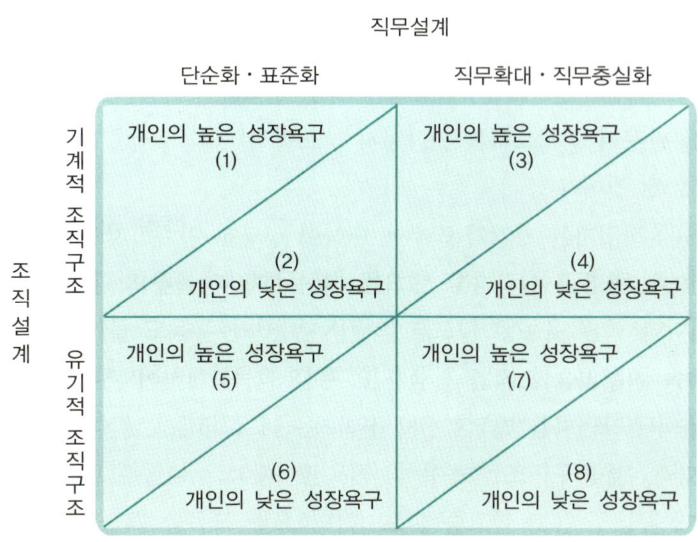

그림에서 상황(2)와 상황(7)이 가장 잘 조화되는 상황이다. 즉, 상황(2)는 '기계적 조직구조'하에서 '단순하고 단조롭게 설계된 직무'를 담당하는 '성장욕구가 낮은 작업자'의 상황을 나타낸다. 이러한 결합관계는 고전적 직무설계의 전형적인 상황으로서 종업원들의 직무성과와 직무만족이 비교적 높은 수준을 나타낸다. 또한 상황(7)은 상황(2)와는 반대되는 상황으로서 조직이 유기적으로 설계되고, 직무확대와 직무충실화가 잘 되어 있으며 높은 성장욕구를 지닌 작업자가 배치되어 있음을 나타난다. 따라서 이러한 상황하에서는 종업원들의 직무성과와 직무만족이 상황(2)에 비하여 훨씬 높게 나타난다고 할 수 있다.

그 밖에 상황(1)과 상황(8)은 세 가지 차원들 간에 일치되지 않는 부조화의 상황을 나타낸다. 그리고 상황(3)・상황(4)・상황(5)・상황(6)은 조직설계와 직무설계의 두 가지 차원이 상호 모순되게 결합되어 있는 것이 특징이다. 이와 같은 나머지 6개 상황에 있어서 예견되는 직무설계의 효과를 살펴보면 다음과 같다.

① **상황(1)** : 작업자는 자신의 능력을 충분히 발휘할 수 없고 지나친 통제를 받는다고 느끼게 된다. 따라서 이러한 상황하에서는 비교적 높은 불만과 이직이 예견된다.

② **상황(3)** : 작업자는 자기가 담당하는 직무에 따라붙은 여러 조건에 대하여 민감하게 반응하며 조직이 지나치게 속박하려 한다는 느낌을 강하게 갖게 될 것이다.

③ **상황(4)** : 작업자는 조직에서 강조하는 여러 조건에 대하여 민감하게 반응하며 자신은 직무를 효과적으로 수행할 수 없다고 생각한다.

④ **상황(5)** : 작업자는 자기가 담당하는 직무를 통하여 만족을 얻지 못한다. 따라서 직무를 바꾸려고 시도하거나 그렇지 않으면 현재의 조직을 떠나 다른 조직으로 가려고 할 것이다.

⑤ **상황(6)** : 작업자는 자기가 직무에 대하여 상당히 만족하지만 조직 내의 경영방식이 너무 변화가 심하다고 느끼게 되어 항상 불편함과 불안감을 갖게 될 것이다.

⑥ **상황(8)** : 작업자는 조직과 직무가 요구하는 것에 대하여 큰 부담감을 느끼게 된다. 따라서 작업자는 직무로부터 심리적으로 도피하려 하거나 적대적인 태도를 보이게 될 것이다.

제2절 인적자원의 확보와 보상

1. 인적자원의 확보

1) 인적자원충원의 중요성

사람은 조직의 가장 귀중한 자원인 동시에 개발과 유지 그리고 이용하기가 가장 힘든 자원이다. 사람들은 모두 나름대로의 발전목표가 있으며, 그러한 개인의 목표는 그들이 몸담고 있는 조직의 목표와 일치할 수도 있고 일치하지 않을 수도 있다. 만일 개인의 목표와 조직의 목표 사이에 큰 차이가 발생한다면 그는 조직을 떠나려고 할 것이다. 그리고 그러한 사람이 어떤 이유 때문에 조직에 계속 머무른다고 할지라도 그의 조직에 대한 기여도는 매우 제한적일 수밖에 없을 것이다.

한 개인의 능력은 일정한 한도 내에서 훈련과 경험의 누적을 통해서 배양할 수 있는 것이기 때문에 개인과 조직 모두에 있어서 귀중한 자산이 된다. 그러나 보다 중요한 문제는 그렇게 배양된 능력을 어떻게 적절히 응용할 수 있는가 하는 것이다. 만일 그러한 능력을 효과적으로 응용할 수 없게 된다면 그것을 위하여 투자한 많은 시간과 비용을 모두 낭비하는 결과를 가져올 뿐만 아니라 개인은 결국 어렵게 습득한 능력을 잃게 되거나 그것을 발휘할 수 있는 곳을 찾아서 조직을 떠나게 될 것이다.

이와 같은 관점에서 볼 때, 조직의 다양한 직무를 수행하는 데 요구되는 자질을 갖춘 사람을 확보하고, 그들을 각 직위에 배치하며, 교육훈련을 통하여 업무수행능력과 경영자로서의 자질을 배양하는 일은 개인과 조직 모두의 성장과 발전을 위해 매우 중요한 문제라고 할 수 있다.

따라서 본 절에서는 이와 같은 문제와 관련하여 먼저 인적자원의 계획, 모집과 선발, 보상과 승진 등에 대해 살펴보고, 다음 절에서는 인적자원, 특히 경영인력의 교육훈련과 개발에 관한 문제를 다루도록 하겠다.

2) 인적자원계획과 인력수요예측

많은 기업들은 조직 내의 직위상에 결원이 발생한 후에야 보충을 위한 선발작업에 착수하는 경향이 있다. 그러나 그렇게 되면 필요한 인원에 대한 보충이 급히 이루어져야 하기 때문에 직무를 수행하는 데 있어서 가장 적합한 자격을 갖춘 사람을 선발하기가 어렵게 된다. 따라서 유능한 인재를 선발하기 위해서는 사전에 미래의 소요인력에 대한 계획이 필요하다. 기업의 인적자원을 개발하는 데 있어서도 다른 방면의 활동과 마찬가지로 반드시 사전에 계획이 있어야 한다. 그리고 그러한 계획의 수립은 미래의 필요한 인력에 대한 수급상황평가를 기초로 하여야 한다.

기업의 인적자원에 대한 수요는 미래의 시장활동계획을 근거로 하여 결정된다. 예를 들면, 만일 미래의 시장활동이 제품이나 소요인력의 증가를 필요로 한다면 인력의 수요 역시 따라서 증가하게 된다. 이와 같은 시장활동계획을 기초로 하여 미래에 요구되는 인력수요를 예측하는 방법으로는 일반적으로 다음과 같은 것들이 있다.

① **전문가 예측방법** : 이것은 주로 인력관리전문가의 의견을 참고로 하여 미래에 요구되는 소요인력의 수요를 예측하는 방법이다.

② **추세분석방법** : 이것은 인력수요와 밀접한 관계를 가진 특정 변수를 사용하여 미래의 인력수요를 예측하는 방법이다. 예를 들면, 인력의 수요는 기업의 영업액과 매우 밀접한 관계를 갖고 있다. 따라서 기업은 과거의 영업액과 소요인력 간의 상관관계를 기초로 하여 미래에 예상되는 영업액에 대한 인력의 수요를 예측할 수 있다.

③ **부서별 예측방법** : 이것은 부서별로 미래의 인력변동상황을 예상한 후에 이것을 종합하여 미래에 요구되는 기업 전체의 인력수요를 예측하는 방법이다. 예를 들면, 먼저 각 부서별로 종업원의 퇴직・승진・전직 등 예상되는 인력의 변동상황을 예측한 후에 인사부서에는 이러한 부서별 인력변동사항을 종합하여 미래에 요구되는 전체의 인력수요를 예측할 수 있다.

④ **기타의 방법** : 그 밖에 기업은 각종 수리모형을 개발하여 이윤・국민총생산・산업추세 등 여러 가지 변수들을 동시에 인력수요와 연결시켜 보다 정확한 소요인력을 예측할 수 있다.

또한 인적자원계획은 반드시 조직 내부의 인력원천을 활용하는 방안도 고려해야 한다. 경영인력의 내부원천(internal sources)을 활용하기 위한 가장 구체적인 방법은 조직구성원들의 기술과 각종 능력 그리고 연령, 재직기간, 현재의 직책, 경력, 학력, 어문능력, 장점과 결점 등을 상세히 기록하여 보관하는 것이다. 기업은 이러한 자료를 활용하여 조직의 내부로부터 필요한 인력을 얼마만큼은 공급받을 수 있게 된다. 그리고 만일 미래에 요구되는 인력수요가 이러한 내부원천으로부터의 공급을 초과하게 되는 경우에는 기업은 조직 내부로부터 필요한 인력을 모두 충당할 수 없게 되어 조직외부의 원천에 의존하지 않으면 안 된다.

지금까지 살펴본 인적자원계획은 발생가능한 문제를 사전에 찾아내고 그것을 해결하는 방법을 강구할 수 있도록 한다는 이점이 있다. 예를 들면, 기업의 최고경영층에 속해 있는 경영자들은 대부분 비슷한 연령에 있기 때문에 장차 이들이 거의 동시에 퇴직하게 되면 기업은 매우 심각한 어려움과 혼란에 처하게 될 것이다. 따라서 인적자원계획을 통하여 사전에 그러한 문제점을 발견하고 적당한 해결방법을 강구한다면 장차 예상되는 어려움을 무난히 극복할 수 있을 것이다.

3) 인적자원의 모집과 선발

(1) 인적자원의 모집

조직이 필요한 인력을 충원하기 위해 활용할 수 있는 모집의 원천은 크게 내부와 외부로 나눌 수 있다. 내부원천은 기업 내부의 기존인력을 말하며 외부원천은 기업외부의 인력시장을 일컫는 것으로서, 이들 모집원천들은 각기 그것을 활용하는 데 있어서 나름대로의 장점과 단점이 있다.

내부원천은 필요한 인력을 기업의 내부로부터 모집함으로 해서 기업의 상황, 업무처리, 각종 문제 등을 비교적 잘 이해하고 있는 사람을 선발할 수 있고, 승진에 대한 기대 때문에 종업원들의 사기와 충성심 그리고 동기부여의 효과를 높인다는 장점이 있다. 그러나 이것은 필요한 인력을 모집할 수 있는 범위가 협소하기 때문에 유능한 인재를 찾기가 어렵다. 이에 반하여 외부원천은 새로운 사고와 다양한 능력을 지닌 인재를 폭넓게 선발할 수 있다는 장점이 있으나 종업원들의 사기·충성심·동기부여 등에는 부정적으로 작용하게 된다.

조직이 내부원천으로부터 필요한 인력을 모집하는 가장 일반적인 방법으로 직무게시(job posting) 또는 직무공고제도(job bidding system)가 있다. 이는 결원이 발생한 직무를 사내의 회보·회람·게시판 등을 통하여 전체 종업원들에게 공식적으로 알리는 제도를 말한다. 이 방법은 자격있는 모든 종업원들에게 보다 나은 직무를 얻을 수 있는 공정한 기회가 제공된다는 장점이 있다.

조직이 외부의 인력시장, 즉 외부원천으로부터 인력을 모집하는 경우에는 공개모집·현장모집·광고·사설직업소개소·노동조합·교육기관·전문기관 등 다양한 방법을 이용할 수 있다. 또한 많은 기업들이 외부에서 필요한 인력을 모집하는 가장 보편적인 방법 중의 하나로 동종기업이나 경쟁기업으로부터의 '스카우트'(scout)를 들 수 있는데, 이것은 적어도 다음과 같은 두 가지 측면의 문제점을 고려해야 한다. 첫째, 대가에 관한 문제이다. 즉, 기업들은 스카우트의 대상이 되는 사람은 이미 많은 경험과 업적이 있으므로 학교를 갓 졸업한 사람에 비하여 능력이 탁월하다고 생각한다. 그리고 원래의 고용주는 그러한 인재를 다른 기업에 빼앗기거나 아무런 대가도 없이 제공하려고 하지 않는다. 따라서 스카우트를 통하여 필요한 인력을 보충하려고 하는 기업은 반드시 그것으로 인하여 지불해야 할 대가를 고려해야 한다. 둘째, 기업윤리에 관한 문제이다. 만일 스카우트가 경쟁기업의 업무기밀이나 고객을 훔치기 위한 방법으로 이용된다면 그것은 분명히 기업윤리에 어긋나는 행위가 된다. 그렇지만 스카우트가 그러한 비윤리적인 의도가 없이 이루어지는 경우에는 그것은 일종의 개인의 직업선택의 자유에 관한 문제에 해당된다. 그러나 고용주들은 직장을 자주 변경하는 사람에 대해서는 항상 신중히 생각하는 경향이 있다. 따라서 그러한 사람은 직무를 수행하거나 변경하는 데 있어서 자연적으로 제약이 따르게 된다.

(2) 인적자원의 선발

모집을 통해서 지원서가 접수되면 선발과정이 시작된다. 선발(selection)은 간단히 말해서 기업의 여건을 감안하여 지원자들 중에서 가장 적합한 자격을 갖추었다고 생각되는 사람을 선택하는 과정이다. 따라서 기업은 선발작업을 진행하기 전에 반드시 이상적인 선발기준을 마련해야 한다. 기업에서 일반적으로 채택하는 선발기준으로는 교육배경·경험·인격 등을 들 수 있다. 그러나 사실상 그러한 모든 기준에 적합한 완전한 대상을 찾는다는 것은 어려운 일이다. 따라서 직무의 성격이나 조직의 필요성 등을 감안하여 여러 가지 선발기준에 대하여 그 중요성의 우선순위나 가중치를 부여해야 할 필요가 있다.

또한 지원자들 중에서 조직의 선발기준에 적합한 사람을 발견하기 위해서는 지원자에 관한 충분한 정보를 필요로 한다. 지원자에 관한 다양한 정보를 취득·평가하는 방법, 즉 선발방법으로는 주로 다음과 같은 도구들이 이용된다.

① **지원서와 개인자료** : 일정한 양식의 지원서(application blank)와 학력·경력·가족관계 등과 같은 인적사항을 나타내는 개인자료는 지원자의 일반적인 배경과 동기 등 기업이 필요로 하는 기본적인 정보를 제공해 준다. 또한 지원자의 수가 많을 때는 이와 같은 자료를 기준으로 하여 일차로 매우 부적합하다고 생각되는 일부를 탈락시켜 선택의 범위를 축소시킬 수 있다.

② **면접(interview)** : 이는 가장 보편적으로 이용되는 선발도구이다. 면접도 지원서와 같이 지원자에 대한 정보를 얻기 위한 방법으로 이용되는 것이다. 그러나 면접은 지원서에 비하여 더욱 정확하고 상세한 정보를 수집할 수 있는 기회를 제공해 준다. 따라서 기업은 면접을 통하여 지원서에 나타나지 않는 지원자의 동기·성격·용모 등과 같은 자료를 얻을 수 있다. 또한 면접은 지원자에게 기업에 관한 정보를 제공해 줄 수 있다는 점이 다른 선발도구와 다르다고 할 수 있다. 면접은 그 유형에 따라 정형적·비정형적(patterned-nonpatterned) 면접 또는 구조적·비구조적(structured-unstructured) 면접, 개인면접과 집단면접, 스트레스(stress)면접 등 여러 가지 형태가 사용되고 있다.

③ **추천서와 신원조사** : 이는 지원자의 성품·사상·경력 등 신원의 배경을 좀 더 깊이 알아보기 위해서 이용되는 선발도구이다. 그러나 이러한 경로를 통하여 얻을 수 있는 참고자료(reference data)의 내용은 그 원천에 따라 달라진다. 예를 들면, 그것이 지원자의 옛 고용주에 의해 제공된 것이라면 주로 직무태도나 경험 등에 관한 내용이 많을 것이며, 친구나 학교의 스승에 의해 제공된 것이라면 지원자의 개성이나 학업성적에 관한 내용이 주류를 이룰 것이다.

④ **선발시험(selection test)** : 선발결정에 비교적 큰 영향을 주는 것이 각종 시험결과이다. 선발시험은 주로 지원자의 능력·적성·흥미·퍼스낼리티·기술·지식 등을 측정하기 위한 것으로서 직무의 성격에 따라 활용도가 달라진다. 우리나라 기업에서 사용하고 있는 선발시험의 대부분은 지원자의 지식이나 기술의 서술적인 측면을 측정하기 위한 이론적 테스트이다(신유근, 1988 : 143). 그러나 이러한 시험들이 아주 비효과적이라고는 할 수 없지만 미래의 직무성과를 구체적·과학적으로 예측하는 데 있어서는 그 과정이 공정하게 이루어지는 것만으로는 부족하다. 보다 중요한 것은 그러한 시험을 통하여 직무가 요구하는 사람의 능력을 얼마나 정확히 판별할 수가 있는가 하는 것이다.

⑤ **종합평가법(assessment center method)** : 이는 다양한 방법의 활용을 통하여 지원자를 선발하고 평가하기 위한 기법이다(Byham, 1970 ; Wollowick and McNamara, 1969). 이 기법은 대상 구성원들을 10~15명의 소집단으로 구성하여 2~3일간에 걸쳐서 면접과 각종 시험뿐만 아니라 사례연구(case study), 역할연기(role play), 시뮬레이션(simulation), 의사결정실습(in-basket exercise) 등과 같은 실제적인 활동을 통하여 지원자의 잠재능력을 평가한다. 특히 참여자들에

대한 각종 측정의 결과가 전문가들에 의하여 분석・토의됨으로써 보다 전문적이고 정확한 평가가 가능해진다. 이와 같은 종합평가법은 그동안 선진국에서 널리 이용되어 그 효과가 입증되었다. 그러나 이 기법은 많은 시간과 비용이 소요되기 때문에 보편적으로 사용되지 못하고 있으며, 그 적용범위도 최고경영층의 승진에 국한되는 경우가 많다.

2. 보상과 승진

1) 보상의 중요성과 관리원칙

기업에서 종업원들에게 적정한 보상(compensation)을 해주는 것은 매우 중요한 일이다. 어떤 의미에서 보상을 고려하지 않는 인적자원관리란 존재하지 않으며, 사실상 임금과 복리후생을 중심으로 한 보상문제는 현대인적자원관리의 요체가 되고 있다.

기업이라는 경영주체는 물적 생산수단에 노동을 투입함으로써 제품이나 서비스를 산출한다. 이때 투입된 노동에 대해서는 어떤 형태로든지 그 대가를 지불하지 않으면 안 된다. 종업원들의 기업에 대한 공헌에 대해 기업은 종업원들에게 임금의 경제적인 대가와 인정감, 안정감, 지위 등과 같은 비경제적인 대가를 제공하게 되는 것이다(신유근, 1988 : 369). 그런데 우리가 여기에서 중점적으로 다루려고 하는 보상은 전자와 관련된 경제적 내지 화폐적 보상을 의미한다.

보상은 기업과 종업원 모두에게 각기 중요한 의미를 가지면서 그 의미는 또한 상호간에 크게 대립되는 면이 있게 된다. 즉 노동의 대가로서의 보상은 종업원의 입장에서 보면 소득이 되며, 기업의 입장에서는 비용이 되기 때문에 흔히 노사 간에 충돌을 가져오게 만드는 가장 큰 원인이 된다. 종업원들은 보상이 소득으로서 거의 유일한 수입원이 될 뿐만 아니라 생활수준과 사회적 지위까지도 결정하는 중요한 요인이라고 생각하기 때문에 가능한 한 이것을 많이 받으려고 한다. 하지만 기업의 입장에서는 종업원에 대한 보상이 기업비용 중에서 매우 큰 비중을 차지하기 때문에 될 수 있는 한 이것을 적게 주려는 경향이 있다.

이처럼 보상에 대한 기업과 종업원의 입장에는 큰 차이가 있기 때문에 보상은 양측이 모두 적정하다고 생각하는 수준이 되어야 한다. 또한 보상은 기업 내의 모든 종업원들에게 제공되는 것이기 때문에 종업원 각각의 공헌도에 따라 공정하게 분배되어야 한다. 그리고 [그림 7-3]에서 보는 바와 같이 보상에 대한 적정성과 공정성은 보상관리의 주요 내용이라고 할 수 있는 임금과 복리후생을 효과적으로 관리하는 데 있어 중요한 원칙이 된다.

[그림 7-3] 보상관리의 내용과 원칙

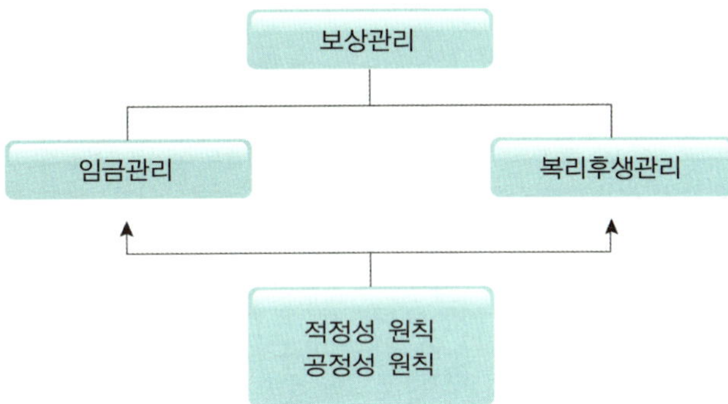

2) 보상수준과 보상체계

(1) 보상수준

보상수준이란 기업이 종업원에게 지급하는 평균보상액을 의미한다. 따라서 보상수준은 임금은 물론 복리후생비와 퇴직금까지를 포함한 보상총액을 종업원수로 나누어서 구한다. 그런데 기업에서 보상수준을 결정하는 데에는 여러 조건들을 동시에 고려하지 않으면 안 된다.

[그림 7-4]에서 보는 바와 같이 기업에서 보상수준을 결정하는 데 중요하게 고려해야 할 요인으로는 생계비, 지불능력, 환경적 요인의 세 가지를 들 수 있다.

① **생계비** : 보상수준은 기본적으로 종업원의 생계를 보장할 수 있는 수준이 되어야 한다. 따라서 물가변동과 평균가족 수가 감안 된 표준생계비는 보상수준을 결정하는 최저기준, 즉 보상수준의 하한선이 된다.

② **지불능력** : 보상수준은 기업의 지불능력의 한도 내에서 결정되어야 한다. 따라서 지불능력은 보상수준을 결정하는 최고기준, 즉 보상수준의 상한선이 된다. 그런데 이때의 지불능력은 단순히 기업이 보상으로 지불할 수 있는 최대한의 재정능력이 아니라 기업이 경영에 타격을 받지 않고 지속적으로 안정된 성장을 해야 한다는 것을 전제조건으로 하여 파악된 능력을 말한다.

③ **환경적 요인** : 환경적 요인은 생계비와 지불능력 사이에서의 보상수준을 결정하는 데 영향을 미치는 요인으로서 여기에는 정부의 최저임금제도, 노동력의 수급상황, 노동조합의 단체교섭력, 동종업계의 임금수준, 직무의 난이도, 최고경영자의 인사철학 등이 있다.

[그림 7-4] 보상수준의 결정요인

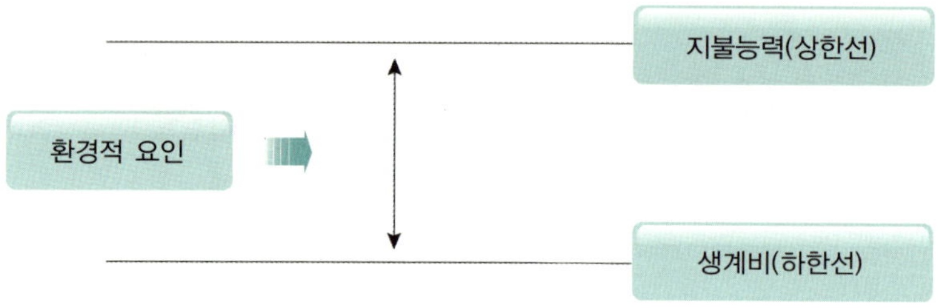

(2) 보상체계

보상체계는 [그림 7-5]에서 보는 바와 같이 기본급, 수당, 상여금, 그리고 복리후생비로 구성된다. 이 중에서 복리후생비를 제외한 기본급, 수당, 상여금을 임금체계라고 한다. 이 임금체계 중에서 기본급과 수당은 다시 기준임금과 기준외임금으로 분류된다. 이 중에서 기준임금은 통상적인 노동시간 및 작업조건하의 노동에 대해서 지급되는 임금으로서 상여금과 퇴직금 등의 산정기준으로 사용된다. 이에 대하여 기준외임금은 통상적 노동 이외의 노동에 대해 부가급의 형태로 지급되는 임금이다. 여기에는 잔업 · 휴일근무 · 일직 · 숙직 등에 대해 지급되는 초과근무수당과 위험한 작업 및 심야의 작업에 대해 지급되는 특별근무수당 등이 되고 있다.

임금체계 중에서 기준임금이 차지하는 비중이 가장 크기 때문에 기준임금을 어떠한 요소에 의하여 결정하는가 하는 문제는 곧 임금체계 내지 보상체계의 성격을 결정하는 것이 된다. 즉 기준임금이 인적 요소에 의해 결정되면 연공급체계, 직무적 요소에 의해 결정되면 직무급체계, 이 양자를 절충하여 결정되면 직능급체계나 자격급체계가 되는 것이다.

[그림 7-5] 보상체계의 구성내용

<table>
<tr><td rowspan="7">보 상</td><td rowspan="5">임 금</td><td colspan="2">기 본 급</td><td rowspan="2">기준임금</td></tr>
<tr><td rowspan="3">수 당</td><td>정상근무수당</td></tr>
<tr><td>초과근무수당</td><td rowspan="2">기준외임금</td></tr>
<tr><td>특별근무수당</td></tr>
<tr><td>개 인</td><td>집 단</td><td>상여금</td></tr>
<tr><td colspan="3">법정복리후생비</td><td rowspan="2">복리후생비</td></tr>
<tr><td colspan="3">법정외복리후생비</td></tr>
</table>

3) 승진에 대한 문제

인적자원의 개발이라는 관점에서 보면 '승진'(promotion)은 조직구성원들이 담당하는 직위를 관리한다는 의미와 함께 인력개발의 목적과 수단으로서의 중요성을 갖는다. 다시 말하면, 승진을 통하여 한편으로는 조직구성원들에게 중요한 책임을 부여해야 하며, 다른 한편으로는 조직 내의 우수한 인재들로 하여금 잠재능력을 발휘할 수 있도록 해야 한다.

특히 내부승진제도를 활용하고 있는 기업에서 부족한 인력을 충원할 때에는 미래의 발전잠재력을 승진의 기준에 반영시켜야 할 필요가 있다. 물론 기업에 따라서는 개인의 발전잠재력보다는 특별한 기술이나 작업능력을 더욱 필요로 하기도 한다. 왜냐하면 모든 종업원들이 주로 최고경영층에서 중요해지는 잠재능력을 가져야 할 필요는 없기 때문이다.

따라서 기업에서의 인적자원개발은 승진기회와 그 가능성을 고려하여 이루어져야 한다. 만일 종업원들에게 보다 중요한 책임을 담당할 수 있는 기회가 주어지지 않는다면 교육훈련 등과 같은 인적자원개발 프로그램은 실효를 거둘 수가 없게 된다. 왜냐하면 참가자들은 배워도 쓸데가 없다는 생각으로 인하여 학습동기가 결여되기 때문이다.

기업에 따라서는 '계획승진제'(planned progression)를 운용하면서 모든 종업원들을 위하여 미래의 승진경로를 사전에 정해놓기도 한다. 이러한 제도하에서 종업원들은 개인의 성과 또는 업적을 기초로 하여 주어진 경로를 따라 승진하게 된다. 그러나 이런 경우 기업은 반드시 '피터원리'(The Peter Principle)의 현상을 염두에 두어야 한다. 이것은 한 사람의 종업원이 양호한 업적으로 인하여 계속 승진하다가 결국은 개인의 능력으로는 감당하기 어려운 직위에까지 오르는 현상을 말한다. 이러한 현상은 종업원이 잠재능력을 발휘하지 못하는 상황과 마찬가지로 개인과 조직 모두를 위하여 바람직하지 못한 결과를 가져오기 때문에 반드시 피해야 할 것이다.

제3절 인적자원의 개발과 교육훈련

1. 인적자원개발의 중요성과 교육훈련계획

1) 인적자원개발의 중요성

제2차 세계대전 이후 선진국의 기업들과 여러 기관조직에서는 인재의 중요성을 인식하고 많은 인력과 비용을 투입하여 인재양성을 위한 각종 교육훈련 및 개발프로그램을 설계·시행하기 시작하였으며 그 결과 이 방면에 큰 발전을 가져오게 되었다. 우리나라에서도 1960년대 후반부터 몇몇 전문기관과 대기업을 중심으로 인재양성에 대한 관심을 보여 오다가 1970년대에 들어와서는 이에 대한 중요성이 전 산업계에 널리 인식되기에 이르렀다.

그러나 국내외를 막론하고 인재양성을 위한 훈련이 지금까지는 다만 '훈련을 위한 훈련' 또는 '유행성의 일시적인 현상'에 그쳐버리는 경향이 많았다. 이러한 현상에 대하여 켐벨(Campbell, 1971)은 다음과 같이 설명한다.

> "이러한 현상은 사람들이 오직 새로운 방식이나 기법만을 응용하려는 경향에서 기인한다. 일종의 새로운 방법이나 기법이 출현하면 곧 그것을 부추기는 사람들이 그러한 방법이나 기법을 응용할 수 있는 상황과 성공조건 등에 관하여 장황하게 설명하기 시작한다. 그리고 그것을 지지하는 사람들이 또 다시 나타나 원래의 방법이나 기법을 근거로 하여 보다 구체적인 응용상황을 제시하거나 실증적 연구를 통하여 그것의 실용가능성을 실제로 증명해 보이려고 노력하게 된다. 그러나 머지않아 그것을 반대하는 사람들이 나타나게 되고, 반대자들은 그러한 방법이나 기법의 응용성과 실용성에 대하여 강력히 비판하기 시작한다. 일반적으로 초기에는 그러한 비평이 큰 영향을 미치지는 않는다. 그러나 그와 같은 비평을 계기로 새로운 방법이나 기법이 출현하게 되며 또 다시 위와 같은 순환과정을 반복하게 된다."

사실상 지난 30여 년에 걸쳐 유행하던 인간관계훈련·참여관리·목표관리 등과 같은 각종 개발 및 훈련방법 역시 위와 같은 과정을 거쳐왔다고 할 수 있다. 그러나 그렇다고 해서 인재를 양성하기 위한 훈련이 불필요한 것이라고 말할 수는 절대로 없다. 여기서 강조하려고 하는 것은 조직이 그 구성원의 개발과 교육훈련을 계획하고 실행하기 위해서는 반드시 자체의 필요성에 기초하여 계획성 있게 진행해야 한다는 것이다.

기업에서 인재를 양성한다는 것은 기업 측의 일방적인 노력에 의하여 해결될 수 있는 성질의 문제가 아니다. 왜냐하면 사람들은 모두 나름대로의 개인적 목표를 가지고 있기 때문이다. 예를 들면, 같은 종업원이라고 할지라도 어떤 사람은 기업 내에서 점차 최고경영층의 직위에까지 승진하는 것을 최대의 목표로 할 것이고, 또 다른 사람은 직위의 높고 낮음보다는 안정적인 직무를 찾는 것이 보다 중요한 목표가 될 수도 있다. 따라서 유능한 인력의 개발계획은 반드시 개인의 목표를 고려하여 이루어져야만 기대하는 결과를 얻을 수 있게 된다.

다시 말하면, 인적자원의 개발계획은 개인차이를 무시한 획일적인 프로그램이 되어서는 안 되며 반드시 종업원들의 독특한 요구조건을 고려하여 짜여져야 한다. 연구자들은 인력개발계획이 성공적으로 이루어지기 위해서는 먼저 다음과 같은 조건이 충족되어야 한다고 강조한다(Poter, Lawler Ⅲ, and Hackman, 1975 : 214).

첫째, 각종 지위의 직무특성과 그에 필요한 능력 및 행동에 대하여 사전에 객관적인 분석이 이루어져야 한다.

둘째, 개성·기술·경험 등 구성원들이 지니고 있는 조건을 분석하여 그들을 각종 직위가 요구하는 능력과 태도를 갖출 수 있는 인재로 양성해야 한다.

2) 인적자원개발을 위한 교육훈련계획

인적자원의 개발은 체계적인 교육훈련계획에 의해 효과적으로 실행되어야 하는데, 그러한 교육훈련계획은 보통 다음과 같은 절차를 거쳐 수립된다.

① **조직목표와 현재성과의 분석(필요성의 인식)** : 먼저 문제의 존재를 찾아내기 위하여 조직의 목표·계획·환경·실무 등에 대한 객관적인 검토를 행한다. 이러한 작업을 '조직분석'(organizational analysis)이라고도 한다. 이러한 분석결과를 통하여 만일 조직구성원의 사기가 전체적으로 저하되어 있다든지 또는 각 계층 간의 커뮤니케이션이 원활이 이루어지지 않고 있다는 것과 같은 현상 등을 발견하게 된다면 그러한 문제점을 근거로 하여 교육훈련의 필요성을 인식하게 된다.

이 단계에서 중요한 것은 최고경영층으로 하여금 관심을 갖고 직접 참여하여 교육훈련계획이 단순한 장식품이 아닌 조직의 문제를 찾아내고 해결하는 데 꼭 필요한 것이라는 사실을 이해할 수 있도록 하는 것이다.

② **구성원의 실제성과와 기대성과 간 차이의 발견** : 직무기술서에 근거하여 구성원들에 대해 기대할 수 있는 성과표준을 이해하여야 하며, 동시에 성과평가를 통하여 구성원들의 현재성과 수준을 파악하여야 한다. 그리고 기대성과와 실제성과 간 차이의 정도가 반드시 해결하여야 할 상태인지 아닌지를 판단해야 한다.

③ **문제의 정의(필요성의 확정)** : 앞의 두 단계를 통하여 얻은 결과를 근거로 하여 조직 내에 존재하는 문제의 성격과 범위를 확정하고 교육훈련의 필요성을 확인해야 한다. 물론 모든 문제를 반드시 훈련에 의하여 해결해야 하는 것은 아니다. 예를 들면, 기업 내의 어느 부서 간에 항상 마찰이 존재한다고 해서 반드시 인간관계훈련이나 커뮤니케이션훈련을 통해서만이 그러한 문제를 해결할 수가 있는 것이 아니다. 왜냐하면 좀 더 깊이 분석하면 부서 간의 마찰은 부서 구성원들 사이의 이해의 부족이나 의사소통의 부족보다는 부서 간에 직무가 중복되거나 불분명하게 할당된 데에서 기인하는 경우가 많기 때문이다. 따라서 이러한 경우에는 부서 간의 마찰문제를 교육훈련계획을 통해서는 해결할 수가 없게 된다.

④ **교육훈련목표의 설정 및 교육훈련방법의 선택** : 앞의 단계를 통하여 조직 내에 존재하는 문제가 교육훈련을 통하여 해결할 필요성이 있다는 사실을 확인한 후에는 반드시 교육훈련의 목표를 설정하고 적당한 교육훈련방법을 선택해야 한다. 이때 교육훈련의 목표는 구성원들에게 특정의 지식을 주입하거나 강화시키는 것일 수도 있고, 작업기술을 연마·배양하거나 그들의 태도를 변화시키기 위한 것일 수도 있다. 따라서 교육훈련방법의 선택은 반드시 그러한 교육훈련목표에 따라서 이루어져야 한다.

2. 교육훈련의 방법

교육훈련은 그 목적에 따라 지식습득과 기술배양을 위한 방법과 태도변화를 위한 방법으로 나누어진다. 여기에서는 먼저 전자에 목적을 둔 교육훈련방법을 살펴보고, 후자에 목적을 둔 교육훈련방법은 아래에서 '조직개발'이란 제목으로 설명하도록 하겠다.

1) 지식습득을 위한 교육훈련방법

지식을 습득시키기 위한 교육훈련방법으로는 강의, 프로그램학습, 회의·토의 등과 같은 방법이 있는데, 이에 대해 살펴보면 다음과 같다.

① 강의(lecture) : 이는 가장 보편적으로 사용되는 교육훈련방법의 하나이다. 이 방법은 주로 강사가 사실·개념·원리 등을 일방적으로 설명하는 방식으로 행해진다. 피교육자들은 의문사항에 대하여 질문할 수도 있으나 주로 강사의 설명을 경청하는 역할만을 행하게 된다. 이 훈련방법의 장점은 이론과 실제의 상호관계를 명시해 주고 요점을 강조하거나 짧은 시간에 비교적 많은 내용을 많은 피교육자들에게 전달하는 데 효과적이라는 것이다. 그러나 단점은 피교육자들이 수동적인 위치에서 행해지기 때문에 진정한 학습효과를 기대하기가 어렵다. 특히 기술을 전수하거나 태도와 행동을 변화시키는 데에는 매우 비효과적이라고 할 수 있다.

② 프로그램학습(programmed learning) : 이는 교과서의 형식을 이용하거나 컴퓨터 프로그램의 통제를 통하여 지식을 학습하는 방법이다. 이 방법은 주로 다음과 같은 과정을 통하여 이루어진다. 첫째, 학습자에게 어떤 문제나 사실을 제시한다. 둘째, 학습자로 하여금 어떤 반응을 나타내도록 한다. 예를 들면, 학습자로 하여금 제시된 문제에 대한 해답을 구하도록 한다. 셋째, 학습자가 나타내는 반응의 정확성에 대한 피드백(feedback)을 제공한다. 이 방법의 장점은 학습시간을 단축시킬 수 있으며 학습자의 능력수준과 동기에 따라서 학습을 진행할 수 있다는 것이다. 그러나 학습을 위한 교재와 설비를 준비하는 데 많은 비용이 소요된다는 것이 단점이라고 할 수 있다(Nash et al., 1971).

③ 회의·토의(conference-discussion) : 이는 소집단의 형태로 지도요원의 지도하에 발표나 토론의 형식으로 교육훈련을 진행하는 방법이다. 회의나 토의는 그 진행방식에 따라 다음과 같이 세 가지 형태로 구분된다. 첫째, 지도식 토의로 이는 토의의 모든 과정을 지도요원의 주도하에 진행하는 방식이다. 따라서 경우에 따라서는 강의와 마찬가지로 사실·원리·개념 등을 주로 강사가 일방적으로 설명하는 방식으로 행해지기도 한다. 둘째, 훈련식 회의로 이는 참가자들이 특정의 문제에 대하여 각자의 지식과 경험 그리고 관점 등을 제시하거나 상호 교환하는 방식이다. 셋째, 세미나식 회의로 이는 회의방식을 이용한 집단토론을 통하여 문제를 해결하는 방식이다. 이러한 방식하에서 지도요원은 다만 문제의

범위를 제시하거나 구성원들이 충분히 참여하고 발표할 수 있는 분위기를 조성하기 위해 노력할 뿐이며 문제에 대한 정확한 해결방안을 제시하지 않는다. 이러한 회의·토의식 훈련방법은 참여들자에게 충분히 참여기회와 표현기회를 제공할 뿐만 아니라 참여자 상호 간에 자유롭게 의견을 교환할 수 있으므로 학습의 흥미와 효과를 증대시킨다는 장점 때문에 근래에 와서 매우 광범위하게 이용되고 있다. 그러나 이러한 훈련방법을 성공적으로 진행하기 위해서는 유능한 지도요원이 필요할 뿐만 아니라 참여자들 역시 어느 정도의 기본지식과 회의진행능력을 갖추어야 하며, 참여자들의 발표능력과 발표습관 역시 중요한 요소가 된다.

2) 기술습득을 위한 교육훈련방법

기술을 습득하기 위한 교육훈련방법으로 비교적 대표적인 것에는 다음과 같은 직장내훈련, 비즈니스게임, 역할연기 등이 있다.

① 직장내훈련(On the Job Training : OJT) : 이 교육훈련방법의 범위는 매우 광범하다. 따라서 조직구성원이라면 누구나 어떤 종류이든 직장내훈련을 받는다고 할 수 있다. 예컨대 작업자가 상사의 지도에 따라 작업을 한다면 그것은 직장내훈련이라고 할 수 있으며, 또 작업자가 상사의 작업하는 방법을 관찰한다면 그것 역시 직장내훈련이라고 할 수 있다. 비교적 공식적인 직장내훈련으로 직무순환(job rotation)을 들 수 있는데, 이것은 사전에 계획적으로 배치한 경로를 따라서 피훈련자를 한 작업단위에서 다른 작업단위로 이동시켜 가며 훈련하는 방법을 말한다. 이러한 직장내훈련은 피훈련자에게 폭넓은 지식을 제공하기 위한 방법으로도 이용할 수 있다. 그러나 이 훈련방법은 피훈련자에게 비교적 많은 시간을 통하여 연습하고 참여할 수 있는 기회를 제공하기 때문에 실무에 대한 경험이나 기술을 학습하는 데 더욱 적합하다고 할 수 있다.

② 비즈니스게임(business game) : 직접적인 참여나 근거없이 행해지는 학습은 참여자들이 진실감을 느끼기가 어렵기 때문에 높은 학습효과를 얻기가 쉽지 않다. 비즈니스게임 또는 매니지먼트게임(management game)은 바로 그러한 결점을 극복하기 위하여 설계된 교육훈련방법이다. 이 방법은 전형적으로 참가자들을 5~6명으로 구성된 몇 개의 소집단으로 나눈다. 그들에게는 매출액이나 이윤의 극대화와 같은 목표가 주어진다. 그리고 각 집단은 주어진 목표를 달성하기 위하여 생산품의 선택, 생산량, 재고량, 광고비지출 등에 대한 의사결정을 하

여야 한다. 각 집단은 경쟁집단이 어떤 결정을 내리는지 알지 못하며 각 집단의 결정에 대한 효과는 훈련자나 컴퓨터에 의하여 평가된다. 게임은 일정기간 동안에 분기별로 계속된다. 그리고 각 기말에는 한 집단의 결정이 다른 집단보다 우수한 것을 알 수 있으며 그 이유가 분석된다.

이러한 교육훈련방법은 피훈련자의 문제해결기술을 개발시켜 줄 뿐만 아니라 피훈련자가 계획의 필요성에 더 주위를 기울일 수 있도록 하여 준다. 또한 이 방법은 피훈련자의 리더십기술을 개발시켜 주고 협동과 팀웍을 배양하는 데 효과적이다. 최근에는 컴퓨터의 사용이 일반화됨에 따라 보다 복잡한 게임을 설계할 수 있는 반면 계산작업은 크게 단순화되어 게임을 보다 흥미롭게 진행할 수 있게 되었다. 그러나 그에 비례하여 게임을 진행하는 데 소요되는 비용 역시 크게 증가하게 되었다.

③ 역할연기(role playing) : 이는 일정한 상황을 설정하고 참가자들로 하여금 서로 다른 역할을 실제로 연기해 보도록 함으로써 당면한 문제를 체험하도록 설계된 교육훈련방법이다. 이 방법은 피훈련자가 실제적 상황하에서 특정의 인물이 수행하는 역할에 따라 행동하는 경험을 통하여 그 역할을 이해하고 자신의 행동을 통제할 수 있도록 하는 데 목적이 있다. 따라서 역할연기는 경영자의 회의를 주재하는 기술과 의사결정기술을 개발하는 데 매우 효과적인 방법이라고 할 수 있다. 그러나 이 교육훈련방법은 시간이 많이 소요되기 때문에 잘못 운용하게 되면 귀중한 시간을 낭비하는 결과를 가져오게 된다.

3. 조직개발의 의의와 기법

1) 조직개발의 의의와 목적

앞에서 우리는 인적자원을 개발하는 데 필요한 각종 교육훈련방법들에 대하여 살펴보았다. 그러나 이들 교육훈련방법은 사람의 태도나 행동을 변화시키기 위한 것이라기보다는 지식이나 기술의 습득과 같은 '인지적 측면'의 학습방법에 속하는 것들이라고 할 수 있다. 따라서 심리학자들은 그와 같은 학습방법을 '표면적 개입'(surface interventions)이라고 부른다. 그러나 한 사람의 유능한 조직구성원이 되기 위해서는 특정의 지식이나 기술의 습득도 필요하지만 보다 중요한 것은 구성원에게 요구되는 태도와 신념 그리고 가치관을 지니는 일이다.

그러나 일단 형성된 인간의 태도・신념・가치관 등과 같은 특성을 다시 변화시킨다는 것은 매우 복잡하고도 어려운 일이다. 근래에 와서 산업심리학자들은 그러한 목적을 달성하기 위하여 심리학이론을 기초로 일련의 방법을 개발하기에 이르렀는데, 경영학에서는 이것을 '조직개발'(organizational development : OD) 또는 '심층적 개입'(in-depth intervention)이라고 한다.

조직개발은 엄격히 말해서 나름대로의 독특한 '내용'을 지니는 교육훈련방법이라고 할 수 있다. 따라서 조직개발은 강의나 직장내훈련 등과 같이 지식이나 기술을 습득시키기 위한 방법과는 크게 다르다. 다시 말하면, 앞에서 설명한 여러 가지 교육훈련방법들은 내용에 제한을 두지 않는다. 그러나 조직개발은 그 목적이 인간을 하나의 인격체로 생각하는 것에서 시작하여 유기적 조직을 실현하는 데 있기 때문에 내용 역시 이러한 실질적인 기초 위에서 이루어진다. 따라서 기계적 또는 전통적인 계층구조의 조직을 고집하는 기업에서는 조직개발을 시도할 수가 없다. 왜냐하면 그러한 기업과 조직개발은 추구하는 방향이 완전히 다르기 때문이다.

각종 조직구조는 모두 배후에 나름대로의 독특한 태도와 가치관을 지니고 있다. 예를 들면, 유기적 조직이 강조하는 태도와 가치관은 개방성과 신뢰성 그리고 자기통제이다. 이에 반하여 기계적 조직은 폐쇄성, 불신, 외적 통제 등과 같은 태도와 가치관을 강조한다. 따라서 한 조직의 조직구조를 변화시키기 위해서는 반드시 먼저 구성원들의 태도・신념・가치관을 변화시켜야 한다. 다시 말하면 조직구성원의 태도・신념・가치관이 먼저 변해야만 조직구조 역시 따라서 변하는 것이다.

조직개발의 구체적인 목표는 다음과 같은 것을 들 수 있다(French, 1974 : 665).

첫째, 구성원들 간의 신뢰와 협력관계의 증진

둘째, 조직의 문제를 공개적으로 제시하고 토론할 수 있는 기회의 증대

셋째, 조직커뮤니케이션의 개방성과 진실성의 촉진

넷째, 구성원들의 열성도와 자기통제능력의 증진

한편, 조직개발을 위한 교육훈련계획은 대체적으로 다음과 같은 절차를 통하여 이루어지게 된다.

첫째, 조직의 업무특성과 구성원들의 태도에 관한 자료를 수집한다.

둘째, 수집된 자료를 다시 구성원들에게 피드백시킨다.

셋째, 집단토론을 통하여 각종 문제의 해결방법을 찾는다.

2) 조직개발의 기법

조직개발을 위해 이용될 수 있는 구체적 전략이나 기법에는 많은 종류가 있다. 그러나 여기에서는 기업에서 비교적 많이 이용되고 있는 감수성훈련과 그리드훈련에 대해서 개괄적으로 살펴보도록 하겠다.

(1) 감수성훈련

감수성훈련(sensitivity training)은 T그룹훈련(T-Group training)이라고 부른다. 감수성훈련은 결코 피훈련자들에게 지식을 주입하거나 기술을 전수하기 위한 것이 아니고, 피훈련자들 각자가 자기의 행동에 대하여 깊이 그리고 객관적으로 인식하며 타인행동이 나타내는 의미를 보다 민감하게 받아들일 수 있도록 하는 데 기본목적이 있다. 따라서 이러한 목적을 달성하기 위해서 참가자들은 각기 상호 간의 피드백을 통하여 타인행동에 대한 자기의 느낌을 솔직하게 말할 수 있어야 한다. 또한 타인들의 토론대상이 되고 있는 참가자 역시 그에 대한 자기의 반응과 생각을 꾸밈없이 표현할 수 있어야 하는데, 이것을 '피드백에 대한 피드백'(feedback on feedback)이라고 한다. 피훈련자들은 이러한 과정에서 지금까지 자기가 견지해 온 생각과 방식이 잘못된 것이라는 사실을 발견하고 심리적으로 긴장감과 초조함을 느끼게 된다. 그리고 이러한 경험을 통하여 보다 깊이 학습하게 된다.

그러나 이러한 경지에 도달하기 위해서는 참가자가 자기의 진정한 생각과 타인행동에 대한 진정한 느낌을 숨김없이 표현할 수 있도록 하여야 한다. 따라서 참가자들이 토론과정에서 심리적으로 충분한 안전감을 갖는 것이 매우 중요하다. 그러나 감수성훈련은 원래 일정한 주제나 공식적인 일정이 없이 진행되기 때문에 적어도 훈련의 초기에는 참가자들이 당황하거나 불편감을 느끼게 된다. 그렇기 때문에 감수성훈련의 효과는 참가자들의 퍼스낼리티(personality)와 밀접한 관계가 있다. 예를 들면, 자기방어(self-defense)의 의식이 너무 강하고 불확실성이나 모호함(ambigulity)을 용인하지 못하는 사람은 이러한 훈련에 참가하는 것이 부적합하다(Argyris, 1964). 또한 서로를 너무 잘 알고 있는 사람들을 동시에 이 훈련에 참가시키는 것은 바람직하지 않다. 왜냐하면 그러한 관계에 있는 사람들은 서로 자기의 생각을 솔직하고 공개적으로 표현하기가 쉽지 않기 때문이다.

이 밖의 감수성훈련은 다음과 같은 문제점을 안고 있다. 첫째, 이 훈련은 항상 사람의 마음속 깊은 곳을 자극하기 때문에 잘못 운용하게 되면 참석자에게 큰 심리적 상처를 입히게 된다. 둘째, 이 훈련을 통하여 참가자들의 태도와 행동을 변화시킬 수 있다고 하더라도 그들이 원래의 작업환경에 돌아와서도 변화된 태도와 행동이 계속 유지될 수 있는가 하는 것이다. 셋째, 그러한 태도와 행동의 변화가 조직목표를 달성하는 데 도대체 어떤 도움이 될 수 있는가 하는 것이다. 이러한 문제들에 대해서 아직까지 일치하는 대답을 찾을 수가 없다. 따라서 이러한 문제들에 관하여 보다 많은 연구가 이루어져야 할 것이다(Campbell and Dunnette, 1970 ; House, 1967).

이와 같은 감수성훈련의 특징을 좀 더 자세히 살펴보면 다음과 같다.

첫째, 훈련은 보통 10~15명 정도의 소집단 형태로 이루어진다. 훈련기간 동안에 참가자들은 원래의 직무를 떠나 훈련에 전념할 수 있는 환경을 갖춘 별도의 장소를 이용하게 된다. 그러나 참여자들의 토론을 위한 공식적인 일정은 사전에 계획되지 않는다.

둘째, 토론은 훈련집단 내에서 발생하는 사건이나 문제에 국한하여 이루어진다. 즉, 과거의 사건이나 참가자들이 속해 있는 부서에서 발생하는 문제는 토론의 대상이 되지 않는다.

셋째, 토론을 진행하는 동안에 의사일정을 정하려고 하거나 자신의 의사에 따라서 토론을 진행하려고 하는 사람이 있을 수도 있는데, 훈련담당자는 그러한 일이 발생하지 않도록 유도하게 된다.

넷째, 훈련담당자는 참가자들의 리더로서 직접 토론에 참여하지 않고 주로 침묵을 지키면서 진행과정을 관찰한다.

다섯째, 훈련이 진행되는 동안 참가자들의 교육수준이나 직위의 차이는 중시되지 않는다.

(2) 그리드 훈련

그리드훈련(grid training)은 리더십의 '매니지리얼 그리드'(managerial grid)이론에서 나온 것으로서 조직개발에 매우 체계적으로 접근하는 훈련방법이다. 이 훈련의 궁극적 목적은 체계적인 교육훈련계획을 통하여 '매니지리얼 그리드'이론에서 가장 이상적인 리더로 지적되었던 (9・9)형의 리더, 즉 과업과 관계에 대해 둘다 높은 관심을 보이는 경영자와 조직형태가 되도록 고무하는 데 있다(Black and Mouton, 1969).

그리드훈련은 보통 다음과 같은 여섯 단계의 교육훈련계획을 통하여 3~5년에 걸쳐 진행된다.

① **제1단계** : 참가자들에게 '매니지리얼 그리드'이론과 교육훈련계획의 중점에 대하여 설명해준다.

② **제2단계** : 같은 부서의 구성원들이 함께 토론을 통하여 부서의 문제점을 분석하고 해결방안을 모색한다. 이 단계에서 강조되는 것은 구성원들의 협동정신이다.

③ **제3단계** : 제2단계에서 모색된 해결방안을 이용하여 본 부서와 타 부서 간의 문제를 타 부서와 공동으로 토론·분석하고 해결방안을 모색한다.

④ **제4단계** : 최고경영층과 각 부서의 경영자가 공동으로 전체조직의 문제를 토론·분석하고 발전목표를 설정한다.

⑤ **제5단계** : 제4단계에서 설정된 전체조직의 발전목표를 달성하는 데 필요한 구체적인 방안을 결정하고 실행에 옮긴다.

⑥ **제6단계** : 각 부서의 성과와 전체조직의 성과를 평가하고 새로운 문제나 주의를 기울이지 못했던 문제들을 해결할 수 있는 방안을 모색한다.

4. 인적자원개발계획 효과의 측정

우리가 인적자원개발을 위한 여러 가지 교육훈련의 계획 또는 프로그램을 통하여 얼마만큼의 효과를 얻을 수 있는가 하는 문제는 매우 중요하다. 특히 그러한 효과를 얻기 위해서 투자한 대가(비용)와 효과(이익) 간의 관계는 경영의 관점에서 절대로 소홀히 취급해서는 안 되는 문제이다. 그러나 이러한 문제를 해결한다는 것은 결코 쉽지 않다. 왜냐하면 개발계획의 효과를 정확하게 측정한다는 것은 매우 어렵기 때문이다.

개발계획의 효과를 측정하는 데 있어서 문제가 되는 것으로 다음과 같은 두 가지 측면이 중요하다.

첫째, 효과의 측정은 반드시 피훈련자의 지식·작업성과·조직성과에 있어서의 변화를 포함하여야 한다. 그리고 이들 세 가지 표준 중에서 지식의 변화는 반드시 작업성과 및 조직성과의 증대와 관계가 있어야만 의미가 있게 된다.

둘째, 피교육자 내지 피훈련자에게서 발견된 변화가 반드시 교육훈련을 통하여 이루어진 결과라는 사실을 증명할 수 있어야만 그것이 진정한 효과로서의 의미가 있게 된다. 그러나 그러한 사실을 분석한다는 것은 앞의 측정표준에 관한 문제보다도 더욱 어려운 일이다. 왜냐하면 개인의 지식·작업성과·조직성과는 개인의 성숙도나 경험 그리고 설비의 개량 등과 같은 여러 가지 원인에 의해서도 증대되는 것이기 때문이다.

개발계획의 효과를 측정하는 데 있어서는 이 밖에도 여러 가지 전문적인 문제와 관련된다. 그러나 그러한 문제는 이 책의 범위를 벗어나는 것이므로 설명을 생략하기로 하겠다.

신화의 인물, 불멸의 기업 3

한국형 실천경영의 표본 : 이병철과 삼성그룹

이병철의 경영사상*

호암(湖巖) 이병철은 1910년 경남 선영에서 4남매 중 막내로 태어났다. 부유한 선비의 집안에서 태어나 어릴 때부터 한학을 익히며 성장했는데, 한학공부는 후에 그의 인간형성의 근원이 되었다.

이병철은 1938년 삼성그룹의 뿌리로 간주되는 삼성상회를 설립한 후 기업의 부침이 심한 한국적 경영풍토에서 회사를 한국 최고의 기업으로 성장시키는 과정을 통해 한국경제를 선도함으로써 한국 기업계의 선구자로 존경을 받게 되었다.

이별철이 이렇게 삼성을 한국 최고의 글로벌 기업그룹으로 성장시키면서 경제발전에 기여하게 된 데에는 다음과 같은 그의 경영사상이 있었기 때문이다.

- **사업보국주의** : 이병철은 항상 기업의 존립기반이 국가이며 기업의 성장은 산업을 발전시키는 원동력이 되기 때문에 국가경제발전에 기여해야 한다는 점을 강조했다. 그는 기업을 사업보국의 목적에 두고 경영해야만 일국의 경제발전에 기여할 수 있다는 신념을 가지고 있었으며, 타계할 때까지 이와 같은 사업보국 경영사상을 실천하고자 노력하였다.
- **인재제일주의** : 한국경제발전에 있어서 이병철의 산업적 기여의 근본은 아마도 그의 인재제일주의 경영사상에 있다고 지적할 수 있다. 인재제일주의는 인간을 존중하고 개인의 능력을 최대로 발휘할 수 있는 여건을 만들어 그것이 개인과 사회의 원동력이 되게 하는 사상이다. 지금은 거의 모든 기업에서 중요한 경영이념으로 내세우게 되었다.
- **합리추구주의** : 이병철은 합리적 경영을 강조했다. 합리추구는 모든 사업을 일으키는 데 있어서 합리성을 바탕으로 하여 끊임없는 발전을 추구하는 정신이다. 그는 산업발전의 틀이 합리주의에서 비롯되어야 한다는 사상 때문에 스스로 합리정신을 다짐해 왔고 다른 경영자에게도 이를 환기시켜 사업의 성공은 바로 합리에 있음을 강조했다. 그는 합리의 정신을 기업에 국한시키지 않았다. 합리의 사상은 기업경영뿐만 아니라 사회나 국가의 진리라고도 생각하였다. 따라서 한국경제발전에 있어서 이병철의 산업적 기여의 밑바탕이 된 요소가 합리추구의 사상이었다고 할 수 있다. 그는 몸소 합리주의 규칙을 실천함으로써 합리주의의 표본이 되었다.
- **신용제일주의** : 신용은 기업활동의 필수요소이다. 생산품에 대한 신용없이는 판매에 성공할 수 없으며, 계약의 신용없이는 사업의 계속성이 위협받는다. 그리고 마지막에는 신용이 바로 기업 이미지와 직결된다. 이병철은 거래선과의 계약신용을 중요하게 여기고 약속을 이행하는 신용제일주의를 경영관리에 접목시켜 실천해 왔다. 6·25동란의 와중에도 삼성물산은 철저하게 신용거래의 원칙을 지키도록 하였으며, 이를 통해 재기하는 계기를 마련했다. 이렇게 목전의 이해에

---

* 김성수(1997), "한국경제발전에 있어서 호암의 산업적 기여에 관한 고찰", 경영사학, 제5집, pp.71~125 요약

흔들리지 않고 신용을 고수하는 경영사상은 한국의 경제발전에 크게 기여하였다.

- **개척추구주의** : 한국경제 발전에 있어서 이병철의 산업적 기여의 근원이 된 경영사상 가운데 개척정신은 매우 중요한 비중을 차지하고 있다. 그는 새로운 것을 탐구하고 개척하는 창조정신과 하면 된다는 강한 신념을 가지고 최고의 목표에 도전하되 각자는 개척한 분야의 제1인자가 되어 선구자적 사명감으로 기업과 국가와 인류사회에 이바지하여야 한다는 생각을 실천하려고 노력하였으며, 실제로 경제발전 단계에 맞는 사업을 경영하고 역량에 맞는 분야에서 계속 새로운 사업을 개척해 나갔다.
- **기술혁신주의** : 이병철은 1960년대부터 기업환경의 변화에 대응하여 1969년 삼성전자공업(주)를 설립하였으며, 이어서 1970년대부터 중화학공업과 반도체생산, 항공산업, 유전공학, 컴퓨터 등 기술혁신산업에 적극적으로 진출하여 성공하였다. 그는 지적하기를 "기업은 영속해야 한다. 기업을 건설하기 위해서는 끊임없이 기술을 개발하고, 선진경영의 노하우를 습득하여 경영쇄신을 하여야 한다"고 주장했다. "기술개발 없이는 산업발전도 없다"는 그의 경영사상은 그가 남긴 여러 개의 기업집단에 경영이념이 되고 있다.
- **공존공영주의** : 이병철은 한국경제발전 과정에서 대기업과 중소기업의 균형적 발전을 강조했다. 즉, 대기업과 중소기업의 공존공영만이 산업발전을 성장시킬 수 있는 요인이 된다고 역설하였다. 그는 "중소기업은 대기업을 위해 있는 것이 아니다. 그러나 대기업은 중소기업 없이 존재할 수 없다. 이 때문에 상호균형있게 발전되어야 할 숙명에 놓여 있다"는 공존공영원칙에 입각한 '국부론'을 주장하면서, 삼성이 중소기업과의 연대・제휴없이 독자적으로 성장할 수 없으며, 중소기업과 대기업의 이와 같은 공존공영사상은 한국경제발전의 원동력이 되어야 한다고 강조하였다.
- **책임주의** : 이병철이 소유경영자로서 인재제일주의의 이념에 따라 인재를 등용하고 육성하면서 권한을 대담하게 위양하였던 경영행동의 배경에는 책임주의 경영사상이 있었기 때문이다. 기업의 사회적 책임을 당연시하고 부실기업을 죄악시하던 그는 책임주의를 지도원리로 강조함으로써 기업가 능력을 발휘하고 경제발전에 기여하도록 노력하였다. 창업초에는 일인다역이 불가피하였으나 기업의 규모가 커지면서 권한위양의 신념은 더욱 강력하게 작용하였다. 다만 공과에 대해서는 신상필벌의 원칙을 철저하게 시행하였다.
- **외자도입주의** : 이병철은 한국의 공업화를 위하여 무엇보다도 기술과 자본이 필요하다고 생각하였다. 그는 전후 서독과 일본의 기적적 발전의 요인이 고도의 기술과 높은 투자율에 있다고 보고 기술과 외자도입의 필요성을 역설하였으며, 실제로 1960년대에 미국・일본・서독 등 선진국들과 민간산업차관을 교섭함으로써 자기의 생각을 실천에 옮기었다.
- **무노조경영주의** : 이병철은 '노조를 필요로 하지 않는 경영체제'의 바탕 위에 상생상화의 경영철학을 가지고 있었다. 그는 종업원과 기업과의 관계가 대립보다는 화합에 바탕을 두어 이루어져야 한다고 생각했으며, 노사협력을 통한 산업평화만이 기업성장을 할 수 있고, 더 나아가 경제발전을 할 수 있다고 믿었다. 어느 조직이고 대립과 반목, 시기, 질투, 중상이 난무한다면 결국 상대방을 죽이고 나도 죽는 결과가 초래한다는 것이다. 따라서 그는 조직은 대립보다 화합을 추구하고 선의의 경쟁을 통해 공익을 우선해야 한다는 신념을 실천하는 데 많은 노력을 기울였다.

삼성의 기업정신*

이상에서 살펴본 호암 이병철의 경영사상은 시대가 바뀌고 기업의 경영환경이 급속도로 변화하는 와중에서도 여전히 삼성의 기업정신으로 이어져 오고있으며, 최근에는 이것이 삼성의 기업정신 중에서도 가장 핵심적이며 모든 구성원의 사고와 행동에 깊이 체화된 다음과 같은 신념, 즉 핵심가치로 나타나고 있다.

- **인재제일** : 모든 사람이 각자 고유한 역량과 잠재력을 가진 우수한 인재이며, 기업의 성패를 좌우하고 세상을 움직이는 원동력이다. 따라서 우수한 인재를 뽑아서 최고 인재로 육성하며, 이들이 최대한의 역량을 발휘할 수 있도록 최상의 환경을 제공해야 한다.
- **최고지향** : 삼성의 역사는 2등에서 1등을, 국내에서 세계를, 일류에서 초일류를 지향해온 최고지향의 역사이다. 따라서 결코 작은 성공에 만족하거나 안주하지 않으며, 항상 최고에 도전하고 세계최고를 향한 경쟁에서 당당하게 승리하기 위해 노력한다.
- **변화선도** : 삼성은 현실안주를 퇴보로 인식하고, 끊임없이 변화와 혁신을 추구해 온 기업이다. 앞으로도 삼성은 '변하지 않으면 살아남을 수 없다'는 위기의식을 바탕으로 미래에 대비하여 세계시장을 리드하고 변화를 선도하는 기업이 되기 위해 노력한다.
- **정도경영** : 삼성은 내부적으로는 공과 사를 명확히 구분하고 부정없는 깨끗한 조직풍토를 유지해 왔으며, 비즈니스에 있어서도 페어플레이 정신을 바탕으로 실력으로 정정당당하게 경쟁하고 있다. 삼성은 앞으로 윤리경영에 대한 시대적 요청에 부응하여, 법과 윤리를 철저하게 준수함으로써 사회로부터 신뢰받는 영속기업이 되기 위해 더욱 노력한다.
- **상생추구** : 삼성은 기업활동에 있어서 이익뿐만 아니라 "고객, 종업원, 협력업체, 주주, 국가와 지역사회 그리고 인류 모두의 이익에 기여하는가"를 먼저 생각한다. 앞으로도 삼성은 상생정신을 바탕으로, 나눔경영, 녹생경영 등 기업의 사회적 책임을 성실히 수행해 나간다.

---

* 삼성 홈페이지(http://www.samsung.co.kr) 요약 · 수정

제4부

현대기업의 지휘기능

제8장

지휘기능의 성격과 동기부여

제8장 지휘기능의 성격과 동기부여

제1절 지휘화의 의의와 성격

1. 지휘화의 의의와 과제

지휘화(leading)란 경영관리의 세 번째 기능으로서 경영자가 부하들에게 어떤 영향력을 발휘함으로써 그들의 행동을 조직목표를 달성하는 방향으로 이끄는 일련의 과정이라고 할 수 있다. 지휘화는 경영관리과정에서 가장 핵심적인 부분에 해당되는 기능이다. 기업에서 계획을 잘 세움으로써 경영활동의 목적이나 대상이 분명하게 설정되었거나 조직구조가 잘 짜여졌다 하더라도, 이것만으로 경영활동이 효율적·효과적으로 진행되는 것은 아니다. 여기에는 그러한 조직의 틀 속에서 종업원들이 주어진 과업 내지 임무를 훌륭하게 수행하도록 그들의 행동을 유도하는 일이 필요한데, 그와 같은 활동은 실제적으로 지휘화라는 하나의 경영관리과정을 통하여 실현되는 것이다. 따라서 지휘화는 경영관리에 있어서 계획과 조직에 생기를 불어넣는 중요한 기능이라고 할 수 있다.

경영자가 부하들에게 영향력을 행사하여 조직이나 집단의 목표를 달성하는 데 적극성을 띠고 열심히 노력하도록 만들기 위해서는 통상 지시나 명령이라는 수단 내지 도구가 필요하게 된다. 그런데 지시나 명령만 내린다고 해서 모든 부하들이 자동적으로 경영자의 의도대로 움직이는 것은 아니다. 왜냐하면 경영자가 영향력을 행사하려는 대상은 기계가 아닌 바로 나름대로의 독특한 퍼스낼리티(personality)와 각기 서로 다른 욕구체계를 지니고 있는 인격체로서의 '사람'이기 때문이다. 또한 지휘기능에는 이밖에도 경영관리과정의 다른 기능에서와는 다른 매우 복잡하고도 해결하기 어려운 요소들이 영향을 미친다. 따라서 경영자는 이 기능을 수행함에 있어 다른 어떠한 기능보다도 더욱 신중을 기해야 할 것이다.

그렇다면 경영자가 지휘기능을 효과적으로 수행하기 위해서는 어떻게 해야 할 것인가? 이는 사실상 지휘과정에 있어서 경영자에게 부여된 과제라고 할 수 있는데, 비교적 중요한 것으로는 다음과 같은 사항을 들 수 있다.

첫째, 경영자는 지휘과정을 통하여 부하들에게 동기를 부여하여 전체 조직의 목표를 달성하는 데 적극적으로 기여할 수 있도록 해야 하는데, 그러기 위해서는 부하들의 욕구를 이해하고 충족시켜야 한다. 다시 말하면, 경영자는 부하들로부터는 만족을 얻어내야 하는 동시에, 그들에게 할당된 과업으로부터는 높은 성과를 이끌어 낼 수 있어야 한다.

둘째, 경영자는 부하들의 행동을 목표지향적으로 이끌어나가야 한다. 즉, 경영자는 부하들에게 영향력을 발휘하여 조직이 추구하는 목표를 달성하는 방향으로 노력하도록 하여야 한다. 여기에는 매우 엄격한 것으로부터 느슨한 것에 이르기까지 여러 가지 방식이 있을 수 있는데, 경영자는 그 중에서 어떤 방식이 어떤 상황하에서 보다 더 효과적인지를 판단할 수 있어야 한다.

셋째, 지휘기능은 또한 양호한 의사소통이 전제될 때 효과적인 것이 될 수 있다. 따라서 경영자는 전달하려는 메시지나 정보가 부하들에게 제때에 정확하게 전달될 수 있도록 해야 하며, 부하들의 의견과 태도 또한 마찬가지로 상사에게 효과적으로 전달될 수 있는 방안을 강구해야 한다. 그리고 메시지나 정보의 전달은 공식적으로 이루어지느냐 또는 비공식적으로 이루어지느냐에 따라 부하들의 행동에 미치는 영향과 그 결과가 달라지기 때문에, 경영자는 이에 대한 선택도 하지 않으면 안된다.

이상과 같은 지휘화의 과제들 중에서 첫 번째 과제는 '동기부여'에 관한 것으로서 다음 절에서 상세히 살펴보도록 하겠다. 그리고 두 번째와 세 번째 과제는 각각 '리더십'과 '커뮤니케이션'에 관한 것으로, 이에 대하여는 다음의 제9장에서 보다 구체적으로 다루기로 한다.

2. 지휘기능의 성격과 그 변화

경영관리에 있어서 지휘기능은 과거에는 다른 기능들에 비해 소홀히 취급되어 온 면이 없지 않다. 물론 이것이 전적으로 무시되었던 것은 아니지만, 경영자들은 몇 가지의 단순한 방법만으로도 지휘기능을 훌륭히 수행할 수 있다고 믿었기 때문에 이에 대해 큰 관심을 기울이지 않았던 것이다. 예컨대, 예전의 경영자들은 종업원들이 생활을 경제적 수입에 의존하지 않으면 안 되기 때문에 상사의 지시나 명령에 전적으로 복종할 수밖에 없으며, 직장 내의 엄격한 규칙이나 규범이 그들의 행동을 규제하는 이상 반드시 어떻게 움직일 것이라는 확고한 믿음이 있었다. 그리고 여기에 임금이나 복리후생에 대한 적절한 배려만 이루어진다면 그것으로 모든 문제는 해결된다고 생각했다. 또한 경영자들 스스로도 종업원을 관리하는 데 있어 온정주의에 의거하여 상사와 직장에 대한 충성심을 조장하거나, 신상필벌의 원칙에 의하여 직장 내의 질서와 규율을 유지함으로써 인화단결을 도모하고, 부하는 상사의 명령에 복종하기만 하면 불리하게 되지 않는다는 봉건적인 주종관계를 강요하는 것이 최선의 방법이라고 생각해 왔다(이기을, 1990 : 344-345).

종래의 경영관리가 지휘기능을 중요하게 취급하지 않았던 것은 바로 그 배후에 이상과 같은 지휘화에 대한 사고가 지배적이었기 때문이다. 그러나 최근에는 지휘기능에 대한 경영자들의 인식에 큰 변화를 가져오게 되었다. 현대의 경영자들은 종업원들을 자신의 뜻대로 움직이게 만드는 일이 무엇보다도 어렵다는 사실을 깨닫고 이제는 지휘기능에 대해 종전과는 다른 시각과 각도에서 접근하려고 노력하게 된 것이다. 또한 그들이 이 기능의 중요성을 인식하게 되었다는 것도 또 하나의 큰 변화라고 할 수 있다. 즉, 경영자들은 계획이나 조직구조가 아무리 잘 짜여졌다고 해도 지휘기능이 효과적으로 실행되지 않는다면 기업의 경영활동은 결국 비효율적·비효과적으로 될 수밖에 없다는 사실을 깨닫게 된 것이다.

지휘기능의 성격에 대한 이와 같은 인식의 변화는 근본적으로 경영자들이 '사람을 사람으로 보게 되었다'는 것으로부터 시작되었다고 할 수 있다. 즉, 경영자들은 이제 종업원들은 지시나 명령에 따라 자동적으로 움직이는 기계장치나 경제적인 욕구만을 충족시키려는 단순한 존재가 아니고, 다양한 욕구를 지니고 자신의 의지에 따라 행동하는 복잡한 존재라는 사실을 인식하게 된 것이다. 그리고 이에 따라 지휘화는 상사의 일방적인 행동이 아니라, 그것의 대상인 부하에 의해 수용되어야 하는 것으로 그 성격이 바뀌게 되었다. 따라서 최근에는 지휘기능의 효과적 수행과 관련하여 동기부여와 리더십 그리고 커뮤니케이션 등이 적용상황과 함께 중요한 관심영역으로 자리잡게 되었다.

제2절 동기부여의 이론과 실제

1. 개인행동과 동기부여

1) 동기와 개인행동의 형성

동기(motive)는 개인의 행동을 목표달성을 위해 어떤 방향으로 작동시키는 내적 심리상태(inner state)라고 할 수 있다. 즉, 동기는 행동의 내적 결정요인이라고 할 수 있는데, 이는 '환경요인'과 '실제의 행동' 사이에 위치하여 개인행동의 형성에 매우 중요한 역할을 하고 있다.

행동형성의 관점에서 볼 때, 동기는 여러 가지의 많은 요소들을 포함하고 있다. 첫째로 동기는 개인의 욕구(needs)에 의하여 발생되고, 또한 이렇게 유발된 동기는 욕구를 충족시키기 위한 목적지향적(goal-directed) 행동으로 전환되는데, 이 전화과정에는 직무조건과 리더십 등 여러 가지 조직체 내의 환경변수가 작용함으로써 동기 자체와 목적지향적 행동에 영향을 미친다.

동기와 목적지향성에 따라서 개인의 노력수준이 정해지고, 노력은 개인의 능력과 결합하여 성과(performance)로 연결된다. 그리하여 개인은 성과 자체로부터 직접적으로 자신의 욕구를 충족시키든지 그렇지 않으면 성과의 결과(outcome)로서 보상이나 인정을 받음으로써 자신의 욕구를 충족시키게 된다. 그리고 이러한 욕구충족 여하에 따라서 개인의 만족 정도가 결정된다.

한편, 이와 같이 얻어진 만족감은 또한 하나의 학습효과로써 차후의 동기과정에 있어서 결과에 대한 기대감(expectation)으로 작용하여 개인의 동기 자체와 목적지향성 그리고 노력수준에 영향을 주게 된다. 그리고 이 동기과정에서 경영자와 조직은 리더십과 직무구조, 유인(incentive) 등 조직의 환경변수를 조정하여 개인의 욕구를 자극하고 동기를 작동시켜서 조직의 목표달성을 위한 성과지향적 행동을 유도하게 된다. [그림 8-1]은 이러한 동기과정을 보여준다(이학종, 1987 : 156-158).

[그림 8-1] 동기화 과정

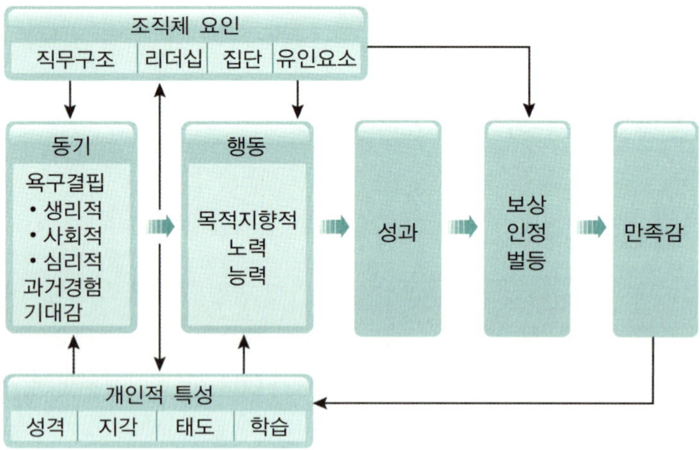

2) 동기부여의 의의와 성격

동기부여(motivation)는 개인이 목표달성을 위해 자발적으로 지속적인 노력을 하는 과정을 말한다. 다시 말하면, 이는 여러 요인들에 의해 형성된 내적 심리상태로서의 동기(motive)를 실제의 목표지향적 행동으로 실천하는 과정이라고 할 수 있다. 이러한 동기부여의 개념은 조직구성원 개인의 입장에서와 조직 또는 경영자의 입장에서 살펴볼 수 있다(Tosi et al., 1991 : 268).

먼저 개인의 입장에서 보면, 동기부여는 개인이 어떤 목표의 달성 또는 욕구충족을 위해 자발적이고 목표지향적인 행동을 시작하고 방향짓고 유지하는 과정을 말한다(Kreitner and Kinicki, 1995 ; Luthans, 1992). 그리고 조직 또는 경영자의 입장에서 보면, 동기부여는 직무수행과정에서 업무목표달성을 위한 종업원의 자발적이고 지속적인 노력을 효과적으로 발동시키는 과정이다(Tosi et al., 1991 ; Kreitner and Kinicki, 1995 ; Robert and Hunt, 1991). 이러한 두 입장을 종합해 보면 동기부여란 한편으로는 구성원 개개인이 어떤 직무를 수행하는 과정에서 자신의 욕구를 충족시키고, 업무목표달성을 위해 자발적이고 지속적인 노력을 기울이며, 다른 한편으로는 조직의 경영자들이 구성원들로 하여금 그러한 행동을 하도록 촉진하는 일련의 활동과정을 말한다.

경영자의 입장에서나 조직구성원의 입장에서나 조직에서 개개인의 근로의욕을 불러일으키는 일은 중요하다. 왜냐하면 경영목표달성이나 성과향상은 결국 조직구성원 개개인들이 얼마만큼 의욕을 가지고 노력하느냐에 따라 좌우되기 때문이다. 예를 들어, 생산성향상을 위해서는 첨단기술과 우수한 기술자를 많이 확보해야겠지만 더 중요한 것은 종업원들이 적극적인 참여자세와 높은 근로의욕을 갖도록 해야 하는 것이다. 이처럼 동기부여는 자발적인 업무수행노력을 촉진하여 개인의 성과향상과 스트레스의 해소, 직무만족을 높이는 데 기여할 뿐만 아니라 개인성장과 자아실현을 촉진하기도 한다.

다시 말해, 동기부여는 직무만족과 동시에 성과를 높이고 이것은 다시 동기부여를 증진시키는 상호작용과정을 거치는 것이다. 이 과정에서 개인의 성과가 향상되며, 개인의 역량이 더욱 배양되어 개인 자신의 성장과 자아실현을 도모할 수 있게 된다. 특히 동기부여는 구성원 개개인으로 하여금 맡은 업무를 훌륭하게 해 낼 수 있다는 과업수행에 대한 자신감과 자기존중(self-esteem)의 의식을 갖도록 한다. 현대의 조직사회에서 많은 사람들이 업무수행과정에서 근로의욕을 상실하거나 스트레스에 시달리는 경우가 많은데, 동기부여는 이러한 문제점을 해소하고 구성원들에게 활력과 힘을 불어넣는다는 데 그 중요성이 있다고 하겠다(신유근, 1996 : 398-399).

따라서 조직에서 구성원들이 어떤 이유로 자발적이고 열심히 일하는가 하는 것을 밝혀내고 이를 촉진시키는 일은 매우 중요하다고 할 수 있다. 많은 학자들과 실무자들은 오랫동안 이러한 동기부여의 증진문제에 대하여 꾸준히 연구하여 왔는데, 그들의 이에 대한 관심과 연구는 주로 다음과 같은 두 가지의 방향에 초점을 두고 있다. 하나는 어떠한 요인들이 사람들을 동기부여시키는 데 더 크게 작용하는가 하는 것이고, 다른 하나는 동기부여가 어떠한 과정을 통해 이루어지는가 하는 것이다. 그리고 이들 두 방향에 대한 연구성과가 축적되면서 현재의 동기부여이론이 형성되었는데, 그 중에서도 전자의 관점에서 형성된 동기부여이론을 '동기부여의 내용이론'이라고 하고, 후자의 경우를 '동기부여의 과정이론'이라고 부른다. 아래에서는 동기부여를 이 두 가지 이론의 관점으로 나누어서 살펴보기로 하겠다.

2. 동기부여의 내용이론

동기부여의 내용이론(content theory)은 어떤 요인들이 종업원들을 동기화시키는 데 중요하게 작용하는지를 다루는 이론이다. 이러한 내용이론으로 널리 알려진 것으로는 욕구단계이론, 2요인이론, ERG이론, 성취동기이론 등이 있다.

1) 매슬로우의 욕구단계이론

매슬로우(A.H. Maslow)의 욕구단계이론(need hierarchy theory)은 개인이 지닌 욕구와 동기부여에 관한 이론으로서 지금까지 가장 널리 알려진 이론 중의 하나이다. 매슬로우의 이론은 다음과 같이 크게 두 가지의 기본전제로 구성되어 있다(Maslow, 1943 : 370-396).

첫째, 인간은 특수한 형태의 충족되지 못한 욕구들을 만족시키기 위해서 동기화(motivate)되어 있다는 것이다. 매슬로우는 임상적 관찰을 토대로 하여 대부분의 인간들이 다음과 같은 욕구의 충족을 추구한다고 가정한다.

① **생리적 욕구**(physiological needs) : 생리적 욕구는 음식·의복·거처 등과 같이 삶 그 자체를 유지하기 위한 기초적인 인간의 욕구를 말한다.

② **안전욕구**(safety needs) : 이 욕구는 생명의 안전, 직업보장, 위협과 공포로부터의 안전함 등과 같이 근본적으로 신체적인 위험과 기초적인 생리적 욕구의 박탈로부터 자유로워지려는 욕구이다.

③ **소속감과 애정욕구**(belongness and love needs) : 이것은 귀속욕구(affiliation needs)라고도 불리는데, 소속감이나 애정 등과 같이 사회적인 존재로서 어디에 소속하거나 다른 집단에 의해서 받아들여지기를 바라고 또는 이성 간의 교제와 동료들과의 친교 등을 갈구하는 욕구를 말한다.

④ **존경욕구**(esteem needs) : 이것은 자존심과 아울러 타인으로부터 인정이나 존경을 받고 싶어하는 욕구를 말한다.

⑤ **자아실현욕구**(self-actualization needs) : 이것은 계속적인 자기발전을 위해서 자신의 잠재력과 능력을 극대화하려는 욕구이며, 보다 더 자기 본래의 모습을 찾고자 하며, 자기가 바라는 바 대로 되고자 하는 욕구이다.

이 욕구들 가운데 개인에게서 충분히 충족되지 못한 욕구들이 긴장을 유발한다. 긴장이 유발되면 개인은 긴장을 감소시켜서 내적 평형상태를 회복하고자 행동하게 된다. 그러나 일단 욕구가 충족되면 이 욕구가 다시 나타나기 전에는 더 이상 동기로서의 힘을 상실하게 된다. 즉, 한번 충족된 욕구는 다음에 그 욕구가 발생할 때까지 개인의 행동을 동기화시키지 못한다는 것이다. 또한 이 욕구에 의하여 동기화되지 않는 행동은 또 다른 욕구에 의해서 동기화될 수 있다. 다시 말하면, 욕구들은 일정한 시점에서의 상대적인 중요성에 따라서 외부의 행동으로 표현되기도 하고 표현되지 않기도 한다는 것이다.

둘째, 매슬로우는 대부분의 사람들이 추구하는 욕구들은 사람에 따라서 서로 다르기는 하지만, 이를 분류하면 몇 가지 공통된 범주로 나눌 수 있다고 말한다. 그리고 [그림 8-2]에서 보는 바와 같이 보편성이 있는 이들 공통적인 욕구들은 충족되어야 할 순서대로 위계적 형태로 계열화되어 있다고 주장한다. 즉, 인간에게 공통적으로 존재하는 낮은 수준의 욕구가 일단 충족되어야만 한번에 한 계층씩 상승하여 바로 다음 수준의 욕구를 충족시키기 위하여 동기화된다는 것이다.

[그림 8-2] 매슬로우의 욕구단계이론

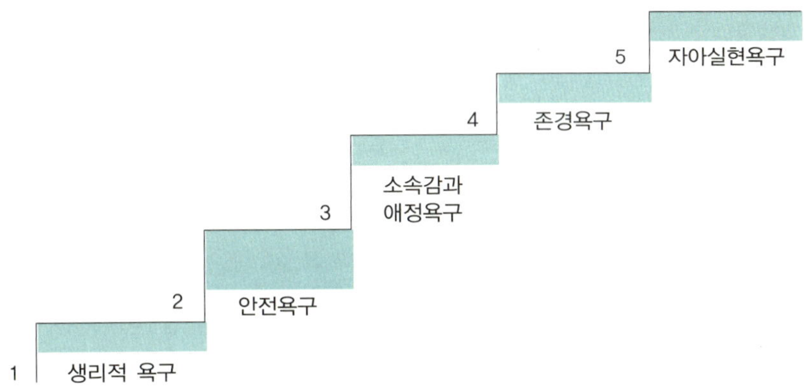

이상에서 살펴본 매슬로우의 욕구단계이론은 경영자들에게 처음으로 인간의 욕구에 대하여 체계적으로 인식할 수 있게 해 주었으며, 종업원의 하위욕구를 어느 정도 충족시켜 준 후에도 지속적으로 동기부여의 효과를 얻기 위해서는 고차적 욕구를 충족시켜 줄 수 있는 방안 마련의 중요성을 일깨워 주었다는 점에서 경영학이나 조직행동론에서 갖는 의미는 매우 크다고 할 수 있다. 그러나 실제의 연구결과 생리적 수준 이상에 있어서는 매슬로우가 주장하는 욕구계층 자체가 존재하지 않는다거나(Wahba and Bridwell, 1976), 욕구의 단계적 우성개념, 즉 한 욕구의 충족이 다음 단계의 욕구와 행동의 모티베이터로 작용하끔 해준다는 생각은 잘못된 것이고 개인에게는 한 가지 이상의 욕구가 동시에 작용할 수 있다는 점(Lock, 1976 : 1297-1349), 그리고 한 개인의 욕구는 고정불변하는 것이 아니고 그가 접촉하는 상황에 따라서 끊임없이 변화하기 때문에 정태적이 아니라 동태적인 맥락에서 이해하여야 한다는 면에서 많은 학자들이 이 이론의 타당성에 문제를 제기하고 있다(신유근, 1989 : 226-227).

2) 2요인이론

허쯔버그(F. Herzberg)에 의해서 제안된 2요인이론(two factor theory)은 동기-위생이론(motivation-hygiene theory)이라고도 불리는데, 매슬로우의 이론과 더불어 실제 기업경영에서 많이 응용되고 있는 이론이다.

허쯔버그의 2요인이론은 일련의 연속적인 연구과정을 통하여 정립되었다. 즉, 이 이론은 200명의 기술자와 회계사들을 대상으로 한 욕구충족에 관한 연구와 이러한 욕구충족이 동기부여에 미치는 효과에 대한 연구들을 기초로 하여 성립되었다. 그는 이러한 일련의 연구들을 통하여 개인의 동기를 자극하는 요인들을 다음과 같이 크게 두 가지 범주로 나누고 있다(Herzberg, 1968 : 53-62).

① **위생요인** : 위생요인(hygiene factor)은 개인의 욕구를 충족시키는 데 있어서 주로 개인의 불만족을 방지해 주는 효과를 가져오는 것들을 말한다. 따라서 이들 요인들을 '불만족요인'(dissatisfier)이라고도 부르며 기업의 정책과 관리, 감독, 작업조건, 동료와의 관계, 부하와의 관계, 지위, 안전, 임금, 개인생활 등 주로 '직무환경'(context)과 관련된 요인들을 말한다. 허쯔버그에 의하면 이들 요인은 주로 개인의 생리적 욕구와 안전욕구 그리고 애정욕구를 충족시켜 줌으로써 개인의 불만족을 방지해 주는 효과를 발생시키는데, 이들 불만족요인이 개선되었다고 하더라도 직무에 대한 만족이나 직무동기가 높아지지는 않는다는 것이다. 따라서 위생요인의 특성은 이 요인의 충족이 단지 불만족의 감소만을 가져올 뿐이지 만족에 작용하지는 못한다는 데 있다.

② **동기요인** : 동기요인(motivatior)은 직무에 대한 만족을 결정짓는 데 영향을 미치는 요인들로서 이에 속하는 것으로는 성취감, 인정감, 책임감, 성장과 발전, 직무 그 자체 등을 들 수 있다. 이들 요인들은 직무내용과 관련지어 직무에 대한 만족을 결정짓는다는 의미에서 '만족요인'(satisfier)이라고도 불리운다. 위생요인이 직무외재적 성격을 지닌 데 반하여, 동기요인은 주로 직무내재적 성격을 지니고 있음으로써 상호 간에 대조를 이루고 있다. 허쯔버그에 의하면 위생요인이 직무동기를 작동시키지 못하는 것과 같이, 동기요인은 불만족을 초래하지 않는다는 것이다. 다시 말해서, 동기요인이 결핍되었다고 하더라도 개인은 극도로 불만족하지 않는다는 것이다.

허쯔버그의 2요인이론은 만족과 불만족을 연속선상의 단일차원(unidimensional

continum)으로 파악하던 종래의 입장과는 달리 만족과 불만족이 전혀 별개의 독립된 차원(independent dual-dimensional continua)이고 각 차원에 작용하는 요인 역시 별개의 것이라는 가정을 제시함으로써 동기요인의 작용영역과 한계를 명백히 해주고 있다. 그리고 이 이론은 매슬로우의 이론과는 달리 보편적인 인간행동에 관한 이론이 아니라 경영을 염두에 두고 개발된 작업모티베이션에 관한 이론이라는 점에서 경영자들이 쉽게 응용하여 실제로 경영에 적용할 수 있다는 의미를 지닌다. 그러나 2요인 이론은 연구대상의 선택, 연구방법과 만족·불만족의 분류방식 등의 불합리성 그리고 직무만족과 성과와의 관계가 충분히 분석되지 않았다는 비판도 함께 받고 있다.

3) 알더퍼의 ERG이론

ERG이론은 미국의 예일대학(Yale University) 교수인 알더퍼(C.P. Alderfer)에 의해 정립된 이론으로서 매슬로우의 욕구단계이론이 직면했던 문제점들을 극복하고자 제시된 것이다. 그는 매슬로우의 5단계를 다시 존재욕구(existence needs)·관계욕구(relatedness needs)·성장욕구(growth needs)의 3단계로 구분했는데, 이는 저차원욕구와 고차원욕구 사이에 기본적 구별이 필요하다고 생각했기 때문이다. ERG란 이들 3단계 욕구의 영문표기 머리글자에서 따온 것이다(Alderfer, 1969).

존재욕구(E)는 인간의 생존을 위해 필요한 기본적인 욕구로서 배고픔·목마름·주거 등과 같은 모든 형태의 생리적·물리적 욕망들을 포함한다. 조직에 있어서는 임금이나 안전한 작업환경 그리고 작업안정성 등을 들 수 있다. 관계욕구(R)는 조직 내에서 대인관계에 관련된 모든 욕구를 포함한다. 매슬로우의 안전욕구, 소속 및 애정욕구, 일부의 존경욕구 등이 여기에 해당된다. 성장욕구(G)는 개인적인 성장과 발전에 관련된 것으로서 자기의 능력을 새롭게 개발하고 창의적으로 성취하고자 하는 욕구를 말한다. 매슬로우의 자아실현욕구와 일부의 존경욕구가 여기에 해당된다.

ERG이론은 하위욕구가 충족될수록 상위욕구에 대한 욕망이 커진다는 점에서는 매슬로우의 이론과 일치한다. 그러나 이 ERG이론이 매슬로우의 이론과 다른 점을 다음과 같이 두 가지로 요약할 수 있다(Szilagyi and Wallace, 1983 : 83).

첫째, 매슬로우의 욕구단계이론은 하나의 하위욕구가 충족될수록 상위욕구로 진행해 간다는 '만족-진행'(satisfaction-progression)의 과정만을 주장하는 데 반하여, 알더퍼의 이론은 이러한 만족-진행의 과정에 더하여 상위욕구가 충족되지 않을 때 혹은 좌절될 때 그보다 낮은 하위욕구의 중요성이 커진다는 '좌절-퇴행'(frustration-regression)의 과정을 가미했다는 것이다.

둘째, 매슬로우는 하나의 하위욕구가 완전히 충족되어야 상위욕구가 나타난다고 주장한 데 반하여, ERG이론은 한 가지 이상의 욕구가 동시에 작용할 수 있다고 주장한다. 또한 ERG이론은 사람들은 하위욕구가 완전히 충족되지 않더라도 상위욕구를 충족하는 쪽으로 행동할 수 있다고 주장한다.

이와 같이 ERG이론은 인간의 행동을 설명하는 데 있어서 매슬로우의 욕구단계이론에 비하여 보다 탄력적이며 욕구구조에 있어서 개인차이를 인정하고 있다. 따라서 경영자들에게는 ERG이론이 매슬로우나 허쯔버그의 이론에 비하여 현실적이고 실용적이라고 할 수 있다(Mayers, 1978). 그러나 학자에 따라서는 이 이론의 보편타당성에 의문을 제기하기도 한다. ERG이론이 어떤 조직에는 들어맞지만 어떤 조직에는 맞지 않는다는 것이다(Wanous and Zwany, 1977).

4) 맥클레란드의 성취동기이론

성취동기이론(achievement motivation theory)은 매슬로우의 욕구단계이론과 마찬가지로 인간의 욕구에 기초해서 모티베이션을 설명하려는 이론이다. 맥클레란드(D.C. McClelland)를 위시한 미국의 몇몇 학자들은 개인의 퍼스낼리티는 인간의 행동을 동기화시킬 수 있는 잠재력을 지닌 여러 욕구들로 구성된다고 보았는데, 그 중에서도 성취욕구(need for achievement : n-Ach), 친교욕구(need for affiliation : n-Aff), 그리고 권력욕구(need for power : n-Pow) 등의 세 가지가 가장 중요한 욕구라고 강조하였다.

이들 욕구 중에서도 맥클레란드는 특히 개인의 성취동기에 관하여 집중적으로 연구를 하였는데, 성취동기가 강한 사람들은 그렇지 못한 사람들에 비하여 다음과 같은 몇 가지 중요한 특징을 지니고 있다는 것을 발견하였다(Litwin and Stringer, 1968).

첫째, 성취동기가 강한 사람은 목표설정을 중요시하며, 실제 목표설정에 있어서도 모험성과 난이도를 적절히 절충하여 자신의 능력에 비추어서 도전적이면서도 달성가능한 수준에서 시작하여 이를 점차적으로 상위수준으로 올리면서 성과를 높여 나간다.

둘째, 성취동기가 강한 사람은 목표달성과정에서 경과의 진행상황을 수시로 점검하고 성과결과에 대한 피드백(feedback)을 원한다.

셋째, 성취동기가 강한 사람은 동료들에 대해서도 많은 관심을 가지며, 특히 자기의 목표달성에 기여할 수 있는 성과지향적인 동료들과 같이 일하기를 원한다.

특히 맥클레란드는 인도에서 실시한 그의 유명한 연구에서 성취동기에 잘 훈련된, 즉 높은 성취동기를 가진 기업가들은 그렇지 못한 기업가들에 비하여 그들의 역할을 성공적으로 수행하고 있음을 발견하였다(Hundal, 1971). 또 맥클레란드는 조직의 차원을 넘어서 성취동기이론을 국가의 경제성장과 관련시킴으로써 이 이론의 적용범위를 크게 확장하였다. 그는 경제성장과 국민의 평균적인 성취동기수준과의 관련성을 조사한 결과 그 둘 사이에 밀접한 관련성이 있음을 발견하였다. 즉 성취동기가 높은 나라는 경제적으로 높은 성장을 하고 있는 반면에, 성취동기가 낮은 나라에서는 경제적 성장이 저조하다는 결론을 내리고 있다(McClelland, 1961).

3. 동기부여의 과정이론

앞에서 설명한 동기부여의 내용이론들은 어떠한 요인들이 개인의 동기를 유발시킬 수 있는가 하는 점에 초점을 두고 있다. 따라서 내용이론들은 경영자들로 하여금 하급자로부터 동기화된 행동을 이끌어 내기 위해서는 어떤 요인들이 중요한지를 보다 잘 이해할 수 있도록 하였다. 그러나 내용이론들은 그 자체의 강점도 매우 많지만 욕구의 내적인 개념설명이 충분하지 못하고 욕구가 충족되는 과정에 대한 설명이 미흡하다. 즉, 이들 이론은 어째서 사람들이 특정의 행동방식을 선택하는지에 대해서는 설명을 하지 않고 있다(박영배, 1995 : 96).

이제 살펴볼 과정이론(process theory)은 바로 인간의 선택에 초점을 두고 있다. 즉, 과정이론은 인간의 동기부여가 어떠한 선택과정을 통하여 이루어지는가 하는 데 주안점을 두고 있다. 여기에서는 과정이론으로서 기대이론과 공정성이론에 관하여 중점적으로 살펴보도록 하겠다.

1) 브룸의 기대이론

브룸(Vroom, 1964)에 의하면 모티베이션(motivation)이란 여러 자발적인 행동들 가운데서 사람들의 선택을 지배하는 과정으로 정의되어진다. 즉, 개인의 행동은 여러 행동대안(behavior alternatives)이 있을 경우 이들을 평가하여 자기 자신이 가장 중요시하는 결과를 가져오리라고 믿어지는 행동대안을 선택한다는 것이다. 따라서 브룸에 의하여 처음으로 발표된 기대이론(expectancy theory)은 개인의 동기발생과 동기선택과정에 있어서의 인지적 요소를 강조한다.

기대이론에는 브룸이 주장하는 원리에 따라 모티베이션의 설명에 유용하게 쓰일 수 있는 다음의 다섯 가지 변수에 대한 개념이 제시되어 있는데, 이들은 행동선택과정에 있어서 중요한 요인이 되고 있다.

① **기대** : 기대(expectancy)란 개인의 특정 행동이 가져올 수 있는 특정 결과에 대한 기대감을 말한다. 이는 0에서 1까지의 값을 갖는데, 이것은 행동과 결과 간에 전혀 관계가 없는 상태(0)로부터 시작하여 행동과 결과 간의 관계가 확실한 상태(1)까지를 나타낸다.

② **유의성** : 유의성(valence)은 어느 개인이 특정 결과에 대해 갖는 선호의 강도를 말한다.

③ **1차수준결과와 2차수준결과** : 1차수준결과(fist outcomes)는 개인행동의 성과를 말하며, 2차수준결과(second outcomes)는 1차수준결과에 따른 보상으로서 돈, 승진, 감독자의 지지 등과 같은 것이다.

④ **수단성** : 수단성(instrumentality)은 개인이 지각하는 1차수준결과가 2차수준결과를 가져오게 되리라는 주관적인 확률치이다. 이 수단성은 −1에서 1까지의 값을 가진다.

⑤ **행동선택** : 행동선택(choice behavior)은 행동패턴의 선택으로서, 행동대안과 기대되는 결과 및 그 중요성을 모두 비교·평가하여 자신의 행동을 선택하는 것을 말한다.

브룸은 이들 제 개념들의 상호관련성을 다음과 같은 함수들로 표현함으로써 개인의 모티베이션과정을 설명하고 있다.

$$F_i = f_i\,[\sum_{j=1}^{n}(V_j \times E_{ij})]\,,\ V_i = f_i\,[\sum_{k=1}^{n}(V_k \times I_{ij})]$$

여기서, F (force) : 힘 또는 동기
E (expectancy) : 기대
V (valence) : 유의성
I (instrumentality) : 수단성

즉, [그림 8-3]에서 보는 바와 같이 개인의 동기(F)는 1차수준결과에 대한 유의성(V_j)과 일정 행동이 특정의 1차수준결과를 가져오리라고 믿는 기대(E_{ij})의 곱의 함수라는 것을 의미하고, 1차수준결과의 유의성은 다시 모든 2차수준결과의 유의성(V_k)과 실제로 2차수준결과를 가져오리라는 기대, 즉 수단성(I_{ik})의 곱의 함수라는 것을 의미한다.

이와 같이 브룸의 기대이론은 유의성와 기대, 유의성과 수단성 사이에 곱셈의 관계를 이루고 있다는 점에 유의할 필요가 있다. 즉, 조직에서 높은 성과에 대해 아무리 큰 보상이 주어진다 해도 충분한 시간과 자원이 없다면(기대가 낮다면) 모티베이션은 적어지는 것이다(신유근, 1989 : 243).

기대이론은 성과로부터 기대되는 실제결과가 동기에 작용하는 역할을 강조함으로써 개인의 행동동기에 대한 현실적인 이해를 높여주었다. 그리고 노력과 성과에 대한 기대감을 중심으로 조직구성원의 능력과 기술개발의 중요성을 강조하고, 성과와 보상에 대한 기대감을 중심으로 적절한 유인(incentive)의 중요성을 강조함으로써 실제로 동기부여과정에 많은 도움을 주었다. 그러나 이론 자체의 복잡성으로 말미암아 연구방법과 자료에 대한 신뢰성을 확보하기가 어렵다는 것이 문제점으로 지적되고 있다(이학종, 1992 : 168 ; Lawler and Suttle, 1973).

[그림 8-3] 브룸의 기대이론모형

동기(F_i)	1차결과에 대한 기대감(E_{ij})	1차결과(V_j)	2차결과에 대한 기대감(I_{ik})	2차결과(V_k)

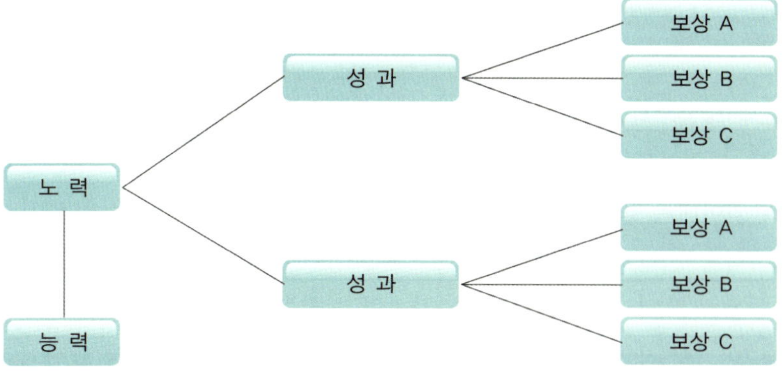

2) 아담스의 공정성이론

동기부여 과정에 관한 또 하나의 대표적인 이론은 아담스(J.S. Adams)의 공정성이론(equity theory)이다. 이 이론의 핵심은 사람들의 행동이 타인들과의 관계에서 공정성을 유지하는 쪽으로 동기화된다는 것이다. 즉, 사람들은 조직과의 일정한 교환관계(exchange relationship)의 상황하에서 각자가 지불하는 대가인 투입(inputs)과 그로부터 얻어내는 결과(outcomes) 간의 일정한 비율을 다른 사람의 그것과 비교한다. 그래서 만일 자신의 투입 대 결과의 비율이 타인의 그것과 동일하면 작업자는 공정하다고 느끼며 조직과 공정한 교환관계가 이루어졌다고 만족한다. 그러나 만일 자신의 비율이 타인의 그것과 동일하지 않은 경우에는 작업자는 조직과의 교환관계가 불공정하게 이루어졌다고 느끼며 어떤 식으로든 공정성을 회복하는 쪽으로 노력하게 된다는 것이다. 따라서 이 이론은 한 개인이 타인들에 비하여 얼마나 공정하게 대우를 받느냐 하는 '사회적 비교'를 중시하기 때문에 사회적 비교이론(social comparisons theory)이라고도 부른다.

공정성이론에서 개인이 자신의 투입(I_A)대 결과(O_A)의 비율을 타인의 투입(I_B)대 결과(O_B)의 비율과 비교한 후에 공정성 또는 불공정성을 지각하는 경우는 다음과 같다.

① $\frac{O_A}{I_A} < \frac{O_B}{I_B}$: 불공정성을 지각한다(과소보상상황)

② $\frac{O_A}{I_A} = \frac{O_B}{I_B}$: 공정성을 지각한다

③ $\frac{O_A}{I_A} > \frac{O_B}{I_B}$: 불공정성을 지각한다(과대보상상황)

아담스와 많은 학자들은 공정성이론을 실제의 작업환경 중에 응용하려고 노력하였다. 그들은 작업자들은 각기 자신의 작업을 위하여 투입하는 기술·시간·노력 등과 그로부터 얻어내는 물질적·심리적 보상을 비교한 후에 만일 불공정성을 느끼게 된다면 심리적으로 인지부조화(cognitive dissonance)의 현상이 발생하기 때문에 각종 가능한 행동을 통하여 이러한 인지부조화의 현상을 감소시키기 위하여 노력한다고 생각한다. 여기서 작업자들이 인지부조화의 현상을 감소시키기 위하여 실제로 취하는 행동은 그들에 대한 처우를 조정해 줄 것을 요구하거나 더 이상 과거처럼 열심히 노력하지 않는다든지 심지어는 직장을 떠난다든지 하는 것을 말한다.

학자에 따라서는 공정성이론이 일반적으로 '과소보상상황'에서는 이론의 타당성이 입증되고 있지만 '과대보상상황'에서는 별로 타당성이 입증되지 못한다고 말한다. 왜냐하면 그것은 '과대보상'의 정확한 의미를 정의하거나 조직화하는 데 문제가 있기 때문이기도 하지만, 본질적으로는 개인들이 과소보상보다는 과대보상을 더 잘 참거나 과대보상의 불공정성을 인정하지 않는 방향으로 지각상의 왜곡이 이루어지기 때문이라는 것이다(신유근, 1989 : 250 ; Jones, 1983 : 170).

4. 동기부여이론의 통합모형

포터와 로울러(Poter and Lawler, 1968)는 브룸의 기대이론과 지금까지 설명한 여러 학자들의 학설을 응용하여 비교적 포괄적인 동기부여모형을 제시하였다. 그 전체적인 모형은 [그림 8-4]와 같다.

[그림 8-4] 포터와 로울러의 동기부여모형

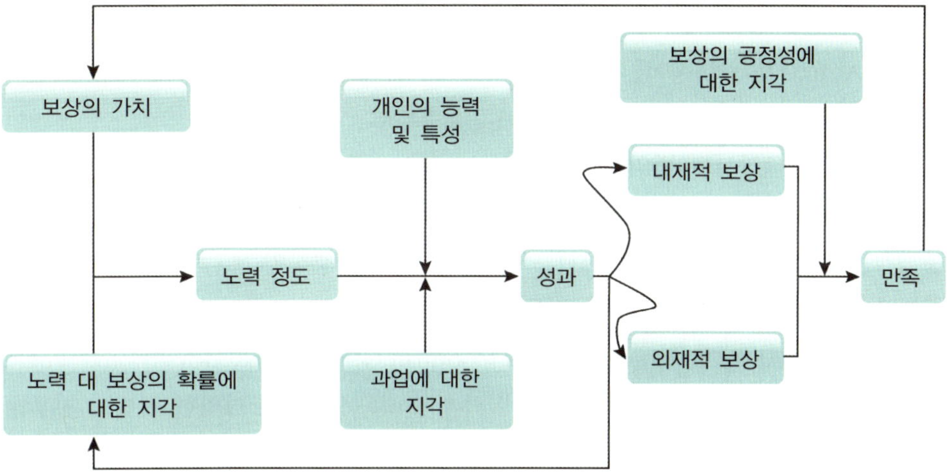

자료 : Porter and Lawler III, 1968 : 165.

위의 모형에서 개인의 '노력 정도'는 획득할 수 있는 '보상의 가치'와 '노력 대 보상의 확률에 대한 지각'에 의해서 결정된다(브룸의 기대이론). 그러나 개인의 '성과'는 개인의 '노력 정도' 이외에 '개인의 능력 및 특성'과 '과업에 대한 지각'의 영향을 받는다. 그리고 그러한 개인의 '성과'는 그에게 성취감이나 자아실현욕구의 만족 같은 '내재적 보상'과 금전이나 지위 그리고 작업환경 등과 같은 '외재적 보상'을 가져다 준다(허쯔버그의 2요인이론). 그러나 '보상'에 대한 개인의 만족 여부는 자신이 지각하는 '보상에 대한 공정성' 여부의 영향을 받게 된다(아담스의 공정성이론).

이와 같이 포터와 로울러의 모형이 내포하고 있는 의의는 매우 포괄적이어서 경영자들이 실무에 참고할 수 있는 많은 지침들을 제시해 주고 있다. 그러나 이 이론은 브룸의 기대이론과 마찬가지로 이론의 내용이 너무 복잡하여 검증 자체가 매우 어렵다든지 또는 과연 인간이 이 이론이 주장하는 바와 같이 복잡한 계산과정을 거쳐서 행동할 수 있는 것인가 하는 문제점을 나타내고 있다.

제3절 동기부여와 조직공정성

1. 조직공정성의 의의

조직구성원들이 조직생활의 과정에서 공정하게 대우를 받고 있는가에 기초를 두고 있는 조직공정성 개념은 호만스(G.C. Homans)가 『사회적 행동』(Social Behavior)이라는 저서에서 최초로 분배공정성이라는 용어를 사용한 이래로(Homans, 1961), 아담스(J.S. Adams)가 공정성이론(equity theory)을 제시하면서 분배정의에 대한 심리학적 이론으로 체계화되었고(Adams, 1965), 월스터(E. Walster) 등에 의해 이 개념이 적용될 수 있는 현상의 범위가 확대되었다(Walster 등, 1978).

조직공정성(organizational justice)은 최근에 조직구성원들이 조직 내에서 어떻게 공정성을 지각하느냐에 따라 자신들의 직무에 대해 긍정적인 또는 부정적인 태도와 행동을 나타낼 수 있게 된다는 것이 증명되면서 그 중요성이 강조되고 있다(Leventhal, 1980 ; Greenberg, 1990 ; Moorman 등 1993 ; Konovsky and Pugh, 1994). 즉, 조직구성원들의 조직공정성 인식은 조직구성원들의 다양한 형태의 직무태도와 조직유효성에 중요한 역할을 하게 된다는 것이다.

한편, 조직공정성의 구성요인과 관련하여 몇몇 연구자들은 조직공정성 항목들에 대한 요인분석의 결과를 통해 두 가지 요인, 즉 분배공정성과 절차공정성으로 구성된다고 하였다. 분배공정성은 조직구성원이 조직으로부터 받는 보상의 크기에 대한 공정성 인식의 정도를 의미하며, 절차공정성은 그러한 보상의 크기를 결정하기 위해 사용하는 절차와 방법에 대한 공정성인식의 정도를 의미한다. 그리고 그와 같은 공정성의 인식은 실제로 조직구성원들의 직무만족, 조직몰입, 이직의도, 이직률, 결근율, 직무성과, 조직시민행동 등에 영향을 미치게 된다(Flolger and Konovsky, 1989 ; 임준철·윤정구, 1998 ; 안관영, 1999 ; 박영배·홍승배, 2003).

2. 조직공정성의 구성요인

조직공정성의 구성요인은 절차공정성과 분배공정성 외에 연구자에 따라서는 이를 더욱 세분화하여 상호작용공정성을 추가하여 분류하기도 한다(Bies and Moag, 1986 ; Rhee, 1996).

이와 같이 공정성이론에서 출발한 조직공정성에 대한 연구는 그 구성요인이 분배공정성, 절차공정성, 상호작용공정성 등으로 확장되면서 최근에는 이들 세 가지 공정성요인들의 개념적 독립성을 인정하고 조직 내의 다양한 변수들과의 개별적 또는 결합적 효과를 밝히려는 데 초점이 두어지고 있다.

1) 분배공정성

분배공정성(distributive justice)은 조직구성원이 투입한 노력에 대하여 제공되는 보상의 정도와 관련된 일차원적인 공정성으로 조직구성원이 조직으로부터 받는 보상의 크기에 대한 공정성을 인식하는 정도를 의미한다(Folgler and Konovsky, 1989). 따라서 조직구성원들에게 분배공정성은 구성원과 조직과의 경제적 교환관계(economic exchange relationship)에 대한 결과적인 공정성으로 이해될 수 있을 것이다.

공정성이론과 함께 분배공정성의 개념화에 영향을 미친 다른 이론으로는 공정성판단이론(justice judgement theory)을 들 수 있다. 공정성이론이 보상의 불공정성에 대한 반응에 초점을 두는 데 비하여, 공정성판단이론에서는 사람들이 보상의 공정성유지를 위하여 다양한 공정성규범(justice norms)을 활용한다는 점을 강조한다. 즉, 조직 내에서 이루어지는 보상의 배분전략은 때때로 상황적 요인에 의해 결정된다는 것이다. 예컨대, 사회적 조화(social harmony)가 무엇보다 중요시되는 상황하에서는 균등(equality)한 보상배분절차가 선호되며, 성과와 생산성이 중요시되는 상황하에서는 형평성(equity)의 규범이 선호된다. 보상배분의 일차적 목적이 집단의 조화를 유지하고, 갈등을 방지하고, 협력을 촉진하며, 이직을 방지하는 데 있을 경우 의사결정자들은 균등성에 기초한 보상배분을 선호한다. 그러나 목적이 성과가 낮은 사람들을 제거하는 데 있을 경우에는 형평성의 원칙이 선택되며, 따라서 성과가 높은 사람과 낮은 사람간의 상당한 임금격차는 조직 내 예정된 인사조치에 관한 명백한 메시지로 전달된다(Fisher 등, 1996).

그러나 분배공정성에 대한 연구는 주로 보상의 배분결과에 논의의 초점을 둔 결과 절차공정성의 문제를 상당부분 간과하였다는 한계를 지니고 있었다. 즉 분배공정성은 조직의 의사결정이 이루어지기까지의 절차나 규칙, 기준에 대해서는 거의 관심을 두지 않았다는 점에서 분배결과와 무관한 만족이나 불만족의 느낌을 설명하는 것이 쉽지 않고, 동일한 보상의 상황하에서 나타나는 사람들 간의 반응의 차이를 이해하기가 어렵다는 한계를 지니고 있었다. 따라서 이와 같은 문제를 설명하고자 하는 노력이 절차공정성에 대한 연구를 촉진시키게 되었다.

2) 절차공정성

분배공정성이 조직으로부터 받게 되는 보상의 정도와 관계가 있는 반면, 절차공정성(procedual justice)은 보상이 이루어지는 동안의 과정과 수단에 관련되어 있다(Alexander and Ruderman, 1987). 즉 조직구성원들이 조직 내의 보상과정에서 사용된 절차를 얼마나 공정하게 인지하고 있는가의 정도를 의미하는 것으로서, 절차공정성은 의사결정의 결과보다는 그 과정이 얼마나 공정하고 정당한가에 초점을 맞춘다(Folger and Greenberg, 1985 ; McEnrue, 1989 ; Mauborgne and Kim, 1997).

다시 말하면, 이해당사자들에게는 임금결정이나 이윤배분 등과 같이 자신의 이해관계에 중요한 영향을 미치는 의사결정이 어떤 절차를 거쳐 이루어졌는가 하는 것이 그 의사결정의 결과 못지 않게 중요한 의미를 가진다는 것이 절차공정성의 전제이다(McEnrue, 1989). 절차공정성 이론에 따르면 의사결정의 절차적 공정성은 기준과 절차의 사전명시성, 의사결정과정에서의 의견반영 정도, 의사결정 후의 피드백, 의견불일치 시 재검토 정도, 절차의 공개성 등에 의해 결정된다(Folger and Greenberg, 1985 ; McEnrue, 1989 ; Mauborgne and Kim, 1997 ; 신동엽, 1999).

절차공정성은 인지적(cognitive)이고 감정적(affective)인 면과 밀접하게 관련되고 조직몰입과 같은 조직측면의 행동적 반응에 영향을 미치는 것으로 나타나고 있다(Martin and Bennett, 1996 ; Mossholder 등, 1998). 즉, 어떤 결과를 가져오는 절차가 불공정한 것으로 인식되어 진다면 개인적인 과업이나 문제의 측면보다는 전체 조직의 측면과 관련된다는 것이다.

이와 같이 절차공정성은 보상의 크기를 결정하기 위해 사용하는 수단에 대한 공정성을 인식하는 정도를 의미하는 것으로(Folgler and Konovsky, 1989), 조직구성원 개인이 조직으로부터 좋지 못한 결과를 받게 되었다 할지라도 절차가 공정하였다고 지각하였을 때에는 결과를 보다 긍정적으로 평가한다는 것이다(Schminke 등, 1997).

3) 상호작용공정성

상호작용공정성(interactional justice)은 공식적 절차의 설정이나 그와 같은 절차를 진행하는 과정에서 조직구성원들이 받는 처우의 공정성을 의미한다. 즉, 사람들은 그와 같은 절차를 수행하는 동안에 그들이 받게 되는 상호 간의 의사소통의 질(의사소통의 신뢰, 우호적인 대우)에 영향을 받을 것이다. 따라서 종업원들이 의사결정의 순서와 결과를 공정하다고 판정할지라도 공식절차가 진행되는 과정에서 받는 처우가 불공정하다고 느끼게 되면 그 결과에 불만족할 수도 있게 된다는 것이다.

몇몇 연구자들은 일찍이 이와 같은 처우의 질에 관한 비공식적인 측면을 상호작용 공정성으로 개념화하였다(Bies and Moag, 1986). 그들은 절차공정성이 공정성문제가 실질적으로 구체화되는 맥락 또는 시점을 소홀히 다루고 있음을 중요시하였다. 즉 절차공정성은 절차라는 고정된 측면만을 다루고 있으며, 실제로 설정된 하나의 절차가 집행되는 과정에서의 핵심현상인 두 사람 사이의 상호작용의 측면이 간과되었음을 지적하였다.

연구자들은 경영대학원 학생들을 대상으로 이루어진 연구를 통하여 정직성(honesty), 예의바름(courtesy), 적시의 피드백(timely feedback), 권리의 존중(respect for rights) 등과 같은 대인적 요인들이 기업의 모집절차상의 공정성을 평가하는 데 중요한 요소임을 제시하였다.

상호작용공정성은 연구자에 따라서는 조직 내에서 유지되는 공식적 절차의 특징과 함께 절차공정성을 구성하는 하나의 요소로 평가되는 경향도 있으나(Lind and Tyler, 1988 ; Niehoff and Moorman, 1993), 최근에는 상호작용공정성이 절차공정성과 구분되는 독특한 성격을 지니고 있음이 강조되고 있다(이재훈, 1996 ; Aquinoetal, 1997 ; 이경근 · 박성수, 1999).

또한 논리적으로 보더라도 상호작용공정성은 의사결정절차의 구조적 특성에 초점을 두는 절차공정성과는 질적으로 다른 속성을 지니고 있다. 즉 절차가 아무리 공정하게 체계화되어 있다 할지라도 절차의 실제 집행과정에서 나타나는 대인적 처우의 방식은 의사결정자에 따라 다르게 나타날 수 있으며, 또 사람에 따라 다르게 받아들여질 수 있다. 주관적 요소가 개입할 여지가 그만큼 많은 것이다. 그와 같은 측면에서 대인적 상호작용이 활발할수록 공정성에 대한 평가가 호의적으로 이루어질 가능성은 높아진다. 예컨대, 경영자가 부하들의 의견을 존중하고 예의바르며 호의적인 태도를 보일수록 부하들이 의사결정과정에 실질적으로 참여할 수 있는 가능성이 높아지고, 의사결정을 위한 보다 완전하고 정확한 정보를 제공할 수 있는 기회 또한 많아짐으로써 결과적으로 의사결정결과에 대해서도 긍정적인 태도를 유발할 수 있다. 최근의 연구에서도 의사결정결과에 대한 수용 정도는 의사결정자가 자신의 생각을 진솔하게 피력하였을 때, 그리고 의사결정에 의해 영향을 받는 사람들이 예의바르고 정중한 방식으로 처우받았을 경우 더욱 높아지는 것으로 나타나고 있는데, 이는 대인적 처우에 대한 지각이 불공정한 상황하에서 야기될 수 있는 반응을 결정하는 데 중요한 영향을 미칠 수 있음을 보여주는 것이다(Greenberg, 1990).

신화의 인물, 불멸의 기업 4

아름다운 사회환원 : 유일한과 유한양행

유일한과 기업의 사회적 책임*

유일한은 한반도에서 청일전쟁이 한창이던 1895년 평양에서 9남매 중 장남으로 태어났다. 이후 9살의 나이로 미국 유학을 떠나던 1904년까지 평양 종로에서 성장했다. 개화만이 나라를 구할 수 있다는 신념하에 그의 부친은 맏아들인 유일한을 아내의 결사적인 반대에도 불구하고, 머나먼 미국 대륙의 중부인 네브라스카로 보내게 된다. 가장 부강한 나라인 미국에 자식을 유학보내 좀 더 큰 인물로 만들고 싶었던 바람 때문이었다.

유일한은 학창시절을 미국에서 보내면서 성장했다. 그 곳에서 직장생활도 하였고 자신의 사업체도 설립 · 운영하였으니 미국은 그를 키워 준 제2의 고향이며, 거기서 배워 익힌 자본주의 정신은 그가 일생을 살아가는 신념이 되고 철학이 되었던 것이다.

유학시절 청년 유일한은 한인 소년병학교에서 민족정신을 배우는 한편, 1919년 한인자유대회에서 주축으로 활동하며 민족혼을 지켜갔다. 이후 미국에서 배운 지식을 갖고 무엇을 해야 할 것인가를 깊이 생각하였고 자신이 할 수 있는 일은 배운 지식을 활용하는 기업의 길을 택하는 것이라고 결론지었다.

유일한은 일제 식민치하에서 가난과 질병으로 고통받는 우리 민족의 현실을 보고 1926년 귀국해 '건강한 국민만이 잃었던 주권을 되찾을 수 있다'는 신념으로 제약업체 유한양행을 설립하게 된다. 귀국 당시 미국에서 교류하던 서재필 박사는 "버드나무처럼 무성히 번성하라"는 의미로 그의 딸이 조각한 버드나무 목각화를 선물로 주었고, 이는 현재 유한양행의 기업 상징물인 '신용의 상징, 버들표'의 기원이 되었다. 유한양행은 국민건강에 도움이 되는 우수 의약품을 국내에 도입하는 것은 물론, 1933년에는 '안티푸라민'을 개발하는 등 독자적인 근대식 제약기업으로 발전한다. 특히 유일한은 1936년 개인소유였던 유한양행을 법인체 주식회사로 전환함으로써 '기업은 사회의 소유'라는 생각을 실천에 옮기게 된다.

유일한은 기업은 사회적인 공기로 사회 전체의 발전을 위해 기업을 발전시키는 것이 기업의 임무이며 책임이라고 생각하였다. 이를 위해서 제약업계 최초로 주식상장을 통해 기업을 공개했으며 종업원지주제를 실시하여 기업의 사회적 책임을 실천하는 데 앞장섰다.

유일한은 이 시기에 평생의 숙원인 교육사업의 확대를 위해 학교를 세우고, 사회사업을 더욱 확장하여 추진할 수 있도록 별도의 공익재단을 설립하였다. 1970년에는 유학재단의 전신인 '재단법인 한국사회 및 교육원조 신탁기금'을 설립하였으며, 기금 전액을 사재로 기증하였다.

---

* 유한양행 홈페이지(http://www.yuhan.co.kr) 요약

1971년 유일한 박사의 유언장이 공개되자 각 언론매체에서는 신선한 충격 속에 "나의 전 재산 학교재단에", "아들엔 한푼 없이 자립하라" 식으로 제목을 달아 대서특필했다. 자신의 모든 소유를 가족이 아닌 사회에 고스란히 환원한 유일한의 결단과 정신은 한국판 '노블리스 오블리주'의 전형으로 평가받고 있으며, 전 재산 사회환원 신화는 현재까지도 우리 사회의 건강한 자양분으로 귀감이 되고 있다.

유한양행과 경영이념의 구현*

제약회사인 유한양행에서는 최근에 후임 최고경영자(CEO) 자리를 놓고 두 명의 부사장이 치열하게 경합하였다. 후임 CEO는 등기이사 6명과 사외이사 2명으로 구성된 이사회에서 최종 결정된다.

재계가 연매출 6,000억 원도 채 안 되는 제약업계 2위 기업의 차기 CEO에 주목하는 이유는 뭘까? 유한양행은 이례적으로 40년 동안 전문경영인 시스템을 유지해 오고 있기 때문이다. 창업자인 유일한 박사가 "기업이 일정규모 이상으로 커지면 개인의 것이 아니다"는 신념으로 이 제도를 만들었다. 이제 후임 CEO가 선출되면 1969년 첫 번째 사장 이후 여덟 번째 전문경영인이 탄생하는 셈이다.

이 회사 직원은 누구나 "나도 사장이 될 수 있다"는 포부가 있다. 실제로 설립자인 유일한 박사가 사망한 이후 현재까지 7명의 CEO 모두가 평사원 출신이다. 이들 중 임기를 마치지 못하고 중도하차한 CEO는 없다. 또 지금까지 1,400여 명의 유한양행 직원 중 설립자의 친인척은 한 명도 없다. 전문경영인의 책임경영 토대가 그만큼 탄탄하다는 얘기다.

CEO를 선정하는 원칙은 미국의 GE방식과 비슷하다. 우선 회사 사정을 잘 아는 내부인사 중에서 고르되, 두 명의 후보가 일정기간 경쟁을 치러야 한다. 그런데 반드시 내부인사로 CEO 후보를 한정한 이유는 속사정이 있다고 한다. 이 회사에서 정년퇴임한 어느 홍보위원은 "행여 의욕이 넘치는 외부 인사가 CEO로 올 경우 위험천만한 고수익 사업에 손을 대 공익사업에 해를 끼칠 수 있기 때문"이라는 게 그의 귀띔이다. CEO 경쟁에서 낙오한 후보가 회사를 떠나는 것도 GE방식과 흡사하다. 다만 GE의 CEO는 임기가 없지만 유한양행은 3년(한 번 연임 가능)이라는 점이 다르다.

평사원은 누구나 CEO 후보가 되는 건 아니다. 이 회사는 업무능력 이외에 직급별로 정해진 교육학점을 이수해야 승진할 수 있다. 대리 이하 직원은 직급별 외국어 한 과목과 경영·회계 등 필수 한 과목을 들어야 한다. 고려아카데미컨설팅과 한국매니지먼트시스템에서 운영하는 온라인 교육과정을 들어야 한다. 과장부터 이사까지는 직급별 외국어 한 과목과 직위별 필수 두 과목을 이수해야 한다. 임원이 되면 CEO 후보자격이 주어진다. 사장은 업적과 역량을 기준으로 매년 두 차례 평가를 해 후계자를 가려낸다. 한 회사관계자에 의하면 "임원평가에서 가장 비중이 큰 항목은 '정직, 성실, 신용'의 유한정신"이라며 "업무실적이 부진한 임원은 재도전의 기회가 있지만 유한정신과 맞지 않는 평가를 받으면 제외된다"고 한다. CEO감을 단기실적으로 평가하지 않는다는 얘기다.

---

* 중앙일보, 2009년 2월 2일자 요약

제9장 리더십과 커뮤니케이션

제 9 장 리더십과 커뮤니케이션

제 1 절 리더십의 의의와 전개과정

1. 리더십의 의의

모든 조직은 저마다 나름대로의 특정한 목표를 전제로 구성되어 관리·운용되고 있다. 따라서 조직의 궁극적인 목적은 관리적 행동을 통하여 설정된 목표를 성공적으로 달성하는 데 있다. 그리고 리더십(leadership)은 조직이 목표를 달성하는 데 있어 하나의 관리적 행동으로서 매우 중요한 위치를 차지하고 있다. 조직행동을 연구하는 많은 학자들은 리더십을 관리 그 자체와 동일시하여 한 조직의 성과를 효과적인 리더십의 발휘 여부와 관련지어 생각하기도 한다.

리더십은 영리를 목적으로 하는 기업조직에 있어서 특히 중요한 의미를 갖는다. 더욱이 경영의 제반 사고가 인간을 중심으로 전개되고 있고, 경영활동이 이러한 인간을 통하여 목표를 달성하는 과정으로 이해되는 현대적 경영관리의 관점에서는 리더십의 중요성이 크게 부각되고 있다. 목표의 달성이 조직구성원의 활동을 통하여 성취된다는 사실은 조직의 리더 또는 경영자로 하여금 조직구성원의 노력을 통합하고 조율하도록 하는 리더십의 필요성을 강조하게 하고 있기 때문이다. 즉, 조직의 리더는 조직구성원들에게 영향력을 발휘하여 조직의 목표를 성공적으로 달성할 수 있도록 사기를 높이고 그들의 잠재적 능력을 활성화시킬 수 있는 리더십의 기술을 개발하지 않을 수 없는 것이다. 이러한 관점에서 리더십은 경영관리의 유효성을 제고시키는 데 절대적이며 필수적인 요건으로 등장하게 되었다.

리더십은 학자에 따라 매우 다양하게 정의되고 있다. 텐넨바움(R. Tannenbaum) 등은 리더십을 "일정한 상황하에서 특정 목표를 달성할 수 있도록 의사소통과정을 통해서 사람들에게 영향력을 행사하는 것"으로 정의한다(Tannenbaum 등, 1959 : 132-170). 또한 플레쉬만(E.A. Fleishman), 쿤쯔(H. Koontz)와 오도넬(C. O'Donnell) 등은 리더십이란 "개인이 사람들로 하여금 공동목표를 달성할 수 있도록 영향력을 가하는 과정"이라고 말한다(Fleishman, 1973 : 3 ; Koontz and O'Donnell, 1979 : 453). 바우어즈(D.G. Bowers)와 시쇼어(S.E. Seashore)는 리더십은 반드시 다음과 같은 특징을 포함하여야 한다고 강조한다. 첫째, 리더십의 개념은 두 사람 또는 그 이상의 사람들이 존재할 경우에만 의의가 있다. 둘째, 리더십은 어떤 행동으로 구성되는 것이다. 즉, 리더십은 집단 내에서 하나의 구성원이 다른 구성원들에게 어떤 영향을 미치는 행동을 통하여 집단목표를 달성하려고 하는 것이다(Bowers and Seashore, 1973 : 422).

그러나 리더십은 집단구성원들이 리더의 일방적인 행동을 피동적으로만 받아들이는 것을 의미하지 않는다. 리더십이 효과를 발휘하기 위해서는 상대방이 어떤 반응을 통하여 그것을 자발적으로 수용할 수 있어야 한다. 따라서 리더십은 리더와 부하 또는 영향자와 피영향자 사이의 상호작용과정이라고 할 수 있다. 사실상 부하들 역시 리더의 행동에 영향을 미친다. 다만 그들의 리더에 대한 영향력의 강도가 리더의 그들에 대한 영향력에 비하여 상대적으로 약하기 때문에 리더가 의도하는 방향으로 움직이게 되는 것이라고 볼 수 있다(Cohen 등, 1976 : 192-195).

또한 많은 학자들은 리더십의 문제는 반드시 그것이 발생하는 '상황'을 고려해야 한다고 주장한다. 왜냐하면 리더십 행동의 유효성은 상황조건에 따라서 크게 달라지기 때문이다. 특히 요즈음과 같이 기업환경이 매우 복잡하고 급격하게 변화하는 시대에 있어서는 리더십 행동과 그 결과를 이해하는 데 상황조건에 대한 보다 깊은 성찰이 요구된다.

이상의 여러 학자들의 견해와 주장을 종합하여 보면 리더십이란 "불확실성이 높은 상황하에서 집단이나 조직의 목표를 달성하기 위하여 개인이나 집단의 행동에 영향력을 행사하는 과정"이라고 정의할 수 있다. 다시 말하면 리더십은 리더(leader)·추종자(follower)·상황(situation) 등 세 변수의 함수, 즉 L=f(l, f, s)라고 할 수 있다(Hersey and Blanchard, 1982).

2. 리더십이론의 전개과정

리더십에 대한 연구는 상당히 일찍부터 여러 영역에서 이루어져 왔으며, 그동안 많은 학자들이 실증적 연구를 통하여 새로운 이론을 개발하고 발전시키는 데 상당한 기여를 하였다. 역사적으로 볼 때 리더십이론은 크게 특성이론, 행동이론, 상황이론으로 변화・발전되어 왔다. 그리고 최근에도 전통적 리더십이론의 한계를 극복하기 위한 새로운 리더십이론들이 다양하게 등장하고 있다.

특성이론은 효과적인 리더에게는 남과 다른 개인적 특성이 존재한다고 강조한다. 그러나 이 이론에 입각한 많은 연구들은 리더들의 공통적인 특성을 추출해 내지 못하고, 성공적인 리더십과 리더의 특성 사이에 나타나는 관련성이 발견되지 않아 곧 한계에 부딪치게 되었다.

행동이론은 리더의 행동에 초점을 맞추고 집단이나 조직의 성과를 높일 수 있는 리더십 스타일을 찾으려는 데 연구의 중점을 둔다. 그러나 이러한 연구추세도 어떤 유형의 리더가 가장 높은 성과를 올릴 수 있는가 하는 문제에 대하여 명확한 대답을 주지 못하였기 때문에 완전한 리더십의 이론이 될 수는 없었다.

상황이론은 효과적인 리더란 여러 가지 상황의 요구에 부합되는 리더라고 강조한다. 어떠한 상황에서나 효과적으로 적용될 수 있는 유일한 리더십 스타일은 존재하지 않으므로 추종자, 즉 부하들과 리더가 맡은 과업을 포함하는 특정의 상황특성에 가장 효과적으로 작용할 수 있는 리더십 스타일을 개발할 필요가 있다는 것이다.

끝으로 최근에 연구되고 있는 리더십이론들은 효과적인 리더십에 요구되는 상황적 요인들이 매우 복잡하게 형성되어 있으며, 또한 이 요인들이 고정되어 있는 것이 아니라 대단히 동태적이기 때문에 이러한 특성을 고려해야 한다고 강조한다. 즉, 상황이론이 리더십 유형의 상대적 가치를 보다 객관적이고 합리적으로 판단할 수 있는 체계를 제시했다는 점에서는 크게 기여하였지만 여기서 고려되고 있는 상황은 부하 및 직무 등과 같은 미시적 차원의 요인들을 중심으로 매우 단순화되어 있고, 또한 상황요인의 동태성을 충분히 반영하지 않고 있어 현실적 기여도가 낮다는 것이다.

이상에서 설명한 네 가지 리더십이론의 대략적인 내용을 시대적으로 구분하고 비교・요약하면 [표 9-1]에서 보는 바와 같다.

[표 9-1] 리더십이론의 비교

접근방법	연구모형	강조점
특성이론 (1930년대~ 1950년대)	개인적 특성 → 리더와 비리더의 구별	리더와 리더가 아닌 사람을 구별할 수 있는 특징이나 특성이 분명히 존재한다.
행동이론 (1950년대~ 1960년대)	리더 행동 → · 성과 · 종업원 유지	리더십의 가장 중요한 측면은 리더의 특성이 아니라 리더가 여러 상황에서 실제로 하는 행동이다. 성공적 리더와 비성공적 리더는 그들의 리더십 스타일에 의해 구별된다.
상황이론 (1970년대~ 1980년대)	리더 행동 → · 성과 · 만족(종업원 유지) · 기타 이 기준에 관련된 변수 미시적 상황요인 : 과업, 부하의 퍼스낼리티, 집단성격 등	리더의 유효성은 그의 스타일뿐만 아니라 리더십 환경을 이루는 상황에 의해서도 결정된다. 상황에는 리더나 하급자들의 특성, 과업의 성격, 집단의 구조, 강화의 유형 등이 있다.
현대의 리더십 연구(1980년대 이후)	리더 행동 → · 성과 · 만족(종업원 유지) · 기타 이 기준에 관련된 변수 거시적 상황요인과 동태성 고려	리더의 유효성은 미시적인 상황요인뿐만 아니라 거시적인 상황요인 또한 영향을 미치며, 이러한 요인들은 매우 동태적인 특성을 가지고 있기 때문에 이를 고려하여 판단해야 한다.

자료 : 신유근, 조직행위론, 다산출판사, 1989, p.431 수정

제2절 리더십의 특성이론과 행동이론

1. 리더십의 특성이론

1930년대부터 1950년대에 이르는 시기에 이루어진 리더십에 대한 연구의 대부분은 리더의 특성을 개발하는 데 초점이 모아졌다고 볼 수 있다. 이 시기에 리더십을 연구하였던 학자들이 처음으로 관심을 둔 대상은 역사상 유명했던 위대한 인물들이었다.

연구자들은 이 위대한 인물들이 어떻게 막강한 영향력을 행사하는 리더가 될 수 있었던가 하는 데 관심을 두고 이들이 공통적으로 지니는 우수한 어떤 특성 또는 자질을 발견해 내려고 노력하였다.

이렇게 리더가 될 수 있는 고유한 자질 내지 특성이 존재한다는 가정하에서 그것들을 찾아내려고 하는 리더십연구의 한 흐름을 특성이론(trait theory)이라고 한다. 이 이론의 지지자들은 리더들이 공통적으로 구비하고 있는 특성을 구명하는 데 많은 노력을 기울여 왔는데 그 중에서 대표적인 것으로는 다음과 같은 몇몇 학자들의 연구를 들 수 있다.

스미드(H.L. Smith)와 크루거(L.M. Krueger)는 리더의 특성을 개인적 특성과 사회적 특성으로 나누어 설명한다. 개인적 특성으로는 지식, 육체적·정신적 정력, 정열, 독창성, 진취성, 상상력, 목적의식, 지속성, 의사결정의 속도 등을 열거하고 있으며, 사회적 특성으로는 요령, 조화, 신뢰와 자제, 권위, 지배와 복종 등의 특성을 들고 있다. 또한 티이드(O. Tead)는 이상적인 리더의 자질로 체력과 지구력, 목적의식과 지도력, 열의, 사교성, 성실성, 기술적 숙련, 결단력, 지능, 교습기술, 신념 등을 들고 있으며, 바나드(C.I. Barnard)는 리더의 특성을 기술적 특성(체력, 기능, 기술, 지각력, 지식, 기억력, 상상력 등)과 정신적 특성(결단력, 지구력, 인내력, 용기 등)으로 분류하고, 성공적인 리더가 되기 위해서는 기술적·정신적 측면에서 모두 우월성을 지녀야 한다고 주장한다(Smith and Krueger, 1933 ; Tead, 1935 : 82 ; Barnard, 1938 : 260).

스톡딜(R.M. Stogdill)은 오랫동안 꾸준히 리더의 특성에 관한 연구를 계속한 학자로 유명하다. 그는 1948년 이후에 이루어진 리더의 특성에 관한 연구들을 검토·분석하고, 리더의 특성이 다음과 같이 여섯 가지의 범주에 근거하고 있음을 밝혀냈다(Stogdill, 1974 : 74-75).

① 신체적 특성 : 체중, 연령, 신장, 외모 등
② 사회적 배경 : 교육, 사회적 지위, 이동성 등
③ 지능 : 판단력, 결단력, 언변 등
④ 퍼스낼리티 : 자신감, 진취성, 지배성, 적응성 등
⑤ 과업관련특성 : 주도성, 책임감, 성취욕구, 안전욕구 등
⑥ 사회적 특성 : 협동성, 인간관계능력, 통합력, 감독능력 등

그러나 특성이론을 주장하는 사람들은 아직까지도 효과적인 리더가 지니는 공통적이고 핵심적인 특성들을 추출해 내지 못하고 있다. 따라서 리더의 특성을 근거로 하여 리더십을 연구하는 것을 이상적인 방법으로 볼 수는 없다. 이에 대하여 기셀리(E.E. Ghiselli)는 리더의 특성이 높은 예측력을 갖기 위하여는 리더가 이러한 특성에서 추종자들보다 월등히 높게 나타나야 하며, 리더의 성공과 특질 사이에 실질적인 상관관계를 나타내야 하고, 또한 이러한 상관관계는 추종자나 부하들보다 높게 나타나야 하는데 리더의 특성에 관한 연구들의 대부분이 이러한 결과를 보여주지 못하고 있다고 주장한다(Ghiselli, 1971 : 97-98).

이와 같은 사실들은 특성의 개념에 대한 여러 가지 의미의 복합성과 측정상의 어려움에 기인하기도 하지만, 보다 중요한 것은 특성이론이 여러 상황요인들을 고려하지 않고 있다는 점을 들 수 있다. 그러나 이러한 결점들이 있다고 해서 특성이론이 전혀 의미가 없다고 말할 수는 없을 것이다. 왜냐하면 우리는 아직도 리더가 될 수 있는 고유한 특성이나 특질이 있다는 주장을 전적으로 무시하기는 어렵기 때문이다. 따라서 리더의 개인적 특성을 리더십에 영향을 미치는 결정적 요인으로는 볼 수 없지만, 이것을 여러 상황요인과 더불어 일반적인 영향요인의 하나로 생각할 수 있다는 측면에서 나름대로의 의미를 가진다고 할 수 있다.

2. 리더십의 행동이론

1950년대에는 리더십의 특성이론에 대한 비판으로 많은 행동과학자들의 관심이 리더의 행동에 모아지게 되었다. 즉, 연구자들은 "어떤 특성을 가지는 리더가 효과적인가"하는 특성추구적 측면에서 벗어나 "리더는 어떻게 행동하는가" 하는 관점에서 보다 효과적인 리더의 행동유형을 찾으려는 방향으로 리더십을 연구하게 되었다.

리더십의 행동이론은 효과적인 리더는 특정 스타일을 이용함으로써 개인이나 집단으로 하여금 어떤 목표를 달성하게 하고 높은 생산성과 사기를 유지시킨다는 가정에 입각하고 있는데(신유근, 1989 : 435-463), 이는 결국 보편타당한 리더십 스타일을 개발하는 데 주안점을 두고 있다고 할 수 있다.

리더의 행동을 강조하는 이론은 상당히 많다. 여기에서는 그 중에서 비교적 대표적인 이론 몇 가지만을 살펴보도록 하겠다.

1) 직무중심적 · 종업원중심적 리더십

기업조직에서 의미있는 리더십 스타일에 대한 중요한 연구는 1947년 이후에 리커트(R. Likert)와 미시간대학 사회연구소의 연구원들에 의해 이루어졌다.

리커트는 성과가 높은 집단의 감독자들이 사용하는 일반적인 리더십 스타일을 발견하기 위하여 광범위한 연구를 실시하였다. 그 결과 그는 높은 성과를 기록한 리더들은 부하의 개인적인 측면에 대한 많은 관심과 높은 성과목표를 가지고 있으며, 또한 이러한 리더들은 집단적인 감독방법을 사용하여 보다 효율적인 작업집단을 구축하기 위한 노력에 일차적인 관심을 집중하는 사람이라는 것을 발견했다. 그리고 이러한 유형의 리더십 스타일을 '종업원중심적'(employee-centered)인 리더십이라 불렀다. 반면에 인간적인 측면보다는 작업이나 직무를 더 중시하고 과업목표를 달성하기 위해 계속적인 압력과 부하들을 엄격하게 감독하는 스타일을 '직무중심적'(job-centered)인 리더십이라 부르고, 이러한 리더십 스타일은 성과가 낮은 부문에서 보다 자주 발견된다는 사실을 지적하였다(Likert, 1961).

그후 리커트는 현장연구를 통하여 효과적인 조직은 그렇지 못한 조직과 여러 구조적 속성에 있어서 차이가 난다는 것을 발견하였다. 그는 [표 9-2]에서 보는 바와 같이 조직시스템을 네 가지 유형으로 분류하고, 이들 조직시스템의 효율성 여부는 리더의 행동에 따라 달라진다는 것을 강조하고 있다. 따라서 리커트는 이들 네 가지 조직시스템에 따라 리더십 스타일을 다음과 같이 분류 · 기술하고 있다(Likert, 1967 : 3-12).

① **시스템 1** : 리더는 하급자들을 매우 불신하며 언제나 위협과 강압적인 방식으로 자기의 지시나 명령을 관철시키고 노력한다. 하급자들은 조직의 의사결정과정에 참여할 수 없으며, 만일 조직 내에 비공식적 집단들이 존재한다면 이들은 통상 조직목표에 대하여 사사건건 반대하는 태도를 취한다.

② **시스템 2** : 리더는 비교적 겸손하고 온화한 태도로 하급자들을 대한다. 하급자는 매우 한정된 범위 내에서 의사결정에 참여할 수 있다. 그러나 상 · 하급자 간의 관계에서 하급자는 여전히 조심스럽고 두려움을 가지고 상급자를 대한다. 조직 내의 비공식적 집단들은 조직목표에 선택적으로 반대하는 태도를 취한다.

③ **시스템 3** : 리더는 하급자에 대하여 상당한 정도의 신뢰감을 가지며, 하급자들은 비교적 낮은 수준의 의사결정과정에 참여할 수 있다. 조직 내의 비공식적 집단들은 조직목표를 지지하는 태도를 취한다.

④ **시스템 4** : 리더는 하급자를 완전히 신뢰하고 상당한 정도의 권한을 부여한다.

따라서 상급자는 언제나 하급자의 아이디어나 견해를 유도하고 하급자는 자유롭게 의견을 개진할 수 있다. 조직 내의 공식적 집단과 비공식적 집단은 일체감을 가지고 조직목표를 완전히 지지하는 태도를 보인다.

[표 9-2] 리커트의 조직시스템

시스템 1 조직	시스템 2 조직	시스템 3 조직	시스템 4 조직
독재적-착취적	독재적-전제적	상담적-민주적	참여적-민주적

이들 네 가지 유형의 조직시스템들 중에서 특히 '시스템 1'의 리더십과 '시스템 4'의 리더십은 서로 대칭되는 것으로서, 전자는 고도의 직무중심적·권위적인 리더십이고 후자는 고도의 종업원중심적·민주적 리더십이라고 할 수 있다. 이에 대하여 리커트는 '시스템 4'의 리더십이 보다 생산적이고 효율적이라고 주장한다.

2) 리더십의 고려·구조주도 차원

미국 오하이오주립대학의 경영연구소에 의해 1945년부터 시작된 일련의 리더십연구에서는 리더행동의 여러 차원을 확인하려는 중요한 작업이 시도되었다. 연구팀은 독자적으로 개발한 '리더행동기술설문지'(Leader Behavior Description Questionnaire : LBDQ)를 사용하여 여러 형태의 집단과 상황에 있어서의 리더행동을 분석하였다(Stogdill and Alvin, 1957). 그리고 리더의 행동이 고려(consideration)와 구조주도(initiating structure)라고 하는 두 개의 상호 독립적인 차원으로 분류될 수 있음을 발견하였다.

여기서 '고려'란 리더와 집단구성원들 사이의 관계를 나타내는 우정, 상호신뢰, 온정, 존경 등에 더 관심을 두는 리더행동을 말하며, '구조주도'란 직무나 인간을 조직화하는 것으로서 리더가 집단구성원의 역할 및 직무수행절차를 정한다거나 커뮤니케이션 경로를 설정한다든가 하는 행동을 말한다.

이들의 연구에서 특기할 만한 것은 종전의 리더십이론들이 리더의 행동을 단일선상의 연속적인 관계로 파악하고 있는 데 반하여, 이 연구는 고려와 구조주도를 상호 독립적인 별개의 차원으로 이해한다는 것이다. 따라서 이 연구에서는 리더의 행동을 단일선상이 아닌 두 개의 다른 축 위에 표시하였다. 다시 말하면, 리더는 고려와 구조주도를 동시에 나타낼 수 있음으로써 리더의 행동은 이 두 가지 행동유형이 어떻게 배합되느냐에 따라 달라진다는 것이다. [그림 9-1]은 고려와 구조주도의 여러 가지 배합에 의한 리더십의 4분면을 나타낸다.

[그림 9-1] 리더십의 4분면

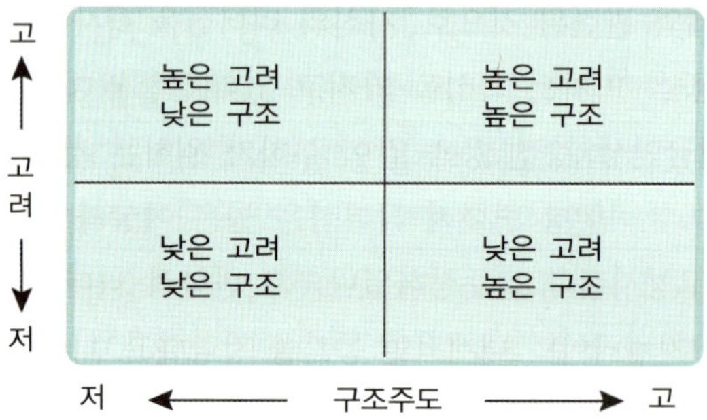

오하이오주립대학의 리더십연구를 통해 나온 중요한 결과를 요약하면 다음과 같다 (Fleishman and Harris, 1962).

첫째, 고려의 정도가 높은 리더들이 관리하는 작업단위에서는 고려의 정도가 낮은 리더들이 관리하는 작업단위에서보다 종업원들의 결근율과 고충이 낮게 나타났다. 그러나 고려차원과 작업성과는 관련성이 없거나 오히려 부(－)의 관계가 있는 것으로 나타났다.

둘째, 구조주도의 정도가 높은 리더들이 관리하는 작업단위는 구조주도의 정도가 낮은 리더들이 관리하는 작업단위에서보다 종업원들의 작업성과가 높게 나타났다. 그러나 구조주도차원과 종업원들의 결근율 및 고충과는 부(－)의 관계가 있는 것으로 나타났다.

셋째, 고려와 구조주도의 정도가 모두 높은 리더들이 관리하는 작업단위에서는 종업원들의 생산성과 만족이 모두 높은 경향이 있는 것으로 나타났다.

이상의 연구결과는 결국 '높은 고려 · 높은 구조주도'의 리더십 스타일이 가장 효과적이라는 것을 보여주고 있다. 이와 같은 결과는 그 후에 실시된 후속 연구들에 의하여 적지 않은 비판을 받기도 하였다. 그러나 오하이오주립대학의 리더십연구가 기여한 바는 매우 크다고 할 수 있다. 이 연구는 리더의 행동을 매우 체계적이고 상세하게 설명하고 있는 점에서 높이 평가할 만하다. 따라서 리더십의 이론적 기초를 마련하는 데 크게 공헌하였으며, 현재의 리더십연구에 중요한 기틀을 제공하였다는 점에서 크게 인정을 받고 있다.

3) 매니지리얼 그리드이론

블레이크(R.R. Blake)와 모튼(J.S. Mouton)은 오하이오주립대학에서 비롯된 리더십연구를 바탕으로 리더십의 '매니지리얼 그리드'(managerial grid)이론을 제창하였다(Blake and Mouton, 1964). 앞서의 리더십연구들이 조직유효성의 향상에 있어서 리더십이 얼마만큼 중요한지를 설명하는 데 그치고 있는 것에 비하여, '매니지리얼 그리드'이론은 어떤 방향에서 리더의 행동을 개발하는 것이 가장 효과적인가에 중점을 두고 있다는 점에서 보다 실무적인 중요성을 갖는다.

블레이크와 모튼은 [그림 9-2]와 같이 리더가 지향할 수 있는 방향을 '생산에 대한 관심'과 '인간에 대한 관심'의 두 차원으로 나누고, 이를 다시 그 정도를 파악할 수 있도록 각각 9등급으로 나누어 하나의 '매니지리얼 그리드'를 형성하였다. 따라서 이론적으로는 81가지의 리더십유형이 있는 것으로 이해할 수 있으나 이 중에서 대표적인 것으로는 다음의 5가지 형태를 들 수 있다.

① (1·1)형 : 무관심(impoverished)형으로서, 생산(과업)과 인간(관계)에 대해 모두 관심을 보이지 않는 유형이다.

② (9·1)형 : 과업(task)형으로서, 생산(과업)에 대해서는 지대한 관심을 보이는 반면에 인간(관계)은 매우 소홀히 하는 유형이다.

③ (1·9)형 : 컨트리 클럽(country club)형으로서, 생산(과업)에 대한 관심은 낮으나 인간(관계)에 대해서는 지대한 관심을 나타내는 유형이다.

④ (5·5)형 : 중간(middle of the road)형으로서, 생산(과업)과 인간(관계)에 대하여 모두 적당한 관심을 보이는 유형이다.

⑤ (9·9)형 : 팀(team)형으로서, 생산(과업)과 인간(관계)에 대하여 모두 지대한 관심을 나타내는 유형이다.

블레이크와 모튼은 이들 5가지 리더십유형 중에서 (9·9)형이 가장 이상적인 것이라고 주장한다. 즉, 리더가 종업원에 대한 신뢰와 지원을 통하여 보다 협동적인 작업관계를 유지하고 동시에 과업달성을 강조할 때 가장 효과적으로 조직의 생산성 증대에 기여할 수 있다는 것이다. 따라서 이들은 실제로 (9·9)형에 접근시키는 데 필요한 각종 훈련기법들을 개발해 내고 이를 실무에 적응시키려 노력하고 있다.

[그림 9-2] 매니지리얼 그리드

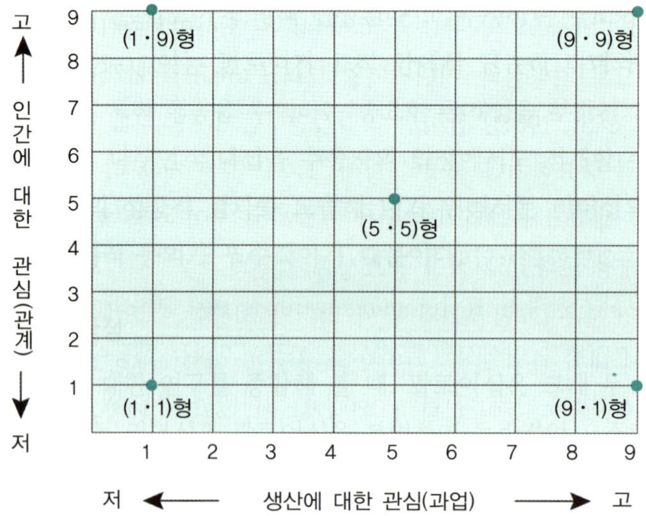

3. 리더십행동의 범주

우리는 지금까지 리더십의 행동이론에 관하여 몇 가지 대표적인 학자들의 연구를 중심으로 살펴보았다. 이러한 행동이론들은 결국 "리더는 어떻게 행동하는가" 하는 관점에서 보다 효과적인 리더의 행동유형을 찾으려는 데 주안점을 두고 있다고 할 수 있다. 그러나 리더십 행동에 관한 많은 연구는 리더의 행동유형을 각기 여러 가지로 분류하고 있으며 아직까지 일치하는 견해를 찾아보기가 어렵다. 또한 그간의 연구를 통하여 분류된 여러 가지 행동유형들은 그것이 의미하는 행동범주를 각기 너무 폭넓게 개괄적으로 정해 놓고 있기 때문에 모든 리더들에게 요구되는 다양한 활동을 분명하게 보여 주지 못하고 있다. 다시 말하면 리더십의 행동유형이 나타내는 행동범주가 개괄적일수록 여러 유형의 리더들에게 해당되기는 하지만 특정의 상황에서 리더를 더욱 효과적인 리더로 만드는 것이 무엇인지를 알아내기가 힘들어진다는 것이다.

여러 학자들은 이러한 문제점에 근거하여 리더의 행동범주를 보다 상세하게 나누어 제시하고 있다. 예컨대 유클(G.A. Yukl)과 그의 동료들은 리더의 행동범주를 세밀하게 19가지로 나누었는데, 그 하나하나의 내용을 살펴보면 다음과 같다(박내회, 1987 : 120-122 ; Yukl, 1981 : 121-125).

① **성과의 강조** : 리더가 하급자들의 성과를 중시함으로써 생산성과 능률을 향상시

키려고 노력하며, 하급자가 자신의 역량을 최대한 발휘하여 일할 수 있게끔 해주고, 하급자의 성과를 수시로 점검하는 정도

② **관심과 배려** : 하급자들에게 대해 친근하고 사려깊게 행동하고 옹호해 주며, 공정하고 객관적으로 대하는 정도

③ **격려** : 하급자들에게 성의를 다해 일하도록 의욕을 복돋우어 주고, 할당된 직무를 성공적으로 수행하여 집단의 목표를 달성할 수 있는 능력을 갖고 있다는 자신감을 불어넣어 주는 정도

④ **칭찬과 인정** : 하급자들이 훌륭한 성과를 내면 칭찬하고 격려를 해주며, 특별히 많은 노력과 기여를 한 경우에 그것을 인정해 주고, 유용한 아이디어와 제안을 냈을 때에는 반드시 신임을 받을 수 있게 해주는 정도

⑤ **효과적인 보상체계의 확립** : 하급자들이 훌륭한 성과를 냈을 때 임금인상, 승진, 더 나은 직무의 배정, 작업일정의 개선, 휴식시간 연장 등과 같은 보상을 제공하는 정도

⑥ **의사결정 참여** : 하급자들과 의논하는 정도 및 리더의 의사결정에 하급자가 영향력을 행사할 수 있도록 허용하는 정도

⑦ **자율권 위양** : 하급자들에게 권한과 책임을 위양하여 자신의 직무를 수행하는 방법을 스스로 결정하도록 허용해 주는 정도

⑧ **역할의 명시** : 하급자들에게 임무와 책임에 관해 주지시키고 준수해야 할 규정이나 방침을 구체적으로 알려주어 그들에게 기대되는 바가 무엇인지를 인식시켜 주는 정도

⑨ **목표설정** : 하급자들의 직무 중 중요한 부분에 대해서는 구체적인 성과목표를 설정하는 일이 중요하다는 것을 강조하고, 목표달성의 진전도를 평가하여 구체적인 피드백을 해주는 정도

⑩ **훈련 · 지도** : 하급자들의 부족한 점을 파악하여 필요한 훈련과 지도를 받게 해주는 정도

⑪ **정보제공** : 부서 내 또는 조직외부의 사건, 최고경영층의 결정사항, 상급자나 외부인들과의 회의의 진전 등 하급자들의 작업에 영향을 미치는 사건의 전개에 대하여 항시 필요한 정보를 제공해 주는 정도

⑫ **문제해결** : 작업과 관련된 심각한 문제점에 대하여 솔선해서 해결책을 제시하고, 신속한 해결이 필요한 문제를 다룰 때는 단호하게 행동하는 정도

⑬ **계획수립** : 작업의 일정계획을 세우고, 작업집단의 목표달성계획을 수립하며, 발생할지도 모르는 우발적인 상황에 대비한 문제해결계획을 수립하는 정도

⑭ **조정** : 하급자들의 작업을 조정하고, 하급자들이 자기들의 활동을 스스로 조정하도록 고무하는 정도

⑮ **작업 원활화** : 하급자들에 필요한 소모품, 장비, 지원서비스, 기타 자원 등을 제공해 주고, 작업환경에서 발생하는 문제점을 해결해 주며, 작업을 저해하는 장애물을 제거해 주는 정도

⑯ **대표역** : 리더가 조직 내의 다른 집단이나 주요 인물들과 접촉하여 자신의 조직단위를 인정하고 지지해 주도록 설득하고 영향력을 행사함으로써 조직단위의 이해관계를 개선하고 보호하는 정도

⑰ **상호작용 원활화** : 하급자들이 친밀하게 지내고 협동하며, 정보와 아이디어를 교환하고 서로 도우며 지낼 수 있는 분위기를 조성해 주는 정도

⑱ **갈등관리** : 하급자들이 사사건건 다투지 못하게 하고, 갈등을 건설적인 방법으로 해소하도록 독려하며, 불필요하거나 심각한 불협화음을 제거하기 위해 노력하는 정도

⑲ **질책과 처벌** : 계속적으로 신통치 못한 성과를 내거나, 규칙을 위반하거나, 명령에 불복종하는 행동을 하면 꾸짖거나 책임을 묻는 정도

이상의 행동범주들은 그동안의 리더십연구를 통해 사용되었던 개념들을 종합해 놓은 것이라고 할 수 있다. 그러나 이와 같은 행동범주들이 리더행동의 모든 범주를 완벽하게 나타낸 것이라고는 볼 수 없다. 따라서 우리는 앞으로 연구를 통하여 아직까지 발견하지 못하고 있는 새로운 행동범주를 찾아내야 할 필요가 있다. 그리고 그와 같은 행동범주들 속에서 보다 핵심적이고 보편적으로 응용할 수 있는 것들을 다시 분류해 내어야 할 것이다.

제3절 리더십의 상황이론과 현대의 리더십연구

1. 리더십의 상황이론

리더십의 특성이론이나 행동이론은 모두 어떤 상황에서나 효과적으로 적용될 수 있는 유일하고 이상적인 리더십유형을 발견하려고 하는 것이었다. 그러나 1960년대 이후 학자들은 리더십의 유효성은 상황에 따라 달라질 것이라는 관점에 인식을 같이 하게 되었다. 따라서 이때부터 여러 상황적 요인들을 고려하여 그때 그때 유효한 리더십유형을 찾아보려는 시도가 이루어지게 되었는데, 이것이 리더십의 상황이론이다. 아래에서는 이러한 상황이론의 대표적인 몇 가지 이론들을 살펴보기로 한다.

1) 피들러의 리더십 상황이론

피들러(F.E. Fiedler)는 리더십의 유효성은 리더와 집단구성원들 사이의 상호작용과 상황의 호의성에 따라 결정된다고 주장한다. 그는 리더에게 호의적인가의 여부를 결정하는 리더십상황을 다음과 같이 세 가지 요소로 분류하고 있다(Fiedler, 1967).

① **리더와 구성원의 관계** : 집단구성원들이 리더를 수용하는지의 여부, 또는 리더가 집단구성원들에 의하여 받아들여지고 있는지의 여부를 나타낸다. 즉, 리더가 구성원들과 좋은 관계를 갖느냐 나쁜 관계를 갖느냐 하는 상황이 리더에게 호의적이냐의 여부를 결정하는 중요한 요소가 된다는 것이다.

② **과업구조** : 집단구성원들의 과업이 구조화되어 있는 정도를 나타낸다. 과업의 구조화 정도는 목표의 명확성, 목표를 달성하는 데 필요한 수단의 다양성, 의사결정의 타당성과 특정성(specificity) 등에 의해 결정되는데, 과업이 구조화되어 있을수록 그 상황은 리더에게 호의적이라고 할 수 있다. 왜냐하면 리더가 무엇을, 무엇 때문에, 그리고 누구에 의해서 해야 하는가를 쉽게 결정할 수 있기 때문이다.

③ **리더의 직위권한** : 리더가 직위를 통하여 구성원들에게 각종 권한을 행사할 수 있는 정도를 말한다. 리더의 직위권한은 리더의 합법적·보상적 권력 등에 의하여 결정되는데, 이러한 직위권한이 강하면 강할수록 그 상황은 리더에게 호의적이라는 것이다.

이상의 세 가지 요소의 조합이 리더에 대한 '상황의 호의성'(favorableness of the situation)을 결정하게 된다. 이러한 요소의 조합은 결합방법에 따라 상황이 리더에게 가장 호의적인 데서부터 가장 비호의적인 데까지 모두 여덟 가지의 상황이 나올 수 있다.

그리고 피들러는 LPC(Least Preferred Co-worker)점수에 의하여 리더십 특성을 분류했는데, LPC점수는 리더에게 '가장 싫어하는 동료 작업자'에 대해 물어봄으로써 결정된다. LPC점수가 낮은 리더는 자기가 가장 싫어하는 동료작업자에 대해 부정적인 생각을 가지고 있음을 나타낸다. 따라서 LPC점수가 낮을수록 리더가 과업지향적일 가능성이 크다고 할 수 있다. 이에 반하여 LPC점수가 높은 리더는 자기가 가장 싫어하는 동료작업자도 긍정적으로 평가하려는 생각을 가지고 있음을 나타낸다. 따라서 LPC점수가 높을수록 리더가 종업원지향적일 가능성이 크다고 할 수 있다.

피들러는 이와 같이 상황과 리더십 특성을 분류한 후에 각 상황에 적합한 리더십을 발견해 내려 하였는데, 그 연구결과는 [그림 9-3]에서 보는 바와 같다. 즉, 여기에서 볼 수 있듯이 '과업지향적'인 리더는 '가장 호의적인 상황'과 '가장 비호의적인 상황'에서 가장 효과적인 경향이 있다. 반면에 '종업원지향적'인 리더는 '호의성이 중간정도인 상황'에서 가장 효과적인 경향이 있다.

피들러의 이론에 따르면 어떠한 상황하에서라도 모두 효과적으로 적용할 수 있는 리더십 스타일은 존재하지 않는다. 다시 말하면, 특정 상황에서 효과적인 리더십 스타일을 다른 상황에 적용하게 되면 비효과적인 것으로 바뀐다는 것이다. 따라서 그는 그러한 비효과적인 리더십 스타일을 효과적인 것이 되도록 하기 위해서는 상황을 바꾸는 일부터 시작해야 한다고 주장한다. 예컨대 리더와 구성원의 관계, 과업구조, 리더의 직위권한 등을 리더십 스타일에 맞도록 변화시키면 된다는 것이다. 이렇게 상황을 변화시키는 과정을 '조직공정'(organizational engineering)이라고 부른다.

피들러의 리더십 상황이론은 LPC점수의 타당성 및 신뢰성에 대한 문제점을 중심으로 많은 학자들의 비판을 받기도 한다. 그러나 이러한 비판에도 불구하고 이 이론은 이론과 실무의 양 측면에서 리더십연구에 크게 기여하고 있다고 할 수 있다.

[그림 9-3] 피들러의 리더십 유효성 상황모형

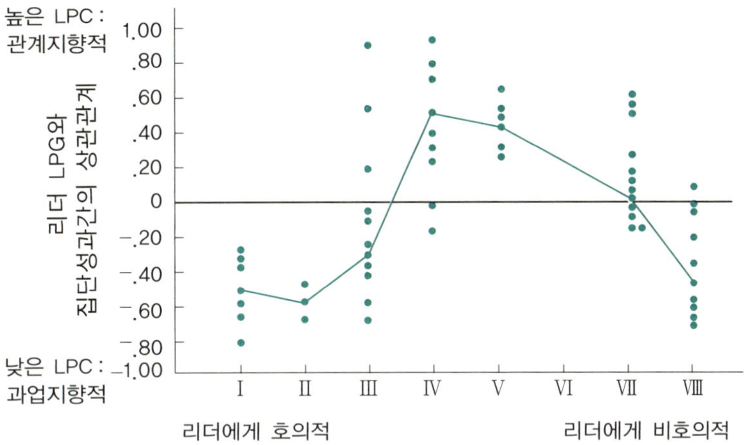

리더-구성원관계	양호				적당히 나쁨			
과업구조	구조적		비구조적		구조적		비구조적	
리더의 직위권한	강함	약함	강함	약함	강함	약함	강함	약함

자료 : Fiedler, F.E.(1971), "Validation and Extension of the Contingency Model of Leadership Effectiveness: A Review of Empirical Findings," *Psychological Bulletin*, Vol.76, p.131.

2) 하우스의 경로-목표이론

하우스(R.J. House)에 의해 제시된 경로-목표이론(path-goal theory)은 동기부여 이론의 하나인 기대이론에 기반을 두고 있다. 따라서 경로-목표이론이라 부르는 것은 이 이론이 하급자들의 작업목표와 개인목표 그리고 목표달성에 대한 지각에 리더가 어떻게 영향을 미치느냐 하는 점에 초점을 두고 있기 때문이다(House, 1971).

경로-목표이론은 집단의 성과는 하급자들에 의해 달성된다는 것을 기본전제로 하고 있다. 따라서 효과적인 리더란 하급자들이 열심히 일하게끔 모티베이트시킬 수 있는 사람이어야 한다는 것을 강조한다. 그런데 리더가 하급자들을 모티베이트시키기 위해서는 무엇인가 그들이 추구하고 있는 목표를 효과적으로 달성할 수 있도록 도움을 주어야 한다. 왜냐하면 하급자들은 리더의 행동이 자신들이 추구하는 목표에 도움이 된다고 지각하는 경우에 그 영향력을 잘 받아들이며, 나아가 만족과 더불어 집단의 성과에 기여할 수 있기 때문이다.

그러면 어떤 리더십 스타일이 하급자들에게 도움이 되는 것으로 지각될 것인가? 대부분의 상황이론과 마찬가지로 경로-목표이론에서도 이는 상황에 의해 좌우된다고 말한다. 다만 다른 이론과의 차이점은 상황에 부합되는 리더십이 어떻게 만족과 성과를 이끌어낼 수 있는가 하는 하급자들의 지각(perception)과 동기부여(motivation)의 과정에 대한 설명이 있다는 것이다.

[그림 9-4]에서 보는 바와 같이 하우스의 경로-목표이론은 하급자들을 모티베이트시킬 수 있는 리더의 주요 기능으로서 네 가지의 리더십유형을 제시하고 있다. 그리고 이들 각각의 리더십유형이 보다 효과적일 수 있는 두 가지 상황(하급자의 특성과 환경적 요인)과의 관계를 다음과 같이 기술하고 있다(House and Mitchell, 1974).

① **지시적 리더십** : 지시적 리더십(directive leadership)은 리더가 하급자의 활동을 계획 · 조직 · 통제하는 구조주도(initiating structure)적인 리더십 스타일을 말한다. 이와 같은 스타일은 과업구조가 명확하지 않고 모호할 경우, 하급자들이 리더에게 복종적이고 의존적인 욕구를 가질 경우, 그리고 리더가 강력한 직위권한을 가지고 있을 경우에 효과적이라고 할 수 있다.

② **후원적 리더십** : 후원적 리더십(supportive leadership)은 하급자들의 복지와 안락에 관심을 가지며 도움을 주는 분위기를 조성하려고 노력하는 리더십 스타일을 말한다. 이와 같은 스타일은 과업이 구조화되어 있을 때, 하급자들이 높은 사회적 욕구를 지니고 있을 때, 그리고 하급자들 간에 상호작용이 필요한 경우에 효과적이라고 할 수 있다.

③ **참여적 리더십** : 참여적 리더십(participative leadership)은 하급자들에게 정보를 제공하고 의사결정에 있어서 그들의 아이디어와 제안을 끌어내어 이를 진지하게 고려하는 리더십 스타일을 말한다. 이러한 스타일은 과업이 내재적 동기를 유발할 수 있는 특성을 가질 때, 하급자들이 자기발전과 성취에 대한 욕구가 강할 때, 그리고 개인과 조직의 목표가 양립하는 경우에 효과적이라 할 수 있다.

④ **성취지향적 리더십** : 성취지향적 리더십(achievement-oriented leadership)은 리더가 도전적인 목표를 설정하고 성과를 강조하며 하급자들이 최대한 능력을 발휘할 것을 기대하는 리더십 스타일을 말한다. 이러한 스타일이 효과적일 수 있는 상황은 참여적 리더십의 경우와 흡사하다고 할 수 있다.

[그림 9-4] 하우스의 리더십 경로-목표 모형

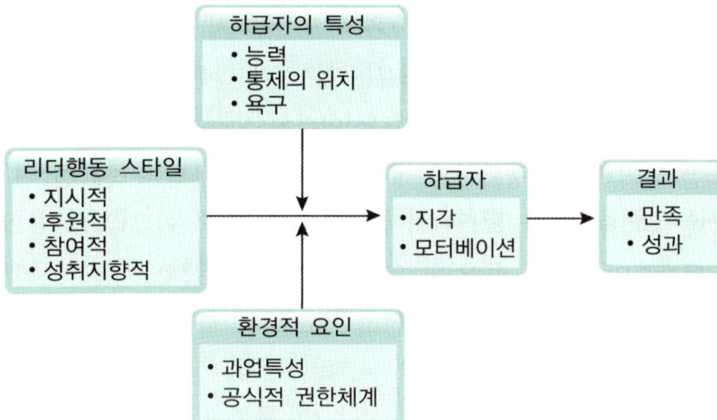

3) 허시와 블랜차드의 상황이론

허시(P. Hersey)와 블랜차드(K.H. Blanchard)는 오하이오주립대학 연구의 고려와 구조주도의 개념을 이용하여 리더의 행동을 과업행동과 관계행동의 두 차원으로 분류하고 여기에 상황요인으로서 구성원의 성숙도(maturity)를 추가하였다(Hersey and Blanchard, 1982). 즉, 이들은 효과적인 리더가 되기 위해서는 여러 상황에 적응할 수 있는 리더십이 필요한데 그 중에서도 하급자 또는 구성원들의 성숙도가 리더십의 유효성에 대하여 결정적인 상황요인으로 작용한다는 것이다. 여기서 성숙도란 달성가능한 목표를 설정할 수 있는 능력, 기꺼이 책임을 질 수 있는 능력, 교육수준과 경험 등으로 정의된다.

따라서 이들의 이론은 과업행동, 관계행동 및 구성원의 성숙도의 세 차원으로 구성된다. 이들이 제시하고 있는 리더십의 유효성과 성숙도와의 관계는 [그림 9-5]에서 보는 바와 같다.

여기에서 리더십유형은 과업행동과 관계행동의 두 개 차원을 축으로 한 4분면으로 분류하고 구성원의 성숙도를 그 발전 정도에 따라 종모양의 곡선으로 표시하고 있는데, 이는 구성원들의 성숙수준이 미성숙상태에서 성숙상태로 발전되어 감에 따라 거기에 적합한 리더십유형도 곡선의 방향을 따라 변화하여 간다는 것을 나타낸다. 즉, 리더는 구성원의 성숙도가 $M_1 \rightarrow M_2 \rightarrow M_3 \rightarrow M_4$로 발전되어 감에 따라 리더십 스타일도 구성원들의 성숙도에 적합하게 지시적 → 설득적 → 참여적 → 위양적으로 적응시켜 나갈 때 가장 효과적으로 된다는 것이다.

허시와 블랜차드의 상황이론은 보다 지적이고 유능한 구성원들이 그렇지 못한 사람들보다 리더십을 덜 필요로 한다는 사고와 또 실증연구가 잘된 리더십개념에 기초를 두고 있다. 따라서 이 이론은 상당히 타당성도 있고 유용하지만 개념상 또는 방법론상의 문제가 적지 않은 것으로 지적되고 있다.

[그림 9-5] 허시와 블랜차드의 리더십 상황모형

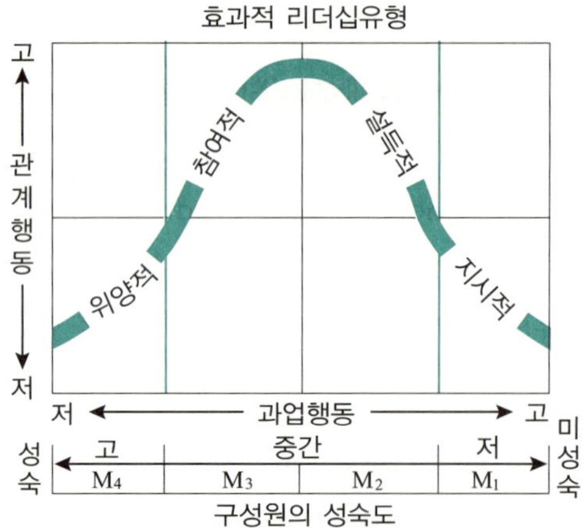

자료 : Hersey, P.H and Blanchard K.H.(1982), *Management of Organizational Behavior : Utilzing Human Resources*, 4th ed. (Englewood Cliffs N.J. : Prentice-Hall, Inc.), p.152.

4) 리더십의 상황요인

이상에서 설명한 몇 가지 리더십의 상황이론과 그 밖의 이론들을 종합하여 보면 리더십의 중요한 상황요인으로 다음과 같은 것들을 들 수 있다(Cohen 등, 1976 : 207-210).

① **과업특성** : 어떤 직무는 비교적 안정적이고 사전에 어렵지 않게 할당 할 수 있는 성질을 지니며 그에 관련된 기술 역시 빠르게 변하지 않기 때문에 긴급한 의사결정을 필요로 하지 않는다. 또한 어떤 직무는 이와는 반대되는 성질을 지니기 때문에 긴급한 의사결정을 필요로 하기도 한다. 따라서 그 성질이 전자에 가까운 직무에 대해서는 엄밀한 통제와 공식적이고 표준화된 규칙과 절차를 강조하는 리더십 스타일을 적용하는 것이 보다 효과적일 것이다. 그리고 성질이 후자에 가까운 직무에 대해서는 또 다른 리더십을 적용하는 것이 효과적일 것이다.

② **리더의 능력** : 어떤 리더는 직무수행에 필요한 기술과 환경에 대하여 부하들보다

많은 지식을 지니고 있다. 따라서 그러한 상황하에서 리더는 부하들로부터 의견을 듣거나 그들의 지식을 이용하기 위하여 시간을 허비할 필요가 없기 때문에 부하들에 대한 일방적 통제(unilateral control)에 치우치게 된다. 그러나 만일 여러 방면에 있어서 리더의 능력이 부하들에 미치지 못한다면 리더와 부하들 간에 통제의 분배(sharing control)가 필요해질 것이다.

③ **부하의 태도와 욕구** : 부하에 따라서는 비교적 어렵고 도전성이 있는 직무를 좋아하며 비교적 큰 의사결정권을 갖고 자유롭게 행동하기를 원한다. 따라서 그러한 상황하에서 리더는 부하에게 비교적 큰 자율성과 독립성을 허용할 수 있는 리더십 스타일을 채택할 필요가 있다. 그러나 이와는 반대로 부하들이 소극적이고 수동적이며 규정이나 절차에 의한 직무수행을 원하는 상황에서는 부하들을 강력히 통제할 수 있는 리더십 스타일이 보다 효과적일 것이다.

④ **리더의 권력** : 여기서 리더의 권력은 지위의 견고성, 상부계층이나 외부로부터 지지를 받는 정도, 상이나 벌을 줄 수 있는 권한의 정도 등을 말한다. 만일 리더의 지위가 매우 견고하여 다른 사람으로부터 거의 영향을 받지 않는다면, 그러한 리더의 리더십 스타일은 비교적 대범하고 모험적이며 공식적인 규칙이나 절차를 잘 따르려 하지 않을 것이다. 그러나 반대로 그 지위가 견고하지 못한 리더는 모든 일을 소심하고 신중하게 그리고 공식적 규칙이나 절차에 따라서 처리하려고 할 것이다.

2. 현대의 리더십연구

리더십의 상황이론은 리더와 하급자 사이의 상호작용에 영향을 미치는 환경적 요인을 규명하거나 리더가 지닌 특성이나 리더가 행하는 행동의 유효성이 상황적 요인에 따라 어떻게 다른가를 분석하는 데 중점을 두고 있다. 즉, 리더십의 유효성은 상황에 따라 다르다는 관점이다. 그러나 이러한 주장은 거시적 상황요인에 대한 고려, 상황요인의 동태성 등과 같은 환경의 불확실성은 충분히 인식하고 있지 못하다는 측면에서 비판을 받아 왔고, 이에 따라 새로운 이론들이 속속 나타나게 되었다.

최근에 연구되고 있는 리더십이론들은 주로 환경변화에 빠르게 적응하고 나아가 변화를 선도할 수 있는 역량을 구축하는 데 초점을 맞추고 있는데 비교적 대표적인 이론에는 카리스마적 리더십, 변혁적 리더십, 팔로어십 등이 있다.

1) 카리스마적 리더십

(1) 카리스마적 리더십의 의의

카리스마(charisma)란 '신으로부터 받은 은총의 선물'을 뜻하는 신학적 의미에서 유래되었으며, 베버(M. Weber)가 사회과학적 개념으로 정립하면서 그 적용범위가 확대되었다. 베버는 카리스마적 리더를 직책이나 전통 등의 권위에 의거하지 않고, 하급자들이 특별한 자질을 갖춘 리더라고 자발적으로 추앙함으로써 갖게 되는 영향력이라는 의미로 사용했다(Weber, 1947).

그러나 조직행동의 측면에서 카리스마 리더십이 본격적으로 연구되기 시작한 것은 하우스(R. House)에 의해서인데, 그는 [그림 9-6]과 같이 카리스마 리더의 특성 및 행동이 추종자의 카리스마 효과에 미치는 영향, 그리고 카리스마 효과를 증폭시키는 상황적 요인에 관한 카리스마적 리더십 모형을 제시하였다. 그는 카리스마적 리더십(charismatic leadership)이란 추종자에게 '카리스마적 효과'(charismatic effect)를 가져다 주는 리더십이라 정의하였다(House, 1977).

[그림 9-6] 하우스의 카리스마적 리더십 모형

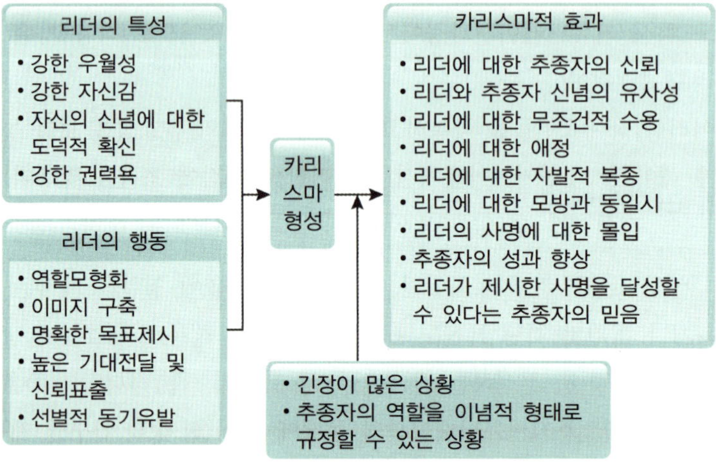

자료 : House, R.J.(1977). "A 1976 theory of charismatic leadership," In Hunt, J.G. and Larson, L.L.(Eds.) *Leadership : The Cutting Edge*, Carbondale: Southern Illinois University Press.

특히 하우스는 리더의 카리스마적 행동특성을 강조하고 있는데, 각각의 행동특성은 각각의 카리스마적 효과에 차별적으로 영향을 미친다고 하였다. 즉, 카리스마적 행동은 하급자들이 따라야 할 가치관과 신념을 전달하는 것으로 하급자들이 리더를 존경하고 동일시한다면 리더의 가치체계를 모방하고 수용하며, 이 과정을 통해 하급자들의 성과를 향상시킬 수 있다는 것이다. 또한 리더는 자신이 능력있고 성공을 거둘 수 있는 사람이라는 호의적인 이미지를 구축(image building)하여 하급자들로부터 신뢰, 충성심, 무조건적 수용, 자발적 복종 등을 유도할 수 있다고 주장한다. 더불어 미래에 대한 비전을 제시하고 추종자가 수행해야 할 과업에 보다 큰 의미를 부여하는 등의 행동도 같은 효과를 가져온다.

(2) 카리스마적 리더십의 행동특성

콩거(J.A. Conger)와 카눙고(R. Kanungo)는 카리스마적 리더십의 행동적 특성의 중요성을 귀인이론을 토대로 설명하고 있다. 이들은 카리스마적 리더십에 대하여 "조직구성원들이 특정한 상황에서 리더의 행동을 관찰한 후에 그 행동의 특성이 카리스마적이기 때문이라고 판단한 결과로 나타나는 현상"이라고 주장한다. 이들의 연구는 이러한 전제에서 리더에게 카리스마를 귀인시키게 만드는 리더의 행동적 특성이 어떠한 것인지를 밝히는 데 초점을 맞추었다. 이러한 모델에 입각하여 제시된 행동차원은 다음과 같다(Conger and Kanungo, 1987).

첫째, 조직구성원들이 수용할 만한 전략적 비전을 제시하고 이를 구체화하는 행동

둘째, 주변환경이 부여하는 제약조건과 기회를 현실적으로 평가할 수 있는 환경민감성

셋째, 조직구성원들에게 호소력 있고 혁신적으로 비추어지는 비전을 제시하기 위한 전제조건이 되는 하급자의 욕구와 가치관 및 포부에 대한 민감성

넷째, 자신이 주창하는 비전을 달성하기 위해 위험을 감수하며 값비싼 대가를 치르는 것을 마다하지 않는 행동

다섯째, 과거의 관행을 타파하고 새로운 방식을 추구하는 비전통적 행동

그리고 이들은 이러한 결과를 토대로 카리스마적 리더와 그렇지 않은 리더의 행동을 구분하여 제시하고 있는데 이를 정리하면 [표 9-3]과 같다.

[표 9-3] 카리스마적 리더와 비카리스마적 리더의 행동특성

행동특성요소	카리스마적 리더	비카리스마적 리더
현상에 대한 태도	현상유지에 근본적으로 반대하고 변화시키려고 노력함.	현 상태에 근본적으로 만족하고 유지하려고 노력함.
미래의 목표	현 상태와 큰 차이가 있는 이상적인 비전	현 상태와 큰 차이가 없는 목표
존경스러움	이상적인 비전을 공유하기 때문에 하급자가 호감을 가지며, 동일시하고 모방하려고 함.	하급자와 공통된 시각을 지니기 때문에 하급자가 호감을 느낌.
전문성	기존의 질서를 뛰어넘는 혁신적인 방법을 사용하는 전문성을 가지고 있음.	기존 질서에서 목표를 달성하는 데 필요한 수단을 활용하는 전문성을 지니고 있음.
환경에 대한 민감성	환경에 대한 민감성이 높음.	환경에 대한 민감성이 낮음.
명확성	미래에 대한 비전과 리더십의 동기가 명확함.	미래에 대한 비전과 리더십의 동기가 명확하지 않음.
권력기반	전문적 권력을 주로 활용하며, 뛰어난 영웅심으로 존경과 추앙을 받음.	보상적 권력 및 전문적 권력을 주로 활용하며, 친분을 바탕으로 함.
하급자와의 관계	엘리트주의자이고, 기업가정신이 충만해 보이며, 하급자에게 모범을 보임. 자신이 제시하는 급진적 변화를 하급자가 수용하도록 변화시킴.	활동주의자이고, 하급자와의 합의를 중시하거나, 지시적인 관계를 맺음. 하급자에게 자신의 의견을 받아들이도록 권유하거나 명령함.

자료 : Conger, J.A. and Kanungo, R.(1987), " Toward a behavioral theory of Charismatic leadership in organizational settings", *Academy of Management Review*, Vol.12, No.4, pp.637~647.

2) 변혁적 리더십

(1) 변혁적 리더십의 개념

변혁적 리더십은 지금까지 특성이론, 행동이론, 상황이론으로 전개되어 온 전통적 리더십이론들이 본질적으로 정태적이거나 비교적 안정적인 조직환경하에서는 효과적일 수 있지만, 역동적으로 변화하는 조직환경하에서는 부하들의 고차원적인 변화욕구를 충족시키면서 행동의 질적인 변화를 유도하는 데에는 한계가 있다는 비판에서 등장하였다.

따라서 변혁적 리더십은 급변하는 조직환경 속에서 조직의 생존과 경쟁력 강화를 위해 조직의 변화를 유발할 수 있는 리더의 능력이 무엇인지 그리고 리더가 변화를 어떻게 시작하고 전개해야 하는지에 대한 방안을 제시하고 있다.

변혁적 리더십의 개념은 거래적 리더십의 대응개념으로 번즈(J.M. Burns)에 의해

처음 소개되었으며, 배스(B.M. Bass)에 의해 정교하게 되면서 널리 알려지게 되었다(Burns, 1978; Bass, 1985). 번즈는 정치지도자들에 대한 분석을 통해 리더십유형이 거래적 리더십과 변혁적 리더십으로 구분된다고 주장하였다. 거래적 리더십은 리더와 부하 간의 교환관계와 관련된 것으로, 자신의 리더십을 행사하기 위해 부하의 이해관계를 자극하여 영향을 미치는 특성을 가지고 있다. 즉 리더가 지시하거나 기대하는 바를 얻기 위해 임금인상, 승진 등과 같이 부하가 원하는 것과 교환함으로써 리더십을 행사한다는 것이다. 반면, 변혁적 리더십은 높은 이상과 도덕적 가치에 호소하여 부하들의 의식을 고양시킨다고 주장하였다. 즉 변혁적 리더는 부하들과의 끊임없는 상호작용을 통해 고차원적이며 내재적인 동기를 자극하고, 나아가 자유·평등·정의·평화 등의 도덕적 동기와 욕구에 초점을 두어 부하의 신념, 욕구, 가치의 변화를 이끌어 낸다는 것이다.

한편, 배스는 이같은 번즈의 리더십 개념을 일반조직에 적용하여 변혁적 리더십의 개념을 더욱 정교히 하였다. 그는 변혁적 리더는 어떻게 부하들의 신념, 가치관, 욕구 등을 주도적으로 변화시키는가 하는 데 관심의 초점을 두고 있다고 주장하였다. 또한 그는 변혁적 리더의 구체적 특성으로 다음의 세 가지를 제시하였다. 첫째, 이상적인 목표의 가치와 중요성에 대한 부하의 의식수준을 끌어올린다. 둘째, 부하들이 조직과 소속된 팀을 위해서 자신들의 이익을 초월하도록 만든다. 셋째, 부하들이 보다 높은 수준의 욕구에 관심을 기울이도록 유도한다.

따라서 이러한 개념적 특성을 종합하면, 변혁적 리더십은 강한 자기확신과 이념적 신념을 가지고, 부하들에게 높은 기대감을 부여하고, 확신감을 불어 넣어주며 또한 개별적인 배려를 통해 부하의 변화를 이끌어 가는 리더십이라고 할 수 있다. 그리고 변혁적 리더는 부하들의 동기, 가치관, 신념 등에 강력한 영향을 미치며, 리더 자신의 이념적 몰입과 가치관으로 부하들의 기본적 신념을 변화시키며 강화시킬 수 있다. 특히 부하들의 성과와 관련하여 부하들이 가진 잠재력을 최대한 개발하는 데 초점을 둔다고 할 수 있다.

2) 변혁적 리더십의 구성요인

변혁적 리더십을 구성하는 요인에 관하여는 연구자마다 다소 차이는 있으나 대체적으로 다음과 같은 내용으로 이루어져 있다(Bass and Avolio, 1990).

① **카리스마** : 카리스마(charisma)란 부하들에게 탁월한 성취와 인간적 매력을 통해 존경과 신뢰감을 얻어 그들을 이끌어 가는 능력을 의미한다. 그러므로 카리

스마적 리더는 진정으로 중요한 것이 무엇인지를 이해하는 능력과 조직의 사명을 효과적으로 표명할 수 있는 감각을 가지고 부하들에게 희망을 줄 수 있는 분명한 비전을 제시한다. 또한 합리적인 인관관계를 형성하며, 남들이 따라오기 어려운 전문능력과 실무지식 등을 가지고 있다. 카리스마적인 리더의 부하들은 조직에 대한 강한 신념을 가지고 있으며, 리더에 대해 적극적인 지지와 몰입을 보내게 된다. 그리고 리더와 자신을 동일시하려고 노력하고, 강력한 감정적 교류와 일체감을 형성한다.

② **영감적 동기부여** : 영감적 동기부여(inspirational motivation)는 부하들이 높은 기대를 가지고 조직구성원들 간에 공유된 비전을 실현하도록 하게 만드는 요인이다. 즉, 조직구성원들이 개인의 이익추구를 뛰어넘어 조직 전체의 이익을 실현하도록 노력하게 만드는 리더의 특성을 의미하는 개념이다. 팀 정신은 이러한 리더에 의해 증진된다. 이것은 카리스마와 밀접한 관련이 있기 때문에 카리스마의 하위요인으로 간주되기도 하는데, 카리스마와 영감적 동기부여는 하급자가 리더와 동일시하는 정도에 따라 중복될 수도 있고 중복되지 않을 수도 있다.

③ **개별적 배려** : 개별적 배려(individual consideration)는 리더가 부하들의 다양한 욕구 내지 관심을 이해하고 공유하면서 부하들을 개별적으로 독특하게 다룸으로써 자기의 욕구를 스스로 인식하도록 하며, 나아가 보다 높은 차원의 욕구를 가질 수 있도록 하는 것을 의미한다. 개별적 배려는 리더가 부하들과 개인별로 접촉하여 관심을 보이기 때문에 상호 간의 이해가 증진되고, 리더의 개인적인 관심과 지지를 표명할 수 있게 된다. 그리고 부하와 상사 간의 직접적인 접촉을 통한 양방향의 의사소통을 강조하기 때문에 부하들의 자아상을 확립시켜 주고, 정보에 대한 욕구를 높여주며, 의사결정에 따르는 결과에 대하여 책임의식을 갖게 함으로써 부하들의 능력을 파악하고 향상시킬 수 있게 된다.

④ **지적 자극** : 지적 자극(intellectual stimulation)은 부하들로 하여금 문제를 새로운 방식으로 인식하고 창의적・혁신적으로 문제해결방법을 모색하게 만드는 리더의 능력으로 정의된다. 지적 자극형 리더는 부분적인 문제해결에 만족하지 않고, 이전에 사용했던 방법에 의해 일을 처리하려고 하지 않는다. 또한 보다 새로운 방법과 변화를 모색하고 높은 위험에도 불구하고 기회를 최대한 이용하려는 경향이 강하다. 그리고 이러한 리더의 사고는 반응적이라기보다는 능동적이며, 아이디어 창출에 있어 보다 창의적이고 혁신적이며, 사상적으로는 급진적인

성향을 보인다. 따라서 리더는 부하들이 자신과 상사의 신념이나 가치관에 대하여 모두 지속적인 의문을 갖도록 환기시킨다. 이러한 과정을 통하여 부하들은 스스로 문제에 대한 해결방법을 창의적으로 탐구하게 되고, 결과적으로 문제해결능력이 향상되는 것이다.

한편, 변혁적 리더십에 대응하는 거래적 리더십의 구성요인은 다음과 같이 크게 두 가지로 나누어 설명할 수 있다.

① **상황적 보상** : 상황적 보상(contingent reward)은 부하의 보상이 자신들의 성과에 따라 결정됨을 인식시켜 부하들을 이끌어가려는 행동이다. 따라서 리더 또는 조직이 규정한 수준의 성과를 부하가 달성하였을 경우 약속된 보상을 제공한다. 이 같은 리더십 스타일의 리더들은 하급자에게 수행해야 할 과업이 무엇인지를 명확히 제시하고, 그것을 수행하는 사람에게 주어지는 보상에 대해 하급자의 합의를 얻어내려고 노력한다.

② **예외의 관리** : 예외의 관리(management-by-exception)는 하급자의 성과가 기대수준에 도달하지 못할 때 리더가 개입하는 것을 말한다. 예외의 관리는 적극적인 예외의 관리와 소극적인 예외의 관리로 구분되고 있다(임준철·윤정구, 1999). 적극적인 예외의 관리는 하급자들의 실수와 규칙위반 등을 면밀히 관찰하고 업무가 정해진 절차를 벗어날 경우 조치를 취하는 것을 말한다. 소극적 예외의 관리는 하급자들이 기준에 미달하거나 문제가 표면화된 후 개입하는 것을 말한다. 따라서 예외의 관리는 부정적 피드백이나 부정적 강화를 수반할 수 있다.

3) 팔로어십

(1) 팔로어십의 의의

지금까지 리더십에 관한 연구들은 리더가 발휘하는 리더십과 그 유효성에 초점을 맞추어 왔기 때문에 추종자, 즉 팔로어(follower)에 대한 연구는 소홀히 다루어져 왔다. 그 이유는 조직의 성공에 가장 중요한 영향을 미치는 사람이 리더이고, 팔로어들은 단순히 리더를 따라가는 존재로서 인식하였기 때문이다(Gilbert and Hyde, 1988).

그러나 최근 들어 조직구성원들의 자발적 참여가 강조되고, 리더와 부하의 관계가 중요하게 인식되면서 팔로어십(followership)에 대한 관심이 증가하고 있다. 이와 관련하여 켈리(R.E. Kelley)는 "조직목표달성에 리더가 기여하는 정도는 10~20%에 불과하고 나머지 80~90%는 팔로어에 의해 결정된다"고 주장하며 팔로어십의 중요성을 강조하였다(Kelley, 1994). 이는 팔로어가 조직 안에서 단순히 리더와의 종속관계에 있는 인물이 아니라 주체적 행동을 수행하는 중요한 존재임을 부각시키는 것이며, 지금까지 리더 입장에서 다루던 리더십을 추종자의 입장에서도 전개할 수 있음을 의미하는 것이다. 리더십의 성공적 결과를 도출해 내기 위해서는 리더십의 발휘 대상이 되는 팔로어들의 심리적 동의가 필수적이기 때문이다.

(2) 팔로어십의 연구관점

기존의 팔로어십에 대한 연구를 종합해 볼 때, 팔로어십은 크게 두 가지 관점에서 설명할 수 있다. 하나는 리더십과 팔로어십을 분리하여 독립적인 요소로 보는 관점이며, 다른 하나는 리더십과 팔로어십 간의 상호관계를 파악하고자 관점이다.

독립적 관점에서 팔로어십에 접근한 대표적인 학자는 켈리(R.E. Kelley)이다. 그는 리더십과 팔로어십을 분리하여 팔로어십을 리더십의 하위요소가 아닌 독립적인 요소로 보아 팔로어의 역할을 강조하였다. 그의 관점은 팔로어십과 리더십은 서로 다른 개념이며 별도의 역할을 가지고 있어 큰 성과를 올리기 위해서는 양쪽 다 최고의 기량을 발휘하도록 해야 한다는 것이다. 이러한 바탕 위에서 그는 팔로어십을 몇 개의 유형으로 나누고 그들의 특징을 자세히 기술하고 있다. 그는 팔로어들을 대상으로 면접을 실시한 뒤 [그림 9-7]에서 보는 바와 같이 팔로어의 사고성향과 행동성향을 기준으로 다음과 같이 5가지 팔로어십 유형을 제시하였다. 즉 팔로어의 사고성향이 '독립적·비판적인가, 의존적·무비판적인가', 행동성향이 '수동적인가, 적극적인가'를 기준으로 소외형(alienated), 순응형(conformist), 수동형(passive), 모범형(effective), 실무형(pragmatist) 팔로어로 구분하였다.

① **소외형 팔로어** : 소외형 팔로어는 독립적이고 비판적인 사고를 견지하지만 역할수행에는 소극적인 유형으로 리더의 노력을 빈정거리며 비판하면서도 스스로는 노력하지 않거나 불만스런 침묵으로 일관하는 유형이다. 전체 팔로어의 15~20%를 차지한다. 이들의 소외감은 충족되지 않는 기대나 신뢰의 결여에서 비롯된다. 신뢰의 결여는 중요한 문제이다. 이들은 대부분 모범형 팔로어였으나 부당한 대우나 리더와의 갈등 등의 계기로 인해 냉소적으로 바뀌었다. 한 조사에 따르면 팔로어가 만난 리더 중 40%만이 신뢰와 자신감을 심어주었다고 하였다. 이들이 모범적인 팔로어가 되기 위해서는 독립적·비판적인 사고는 유지하면서 부정적인 면

을 극복하고 긍정적 인식을 회복하여 적극적으로 참여하는 사람이 되게 하는 것이다.

[그림 9-7] 팔로어십 유형

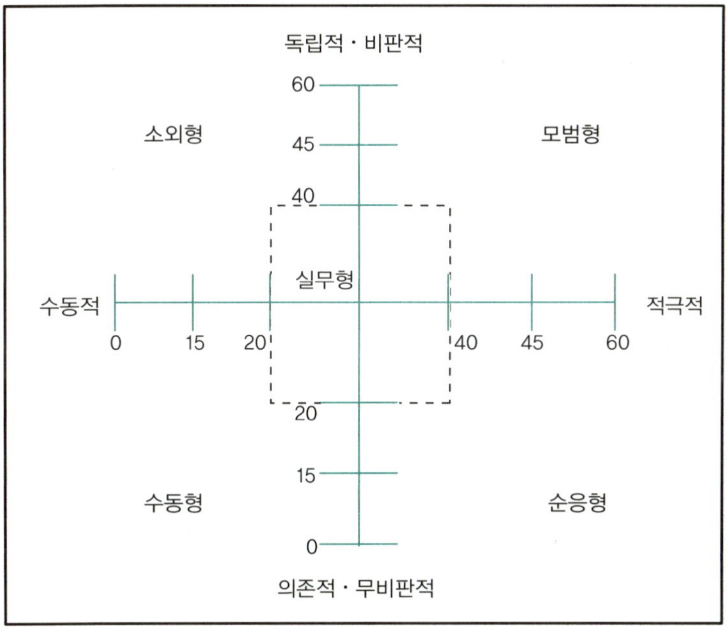

자료 : Kelly, R.E.(1994), *The Power of Followership*, NY : Doubleday Dell.

② **순응형 팔로어** : 순응형 팔로어는 소외형과 반대로 독립적·비판적인 사고는 모자라지만 자신의 역할을 적극적으로 수행한다. 따라서 역할에 불편해 하지는 않지만 리더의 판단에 지나치게 의존하는 유형이다. 순응형은 전체 팔로어의 20~30%를 차지하며 리더의 명령에 순종하며, 리더의 견해나 판단을 지나치게 따른다. 이는 순응을 조장하는 사회적 풍토나 전제적 리더하에서 많이 나타날 수 있는 팔로어형으로, 특히 전제적 리더들은 권력욕을 충족시키기 위해 순응형 팔로어를 장려한다. 이들이 모범형 팔로어가 되기 위해서는 자신의 견해에 대해 자신감을 심어주고, 조직이 자신의 견해를 필요로 한다는 것을 깨우쳐 주어야 한다.

③ **실무형 팔로어** : 별로 비판적이지 않으며 리더의 가치와 판단에 의문을 품기도 하지만 적극적으로 대립하지도 않고, 시키는 일은 잘 수행하지만 모험을 보이지도 않는 유형으로 전체 팔로어의 25~30%를 차지한다. 이러한 팔로어형은 성격

탓도 있지만 사회나 조직이 불안정한 상황하에서 많이 나타난다. 이들이 모범형 팔로어로 변화하기 위해서는 먼저 목표를 설정하고 사람들의 신뢰를 회복할 수 있도록 해야 하며, 자기를 먼저 생각하기보다 다른 사람들의 목표달성을 돕는 데서 시작하여야 한다.

④ **수동형 팔로어** : 생각도 하지 않고 열심히 참여도 하지 않는 유형으로 책임감이 결여되어 있고 솔선수범하지도 않으며, 지시 없이는 주어진 임무를 수행하지도 않는다. 전체 팔로어의 5~10%의 소수를 차지하며 이들은 맡겨진 일 이상은 절대 하지 않는다. 리더가 모든 상황을 통제하고 팔로어에게 규정을 지키도록 위협적인 수단을 사용할 때 수동형 팔로어가 많이 생긴다. 이들이 모범형 팔로어가 되기 위해서는 팔로어의 적극적 역할부터 배워야 한다. 즉, 자신을 희생하고 모든 일에 적극적으로 참여하는 방법을 익혀야 한다.

⑤ **모범형 팔로어** : 스스로 생각하고 알아서 행동할 줄 아는 이상적인 팔로어형이다. 모범형 팔로어는 독립심이 강하고 헌신적이며 독창적이고 건설적인 비판을 내놓으며 때로는 리더와도 용감하게 맞서 싸운다. 또한 장애가 있더라도 자신과 조직의 이익을 위해 자신의 재능을 유감없이 발휘한다. 전체 팔로어의 약 5~10%를 차지하는 이들은 솔선수범하고 주인의식을 가지고 있으며, 집단과 리더를 도와주고, 자신이 맡은 일보다 훨씬 많은 일을 하려고 한다. 이러한 모범형 팔로어는 적극적인 참여를 통해 리더의 힘을 약화시키는 것이 아니라 오히려 강화시킬 수 있다. 모범형 팔로어의 독립적 사고와 적극적 성향은 그들의 경험이나 능력으로부터 나오게 된다. 더 많은 업무를 처리하고 경험하는 구성원들은 그렇지 못한 구성원들에 비해 동일 조직이나 다른 조직의 사람들과 상호작용할 기회가 증대되어 사고성향이나 행동성향이 더 독립적이고 적극적으로 개발될 수 있다. 또한 전문적인 지식이나 능력을 갖고 있는 구성원들은 그렇지 못한 구성원들에 비해 더 어렵고 복잡한 과업을 수행할 기회가 많으며, 이를 스스로 해결해 나가는 과정에서 자신의 사고성향이나 행동성향이 더욱 독립적이고 적극적인 방향으로 개발될 수 있다. 따라서 다양한 직무경험과 지속적인 자기능력개발이 모범형 팔로어의 특징이다.

지금까지 살펴본 관점은 팔로어십을 리더십의 하위요소가 아닌 독립적인 차원에서 접근한 것이다. 그러나 리더십과 팔로어십을 분리하여 연구하는 것은 현실성이 떨어진다. 아무리 팔로어의 역할이 중요하다 할지라도 리더가 없을 수는 없기 때문에 리더와 팔로어의 융합이 필요하다. 리더십과 팔로어십은 동전의 양면과 같은 존재로 리더십에 대한 이해는 반드시 팔로어십에 대한 이해를 동반할 수밖에 없다.

워트맨(M.S. Wortman)은 팔로어십을 "주어진 상황에서 조직의 목표를 달성하기 위해 리더가 의도하는 바에 따라 팔로어가 개인이나 집단적 노력에 참여함으로써 개인적 목표를 획득하는 과정"으로 정의하고 있다(Wortman, 1986). 여기서 '리더가 의도하는 바에 따라'라는 말에는 팔로어는 리더십을 수용하지만 리더십의 수용 정도나 질은 또한 팔로어에 달려 있다는 의미를 내포하고 있다. 리더십과 동등한 관계로 팔로어십을 강조하는 것이다. 즉 리더십은 팔로어의 욕구나 목적과 분리되어 생각할 수 없는 것이고, 리더-팔로어의 본질적인 측면은 공동의 혹은 최소한의 공유된 목적을 추구함에 있어서 서로 다른 동기수준 혹은 잠재적 파워를 가진 사람들의 상호작용인 것이다(Burn, 1987).

따라서 리더십과 연관하여 팔로어십의 개념을 정의하면 "주어진 상황에서 조직목표 달성을 위해 부하가 스스로 적극적인 참여와 독립적이고 비판적인 사고를 가지고 리더와의 상호신뢰를 바탕으로 리더가 발휘하는 영향력을 수용하여 용기있게 헌신하고 노력하는 과정"이라 정의할 수 있다. 이처럼 리더와 팔로어의 관계는 서로 배타적이거나 독립적인 관점에서 연구되어질 주제는 아니며, 상호보완적 관점에서 접근되어야 할 주제라고 할 수 있다. 리더가 있기에 팔로어가 존재하고 또한 팔로어 없는 리더십이란 무의미하다.

한편, 리더십과 팔로어십의 상호관계를 중시하는 관점에서는 주로 리더와 균형있는 관계를 발전시키기 위한 팔로어의 전략을 제시하고 있는데(Daft, 1999), 이를 요약하면 대체적으로 다음과 같다(백기복, 2000).

첫째, 리더에게 지원이 이루어져야 한다. 리더가 필요로 하는 것이 무엇인가를 간파하여 그것을 해결해 줄 수 있는 사람이 되어야 한다. 팔로어 자신이 팀의 비전이나 목표를 달성하는 데 긴요하게 쓰일 수 있도록 해야 한다. 그러기 위해서 리더와 빈번한 커뮤니케이션을 통해 리더가 자신의 능력을 명확히 판단할 수 있도록 해야 한다.

둘째, 리더가 훌륭한 지도자가 될 수 있도록 도와주어야 한다. 리더가 잘하는 것에 찬사를 보내고 감사하는 자세를 보여야 한다. 더불어 리더가 훌륭한 지도자가 되기 위해서 무엇을 해야 하는지를 효과적으로 알릴 필요가 있다. 그러기 위해서는 팔로어로서 리더에게 먼저 조언을 구하는 자세가 필요하다. 조언을 구하는 자세를 먼저 보이면 리더가 어떻게 바뀌어야 하는지를 말하기도 쉬워진다.

셋째, 리더와 좋은 관계를 유지하여야 한다. 그러기 위해서는 신뢰가 중요하다. 리더와 팔로어 간에 신뢰를 바탕으로 한 균형관계가 성립되면 리더와의 교류가 보다 의미있어 지고 목표달성에도 도움이 된다.

넷째, 리더를 현실적으로 바라보아야 한다. 리더를 완벽한 이상형으로 바라보아서는 균형있는 관계정립이 어려워진다. 그러기 위해서는 팔로어들은 자신의 리더를 올바로 인식하고 있는지를 수시로 점검해 볼 필요가 있다. 또한 팔로어들도 자신의 솔직한 모습을 리더에게 알려야 한다. 추종한다는 것은 자신의 약점과 실수를 숨기려는 것이 아니기 때문이다.

제4절 커뮤니케이션의 성격과 조직커뮤니케이션

1. 커뮤니케이션의 의의와 과정

1) 커뮤니케이션의 의의

개인들로 구성된 집단의 활동이 효과적으로 수행되기 위해서는 구성원들 사이의 커뮤니케이션이 원활하게 이루어지는 것이 필수적이다. 왜냐하면 모든 구성원들은 상호 간의 의견교류나 의사소통을 통해서만 서로 이해하고 필요한 정보를 교환하여 공동의 목표를 달성할 수 있기 때문이다. 조직에 있어서도 조직 내의 개인과 집단 또는 집단과 집단 사이에 이러한 커뮤니케이션이 원활하게 이루어짐으로써 조직목표달성을 위한 여러 구성원들의 활동이 서로 조정되고 통합될 수 있게 된다.

커뮤니케이션(communication)이란 일반적으로 개인 간 또는 집단 간에 관념·지식·감정 등을 포함하여 어떤 정보를 교환하는 과정이라고 정의할 수 있다(Hodgetts and Altman, 1979 : 295). 따라서 커뮤니케이션은 감정의 실제적인 교류뿐만 아니라 어떤 것을 인식하고 지각하는 과정, 즉 인지과정을 나타낸다. 커뮤니케이션에 대하여 좀 더 자세히 알아보면 이는 다음과 같이 두 가지 측면에서 이해할 수 있다.

① **인지적 측면** : 이것은 문서·문자·부호 또는 기타의 이와 유사한 수단을 통하여 타인과 어떠한 사물이나 현상에 대한 정보를 교환하는 과정을 말한다. 즉, 인지

적 측면에서의 커뮤니케이션은 개인이 가지고 있는 정보를 문자나 부호 등을 사용하여 타인에게 전달하는 것을 의미한다. 이때 정보를 전달하는 사람을 정보원 또는 발신자라 하고, 정보를 받아들이는 사람을 수신자라고 한다.

② **행동적 측면** : 행동적 측면으로서의 커뮤니케이션은 발신자가 정보를 전달함으로써 이를 받아들이는 수신자로부터 어떤 행동적인 효과를 달성하려는 과정을 말한다. 즉, 행동적 측면에서는 정보의 교환이나 나누어가짐을 강조하기보다는 '자극-반응'의 관계에 초점을 두고 있다.

따라서 인지적 측면에서는 정보를 교환하거나 나누어 가짐으로써 커뮤니케이션의 효과가 달성될 수 있다는 것을 강조하고, 행동적 측면에서는 상대방의 행동반응을 이끌어낼 수 있을 때 비로소 커뮤니케이션이 이루어진 것으로 볼 수 있다는 점을 강조한다.

2) 커뮤니케이션의 기본과정

베를로(D.K. Berlo)는 위에서의 정의와 마찬가지로 커뮤니케이션을 "정보가 어떤 경로를 통하여 메시지의 형태로 발신자로부터 수신자에게 전달되는 과정"이라고 정의하고 커뮤니케이션의 과정을 [그림 9-8]과 같이 나타내고 있다(Berlo, 1960 : 30-32).

여기에서 보는 바와 같이 커뮤니케이션의 과정은 메시지를 코드화하는 정보원 또는 전달자, 그리고 이를 해독하여 어떤 행동반응을 보이는 수신자, 그리고 피드백과 잡음 등의 요소로 구성되어 있다. 이 구성요소들에 대하여 좀 더 구체적으로 설명하면 다음과 같다.

① **전달자와 수신자** : 전달자(senders)와 수신자(receivers)는 커뮤니케이션의 주체로서 전자는 자신의 욕구 · 아이디어 · 정보 등을 전달하는 역할을 하는 사람을 말하며, 후자는 이러한 것들을 받아들이는 역할을 하는 사람을 말한다. 그러나 이러한 역할은 수신자가 받아들인 정보에 대하여 어떠한 반응을 나타냄으로 해서 서로 바뀌게 된다. 즉, 이러한 경우에 수신자는 전달자의 역할을 하게 되며, 전달자는 그 반응을 다시 받아들임으로써 수신자의 위치에 있게 된다.

② **메시지** : 메시지(message)는 수신자가 당면하고 있는 문제를 해결하는 데 도움이 될 수 있도록 전달자가 전달하려는 커뮤니케이션의 내용을 말한다. 그리고 그러한 커뮤니케이션의 내용, 즉 메시지는 일반적으로 어떤 기록 · 숫자 · 예측 등과 같은 사실이나 의견으로 표현된다. 그리고 전달자가 전달하려는 메시지가

태도나 감정일 수도 있다. 따라서 그러한 커뮤니케이션의 내용은 일반적으로 구체적인 문자나 언어보다는 전달자의 표정・얼굴색・눈빛・말투 등을 통하여 표현된다. 또한 어떤 상황하에서는 공식적인 언어나 문자를 사용한다고 할지라도 실제로 전달하려는 진정한 의사는 언어나 문자의 내용보다는 그것의 표현방식을 통하여 간접적으로 표현되기도 한다.

③ **코드화와 해독** : 커뮤니케이션의 주체는 어떠한 정보, 관념, 감정 또는 사실 등의 의사를 상대방에게 전달하려고 노력하게 된다. 이때 전달자는 이러한 의사의 원래 의미(original meaning) 또는 자신의 의도한 바를 심볼이나 부호로 변화시키는 과정, 즉 코드화(encoding) 과정이 필요하게 된다. 또한 수신자는 전달자로부터 전달되어 온 메시지를 전달자의 의도대로 이해하기 위하여 이것을 다시 원래 의미대로 전환시키는 과정이 필요하게 되는데, 이 과정을 해독(decoding) 과정이라고 한다. 이러한 코드화와 해독 과정은 커뮤니케이션의 주체인 전달자와 수신자의 과거경험이나 준거체계 등과 같은 요인들에 의하여 영향을 받게 된다.

④ **커뮤니케이션 경로** : 커뮤니케이션의 전달자가 메시지를 어떤 방식으로 표현하든 간에 반드시 커뮤니케이션 경로(channel)를 거쳐야만 그것을 수신자에게 전달할 수 있게 된다. 예를 들면, 언어로 표현하려는 것은 수신자와의 직접적인 면담이나 전화 또는 회의 등과 같은 경로를 통하여 전달할 수 있다. 그리고 문자를 사용하여 표현하려는 것은 공문이나 편지 또는 기타의 공개적인 출판물 등과 같은 경로가 필요해 진다. 또한 전달자는 사진이나 그림 등을 수신자가 볼 수 있도록 함으로써 메시지를 간접적으로 전달할 수도 있다. 표면상으로 보면 특정의 매체를 사용하여 어떤 메시지를 전달하는 것을 일종의 기술적인 문제이거나 단순한 과정으로만 생각하기 쉽다. 그러나 커뮤니케이션 경로의 선택은 실제로 커뮤니케이션의 효과에 중대한 영향을 미치게 된다. 즉, 커뮤니케이션의 효과는 사용하는 매체의 종류와 특성에 따라 큰 차이가 있게 된다. 예컨대, 경영자가 부하들에 대한 불만을 전달하기 위해서 어떤 매체를 사용할 것을 고려하고 있다면(예를 들면, 개인면담이나 공개적 선포), 부하들은 똑같은 내용이라고 할지라도 그것이 전달되는 경로에 따라서 서로 다른 의미로 받아들이고, 따라서 서로 다른 반응을 나타낼 것이다.

⑤ **피드백** : 피드백(feedback)은 전달자로 하여금 메시지가 정확히 전달되고 이해

되었는지를 알게 해주는 수신자의 반응을 말한다. 이러한 피드백은 전달자와 수신자의 역할이나 위치가 수시로 변하는 쌍방적인 커뮤니케이션인 경우에 보다 효과적으로 커뮤니케이션의 목적을 달성할 수 있게 한다.

⑥ **잡음** : 잡음(noise)은 전달자와 수신자 사이에서 발생하는 일종의 방해요인으로서 커뮤니케이션의 정확도와 감도를 감소시키는 모든 것을 의미한다. 이러한 잡음은 커뮤니케이션 과정의 어느 곳에서나 일어날 수 있다. 예를 들면, 커뮤니케이션 경로를 잘못 선택하여 메시지를 수신자에게 전달하지 못한다는지, 전달자가 시간에 쫓겨 메시지의 내용을 충분히 전달하지 못하는 경우가 있다. 그리고 수신자는 전달자의 신분이나 지위가 나타내는 위엄성이나 고압적 자세에 당황하여 전달되는 내용을 확실히 이해하지 못하기도 한다. 또한 커뮤니케이션 쌍방은 주위가 소란하거나 기타의 물리적인 방해요인으로 인하여 상호 간의 메시지를 효과적으로 전달하지 못하거나 이해할 수 없게 되는 경우도 있다.

[그림 9-8] 커뮤니케이션의 기본과정

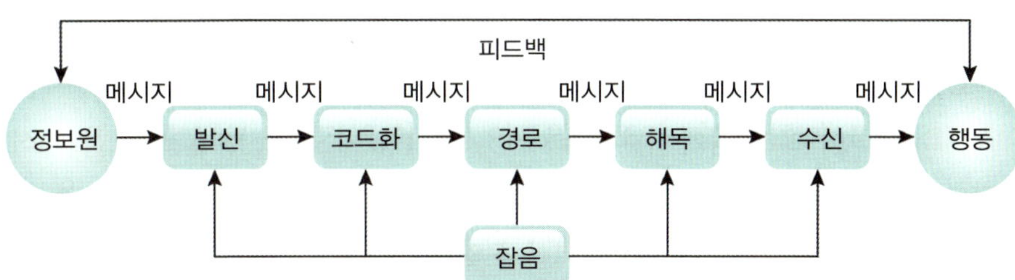

2. 커뮤니케이션의 유형

커뮤니케이션은 일반적으로 언어적 커뮤니케이션과 비언어적 커뮤니케이션, 그리고 일방적 커뮤니케이션과 쌍방적 커뮤니케이션으로 나누어 생각할 수 있다.

1) 언어적 커뮤니케이션과 비언어적 커뮤니케이션

언어적 커뮤니케이션(verbal communication)은 언어를 이용한 의사소통을 말하며 이는 다시 구두커뮤니케이션과 문서커뮤니케이션으로 나뉜다. 구두커뮤니케이션(oral communication)은 직접적인 말을 통하여 이루어지는 커뮤니케이션을 의미한다. 예를 들면, 이는 발신자와 수신자가 전화, TV, 방송매체 등을 이용하거나 또는 직접 얼굴을 맞대고 대화를 통하여 정보를 교환하거나 메시지를 전달하는 방식을 말한다. 문서커뮤니케이션(written communication)은 편지, 보고서, 사보, 건의서 등과 같은 글로 표현된 매체를 통하여 이루어지는 커뮤니케이션을 말한다. 구두커뮤니케이션은 직접적인 의사소통방식으로서 효율성과 즉각성이라는 장점을 지니고 있다. 반면에 문서커뮤니케이션은 언어표현의 정확성과 내용의 기록이 요구되는 중요한 메시지를 전달해야 할 경우에 유리하다. 따라서 언어적 커뮤니케이션은 커뮤니케이션의 목적과 특성 그리고 전달속도와 메시지 내용의 중요성 등과 같은 상황요인을 고려하여 구두커뮤니케이션과 문서커뮤니케이션을 적절히 배합하여 사용할 때 효과적으로 될 수 있다.

비언어적 커뮤니케이션(nonverbal communication)은 말이나 문자가 아닌 비언어적 행동, 즉 자세·얼굴표정·의상·몸짓 등을 통하여 정보나 메시지를 전달하는 의사소통을 말한다. 이러한 유형의 커뮤니케이션은 언어적 커뮤니케이션으로는 어려운 메시지의 표현과 전달을 가능케 하여 준다는 측면에서 중요하다 할 것이다.

2) 일방적 커뮤니케이션과 쌍방적 커뮤케이션

커뮤니케이션은 발신자와 수신자 사이에 피드백(feedback)이 존재하느냐 존재하지 않느냐에 따라 일방적 커뮤니케이션(one-way communication)과 쌍방적 커뮤니케이션(two-way communication)으로 구분된다.

일방적 커뮤니케이션은 피드백이 존재하지 않는 방식으로서 명령과 같이 메시지의 일방적인 흐름을 나타낸다. 이러한 방식의 커뮤니케이션은 시간이 덜 걸린다는 장점은 있으나 일반적으로 비효율적인 것으로 알려지고 있다. 이에 반해서 쌍방적 커뮤니케이션은 피드백이 존재하는 방식으로서 시간이 더 걸리고 때로는 감정적인 문제가 발생할 수 있지만 보다 효율적인 방식이라고 할 수 있다. 즉, 쌍방적 커뮤니케이션은 수신자의 발신자에 대한 반응을 나타내는 피드백의 기회가 있으므로 해서 커뮤니케이션의 정확성과 유효성이 향상되며, 양자 간의 신뢰도도 역시 증가하게 된다.

3. 조직커뮤니케이션의 형성과 활용

조직에서의 커뮤니케이션은 크게 공식적인 커뮤니케이션과 비공식적인 커뮤니케이션으로 구성된다. 전자는 조직구조라는 사전에 결정된 커뮤니케이션의 경로에 따라 이루어지는 의사소통과정을 말하며, 후자는 공식적 커뮤니케이션과는 달리 집단구성원들 사이의 자연발생적인 관계에 의하여 형성된 비공식적인 경로를 통하여 이루어지는 커뮤니케이션 과정을 말한다. 여기에서는 먼저 공식적인 커뮤니케이션과 관련하여 조직구조에 의해 커뮤니케이션이 어떻게 영향을 받는가 하는 것과 공식적 커뮤니케이션의 여러 연결형태를 보여주는 커뮤니케이션 네트워크에 대해 알아본 다음, 자생적인 비공식적 커뮤니케이션의 형성과정과 활용방안에 관하여 살펴보기로 한다.

1) 공식적 커뮤니케이션

(1) 커뮤니케이션의 방향

커뮤니케이션의 방향은 크게 수직적 커뮤니케이션과 수평적 커뮤니케이션의 두 가지 형태로 분류된다. 이러한 커뮤니케이션의 방향은 주로 조직에서 권한관계에 의한 정보나 메시지의 전달경로를 나타내며 조직구조에 의하여 결정된다.

① **수직적 커뮤니케이션** : 수직적 커뮤니케이션(vertical communication)은 조직구조의 권한라인에 따라 메시지가 위에서 아래로 또는 아래에서 위로 전달되는 과정을 말한다. 따라서 수직적 커뮤니케이션은 메시지의 전달방향에 따라 다음과 같은 두 가지의 형태로 구분할 수 있다.

첫째, 하향적 커뮤니케이션으로서 이것은 조직의 위계(hierarchy) 또는 명령계통에 따라서 상급자로부터 하급자에게로 전달되는 명령·지시·방침·성과표준 등을 포함하는 의사소통을 의미한다. 예를 들면, 기업조직에 있어서 최고경영자는 통상 하향적 커뮤니케이션(downward communication)을 이용하여 실무에 관한 정보뿐만 아니라 기업경영에 관한 기본원칙, 즉 자기의 경영철학을 하급자들에게 주지시키는데, 이는 그가 조직에서 절대적인 영향력과 지위를 지니고 있기 때문에 가능한 것이다.

둘째, 상향적 커뮤니케이션으로서 이 형태는 하급자들이 그들의 직무성과를 상급자에게 보고하는 것뿐만 아니라 그들의 의견이나 태도와 같은 것까지를 상위의 계층으로 전달하는 것도 포함한다. 따라서 상급자는 상향적 커뮤니케이션(upward communication)을 통하여 조직의 목표달성을 위한 적절한 행동이 취해졌는지 하는 것을 확인할 수 있으며, 하급자들의 개인적인 고민을 파악할 수 있고, 또한 조직의 발전을 위한 각종 제안을 통하여 참신한 아이디어를 창출해 낼 수 있다. 그러나 상향적 커뮤니케이션은 여과효과(filtering effect)에 의하여 상급자에게 전달되는 메시지의 정확성이 크게 훼손될 가능성이 존재한다. 즉 하급자들은 자기에게 불리한 정보나 반대의견 등을 걸러내거나, 자기에게 유리하도록 채색하여 보고하려는 경향이 있다. 그 결과 조직을 위해서는 매우 중요한 정보들이 상급자 특히 최고경영층에게까지 정확히 전달되지 않는 경우가 흔히 발생한다.

② **수평적 커뮤니케이션** : 수평적 커뮤니케이션(horizontal communication)은 조직 내에서 위계수준이 같은 구성원이나 위계수준이 비슷한 부서 간의 의사소통을 의미한다. 여기에는 두 가지 형태가 있는데, 하나는 조직의 하부단위 내(within subunit)의 커뮤니케이션으로서 같은 계층 동료들 사이의 상호작용을 말하며, 다른 하나는 조직의 하부단위 간(between subunit)에 이루어지는 커뮤니케이션을 말한다(신유근, 1989 : 347).

수평적 커뮤니케이션은 특히 각 구성원 간 및 부서 간에 나타날 수 있는 대립이나 이해관계를 효과적으로 조정하는 역할을 한다. 예를 들면, 조직에서 서로 다른 명령계통을 가지는 부서 간에 종종 서로 다른 과업목표나 조직 내의 한정된 자원을 보다 먼저 또는 많이 확보하려는 경쟁심리에 의하여 갈등이 발생하는 경우가 있다. 이러한 경우에 경영자들은 수평적 커뮤니케이션을 통하여 부서들 사이에 필요한 정보의 교환과 상호이해를 증진시켜 이들 간의 갈등을 최소화시킬 수 있다.

(2) 커뮤니케이션 네트워크

커뮤니케이션의 네트워크는 집단구성원들 사이의 접촉패턴을 말한다. 따라서 커뮤니케이션 네트워크는 한 집단 내에서 가능한 모든 커뮤니케이션의 패턴을 나타내는 것이라고 할 수 있다.

커뮤니케이션 네트워크에 대한 연구는 소집단연구를 전문으로 하는 사회학자들에 의해 주도되어 왔는데, 오늘날 연구자들은 다섯 명의 구성원들로 형성될 수 있는 커뮤니케이션 네트워크의 형태를 [그림 9-9]에서와 같이 다섯 가지로 분류하여 제시하고 있다(Berelson and Steiner, 1964 : 356).

[그림 9-9] 커뮤니케이션 네트워크의 유형

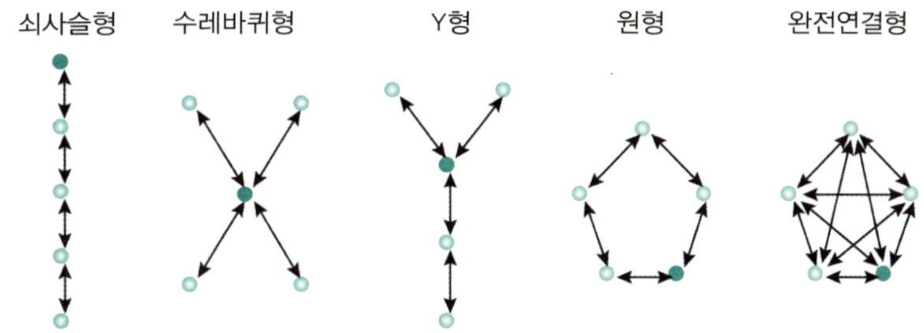

커뮤니케이션 네트워크와 관련하여 연구의 가장 큰 관심사는 각 네트워크가 구성원들의 행동과 과업성과에 어떻게 영향을 미치느냐 하는 것이다. 즉, 어떤 유형의 커뮤니케이션 네트워크이 가장 효과적이냐 하는 문제인데, 호킨스(L. Hawkins)와 프레스톤(P. Preston)은 최근 그동안 연구된 각종 커뮤니케이션 네트워크를 대상으로 조직행동의 여러 측면에 대한 영향을 종합·분석하였다(Hawkins and Preston, 1984 : 280). 이들의 분석결과를 토대로 [그림 9-9]에서 살펴본 다섯 가지 커뮤니케이션 네트워크의 조직행동과 관련되는 특성을 요약하면 [표 9-4]에서 보는 바와 같다.

[표 9-4]의 내용을 통해 알 수 있듯이 가장 이상적인 유일한 커뮤니케이션 네트워크는 존재하지 않는다. 커뮤니케이션 네트워크의 유형은 과업특성과 커뮤니케이션의 목적 등을 고려하여 적절히 선택될 때 그 유효성이 높아진다고 할 수 있다.

[표 9-4] 커뮤니케이션 네트워크의 특성

네트워크의 기본특성	쇠사슬형	Y형	수레바퀴형	원형	완전연결형
의사결정의 질	리더의 능력에 따라 달라진다.	리더의 능력에 따라 달라진다.	리더의 능력에 따라 달라진다.	중간	높음
의사결정의 속도	느림	중간	빠름	중간	느림
메시지의 왜곡도	높음	중간	중간	중간 또는 높음	낮음
구성원의 만족도	상부 : 높음 하부 : 낮음	중심부 : 높음 하부 : 낮음	중심부 : 높음 외부 : 낮음	중간	높음
권한의 집중도	중간	높음	매우 높음	낮음	매우 낮음
정보의 과중도	중간	중심부 : 높음 하 부 : 낮음	중심부 : 매우 높음 외부 : 중간	중간	중간

2) 비공식적 커뮤니케이션

(1) 비공식적 커뮤니케이션의 형성

비공식적 커뮤니케이션은 집단구성원들 사이의 자연발생적인 관계에 의하여 형성되는데, 이것이 형성되는 원인을 좀 더 구체적으로 알아보면 다음과 같다.

첫째, 조직의 공식적인 경로를 통하여 전달되는 정보의 양이 적을 경우에 구성원들은 그들 간의 비공식적인 경로를 통하여 필요한 정보를 획득하려고 노력한다.

둘째, 조직 내에서 어떤 불확실한 상황에 직면하여 그러한 상황에 대한 이해가 부족하게 되면 구성원들은 불안과 초조함을 느끼게 된다. 따라서 비공식적인 경로를 통하여 그와 같은 불확실한 상황이 자신들에게 유리한 것인지 또는 불리하게 작용할 것인지를 알려고 노력한다.

셋째, 구성원들은 조직과정에 의해 규정된 상대와만 대화를 나누려고 하지 않는다. 그들은 여러 가지 필요에 의해 직종과 계층을 넘어선, 또는 학연이나 지연 등을 기반으로 하는 인간적 유대를 갖고 커뮤니케이션을 유지하려 한다.

넷째, 집단 내에 좋아하지 않거나 적대관계에 있는 상대가 존재하는 경우, 구성원들은 그러한 상대를 공격하기 위한 수단으로서 비공식적 커뮤니케이션 경로를 이용한다.

다섯째, 어떤 새로운 메시지와 정보를 신속하게 전달해야 할 필요가 있는 경우에 비공식적 커뮤니케이션을 이용하는 것이 보다 효과적일 수 있다.

이와 같은 원인들에 의하여 형성되는 비공식적 커뮤니케이션은 일반적으로 공식적 커뮤니케이션체계를 혼란시키고 종업원들의 초조감과 정보의 왜곡 등과 같은 문제를 유발하는 것으로 인식되어 경영자들에게는 경원시되어 왔다. 그러나 비공식적 커뮤니케이션을 통하여 종업원들의 소속감을 강화시킬 수 있으며, 이들의 정서적 불안감이나 불만을 상당부분 해소시킬 수 있다. 또한 종업원들의 즉각적인 반응이 요구되는 중요한 정보는 비공식적 커뮤니케이션경로를 통하여 오히려 효과적으로 처리될 수 있다. 따라서 경영자는 조직 내에서의 비공식적 커뮤니케이션에 대한 적절한 통제를 통하여 이것의 부정적 측면을 감소시키는 동시에 긍정적 측면을 활용할 수 있는 효율적인 관리방안을 마련해야 할 것이다.

(2) 비공식적 커뮤니케이션의 활용 및 대책

전통적 경영관리이론과 조직이론에서는 비공식적 커뮤니케이션의 존재를 인정하지 않았으며, 조직에서 그러한 현상을 발견하면 제거하거나 최소한도로 감소시켜야 한다고 생각했다. 그러나 현대의 경영학자들은 비공식적 커뮤니케이션의 존재는 그 뿌리가 매우 깊고 견고하기 때문에 완전히 제거할 수 없다고 생각한다. 따라서 이들은 비공식적 커뮤니케이션을 제거하려고 하기보다는 그것을 이해하고 그것에 적응하여 그로 하여금 커뮤니케이션의 기능을 효과적으로 담당할 수 있도록 노력해야 한다고 주장한다.

예를 들면, 경영자는 비공식적 커뮤니케이션의 형성원인을 찾아내고 그 속성을 이용하여 종업원들의 정서적 불안감과 불만을 해소시키고 소속감을 증대시킬 수 있다. 또한 종업원들의 즉각적인 반응이 요구되는 중요한 정보는 이러한 비공식적 커뮤니케이션의 경로를 통해 오히려 효과적으로 처리할 수 있다. 그러나 비공식적 커뮤니케이션을 효과적으로 이용하는 데는 많은 위험이 따르며, 잘못 활용하게 되면 큰 대가를 치루어야 한다. 예컨대, 비공식적 커뮤니케이션을 과도하게 이용하게 되면 공식적 커뮤니케이션 시스템과 조직구조를 파괴하는 결과를 가져올 수 있다. 또한 비공식적 커뮤니케이션을 이용하여 조직구성원들의 비리사실을 캐내려고 하거나 그들의 행동을 감시하려고 한다면 조직 내에 바람직하지 못한 첩보망이 형성되어 경영관리상 심각한 문제가 초래될 수 있다.

허쉬(R. Hershey)는 경영자가 비공식적 커뮤니케이션에 대하여 취해야 할 입장과 대책을 다음과 같이 제시하고 있다(Hershey, 1966).

첫째, 조직 내에서 비공식적 커뮤니케이션이 발생하고 만연하게 되는 주요 원인은 구성원들이 원하는 정보를 충분히 얻을 수 없기 때문이다. 따라서 경영자는 조직구성원들이 필요로 하는 정보를 보다 용이하게 얻을 수 있도록 조직 내의 커뮤니케이션시스템을 되도록 공개하거나 개방하여야 한다. 그렇게 되면 조직 내에 널리 퍼져 있는 바람직하지 못한 루머는 자연히 소멸된다.

둘째, 조직 내에 이미 만연되어 있는 루머를 저지하려고 한다면 경영자는 그러한 루머에 대하여 방어적인 태도를 취하거나 그것의 불합리성을 내세워 몰아세우기보다는 그것과 상반되는 사실을 정면으로 제시하는 것이 보다 효과적이라고 할 수 있다.

셋째, 단조로움과 무료함은 루머가 조성되는 온상이다. 따라서 바람직하지 못한 루머가 발생하는 것을 사전에 방지하기 위해서 구성원들에게 과도한 무료함과 단조로움을 느끼게 만드는 요인을 제거하여야 한다.

넷째, 조직 내에 바람직하지 못한 비공식적 커뮤니케이션이 형성되는 것을 방지할 수 있는 가장 근본적인 방법은 조직구성원들이 기업에 대하여 신뢰감과 좋은 인상을 갖도록 하는 것이다. 그렇게 함으로써 조직구성원들은 기업이 제공하는 정보에 대하여 보다 믿음을 갖고 귀를 기울이게 된다.

다섯째, 기업은 교육훈련과정을 통하여 경영자들로 하여금 비공식적 커뮤니케이션에 대한 지식을 습득하고 그것을 효과적으로 이용하거나 처리할 수 있도록 하여야 한다.

제5절 조직커뮤니케이션의 장애요인과 개선방안

1. 조직커뮤니케이션의 장애요인

커뮤니케이션은 메시지의 전달과정에서 여러 가지 문제들이 발생할 수 있다. 커뮤니케이션의 과정에서 나타날 수 있는 가장 치명적인 문제는 발신자 또는 전달자가 전한 메시지가 수신자에게 정확하게 전달되지 않거나 또는 전달자가 기대하는 결과를 얻어내지 못하는 데 있다. 이러한 문제들은 결국 커뮤니케이션이 효과적으로 이루어지지 못하는 상태를 말한다. 이렇게 효과적인 커뮤니케이션을 방해하는 몇 가지 대표적인 장애요인들에 대하여 알아보면 다음과 같다(이승영 · 박영배, 1990 : 260-263).

① **감정적 장애** : 감정적 장애요인(emotional blocks)으로는 순간적인 기분, 공포감, 보복이나 방어심리 등이 있다. 이러한 요인들은 부분적으로 개인적 퍼스낼리티 특성이나 지위의 차이 등에서 기인하는데, 이는 특히 커뮤니케이션의 내용을 왜곡하게 만든다. 하급자가 상급자들로부터의 질책이나 꾸중 등을 두려워하거나 어떤 위험을 느끼게 되면 보고하는 내용의 의미를 바꾸거나 상급자의 명령이나 지시사항에 대한 자신의 의견을 솔직하게 표명하지 못하는 것이 좋은 예이다.

② **가치관의 차이** : 커뮤니케이션 쌍방의 가치관이 서로 다름에 따라 동일한 정보나 메시지를 서로 다르게 해석하는 경우가 종종 있는데, 이는 쌍방 간에 가치의 준거체계(frame of reference)가 일치하지 않음으로써 나타나는 현상이다. 이러한 가치관의 차이는 주로 역사, 종교 또는 교육수준 등에 의하여 영향을 받고 커뮤니케이션의 코드화와 해독의 과정에서 왜곡을 일으킨다.

③ **표현상의 문제** : 전달자의 불완전한 표현도 중요한 장애요인이 된다. 예를 들면,

전달자가 발음이 명확하지 못하거나 부적절한 언어를 사용함으로써 커뮤니케이션이 왜곡될 수 있다.

④ **정보의 과중** : 커뮤니케이션의 과정 중에 메시지나 정보의 양이 너무 많아서 전달자가 처리하기 힘들거나 또는 수신자가 완전히 전달받지 못하면 합리적인 의사결정을 하는 데 어려움을 겪게 된다.

⑤ **조직상의 결함** : 조직의 규모가 너무 방대하거나 고층구조를 지녀 커뮤니케이션 단계가 길어지게 되면 전달자가 의도한 메시지의 일부분만이 수신자에게 전달되는 '누락'(omission)현상이 발생할 가능성이 많아진다. 또한 각 부서가 너무 분산되어 있거나 조직의 규칙 등이 너무 엄격하면 구성원들이 서로 메시지를 교환할 기회가 줄어들거나 커뮤니케이션이 왜곡될 가능성이 상대적으로 커진다고 할 수 있다.

효과적인 커뮤니케이션을 방해하는 장애요인은 위에서 살펴본 것들 외에도 상당히 많다. 예를 들면 자신에 유리한 메시지나 정보만을 선호하는 선택적 경청(selective listening), 수신자의 메시지에 대한 선입견(preconceived ideas), 전달자와 수신자 간의 신뢰감의 결여, 그리고 신체언어(meta-communication)의 부적절한 사용 등과 같은 요인들도 역시 커뮤니케이션과정에서 중요한 장애요인으로 작용할 수 있을 것이다.

그러면 이러한 장애요인들을 극복하고 커뮤니케이션의 유효성을 보다 높이기 위해서는 어떻게 해야 할 것인가? 아래에서는 이러한 문제점에 초점을 맞추어 특히 조직커뮤니케이션을 개선시킬 수 있는 방안에 대하여 살펴보도록 하자.

2. 조직커뮤니케이션의 개선방안

학자들은 오랫동안 조직커뮤니케이션의 문제에 관심을 갖고 연구를 계속해 왔다. 그러나 많은 학자들은 조직커뮤니케이션의 문제를 공식적 커뮤니케이션과 비공식적 커뮤니케이션으로 나누어 연구하는 경향이 있음으로 해서 아직까지 이들 두 가지를 통합할 수 있는 연구성과는 극히 적은 실정이라고 할 수 있다. 그러나 효과적인 조직커뮤니케이션을 촉진하기 위하여는 반드시 공식적 · 비공식적 커뮤니케이션을 동시에 고려하거나 적절히 배합하여 운용하여야 한다. 따라서 여기에서는 이들 두 가지 커뮤니케이션의 관계와 적절한 이용을 통하여 조직커뮤니케이션의 유효성을 높일 수 있는 방안에 대해 살펴보도록 하겠다(Melcher and Beller, 1967).

1) 커뮤니케이션의 경로와 매체의 배합

조직커뮤니케이션에서 메시지나 정보는 많은 경로와 매체를 통하여 전달되고 수신된다. 따라서 전달자가 어떤 메시지나 정보를 효과적으로 전달하기 위해서는 적당한 경로와 매체를 선택하고 이들을 효과적으로 배합하여야 한다. [표 9-5]는 커뮤니케이션경로(공식적 · 비공식적)와 커뮤니케이션매체(서면 · 구두)의 여러 가지 배합방식을 보여준다.

커뮤니케이션경로와 커뮤니케이션매체 사이의 가능한 배합방식은 모두 16가지가 있다. 그러나 일반적으로 조직에서 이용하는 배합방식은 이들 중 극히 일부분에 지나지 않는다. 예를 들면, 공식적 커뮤니케이션에서 이용할 수 있는 배합방식은 ①, ⑤, ⑨, ⑬ 등의 네 가지가 있는데도 불구하고 주로 ①의 방식(공식적－서면)만을 선호하는 경향이 있다. 또한 비공식적 커뮤니케이션에 있어서도 이용할 수 있는 배합방식이 ②, ⑥, ⑩, ⑭ 등의 네 가지가 있는데도 불구하고 주로 ⑥의 방식(비공식적－구두)만을 선호하는 경향이 있다. 그러나 그러한 하나의 방식이 언제나 효과적이라고는 할 수 없다. 따라서 전달자는 메시지나 정보의 성질, 수신자의 개인적 특질, 커뮤니케이션의 목적, 조직분위기 등과 같은 여러 가지 요인을 고려하여 가장 적합하다고 생각되는 배합방식을 선택하여야 할 것이다.

[표 9-5] 커뮤니케이션 경로와 매체의 배합

매체 \ 경로	공식적	비공식적	선공식적 · 후비공식적	선비공식적 · 후공식적
서면	①	②	③	④
구두	⑤	⑥	⑦	⑧
선서면 · 후구두	⑨	⑩	⑪	⑫
선구두 · 후서면	⑬	⑭	⑮	⑯

2) 커뮤니케이션 방법의 선택에 있어서 고려해야 할 요인

커뮤니케이션이 효과적으로 이루어지도록 하기 위해서 경영자는 어떠한 커뮤니케이션 방법(즉, 커뮤니케이션의 경로와 매체)을 활용하여야 할 것인지는 매우 복잡하고도 어려운 문제이다. 왜냐하면 각종 상황하에서 모두 효과적으로 응용할 수 있는 한 가지 방법은 존재하지 않기 때문이다. 경영자가 커뮤니케이션 방법을 선택하는 데 있어서 일반적으로 고려해야 할 것으로 다음과 같은 네 가지 측면이 중요하다.

(1) 커뮤니케이션의 성질

커뮤니케이션의 성질은 상당히 다양하기 때문에 다음과 같이 몇 가지 요인으로 분류하여 살펴보도록 하겠다.

① **커뮤니케이션 임무의 복잡성** : 커뮤니케이션의 임무는 그 복잡성의 정도에 따라, 첫째 지시나 명령의 전달, 둘째 필요한 정보나 자료의 요구 또는 제공, 셋째 의견일치나 결정의 달성 등을 들 수 있다. 이 중에서 세 번째 임무는 특히 커뮤니케이션 쌍방이 서로 다른 의견을 가질 때 더욱 복잡하게 된다. 따라서 이러한 경우에는 먼저 상이한 의견 간에 공통되는 점이 있는지를 분석하고 비공식적 커뮤니케이션을 통하여 협조를 구한다. 그리고 비공식적 경로를 통하여 결정된 사항은 다시 공식적 경로를 통하여 공개적으로 인정하는 절차를 밟아야 한다. 만일 처음부터 공식적 경로의 토론을 통하여 의견의 차이를 공개하게 되면 쌍방의 입장과 태도는 더욱 경직되어 상대방의 협조를 이끌어 내기가 어렵게 된다. 또한 만일 공식적 권한을 행사하여 억지로 특정의 결정이나 협의를 강요한다면 쌍방 간의 관계가 악화되어 이후의 협조가 더욱 어렵게 되는 결과를 가져올 수 있다.

② **커뮤니케이션 내용의 합법성과 정당성** : 커뮤니케이션은 그 내용에 따라서 규정이나 관례에 의하여 이루어져야만 당연하다고 생각되는 것이 있는가 하면, 기업정책의 갑작스런 변경사항이나 탄력적으로 시행해야 할 조치 등과 같이 반드시 필요하지만 규정이나 관례에 따라서 행할 수 없는 것이 있다. 이러한 경우에 커뮤니케이션의 목적을 달성하기 위해서는 어떤 경로와 매체를 선택해야 할 것인가 하는 것은 매우 중요한 문제이다.

③ **커뮤니케이션에 필요한 자원의 양** : 만일 커뮤니케이션을 통하여 어떤 요구사항이나 명령을 전달하거나 어떤 결정을 이끌어 내는 데 있어서 많은 인력과 비용을 필요로 한다면 반드시 그러한 자원을 제공하고 그 효과에 대하여 책임을 져야 할 사람이 있어야 한다. 따라서 그러한 사람은 자기의 책임범위와 그 효과를 명확히 하기 위해서 커뮤니케이션이 가급적 공식적 경로와 서면을 통하여 진행되기를 원할 것이다. 물론 커뮤니케이션이 그렇게 진행되기를 원하는 정도는 위에서 설명한 '커뮤니케이션의 내용'과 밀접한 관계가 있다. 즉, 커뮤니케이션의

내용이 보다 임시적이고 융통성 있게 처리되어야 할 성질에 속하는 것인 경우에는 보다 공식적이고 구체적인 근거를 요구하게 될 것이다.

(2) 커뮤니케이션의 구성원

커뮤니케이션은 보통 정보원(최초전달자) · 수신자 · 중간전달자 그리고 이들의 상부경영자 등의 참여자들로 구성되는데, 이들 구성원의 특성은 커뮤니케이션 방법의 선택과 밀접한 관계가 있다.

① **목표지향성과 수단지향성** : 목표지향적인 사람은 직무를 수행하는 목적을 주어진 목표나 과업을 달성하는 데에 두기 때문에 규정이나 절차를 그렇게 중시하지 않는 경향이 있다. 따라서 이러한 사람은 커뮤니케이션 방법을 선택하는 데 있어서도 문서나 공식적인 방식보다는 구두나 비공식적인 방식을 선호하게 된다. 그러나 수단지향적인 사람은 반드시 규정이나 절차에 따라서 직무를 수행하기를 원하며, 심지어는 규정이나 절차 자체를 직무의 목적으로 중시하기도 한다. 따라서 이러한 사람은 커뮤니케이션 방법을 선택하는 데 있어서 문서나 공식적인 방법을 더욱 선호하는 경향이 있다.

② **신뢰도** : 이것은 최초전달자의 중간전달자나 수신자에 대한 믿음을 말한다. 다시 말하면 신뢰도는 중간전달자나 수신자가 전달되는 메시지를 정확히 해석하고, 커뮤니케이션을 효과적으로 이끌 수 있으며, 필요한 경우에는 유용한 정보를 첨가할 수 있는가 하는 것에 대한 믿음의 정도를 말한다. 따라서 만일 커뮤니케이션의 과정에서 이러한 신뢰도가 높은 중간전달자나 수신자를 찾을 수 있다면 공식적이든 비공식적이든 또는 구두든 문서든 어느 특정의 방식만을 선택한다고 할지라도 커뮤니케이션의 효과를 증대시킬 수 있다. 그러나 중간전달자나 수신자가 전달되는 메시지를 정확히 이해하고 해석하지 못한다면 커뮤니케이션의 경로와 매체를 효과적으로 배합하여 이용하여야 할 것이다.

③ **어문능력** : 커뮤니케이션 구성원의 어문능력 역시 커뮤니케이션 방법을 선택하는 데 있어서 반드시 고려해야 할 중요한 요인이다. 따라서 정보전달자와 수신자의 선택 그리고 커뮤니케이션의 내용과 표현방법 등은 반드시 커뮤니케이션 구성원의 어문능력을 감안하여 결정되어야 한다.

(3) 인간관계의 통합 정도

이것은 커뮤니케이션과정에 참여하고 있는 구성원들 사이에 어떤 관계가 형성되고 유지되고 있는가 하는 것을 말한다. 인간관계가 고도로 통합되어 있는 경우에는 구성원 간에 밀접한 관계가 형성되어 빈번한 접촉과 협조가 이루어진다. 따라서 이러한 상황하에서 커뮤니케이션은 주로 구두와 비공식적인 방식을 통하여 이루어지는 경향이 있다. 반대로 인간관계의 통합 정도가 낮은 경우에는 구성원 간의 관계가 밀접하지 않고 충분한 접촉과 협조가 이루어지지 않기 때문에 주로 서면과 공식적인 방식을 통하여 커뮤니케이션을 진행할 수밖에 없게 된다.

(4) 커뮤니케이션의 경로와 매체의 성질

커뮤니케이션의 경로와 매체는 각기 상이한 성질을 나타낸다. 따라서 커뮤니케이션 방법을 선택할 때에는 반드시 그러한 성질을 고려해야 한다.

① **커뮤니케이션의 속도** : 커뮤니케이션의 속도는 커뮤니케이션의 경로와 매체에 따라 큰 차이가 난다. 예를 들면, 구두와 비공식적 커뮤니케이션은 서면과 공식적 커뮤니케이션에 비하여 메시지의 전달이 빠르게 이루어진다.

② **피드백** : 커뮤니케이션 피드백(feedback)의 속도와 정확성 역시 커뮤니케이션의 경로와 매체에 따라 큰 차이가 있다. 예를 들면, 구두커뮤니케이션을 이용하면 상대방의 반응을 즉각적으로 얻을 수 있다. 그러나 서면을 이용하는 문서커뮤니케이션의 경우에는 피드백의 속도가 매우 느리거나 심지어는 피드백을 얻지 못하는 경우도 있게 된다.

③ **선택성** : 이것은 메시지의 흐름을 통제하거나 메시지의 전달대상을 제한하는 정도를 말한다. 예를 들면, 공개적인 집회를 통하여 어떤 정보를 전달하는 경우에는 전달범위와 전달대상을 통제하기가 어렵게 된다. 그러나 믿을 수 있는 몇 사람만을 선택하여 구두와 비공식적 방법으로 정보를 전달한다면 커뮤니케이션의 경로와 매체의 선택성은 매우 커진다고 할 수 있다.

④ **메시지의 수용성** : 이는 수신자가 전달된 메시지를 받아들이는 정도를 말한다. 이러한 메시지의 수용성 역시 커뮤니케이션의 경로와 매체에 따라 큰 차이가 있다. 예를 들면, 사람들은 일반적으로 공식적인 경로를 통하여 문서로 전달되는 메시지를 보다 중시하는 경향이 있다.

⑤ **비용** : 커뮤니케이션에 있어서 어떤 경로와 매체를 선택하느냐에 따라 소요되는 비용에 큰 차이가 있을 수 있다. 예를 들면, 지역적으로 멀리 떨어져 있는 수신자를 직접 방문하여 구두로 어떤 정보를 전달한다면 서신이나 전화 또는 인터넷통신 등을 이용하는 것에 비하여 큰 비용이 소요될 것이다.

⑥ **책임의 명확성** : 커뮤니케이션은 전달자가 수신자에게 어떤 책임을 부여하는 과정이라고 할 수 있다. 즉, 경영자는 항상 커뮤니케이션과정을 통하여 하급자들에게 자원의 활용이나 과업의 완성과 같은 책임을 부여하게 된다. 그러나 커뮤니케이션과정을 통하여 전달되는 책임의 명확성은 커뮤니케이션의 경로와 매체에 따라서 달라지게 된다. 예를 들면, 공식적인 경로를 통하여 서면으로 전달되는 책임은 그 명확성이 다른 어떤 경로나 매체를 통하여 전달될 때보다 높다고 할 수 있다. 따라서 조직에서는 종종 처음에는 빨리 전달하기 위하여 구두와 비공식적 커뮤니케이션을 이용한다고 할지라도 수신자가 전달된 메시지를 어느 정도 이해한 뒤에는 곧 그에 대한 명확한 책임을 확립시키기 위하여 또 다시 서면과 공식적 경로를 이용한다.

제5부

현대기업의 통제기능

제10장 통제기능의 성격과 경영통제시스템

제10장 통제기능의 성격과 경영통제시스템

제1절 통제화의 의의와 과정

1. 통제화의 의의

통제화는 계획화와 마찬가지로 중요한 경영관리기능의 하나이다. 앞에서 설명한 바와 같이 계획기능과 통제기능은 상당히 밀접한 관계를 지닌다. 계획화가 아무리 완벽하게 이루어진다 해도 외부환경이 처음의 예상과 일치하는지, 구성원들이 계획화의 결과, 즉 계획에 의거하여 확실하게 실행하는지, 그리고 계획을 실행하는 데 있어서 어떤 잘못은 범하지 않는지 하는 문제들에 대해서는 결코 긍정적인 전망을 할 수 없다. 따라서 이러한 문제를 효과적으로 처리할 수 있는 경영관리기능이 필요하게 되는데, 그것이 바로 통제기능인 것이다. 사실상 우리가 보통 계획과정에 대하여 말할 때에는 일반적으로 실제의 상황을 검토하고 또 그러한 검토의 결과에 의거하여 원래의 계획을 수정하거나 재계획을 수립한다는 일련의 통제과정을 모두 포함시킨다. 왜냐하면 실무에 있어서 계획화와 통제화는 절대 분리시킬 수 없는 것이기 때문이다. 그러나 사람들은 이 두 기능을 곧잘 분리시켜 설명하는데, 이는 다만 설명을 용이하게 하기 위한 것일 뿐이다. 통제화(controlling)는 보통 다음과 같은 몇 가지의 서로 다른 의미를 동시에 포함하고 있다.

첫째, 통제화는 '제한' 또는 '구속'의 의미를 나타낸다. 따라서 이러한 의미로서의 통제화는 어떤 사물이나 개인 또는 조직으로 하여금 일정한 방향이나 범위를 벗어나지 않도록 하는 것을 말한다.

둘째, 통제화는 경우에 따라서는 '명령' 또는 '지휘'의 의미를 나타낸다. 이러한 의미로서의 통제화는 특정인으로부터 어떤 대상에게 일종의 영향력이 가해지는 것을 말한다.

셋째, 통제화는 또한 '검토' 또는 '대조'의 의미를 나타내는데, 이러한 의미로서의 통제화는 사물의 실제 발전상황이 본래의 예상과 부합하는지의 여부에 주의를 기울이는 것을 말한다.

통제화에 대한 이와 같은 서로 다른 해석은 모두 일상생활을 통하여 사용된다. 그러나 경영관리에서 일반적으로 사용되는 통제화는 비교적 세 번째의 의미에 가까운 개념이라고 할 수 있다. 그러나 많은 사람들은 불행하게도 통제라는 글자만 보고 첫 번째와 두 번째의 의미만을 생각하는데, 이것은 통제화의 경영관리상의 기능과 그 위치를 이해하는 데 아무런 도움이 되지 못할 뿐만 아니라, 통제화를 부정적 의미로만 받아들임으로써 심각한 오해를 불러 일으키기도 한다.

따라서 여기에서는 이러한 어의상의 오해를 방지하기 위하여 통제화를 "경영자들이 실제의 행동과 본래의 계획된 행동이 일치하는지의 여부를 확인하는 과정"으로 이해하도록 하겠다.

2. 통제화의 기본과정

통제화의 주요 목적은 기업의 목표와 계획이 순조롭게 달성될 수 있도록 경영자들이 하급자들의 행동상의 성과를 측정하고 바르게 수정하는 데 있다(Koontz and O'Donnell, 1979). 그런데 이와 같은 통제화가 성공적으로 수행되기 위해서는 [그림 10-1]에서 보는 바와 같이 측정표준의 설정, 정보의 수집과 측정, 비교와 수정 등과 같은 단계를 통하여 이루어지는 통제화의 기본과정이 효과적이어야 한다.

1) 측정표준의 설정

측정표준을 설정하는 데 있어서는 측정항목과 성과수준의 두 가지 측면을 함께 고려해야 한다. 그리고 중요한 것은 측정항목은 작업성과를 대표할 수 있어야 하며, 성과수준은 구체적으로 설정되어야 하는데, 이에 대해 보다 상세히 살펴보면 다음과 같다.

(1) 측정항목의 선택

측정항목은 반드시 작업성과의 특성을 나타낼 수 있는 것이어야 한다. 그러나 성과의 특성에 관한 항목은 상당히 많다. 예를 들면, 백화점의 경우에 성과를 나타낼 수 있는 항목은 이윤 외에도 영업비용·재고회전율·공간이용률·고객만족도·반품상황 등 상당히 많다. 따라서 그러한 항목을 모두 측정항목으로 설정할 수는 없으며 그 중에서 보다 중요한 의미를 지니는 몇몇 항목만을 선택하여 측정하게 된다. 이러한 방법에 의하여 측정항목을 선택하는 것을 '전략점'(strategic points) 통제라고 한다.

[그림 10-1] 통제화의 기본과정

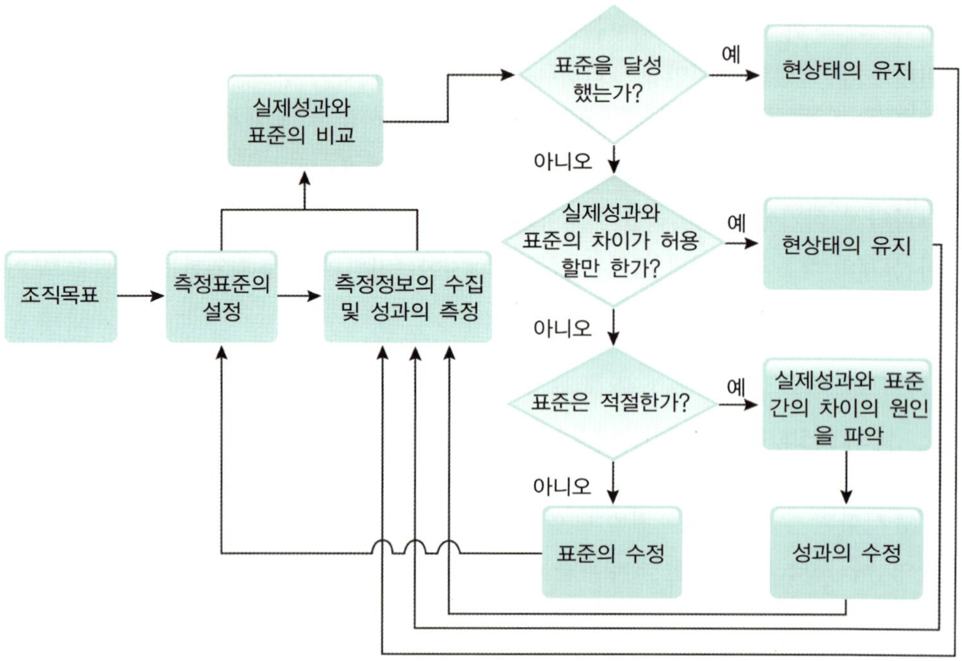

자료 : Robbins, 1988 : 478 수정

측정항목을 선택하는 데 있어서는 그것이 경영성과를 반영할 수 있도록 해야 할 뿐만 아니라 여러 이해집단의 영향도 고려하지 않으면 안 된다. 예컨대 주주들에 대하여는 이윤·주가·배당률 등이 중요한 항목이 되며, 종업원들에 대해서는 임금수준·고용인 수·작업기회 등이 중요하고, 고객들에 대해서는 신제품개발·서비스수준이 중요한 항목이 된다. 그리고 경쟁자들에 대해서는 성장률·시장점유율 등이 중요하며, 공급상들에 대해서는 지불기한·반품률 등이 중요하다. 또한 거래은행에 대해서는 채무상환기록과 유동비율 등이 중요하며, 정부에 대해서는 납세액·직업기회창출·외화획득 등이 중요한 항목이 된다고 할 수 있다.

(2) 성과수준의 설정

성과수준을 표시하는 데 있어서는 일반적으로 다음과 같은 몇 가지 측정단위가 주로 많이 사용된다(Richman and Farmer, 1975 : 235-237).

① **화폐표준** : 이것은 기업에서 가장 보편적으로 사용하는 표준이다. 예컨대 재무통제에 사용하는 표준은 모두 화폐표준에 속한다.

② **물질수량표준** : 이것은 화폐 이외의 모든 도량형 단위를 사용하는 표준이다. 예를 들면 중량을 나타내는 '킬로그램', 길이를 나타내는 '미터', 용량을 나타내는 '리터' 등을 말하는 것으로, 이는 특히 작업통제에 가장 보편적으로 사용되는 표준이다.

③ **인적표준** : 이것은 특정의 목표를 달성하는 데 필요한 인력을 말한다. 예를 들면 '일당 소요인원' 또는 '시간당 소요인원' 등과 같은 측정단위는 인적표준에 속한다. 그러나 인적자원을 정확히 측정하기 위해서는 교육수준·훈련수준·개인능력·성향·경험 등과 같은 조건도 고려하여야 한다.

④ **시간표준** : 과업의 달성 여부는 대부분 시간과 밀접한 관계가 있다. 어떤 경우에 있어서는 주어진 과업을 달성한다 할지라도 잘못하여 시기를 맞추지 못함으로 해서 그 효과가 반감되기도 한다. 따라서 시간은 역시 하나의 중요한 측정단위가 된다.

사전에 성과수준을 설정하는 데 있어서는 다음과 같은 몇 가지 방식을 이용할 수 있다. 첫째, 단일방향적(unidirectional) 방식으로서, 예를 들면 '최저생산량' 또는 '최장완성시간' 등과 같이 성과수준을 설정하는 것을 말한다. 둘째, 쌍방향적(bidirectional) 방식으로서, 예를 들면 '제품품질은 반드시 특정의 상한수준과 하한수준 사이에 위치해야 한다'와 같이 성과수준을 설정하는 것을 말한다. 셋째, 다방향적(multi-directional) 방식으로서, 이는 반드시 여러 가지의 성과요구를 만족시켜야 되는 성과수준을 설정하는 것을 말한다.

2) 정보수집과 성과측정

경영자는 항상 그때그때 즉각적인 그리고 믿을 수 있는 정보를 획득할 수 있어야만 실제의 성과를 측정할 수 있으며, 나아가 실제상황을 예상상황과 비교하여 통제기능을 발휘할 수 있다. 일반적으로 통제화의 목적으로 이용하는 정보는 주로 이미 발생된 실제의 상황에 근거하는 것이다. 따라서 그러한 정보의 내용은 비교적 구체적이고 확실하며, 그 특성상 사전의 계획과정에서 이용한 정보와는 상당한 차이가 있다.

정보를 피드백시키는 방식은 상당히 다양하지만 기본적으로 공식적 방식과 비공식적 방식의 두 가지로 분류할 수 있다. 대형기업 또는 최고경영층에서는 재무보고나 통계분석 등과 같은 비교적 공식적인 서면보고를 중시한다. 반대로 중소형기업이나 하부경영층에서는 주로 개인적 관찰이나 면담 등과 같은 비공식적 피드백에 의존한다. 비공식적 피드백은 속도가 빠르게 이루어지고 정확하며 탄력성이 있다. 따라서 비록 공식적 피드백을 이용하는 사람이라 할지라도 그것이 지니는 결점을 보완하기 위해서는 비공식적 피드백을 활용하지 않을 수 없다.

정보의 피드백이 통제기능의 목적에 부합될 수 있게 하기 위해서는 필요해야만 방법을 강구하는 것과 같은 임기응변식으로는 곤란하기 때문에 반드시 사전에 일종의 '정보의 피드백시스템'을 설계해야 할 필요가 있다. 정보의 피드백시스템이란 정보를 필요로 하는 상황에 근거하여 정보의 출처와 공급과정을 지정함으로써 경영자들로 하여금 필요한 정보를 언제든지 이용할 수 있도록 하기 위한 것이다. 이러한 정보의 피드백시스템은 전체 조직의 '정보관리시스템'의 일부분에 속하는 것이다.

3) 비교와 수정

실제의 성과 또는 진도에 관한 정보를 수집하고 성과를 측정한 후에 경영자는 비교작업을 행하게 된다. 여기서 만일 성과에 대한 측정항목과 성과수준이 상당히 구체적으로 설정되었다면 비교작업은 매우 간단하게 이루어질 수 있다. 그러나 측정항목과 성과수준의 설정이 구체적이지 못하다면 비교작업은 어느 정도 경영자의 판단을 필요로 한다.

그러나 비교의 결과 그 자체만으로는 그렇게 큰 의미가 없고, 보다 중요한 것은 비교결과를 근거로 하여 수정행동을 취해야 할지 또 취한다면 실제로 어떤 행동을 해야 할지를 결정하는 일이다. 이러한 수정행동의 시행 여부와 그것의 선택은 실제성과와 표준 간 차이의 심각성 정도와 차이가 발생한 원인에 의해 결정된다고 할 수 있다. 예를 들면, 어떤 경우에는 다만 작업방법을 바꾼다거나 상벌제도를 조정할 수도 있고, 또 어떤 경우에는 성과표준의 계산방식이나 그 수준까지도 수정해야 할 필요가 있는데 이는 모두 실제성과와 표준 간의 구체적 상황에 따라 결정되어야 한다.

일반적인 물리적 상황이나 실제의 작업에 있어서 일단 문제가 발견되면 반드시 그 즉시로 신속하게 수정하여야 한다. 예를 들면, 화학공장의 제조과정에서 반응온도가 갑자기 하강한다든지 창고의 재고량수준이 너무 높다면 해당부문의 경영자는 그러한 문제를 해결할 수 있는 어떤 조치, 즉 수정행동을 즉시 취해야 한다. 그러나 '사람'에 관련된 문제는 수정의 '시기'가 성패를 결정하는 중요한 요인이 되는 경우가 많다. 문제를 발견하는 즉시 행동을 취한다고 해서 반드시 효과적인 해결방법이라고 할 수 없으며, 어떤 경우에 있어서는 시기가 성숙해지기를 기다려 조치를 취하는 것이 오히려 좋은 결과를 가져올 수도 있다는 것이다. 예를 들면, 어떤 부문의 경영자가 어떤 원인에 의하여 자신의 직무를 효과적으로 수행하지 못하는 경우에 즉시 인사이동을 단행하여 다른 경영자로 하여금 해당 직무를 수행하게 하는 것이 바람직할 수도 있다. 그러나 즉각적인 수정행동이 본인뿐만 아니라 그 부하들이 아무런 심리적 준비가 되어 있지 않은 상태에서 이루어짐으로써 부정적인 반응을 불러 일으킬 수도 있을 것이다. 그렇지만 수정행동의 시기선택에 관한 문제는 일종의 관리기술의 범주에 속하는 것이지 결코 어떠한 원칙에 의거하여 해결할 수 있는 성질의 것이 아니다.

3. 예외관리원칙과 통제의 유형

1) 예외관리원칙의 활용

경영자는 자신이 활용할 수 있는 시간과 노력에는 한계가 있기 때문에 모든 상황에 대하여 사사건건 간여하거나 통제할 수 없게 되는데, 이러한 경우에는 소위 '예외관리'(management by exception)의 원칙을 활용하는 것이 바람직하다. 실제상황(즉, 실제성과)과 예측상황(즉, 성과표준) 간의 차이가 이미 통제할 수 없는 정도에 도달했다고 판단되는 상황을 예외적 상황이라고 하는데, 경영자가 평소와 같이 정상적으로 진행되는 상황에 대해서보다는 이와 같이 표준으로부터 크게 벗어나는 예외적 상황에 대하여 특별히 관심과 노력을 집중하여 문제를 처리하는 것을 '예외관리의 원칙' 또는 '예외통제의 원칙'이라고 한다. 예를 들면, 6개 지역을 책임지고 있는 한 회사의 영업부장은 당초의 계획에서 모든 지역의 상반기 판매목표를 각각 10억 원으로 설정하였다. 그러나 상반기 판매결과는 2개 지역이 각각 15억 원으로 집계되었으며, 나머지 4개 지역의 판매량은 모두 11억 원과 9억 원 사이인 것으로 나타났다. 여기서 영업부장이 만일 앞의 2개 지역이 모두 예외적 상황에 속한다고 생각한다면 그 중에서 판매량이 비교적 적은 지역에 관심을 집중하여 그 원인과 대책을 발견하려고 노력하거나 또는 관심을 판매량이 비교적 높은 지역에 집중하고 그 영향요인을 찾아내어 다른 지역의 판매활동에 응용하려고 노력할 것이다.

2) 통제의 수준과 유형

(1) 통제의 수준

조직계층상으로 볼 때 통제는 [그림 10-2]에 나타나 있는 바와 같이 운영적 수준(operating level)에서의 통제와 전략적 수준(strategic level)에서의 통제로 구분할 수 있다(Pearce Ⅱ. and Robinson, 1989 : 582).

[그림 10-2] 통제의 수준

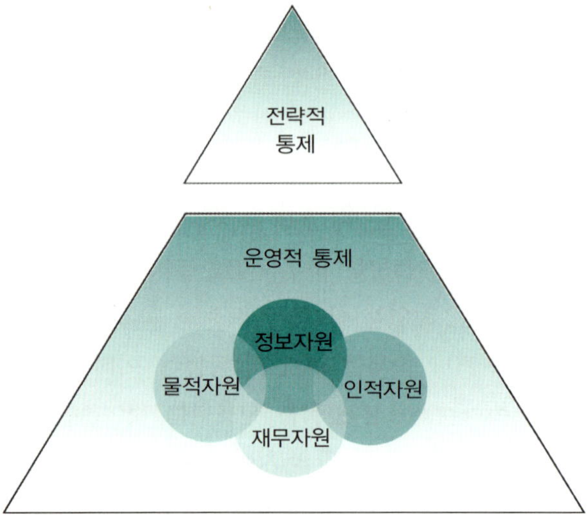

운영적 통제(operating control)란 조직의 목표달성을 위하여 경영자들이 물적자원, 재무자원, 인적자원, 정보자원 등을 사용하는 것과 관련하여 이루어지는 통제를 말한다. 물적자원의 통제에는 구매관리(적정한 품질을 갖춘 물품을 적당한 가격으로 정해진 기간 내에 구입하는가를 통제), 재고관리(적정재고수준을 유지하도록 통제), 장비관리(필요한 시설 및 기계를 확보하도록 통제), 품질관리(적정수준의 품질을 유지하도록 통제) 등이 포함된다. 인적자원의 통제는 조직구성원을 적절히 선발하고 훈련시키며, 제대로 평가하고 보상하도록 통제하는 것을 말한다. 정보자원의 통제는 조직 내의 모든 활동을 지원하는 데 필요한 정확한 정보를 시의적절하게 확보하는 것을 내용으로 한다. 끝으로 재무자원의 통제는 조직의 자본을 효과적으로 활용하기 위해 이루어진다(박내회, 1991 : 408-410).

전략적 수준에서 이루어지는 통제는 조직의 상층부에서 실행되는 것으로서 조직의 외부환경과 관계가 있다. 즉, 전사적 전략(corporate strategy)이나 사업전략(business strategy)을 책임맡고 있는 사람들이 실행하는 통제가 바로 전략적 통제(strategic control)인 것이다. 최고경영층은 경쟁자 · 고객 · 공급자 · 기술 · 지역사회 등 조직을 둘러싸고 있는 외부환경에 대한 정보를 끊임없이 수집하고 분석하여, 조직의 목표달성에 영향을 미칠 수 있는 요인을 파악함으로써 조직이 적절히 적응할 수 있게 해야 한다.

(2) 통제의 유형

조직의 활동은 투입물(inputs)을 받아들여 이것을 전환(transform)시켜서 산출물(outputs)을 만들어내는 일련의 과정이라고 할 수 있다. 투입물을 산출물로 전환시키는 과정을 기준으로 볼 때, 통제는 전환과정 이전에 이루어지는 사전통제, 전환과정상에서 이루어지는 동시통제, 전환과정이 끝난 이후에 이루어지는 사후통제 등으로 그 유형을 나눌 수 있다. 이를 그림으로 나타내면 [그림 10-3]과 같다.

일반적으로 사람들이 가장 먼저 응용하는 통제는 '사후통제'(post control)에 속한다. 사후통제는 실제의 행동이 발생된 이후에 원래의 계획과 발생된 성과 간의 차이를 검토하는 것을 말하며, 그 결과에 따라 책임자에게는 상이나 벌이 주어진다. 그러나 이러한 사후통제는 매우 중대한 결함을 지닌다. 즉, 이것은 어떠한 착오가 발생하기를 기다리는 셈이 된다. 따라서 착오에 의한 손실을 보충하지 못한다면 결국 시기를 놓치는 결과를 가져올 수 있다. 따라서 사람들은 얼마전부터 '동시통제'(current control)를 원하게 되었는데, 이것은 행동을 취하는 당시에 실제상황에 관한 피드백정보를 수집하여 작업자(또는 책임자)로 하여금 검토나 수정에 필요한 행동을 즉각적으로 취할 수 있게 하는 것을 말한다.

사실상 경영관리에서의 통제작용은 이미 계획과정에서 발생한 것으로 생각해야 한다. 예를 들면 방침 · 규정 · 예산 · 절차 등의 제정은 그 자체에 통제작용을 포함하고 있다고 할 수 있다. 다시 말하면, 이러한 계획 또는 수단들의 지시나 제한을 통하여 상당한 정도 내에서 실제행동과 계획된 행동간에 어긋남을 방지할 수 있게 된다. 일반적으로 이러한 통제작용을 '사전통제'(precontrol)라고 한다.

[그림 10-3] 통제의 유형

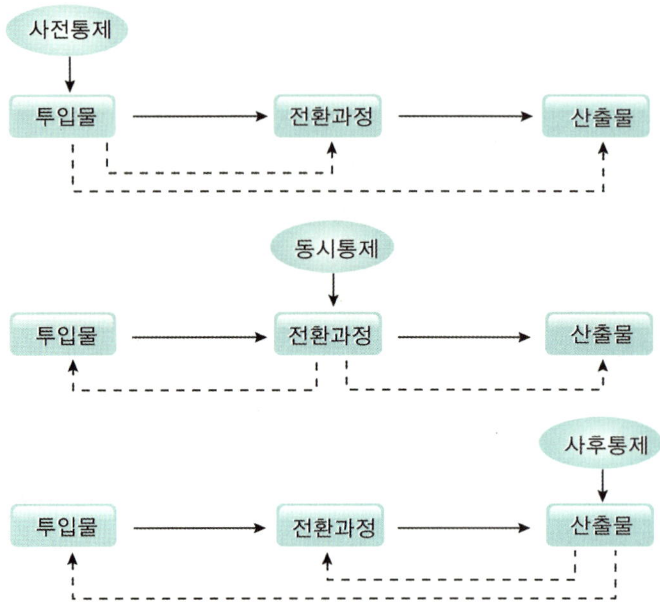

자료 : Pearce Ⅱ and Robinson, 1989 : 585.

제2절 경영통제시스템의 설계와 운용

1. 조직의 운용시스템과 통제시스템의 관계

한 조직의 운용시스템은 그것의 산출(output)이 전체시스템의 요구에 부합될 수 있도록 하기 위해서 반드시 통제기능을 갖추어야 한다. 따라서 그러한 통제기능을 담당하는 단위 및 활동은 전체운용시스템의 하위시스템으로서 하나의 통제시스템을 구성하는데, 그 관계는 [그림 10-4]에서 보는 바와 같다(Kast and Rosenzweig, 1970 : 360).

그림에서 기업의 최고경영층은 먼저 기업이 당면하고 있는 내외의 환경을 고려하여 조직목표를 설정하고 정치, 경제, 시장, 기업 자체의 능력 등 각종 가정적 상황에 근거하여 계획을 수립한다. 계획중에는 반복적 활동과 비반복적 활동을 포함한다. 그리고 한편으로는 그것을 운용시스템으로 보내어 실행하도록 하며, 다른 한편으로는 그것을 통제시스템에 저장하여 나중에 실제효과와 비교할 수 있도록 한다.

[그림 10-4] 조직시스템의 구조

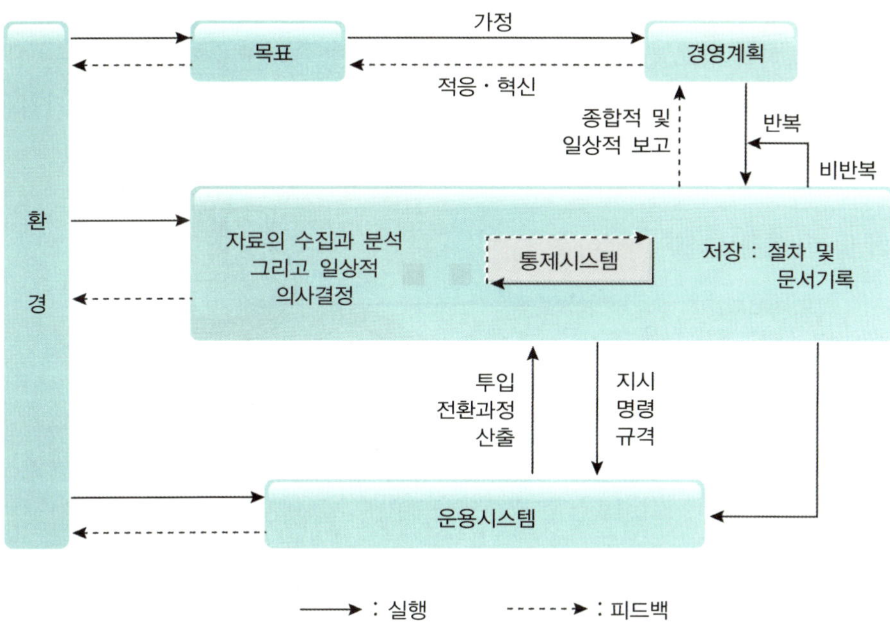

이러한 조직시스템구조에서 정보의 피드백 또한 생략할 수 없는 매우 중요한 부분이다. 운용시스템으로부터 보면 운용시스템의 산출과 전환과정 그리고 투입의 상황은 모두 통제시스템의 감시를 거치게 된다. 여기서 통제시스템은 이들에 관한 자료를 수집·분석한 후에 보관하고 있는 원래의 계획과 비교하여 보고 취해야 할 행동을 결정한다. 즉, 일상적 상황은 사전에 결정된 원칙이나 방법에 의거하여 작업활동방식을 조정하고, 예외적 상황은 경영계획을 책임지고 있는 부문에 보고하여 계획 자체를 조정하거나 목표를 새로운 것으로 수정할 수 있도록 한다. 그러나 상황이 일상적인 것이든 또는 예외적인 것이든지를 막론하고 통제시스템은 비교의 결과를 종합하여 자체의 변화를 위한 과정에 이용하거나 또는 계획시스템에 제공하여 사용할 수 있도록 함으로써 전체조직의 학습과정을 형성하게 된다.

또한 통제시스템은 조직내부의 운용시스템으로부터 실제성과에 관한 정보를 획득하는 외에도 외부환경과 정보를 교환함으로써(예를 들면, 시장변화와 경쟁자의 상황에 관한 정보의 수집과 분석) 계획과 성과를 평가하는 근거로 활용한다.

통제시스템은 통제의 기본과정에 근거하여 다음과 같이 네 개의 부분으로 구성된다고 할 수 있는데, 이것을 그림으로 표시하면 [그림 10-5]에서 보는 바와 같다(Kast and Rosenzweig, 1970 : 470).

그림에서 보는 바와 같이 통제시스템의 순환과정에서 각 구성부분들은 또한 정보의 흐름을 통하여 상호 간에 관련을 맺게 된다. 이러한 '피드백순환'에 관해서는 이미 여러 차례 언급했으므로 여기에서는 설명을 생략하기로 하겠다. 그러나 한 가지 꼭 알아두어야 할 사항은 순환의 개방성과 폐쇄성에 관한 것이다.

[그림 10-5] 통제시스템의 구조

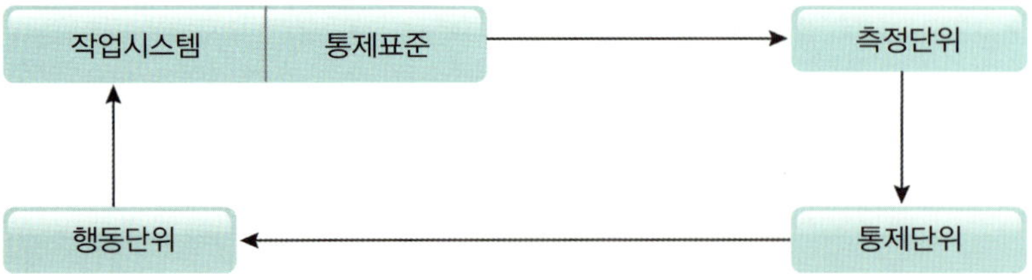

2. 개방시스템과 폐쇄시스템

통제시스템이 개방적인지 또는 폐쇄적인지는 그것의 피드백순환이 자동적으로 이루어지는지의 여부에 따라 결정된다고 할 수 있다. 만일 피드백순환 중에 시스템 외부로부터의 정보투입(informational input)을 필요로 하지 않는다면 그것은 분명히 폐쇄시스템에 속한다고 할 수 있다. 예를 들면, 실내의 자동온도조절기처럼 기구 자체가 실내의 온도를 조절한다면 전체의 통제과정은 외부의 힘을 필요로 하지 않고 자동적으로 이루어지는 것이기 때문에 단기적 관점에서는 폐쇄시스템에 속한다고 볼 수 있다. 그러나 보다 장기적 관점에서 볼 때, 자동온도조절기에 설정된 표준온도는 항상 계절이나 활동상황 등에 따라 사람들에 의하여 조정되어야 한다. 따라서 이러한 경우에 있어서의 통제시스템은 개방시스템에 속한다고 할 수 있다.

많은 조직시스템들 역시 자동온도조절기의 통제시스템과 비슷한 상황을 지닌다고 할 수 있다. 예를 들면, 컴퓨터를 기초로 하여 설계된 통제시스템은 모든 통제활동을 자동적으로 진행할 수 있음으로 해서 하나의 폐쇄적 순환을 형성한다. 그러나 경우에 따라서는 그러한 진행규칙이 어떤 원인 때문에 사람들에 의하여 수정되거나 바뀌어야 한다. 예컨대, 기업의 재고통제시스템에 있어서 만일 기업당국이 최근 시장수요의 근본적인 변화가능성을 발견했다면 새로운 프로그램의 설계를 통하여 시스템의 통제규칙을 변경해야 할 필요가 있다. 이러한 경우에 있어서 이 기업의 재고통제시스템은 하나의 개방시스템으로 보아야 할 것이다.

대부분의 경영통제시스템은 모두 사람들의 의사결정(예를 들면, 판단의 차이는 심각한 정도인가? 대책은 어떻게 세울 것인가? 등과 같은)을 한 부분으로 포함하기 때문에 '개방적' 성질을 지니는 것으로 보아야 한다. 사실상 경영통제시스템이 효과를 발휘할 수 있느냐 또는 없느냐 하는 것은 '사람의 의사결정'에 따라 결정되는 것이지 결코 기계화된 과정에 의하여 결정되는 것이 아니다.

3. 경영통제시스템의 평가

하나의 경영통제시스템이 양호한지의 여부는 일반적으로 다음과 같은 네 가지 기준을 통하여 평가할 수 있다(Richman and Farmer, 1975 : 226-227).

① **상관성** : 이것은 하나의 시스템이 통제하려는 성과항목이 반드시 통제할 필요가 있는 것인지의 여부를 나타낸다. 만일 상관없는 또는 전혀 중요하지 않은 항목(즉, 표준)을 포함하고 있다면 그것은 '과도한 통제'(overcontrol)의 상황을 초래하게 된다. 무엇이 필요한 통제표준인가 하는 것은 통제하려는 작업시스템의 목적과 밀접한 관계가 있다.

② **효율성** : 통제시스템은 종종 상당한 정도의 비용지출을 필요로 한다. 따라서 통제시스템을 설치할 때에는 반드시 시스템 자체가 충분한 가치가 있는 것인지를 평가해야 한다. 즉, 이것은 통제의 경제성을 말하는 것으로 비용·효과분석의 개념을 이용하여 최적의 통제범위를 선택할 수 있다. [그림 10-6]은 이러한 개념을 그림으로 표시한 것이다.

[그림 10-6] 통제시스템의 경제성

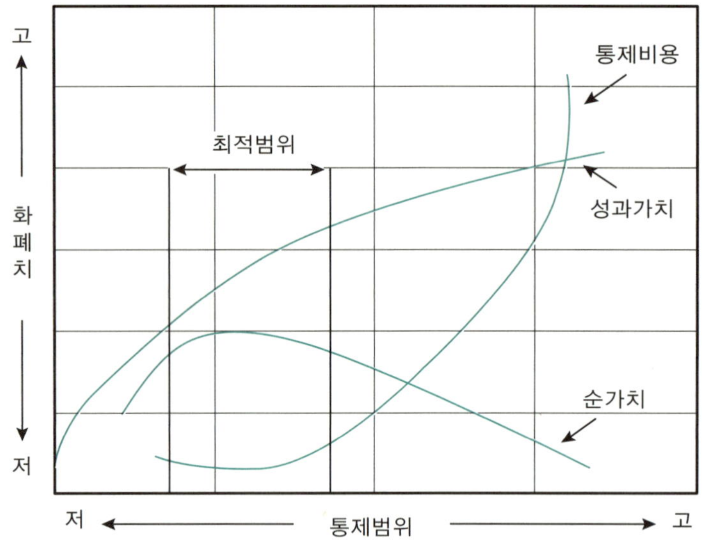

③ 안정성 : 이것은 통제시스템이 통제작용을 상실할 가능성과 그 결과를 고려한 예방장치의 유무를 말한다. 특히 자동화된 통제시스템에 일단 문제가 발생할 경우 작업시스템을 정지시키거나 다른 예비장치를 가동시키는 것과 같이 즉시 경고하고 필요한 조치를 취할 수 있는 장치가 있어야 한다.

④ 계량성 : 만일 하나의 통제시스템에 사용되는 표준이나 자료를 계량화할 수 있다면 통제효율은 크게 증가할 것이다. 따라서 통제시스템은 될 수 있는 한 그것을 계량화할 수 있도록 설계되어야 한다.

⑤ 반응성 : 통제시스템과 경영자 간에는 반드시 양호한 의사소통과 반응기능이 있어야 한다. 예를 들어, 경영자가 어떤 자료를 필요로 할 때에는 반드시 시스템의 저장기능으로부터 신속하게 검색(retrival)할 수 있어야 한다.

4. 통제시스템의 행동적 측면

우리는 항상 자동온도조절기능을 예로 들어 통제시스템의 작용과정을 설명한다. 그러나 엄격히 말하면 그것은 실제의 상황을 설명하는 데 적합하지 않다고 할 수 있다. 왜냐하면 그것은 통제에 있어서 가장 중요한 성패의 관건이라고 할 수 있는 통제과정 자체의 작업시스템에 대한 영향을 무시하고 있기 때문이다.

1) 통제과정 자체의 영향

예를 들어 설명하면, 우리가 측정기구를 이용하여 어떤 물체의 자유낙하속도를 측정할 경우에 일반적 상황하에서 그 측정결과는 측정과정의 영향을 조금도 받지 않는다. 따라서 그러한 상황하에서 통제와 측정은 객관적이고 중립적이라고 할 수 있다. 그러나 경영통제시스템에는 특정의 측정표준과 측정방식이 존재하기 때문에 그러한 것들은 모두 작업시스템을 운용하는 데 영향을 미치게 된다. 따라서 측정결과를 보고·평가하기를 기다린 연후에 수정해야 할 필요가 없게 된다.

어떻게 하여 이러한 차이가 생기는 것인가? 기본적으로 기업 또는 그밖의 조직을 구성하는 것은 '사람'이지 기계가 아니다. 조직구성원은 그의 성과를 어떻게 평가해야 할 것인지를 사전에 알고 있다. 따라서 자기에게 가장 유리하다고 생각되는 계산결과에 근거하여 자기의 행동을 사전에 조정하기 때문에 통제의 작용은 시간적으로 측정과 평가를 행하기 이전에 발생하는 것이지 기계시스템 같이 평가와 비교를 행한 연후에 발생하는 것으로 생각해서는 안 된다.

예를 들면, 사람들은 은행이나 기타 비슷한 조직의 카운터와 같은 자리에서 직접 고객을 상대하는 사원들의 태도가 냉담하거나 불친절한 것에 대하여 불만을 나타낸다. "그들은 고객에 대한 서비스의 중요성을 모르는가? 또는 자신들은 고객으로서의 경험은 없는가? 등등." 그러나 이러한 불만은 그들이 고객들에게 불친절하게 보이는 실제의 원인이 되지 않는다. 사실상 중요한 원인의 하나는 은행의 인사고과가 카운터 근무사원들이 제대로 정확하게 기재하여 보고하는지의 여부만을 중시하며, 그들의 고객에 대한 태도가 어떠한지에 대하여는 구체적인 측정표준이 없기 때문이라고 할 수 있다. 따라서 그러한 통제시스템하에서 은행사원들이 전표작성만을 중시하고 서비스 태도는 무시하는 결과를 초래할 수밖에 없게 된다.

조금 더 깊이 들여다 보면, 경영통제가 융통성 없이 '표준-측정-비교-수정'만을 되풀이하는 표면적인 과정이 아니고 사람의 심리적 동기작용을 통하여 그 행동방식을 변화시키는 과정임을 이해할 수 있다. 즉, 사람들은 개인의 가치와 목표의 관점에서 설정된 표준을 바라보게 되고, 그러한 표준의 달성이 개인욕구의 충족에 어떻게 관련되는지를 고려함으로써 특정의 반응행동을 나타내게 된다. 기업의 최고경영자들은 종종 기업에서 설계한 통제시스템이 실제로 어느 정도의 의외적 반응 또는 결과를 초래한다는 사실을 발견한다. 예를 들면, 생산통제시스템을 변화시키고 난 후에 종업원들 간의 관계가 더욱 밀접해지고 직무 외의 교제활동이 촉진되었고 공장의 분위기

역시 화합과 협조적으로 바뀌게 됨을 발견할 수 있는데, 이것은 바람직한 의외의 수확이라고 할 수 있다. 그러나 마찬가지로 생산통제시스템을 변화시키고 난 후에 종업원들의 직무태만이나 냉소주의적 행동 등과 같은 바람직하지 못한 결과를 초래할 수도 있는 것이다. 기업이 인적자원회계를 채용하는 이유의 하나는 바로 이러한 방면에 있어서 보다 구체적인 표준을 설정하여 경영자들로 하여금 통제시스템이 가져 올 수 있는 바람직하지 못한 행동결과를 주의하고 피할 수 있도록 하는 데 있다고 할 수 있다.

행동과학자들은 조직구성원들이 직접 의사결정에 참여하여 목표와 표준을 설정할 수 있도록 함으로써 그들이 추구하는 높은 수준의 욕구를 만족시킬 수 있으며, 자기통제를 할 수 있게 되어 결과적으로 목표와 과업을 달성하기 위하여 보다 적극적으로 노력하게 된다고 주장한다. 그들은 또한 그러한 자기통제작용은 감소하거나 상급자의 통제작용을 침식시키지도 않는다고 생각한다. 즉, 조직 내의 총통제량은 일정한 것이 아니기 때문에 한 부문이나 그 구성원들의 통제작용이 강화된다고 해서 다른 부문 또는 그 구성원들의 통제작용이 약화되지 않는다는 것이다(Lkert, 1961 : 58). 예컨대, 모든 일에 관여하기를 싫어하는 무관심한 경영자의 부하들은 역시 직무를 소홀히하는 경우가 많다. 반대로 매우 양호한 목표관리제도하에서는 경영자가 부하들에게 보다 큰 통제의 재량을 부여함에 따라서 부하들에 대한 통제작용 역시 증가하게 된다. 왜냐하면 경영자는 부하들의 형식적 행동을 통제할 수 있을 뿐만 아니라 내재적 동기를 유발시키는 결과도 동시에 얻을 수 있기 때문이다. 따라서 이러한 상황하에서는 앞의 경우와는 반대로 전체단위의 총통제량이 증가한다고 할 수 있다.

2) 통제시스템에 대한 부정적 반응

통제시스템의 유효성은 상당한 정도 내에서 그 시스템에 의해서 나타나는 행동적 반응이 어떠한가 하는 것에 달려 있다고 할 수 있다. 어떤 경우에 있어서는 표면적으로는 상당히 양호한 통제시스템이라 할지라도 결과적으로는 아무런 효과도 없게 되었다든지 심지어는 오히려 역효과가 발생하기도 하는데, 이러한 부정적인 결과는 대부분 시스템에 의해 초래되는 부정적인 행동반응으로 인하여 조성된다고 할 수 있다. 일반적으로 가장 빈번하게 발생하는 부정적 반응에 대해 살펴보면 다음과 같다.

① **본위주의** : 통제표준의 설정과 성과의 측정은 대부분 부문을 단위로 하여 각 부문별로 이루어진다. 따라서 특정 부문은 자기의 성과를 극대화하는 데에만 노력을 기울임으로써 조직 전체의 이익을 희생시키는 결과를 가져올 수 있다. 예를

들면, 이러한 상황은 '예산쟁취'의 행동에서 가장 빈번히 나타난다. 사람들은 각기 자기부문이 가장 많은 경비를 확보하는 데에만 관심을 둘 뿐 자원의 분배가 조직 전체의 발전을 위하여 균형있게 이루어져야 한다는 사실은 중시하지 않는 경향이 있다.

② **주어진 목표만을 중시** : 부문이나 그 구성원은 이미 설정된 통제의 표준항목을 달성하는 데에만 노력을 기울일 뿐 통제의 항목에 들어있지는 않지만 역시 상당히 중요한 기타의 항목에 대해서는 관심을 두지 않게 된다. 예를 들면, 생산의 수량목표를 달성하기 위하여 품질을 희생시킨다든지 또는 개인의 실적과 그에 따른 커미션만을 위하여 고객의 주문을 무분별하게 받아들임으로써 고객의 신용도, 가격의 합리성, 반품가능성 등을 소홀히 하는 경우가 있다. 이렇게 통제목표의 달성만을 중시하고 기타의 중요한 측면을 소홀히 한다면 결과적으로 기업에 대하여 많은 어려움과 중대한 손실을 초래하게 된다.

③ **장기적 관점을 등한시** : 부문이나 그 구성원들은 단기이익을 달성하는 데만 치중함으로써 장기이익을 희생하는 결과를 가져올 수 있다. 여기서 말하는 단기이익이란 반드시 전체 조직의 단기이익만을 가리키는 것이 아니고 통제표준에 근거하는 이익도 해당된다. 예를 들어, 기업의 사업부조직이 투자회수율을 통제표준으로 설정했다면 사업부의 경영자는 될 수 있는 한 단기적으로 투자회수율을 끌어올리기 위하여 꼭 필요한 설비의 교체와 확충을 고의로 회피·유보하거나 (Rappaport, 1978), 반드시 지출해야 할 연구개발을 위한 경비를 삭감하고 설비의 보전작업 역시 가능한 한 줄일려고 노력할 것이다. 그렇게 몇 년이 지난 뒤에 그 경영자는 성과를 인정받아 다른 직위로 승진할 것이다. 그러나 해당부문은 경영자의 단기적 관점으로 인하여 이미 적지 않은 타격과 손실을 입었기 때문에 정상적으로 회복하는 데 상당히 긴 시간을 필요로 하게 된다.

④ **사실의 왜곡** : 통제의 근거로써 필요한 자료는 대부분 문서와 같이 작업부문 스스로가 작성하여 보고하는 서면자료이다. 따라서 작업부문은 작업목표가 규정하고 있는 작업진도나 표준에 부합하도록 보고서의 내용을 인위적으로 조정하거나 거짓으로 기재하여 보고하는 경우가 있다. 예를 들면, 앞으로 실현해야 할 성과를 이미 달성한 성과로 허위기재한다든지, 지난달의 높은 성과를 다음 달의 성과로 이전시켜 기재한다든지, 또는 각 달의 성과가 형평을 이룰 수 있도록 비슷하게 기재한다든지 하는 것을 말한다. 따라서 이렇게 사실을 왜곡하여 보고되

는 자료는 통제의 작용을 무의미하게 만들 뿐만 아니라 심지어는 상부의 의사결정에 중대한 착오를 일으키는 원인이 된다.

⑤ **사기의 저하** : 구성원들이나 부문의 성과는 주로 통제시스템을 통하여 나타나게 되며, 그러한 성과의 좋고 나쁨은 개인이나 집단 모두에게 실질적 또는 심리적으로 지대한 영향을 미치게 된다. 따라서 사람들이 일단 통제시스템이 불합리하다거나 공평하지 못하다고 느끼게 되면 사기저하가 매우 심각한 문제로 대두되게 된다. 예를 들면, 선택된 표준이 조직목표와 아무런 관련이 없다고 생각한다든지, 측정자료가 실제의 상황을 반영하지 못한다든지, 측정과정이 너무 복잡하여 납득하기가 어렵다든지, 또는 상급자들이 믿음직스럽지 못하여 그들의 행동을 신뢰할 수 없다고 느끼게 되면 구성원들은 통제시스템에 대하여 관심을 보이지 않거나 심지어는 반감을 나타내게 되며 나아가 그들의 작업의도와 조직에 대한 구심력은 심각할 정도로 영향을 받게 된다.

통제시스템이 기대하는 효과를 달성하기 위해서는 이상에서 살펴본 각종 바람직하지 못한 부작용이 발생하지 못하도록 해야 하는데 이것은 반드시 시스템을 설계할 당시에 고려해야 할 문제이다. 또한 통제를 실시한 후에도 반드시 수시로 이러한 부정적인 반응이 발생할 징조가 있는지 없는지를 주의깊게 살펴야 한다. 결론적으로 말하면 통제시스템 자체는 경영의 한 수단이지 결코 목적이 아니다. 따라서 어떤 수단의 존재를 유지하기 위해서 그 이면의 중요한 목적을 희생시킬 수는 없는 것이다.

제3절 경영통제와 제반 경영평가시스템

1. 회계제도의 성격과 운용

1) 회계제도와 회계보고

통제시스템에서 얻을 수 있는 피드백정보는 대부분 기업내부의 회계제도를 통하여 제공되는 재무자료에 속하는 것들이라고 할 수 있다. 그리고 경영통제는 그 내용이 매우 광범위하고 복잡하기 때문에 반드시 예산제도와 같이 화폐를 측정단위로 하는 재무구조 위에서 이루어져야 한다. 따라서 여기에서는 회계의 개념과 방법의 통제상의 응용에 관하여 간단히 살펴보도록 하겠다. 예산제도는 계획과 통제시스템에 있어서 특별히 중요성을 지닌다. 따라서 예산제도에 대해서는 제11장에서 보다 상세히 알아보도록 한다.

한 기업의 회계제도는 통제시스템 내에서 매우 중요한 위치를 차지한다. 먼저 회계부문은 기업 내의 각 단위와 계층으로부터 재무에 관련된 다양한 자료를 수집한다. 그 다음 자료를 분석하여 각종 의미를 나타내는 분류와 비율 또는 기타의 방식으로 표현한다. 그리고 그와 같은 분석결과를 경영당국에 제공하여 필요성에 따라 이용할 수 있도록 한다. 이러한 과정은 전체 통제과정 중의 거의 모든 단계에 밀접하게 관련된다.

일부의 기업은 조직 내에 일종의 감사를 두고 그 직위를 회계부문의 책임자가 담당하도록 하기도 한다. 이때 감사의 주요 임무는 위의 과정을 통하여 실제의 경영상황과 원래의 계획 및 표준을 비교한 후에 그 결과를 자신의 해석과 의견을 첨부하여 기업 내의 각 계층경영자들에게 제공하는 것이다.

회계보고는 그 성질에 따라 다음과 같이 구별하여 분류할 수 있다.

① **영업보고와 재무보고** : 영업보고(operating reports)는 영업단위의 또는 전체기업의 업무에 대한 수지상황을 말한다. 가장 중요한 영업보고는 바로 손익계산서이다. 그리고 재무보고(financial reports)는 기업의 재무상황, 즉 자산·부채·자본 등에 관한 항목분배를 나타내는 것인데 가장 대표적인 것으로서 대차대조표가 있다.

② **당기보고와 요약보고** : 당기보고(current reports)는 제조·마케팅·일반행정 등과 같은 활동에 대하여 수시로 행하는 보고를 말한다. 그러나 이러한 유형의 보고는 그 항목이 비교적 세부적이고 일상적인 것이기 때문에 소형기업을 제외하고는 주로 일선감독자(또는 하부경영자)들만 사용할 수 있도록 제공된다. 또한 이러한 보고에서 요구되는 것은 속도이다. 따라서 이것은 경영자들로 하여금 조기에 문제를 발견하여 손실을 감소시킬 수 있는 대책을 빨리 마련할 수 있게 한다. 요약보고(summary reports)는 일정한 기간 동안에 발생한 실제상황과 계획상황 간의 차이를 간단히 정리한 것으로서 경영자들로 하여금 각종 업무의 진행상황과 그 성과를 한눈에 전체적으로 이해할 수 있도록 한다.

③ **정태보고와 동태보고** : 정태보고(static reports)는 특정 시기의 재무상황 및 재무

구조의 분석에 국한하는 것이며, 동태보고(dynamic reports)는 범위가 비교적 넓은 것으로서 실제재무상황과 예상재무상황의 비교, 자금사용효과의 측정, 특정 기간 중 기업의 재무상황의 변화상태 등을 포함한다.

이상에서 설명한 각종 보고의 구체적 내용에 대해서는 재무관리나 회계학에 관한 서적을 참고하기 바란다. 아래에서는 경영통제와 밀접하게 관련되어 있는 몇 가지 회계에 관련된 개념과 실무에 대하여 간단히 설명하도록 하겠다.

2) 회계관련 개념과 실무

(1) 책임회계

기업의 각 계층경영자들이 업무의 진행을 효과적으로 통제할 수 있도록 하기 위해서는 반드시 그들에게 필요한 자료를 제공해 주어야 한다. 그러나 전통적인 회계보고는 경영자의 책임을 계층별로 세분하여 명시하지 못함으로써 그러한 필요성을 효과적으로 충족할 수가 없었다. 그에 반하여 책임회계(responsibility accounting)는 비용과 지출에 관한 자료를 조직 내의 책임체계에 근거하여 정리·명시함으로써 모든 경영자들은 자기가 책임지는 범위 내의 비용과 지출의 상황을 이해할 수가 있다.

기업이 책임회계제도를 채용하기 위해서는 먼저 책임한계가 분명한 조직구조를 확립하여 경영자들로 하여금 통제할 수 있는 바와 통제할 수 없는 것이 무엇인지를 분명히 이해할 수 있도록 하여야 한다. 책임회계에 있어서 한 사람의 경영자에 관한 회계보고는 일반적으로 오직 그 사람만이 통제할 수 있는 항목만을 다룬다. 따라서 경영자는 자기의 책임에 대하여 보다 확실하게 인식·이해할 수 있기 때문에 보다 강한 책임감과 동기를 불러 일으키게 된다. 또한 높은 계층의 경영자는 그러한 명확한 책임범위에 근거하여 각 부문에 대해 더욱 효과적으로 평가·감독할 수 있게 된다.

(2) 표준원가

기업조직이 나날이 커지고 복잡하게 됨에 따라 제조 및 기타의 업무에 관한 원가 역시 갈수록 복잡하게 되었다. 따라서 기업은 일종의 제도를 통해 그러한 원가에 관한 자료를 정리·분류하여 경영자들에게 제공함으로써 그들이 수행하는 각종 활동과 그에 투입되는 경제가치에 대해 이해할 수 있도록 하고 있는데 이것을 원가회계제도 또는 원가회계시스템이라고 한다. 그러나 만일 회계자료가 오직 실제의 비용에 관한 사항만 제공함으로써 그 작용이 손익계산에 국한된다면 경영통제에는 그다지 도움이 되지 못한다. 따라서 지출원가가 높은 편에 속하는지 또는 낮은 편에 속하는지, 그리고 그러한 원인은 어디에 있는지를 이해하기 위해서는 반드시 먼저 일정한 원가표준을 설정하여 비교·분석의 근거로 삼아야 하는데, 이러한 목적에 의하여 설정한 원가를 '표준원가'(standard costs)라고 한다. 표준원가는 인정받을 수 있는 성과수준을 나타내므로 기업 내에서 상당한 권위를 지니기 때문에 사람들은 자진하여 그것을 수용하게 된다.

표준원가자료가 있음으로써 경영당국은 그것을 실제원가(actual cost)와 비교할 수 있고 또 차이분석(variance analysis)을 통하여 차이가 발생하는 원인과 차이의 정도를 알아낼 수 있다. 예를 들어, 공장에서 일정기간 동안 사용하는 재료의 원가가 예산과 차이가 있음을 발견했다면 '차이분석'을 이용하여 그러한 차이는 재료의 단가차이나 용량차이 또는 그 밖의 원인에 기인하는 결과임을 알아낼 수 있게 된다. 또한 조직 내에서 그러한 원인에 대하여 책임져야 할 단위나 구성원들도 찾아내어 주의와 함께 수정을 촉구할 수 있게 된다.

(3) 관련원가

관련원가(relevant costs)는 의사결정과정에 있어서 하나의 중요한 분석도구가 되며 통제를 행하는 데 있어서 검토와 평가를 위한 도구로도 사용할 수가 있다.

관련원가는 어떤 문제나 방안과 직접적인 관계가 있는 비용을 말한다. 따라서 문제나 방안이 변함에 따라 관련원가 역시 따라서 변한다. 이와는 반대로 어떤 내용항목이 문제나 방안이 변함에 따라 역시 변하는 것이 아니라면 그것은 관련원가라고 할 수 없다. 관련원가는 때에 따라서는 '직접원가'(direct costs)라고도 하며, 비관련원가는 '매몰원가'(sunk costs) 또는 '고정비'(fixed cost)라고도 한다. 예를 들어, 만일 경영당국이 어떤 상품을 더 이상 생산하지 않기로 고려한다면, 생산을 중지함으로써 감소할 것으로 생각하는 비용지출은 총생산비에 속하지 않는다. 왜냐하면 총생산비는 또 다른 비용지출을 포함하고 있기 때문에 상품생산을 중지한다고 해서 결코 소실되지 않는다. 따라서 그러한 비용은 무관한 비용에 속하는 것이라고 할 수 있다. 그러나 생산을 중지함으로써 감소하는 지출은 그러한 특정 상황에서의 관련원가라고 할 수 있으며, 그러한 관련원가는 다른 요소(예를 들면, 상품생산을 중지함으로써 감소하는 실제의 수입)와 비교할 수 있는 도구로 이용된다.

상관비의 개념을 통하여 우리는 회계자료의 경영관리상의 응용(즉, 관리회계)은 그때그때 분석의 목적에 따라 결정되는 것이지 결코 불변하는 것이 아니라는 사실을 이해할 수 있다.

(4) 인적자원회계

얼마전부터 많은 조직들은 '인력'이 가장 중요한 자원이라는 사실을 점차 이해함에 따라 인적자원을 반드시 통제시스템의 대상으로 삼아야 한다는 필요성을 인식하게 되었다. 오랫동안 기업들은 생산목표나 재무목표를 달성하기 위하여 인적자원을 과도하게 낭비만 했을 뿐 그것을 아끼거나 양성할 줄은 알지 못했다. 따라서 기계설비를 마음껏 가동하고 난 후에 보전하지 않아 그 성능을 유지하지 못하는 바와 같이 사람들의 기술수준·믿음·충성심 등이 저하되어 결과적으로 기업은 막대한 손실을 입게 되었다. 근래에 와서 학자들은 기업들이 '인적자원회계'의 방법을 채용하여 조직에서의 인간의 자산가치를 평가할 것을 건의하기에 이르렀다. 예를 들면, 리커트(R. Likert)는 인적자원을 평가하는 데는 반드시 다음과 같은 사항들을 고려해야 한다고 건의하고 있다(Likert, 1967 : 148).

① 지적능력과 적성
② 훈련의 정도
③ 기업의 성공을 추구하는 동기와 성과목표
④ 리더십 능력
⑤ 서로 다른 의견들을 혁신과 변화의 목적에 이용할 수 있는 능력
⑥ 상향적·하향적·수평적 커뮤니케이션의 질
⑦ 의사결정의 질
⑧ 기업의 이익을 위하여 집단의 협력을 이끌어낼 수 있는 능력
⑨ 조직의 통제과정의 질 및 책임감의 수준
⑩ 효과적 협조를 이끌어 낼 수 있는 능력
⑪ 경험과 기술을 이용한 의사결정과 작업개선 및 창의성을 발휘할 수 있는 능력

모든 기업들은 각기 이상 열거한 항목들에 대하여 서로 다른 평가를 받을 것이다. 만일 어느 기업이 모든 항목에 대하여 높은 평가를 받는다면 그 회사의 인적자원가치는 매우 높다고 할 수 있다. 그러나 어느 항목은 매우 높고 또 어느 항목은 매우 낮게 평가된다면 인적자원의 총가치가 어떠한지를 결정하기가 쉽지 않게 된다. 또한 어떤 항목들은 객관적으로 측정하기가 매우 쉽지 않기 때문에 오직 과거의 상황을 근거로 하여 주관적으로 비교할 수밖에 없게 된다.

(5) 비율분석

경영자들은 재무제표가 제공하는 정보를 근거로 하여 기업의 경영성과와 채무상환 능력 등을 평가할 수 있다. 비율분석(ratio analysis)의 항목은 매우 다양하다(Meyer, 1969 : Bernstein, 1974). 예를 들면, 비교적 자주 사용되는 것으로는 유동자산과 유동부채의 비율이 있는데, 이것은 주로 기업의 채무상환능력을 평가하는 데 사용된다. 이 밖의 각종 재무비율분석이 비율분석으로 이용되는데, 이것들은 모두 경영성과의 평가를 위한 도구로써 제공된다.

2. 내부감사제도의 목적과 효과적 실행

감사(auditing)는 하나의 과정으로서 조직시스템으로부터 만들어지는 정보가 진실한지 어떤지를 분석·평가하는 것이다. 따라서 감사 역시 일종의 통제기능으로 생각할 수 있다. 그러한 기능을 조직구성원들이 담당할 수도 있고 외부의 사람들이 담당할 수도 있는데, 전자를 내부감사(internal audit)라 하고 후자를 외부감사(external audit)라 한다. 일반적으로 내부감사는 경영통제의 필요성에 근거하여 이루어지며, 외부감사는 주주와 채권자의 재산을 안전하게 보호할 목적에서 행해진다고 할 수 있다. 따라서 여기에서는 내부감사에 대해서만 살펴보기로 하겠다.

내부감사는 조직이 너무 방대해져서 최고경영자 혼자의 힘으로는 조직내부의 각종 활동을 이해할 수 없거나 조직 내 각종 정보의 진실성과 신뢰성을 평가해야 할 필요가 있을 때 그 중요성이 증가하게 된다. 경영자가 이러한 감사기능의 도움을 필요로 하는 경우를 좀 더 상세히 살펴보면 다음과 같다.

첫째, 현재 내부통제제도의 적합성 여부를 분석하고자 할 때
둘째, 기업이 취하는 행동이 기업정책과 규정에 부합하는지를 알아보고자 할 때
셋째, 기업의 자산이 장부의 기재내용과 일치하는지를 검사하려고 할 때
넷째, 장부내용과 재무제표시스템의 신뢰성을 검사하려고 할 때
다섯째, 검사결과를 최고경영층에 보고하고 수정방안을 건의하려고 할 때

기업에 따라서는 내부감사를 보다 효과적으로 시행하기 위하여 내부감사만을 담당하는 전문부서를 설치하기도 한다. 이러한 내부감사제도는 정기적인 감사보고를 통하여 최고경영자에게 발견된 문제점과 건의사항을 제출한다. 그러나 내부감사제도가 실

제로 효과적인 것이 되기 위해서는 감사요원이 필요한 자질과 능력을 갖춰야 할 뿐만 아니라 최고경영자가 검사결과에 의한 건의를 존중해야 하며, 또 업무부문과의 긴밀한 협조가 이루어질 수 있어야 한다.

3. 경영통제와 균형성과지표의 활용

1) 균형성과지표의 의미와 도입배경

기업경영은 수많은 의사결정의 연속이다. 경영의 목표를 정하는 것에서부터 어떤 산업에 진출하여 어떻게 경쟁할 것인지와 관련한 무수한 의사결정 사안이 관련된다. 전통적으로 기업경영에서는 계획－실행－평가 중 주로 계획과 실행이 강조되어 왔다. 다시 말해 계획과 실행은 여러 다양한 기법들이 존재해 왔으며 또한 끊임없이 발전을 거듭해 왔다. 반면에 평가는 대부분 재무적인 자료들을 바탕으로 한 회계시스템에 대부분 의존해 온 것이 사실이다. 일반적으로 평가 중에서도 특히 조직의 성과측정시스템은 경영자와 종업원에게 강한 영향을 미친다. 그러나 조직이 재무적인 측정지표들에만 근거하여 의사결정을 내릴 경우 기업의 지속적인 개선과 혁신활동이 잘못된 방향으로 나가게 될 가능성이 크다. 왜냐하면 재무적 측면의 정보는 기본적으로 과거 성과에 기반한 정보로서 기업이 사업전략을 추진하고 미래가치를 평가하는 데에는 많은 문제점을 안고 있기 때문이다.

실제로 많은 경영자들과 학계의 연구자들은 기존의 재무정보 중심의 성과측정시스템의 부정확함을 개선하려는 노력을 부단히 기울여 왔다. 물론 기업경영활동에서 재무측정지표와 운영측정지표 사이에 항상 심각한 상충관계가 존재하는 것은 아니다. 그러나 현실적으로 한 가지 평가지표만으로는 조직의 성과목표를 명확하게 나타낼 수 없으며 여러 핵심사업 영역들의 이해관계를 모두 충족시킬 수가 없다. 그러므로 새로운 경영환경에 걸맞는 보다 균형 있는 성과측정시스템이 요구되며 이 성과평가시스템에는 이윤, 수익성, 주주가치 등 재무적인 성과뿐만 아니라, 고객과의 관계, 공급자와의 제휴, 내부프로세스의 개선, 지적 자산, 기업의 학습 및 성장잠재력 등 변화와 혁신의 동인이 될 수 있는 비재무적인 성과도 포함되어야 한다(조동성, 2006).

균형성과지표(BSC : Balanced Score Card)는 이상에서 살펴본 바와 같이 전통적인 성과측정시스템상의 문제점을 개선하기 위해 도입되었으며(Kaplan and Norton,

1992), 현재 전 세계적으로 널리 확산되고 있는 경영통제시스템의 하나이다. 다시 말하면, BSC시스템은 전통적인 재무회계모형에 의한 경영성과 측정의 한계를 극복하기 위하여 도입된 성과관리시스템으로 경영진이 비전 및 목표달성을 위해 수립한 전사적 전략을 전 조직에 소통시키고 그에 따른 변화를 효과적으로 유도하기 위한 경영관리 도구로서 비전과 전략으로부터 도출된 균형잡힌 관점의 성과관리체계를 말한다(조동수 · 백영태, 2008).

따라서 BSC에서는 네 가지 균형잡힌 관점, 즉 재무적인 관점, 고객의 관점, 내부 비즈니스 프로세스 관점, 학습과 성장의 관점이 포함된 조직의 성과들을 측정하기 때문에, 기업에서는 이 BSC를 활용하여 미래 성장을 위해 필요한 역량구축과 무형자산을 획득해 나가는 진척사항을 동시에 모니터링하면서 재무적인 결과들을 추적할 수 있게 된다.

2) 균형성과지표와 전통적 성과지표의 차이

성과측정지표가 조직구성원과 목표달성에 많은 영향을 미친다는 점을 인지하고 있는 경영자라고 할지라도 측정수단을 전략의 필수요소로 인정하는 경영자는 드물다. 또한 조직이 특정 목표를 제대로 달성하지 못하는 가장 큰 이유는 목표가 무엇인지 구성원들에게 명확하게 전달하지 못하거나 또는 자신 내지는 조직이 과연 얼마나 성과를 잘 도출하고 있는지를 제대로 측정하지 못해 목표달성이 좌절되었기 때문이다. 이와 같은 현상을 방지하기 위해 다양한 종류의 성과평가시스템이 개발되었고, 균형성과지표도 기본적으로는 그 일부라고 볼 수 있다. 하지만 균형성과지표는 다음과 같은 점에서 전통적 성과지표들과는 뚜렷한 차이를 보인다.

첫째, 전통적인 측정지표들이 기업전략과 상관없이 결정된 하의상달식(bottom-up) 지표들이며 임시방편적인 절차를 통해서 도출된 것들인 데 반해, 균형성과지표에서 사용하는 측정지표들은 기업이 추구하는 전략적 목표와 경쟁상황 등의 다양한 변수를 고려하여 개발된다. 또한 경영자들은 균형성과지표를 통해서 재무, 고객, 내부프로세스, 학습 및 성장 등의 네 가지 관점으로 핵심지표를 선정함으로써 전략적 비전에 주력할 수 있다.

둘째, 기존의 성과지표가 주로 과거의 경영활동의 결과를 보고하기 위함이었다면 균형성과지표는 과거의 단순보고에서 벗어나 기업의 현재와 미래의 성공을 위한 초석역할을 담당한다.

셋째, 균형성과지표에서 제시된 정보는 기존의 측정지표와 달리 영업이익과 같은 외부성과지표와 신제품 개발과 같은 내부성과지표 사이의 균형을 제공한다.

3) 균형성과지표의 체계

균형성과지표는 사업의 성과를 신속하면서도 종합적인 관점에서 측정할 수 있게 도와주는 성과측정시스템이다. 균형성과지표에는 주로 단기적인 기업성과를 가늠하는 재무측정지표와 이를 보완하면서 미래의 재무성과에 영향을 주는 운영활동인 고객만족, 내부프로세스, 기업의 학습 및 개선능력 등과 관련된 지표들이 존재한다. 이를 보다 구체적으로 살펴보면 다음과 같다(조동성, 2006).

① **재무적 관점** : 대표적 재무측정지표로는 투자수익률, 경제적 부가가치, 수익성 등이 있다.

② **고객의 관점** : 경영자들은 균형성과지표를 통해서 자사 고객들의 주요 관심사항을 반영해야 하며 이를 토대로 고객서비스에 대한 비전을 구체적인 성과지표로 제시해야 한다. 대표적인 지표로는 시장점유율, 고객확보율, 고객수익성, 고객유지율, 고객만족도 등이 있다.

③ **내부프로세스의 관점** : 내부프로세스는 기업 내의 원재료, 정보, 사람 등과 같은 투입요소를 제품과 서비스의 산출요소로 변환시키는 과업이나 활동의 집합을 의미한다. 대표적인 성과지표로는 프로세스의 시간, 품질, 원가 등이 있다.

④ **학습 및 성장의 관점** : 이것은 기업의 혁신·개선·학습 등과 관련된 능력으로서 가치창출과 직결되는 지표들이다.

제 11 장
계획화와 통제화의 기법과 활용

제1절 예측의 성격과 기법

제2절 예산의 성격과 유형

제3절 기타의 계량적 기법

제11장 계획화와 통제화의 기법과 활용

제1절 예측의 성격과 기법

1. 예측과 계획의 관계

예측은 계획과정에서 없어서는 안될 중요한 작업이다. 계획수립자는 예측을 통하여 미래의 환경변화에 대하여 비교적 객관적이고 믿을 수 있는 인식을 가질 수 있게 된다. 그러나 예측은 계획수립을 위한 도구이기 때문에 그것을 응용할 때에는 반드시 계획의 틀과 필요성에 부합할 수 있느냐 하는 점을 중시해야지 예측 자체의 기술적 측면에만 초점을 두어서는 안 된다.

먼저 예측의 기간은 얼마나 길어야 하는가 하는 문제는 계획의 시간폭과 밀접하게 관련된다. 예를 들면, 전략적 계획은 시간폭이 매우 크기 때문에 외부환경에 대한 장기예측을 필요로 한다. 따라서 환경의 장기적 변화추세는 매우 중요한 예측요소가 되지만 계절성 변화와 같은 단기적 변동은 그렇게 중요한 요소가 될 수 없다. 그러나 연도계획과 같이 시간폭이 작은 계획에 있어서는 향후 1년이 매우 중요한 예측기간이 된다. 따라서 이러한 단기적 계획에서는 계절성 변화와 같은 단기적 변동상황에 주의를 기울여야 한다.

또 하나 반드시 이해해야 할 것은 예측의 결과는 결코 목표가 아니라는 사실이다. 측, 예측의 결과는 목표를 결정하는 근거나 미래에 대한 가정으로 삼을 수 있을 뿐이지 그 자체가 곧 목표가 될 수 없다는 것이다. 특히 장기계획에서 필요로 하는 예측은 주로 환경의 변화추세에 관한 것들이다. 그리고 이러한 미래환경에 대한 예측결과는 기업의 미래환경에 대한 가정이 된다. 그러나 기업이 어떤 목표와 전략을 취해야 할 것인가 하는 것은 이러한 가정으로서의 예측결과 보다도 기업의 경영사명・신념・가치관 등에 의하여 더욱 영향을 받는다고 할 수 있다. 예를 들면, 같은 업종의 두 개의 기업이 근거로 하는 환경에 대한 가정은 완전히 같다고 할지라도 그들 기업이 선택하는 목표와 전략에는 매우 큰 차이가 있을 수 있다. 또한 단기계획에서는 설정된 영업목표와 예측결과 사이에 일반적으로 큰 차이가 나지 않는다. 그러나 그것은 기업이 단기간 내에 중대한 전략을 변화시키기 어렵기 때문에 그런 것이지 결코 예측결과가 곧 계획의 목표가 된다는 것을 의미하는 것이 아니다.

그러나 그렇다고 해서 예측이 계획에 있어서 중요하지 않다거나 생략되어도 좋다는 것은 절대 아니다. 왜냐하면 계획수립자가 보다 합리적이고 실행가능한 목표를 선택하고 또 그러한 목표를 달성하기 위한 보다 효과적인 전략과 방법을 모색하는 데 있어서 정확하고 신뢰할 수 있는 예측은 매우 도움이 되기 때문이다. 즉, 계획의 질과 효과를 증대시키는 데 있어서 예측은 매우 중요한 요인으로 작용한다.

2. 예측의 내용과 과정

1) 예측의 내용

예측이 계획의 필요성에 부합하여야 한다면 예측의 내용은 계획에 있어서의 '환경'에 대한 정의를 반영하여야 한다. 일반적으로 기업의 입장에서 보면 예측하여야 할 환경은 대부분 다음과 같은 몇 가지가 매우 중요하다.

① 정치 및 경제환경
② 원료와 에너지의 공급상황 및 가격
③ 노동시장의 공급과 수요상황
④ 사회의 유행 및 여론
⑤ 과학기술의 발전 정도 및 속도
⑥ 시장의 특정 상품 및 서비스에 대한 수요
⑦ 경쟁상황
⑧ 이상의 각종 환경의 변화가 기업의 영업 및 자원수요에 미치는 영향

2) 예측과정

비교적 구조화되어 있는 예측과정은 일반적으로 다음과 같은 몇 가지 단계로 이루어진다.

(1) 배경분석

예측자는 먼저 예측하려고 하는 상품에 대한 기업 및 같은 업종의 과거상황을 체계적으로 정리하고 분석하여 반복적으로 나타나는 문제점이나 일관적인 추세 등과 같은 배경의 특징을 이해하여야 한다. 그렇게 함으로써 예측자는 미래를 판단할 때 전반적인 상황과 문제의 핵심을 용이하게 파악할 수 있게 된다.

다시 말하면, 예측자는 각종 통계기법을 이용하여 이미 획득한 역사자료로부터 예측하려고 하는 사항의 역사적 추세와 경향을 발견할 수 있다. 또한 그러한 발견결과를 기초로 하여 다음 단계에서 이용할 수 있는 어떤 예측모형을 설정할 수 있다.

(2) 초기예측

예측은 숫자나 계산에만 의존하여 행하여서는 안 된다. 가능한 한 사람의 지혜와 경험 그리고 판단을 정확히 이용할 수 있어야 한다. 그러나 숫자와 계산을 통하여 얻은 결과는 미래의 상황에 대한 토론과 검토의 기초로써 활용할 수 있다. 즉, 예측자는 역사자료에 나타나 있는 과거의 추세 또는 관계를 참고하여 기타의 기본적 조건들이 변하지 않는다는 가정하에 미래에 출현할 수 있는 상황을 예측할 수 있다.

예측모형이 포함하지 못하는 각종 변수는 반드시 사람들의 의견과 판단에 의거하여야 한다. 그러나 그러한 의견과 판단이 건설적인 기능을 발휘할 수 있도록 하기 위해서는 양호한 조직분위기와 효과적인 리더십을 통하여 모든 참가자들이 자기의 개인경험과 자료에 근거한 참신한 의견을 제시할 수 있어야 하며, 나아가 참가자들 간의 협조와 공감을 통하여 일치하는 의견을 이끌어 낼 수 있어야 하고, 또한 그러한 의견을 근거로 하여 초기의 계량적 예측결과를 조정하여야 한다.

(3) 사실의 검증

예측작업은 참가자들 사이에 일치하는 의견을 이끌어냈다고 해서 끝나는 것이 아니다. 시간이 지남에 따라 원래는 ‘미래’에 속하는 일로 생각되던 것들이 점차 ‘사실’로서 눈앞에 나타나게 된다. 따라서 예측자는 반드시 그러한 기회를 포착하여 실제상황과 예측상황을 비교하여야 한다. 비교의 결과 실제상황과 예측상황 간의 비교적 적은 정도의 차이는 언제든지 필연적으로 발생하게 되는데, 그러한 미미한 차이가 발견되었다고 해서 본래의 예측방법이 반드시 문제가 있다거나 잘못된 것이라고 생각할 필요는 없을 것이다. 그러나 만일 발견된 차이의 상황이 상당히 심각한 정도이고 어떤 계통성을 지닌다면 그 원인이 어디에 있는지를 반드시 찾아내야 할 것이다.

(4) 예측방법의 수정

실제상황과 예측상황을 비교한 결과 발견된 심각한 정도의 차이는 예측모형이나 이용자료 또는 예측과정상의 문제 등 여러 가지의 원인에서 기인한다. 따라서 예측자는 차이의 정확한 원인들을 찾아낸 후에는 반드시 그것을 원래의 예측방법을 수정하는 데 응용하여야 한다.

이상에서 살펴본 예측과정의 네 단계는 일종의 개념화된 서술에 불과하기 때문에 실제의 상황을 구체적으로 설명하지 못하고 있다. 즉, 예측과정을 구체적으로 이해하기 위해서는 각 단계는 모두 실제의 작업은 누가 할 것인지, 어떤 기법을 사용할 것인지, 필요한 자료는 어떻게 수집하고 이용할 것인지, 그리고 제한요인이나 장애요인은 어떤 것들이 있는지 등과 같은 각종 문제들이 고려되어야 할 것이다. 그러나 우리는 이러한 예측과정의 개념화된 서술을 통하여 예측이란 것이 결코 단순히 통계방법이나 수량방법의 문제에 국한되는 것이 아니며, 또한 예측과정은 절대 한 번으로는 완벽을 기할 수 없고 지속적인 노력을 통하여 최적의 것이 될 수 있도록 개선해가는 과정이라는 점을 이해할 수 있다.

현재와 미래의 세계는 변화의 불연속성(즉, 단순한 양적 변화가 아닌 질적 변화)으로 가득차 있기 때문에 기업들은 갈수록 '상황예측'(contingency forecasting)의 방법을 사용한다. 상황예측이란 미래의 발생가능한 중요한 사건에 대하여 여러 가지의 서로 다른 가정을 취하는 것을 말한다. 예를 들면, 기업은 미래의 석유공급상황에 대하여 '석유공급은 아무런 문제가 발생하지 않을 것이며, 석유수출국가들은 유가를 더 이상 인상하지 않을 것이다', '유가는 매년 7%씩 인상될 것이다', '유가는 매년 12%씩 인상될 것이다', '석유공급은 장래에 심각한 문제에 직면하게 될 것이다' 등과 같은 여러 가지의 가정을 세울 것이며, 상황예측자는 그러한 모든 가정에 근거하여 예측을 진행하고 최상의 결과를 얻으려고 노력할 것이다. 오늘날 컴퓨터의 이용이 보편화됨에 따라 이러한 상황예측방법은 응용상 상당한 발전을 보게 되었다.

3. 예측기법의 활용

예측과정 중에 사용하는 기법은 일반적으로 하나에 국한되지 않고 여러 가지를 적절히 혼합하여 사용하게 된다. 여기에서는 설명을 쉽게 하기 위하여 예측기법을 다음과 같이 크게 세 가지 유형으로 분류하여 간단히 살펴보도록 하겠다(박영배, 1999 : 357-359).

1) 의견에 의한 판단

의견에 의한 판단은 전문가들의 의견을 종합하거나 일반인들의 의견을 조사하여 미래의 상황을 예측하는 것을 말한다. 예를 들면, 기업이 특정 상품에 대한 미래의 수요를 예측하는 데 있어서 각 지역별 판매담당자들의 의견을 종합하여 판단할 수도 있고, 또는 잠재고객들의 해당 상품에 대한 구매력이나 구매의사를 조사하여 판단할 수도 있을 것이다. 그 중에서 특히 전문가들의 의견을 종합하여 예측하려는 것을 '델파이법'(delphi procedure)이라고 하는데, 이에 관하여 좀 더 자세히 알아보면 다음과 같다(Quinn, 1967 ; Pyke and North, 1979).

소위 델파이법이란 미국의 랜드회사(RAND Co.)가 처음으로 발전시킨 예측기법이다. 이는 주로 발생가능한 군사사건을 예측하는 데 이용되던 것으로서 최근에는 '기술적 예측'(technological forecasting : TF)의 주요 기법의 하나로 되었다. 이 기법은 먼저 예측부서에서 특정 상황이나 문제에 대해 전문지식을 가지고 있거나 전문적인 연구를 행하고 있는 전문가들에게 서신을 통하여 각자의 예측에 관한 의견을 묻는다. 이때 각 전문가들은 자기 이외의 다른 참가자들을 알지 못하기 때문에 사전에 서로 의견을 교환할 수가 없다. 다음에 예측부서는 한 사람의 조정자로 하여금 전문가들이 회답한 의견자료를 모아서 그 분포상황을 통계적으로 분석한 후에 중간 50%에 속하는 의견을 계산한 한 자료를 다시 전문가들에게 제공하여 재예측하는 데 참고할 수 있도록 하며, 원래의 의견이 통계분석결과의 중간 50% 범위에 속하지 않는 전문가들에게는 특별히 그 이유를 설명하도록 한다. 이렇게 해서 회수된 회답은 다시 귀납적으로 분석되어 처음과 마찬가지로 전문가들에게 또다시 수정예측할 수 있는 근거로 제공된다. 예측단위는 이와 같은 과정을 3~4차에 걸쳐 반복하게 되며 마지막으로 분석된 의견의 중간치를 최종적인 예측결과로 결정한다.

일반적인 경우에 있어서 여러 전문가들의 의견은 이와 같은 과정을 여러 번 반복하는 동안 점차로 접근하는 경향을 보이게 된다. 그러나 델파이법은 전문가들 상호 간에 의견을 교환할 수 없기 때문에 같은 장소에서 토론을 진행할 때 자주 나타나는 '권위에 대한 맹종심리' 또는 '타인의견에 대한 부합심리'와 같은 폐단을 예방할 수 있다. 물론 예측결과의 좋고 나쁨은 전문가들의 선택이 타당하게 이루어지는지에 달려 있다고 할 수 있다.

2) 추세분석

추세분석(trend analysis)이란 이미 발견된 과거의 역사적 추세가 미래에도 계속될 것이라고 하는 가정을 바탕으로 하고 있다. 가장 간단한 방법으로는 수집된 역사자료를 좌표상에 그림으로 표시하여 그 추세를 미래에까지 연장시켜 보는 것이다. 그 밖에 비교적 복잡한 방법으로는 시계열분석법(time-series analysis), 지수평활법(exponential smoothing), 이동평균법(moving average method) 등이 있다.

3) 상관분석

상관분석(correlation analysis)이란 특정의 현상을 다른 상관요소 간의 관계를 통하여 예측하려는 방법을 말한다. 예를 들면, 특정 상품의 시장수요량을 예측하는 데 있어서 시장수요량이 인구 및 국민소득수준과 관계가 있음을 발견하였다면, 이러한 상관요소(즉, 예측자료)를 근거로 하여 해당 상품의 미래수요량을 추산할 수 있게 한다. 이러한 분석방법으로 가장 자주 이용되는 것으로는 회귀분석법(regression analysis)이 있다.

제2절 예산의 성격과 유형

1. 예산의 기본기능과 예산편성의 의의

1) 예산의 기본기능

예산(budget)이란 기대되는 결과를 금전적 수치로 표시한 일종의 계획이며 또한 중요한 통제도구라고 할 수 있다. 예산은 일반적으로 예산년도라고 부르는 일정한 기간을 가진다.

예산의 중요한 작용은 각종 계획의 내용을 보다 구체적으로 나타내는 데 있다. 또한 예산의 편성이 조직 내 모든 계층과 부문의 각종 활동과 직접적인 관련을 가지고 이루어지는 것이기 때문에 예산편성과정은 곧 기업에 대하여 전체적인 검사를 행하는 바와 같다고 할 수 있다. 따라서 예산은 기업으로 하여금 그러한 과정을 통하여 조직의 각종 문제를 발견하고 개선할 수 있는 기회를 제공한다고 할 수 있다.

그리고 통제도구로서의 예산은 기업의 한정된 자원을 적절히 분배하여 각 부문과 구성원들로 하여금 자신의 지출 한도 또는 범위를 이해할 수 있도록 한다. 동시에 예산은 통제과정 중에 설정되어 있는 성과표준과 같은 것이기 때문에 수입이나 지출을 막론하고 실제의 상황과 비교하여 통제를 행하지 못한 상황의 유무를 발견할 수 있게 한다.

2) 예산편성의 의의

대부분의 기업들은 매년 연도예산을 편성한다. 연도예산은 일반적으로 늦어도 예산연도가 시작되기 3개월 전에 편성하기 시작한다. 따라서 예산연도가 시작될 때에는 해당연도의 예산은 이미 최종 승인을 거쳐 예산안으로 확정된 상태에 이르게 된다. 그리고 그러한 연도예산은 계절에 따라서 비교적 상세한 분기예산으로 재편성되는 동시에 상황이 변하게 되면 그에 적합하게 수정되어야 한다(Bunge, 1968 ; Dykeman, 1969).

기업예산은 일반적으로 다음과 같은 내용을 포함하게 된다.

① 판매 또는 수입예산
② 생산 또는 제조예산
③ 재무예산
④ 자본지출예산
⑤ 비용예산

예산을 편성할 때에는 먼저 예상되는 연도수입을 추정한 후에 주요 활동규모에 근거하여 각종 업무상의 지출을 추정한다. 예를 들면, 생산예산의 경우에는 생산활동에 필요한 원료와 노무비 그리고 그 밖에 필요한 각종 지출을 추정하며, 재무예산은 경영활동에 소요되는 현금의 수입과 지출을 추정한다. 또한 자본지출예산은 기업이 생산능력을 새롭게 하거나 확장하기 위해 계획하고 있는 새로운 공장・시설・기계 및 기타의 자산 등 고정투자항목에 관련된 지출을 추정하게 되며, 비용예산은 앞의 각종 예산에 포함되지 않는 기타의 모든 지출항목을 포함하게 된다.

이상과 같은 각종 수입과 지출에 관한 예산을 기초로 하여 손익계산서가 작성되는데, 이것은 미래의 일정기간 동안에 발생할 것으로 예상되는 이익과 손실을 미리 추정한 표이다.

예산은 이상과 같은 각종 수입과 지출의 추정을 근거로 하여 편성되는 것이다. 그러나 수입과 지출을 정확하고 신뢰할 수 있도록 추정한다는 것은 결코 용이한 일이 아니다. 따라서 예산을 편성한다는 것은 매우 복잡하고 힘든 과정이라고 할 수 있다.

예산은 다만 수입과 지출에 대한 가상적 기록일 뿐만 아니라 경영관리상의 모든 기능을 지닌다. 따라서 예산의 개념과 편성방식은 그러한 각종 경영관리기능과 그에 따른 경영상의 필요에 따라서 많은 차이가 있다고 할 수 있다. 아래에서는 이러한 차이점에 근거하여 분류되는 몇 가지 중요한 유형의 예산에 대하여 알아보도록 하겠다.

2. 예산의 유형

1) 재무예산과 계획예산

예산은 전통적으로 수입과 지출을 분리하여 편성된다. 여기서 지출부분은 지출항목의 성질에 따라 분류되는 동시에 조직단위별로 편성되기 때문에 기업은 전체적인 수지의 상황을 파악할 수 있고, 각 단위 역시 자신이 운용할 수 있는 자원을 알 수 있게 되며 그러한 예정항목 및 수량을 실제의 상황과 비교할 수 있게 된다. 이러한 예산을 재무예산(financial budgeting)이라고 한다.

그러나 1960년대 초에 이르러 사람들은 재무예산이 '지출을 그것으로 인하여 획득할 수 있는 결과(즉, 목표 또는 산출)에 관련시킬 수 없다'는 기본적 결함을 지니고 있음을 알게 되었다. 즉, 재무예산을 통해서는 일련의 지출을 통해 얻을 수 있는 결과가 도대체 무엇인지 그리고 그러한 결과가 얻을만한 가치가 있는 것인지를 알 수 없으며, 한 단위의 실제지출과 예산항목상의 수치가 완전히 일치한다고 해서 도대체 어떤 의미가 있는 것인지를 알 수 없다는 것이다(Novick, 1970). 따라서 사람들은 재무예산의 이러한 결함에 근거하여 '계획예산'(program budgeting)이란 개념을 제시하게 되었는데, 이것은 지출항목이 같은 조직단위에 해당하는 것인지의 여부에는 관계없이 지출의 목표 또는 결과에 의거하여 그 항목을 분류하고 결정하는 것을 말한다.

따라서 계획예산의 개념하에서 기업은 반드시 먼저 목표를 설정하여야 하며(목표는 구체적일수록 좋다), 목표를 달성할 수 있는 각종 대안, 즉 대체계획(programs)들을 설계하고 비용을 추정하여야 한다. 또한 그러한 각종 계획들에 대하여 비용·효과분석을 진행하여 그 결과를 서로 비교한 후에 가장 적합한 하나의 계획을 선택한다. 그리고 마지막으로 그렇게 선택된 계획을 근거로 하여 필요한 예산을 결정한다. 기업은 이렇게 결정된 예산내용에 따라 전통적인 재무예산을 개편하여 집행하고 통제의 도구로 삼는다. 이러한 계획예산은 1961년 미국의 국방부에서 처음으로 채택하였으며, 1965년에 이르러서는 미국정부의 모든 행정부문에서 전부 사용하게 됨에 따라 곧 관심을 불러 일으키게 되었다.

그러나 계획예산은 일종의 '합리적 사고'를 강조하는 것이기 때문에 실제의 행동적 측면을 무시하는 결과를 가져오게 된다. 즉, 계획예산하에서 여러 부문 간에는 보다 많은 경비를 획득하기 위한 과도한 경쟁이 유발되기 쉬우며, 계획목표를 일일이 명확하게 정의할 수 없음에 따라 비용·효과분석의 진정한 의의를 잃어버리기 쉽다. 또한 때에 따라서는 계량적 목표를 무리하게 설정함으로써 진정한 목적과는 거리가 먼 결과가 초래되기도 한다. 따라서 이러한 계획예산이 기여도가 없다고 말할 수는 없지만 이것이 당초 사람들의 바람을 그대로 반영하지 못한다는 것은 확실하다.

2) 제로베이스예산

제로베이스예산(zero-base budgeting : ZBB)의 가장 기본적인 의의는 해당년도의 예산을 편성하는 데 있어서 하나하나의 예산항목은 그것이 비록 전년도의 예산에 포함되었던 항목이라고 할지라도 모두 처음으로 새롭게 열거하는 항목과 마찬가지로 반드시 그것이 필요한 이유를 설명해야 한다는 데 있다. 이는 또한 제로베이스예산과 일반예산의 가장 큰 차이점이라고 할 수 있다. 즉, 전통적인 예산편성은 전년도와 같은 예산항목은 그대로 두고 새로이 추가되는 항목에 대해서만 그것이 필요한 이유를 설명하기만 하면 되는 것이다.

다시 말하면, 전통적인 예산편성과정에서는 흔히 전년도의 지출내용과 지출수준을 적절한 것으로 가정한다. 따라서 예산편성자의 과업은 단순히 어떤 활동과 자금을 삭제하거나 추가할 것인지를 결정하는 것이다. 따라서 그러한 과정은 매년 똑같은 활동들을 반복하는 데에 대한 어떤 편견이 조직 속에 형성됨에 따라 오늘날과 같이 외부환경의 급격한 변화나 조직목표의 변경이 빈번한 상황하에서는 예산의 신뢰성과 유용성이 상실될 수가 있다. 이에 반하여 제로베이스예산은 조직으로 하여금 그것의 활동과 우선순위를 항상 새롭게 인식할 수 있도록 한다. 즉, 전년도의 자원할당이 자동적으로 금년도의 자원할당의 토대가 된다고 할 수 없다. 따라서 각 부문의 경영자는 그들의 예산청구를 새로운 것으로 정당화시켜야 한다.

제로베이스예산제도하에서는 먼저 최하부계층의 의사결정단위(decision units)를 확정하여야 하며, 각 단위는 또한 한 사람의 경영자로 하여금 책임지고 그 단위의 지출수준과 활동범위를 결정할 수 있도록 한다. 그런 다음에 각 의사결정단위의 경영자는 특정 활동(activity)의 내용과 범위를 설명하는 문서인 '의사결정사항'(decision packages)이라 불리우는 일련의 개별적인 계획을 수립하고 우선순위를 정하게 된다. 그리고 마지막으로 이들 계획을 근거로 하여 요구되는 예산을 제출하게 된다.

의사결정단위의 주요 활동은 가장 우선하는 계획을 수립하는 것이다. 그리고 그러한 계획이 필요로 하는 지출은 그 의사결정단위가 유지되는 데 꼭 필요한 최저의 예산수준, 즉 제로베이스(zero base)라고 할 수 있다. 따라서 만일 의사결정단위가 획득하는 예산이 그러한 지출수준보다 낮다면 그 의사결정단위는 유지될 수 없게 된다. 이러한 기초 위에서 기타의 계획들 역시 그의 우선순위가 정해진다. 그리고 그러한 계획이 어떤 활동을 어떻게 지원하기 위하여 제출된 것인지를 설명하고 또 그 이유를 반드시 제시하여야 한다.

그러나 계획들의 우선순위를 결정한다는 것은 매우 어려운 작업이다. 특히 규모가 거대한 조직에서는 대부분 그러한 능력을 지니거나 충분한 시간을 가지고 그러한 작업을 행할 수 있는 사람이 없다. 따라서 보통은 경영자 개인이 그가 속한 단위에서 제출한 계획의 우선순위를 스스로 결정하게 되며, 최고경영층에서는 다시 각 부문으로부터 제출된 계획을 근거로 하여 전반적인 결정을 내리게 된다. 미국의 어느 대기업의 경우 회사 내의 각 조직계층은 모두 부문경영자가 위원장이 되고 각 단위책임자들을 위원으로 하는 위원회를 구성하여 해당부문 계획의 우선순위를 결정한다. 물론 조직에 따라서는 이 외에도 여러 방법을 채택할 수 있다(Suver and Brown, 1977).

일단 우선순위가 결정된 다음에는 지출총액에 근거하여 해당년도의 예산을 확정할 수 있게 된다. 이렇게 조직 내의 모든 활동들은 하나도 누락됨이 없이 모두 검토와 평가를 거치게 된다. 따라서 제로베이스예산은 매우 이상적인 경영관리도구의 하나라고 할 수 있다.

그러나 미국의 기업계와 정부의 시행결과에 의하면 제로베이스예산 역시 많은 다른 방법과 마찬가지로 장점과 단점이 있음이 발견되었다.

먼저 제로베이스예산의 장점으로는 다음과 같은 것들을 들 수 있다.

첫째, 제로베이스예산은 조직 내의 각종 임의적(discretionary) 지출에 대하여 그 작용 및 성과를 평가할 수 있는 과정과, 동시에 하나의 목표를 달성하기 위한 여러 가지 대안을 서로 비교하고 선택할 수 있는 방법을 제공한다.

둘째, 이러한 예산제도는 탄력적으로 응용할 수 있다. 예를 들면, 이것은 경영자가 가장 관심을 가지는 범위와 허락되는 시간 및 금전상의 범위 안에서 실시할 수 있으며, 반대로 능력이 부족하거나 또는 중요하지 않고 관심이 없는 활동일 경우에는 제로베이스예산을 실시하지 않아도 된다.

셋째, 최고경영층은 시간과 노력을 절약할 수 있기 때문에 문제점과 논쟁의 여지가 가장 큰 계획을 보다 관심을 가지고 신중히 검토할 수 있다. 이러한 장점은 하부계층의 경영자들이 예산총액 중의 일정비율 또는 일정금액을 스스로 결정할 수 있도록 권한을 부여함으로써 가능한 것이다.

넷째, 전체 기업 또는 전체 조직에 대하여 전반적으로 검토할 수 있는 기회를 제공하며, 구성원들의 의사소통 기회와 경영에 참여할 수 있는 기회를 촉진시킨다. 또한 모든 조직계층의 구성원들을 교육·훈련하는 기능을 제공한다.

그러나 이 예산제도는 다음과 같은 단점도 지니고 있다.

첫째, 제로베이스예산은 계획예산(program budgeting)과 마찬가지로 하나의 의사결정사항(decision packages)의 목표와 성과를 어떻게 객관적으로 설정하고 측정할 것인가 하는 것이 매우 어려운 문제이다. 따라서 비용·효과분석은 매우 주관적인 것으로 변하게 된다.

둘째, 매년 각 단위로부터 제출되는 많은 계획들을 하나하나 일일이 검토한다는 것은 매우 복잡하고도 힘겨운 작업부담이다. 더구나 조직은 종종 이러한 예산제도를 채택하여 수많은 인력과 노력 그리고 시간을 투입하고도 극히 제한된 결과만을 얻는 경우가 있다.

셋째, 제로베이스예산에서의 계획은 '의사결정사항'을 단위로 하기 때문에 그에 상응하는 회계시스템이 확립·유지되지 않으면 실제의 지출을 비교·통제할 수 없게 된다.

넷째, 제로베이스예산은 지원적 활동에 대해서는 매우 효과적이라고 할 수 있다. 그러나 제조활동과 같이 투입과 산출의 관계가 명확한 활동에 대해서는 필요 이상의 인력과 시간을 사용하여 예산을 편성할 필요가 없다. 따라서 제로베이스예산제도는 기업조직 중의 서비스나 지원단위의 활동에 대하여 적용할 때 비교적 효과적인 것이 될 수 있다.

다섯째, 제로베이스예산이라고 해서 인위적인 조작을 피할 수는 없다. 예를 들면, 계획의 우선순위를 결정할 때는 많은 경우에 있어서 소요경비가 많은 것보다는 소요경비가 적은 것을 우선으로 하게 된다. 따라서 부문경영자는 그다지 중요하지 않은 계획에 대해서는 고의로 소요경비를 비교적 낮게 편성하고, 최고경영층이 중시할 것으로 생각되는 계획에 대해서는 소요경비를 비교적 높게 평가한다. 따라서 최고경영층은 소요경비가 낮은 전자 역시 함께 받아들일 수밖에 없게 된다. 또한 여러 부문경영자들의 우선순위 결정에 대한 생각과 방식이 서로 다름으로 해서 매우 중요한 활동이 오히려 예산의 지원을 받지 못하는 결과를 초래하기도 한다.

이와 같이 제로베이스예산의 장·단점을 설명하는 목적은 사람들의 예산제도에 대한 고정관념이나 편견을 될 수 있는 한 줄이는 데 있다. 즉, 제로베이스예산은 결코 완전하거나 만능의 것도 아니며 또한 그 장점과 작용을 무시할 수도 없는 것이다. 문제는 경영자들이 이 예산제도를 어느 곳에 또 어떻게 적절히 응용해야 효과적인지를 알고 있는가 하는 것이다.

3) 변동예산과 이동예산

예산편성은 각종 평가를 기초로 하여 이루어지는 것이기 때문에 만일 평가가 올바르게 이루어지지 않거나 잘못된다면 편성된 예산은 그 작용을 상실하게 된다. 따라서 예산을 상황변화에 탄력적으로 적응할 수 있도록 하기 위해서 변동예산(variable budgeting)과 이동예산(moving budgeting)이라는 두 종류의 예산제도가 나타나게 되었다.

변동예산은 일련의 사실을 근거로 하여 이루어진다. 예를 들면, 어떤 예산지출 항목은 생산량이나 판매량과 일정한 관계를 나타내며, 또 어떤 예산지출항목은 아무런 관계를 나타내지 않기도 한다. 전자를 보통 변동비(variable cost)라 하고 후자를 고정비(fixed cost)라 한다. 변동예산은 근본적으로 생산량이나 판매량을 근거로 하여 편성되기 때문에 실제로 생산량 또는 판매량의 수준이 변함에 따라서 변동비율을 어떻게 조정하여야 하는지를 보여준다. 따라서 생산량이나 판매량의 수준이 변한다고 할지라도 예산의 내용은 그 효력을 상실하지 않게 된다. 이러한 변동예산은 기업에서 매우 보편적으로 이용되고 있다.

이동예산은 예산년도를 몇 개의 분기로 나누고, 한 분기가 경과한 후에는 남아 있는 분기의 예산은 다시 검토하고 다시 미래의 분기로 확대하여 하나의 예산년도를 계속 유지시키는 예산을 말한다. 예를 들면, 만일 제3기가 종료되었을 때 최고경영층은 그때의 실제성과와 예산목표를 비교·평가하는 동시에 그러한 결과를 근거로 하여 제5기의 예산을 조정·확정한다. 또한 제6기의 예산에 대하여는 첫 번째의 수정을 행하고 나아가 제7기의 예산을 최초로 편성하게 된다. 여기서 제4기의 예산은 이미 제2

기가 종료되었을 때 확정된 것이기 때문에 이때에는 실행할 수 있게 된다.

이와 같이 각 분기의 예산은 모두 두 번씩의 조정과 수정을 거치게 되며 최초의 편성은 제3기 전에서 이루어지게 된다(Barret and Fraser Ⅲ, 1977). 이와 같이 이동예산은 탄력성과 기동성을 장점으로 들 수 있다. 그러나 이것은 상당한 인력과 재력이 소요되기 때문에 반드시 기업의 상황과 필요성을 고려하여 채택하여야 한다.

3. 예산에 관한 실무적 문제

예산은 조직 내의 모든 단위 및 경영자들과 밀접하게 관련되기 때문에 조직구성원들은 예산의 편성과 집행을 매우 중요하게 생각한다. 그러나 사람들이 예산을 중시하는 보다 근본적인 이유는 그것이 지금까지 살펴본 바와 같이 적극적인 경영관리적 기능을 지니고 있을 뿐만 아니라 조직 내의 각 단위와 경영자들이 예산을 통하여 자신들의 이익을 보장하고 증진시킬 수 있다는 강한 동기를 포함하고 있기 때문이다. 그러나 이러한 동기는 항상 전체 조직에 대하여 불리한 영향을 미치게 되고 더불어 각종 예산제도상의 문제를 유발하는 주요 원인이 된다. 이러한 문제들은 실무상에 자주 나타나게 되는데 대표적인 것으로는 다음과 같은 현상을 들 수 있다.

첫째, 최고경영층이나 위원회에서 삭감할 것에 미리 대비하여 고의로 실제 필요한 것보다 더 높은 수준의 예산을 제출한다. 예를 들면, 기업 내의 어떤 부서에서는 최고경영층이나 위원회에서 예산을 심의할 때 보편적으로 10% 정도 삭감하는 전례에 대비해 필요한 수준보다 10~15% 정도로 증액된 예산을 제출하여 이것이 삭감된 후에도 실제로 필요한 수준을 유지하려고 하는 경우가 있다.

둘째, 예산을 집행하는 과정이나 집행한 후에 어떤 예산항목은 실제 필요한 수준보다 상당히 부족한 반면에 또 어떤 항목은 초과하게 된다. 이때 부서에서는 초과된 항목의 예산을 부족한 항목에 이전하여 사용하는 경우가 있으며, 실제로 기업의 여러 부서에서는 많은 경우에 있어서 이러한 방법을 취해야 할 필요가 있다. 그러한 경우에 기업은 일정한 신청과 승인 등의 절차를 거치도록 하여야 한다. 만일 모든 부서들이 이러한 절차를 거치지 않고 제멋대로 변경하거나 날조하여 사용하게 된다면 예산은 중요한 기능인 통제작용을 발휘할 수 없게 된다.

셋째, 전통적인 예산제도하에서는 통상 전년도의 지출수준을 근거로 하여 다음연도의 예산수준을 결정하게 된다. 따라서 많은 부서에서는 예산년도가 종결된 후에 만일 상당한 잉여예산이 발생했다고 할지라도 다음연도의 예산이 삭감되는 것을 방지하기 위해서 잉여분을 회사가 회수해 가기를 원하지 않고 자체에서 사용하는 방법을 강구한 후에 그 결과만을 보고하는 형식을 취하려고 한다. 그러나 이런 경우에 있어서 예산의 잉여분이 불필요하거나 그다지 중요하지 않은 곳에 사용되어 결국 예산의 통제작용이 약화되거나 심지어는 발휘되지 못하는 결과를 가져올 수 있다.

제3절 기타의 계량적 기법

오늘날 컴퓨터의 사용이 보편화됨에 따라 각종 계량적 방법 및 기법들을 계획화 및 통제화 그리고 의사결정에 관한 문제를 해결하는 데 폭넓게 응용할 수 있게 되었다. 이러한 내용에 대해서는 제1장에서 경영과학학파를 설명하면서 상세히 알아보았다. 따라서 여기에서는 실제로 자주 응용되는 몇 가지 방법 및 기법에 대하여 간단히 살펴보도록 하겠다.

1. 손익분기분석

손익분기분석(break-even analysis)은 제품의 이익계획에 응용할 수 있는 기법으로서 수입・비용・이익 간의 관계를 토대로 하여 분석이 이루어진다. 따라서 이 분석을 행하기 위해서는 반드시 다음과 같은 사항들을 먼저 가정해야 한다.

① 총수입(또는 매출액) : 단가×판매량

② 총비용(또는 총원가) : 고정비+(변동비×판매량)

③ 이익 : 총수입－총비용

계획수립자는 이와 같은 관계를 근거로 하여 수학적 방법 및 도표법을 이용하여 손익분기점(break-even point)을 구할 수 있다. 손익분기점이란 제품의 매출액이 이 점에 도달했을 때 총수입과 총비용이 완전히 동일하게 되는 지점을 말한다. 따라서 판매량이 이 점을 초과하게 되면 이익이 발생하게 된다. 이와 같이 계획수립자는 손익분기분석을 통하여 제품의 수량을 어느 수준 이상 판매해야만 유리한지를 알 수 있으며, 또한 시장에 있어서의 예측판매량을 근거로 하여 생산가능한 제품의 이익이나 손실을 측정·평가할 수 있다.

예를 들어 어느 제품의 고정생산비를 2,500,000원, 변동비를 단위당 70원 그리고 예정단가를 120원이라고 한다면, 이 제품의 손익분기점은 50,000단위이다. 이것은 다음과 같은 공식을 통하여 계산할 수 있다.

$$
\begin{aligned}
\text{고정비} \div (\text{단가} - \text{변동비}) &= 2{,}500{,}000 \div (120 - 70) \\
&= 2{,}500{,}000 \div 50 \\
&= 50{,}000\text{단위}
\end{aligned}
$$

이때 총수입은 6,000,000원이며 총비용 역시 6,000,000원이 된다. 이러한 관계는 또한 [그림 11-1]을 통하여 이해할 수 있다. 따라서 이 손익분기점을 초과하거나 여기에 미달되었을 때 발생하는 이익과 손실을 매우 쉽게 계산할 수 있다. 그러나 이와 같은 손익분기분석을 사용할 때에는 반드시 다음과 같은 한계점을 이해하여야 한다.

첫째, 손익분기분석은 비용(원가)구조와 가격이 모두 불변한다는 것을 가정하기 때문에 오직 단기적 상황에만 응용할 수 있을 뿐 장기적 계획에 응용하기에는 적합하지 않다.

둘째, 이 분석방법은 비용과 수입이 모두 판매량을 따라 직선관계로 변한다는 것을 가정하는데, 이러한 관계는 항상 실제상황과 일치하지 않는다. 예를 들면, 할인판매로 인하여 수입의 증가가 판매량의 증가에 비하여 낮을 수도 있다. 또한 고정비 역시 판매량이 어느 수준을 초과한 이후에는 반드시 증가시켜야 할 경우가 있으며 변동비는 생산량이나 판매량이 증가함에 따라 오히려 감소하게 되는데, 이러한 관계가 이 분석방법의 직선관계상에는 모두 나타나지 않게 된다.

[그림 11-1] 손익분기분석도표

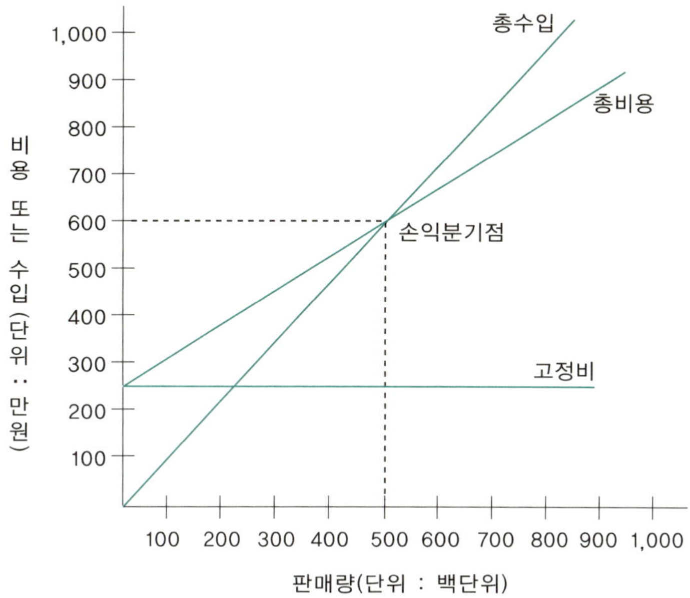

2. 네트워크분석

네트워크분석(network analysis)은 대규모이면서도 복잡한 프로젝트(project)에 가장 적합하게 적용하여 계획과 통제의 주요 도구로 사용할 수 있는 기법이다. 이 기법은 원래 초기의 간트도표(Gantt Chart)와 같은 기법으로부터 발전된 것으로서 프로젝트 내의 각 부분활동관계를 판별·분석하고 그들 활동을 가장 적합한 상태로 배분하는 데 사용된다. 기업에서 주로 많이 사용하고 있는 '프로그램 평가 및 검토법'(program evaluation and review technique : PERT)과 '주경로법'(critical path method : CPM) 등은 모두 네트워크분석에 속하는 기법들이라고 할 수 있다. 왜냐하면 이들 기법들은 모두 기본적으로 네트워크도표를 이용하여 프로젝트의 각 부분활동 및 그 선후관계 그리고 소요시간을 표시하기 때문이다. 이와 같은 네트워크분석을 예를 들어 설명하면 다음과 같다.

자동차조립공장에서 주요 부품으로 차의 몸체와 엔진으로 크게 분류하였다면, 이 들 부품은 먼저 주문과 조립의 과정을 거친 다음에 다시 완전한 자동차로 조립될 것이다. [그림 11-2]는 이러한 관계를 나타낸다(Bock and Holstein, 1963).

그림에서 활동의 결과를 나타내는 두 가지 사건(event)을 연결하는 화살표상에 표시된 숫자는 하나의 사건이 활동(activity)을 통하여 또 하나의 사건으로 완성되는데 소요되는 '활동시간'을 나타낸다. 따라서 주문제작과 몸체조립의 두 가지 활동에는 모두 8일이 소요되며, 주문제작과 엔진조립의 활동에 13일이 소요됨을 알 수 있다. 이러한 상황하에서 완전한 자동차의 조립을 계획된 기간 내에 진행할 수 있는지의 여부는 후자, 즉 엔진부품의 주문제작과 엔진조립의 활동경로를 계획한 시간 내에 완성할 수 있는지의 여부에 달려 있다고 할 수 있다. 이러한 활동경로를 '주경로'(critical path)라고 부른다. 또한 만일 모든 활동이 그림에서 표시된 진도대로 진행된다면 몸체부분은 완성된 후에도 여전히 엔진부분이 완성될 때까지 5일을 더 기다려야 하는데, 이러한 시간을 여유시간(slack time)이라고 부른다. 따라서 계획수립자는 차의 몸체부분의 인력이나 설비를 엔진부분으로 이전시켜 이용한다면 엔진부분에 소요되는 활동시간을 단축시킴으로써 전체의 작업을 보다 일찍 완성할 수 있게 된다.

[그림 11-2] 네트워크도표

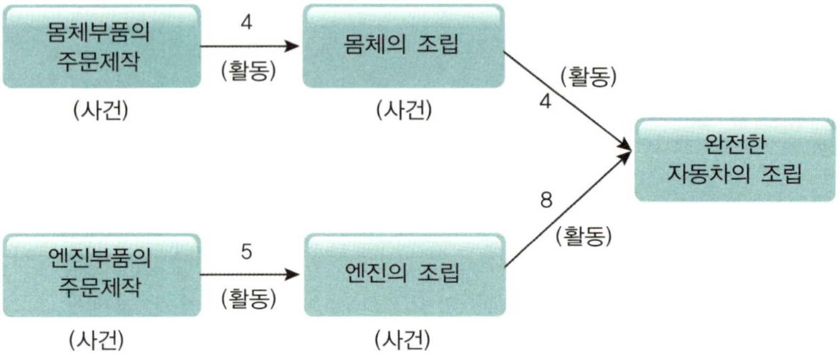

이와 같은 분석은 모두 네트워크분석을 통하여 완성할 수 있다. 그리고 근래에 들어서 이 방면의 기법이 획기적으로 발전하였고, 더구나 컴퓨터를 이용할 수 있게 됨에 따라 매우 복잡한 프로젝트라 할지라도 많은 활동시간 · 비용 · 인력 · 설비 등의 각종 요소를 면밀히 고려하여 최적의 배분을 할 수 있게 되었다.

또한 프로그램 평가 및 검토법(PERT)은 1958년 미국 해군의 경영자문회사(Booz Allen & Hamilton)에 의해서 개발되었다. 그것은 처음에 중거리미사일 프로젝트를 계획하고 통제하기 위하여 사용되었는데 프로젝트의 설계와 완성시간을 단축하는 데 크게 이바지하였다. 그 후 여러 해에 걸쳐 PERT는 군대에서 널리 인정을 받게 되어

무기 및 우주산업분야에 종사하는 민간 및 각종 정부기구들이 갖추어야 할 필수적인 도구로 되었다. 앞에서 설명한 주경로법(CPM)의 발전도 대략 PERT와 동시에 이루어졌다고 할 수 있다. 그러나 CPM은 듀폰사(Dupont Corporation & Remington Rand)에 의해서 개발된 기법으로서 주로 공장의 건설과 보수와 같은 공정프로젝트에 보편적으로 적용되었다.

PERT와 CPM의 가장 큰 차이는 전자가 처음에는 비용과 시간의 관계를 고려하지 않고 비용은 시간에 따라 변한다고 가정한다. 이에 반하여 후자는 오히려 처음부터 비용을 고려해 넣는다. 그러나 현재의 PERT는 매우 정밀한 비용분석을 포함하고 있는데 이것을 PERT/Cost라고 부른다. 이 두 기법의 또 다른 차이점은 활동시간을 측정하는 방법에 있다. 즉, CPM은 소요되는 활동시간을 한 가지로 측정하는 데 반하여, PERT는 '낙관시간'(optimistic time : a) · '최빈시간'(most likely time : m) · '비관시간'(pessimistic time : b) 등 세 가지로 측정한 후에 이것들을 아래의 공식에 대입하여 '기대시간'(expected time : te)을 얻는다.

$$te = \frac{a + 4m + b}{6}$$

PERT와 CPM 또는 기타의 어떤 기법을 막론하고 네트워크분석에 속하는 것들은 모두 계획화와 통제화에 대하여 매우 큰 도움이 된다고 할 수 있다. 그 중에서 계획방면에 대한 가장 큰 기여는 시간을 절약하고 자원을 효과적으로 이용할 수 있게 한다는 데 있다. 이것을 좀 더 자세히 설명하면 다음과 같다.

첫째, 여유경로의 인력과 설비를 주경로에 투입 · 이용할 수 있음으로 해서 전체의 계획시간을 단축할 수 있다.

둘째, 불필요한 작업을 발견하여 제거할 수 있다.

셋째, 필요할 때 투입자원을 증가시켜 대가를 초과하는 결과를 얻을 수 있다.

넷째, 많은 소요시간이 필요하여 계획진도를 방해하는 작업에 대하여는 외부구매 또는 하청 등의 방식을 취하여 시간과 노력을 절약할 수 있다.

또한 통제방면에 대한 가장 큰 기여는 네트워크분석이 작업성과업에 대한 가장 효과적인 통제기법이라는 데 있다. 즉, 모든 활동에 소요되는 시간과 자원은 상세한 표준이 존재하기 때문에 전체계획을 수시로 통제할 수 있으며, 어떤 의외상황이 발생한다 할지라도 즉시 발견하여 검토 · 처리할 수 있다. 또한 작업자는 모두 자신의 과업과 작업을 이해할 수 있으며 비교적 많은 권한을 위임받을 수 있다. 그리고 해당 계획에 외부구매나 하청 등의 부분을 포함할 때에는 네트워크도표를 이용하여 양호한 협조와 통제를 행할 수 있게 된다.

3. 선형계획법

계획을 수립하면서 항상 마주치는 문제 중의 하나는 자원분배(resource allocation)에 대한 것이다. 즉, 주어진 자원과 각종 제한조건 아래서 어떻게 특정 목표를 달성하기 위한 최적의 방안을 선택하는가 하는 문제이다. 제2차 세계대전 후 미국의 공군에서 복무하던 수학자 덴치그(Dantzig, 1951)는 이러한 문제를 분석하고 해결하는 데 있어서 종래의 직관에 의한 주관적 판단을 대신할 수 있는 매우 과학적이고 유용한 도구로서의 수리모형 및 해법을 개발하였는데, 이것이 여기에서 설명하려는 선형계획법(liner programming : LP)이다.

선형계획법을 이용하여 어떤 분배문제를 해결하기 위해서는 반드시 분배의 목표 및 그 목표와 채택된 방안(변수) 간의 관계를 계량적 방식으로 표시하여야 하는데 이것을 '목표함수'(objective function)라고 한다. 예를 들어, 어느 기업에서 제품에 관한 정보를 가능한 한 가장 많은 수의 잠재고객들에게 전달하려는 목표를 달성하기 위해서 광고매체를 사용하려는 계획을 가지고 있다고 하자. 그리고 정보의 전달가능한 잠재고객의 총수는 매체의 수량과 단위매체의 전달가능한 잠재고객 수에 의해 결정된다고 가정한다. 그러면 이러한 가정하에서 각 변수 간의 관계는 직선형태를 취함으로써 목표달성을 위한 문제를 해결할 수 있다. 물론 이러한 선형계획법 외에도 비선형적 관계의 가정하에 문제를 해결하려는 '비선형계획법'(nonliner programming)이 있다. 그러나 여기에서는 그에 대한 설명은 생략하기로 한다.

선형계획법을 사용하여 해결하기 적합한 문제는 다음의 몇 가지 형태가 있다.

첫째, 자원의 할당에 관한 문제로, 예를 들면 한정된 광고예산을 각종 매체에 분배하여 최대의 광고효과를 얻으려고 하는 경우이다

둘째, 운송상의 분배에 관한 문제로, 예를 들면 여러 지역 공장의 제품을 서로 다른 시장에 공급하는 데 소요되는 운송비를 최소화하려는 경우이다.

셋째, 시장수요와 생산량 그리고 재고수준 등을 가장 이상적으로 배합하는 문제이다.

여기서 선형계획법을 보다 확실하게 이해하기 위해 간단한 예를 들어 설명하면 다음과 같다.

어느 공장에서 생산하는 A·B 두 종류의 제품은 모두 제조·조립·포장 등 3개 작업단위의 인력과 설비의 이용을 필요로 한다. 즉, A·B 두 제품은 모두 제조와 조립 그리고 포장의 작업을 거쳐야만 비로소 완전한 제품으로 생산·공급될 수 있다. 그러나 각 작업단위의 작업능력은 한정되어 있기 때문에 어느 한 제품에 할당되는 만큼 다른 제품에는 상대적으로 감소될 수밖에 없다. 각 작업단위의 작업능력 및 A·B 두 제품의 단위기여이윤은 [표 11-1]에서 보는 바와 같다. 이러한 상황하에서 공장의 생산부문경영자는 각 작업단위의 작업능력을 어떻게 할당하여야 할 것인가? 또한 기여이윤을 극대화시키기 위해서는 A제품과 B제품을 각각 얼마만큼 생산하여야 할 것인가?

위에서 설명한 바와 같이 이 공장의 목표는 각 작업단위가 이용할 수 있는 하루의 작업량을 초과하지 않는 범위 안에서 두 제품의 기여이윤을 확대하는 것이다. 따라서 이러한 문제는 선형계획법을 사용하여 다음과 같이 표시할 수 있다.

목표 : P＝₩1,000A＋₩1,200B를 극대화한다(여기서 A와 B는 두 제품의 생산수량을 나타낸다)

제한조건 : $6A+6B \leqq 300$; 제조단위의 작업량

$4A+8B \leqq 320$; 조립단위의 작업량

$5A+3B \leqq 310$; 포장단위의 작업량

$A,\ B \geqq 0$

이러한 목표함수와 제한조건의 부등식을 통하여 A＝20, B＝30일 때 이 공장의 기여이윤이 최대가 됨을 알 수 있다.

P＝₩1,000(20)＋₩1,200(30)＝₩20,000＋₩36,000＝₩56,000

[표 11-1] ××공장의 생산능력 및 제품의 기여이윤

작업단위	단위제품에 소요되는 시간		하루의 작업량(분)
	A	B	
제조	6	6	300
조립	4	8	320
포장	5	3	310
단위제품의 기여이윤	₩1,000	₩1,200	

분배에 관한 의사결정문제를 모두 이러한 선형계획법을 응용하여 해결할 수 있는 것은 아니다. 선형계획법을 응용하기 위해서는 먼저 변수 간의 관계가 반드시 직선의 성질을 가지거나 직선의 성질에 상당히 접근하여야 한다. 그리고 선형계획법은 일종의 확정적(derministic) 모형에 속하기 때문에 변수 간의 관계는 모두 일정해야 한다. 그러나 실제의 상황하에서 그러한 조건을 만족하기가 쉽지 않다. 또한 선형계획법을 사용하는 데 있어서는 많은 비용과 인력을 필요로 한다. 따라서 이 방법을 사용하고자 할 때에는 반드시 대가와 그 결과의 크기를 고려해야 한다.

4. 컴퓨터의 활용

앞에서 설명한 계획 및 통제를 위한 각종 계량적 방법과 기법들은 컴퓨터의 발전과 밀접한 관계가 있다. 만일 컴퓨터가 제공하는 자료의 처리와 저장에 대한 놀라운 능력이 없다면 각종 계량적 방법과 기법들을 거의 실제로 응용할 수 없게 된다.

1950년 이전에 미국의 기업들은 대부분 산업이나 시장의 수요에 대한 예측을 행하지 못하였다. 그 가장 큰 이유 중의 하나는 그러한 예측에 소요되는 수많은 인력과 시간을 감당할 수가 없었기 때문이다. 그러나 그후 컴퓨터를 활용할 수 있게 되면서부터 그러한 문제는 몇 시간 또는 몇 분 내로 해결할 수 있는 성질의 것이 되었다. 시장의 수요를 예측하는 일이 일상적인 작업으로 변하게 된 것이다.

또한 사용경비가 엄청나서 주로 대기업에서만 이용되던 컴퓨터가 최근에는 소형컴퓨터(minicomputer)가 개발·발전되고 사용이 보편화됨에 따라 중소형기업 역시 각종 복잡한 경영상의 문제를 해결할 수 있는 능력을 지닐 수 있게 되었다.

통제용도로서의 컴퓨터의 활용에 대해 알아보면, 불과 얼마 전만 해도 경영자가 회사의 '재고품현황'과 같은 간단한 자료를 입수하는 데에도 며칠씩이나 소요되던 것이 컴퓨터를 사용하게 된 후에는 수시로 필요로 하는 즉시에 실제의 상황을 파악할 수 있게 되었다. 이와 같이 컴퓨터의 통제기능에 대한 영향과 기여도는 매우 크다고 할 수 있다. 컴퓨터의 이러한 통제능력을 몇 가지 실례를 통하여 알아보면 다음과 같다.

- 어느 항공회사는 매일 아침 모든 최고경영자에게 전날의 손익계산서와 그 밖의 재무자료를 제공하고 있다.
- 어느 철도회사의 철로사업부문은 2초 이내에 현재 모든 철로가 어떠한 상황(운행·화물의 적재 등)에 있는지를 파악할 수 있다.

- 어느 대형의 토목기계제조공장은 본사로부터 모든 부품의 재고상태를 통제받는다. 현재 세계 53개국 164개의 창고에 4억 달러에 달하는 부품 63,000종류가 재고품으로 관리되고 있는데, 이 공장에서 특정 부품을 필요로 할 경우에는 2초 이내에 그 부품이 저장되어 있는 지점과 재고량을 파악할 수 있다. 이러한 통제시스템은 또한 재고수준 및 과거의 사용기록에 근거하여 사용량에 대한 주문생산을 자동적으로 진행시킨다.
- 대부분의 정유회사에서는 자체적으로 파악하고 있는 외국시장의 수요량과 가격에 관한 자료를 근거로 컴퓨터를 이용하여 다양한 정유제품에 관한 최적의 '제품조합'(product mix)을 결정한다.
- 어떤 기업은 25종의 제품을 생산하는 데 8개의 공장과 18개의 창고 그리고 42개의 시장을 가지고 있다. 이 기업은 컴퓨터를 이용하여 어떤 제품을 어디서 생산하고 어디에 저장하며 또 어디로 운반할 것인지를 수시로 결정할 수 있다.

이상의 사례는 결코 최근에 이루어진 것이 아니고 여러 선진국의 기업들에 있어서는 오래 전부터 보편적으로 사용되어 오고 있는 방식을 소개한 것이다. 그러나 이러한 사례도 컴퓨터가 없었다면 아직까지 실현불가능한 일이었을 것이다.

신화의 인물, 불멸의 기업 5

자동차 왕 포드와 포드주의

자동차 왕 포드*

포드(Henry Ford)는 1863년 미국 디트로이트 근처의 한 농가에서 아일랜드계 이민 2세로 태어났다. 16세에 학교를 중퇴하고, 디트로이트의 한 기계제작소의 도제로 들어가 3년 동안 내연기관 제조를 배웠다. 그 후 고향으로 돌아와 웨스팅하우스기관회사에서 파트타임으로 일하면서 농장 한 구석에 작은 기계수리점을 내어 농장기계들을 수리해주거나 낡은 잔디깎이 기구를 농장용 트랙터로 개조해주는 일로 생계비를 벌었다. 8년 뒤 디트로이트로 돌아가 에디슨사의 주임기사로 일하면서 틈틈이 연구하던 끝에 1896년에는 4륜마차 차체에 가솔린 기관을 장착한 '쿼드리사이클'이라는 자동차를 완성했다. 그 후에도 몇 대의 자동차를 더 제작했으나 그때마다 자동차 제작 연구비를 마련하기 위해 팔곤 했다. 1899년 몇몇의 후원자들과 함께 디트로이트자동차회사를 설립했으나 의견차가 심해 마침내 1902년에는 회사를 떠났다. 그 후 모델 999를 포함하여 몇몇 스포츠카를 제작했다. 1903년 일반 소액주주들과 함께 2만 8,000달러의 자본금으로 포드자동차회사를 설립했다. 1908년 T형 포드를 선보였고 이 모델은 그 후 19년 동안 미국·영국·캐나다 등지에서 총 1,700만 대를 판매하여 전 세계 차량생산의 절반을 차지했다. 1913년에는 도입한 일관작업공정으로 T형 포드의 대량생산이 가능하게 되어 판매가격을 낮출 수 있었으며 그 결과 중산층들도 구매자로 끌어들일 수 있었다.

1914년 포드사는 최저임금을 1일 5달러(당시 자동차업계 평균최저임금은 2.34달러임)로 정하고, 기존 1일 9시간 노동을 8시간으로 줄이는 대신 3교대로 공장을 가동한다고 발표했다. 양과 효율에 기초한 저렴한 판매로 시장구매력을 높여 판매량을 증가시킨다는 포드의 경영철학은 규모의 경제에 기초해 단위생산비용을 낮추고, 최저생계비를 상회하는 생활임금으로 노동자들의 잠재적인 구매력을 높임으로써 사회구조 자체를 혁명적으로 변화시켰다.

1920년대 초 자동차 생산 관련 전 산업을 수직적으로 통합하여 완전 자립을 목표로 한 리버루지 공장을 건립하기 시작해, 1927년에 완성했다. 그러나 규모의 방대함과 전무후무한 성공에도 불구하고 그의 완고한 경영방침과 자만은 시장변화에 능동적으로 대처하지 못했다. 다른 자동차제조업체가 기어변속기나 제동기의 혁신 및 도장색상의 다양화를 시도했음에도 불구하고 포드사의 T형 포드는 여전히 단순한 실용성만을 시장경쟁의 무기로 삼았다. 5개월 동안 공장을 재정비한 후 1927년 모델 A를 시장에 선보여 어느 정도 성공을 거두었으나 독재적인 경영방식으로 곧 제너럴모터스사(GM)의 시보레나 크라이슬러사의 플리머스 등에 추월당했다. 1932년에는 V-8 엔진을 선보였으나 판매량에서 업계 3위에 머물렀다. 경영방침의 완고함은 고용정책에서도 그대로 나타났다. 노동조합에 대해 비판적이었던 포드는 GM사나 크라이슬러가 연합자동차노동조합과 유니언숍 및 조합비 일괄 공제문제를 타결지은

---

* 브리태니커 요약·정리

후에도 직장폐쇄 등으로 대치하다가 결국 1941년 동의서명하였다.

포드주의의 위대함과 위기*

선과 연속성은 근대자본주의의 지배적 이미지이다. 대표적인 것이 철도이다. 똑바로 나가는 기차는 산을 무너뜨리고 강에 다리를 놓는 등 자연을 개조시키며 돌진의 욕망을 관철했다. 기차의 등장과 함께 속도·추상 등 사고체계에도 변화가 생겼다.

『눈의 황홀』을 쓴 마쓰다 유키마사는 "자연계에는 거의 없는 직선의 성질을 가진 철도는 인공을 강조한 것이었고, 여기에서 선의 역사가 시작됐다"고 술회했다.

기차의 차장은 영화필름의 한 컷과 비슷하다. 철도의 레일과 침목은 필름과 옆에 난 구멍을 떠올리게 한다. 영화 카메라에는 총에 대한 은유도 숨어 있다. 촬영할 때 '쇼트'라고 하거나, 필름 케이스를 칭하는 '매거진'은 탄창을 뜻한다. 타자기도 선과 연속을 쳐내는 기계이다. 자판(방아쇠)을 두드리면 글자(탄환)가 연속해 튀어나온다.

마쓰다 유키마사는 "근대의 발명품인 철도, 영화, 타자기, 재봉틀, 잔디 깎는 기계, 컨베이어시스템의 식용육 처리장은 모두 '라인'이라는 생각을 중심에 둠으로써 연속성을 얻을 수 있었다. 그 중에서도 가장 대표적인 라인은 포드주의"라고 썼다.

포드주의는 미국의 자동차 왕 헨리 포드가 고안한 생산방식이다. 차 한 대의 조립공정을 단순노동으로 세분하고, 컨베이어시스템으로 조립되는 부품이 노동자 한 명에게 머무르는 시간을 최소화했다. 생산효율화, 고임금, 업무시간 단축 등 획기적인 변화를 가져왔다. 좌파 경제학자들은 노동자의 소외를 우려했지만 대량생산→대량소비로 이어지면서 전후 30년간 자본주의의 풍요를 만끽한 서구의 지배적 축적구조가 됐다. 그러나 1970~80년대 경제위기 때 수명을 다해, 지구화·정보화·탈산업화·탈국가화를 반영하는 '포스트 포드주의'가 등장했다.

최근 전 세계적 금융위기 속에서 포드사 등 미국의 거대 자동차 회사들이 휘청거리고 있다. 무한경쟁으로 치달은 신자유주의에 대한 반성의 목소리도 높다. 오래 전 포드주의에 대해 가장 절망적인 우려를 내놓았던 찰리 채플린의 영화 '모던 타임스'(1936)가 문득 떠오른다. 컨베이어 벨트에서 나사를 조이던 채플린이 아예 톱니바퀴 속으로 빨려 들어가는 장면이야 영화적 과장이라 치더라도, 언제든 자본주의에 필요한 것은 인간의 얼굴이라는 명제도 함께 떠오른다.

---

* 양성희, "포드주의", 중앙일보 2008년 12월 13일자

제12장

의사결정과 경영정보시스템

제12장 의사결정과 경영정보시스템

제1절 의사결정의 의의와 성격

1. 의사결정의 의의

의사결정(decision-making)은 종종 본래의 의미와는 다르게 이해되거나 사용된다. 예를 들면, 사람들은 의사결정을 '정책의 결정'으로 이해한다. 그리고 조직 내에서 정책결정의 자격이 있는 사람은 오직 최고경영층이므로 의사결정을 할 수 있는 계층, 즉 의사결정계층은 바로 최고경영층이라고 생각한다. 그러나 사실상 의사결정은 정책의 결정이나 최고경영층에 국한되는 것이 아니다.

또한 사람들은 의사결정이란 곧 '결심한다'는 것으로 이해하기도 한다. 예를 들면, 개인이 어떤 행동을 취하려고 할 때 그는 상당한 시간을 심사숙고한 다음에 비로소 그것을 실행에 옮길 결심, 즉 '나의 생각은 이미 결정되었다'라는 상황에 이르게 되는데 그러한 상황을 의사결정이라고 생각한다. 그러나 의사결정을 그렇게 이해하는 것 역시 정확하다고 할 수 없다. 왜냐하면 '결심한다'라는 것은 의사결정의 하나의 단계에 속할지언정 전체의 의사결정과정을 대표할 수는 없기 때문이다.

의사결정의 핵심은 바로 '선택'하는 데 있다. 따라서 어떤 활동이든지 이와 같은 선택요소를 포함하지 않는다면 결코 의사결정이라고 할 수 없는 것이다.

경영관리기능은 모두 의사결정을 떠나서는 생각할 수가 없다. 다시 말하면 계획화·조직화·지휘화·통제화 등 모든 경영관리기능은 반드시 의사결정을 필요로 한다. 왜냐하면 의사결정이란 어떤 특정 문제에 대하여 두 개 이상의 대안들 중에서 제일 적합하다고 생각되는 하나의 행동방안을 선택하여 가장 훌륭하게 해결하려는 과정을 말하는 것이기 때문이다. 학자에 따라서는 의사결정을 경영관리기능의 하나로 생각하기도 한다(Massie, 1964 : 32-33). 그러나 여기에서는 이것을 독립적인 경영관리기능이 아닌 모든 기능 내에 반드시 포함하여야 할 활동으로 생각하도록 하겠다.

의사결정은 경영자의 중요한 과업의 하나이다. 그러나 경영자가 그러한 과업을 성공적으로 달성하기 위해서는 반드시 정확하고 비교적 완전한 정보를 필요할 때 즉시에 획득할 수 있어야 한다. 포레스터(Forrestor, 1962)는 "경영관리는 정보를 행동으로 전환하는 과정이며, 그러한 전환과정을 의사결정이라고 부른다"라고 말한다. 여기서 우리는 정보는 의사결정과정의 핵심소재라는 것을 알 수 있다. 따라서 의사결정의 질은 상당한 정도 내에서 조직이 의사결정에 필요한 정보를 경영자들에게 얼마만큼 공급해 줄 수 있는지에 달려 있다고 할 수 있다.

2. 의사결정의 과정

조직에서 이루어지는 의사결정의 과정은 [그림 12-1]에서 보는 바와 같이 문제의 발견, 대안의 개발, 대안의 분석, 방안의 선택 등 네 단계로 이루어지는 것이 일반적인데, 이에 대해 좀 더 자세히 살펴보면 다음과 같다.

① **문제의 발견** : 여기서 말하는 '문제'는 경영관리상의 효율과 효과라는 두 가지의 측면을 모두 지닌다고 할 수 있다. 다시 말하면, 문제의 소재가 현재의 실행상황이 외부환경의 필요나 조건에 적응하지 못한다는 것일 수도 있고, 또는 직무표현(즉, 직무수행의 결과)이 조직 내부에서 설정한 성과표준에 부합되지 못한다는 것일 수도 있다. 따라서 효율과 효과는 모두 의사결정의 필요성을 불러일으키는 중요한 요인이라고 할 수 있다.

② **대안의 개발** : 앞에서 설명한 문제를 해결하기 위해서는 반드시 두 개 이상의 해결방안, 즉 대안들을 발굴해야 한다. 의사결정의 효과는 바로 이 단계에서 개발한 대안이 양호한지 여부와 밀접한 관계가 있다.

③ **대안의 분석** : 이 단계에서는 개발된 대안들의 기대되는 결과를 분석하고 서로 비교한다. 왜냐하면 일반적인 상황하에서 여러 대안들이 각기 어떤 결과를 가져올 것인가 하는 것은 매우 불확실하기 때문이다.

④ **방안의 선택** : 여러 가지의 해결가능한 대안들 중에서 하나를 선택하여 실행에 옮긴다.

[그림 12-1] 의사결정의 기본과정

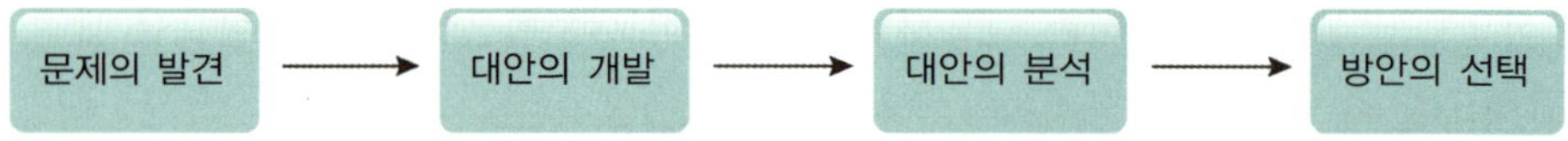

3. 의사결정에 관한 주요 쟁점

사실상 이상에서 살펴본 의사결정과정은 하나의 가장 기본적인 개념에 불과한 것이라고 할 수 있다. 좀 더 자세히 들여다보면 실제의 의사결정은 그 배후에 다음과 같은 문제들을 포함하고 있음을 알 수 있다.

첫째, 경영학에서 연구하려는 것이 반드시 "어떤 의사결정을 해야 하는가" 하는 문제를 해결하려고 하는 것인지 또는 "사람들은 실제 조직 내에서 어떻게 의사결정을 하는가" 하는 점을 설명하려고 하는 것인지에 따라 연구의 방법 및 결과가 달라진다. 여기서 전자는 규범적(normative) 관점에 속하는 문제이며 후자는 기술적(descriptive) 관점에 속하는 문제라고 할 수 있다.

둘째, 의사결정자가 규범적 관점을 취하게 되면 그 의사결정은 반드시 합리적 행동에 속하는 것이어야 하는데, '합리성'(rationality)이란 무엇을 말하며 의사결정은 실제로 그러한 합리성의 지배를 받는가 하는 문제이다.

셋째, 의사결정이 개방성을 지니는가 또는 폐쇄성을 지니는가 하는 문제이다. 만일 의결과정이 외부환경과의 상호작용이나 외부환경요소의 영향을 받아 이루어진다면 의사결정은 개방성을 지닌다고 할 수 있고, 그렇지 않으면 폐쇄성을 지닌다고 할 수 있다.

넷째, 의사결정은 또한 개인의사결정과 집단의사결정으로 분류할 수 있는데, 이들 사이에는 어떤 관계가 있으며 또 어떠한 차이점이 있는가 하는 문제이다.

아래에서는 이와 같은 문제들을 중심으로 하여 살펴보도록 하겠다.

1) 의사결정의 규범적 · 기술적 관점

일반적으로 경영과학자들의 연구초점은 모두 규범적 관점에서의 의사결정 방법 및 기법, 즉 '많은 해결가능한 방안들 중에서 가장 훌륭한 하나의 방안을 선택'하는 데 있다. 그러나 행동과학자들의 관심은 그러한 규범적인 관점보다는 오히려 '조직 내에서 의사결정은 실제 어떻게 진행되는가' 하는 문제를 규명하려는 기술적 관점에 집중되어 있다. 따라서 [표 12-1]에서 볼 수 있는 바와 같이 이러한 두 가지의 관점하에서 제기되는 문제와 그 해답은 서로 다르다고 할 수 있다.

[표 12-1] 의사결정의 규범적 관점과 기술적 관점

연구초점	기술적 관점	규범적 관점
의사결정 그 자체	• 조직에는 어떤 의사결정이 있는가? • 그러한 의사결정의 문제는 어떻게 발생하는가?	• 무엇이 최적의 의사결정인가? • 어떻게 의사결정의 유효성을 개선할 수 있는가?
의사결정자	• 의사결정자는 어떤 특징이 있는가? • 어떤 요인이 의사결정자의 행동에 영향을 미치는가?	• 합리적인 의사결정자는 반드시 의사결정을 어떻게 진행하여야 하는가?
의사결정과정	• 조직에서의 의사결정은 도대체 어떻게 진행되는 것인가?	• 조직에서의 의사결정은 반드시 어떻게 진행되어야 하는가?

자료 : Rubenstein and Haberstroh, 1966 : 578.

2) 의사결정의 합리성에 관한 문제

경영과학자들이 중시하는 의사결정에는 항상 '합리적'(rational)이란 형용사가 따라다니는데 그것은 객관적 · 체계적 · 계량적 방법으로서의 의사결정을 의미한다. 그러나 그러한 관점에서의 의사결정은 적어도 다음과 같은 두 가지 측면의 문제에 부딪치게 된다. 즉, '합리성이란 도대체 무엇을 말하는가?' 그리고 '사람들이 생각하는 합리적 방법을 이용하여 과연 문제를 충분히 해결할 수 있는가?'

고전경제학의 가설에 의하면 합리적 행동은 다음과 같은 몇 가지 조건을 포함한다.

첫째, 관련된 환경요소에 대하여 완벽한 지식을 가지고 있다.

둘째, 어떤 효용척도(주로 화폐적 가치)에 의거하여 각종 선호대상들을 우선순위에 따라 배열할 수 있다.

셋째, 하나의 방안을 선택하여 의사결정자로 하여금 최대의 효용을 획득할 수 있게 한다.

그러나 이러한 조건들은 의사결정은 오직 폐쇄시스템의 상황하에서만 존재할 수 있다는 것을 가정하는 것이며, 또한 사람들이 문제해결모형을 설정할 때 중요한 근거로 삼는 가정이다(Taylor, 1965 : 48-86). 여기에서는 이와 같은 합리적 의사결정의 조건(또는 가정)을 기초로 하여 몇 가지 개념상의 문제에 대하여 살펴보도록 하겠다.

(1) 효용에 관한 문제

소위 '효용'(utility)이라는 것은 일종의 객관적이고 보편적으로 존재하는 것인가? 또는 의사결정자에 따라서 달라지는 것인가? 이에 대하여 우리는 실제로 어떠한 상황하에서 어떠한 의사결정자에게도 보편적으로 적용할 수 있는 효용의 존재를 상상한다는 것은 매우 어려운 일이라고 말할 수 있다. 고전경제학에서 가정하는 '최대이윤목표'는 사실상 일종의 특수상황을 나타내는 것일 뿐이며, 오늘날 개인이나 조직을 막론하고 그것을 유일한 목표로 생각하는 사람은 없을 것이다. 다시 말하면 '효용'은 반드시 의사결정자의 가치체계에 따라 달라져야 한다. 따라서 실제의 의사결정상황에서 효용의 문제는 매우 복잡한 것이라고 할 수 있다.

근래에 와서 경영학자들은 항상 조직이 추구하는 목표를 크게 효율(efficiency)과 효과(effectiveness)의 두 가지로 분류한다(Richman and Farmer, 1975 : 136-155). 그 중에서 효율은 다음과 같은 공식으로 표시된다.

$$\text{효율}(E) = \frac{\text{산출}(O)}{\text{투입}(I)}$$

이 공식에서 만일 투입수준이 변하지 않고 산출이 증가한다면 그것은 투입으로부터 산출에 이르는 시스템의 효율이 높다는 것을 나타낸다. 예를 들면, 우리가 항상 얘기하는 '생산효율의 증가' 또는 '분배효율의 증가'란 말은 바로 생산체계 또는 분배체계의 산출과 투입 간의 비율이 증가했다는 것을 의미한다. 마찬가지로 투입수준이 감소했는데도 불구하고 산출이 변하지 않았다면 그 역시 효율이 증가했다는 것을 나타낸다.

다음으로 '효과'는 한 시스템의 산출을 통해 달성하고자 하는 예정된 목표의 정도를 말한다. 따라서 시스템효과의 크고 작음은 예정목표의 내용과 정도에 따라 달라진다고 할 수 있다. 예를 들어, 어느 기업이 당초에 특정 제품의 시장점유율을 30%로 예정했다고 하자. 그 후 예정된 기간 동안에 제품의 시장점유율을 25% 정도 밖에 달성하지 못했다면 이 기업시스템의 효과는 분명히 이상적이라고 할 수는 없을 것이다.

이와 같이 효율과 효과는 각기 다른 성과를 요구하는 개념이다. 따라서 어떤 시스템에 있어서 그것의 효율이 매우 높다고 할지라도 산출은 그다지 효과가 없을 수도 있다. 또는 반대로 효율은 그다지 높지 않으면서도 상당히 양호한 효과를 거둘 수도 있을 것이다. 또 하나 우리가 고려하여야 할 것은 조직계층과 의사결정자의 입장에 따라서 효율이나 효과에 대한 평가가 달라진다는 것이다. 예를 들면, 기업의 재고시스템의 입장에서 관리효율이 높다는 것은 저장비용을 크게 감소시킨 결과에 기인한다고 할 수 있다. 그러나 그러한 저장비용의 감소는 소량 · 긴급주문과 신속한 공급에 따른 운송비의 대폭적인 증가에 힘입은 결과일 수도 있다. 그렇다면 전체적인 분배관리시스템의 입장에서 보면 재고효율의 증가는 결국 전체 시스템효율을 감소시키는 주요 원인이 된다고 할 수 있다.

또한 효과의 경우도 마찬가지이다. 예를 들어, 주주의 입장에서 보면 기업의 연도수익의 수준이 전년도에 비해 높다는 것은 곧 기업의 경영효과가 양호하다는 것을 의미한다. 그러나 사회대중이나 고객의 입장에서는 그와 같이 연도수익 수준이 증가한 원인을 기업이 지난 일년 동안 많은 서비스 항목을 감소시킨 결과에 있다고 생각하기 때문에 경영효과는 양호하지 못하다고 말할 수도 있을 것이다. 따라서 우리가 의사결정이 추구하는 효용의 문제를 이해하기 위해서는 반드시 그것이 어떤 입장에 있는 누구의 효용인지를 먼저 이해하여야 한다.

(2) 충분한 지식에 관한 문제

사람들이 어떤 문제에 관한 실제적 상황을 이해하거나 발생가능한 미래의 일을 예측하는 데는 한계가 있다. 왜냐하면 관련된 상황이나 일에 대하여 '충분한 지식'을 갖는다는 것은 사실상 거의 불가능하기 때문이다. 따라서 의사결정자는 실행가능한 대안들을 모두 개발 · 선택하기가 어렵기 때문에 다만 그가 알고 있는 범위 안에 있는 대안에 대해서만 고려하게 된다. 의사결정이론에 대한 공헌으로 노벨경제학상을 받은 사이몬(Simon, 1996 : 1-11. 61-109. 220-247)은 의사결정자의 이와 같은 합리성을 '제한된 합리성'(bounded rationality)이라고 불렀다. 즉, 그러한 의사결정자의 제한성 안에서 이루어지는 의사결정은 하나의 '합리적 과정'에 속한다는 것이다. 그러나 객관적으로 말해서 그 결과는 결코 '합리적 선택'에 의한 것으로 볼 수가 없다(Kast and Rosenzweig, 1970 : 376-377).

이상과 같은 원인에 의하여 사이몬은 의사결정자는 '최적'(optimal)의 의사결정보다는 일종의 주관적으로 느낄 수 있는 '만족할 만한'(satisfying) 의사결정을 추구하게 된다고 주장한다. 일반적으로 경영과학에서 최적의 의사결정이라고 지칭하는 것은 이미 가설에 포함되어 있는 조건들이 사실상 외적인 그리고 알 수 없는 요소들과 변화를 배제시킨 폐쇄시스템에 속하는 것들이기 때문이다.

특히 의사결정자는 매우 제한된 상황하에서만 채택된 방안에 대한 확실한 결과를 예측할 수 있다. 의사결정이론에서는 그러한 상황을 '확실한 상황하의 의사결정'이라고 한다. 그러나 더 많은 경우에 있어서 의사결정자는 다만 어떤 가정적인 상황하에서 가져올 수 있는 결과는 무엇이며, 그러한 결과가 발생할 수 있는 확률은 어느 정도인지 밖에는 알 수 없는데, 이러한 상황하의 의사결정을 '위험한 상황하의 의사결정'이라고 한다. 또한 의사결정자는 때에 따라서 그러한 결과가 발생할 수 있는 확률조차도 알지 못하는 상황하에서 의사결정을 하게 되는데, 이러한 경우를 '불확실한 상황하의 의사결정'이라고 한다.

(3) 의사결정자에 관한 문제

앞에서 우리는 의사결정에 있어서 의사결정자(decision maker)의 중요성에 대하여 살펴보았다. 예를 들면, 의사결정의 합리성에 관하여 의사결정자 자신의 가치목표나 그가 지니고 있는 지식으로 보면 합리적일 것으로 생각되는 의사결정이 또 다른 사람에 있어서는 비합리적인 것일 수도 있다. 마찬가지로 폐쇄시스템하의 의사결정이라고 생각할지라도 일단 의사결정자의 개인적 요소(예컨대 의사결정자의 가치체계, 인지과정, 외부와의 상호작용 등)가 고려되면 그 의사결정시스템은 개방성을 띠게 된다고 할 수 있다.

구스와 타지우리(Guth and Tagiuri, 1965)는 인간을 가치체계에 따라 다음과 같이 여섯 가지 유형으로 분류한다.

① 이론인(the theoretical man) : 사고와 추론을 중시하고 진리와 지식을 추구하며 실용성과 미관은 비교적 중시하지 않는다.

② 경제인(the economic man) : 실제와 효용을 중시하고 자원의 효과적 이용과 재산 및 부의 축적을 중시한다.

③ 예술인(the aesthetic man) : 미관과 조화를 중시하고 정서적 생활을 추구하며 한 가지 사건이나 대상으로부터 그 가치와 의의를 발견하려고 노력한다.

④ 사회인(the social man) : 인간의 가치를 중시하고 이타적이고 박애적이며 이기적이 아닌 것에 관심을 기울인다.

⑤ 정치인(the political man) : 권력과 경쟁을 중시하고 지위와 영향력을 추구한다.

⑥ 종교인(the religious man) : 합일성(unity)을 최고의 가치로 생각하며 세속을 초월하는 가치와 만족을 추구한다.

물론 이와 같은 분류는 이론적인 것이며 이들 유형 중 전적으로 어느 한 가지 유형에만 속하는 사람은 없다. 모든 사람은 정도의 차이만 있을 뿐이지 이들 유형의 속성을 모두 지닌다고 할 수 있다. 특히 여기서 강조하려고 하는 것은 사람들은 각기 지니고 있는 이러한 가치체계의 구조가 자신도 깨닫지 못하는 사이에 의사결정에 상당한 영향을 미친다는 것이다.

그리고 의사결정자는 개인이 될 수 있고 집단이 될 수도 있으며, 개인과 집단은 또한 의사결정을 행하는 데 있어서 상호 간에 영향을 미치기도 한다. 이렇게 의사결정자가 누가 되느냐 하는 것은 상황에 따라 효과적일 수도 있으며 또 비효과적일 수도 있다. 이 문제에 대해서는 잠시 후에 다시 살펴보도록 하겠다.

3) 정형적 · 비정형적 의사결정의 문제

여기에서는 의사결정의 개념에 대해 보다 확실하게 이해할 수 있도록 의사결정과정의 정형화(programmability)에 관하여 살펴보도록 하겠다.

일반적으로 많은 의사결정은 폐쇄시스템에 매우 접근하고 있기 때문에 그것의 목적, 단계, 고려해야 할 요소, 선택원칙 등이 사전에 결정된다. 따라서 일정한 정보를 제공하기만 하면 즉시 의사결정을 할 수 있게 된다. 생산통제와 재고통제 등은 바로 이러한 상황에 매우 접근하는 경우라고 할 수 있다. 또한 많은 기업들은 정보시스템을 이용하여 필요한 정보를 제공하고 일정한 표준화된 과정과 컴퓨터를 이용하여 결정을 내린다. 이러한 정형화된 의사결정은 그 의사결정의 질이 상당한 수준에 도달할 수 있도록 보장해 줄 뿐만 아니라 경영자들이 시간과 노력을 절약하여 '다른 직무'에 전념할 수 있도록 한다.

여기서 경영자들의 다른 직무란 주로 '비정형적 의사결정'(nonprogrammed decisions)에 속하는 것들을 말한다. 그러한 새롭게 나타나는 비구조적인 의사결정의 문제는 항상 일정한 해결 절차나 기법이 없으므로 주로 의사결정자 개인의 주관적 판단에 의존하여야 한다.

의사결정은 그 정형화의 정도가 다름에 따라 사용하는 기법 역시 달라진다. 정형화할 수 있는 의사결정문제에 대해서는 일정한 계산절차와 방법을 설계하고 그것에 따라 행하기만 하면 '최적'의 해답을 얻을 수가 있다. 예를 들면, 제품의 경제적인 주문량이나 주문기간 등은 일정한 절차와 방법을 통하여 최적의 해답을 얻을 수 있는 지극히 정형화된 의사결정문제라고 할 수 있다. 그러나 앞에서 설명한 바와 같이 비정형적인 의사결정은 의사결정자의 판단을 필요로 한다. 그리고 정형적인 바와 비정형적인 것 사이에 속하는 경우에는 의사결정자가 시행착오를 통하여 의사결정의 어떤 법칙을 발견하려고 노력해야 하며, 최적의 해답을 얻지 못하는 경우에는 생각의 범위를 축소하거나 컴퓨터의 도움을 이용할 수도 있다.

제2절 개방시스템과 집단의사결정

1. 개방시스템과 의사결정

경영과학자들은 오랫동안 의사결정자가 가장 훌륭한 행동방안을 선택하는 데 도움이 될 수 있는 체계적이고 객관적인 의사결정기법을 개발하려고 많은 노력을 기울여 왔으며, 실제로 큰 성과를 거두고 있다. 그런데 그렇게 개발된 기법들은 주로 수리적인 모형에 속하며, 또한 그것이 가정하는 문제 상황은 대부분 폐쇄시스템을 이용하여 표현할 수 있는 성격의 것들이다.

경영관리에 관계되는 많은 의사결정문제들 중에 어떤 것들은 확실히 폐쇄시스템을 이용하여 표현할 수 있다. 예를 들면, 재고와 운송 등과 같은 문제들은 관련 요소들을 계량적 방법을 통하여 측정할 수 있으며 수리모형과 기법을 사용하여 최적의 의사결정을 행할 수 있다. 그러나 기업경영에는 그와 같이 계량적으로 표현할 수 없거나 폐쇄시스템으로는 취급할 수 없는 의사결정문제가 허다하다. 예를 들어, 가치판단이나 정치 등과 같은 요소와 관련이 있는 의사결정문제들을 폐쇄적인 수리모형에 도입하여 수학적 기법을 이용해 해답을 구한다면, 그렇게 얻어진 해답의 신뢰성과 용도는 매우 회의적이라고 할 수 있다. 물론 게임이론이나 시뮬레이션 기법 등과 같이 비교적 발전된 기법들은 비구조적인 의사결정문제를 해결하는 데 있어서도 효과적으로 적용할 수 있을 것이다. 그러나 그러한 수리모형을 이용하여 해결할 수 있는 문제들의 복잡성의 정도 또한 실제로 수많은 문제들의 복잡성의 정도에 비교한다면 여전히 큰 차이가 난다고 할 수 있다.

따라서 경영관리상의 의사결정에 진정으로 도움이 될 수 있는 방법과 기법을 발전시키기 위해서는 반드시 개방시스템을 기초로 하여 각종 외부환경요소의 영향과 의사결정과정에 관련되는 인적 요소를 고려해야 한다. 다시 말하면, 똑같은 객관적 상황하에서 무엇이 최적의 대안이 되느냐 하는 것은 다음과 같이 의사결정자가 누구냐에 따라서 대답이 달라진다는 것이다.

첫째, 의사결정의 목표는 무엇인가에 대하여 하나의 객관적이고 명확한 실제적 기준은 존재하지 않는다. 의사결정의 목표는 바로 의사결정자의 가치관과 기대수준 그리고 퍼스낼리티 특성 등과 관계가 있기 때문이다. 예를 들면, 보수적인 사람과 모험적인 사람이 똑같은 상황하에서 행하는 선택은 분명히 큰 차이가 있을 것이다. 그들이 생각하는 가장 훌륭한 선택, 즉 '객관적'인 표준답안은 서로 간에 상당한 차이가 있기 때문이다(Swalm, 1966).

둘째, 의사결정자들의 지식과 정보의 획득 정도 및 그 범위 역시 많은 차이가 있다. 그러한 차이는 의사결정자들이 각기 고려하는 대안의 수와 선택에 영향을 미치게 된다.

셋째, 의사결정자는 누구나 어떤 형태의 선입견과 편견 그리고 편향적인 태도를 지니고 있는데, 이러한 것들 역시 자연상황에 대한 평가와 가져올 수 있는 보상치에 영향을 미친다. 다시 말하면, 의사결정자는 소위 '선택된 지각'(selective perception)의 심리적 작용하에서 의식적 또는 무의식적으로 자신의 태도에 부합되지 않는 사실이나 관점은 무시하게 되는데, 이 또한 자연히 그의 선택에 영향을 미치게 된다(Cyert and March, 1963).

넷째, 의사결정자가 행하는 의사결정은 그가 관련되어 있는 '사회의 힘'의 영향을 받는다, 여기서 사회의 힘이란 일반여론과 특정 집단 또는 개인의 의견을 말한다. 사실상 실제의 상황 속에서 개인의 완전한 독립적인 사고와 결정은 아마도 존재하지 않을 것이다.

이와 같이 의사결정자에 관련되는 요소들은 의사결정의 상황에 영향을 미친다. 따라서 의사결정모형을 실제의 상황에 접근시키기 위해서는 이러한 요소들의 영향을 수용할 수 있도록 될 수 있는 한 그것을 개방하여야 한다. 이에 대하여 학자들은 "지금까지 우리는 문제를 주관적 판단의 방식에 의해서보다는 계량적 방식에 의해 해결하는 것을 더욱 중시해 왔는데 이것은 매우 불행한 일이다"라고 강조한다(Kast and Resenweig, 1970 : 430-433). 왜냐하면 우리가 부딪치는 의사결정문제는 수적으로 보나 그 중요성으로 보나 계량적 방식에 의해 해결할 수 있는 것보다는 주관적 판단에 의해 결정하여야 할 것이 월등히 많기 때문이다.

그러나 그렇다고 해서 결코 계량적 의사결정기법이 중요하지 않다거나 불필요하다는 것은 절대 아니다. 여기서 강조하려는 것은 현명한 경영자라면 반드시 어떤 상황하에서 어떤 의사결정방식과 방법을 채택해야 할 것인지를 분별할 수 있어야 한다는 것이다.

2. 집단의사결정

1) 집단의사결정의 의의

마지막으로 의사결정자가 집단이 될 때의 문제에 대하여 살펴보도록 하겠다. 집단의사결정(group decision making)은 조직구조 및 리더십 등의 문제와 밀접하게 관련되어 있다. 예를 들면, 조직 내에 설치되는 위원회(committee)는 일반적으로 말해서 조직이 제공하는 집단의사결정의 기회라고 할 수 있다. 또한 어떤 경영자의 리더십 스타일이 문제를 해결하는 데 있어서 자신의 독단적 결정보다 구성원들의 의견을 더욱 중시한다면 그 역시 집단의사결정 방식을 통하여 문제의 해결방안을 선택하는 것이라고 할 수 있다. 이와 같이 집단의사결정은 관련되는 영역이 상당히 광범위하다고 할 수 있다.

일반적으로 집단의사결정은 개인의사결정에 비하여 의사결정과정과 그것을 실행하는 데 있어서 다음과 같은 장점이 있다.

(1) 의사결정과정에 있어서의 장점

첫째, 생각할 수 있는 대안과 해답의 수가 많고 그 범위 역시 매우 넓다.

둘째, 여러 구성원들의 전문지식이나 경험을 폭넓게 참고할 수 있다.

셋째, 의사결정에 도움이 되는 풍부한 자료와 정보를 획득할 수 있다.

(2) 의사결정을 실행하는 데 있어서의 장점

첫째, 구성원들은 집단을 통해 이루어진 의사결정을 쉽게 받아들인다.

둘째, 의사결정사항을 실행하는 데 있어서 구성원들의 협조가 비교적 잘 이루어진다.

셋째, 의사결정사항을 실행하는 데 있어서 구성원들 간에 의사소통의 필요성을 감소시킬 수 있다.

그러나 집단의사결정은 비교적 시간이 많이 걸리며 에너지의 낭비가 큰 것이 보편적인 현상이라고 할 수 있다. 그렇지만 집단의사결정이 진정으로 위에서 열거한 의사결정의 과정과 그 실행에 있어서의 장점을 이끌어낼 수만 있다면 소요되는 많은 시간과 에너지는 결코 아깝지 않고 오히려 가치있는 것이 될 것이다. 문제는 집단토론을 행하는 가운데 각종 비생산적인 의견이 난무하여 오랜 시간을 소비하고도 이렇다 할 결론을 이끌어내지 못하는 경우가 있다는 것이다. 그렇지만 사람에 따라서는 또 집단

의사결정이 종종 어떤 결론을 이끌어 내지 못하는 경우가 있다고 하더라도 이것이 한 사람이나 한쪽의 압력과 힘에 의해 선택이 강요되는 부당한 의사결정보다는 더욱 바람직하다고 주장하기도 한다.

3) 집단의사결정 질의 결정요인

사실상 집단의사결정이 위와 같은 장점들을 가져다주기만을 기대한다는 것이 그렇게 간단한 문제가 아니다. 왜냐하면 다음과 같은 원인들이 집단의사결정의 효과를 떨어뜨릴 수 있기 때문이다.

첫째, 구성원 각자가 자신의 의견만을 고집함에 따라 다른 사람의 관점을 받아들이거나 참고하려고조차 하지 않는 경우에는 어떠한 문제라고 할지라도 집단 내에서 모든 사람들이 다같이 수용할 수 있는 결론을 이끌어낸다는 것이 불가능하다.

둘째, 만약 특정 의견을 구성원들이 신속하게 받아들이게 하기 위해서 구성원들의 의견수렴과정을 생략하거나 소홀히 하게 되면 이루어지는 결정은 결국 극히 보수적이거나 창의성이 없고 건설적이지 못한 의견이 되고 만다.

셋째, 표면상으로는 집단의사결정이라 할지라도 실제로는 몇몇 사람들이 장악하고 있어 그들의 조종을 받게 된다면 이루어지는 의사결정은 결국 집단 내 소수인의 것이 되고 만다. 그러나 그러한 경우라 할지라도 집단의사결정의 모양새를 갖추고 있기 때문에 때에 따라서는 단순한 개인의사결정에 비하여는 책임감이나 위험부담이 적어진다고 할 수 있다.

넷째, 비록 의사결정에 참여하고 있는 구성원들이 매우 중요한 자료나 정보를 가지고 있다고 할지라도 어떤 이유에 의해서 그것을 제공하거나 공개하기를 꺼리게 된다면 결국 집단의사결정을 통하여 그와 같은 자료와 정보를 이용할 수가 없게 된다.

이와 같은 상황하에서는 집단의사결정을 통하여 얻을 수 있다고 생각되는 이점들은 모두 공허한 것이 된다. 따라서 이러한 상황하에서 이루어지는 집단의사결정은 개인의사결정에 비하여 합리적이거나 체계적인 것이 될 수 없는 것이다.

또한 이러한 상황의 배후에서 다음과 같은 몇 가지 기본적 요인들을 발견할 수가 있는데, 이들의 존재 여부는 곧 집단의사결정의 성격과 질을 결정한다고 할 수 있다.

첫째, 구성원들이 지니고 있는 지식이나 경험이 의사결정문제와 관계가 있고 또한 구성원들 간에 상호보완적인 관계에 있다면 집단의사결정은 개인의사결정에 비하여 훨씬 바람직하다고 할 수 있다.

둘째, 구성권과 구성원 간에 그리고 구성원과 집단 간에 응집성(cohesiveness)이 강하면 구성원들은 서로 의견을 교환하기를 원하며 지식과 경험을 나누어 가지려고 할 것이다. 따라서 이러한 상황하에서 집단의사결정의 효과와 효율은 증가하게 될 것이다.

셋째, 구성원들이 자신과 다른 의견에 대하여 견지하는 태도가 비교적 개방적이라면 구성원들 사이의 가치관이나 관점이 다르다 할지라도 그것이 의사소통이나 토론에 방해되지 않고 때에 따라서는 오히려 집단의사결정의 효과를 증대시킬 것이다. 이와는 반대로 구성원들 간의 태도가 비교적 폐쇄적일 경우에 모든 구성원들의 관점이 일치한다면 의사결정은 매우 빨리 이루어질 것이다. 그러나 상황이 바뀌거나 새로운 상황을 만나게 되면 구성원들은 종종 그러한 상황변화를 수용하지 못하게 되며, 그러한 때에 행해지는 집단의사결정은 결국 바람직하지 못한 결과를 초래할 것이다. 또한 구성원들 상호 간의 의견이 일치하지 않고 개인의 의견만을 고집하게 된다면 보다 심각한 문제들이 발생하여 집단의사결정은 결국 비효과적인 것이 되고 만다.

이와 같이 집단의사결정의 효과, 효율성, 합리성, 그리고 그것의 보수성과 모험성 여부는 여러 가지 요인들의 영향을 받아 결정되기 때문에 한마디로 간단히 말할 수는 없는 것이다. 이상에서 살펴본 몇 가지 영향요소들은 다만 구성원 자신 또는 구성원들 사이의 특성에 불과한 것이다. 집단의사결정의 상황은 실제로 이 밖에도 의사결정 문제와 외부환경 등의 상황에 따라서 큰 차이가 난다고 할 수 있다.

제3절 정보의 중요성과 경영정보시스템의 구축

1. 정보와 의사결정

넓은 의미로서의 정보는 전체의 경영관리기능과 모두 밀접한 관계에 있다. 예를 들면, 지휘기능은 많은 경우에 있어서 '교환'과 '이해'를 통하여 이루어진다. 그리고 그러한 경우에 있어서의 교환과 이해의 과정은 일반적으로 '커뮤니케이션'(communication)이라 불리운다. 여기에서는 비교적 협의의 관점에서 정보의 획득과 그것의 의사결정상의 이용에 관하여 살펴보도록 하겠다. 의사결정은 모든 경영관리기능 안에 존재하기 때문에 정보 역시 그러한 의사결정을 통하여 모든 경영관리기능과 관계가 발생하는 것이다.

1) 정보의 의의

의사결정의 측면에서 본 정보(information)의 개념은 "특정의 의사결정문제에 관하여 새롭게 증가된 지식"이라고 할 수 있다(Kast and Rosenzweig, 1970 : 353). 그리고 우리는 이와 같은 정의를 통하여 정보의 다음과 같은 특성을 이해할 수 있다.

첫째, 정보는 반드시 특정 의사결정문제의 필요성에 의해 존재하여야 한다. 그렇지 않으면 그것은 다만 하나의 숫자나 사실 또는 일반적 지식 등과 같은 '자료'(data)에 불과하게 된다. 자료는 다만 정보의 소재가 될 뿐이다. 이와 같은 자료가 정보로 되기 위해서는 상당한 선택과 처리의 과정을 거쳐야 한다.

둘째, 자료를 선택하고 처리하는 데 근거가 되는 표준은 특정의 의사결정문제와 '관련성'(relevancy)이 있다. 그리고 그러한 관련성은 또한 의사결정자가 추구하는 목표 및 그가 고려하는 방안 등과 밀접한 관계가 있다. 예를 들어, 똑같은 의사결정문제라 할지라도 A라는 의사결정자에 있어서는 그것이 특정의 자료와 관계가 있을지라도 B라는 의사결정자에 있어서는 그러한 자료와 아무런 관계가 없을 수도 있을 것이다.

셋째, 정보는 또한 의사결정자가 원래 가지고 있지 않던 것일 경우에만 의사결정에 영향력을 발휘할 수 있다. 만일 그것이 의사결정자가 이미 알고 있던 바와 똑같은 자료라면 새롭게 증가된 성분이 없기 때문에 정보라고 부를 수 없게 된다. 따라서 정보의 가치에 대하여 얘기할 때에는 전체가 아닌 그 외에 새롭게 증가된 부분이 있는지 없는지를 반드시 고려하여야 한다.

2) 의사결정과정과 정보의 성격

정보는 의사결정의 필요성에 부합할 수 있어야 한다. 따라서 정보의 작용을 이해하기 위해서는 그것을 의사결정의 과정에 결부시켜 살펴볼 필요가 있다.

앞에서 우리는 의사결정과정을 문제의 발견, 대안의 개발, 대안의 분석, 방안의 선택 등 네 단계로 분류했다. 따라서 이와 같은 의사결정과정을 이용하여 각 단계의 정보에 대한 필요성을 알아보면 다음과 같다.

첫째, '문제발견'의 단계에서 의사결정자는 그가 처해 있는 내외의 환경에 관련된 정보를 필요로 한다. 왜냐하면 의사결정자는 이 단계에서 그와 같은 정보를 이용하여 자기가 처해 있는 상황을 이해하고 현재 직면하고 있거나 잠재해 있는 문제를 발견해야 하기 때문이다.

둘째, '대안개발'의 단계에서 의사결정자는 자기가 가지고 있는 자원조건, 즉 외부로부터 지원받을 수 있는 자원의 종류와 그리고 있을 수 있는 각종 제약 등을 이해하여야 한다. 왜냐하면 의사결정자는 그러한 정보를 근거로 하여야만 각종 실행가능한 대안을 개발할 수 있기 때문이다. 만일 이 단계에서 의사결정자가 대안을 개발하는데 필요한 정보를 충분히 획득하지 못하거나 이용하지 못한다면 잘못된 의사결정을 행하는 결과를 초래할 것이다.

셋째, '대안분석'의 단계에서 의사결정자는 여러 대안이 가져올 수 있는 결과와 통제가능한 변수를 조정함으로써 어떤 영향이 발생할 것인지를 이해하여야 한다. 만일 의사결정자가 이 방면의 비교적 정확한 정보를 획득할 수 있다면 마지막 단계인 '방안의 선택' 역시 정확하게 이루어질 수 있게 된다.

우리는 또한 정보의 필요성을 계획과 통제의 두 가지 측면에서 살펴볼 수 있다. 일반적으로 조직에서 통제용도의 정보는 비교적 충분하기 때문에 용이하게 획득할 수 있다. 그러나 계획용도의 정보는 비교적 부족하기 때문에 확보하기가 쉽지 않다. 예를 들면, 일반 기업들은 정치 · 사회 · 경제환경과 경쟁자의 현황 및 추세 등과 같은 방면의 정보를 계획용도로 이용하는 데 필요한 일정한 과정이나 단위를 가지고 있지 않다. 그러나 최근에 와서 기업의 전략적 계획이 중요시됨에 따라 점차 많은 기업들이 '환경정보시스템'을 만들어 이 방면의 문제를 해결하려고 노력하고 있다.

안토니(R.N. Anthony) 등은 의사결정을 그 성질에 따라 '전략적 계획을 위한 의사결정', '관리통제를 위한 의사결정', '작업통제를 위한 의사결정' 등 세 가지 유형으로 분류하고(Anthony et al., 1965), 그와 같은 유형의 의사결정이 필요로 하는 정보는 현저한 차이가 있다고 말한다(Lucas, Jr., 1973 : 10-11).

[표 12-2]에서 볼 수 있는 바와 같이 전략적 계획을 위한 의사결정에 필요한 정보는 항상 총체적 또는 누적적 성질을 지니는 것으로서 그것이 포함하는 시간은 비교적 길고, 정확성이 그다지 요구되지 않으며, 항상 수집할 필요가 없고, 대부분 정부와 연구기관과 같은 외부원천으로부터 온다. 그리고 작업통제를 위한 의사결정에 필요한 정보는 앞의 정보와는 반대로 새롭고 · 빠르고 · 구체적이고 · 정확해야 하며 일반적으로 내부원천으로부터 획득할 수 있다. 또한 관리통제를 위한 의사결정에 필요한 정보는 모든 면에서 앞의 두 가지 정보의 중간에 속하는 것이라고 할 수 있다.

[표 12-2] 의사결정의 유형에 따라 필요한 정보의 비교

정보의 특성	전략적 계획	관리통제	작업통제
원천	외부	인사 및 재무기록	내부작업
정확성	요구되지 않음	요구됨	요구됨
범위	총체적	부분적	부분적
빈도	정기적	일상적	부정기적(수시)
시간	장기	중기	단기
조직	비구조적	구조적	고도로 구조적
갱신 정도	매년 또는 그 이상	매월 또는 매주	매주 또는 매일
용도	예측	통제	행동

3) 정보의 부족과 과중

앞에서 살펴본 바와 같이 의사결정자는 의사결정과정의 각 단계에서 모두 적당한 정보를 필요로 한다. 그렇다면 정보는 많으면 많을수록 좋은 것인가?

일반적 느낌으로 말하면 정보란 많을수록 좋은 것처럼 생각된다. 그러나 실제로는 결코 그렇지 않다. 왜냐하면 정보의 양이 많으면 의사결정자는 어느 것이 필요로 하는 것이고 또 어느 것이 불필요한 것인지 판별할 수가 없게 된다. 또한 그러한 상황하에서 경영자는 자기가 획득한 정보를 대충 훑어보는 것만으로도 대부분의 시간을 허비하게 되어 정작 기타의 중요한 사고와 직무는 소홀히 하는 결과를 가져온다. 따라서 일반적으로 말해서 정보의 부족이 문제가 되는 바와 마찬가지로 '정보의 과중'(information overloading) 역시 문제가 된다.

사람들은 이러한 정보과중의 문제에 부딪치게 되면 나름대로의 각종 해결방법을 강구하게 된다. 예를 들면, 어떤 사람은 획득한 정보를 아예 상관하지 않고 내버려둔다. 그리고 또 어떤 사람은 많은 정보를 어떤 절차나 순서에 따라서 처리하려고 노력한다. 또한 사람에 따라서는 그 중에서 일부분만을 뽑아내어 대강 읽어보는 방법을 취하기도 한다. 그러나 그러한 방법들은 정작 중요한 정보를 소홀히 하게 되거나 시간을 효율적으로 이용하지 못하게 되는 등 모두 심각한 결점을 지니고 있다.

어느 정도의 규모를 가지는 기업에서는 권한위양의 방법을 통하여 정보가 최고경영층에 먼저 집중되도록 하지 않고 그것을 필요로 하고 처리할 수 있는 하부경영자들에게 직접 전달될 수 있도록 하거나, 또는 스탭(staff)들로 하여금 먼저 자료나 정보들을 선별하도록 하여 최고경영층에게는 그들이 반드시 알아야 할 것들만 제공될 수 있

게 하는 방법도 정보과중의 문제를 해결하는 데 도움이 될 수 있을 것이다.

정보과중의 문제는 정보부족의 문제 못지 않게 중요하다. 그리고 현재의 사회적 추세로 보면 이와 같은 정보과중의 문제는 갈수록 심각하게 될 전망이다. 따라서 기업은 경영관리상에서 이러한 문제를 효과적으로 해결할 수 있는 방법, 즉 경영정보시스템을 반드시 활용하여야 한다.

2. 경영정보시스템의 성격

1) 경영정보시스템의 중요성과 구성요소

앞에서 우리는 정보의 의사결정에 대한 중요성에 관하여 알아보았다. 그러나 의사결정에 필요한 정보를 어떻게 수집·선택·분석하고 최적의 방식을 통하여 최적의 시간에 최적의 의사결정자에게 제공할 것인가 하는 일은 매우 중요하고도 어려운 문제라고 할 수 있다. 여기서 살펴보려고 하는 경영정보시스템은 바로 오늘날 기업이나 다른 조직에서 이와 같은 문제를 효과적으로 해결할 수 있는 하나의 중요한 수단이라고 할 것이다.

경영정보시스템(Management Information System : MIS)은 기본적으로 사람과 기계설비 그리고 일련의 과정으로 구성되어 있다. 그리고 MIS의 주요 작용은 관리적 의사결정의 필요성에 부합하기 위하여 관련 자료를 선택·저장·처리·검색하는 임무를 수행하는 것이다(Murdick and Ross, 1971).

비교적 넓은 관점에서 보면 의사결정정보는 공식적 원천과 비공식적 원천을 포함하는 다양한 원천으로부터 나온다고 할 수 있다. 따라서 여기서 설명하려는 정보시스템은 다만 의사결정을 위한 전체정보시스템에 있어서 하나의 하위시스템에 불과하며, 그 성질은 일종의 인위적으로 설계되고 집행되는 '공식적 정보시스템'에 속하는 것이다. 조직 내의 의사결정을 위한 전체정보시스템에 있어서 이와 같은 경영정보시스템의 위치는 [그림 12-2]에서 보는 바와 같다(Lucas, Jr., 1973 : 4-5)

공식적 정보시스템은 의사결정에 관계되는 자료를 수집·분석·제공하기 위한 계획 및 절차를 포함한다. 근래에 와서는 컴퓨터 기술(하드웨어와 소프트웨어를 포함하여)의 빠른 발전에 힘입어 그와 같은 각종 절차와 작업을 모두 컴퓨터가 담당할 수 있게 되었는데, 그러한 정보시스템을 일반적으로 '컴퓨터를 기초로 하는 정보시스템

(computer based information)'이라고 부른다.

[그림 12-2] 조직의 기본적 정보시스템

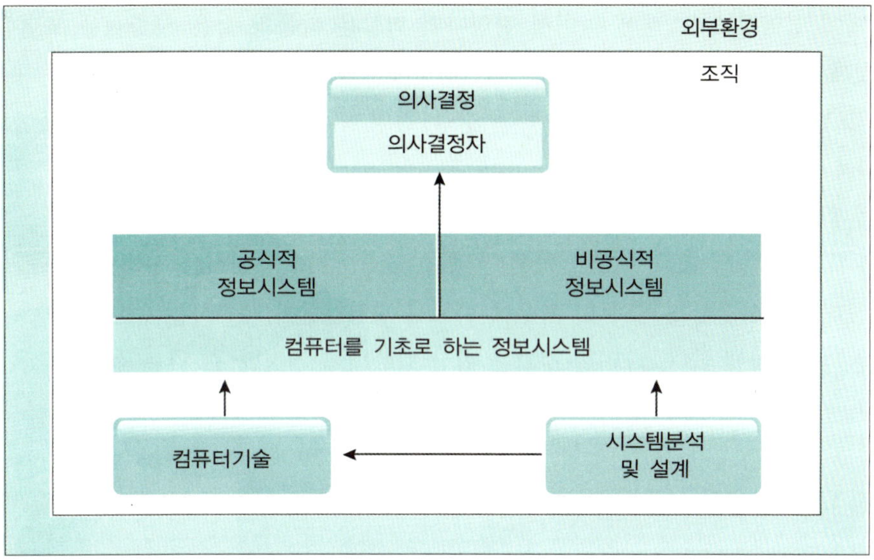

그러나 이상에서 설명한 의사결정 또는 정보시스템이 포함하는 범위는 비교적 광범위하기 때문에 경영관리의 범위에 속하는 것도 있고 속하지 않는 것도 있다. 만일 의사결정을 전략적 계획, 관리통제, 작업통제의 세 가지 유형으로 분류한다면 전략적 계획과 관리통제를 위한 의사결정에 필요한 정보시스템을 경영정보시스템이라고 할 수 있다. 그리고 작업통제를 위한 의사결정에 요구되는 정보시스템은 '작업통제정보시스템'(operational-control information system)(Lucas, Jr., 1973 : 15) 또는 '응용시스템'(application system)에 속한다고 할 수 있는데, 이러한 시스템은 재고와 구매 그리고 종업원 급료의 지급과 기록 등과 같은 실제적인 작업들로 구성되는 것으로서 자체적인 의사결정원칙 및 처리절차를 가진다. 그러나 작업통제정보시스템 역시 경영관리의 의미를 지니는 많은 정보를 생산·제공하여 경영정보시스템으로 하여금 이용할 수 있도록 한다. 따라서 이와 같은 정보시스템은 기업 전체의 정보시스템을 구성하는 하위시스템이라고 할 수 있다.

2) 경영정보시스템과 경영자의 역할

경영정보시스템을 이해하기 위해서는 반드시 경영자가 차지하고 있는 중요한 위치를 인식하여야 한다. 먼저 경영정보시스템이 필요하게 되는 이유는 경영자의 의사결정의 필요성에 부합하기 위해서라고 할 수 있다. 따라서 의사결정에 관련되는 정보의 내용·처리과정·제공방식 등은 모두 경영자를 중심으로 이루어지지 않으면 안 된다. 이 밖에 경영정보시스템에 있어서 경영자의 역할은 다음과 같은 사항들을 포함한다.

첫째, 경영자는 항상 기업의 대변인으로서 외부세계에 기업에 관한 정보를 제공한다. 또한 외부세계의 다양한 정보는 항상 경영자를 통하여 조직 내부로 들어오게 된다.

둘째, 경영자 자신은 역시 정보의 중요한 원천이 된다.

셋째, 경영자는 또한 중요한 데이터 뱅크(data bank)의 역할을 한다. 따라서 기업이 중대한 의사결정을 해야 할 경우에 반드시 경영자들이 제공하는 중요한 정보나 의견에 의존하여야 한다. 그러한 정보는 항상 컴퓨터에 저장할 수 있는 성질의 것이 아니다.

[그림 12-3] 경영정보시스템에서의 경영자의 위치와 역할

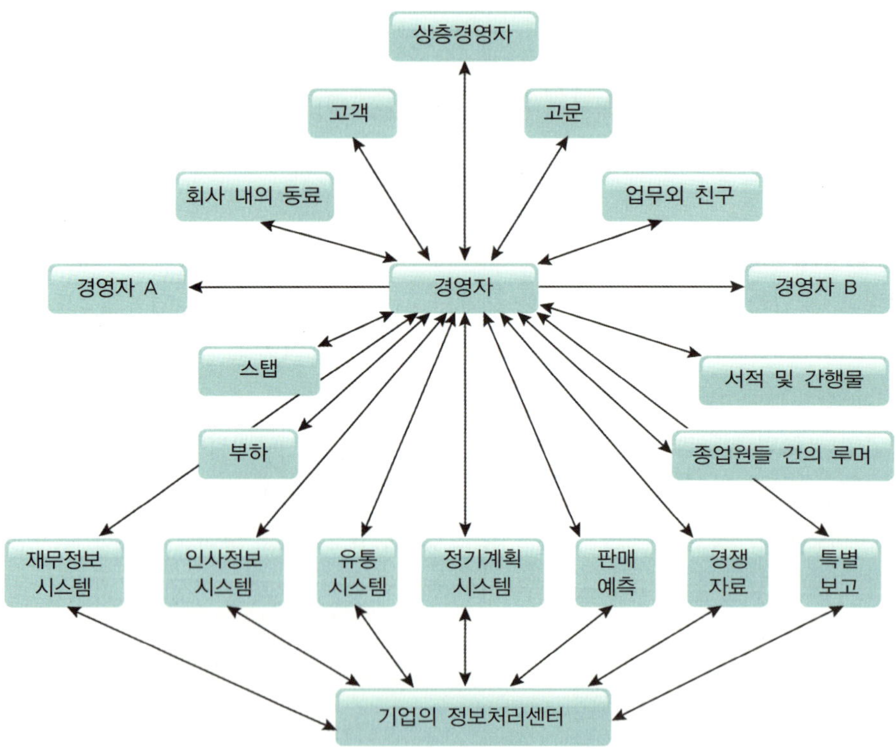

자료 : Steiner, 1969 : 508; 박영배, 1999 : 398 수정

경영자는 이와 같이 의사소통과 정보시스템 내에서 중요한 역할과 지위를 차지한다. 그러나 그로 인하여 경영자는 또 그것을 파괴하는 주요 원인이 되기도 한다. 예를 들면, 경영자는 경우에 따라서 정확한 정보의 유통방향을 저해하거나 특정 정보의 유입을 권력이나 힘을 이용하여 저지하거나 방해한다. 그리고 경영자는 정보의 내용을 왜곡하기도 하며, 심지어는 그 자신이 매우 바쁘기 때문에 정보의 흐름이 그에게 와서 중단되기도 한다. 따라서 경영정보시스템을 설계하기 위해서는 반드시 사전에 이러한 문제들이 발생하는 것을 방지할 수 있는 대책이 강구되어야 한다. [그림 12-3]은 경영정보시스템 내에서 경영자가 차지하는 핵심적 위치와 역할을 보여준다.

3. 경영정보시스템의 구축

경영정보시스템(MIS)의 목적은 경영자들이 과업을 보다 효과적으로 완성할 수 있도록 돕는 데 있다. 따라서 MIS를 설계하기 위해서는 먼저 경영자의 직무와 그에 따른 정보의 필요성, 예를 들면 경영자의 책임과 의사결정의 내용 및 그에 따라 필요해지는 정보를 정의하여야 한다. 그런 다음 그와 같은 정보의 필요성을 MIS의 과업과 능력으로 전환시켜야 한다. 그러나 MIS를 설계할 때에는 반드시 기업이 현재 지니고 있는 자료처리시스템과 설비를 고려하여야 하며, 동시에 MIS를 구축하는 데 소요되는 비용을 고려해야 한다. 만일 시스템을 구축하는 데 소요되는 비용이 너무 높을 경우에는 원래 계획하고 있던 정보공급의 내용을 수정해야 한다.

MIS의 설계는 다음과 같이 상황진단 및 개념설계, 시스템설계, 시스템설정 등 세 개의 활동범위로 나누어 생각할 수 있다.

1) 상황진단 및 개념설계

상황진단 및 개념설계(situation diagnosis and concept design)의 범위에서는 다음과 같이 몇 가지 단계로 나누어 설명할 수 있다.

① **시스템설계의 목적 · 범위 · 조직 등을 설정한다** : 먼저 당면하고 있는 상황이 어떠한 경영관리상황(management situation)인지를 고려해야 한다. 예를 들면, 경영자는 현재 그가 처해 있는 상황이 전체적인 계획과 통제에 관한 상황인지 또는 광고계획이나 생산공정에 관한 상황인지를 고려하여야 한다. 왜냐하면 경영관리상황이 다름에 따라서 시스템의 전체적 설계작업 역시 바뀌어야 하기 때문이

다. 그 다음에 그러한 경영관리상황에서 진행해야 할 설계작업은 어떤 성질에 속하는지와 어떤 내용을 포함하는지 그리고 경영자와 시스템분석자의 관계는 어떠해야 하는지를 고려해야 한다. 예를 들면, 회사의 광고부장은 그의 역할이 시스템분석자가 경영정보의 수요를 확정할 수 있도록 협조하는 것이기 때문에 시스템분석자가 제출하는 시스템의 초안에 대하여 의견만을 제시해야 한다든지, 또는 광고부장이 직접 부하직원을 이용하여 부서 내에 간단한 MIS를 구축할 수도 있는 것인지 등을 고려해야 한다.

② **기업의 업무특성을 정의한다** : 기업의 경영관리업무 특성은 MIS를 분석 · 설계하는 데 중대한 영향을 미친다. 예를 들면, 백화점과 기계부품 제조회사는 계획 · 통제 · 작업 등 각 방면에서 많은 차이가 있다. 따라서 이 두 기업이 필요로 하는 MIS 또한 큰 차이가 날 수밖에 없을 것이다.

③ **작업상황(작업성질 및 그 관리적 책임)을 분석한다** : 시스템설계자는 관련업무, 즉 작업의 흐름과 중요한 요소 그리고 경영자의 책임한계 등에 대하여 확실히 이해하여야 한다.

④ **중요한 의사결정문제와 그것에 필요한 정보를 발굴한다** : 앞의 단계에서 경영자가 담당하는 직무의 책임한계를 이해한 후에는 그러한 책임범위 내에서 경영자가 행해야 할 의사결정문제를 상세하게 열거하여야 한다. 그러나 그것은 매우 어려운 작업이다. 왜냐하면 일반 경영자들은 대부분 자신의 직무를 분석하기를 원치 않으며 특히 자기가 필요로 하는 정보를 열거한다는 것이 사실상 곤란하기 때문이다. 따라서 설계자는 이 단계에서 반드시 중요한 의사결정문제에 한정하여야 하고 그 밖의 별로 중요하지 않거나 자질구레한 문제들은 포함시키지 말아야 한다.

⑤ **각종 정보의 필요성을 통합하여 체계화시킨다** : 앞의 단계가 확실히 진행된 후에는 데이터 뱅크, 자료의 원천, 정보의 보고내용 · 형식 · 시기, 정보의 획득 · 저장 · 제공을 위한 매체와 방법 등과 같은 항목을 포함하는 정보시스템의 윤곽이 나타나게 된다. 이 단계에서 설계자는 각종 정보수요를 [그림 12-4]와 같은 시스템구조로 전환하여야 한다. 따라서 여기에서는 각종 필요한 정보가 구체적이고도 상세하게 열거되어야 한다.

[그림 12-4] 자료처리시스템의 기본구조

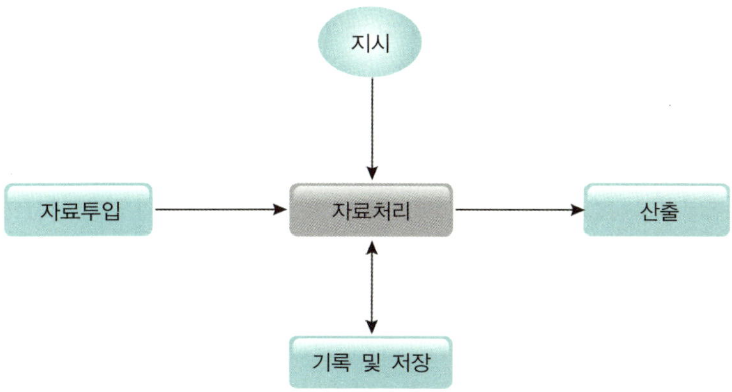

⑥ **기존의 정보와 자료시스템을 분석한다** : 새로 설립된 기업이나 기구가 아닌 경우에는 항상 현재 이용하고 있는 정보와 자료시스템이 있기 마련이다. 따라서 그것을 분석하는 작업은 이 단계에 와서야 비로소 고려되거나 진행되는 것이 아니고 실제로는 이미 일찍부터 시작된 것으로 보아야 한다. 기존의 시스템을 분석하는 데 있어서는 이용할 수 있는 데이터 뱅크와 설비는 무엇이며 보류해야 할 보고체계는 어떤 것인지를 이해하여야 한다. 그리고 다른 한편으로는 새로운 경영정보시스템에 호응하여 반드시 바꾸어야 할 것은 무엇인지를 발견하여야 한다. 경우에 따라서는 기존 시스템을 계획 중인 새로운 시스템과 비교하고 그것을 채택하는 데 필요한 하나의 대안으로 삼을 수도 있다. 또 어떤 경우에 있어서는 기존의 시스템을 필요한 부분만 바꾸어 사용할 수도 있다. 그러나 이 방법은 경영정보시스템의 참신성과 창의성을 제한하며 이전의 비효율적인 습관이 그대로 현실로 이전될 위험이 있다.

2) 시스템의 설계

시스템설계의 구체적인 작업은 앞에서 설명한 상황진단의 결과를 기초로 하여야 한다. 만일 설계하려는 시스템이 매우 단순한 것이거나 시스템개념의 설계가 이미 상세히 이루어졌다면 시스템설계작업은 이미 얻은 결과를 구체화시키는 것에 불과하다. 그러나 설계하려는 시스템이 매우 복잡한 것이라면 우선 몇 가지 실행가능한 대안을 개발하고 그 중에서 평가·선택한 후에 다시 구체적인 설계를 진행하여야 한다.

여기서 구체적인 시스템설계는 필요한 설비의 선택과 배합에 관한 문제를 포함한다. 예를 들면, 기업이 자체 내에 기계설비를 설치하거나 외부의 컴퓨터 서비스시스템을 이용하기 위해서는 반드시 비용과 효과의 측면에서 평가하여야 한다. 그리고 컴퓨터 프로그램의 개발은 계획된 단계에 따라 점진적으로 확충하여야 한다.

3) 시스템의 실행

설계된 경영정보시스템의 실행은 사실상 이미 진단과 설계의 단계에서 시작되었다고 할 수 있다. 예를 들면, 진단과 설계의 단계에서 각 계층의 경영자들과 관련자들이 참여하여 작업하게 되는데, 그것은 실행단계의 초기에 행해지는 교육 및 의사소통작업을 통하여 '시스템 사용자들'(system users)로 하여금 이 새로운 제도에 대하여 흥미를 가질 수 있게 하고, 나아가 그들의 이해를 증진시키는 바와 똑같은 효과를 가져온다.

그러나 진단과 설계의 단계에 실제로 참여할 수 있는 인원은 그렇게 많지 않다. 따라서 시스템실행의 단계에서는 보다 많은 사람들을 이 제도에 적응할 수 있도록 훈련시켜야 한다. 그리고 사용자들이 새로운 제도를 보다 확실히 받아들일 수 있도록 하기 위해서는 훈련 이외에도 기타 여러 가지의 활동이 필요하다. 이러한 훈련이나 기타 같은 목적의 활동들은 매우 중요한 실행작업이라고 할 수 있다. 그런데 이러한 실행작업을 소홀히 함으로써 시스템의 실패를 가져오는 경우도 상당히 많다.

하나의 완전무결한 경영정보시스템은 존재하지 않는다. 그리고 경영관리의 상황 역시 끊임없이 변화한다. 따라서 경영정보시스템을 처음부터 원활히 운용하기 위해서는 끊임없이 그것을 검토하고 개선하여야 한다. 그것은 곧 동태적 환경하에서 계속적으로 수행하여야 할 중요한 작업이다.

4. 경영정보시스템과 조직구조

여기에서는 경영정보시스템으로 인하여 초래되는 조직구조의 변화에 관하여 살펴보기로 하겠다.

경영정보시스템의 구축은 결코 전자자료처리단위나 많은 값비싼 설비만을 설치하는 것을 의미하는 것이 아니다. 또한 여러 부문들을 개별적으로 파악해서도 안 된다. 왜냐하면 이러한 것들은 경영정보시스템과 기업의 의사결정시스템 간의 밀접한 관계를 등한시하는 결과를 가져오기 때문이다.

경영정보시스템을 보다 효과적인 것이 되게 하기 위해서는 전체조직을 하나의 정보망(information network)으로 간주해야 한다. 이러한 구조를 통하여 모든 경영계층의 의사결정자들에게 필요한 정보가 유통될 수 있다. 이러한 관념하에서 각 부문과 단위들은 모두 정보망(또는 커뮤니케이션 네트워크) 중의 일부분이 된다. 그리고 이러한 관점에서 모든 부문 및 단위의 책임과 기능을 평가하여야 한다. 이와 같이 하면 전체 조직구조의 변화는 자연적으로 이루어지게 된다.

예를 들면, 한 우편판매회사는 주문서와 정보처리과정을 전산화하기로 계획하였다. 회사는 먼저 시스템분석요원으로 하여금 앞으로 5년간 회사의 발전방향과 경영환경을 분석하도록 한 다음 광고, 목록우송, 주문서접수, 주문서처리, 송장발송, 상품우송, 재고보충, 상품대금의 회수 및 장부기재 등 각 작업단계에 대한 계획과 통제 그리고 각 작업에 대한 의사결정과 그러한 의사결정에 필요한 정보 등과 같은 모든 필요한 사항을 확실하게 결정하였다. 그러나 회사는 이러한 분석과정을 통하여 회사의 현행 조직이 실제의 필요성에 부합하지 않는다는 것을 발견하였다. 예를 들면, 회사는 현행의 광고부문은 마케팅부문에 병입시켜야 하고, 고객에 대한 서비스를 확충하기 위해서는 서비스업무를 하나의 독립적인 단위를 만들어 수행하여야 하며, 상품구매와 창고저장은 반드시 한 사람의 경영자가 수행해야 할 필요성이 있다는 사실 등을 발견하였다. 이와 같이 경영정보의 흐름을 체계화시킴에 따라 전체 조직구조와 작업방식 또한 업무의 진행에 부합될 수 있도록 체계화시켜야 한다.

5. 경영정보시스템의 유형과 상호관련성

1) 경영정보시스템의 유형

기업의 경영활동에 흔히 활용되는 정보시스템의 유형으로 사무정보시스템, 거래처리시스템, 경영보고시스템, 의사결정지원시스템, 전문가시스템 등이 있다. 이러한 시스템들은 기업구성원들이 판매기록, 급여처리, 의사결정지원, 대규모 프로젝트의 대안제시 등 일상적인 일에서부터 비일상적인 일에 이르는 다양한 업무들을 수행할 수 있도록 도와준다(안중호, 1998 : 21-26).

① **사무정보시스템** : 사무정보시스템(Office Information System : OIS)은 적절한 정보처리기술의 제공을 통하여 기업조직 내 각 부서의 업무와 활동을 효율적으로 지원하고 의사소통을 향상하기 위한 시스템이다. 이는 단기적으로는 지식생산

성을 향상시키는 데 목적이 있으며 궁극적으로는 기업의 경쟁력을 강화시키는 것을 목표로 한다. 사무정보시스템은 전통적인 워드프로세서, 스프레드시트, 그래픽처리 프로그램을 비롯하여 최근 도입된 인트라넷, 그룹웨어 등을 기본요소로 하고 있으며 조직의 모든 구성원들이 정보를 공유할 수 있는 강력한 수단이 되고 있다. 이는 기업의 커뮤니케이션 속도를 향상시키면서 기업의 효율성과 효과성을 높일 수 있는 잠재력을 제공해주고 있다.

② **거래처리시스템** : 거래처리시스템(Transaction Processing System : TPS)은 가장 기본적인 단계의 정보시스템으로, 반복적이고 일상적인 거래처리활동을 기록하는 정보시스템이다. 거래처리시스템은 경영활동의 처리속도를 빠르게 하고 사무비용을 크게 절감할 수 있게 해준다. 거래처리시스템은 오늘날의 기업조직에 있어서 없어서는 안 되는 것으로 자리잡고 있으며, 주로 운영통제와 이에 따른 의사결정을 지원하기 위해 사용되고 있다.

③ **경영보고시스템** : 경영보고시스템(Management Reporting System : MRS)은 경영자에게 보고서형식의 필요한 경영정보를 제공하거나, 조직의 역사적 기록과 현재의 상태에 대한 온라인정보를 제공하는 정보시스템이다. 이는 주로 마케팅·생산·재무 등의 기능적 활동을 담당하는 중간경영층의 계획·통제활동 및 그와 관련된 의사결정을 돕기 위한 시스템으로 공통데이터베이스에 의해 연결된다. 일반적으로 경영보고시스템은 거래처리시스템에 의해 기록된 데이터와 정보를 가공 및 요약하여 표준화된 보고서를 제공하며, 외부환경에 관한 정보보다는 조직 내부활동과 관련된 정보를 전달하는 데 이용된다.

④ **의사결정지원시스템** : 의사결정지원시스템(Decision Support System : DSS)은 경영자들이 비구조적 또는 반구조적(semi-structured)이고, 특별하거나 쉽게 변하며, 사전에 쉽게 정의내릴 수 없는 의사결정문제들을 다룰 수 있도록 지원해주는 정보시스템이다. 이것은 거래처리시스템이나 경영보고시스템에 비해 보다 분석적이며, 필요한 정보는 조직 내부뿐만 아니라 조직의 외부로부터도 많은 부분을 의지한다. 의사결정지원시스템은 사용자가 쉽게 사용할 수 있도록 대화식(interactive) 환경을 제공한다. 의사결정지원시스템은 사용자와 정보시스템과의 관계를 조정하는 대화시스템(dialog system), 의사결정지원시스템의 정보원천인 데이터베이스시스템(data base system), 비교적 간단하고 융통성있는 모델을 많이 구축하여 두었다가 사용자로 하여금 자연스럽게 사용할 수 있도록 해주는

모델베이스시스템(model base system), 다른 의사결정지원시스템의 하위시스템을 조정하는 소프트웨어시스템(software system) 등 네 가지 하위시스템으로 구성되어 있다.

⑤ **중역정보시스템** : 중역정보시스템(Executive Information System : EIS)은 첨단 그래픽과 통신을 통해 최고경영층의 비구조화된 의사결정을 지원하도록 설계된 전략적 수준의 정보시스템이다. 중역정보시스템은 최고경영층에서 조직의 성과를 파악하고, 경쟁업체들의 활동을 분석하고, 문제를 발견하고, 기회를 확인하며, 추세를 예측해 볼 수 있도록 도와준다. 의사결정지원시스템이 비교적 좁은 범위의 의사결정 상황에서 모델링툴과 분석툴을 주로 사용하는 반면, 중역정보시스템은 비교적 넓은 범위, 가령 조직 전체의 성과와 같은 상태정보를 제공하는 데 사용된다.

⑥ **인공지능과 전문가시스템** : 최근에는 많은 기업들이 인공지능기술을 활용하여 다양한 지식을 획득하고, 조직의 지식베이스(knowledge base)를 문서화하고 확장시켜 나가고 있다. 인공지능(Artificial Intelligence : AI)은 인간의 언어인 자연언어(natural language)를 학습하고, 로봇처럼 주어진 과업을 수행하며, 보고 말할 수 있는 지각시스템을 활용하며, 인간의 전문능력과 의사결정능력을 모방할 수 있음으로써 사람처럼 행동할 수 있는 컴퓨터시스템을 개발하고자 하는 노력이다. 인공지능은 또한 인간이 할 수 있는 논리·추론·직관·상식 등의 능력을 보여주기도 한다. 인공지능의 연구분야 가운데 현실적인 문제를 가장 많이 다루면서 상업적으로 성공한 분야가 전문가시스템(exeoert systems)이다. 전문가시스템은 지식베이스(knowledge base)와 추론기관(inference engine) 그리고 사용자 인터페이스(user interface)로 구성된 것으로, 지식을 기반으로 추론에 의해 대상영역의 문제를 해결함으로써 전문가의 역할을 대신 수행하는 시스템이다. 전문가시스템은 원자로와 같은 복잡한 시스템을 모니터하거나, 발생가능한 문제점들을 진단하거나, 또는 신제품이나 신투자전략을 위한 마케팅활동을 계획하는 데 이용되고 있다.

2) 경영정보시스템 간의 상호관련성

위에서 살펴본 바와 같이 조직에는 다양한 경영정보시스템이 있을 수 있다. [그림 12-5]는 이러한 경영정보시스템이 어떻게 상호작용하는지를 보여준다. 거래처리시스템(TPS)은 전형적으로 다른 경영정보시스템의 데이터 원천이 되고 있다. 중역정보시스템(EIS)는 주로 다른 경영정보시스템으로부터 데이터를 받는다. 그리고 경영보고시스템(MRS), 사무정보시스템(OIS), 의사결정지원시스템(DSS) 등은 상호 간에 데이터를 주고받는다.

이러한 시스템들은 어느 정도 통합될 수 있고, 또한 통합되어야 하는가 하는 문제에 답하기는 쉽지 않다. 시스템통합은 조직 내의 모든 부분들 간에 다양한 정보를 쉽게 유통시킬 수 있기 때문에 기업에 큰 혜택을 줄 수 있지만, 다른 측면에서 보면 많은 시간과 비용을 수반하는 매우 복잡한 과업일 수 있다. 따라서 기업은 자신의 필요성과 요구사항에 맞추어 시스템통합의 수준을 신중히 결정해야 할 것이다.

[그림 12-5] 경영정보시스템 간의 상호관련성

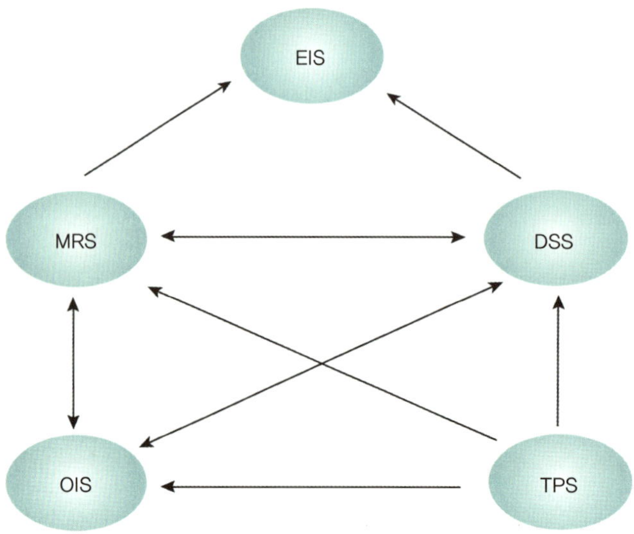

제6부 기업의 글로벌화와 현대경영관리

제13장

기업경영의 글로벌화와 문화환경

제13장 기업경영의 글로벌화와 문화환경

제1절 기업경영의 글로벌화와 경영전략

1. 기업의 글로벌화와 경영환경

우리는 제2장에서 과학기술 · 정치 · 경제 · 사회 · 국제 등 기업의 각종 외부환경에 대해 살펴보았다. 근래에 와서 기업경영의 실무자나 연구자를 막론하고 모두 그러한 환경문제를 매우 중요하게 생각하게 되었는데, 그것은 기업조직은 모두 개방시스템에 속하는 것으로서 생존과 발전이 그러한 외부환경과 직접적으로 관련되어 있기 때문이다. 다시 말하면, 한 조직이 생존과 발전을 계속 유지할 수 있는가 하는 것은 기본적으로 외부환경의 변화에 적응하여 능동적으로 유리한 기회를 창출해낼 수 있는 능력에 달려 있다고 할 수 있다. 따라서 특정 환경하에서 기업을 어떻게 경영할 것인가 하는 문제를 연구한다는 것은 매우 중요하고 의미있는 일이 아닐 수 없다.

실무적인 관점에서 보면 21세기에 접어들면서 기업경영의 글로벌화와 그에 따른 발전노력은 기업들이 경영환경의 변화에 따른 경영상의 문제점을 새롭게 인식하고 전체적으로 가장 바람직한 효과를 창출하기 위해서는 경영방식을 통합시켜야 한다는 요구로부터 진행된 결과라고 할 수 있다.

본 장에서는 글로벌 환경하에서의 기업의 경영문제에 관하여 살펴보기로 한다. 소위 글로벌환경이라고 하면 문화와 사회 그리고 자원과 경제 등과 같은 여러 방면에 있어서의 지역 간, 국가 간의 차이를 말한다. 그러나 그 중에서도 최근에 가장 중시되고 있는 것이 문화차이라고 할 수 있다. 따라서 여기서는 먼저 그러한 요인이 경영이론과 실무에 어떠한 영향을 미치는지에 대하여 살펴보기로 한다.

이론적인 관점에서 보면 서로 다른 문화환경 아래서 기업은 대부분 서로 다른 나름대로의 독특한 경영철학과 경영방식을 나타내게 된다. 따라서 만일 그러한 차이점을 비교하고 귀납할 수 있으면 보다 고차원적인 이론모형을 찾아내어 보다 완전한 경영이론을 정립할 수 있게 될 것이다. 이러한 비교경영적 접근방법이 바로 본 장의 뒷부분에서 살펴보려는 주요 내용이다.

2. 글로벌 경영활동의 전개과정과 문제점

1) 글로벌기업의 전개과정

21세기에 들어오면서 많은 기업들이 범세계적인 경영활동에 종사하게 됨에 따라 경영문제는 새로운 국면을 맞게 되었다. 그러한 글로벌기업의 경영자들은 하나의 동일한 문화와 환경이 아닌 많은 서로 다른 문화와 환경에 부딪치게 되었다. 그리고 그러한 상황에서 그들은 하나의 동일한 경영방식과 기법을 다른 환경에서도 똑같이 적용할 수 없으며, 그렇다고 각종 환경에 모두 효과적으로 적용할 수 있는 일련의 특수한 경영방식을 개발해낼 수도 없는 문제를 안게 되었다.

그러면 상이한 문화와 환경에서 최선의 경영효과를 얻기 위해서는 어떻게 하여야 할 것인가? 그것은 경영방식과 기법상의 양 극단 사이에서 적당한 균형점을 찾아내는 것이다. 다시 말하면, 경영자는 상이한 문화환경하에서 나타나는 경영방식상의 공통점과 차이점을 객관적으로 이해하고 가장 효과적으로 될 수 있도록 그것들을 통합하려는 노력이 필요하다. 그러나 아직까지도 이 방면에 대한 연구와 경험이 모두 매우 부족한 실정에 있다. 따라서 여기에서는 그에 관련된 몇 가지 기본적인 사실과 문제에 국한하여 개괄적으로 설명하도록 하겠다. 먼저 전 세계를 대상으로 경영활동이 이루어지는 글로벌기업의 진화 내지 발전과정에 대하여 알아보도록 하자.

글로벌한 경영환경에서 기업들은 그들 자신의 문화와 사업영역의 문화 그리고 기업문화 등 3중문화에 동시에 노출되고 적응하게 되는데, 기업이 글로벌시장에서 활동하기 위해서는 고객·경쟁자·벤처파트너·공급자·정부관료 등으로 대표되는 이들 세 가지 문화를 피할 수 없게 된다(박영배, 2008 : 24).

그러나 모든 기업들이 처음부터 이와 같은 글로벌한 경영환경을 경험하는 것은 아니다. 기업은 그 경영영역을 점차 확대하면서 한층 넓고 복잡한 경영환경을 만나게 되며, 그와 함께 기업조직도 그에 적응하여 진화해 나가게 된다. 기업이 글로벌 기업조직으로 진화·발전해 나가는 데에는 일반적으로 다음과 같은 네 단계를 거치게 되는데(Moran 등, 2007 : 31-33), 이것을 글로벌 기업조직의 EPRG모델이라고 부르기도 한다(박영배, 2008 : 24-27).

(1) 본국중심기업

본국중심기업(Ethnocentric corporations)은 본국지향적인 기업을 일컫는다. 이러한 기업은 생산활동이 본국을 중심으로 이루어진다. 연구개발과 제품생산이 대부분 본국에서 이루어지며, 외국에는 생산제품의 일부를 수출하는 형태를 취하는 것이 보통이다. 이와 같은 본국중심기업의 경영자들은 일반적으로 "본국이 외국에 비해 더욱 지적이고 신뢰할 수 있으며 모든 면에서 앞선다"고 생각한다.

본국중심기업은 국제업무를 담당하는 종업원들을 모두 본국에서 모집하고 양성한다. 그리고 최고경영진은 기업주와 주주들의 생각에 예속되기 쉬우며, 노동조합은 국내 고용환경의 강한 압력으로부터 자유롭지 못하게 된다. 본국정부의 정책 또한 국내시장만을 중시한다.

본국중심의 철학은 많은 국제기업들에서 찾아볼 수 있는데, 그와 같은 기업들은 서로 다른 언어로 소통하고 문화차이를 받아들이는 면에서 큰 어려움을 겪을 수밖에 없다. 특히 국내에서 만들어 해외로 가지고 나가야 하기 때문에 국제적 경영전략은 수출, 라이센싱(licensing), 턴키방식(turnkey operation) 등에 국한하게 된다.

(2) 현지중심기업

현지중심기업(Polycentric corporation)은 현지국(host-country)지향적인 기업을 말한다. 이와 같은 기업의 생산활동은 여러 국가에서 각각 독립적으로 이루어진다. 따라서 현지국 시장에서 판매할 제품의 전부 혹은 일부를 현지에서 생산하게 된다. 그러나 중요한 기술혁신은 일반적으로 본국의 본사에서 이루어지며, 해외의 자회사에서는 본사로부터 기술지원을 받아 어느 정도의 개량을 통해 현지국 시장에 적합한 제품을 생산한다.

현지중심기업의 수익은 해외에서 창출되지만 복잡하고 다양한 해외시장을 이해하는 것이 쉽지 않다. 따라서 현지국 출신의 경영자들을 고용하여 현지 상황에 따라 활동하도록 하는 방식으로 다국적경영을 시작한다. 현지중심기업의 기본전략은 "현지국 시장은 현지인들이 가장 잘 알고 있기 때문에 그들에게 모든 책임을 맡기고 그들이 이익을 창출하는 동안은 간섭하지 않는다"는 것이다.

현지중심기업은 이익중심점(profit center)으로 준독립적인 위치에 있게 되는 여러 해외지사들로 느슨하게 연결된 집단이라고 할 수 있다. 본사의 최고경영진은 본국에서 충원하지만 현지국 자회사의 주요 직위는 현지인들이 담당하게 된다. 현지국은 자회사 운영에 대해 절대적인 통제권을 가지며, 본사의 최고경영진은 재무적인 통제 외에는 직접적으로 관여하지 않게 된다.

현지중심기업은 종종 외적인 압력에 직면하기도 한다. 예컨대, 어느 국가의 법률은 현지국이 현지 자회사의 경영에 참여하도록 되어 있는가 하면, 공업표준을 현지국 표준에 맞추도록 강요하기도 한다. 또한 현지국 정부가 주요 고객인 경우에는 기업활동에 직·간접으로 영향력을 행사하기도 한다. 간혹 다국적기업(MNCs)으로 표현되기도 하는 현지중심기업은 항상 다양한 시장과 고객들로 형성된 이질적인 환경에 직면하게 된다. 따라서 이들 기업은 "현지국 시장은 현지인이 가장 잘 안다"는 믿음을 가지고 해외시장을 현지국별로 공략하는 전략을 구사한다.

(3) 지역중심기업

현지중심기업은 어느 정도의 시간이 지나면 글로벌한 조정과 통제의 필요성에 따라 지역중심기업(Regiocentric corporation)으로 발전해 나가게 된다. 지역중심기업은 해외활동의 범위를 지역별로 나누고, 한 지역에 다수의 국가를 포함시켜 연구개발·생산·판매가 어느 정도 독립성을 가지고 이루어지도록 하는 기업조직 형태이다. 예컨대, 해외의 경영활동 범위를 북미, 중남미, 중동, 서유럽, 동유럽, 동남아, 아프리카 지역 등으로 구분하여 지역별로 본국의 본사와 유사한 기능을 지니는 지역본사를 설립하고, 각 지역 내에서 독자적인 운영을 가능케 하는 경우이다. 따라서 이와 같은 기업은 몇 개 국가들의 블록을 하나의 목표시장으로 삼고 지역시장의 욕구를 충족시킬 수 있는 제품을 개발하여 지역 내에서 생산·판매하고 이익을 지역 내에 재분배하는 경영방식을 취하게 된다.

지역중심기업은 "지역 내의 사람들은 주변국가들이 무엇을 원하는지 잘 알고 있다"는 믿음을 가지고 있으며 특정 지역에 대해 매우 의존적이 되기 때문에 지역본사의 경영진은 지역자회사들의 협조적인 사람들로 구성된다. 지역본사의 최고경영진은 지역계획, 현지연구개발, 생산혁신, 현금관리, 현지경영자 선발과 훈련, 자본지출계획, 브랜드정책, 공공관계 등의 활동에 책임을 지게 된다. 그리고 본국 본사의 최고경영진은 세계경영전략, 국가별 분석, 기초연구개발, 외환문제, 해외이전비용, 회사 간 융자, 장기적 재무관리, 최고경영자의 선발, 기술이전, 기업문화의 개발 등과 같은 문제에 관심을 기울인다.

(4) 세계중심기업

세계중심기업(Geocentric corporations)은 세계지향적인 존재로서 전 세계적인 접근을 통해 통합적으로 경영시스템을 창출하는 데 궁극적인 목적이 있다. 이와 같은 세계중심기업은 세계를 하나의 단일시장으로 보고 연구개발·생산·판매 등 활동을 수행하기 때문에 소재지와 관계없이 연구개발은 기술수준이 가장 높은 지역에 위치한 연구소에서, 생산은 생산비용이 가장 싼 곳에서, 판매는 세계시장을 대상으로 물류비용이 가장 적게 드는 방법으로 기업을 운영한다. 다시 말하면, 전 세계적으로 표준화된 제품을 가장 적은 비용으로 생산할 수 있는 지역을 찾아 생산·판매하는 기업조직으로서 기업활동의 글로벌 배치와 조정이 매우 활발하게 이루어지는 형태라고 할 수 있다.

세계중심기업은 "모든 것은 하나를 위해, 하나는 전체를 위해"라는 사고와 "우리는 전 세계의 어디에서라도 문제를 해결하기 위해 다같이 노력한다"는 믿음을 가지고 경영활동을 수행한다.

세계중심주의는 항상 최고경영진과 자회사들이 지역적 다양성에 보편적으로 적용할 수 있는 세계표준을 창출해 낼 것을 요구한다. 다양한 지역들은 글로벌 의사결정시스템에 의해 하나로 통합되며, 훌륭한 아이디어는 지역이나 국가의 구별 없이 상호교환된다. 또한 자원분배는 세계에 기반하여 이루어지며, 지리적 경계는 무시되고 기능적 경계와 생산라인은 세계화된다.

세계중심기업에서는 항상 최고의 인재들이 현지국의 법률과 정책의 테두리 안에서 문제를 해결하기 위해 심혈을 기울이며, 보상시스템을 통해 특정 국가에 대한 편견을 버리고 전 세계에 초점을 두고 설정된 목표를 달성하는 데 최선을 다할 수 있게 동기부여된다. 세계중심기업은 또한 현지자회사들이 현지국의 훌륭한 시민으로 인정받도록 함으로써 현지국의 정책적 장벽을 극복하며, 현지국에 신기술과 선진기술에 대한 지식 등을 제공함으로써 우호관계를 유지해 나가기도 한다.

2) 글로벌경영의 문제점

기업이 경영활동의 무대를 범세계적으로 확장하게 되면 국내에서와는 다른 많은 문제와 어려움에 직면하게 된다. 다국적기업의 관점에서 글로벌경영상의 문제점을 살펴보면 다음과 같은 몇 가지가 중요하다(박영배, 1999 : 416-417).

첫째, 현지국과 모국과의 관계를 어떻게 하면 동시에 양호하게 유지할 수 있는가

하는 문제이다. 다국적기업은 반드시 모국정부의 정책을 준수해야 하는 동시에 현지국에서는 그 나라의 훌륭한 국민으로서의 이미지를 심어주어야 한다. 그러나 그와 같은 서로 다른 요구는 항상 충돌을 일으킴으로써 다국적기업은 그 중간에서 어려움을 겪게 된다. 또한 양국의 그러한 요구는 대부분 다국적기업 자체의 목표나 이익과 상충되는 것이다. 1970년대 이전에 사람들은 다국적기업은 탁월한 능력이 있기 때문에 그러한 어려운 국면을 충분히 조종하거나 극복하여 자기에게 유리하게 만들 수 있다고 생각했다. 그러나 최근에 힘이 없어 불리하게 되는 쪽은 현지국이나 모국이 아니라 바로 다국적기업 자신이 되는 경우가 많다는 것이 여러 지역에서 사실로 나타나고 있다. 이러한 상황하에서 다국적기업의 경영자는 우수한 경영인재로서는 부족하고 훌륭한 정치가나 외교관으로서의 능력도 갖추어야 할 필요가 있을 것이다.

둘째, 서로 다른 문화·사회·경제·법률 등의 환경에서 세계 각국에서 벌이고 있는 경영활동을 어떻게 조정·통제하여 그것들을 전 기업의 범세계적인 계획과 전략으로 통합하느냐 하는 문제이다. 이 문제에 대한 하나의 가능한 해결방안은 분권화라고 할 수 있다. 그러나 과도한 분권화는 각 지역 사업들의 자기중심적인 경영방식으로 인하여 '부분적 최적화'(suboptimum)의 현상이 발생하기 쉽다.

셋째, 다국적기업의 경영자들 중에는 종종 다른 국적을 가진 사람이 있는 경우가 있다. 특히 범세계지향적인 경영철학하에서는 누구나 국적이 어떠하든 간에 능력만 있으면 모기업의 최고경영층까지 승진할 수 있게 된다. 그러나 실제로 사람은 모두 그 자신의 문화적 배경의 영향과 지배를 벗어날 수가 없는 것이다. 따라서 종업원의 선발과 해외파견 그리고 타 지역 경영자들과의 협조가 필요한 경우에 있어서 이러한 문화적 배경의 차이는 많은 문제들을 유발시킨다.

3. 글로벌기업의 조직구조와 경영전략

1) 글로벌기업의 조직구조

앞에서 살펴본 글로벌경영활동의 전개과정을 통하여 우리는 각 단계의 구분은 주로 경영활동의 범위와 업무기능을 근거로 결정된다는 것을 이해하였다. 그런데 단계가 높아질수록 글로벌경영활동의 범위와 기능을 넓고 완전하게 되기 때문에 비교적 전체적이고 통일된 계획과 통제가 필요해지게 된다. 또한 "조직구조는 전략에 따라 변한다"는 원칙에 의하면 글로벌기업의 조직구조 역시 그 발전단계에 따라 바뀌어야 한다. 학자들은 글로벌기업의 조직구조를 다음과 같이 세 단계로 분류하여 설명하고 있다(Stopford and Weels, Jr., 1972 : 18-29).

(1) 제1단계 : 자주적 해외자회사의 운영

해외시장에 진입한 초기의 기업들은 일반적으로 계획이 세밀하지 못하고 거래량도 크지 않으며 많은 부분 운에 의지하는 경향이 있다. 따라서 해외에 마케팅이나 생산 단위를 설치한다고 해도 잘 갖추어진 계획이나 통제시스템이 없음으로 해서 해외사업의 책임자는 경영에 대한 재무상황만을 정기적으로 모기업에 보고하는 것을 제외하고는 상당히 큰 자주경영권을 부여받게 된다.

그러나 그러한 상황은 오래가지 않는다. 해외자회사가 성장하거나 해외사업이 성공하게 되면 그들이 전체 기업에서 차지하는 지위가 갈수록 중요해지기 때문에 모기업은 자연적으로 그들에 대한 간섭과 통제를 강화하게 된다.

(2) 제2단계 : 모기업 내 국제사업부의 설치

많은 기업들은 점차 모회사 내에 '국제사업부'(international division)를 설치하고 한 사람의 부사장에게 모든 권한을 위임하여 해외의 경영활동을 전담토록 하고 있다. 그리고 그러한 국제사업부는 종래의 지위가 낮은 '수출부문'의 활동영역을 확대하고 그 지위를 승격시키는 경우가 일반적이다.

국제사업부는 해외의 각 사업활동 간의 협조와 조정을 통하여 전체적인 경영효율성과 기업효율성의 증대를 도모하게 된다. 예를 들면, 자회사들에 대한 생산과 시장의 분배 및 자금의 분배 그리고 자회사 상호 간의 제품 및 노무의 공급 등을 통하여 기업의 전체적인 효율성을 증대시킬 수 있다.

그러나 국제사업부는 기업의 전체적인 조직구조 내에서는 여전히 특수한 또는 예외적인 단위에 속하기 때문에 종종 자기중심적이 되어 국내사업부문들과 양호한 협조관계가 이루어지지 않는 경우가 있다.

(3) 제3단계 : 범세계적 조직구조의 채택

최근에 많은 글로벌기업들은 점차 국제사업부의 조직구조를 버리고 '범세계적 조직구조'(global organization structure)의 형태를 채택하기 시작하였다. 소위 범세계적 조직이란 매우 넓은 의미의 명칭으로서 그 속에는 서로 다른 형태의 많은 조직이 역시 포함되어 있다. 그러한 조직형태는 [그림 13-1]에서 보는 바와 같이 기본적으로 제품·지역·기능 등 세 가지 요소를 기초로 하여 이루어지게 된다. 그러나 실제로는 항상 이들 요소의 두 가지 또는 세 가지를 혼합하여 편성되는 것이 일반적이다.

[그림 13-1] 범세계적 조직구조

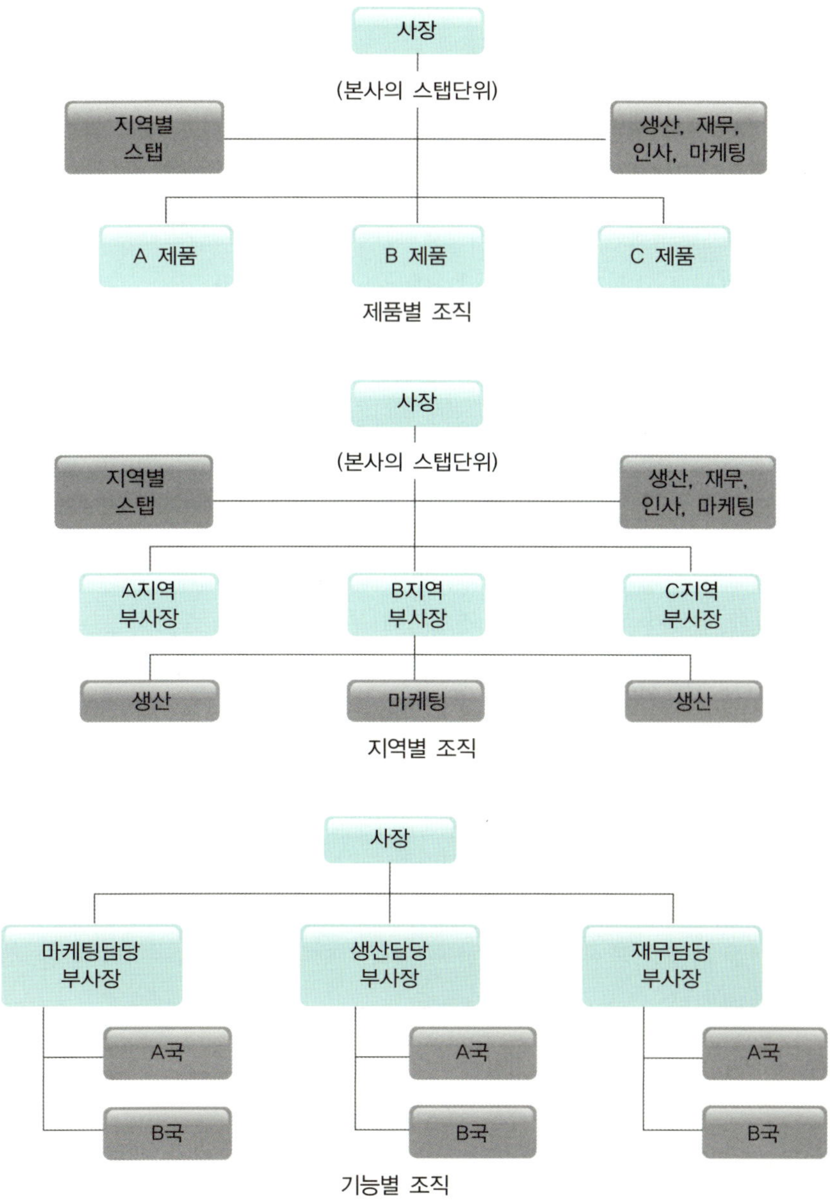

이러한 범세계적 조직구조는 기업이 융통성을 가지고 동시에 서로 다른 시장에 진입하거나 여러 제품선을 보유할 수 있고, 전략적 계획과 정형적 통제를 진행하는 데 효과적이다. 그러나 그러한 목적을 달성하기 위해서는 모회사 내에 많은 국제경영인력과 비교적 완벽한 정보처리시스템을 필요로 하기 때문에 기업의 막대한 투자가 있어야 한다.

2) 조직과 전략의 결합

학자들은 1960년대 초에 챈들러(Chandler, 1962)에 의해 제시된 "조직은 전략을 따른다"는 이론이 글로벌기업조직에도 그대로 적용될 수 있다는 사실을 발견하였다. 예컨대, 한 학자는 다국적기업이 일반적으로 채택하는 조직구조와 각종 전략과의 관계를 조사하였는데 그 결과는 다음과 같다(Hutchinson, 1976).

만일 다국적기업이 전략의 중점을 '빠른 성장'에 두고 있다면 제품별 조직, 기능별-제품별 조직, 제품별-지역별 조직 등 세 가지의 구조를 채택하는 것이 가장 적합하다. 왜냐하면 이와 같은 조직구조에서는 기업이 새로운 제품을 일찍 그리고 널리 퍼뜨릴 수 있기 때문이다. 그러나 만일 기업이 '국제사업부' 조직이나 단순히 '지역별' 조직을 채택한다면 불리하다.

또한 다국적기업이 전략의 중점을 '본사의 엄격한 통제'에 둔다면 '지역별' 조직은 가장 부적합한 구조가 된다. 반대로 경영자의 부족한 경험을 보충하는 데 전략의 중점을 둔다면 '국제사업부' 조직을 채택하는 것이 유리하다. 왜냐하면 이러한 조직구조는 적은 수의 인원들이 능력을 충분히 발휘하는 데 적합하며, 어떤 업무기능이나 국제활동은 다른 무역회사 등과 같은 외부의 조직을 이용함으로써 기업의 직접적인 부담을 경감할 수 있기 때문이다.

이상의 전반적인 조사결과는 [표 13-1]에서 보는 바와 같다. 결론적으로 말하면, 글로벌기업이 기업의 조직구조를 선택할 때에는 반드시 먼저 채택하려는 전략의 중점이 무엇인지를 결정한 후에 가장 적합한 조직구조의 형태를 고려하여야 할 것이다.

[표 13-1] 다국적기업의 조직구조와 전략의 결합

전략의 중점	적합 정도				
	국제사업부	제품별	지역별	기능별-지역별	제품별-지역별
빠른 성장	M	H	M	H	H
제품다각화	L	H	L	H	H
기술밀집	M	H	L	H	H
경영자의 경험부족	H	M	L	L	L
본사의 엄격한 통제	M	H	L	H	H
정부와의 긴밀한 관계	M	L	H	M	M
자원분배 :					
제품위주	L	H	L	M	M
지역위주	M	L	H	M	M
기능위주	L	M	L	H	M
상대적 비용	M	M	L	H	M

* 적합 정도 : 고=H, 중=M, 저=L

제2절 글로벌경영의 문화비교적 이해

1. 글로벌기업과 문화환경

1) 문화의 개념

인류학과 사회학에서 중점적으로 연구되는 문화(culture)의 개념에 대하여 학자들은 그들의 관점과 견해에 따라 서로 다른 정의를 내린다. 따라서 문화란 무엇인가에 대하여 현재까지 학자들 간에 일치되는 정의를 찾아보기 어렵다.

'문화'라는 단어는 인류학의 선구자인 영국인 에드워드 타일러(Edward B. Tylor)에 의해서 인류학에 처음으로 소개되었고 하나의 전문적인 용어로 되었다. 그의 저서 『원시문화』(Primitive Culture, 1871)에서 그는 문화를 "지식, 신앙, 예술, 법률, 도덕, 관습 그리고 사회의 한 구성원으로서의 인간에 의하여 얻어진 다른 능력이나 습관들을 포함하는 복합적 총체"로 기술하고 있다(White, 1973 ; 이문웅, 1986 : 49).

그 후 많은 학자들은 문화의 개념에 대하여 좀더 분명하게 정의하려는 노력을 기울여 왔다. 그러나 학자들은 나름대로의 연구주제와 관점에 따라 문화의 개념을 기술하고 있어서 아직까지 정확한 정의를 내리는 데에 의견의 일치를 보지 못하고 있다. 예를 들면, 학자에 따라서는 문화를 "사회를 하나로 결합시키는 공동철학, 의식형태, 가치, 신념, 기대, 그리고 규범"으로 정의하며(Kilmann 등, 1985 : 5), 페티그류(Pettigrew, 1983 : 574)는 문화를 '어느 기간 어느 집단 내에서 운용되고 공개되며 대부분의 구성원들에 의해 받아들여지는 의식체계'라고 정의한다. 또 루이스(M.R. Louis)는 「American Heritage Dictionary」의 정의를 인용하여 문화를 "하나의 사회 또는 집단의 구성원들이 모두 공유하고 있는 행동형태, 예술, 신념, 제도 등과 같은 사회적·예술적 표현방식"이라고 정의하고 있다(Kilman 등, 1985 : 127).

새트히(Sathe, 1983 : 6)는 인류학자들이 지금까지 그들의 연구목적에 따라 기술한 164개의 문화에 대한 개념을 검토한 후에 문화는 기본적으로 다음과 같은 두 가지의 관점에서 기술되고 있음을 발견하였다. 첫째는 관념학파(ideational school)의 관점인데, 이들은 문화를 "사회구성원들의 마음속에 공유되고 있는 것은 무엇인가"라는 관점에서 기술한다. 둘째는 문화적응학파(cultural adaptationist school)의 관점으로 이들은 문화를 "사회구성원으로부터 직접 관찰할 수 있는 행동과 언어, 그리고 이들이 사용하는 물체 등"에 초점을 두고 기술한다는 것이다. 따라서 이러한 관점에서 보면 문화란 "한 사회의 발전단계 중에 나타난 정치·경제·사회·교육·과학기술·법률 등과 같은 모든 특질의 조합"이라고 할 수 있다.

이상에서 우리는 문화의 개념이 학자들의 관점과 견해에 따라 크게 두 가지의 입장으로 정의되고 있음을 알 수 있다. 그러나 이와 같은 문화의 정의에 대하여 어느 것이 옳고, 어느 것이 틀린 것이라는 주장은 있을 수가 없다. 이 두 가지의 입장은 각기 설명하려고 하는 대상에 따라서 견해를 달리하고 있을 뿐이다. 여기에서는 이들 두 가지의 관점을 종합하여 "문화는 사회나 집단을 구성하고 있는 모든 사람들이 공유하는 가치관, 신념, 이념, 그리고 모든 제도적 특질과 관습, 지식, 언어, 기술 등을 포함하는 거시적이고 종합적인 개념으로서 사회나 집단구성원의 행동에 영향을 미치는 중요한 요소"로 이해하도록 하겠다(Light, JR., and Keller, 1975 : 82). 따라서 문화는 사회나 집단구성원의 행동과 사회체계를 형성하고 이들을 연결·조정하는 통합요소라고 볼 수 있다.

여기서 특히 문화의 개념에 대하여 이와 같은 광의의 해석을 취하는 이유는 비교경영의 관점에서 보면 그와 같은 많은 요소들이 모두 경영관리와 그 유효성에 영향을 미치기 때문이다.

2) 문화차이와 기업의 경영관리

(1) 글로벌기업의 문화환경

서로 다른 국가 또는 사회의 문화는 완전히 같을 수도 없지만 전혀 다르다고도 할 수 없다. 다시 말하면, 한 사회의 문화는 다른 사회의 문화와 '완전히 같음'과 '완전히 다름'의 사이에 위치한다고 할 수 있다. 그리고 그 같음과 다름의 정도는 국가와 국가, 사회와 사회에 따라서 차이가 있을 것이다. 예컨대 영국과 미국의 문화는 같음의 정도가 상당히 큰 데 비하여, 영국과 인도의 문화는 같음의 정도가 상당히 협소하다고 할 수 있다. 그러나 갈수록 세계의 교통과 통신이 발달하고 여행의 보편화와 글로벌기업의 영향으로 말미암아 국가와 국가 그리고 사회와 사회 간의 문화적 공통점은 점차 확대되고 있다고 할 수 있다.

[그림 13-2]에서 보는 바와 같이 시간이 흐름에 따라($t_1 \rightarrow t_2$) 서로 다른 사회 간의 공통점은 점차 확대되는 경향을 보인다. 그러나 사회 간의 상이점 역시 시간이 지남에 따라 확대된다는 사실에 유념할 필요가 있다. 이것은 각 사회는 모두 시간이 지남에 따라 최초의 상태에 머물지 않고 갈수록 복잡화되기 때문에 많은 면에 있어서 상호일치하는 경향과 동시에 서로 다른 면을 또한 끊임없이 개발해 낸다는 것을 나타낸다(Massie and Luytjes, 1972 : 363-365). 따라서 서로 다른 사회는 그들 사회의 문화가 공통성을 보이는 범위 내에서는 경영관리 또한 공통성 내지 보편성을 지니며, 문화가 상이성을 보이는 방면에 있어서는 경영관리 역시 사회에 따라 각기 특수성을 지닌다고 할 수 있다. 이와 같은 경영관리의 보편성에 관한 일반적인 문제에 관해서는 이미 이 책의 제 2 장에서 비교적 상세히 설명하였다. 따라서 여기에서는 문화를 구성하고 있는 구체적인 요소를 알아보고 그러한 문화환경에서의 경영관리의 문제에 대하여 살보도록 하자.

[그림 13-2] 사회 간의 공통점과 상이점의 확대

한 사회의 문화는 그것을 구성하는 많은 요소들이 무작위로 또는 각기 독립적으로 존재하는 것이 아니라 상호 긴밀한 관계를 유지하면서 하나의 전체(whole) 또는 체계(system)를 이루고 있다(한상복·이문웅·김광억, 1982 : 67). 그러나 이러한 체계를 구성하고 있는 문화요소들은 너무나 다양하기 때문에 모든 요소들을 다 밝혀낸다는 것은 사실상 불가능하다. 다시 말하면, 그 전체로 기술될 만큼 단순한 문화란 존재하지 않는다. 따라서 인류학자들은 문화의 성격과 내용을 대표할만한 몇 가지 요소 또는 특질들에 관심을 두고 접근한다. 다음의 문화요소들은 문화체계를 이해하고 파악하는 데 많은 도움이 된다(이광규, 1971 : 35).

① 언어 : 말, 문자
② 물질 : 식관습, 주거, 의복, 기구, 무기, 직업
③ 예술 : 조각, 회화, 음악
④ 신화와 과학적 지식
⑤ 종교행사 : 의례, 환자처리
⑥ 가족과 사회조직 : 혼인형식, 친족범위, 상속, 사회통제
⑦ 재산 : 부동산, 개인재산, 통상
⑧ 정치 : 정치형태, 사법과 입법의 절차

이와 같이 문화체계를 구성하고 있는 복잡하고 다양한 문화요소들은 또한 전체적인 문화환경으로써 기업의 활동에 지대한 영향을 미치게 된다. 따라서 글로벌기업의 경영자는 외국의 이러한 문화환경의 특성을 파악하여 그에 적합한 행동, 전략, 조직구조, 그리고 기술 등을 개발해야 할 필요가 있다.

글로벌기업의 문화환경에 크게 관련되는 요소로는 [그림 13-3]에서 보는 바와 같이 언어, 종교, 가치 및 태도, 교육, 사회조직, 기술, 정치, 법률 등을 들 수 있다. 그러나 이러한 요소들은 각기 독립적으로 존재하는 것이 아니고 상호 연결되어 하나의 전체

적인 문화환경을 형성한다(Terpstra, 1978 : 14).

[그림 13-3] 글로벌경영활동에 영향을 미치는 문화요소

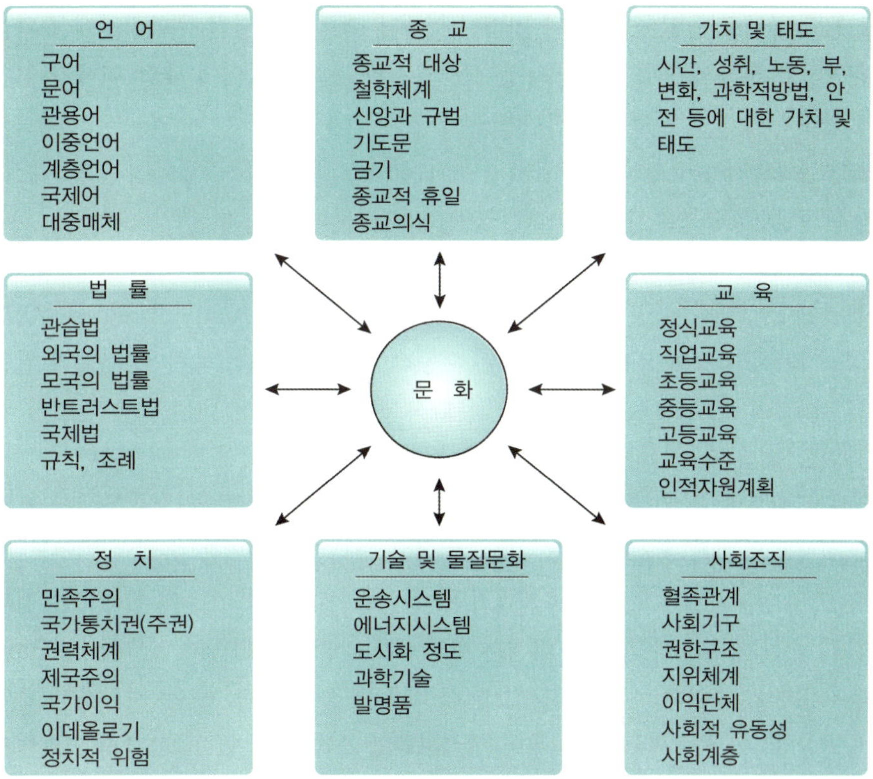

자료 : Terpstra, 1978 : 14.

(2) 글로벌기업의 경영관리와 역할

위에서 살펴본 바와 같이 글로벌기업에 관련된 문화환경은 각종 요소들로 복잡하게 구성되어 있다. 그리고 이러한 문화환경으로서의 외국의 이질적인 문화체계는 기업의 제반 경영활동에 영향을 미친다. 따라서 기업이 글로벌경영활동을 원활히 수행하기 위해서는 각국의 문화환경에 적응할 수 있는 각종 경영관리기능을 개발할 필요가 있다.

각국 문화환경의 차이는 의·식·주 등에 관한 관습상의 차이를 가져오고, 이는 다시 상품수요의 유형과 양을 결정짓는 요인이 된다. 따라서 기업은 현지국 소비자들의 이러한 문화적 소비패턴에 능동적으로 대처해 나갈 수 있는 '경영관리시스템'을 개발

하여야 한다. 또한 조직 및 인적자원관리에 있어서 현지국 종업원들의 가치관 및 행동의 차이가 생산분야의 효율성에 큰 영향을 미친다. 그러므로 기업은 현지국 종업원들의 직무만족, 조직몰입, 그리고 생산성을 높일 수 있는 조직 및 인적자원관리시스템을 개발할 필요가 있다. 그러나 기업이 이렇게 외국의 이질적 문화환경에 효과적으로 대처하기 위해서는 무엇보다도 먼저 경영자의 문화적 차이에 대한 이해가 선행되어야 한다.

또한 글로벌기업의 활동을 자원의 이동과 결합의 과정이란 측면에서 보게 되면, 기업은 글로벌경영활동을 수행하는 데 있어 새로운 문화권에 적응해야 할 뿐만 아니라, 다른 한편으로는 새로운 상품이나 경영관리기법 등을 이전시키는 사회적 변화의 중개인 역할도 병행해야 한다는 사실도 간과해서는 안 된다. 다시 말하면, 글로벌경영활동은 기업이 외국의 문화에 적응하는 수동적 위치에 있음과 동시에, 자신의 활동을 통하여 외국의 문화권 내에 적으나마 '문화적 변화'를 만들어 내는 능동적 위치의 이중적 역할을 하는 셈이다(정구현, 1988 : 219).

문화적 변화의 중개인(change agent)으로서의 기업의 글로벌경영활동은 긍정적인 면과 부정적인 면을 동시에 갖고 있다. 기업이 글로벌한 사업을 통해 이전하는 신상품, 새로운 인적자원관리제도, 마케팅기법, 종업원의 훈련과 기타의 현대적인 지식은 투자기업이나 현지국의 정부가 대개는 바람직한 것으로 평가한다. 그러나 경우에 따라서는 똑같은 자원에 대해서 불필요한 소비를 조장한다든가 또는 전통적인 가치관을 파괴한다든가 하는 비난이 퍼부어지는 사태도 초래할 수 있다. 따라서 글로벌경영자는 현지국의 투자기업과 정부, 사회단체 등 현지사회를 주도하고 있는 엘리트계층의 문화적 가치체계를 이해하고 파악할 수 있어야 한다. 기업의 글로벌경영활동이 긍정적으로 평가받느냐 아니냐 하는 문제는 현지국 엘리트들의 정치이념과 가치관으로부터 많은 영향을 받을 수 있기 때문이다(Sauvant and Lavipour, 1976).

(3) 글로벌경영자와 문화차이의 이해

글로벌기업의 경영자들이 스스로 문화에 대한 학습을 촉진하고 인적자원개발전략을 수립할 때 문화요소를 고려하는 것은 매우 중요하다. 경영자들이 문화차이를 관리하는 방법을 익히는 것은 그들의 시야와 행동을 더욱 글로벌하게 해줄 뿐만 아니라 개인적으로나 직업적으로도 바람직한 결과를 가져다준다. 글로벌기업과 글로벌경영자에 있어서 문화차이를 이해하고 학습하는 것이 중요한 이유를 좀 더 상세히 살펴보면 다음과 같다(Moran 등, 2007 : 36-37).

첫째, 문화는 그것이 국가문화이든지 기업문화이든지를 불문하고 모두 경영자들에게 정체성에 대한 감각을 심어준다. 특히 문화는 장려해야 할 가치나 인간행동을 이해하고 판단하는 데 중요한 역할을 하며, 조직에 대한 충성심과 조직의 성과를 개선할 수 있게 해준다.

둘째, 문화적 지식은 사람들에게 어떤 통찰력을 심어준다. 예컨대, 기업 간 업무규약(business protocol)은 특정 국가의 독특한 특성이나 코드(codes) 그리고 의식형태나 표준 등과 어우러져 만들어지기도 한다.

셋째, 문화적 깨달음이나 문화적으로 학습된 노련함은 조직문화를 이끄는데도 큰 도움이 될 수 있다. 그리고 자회사, 특정 부서 또는 정부단위에 형성되어 있는 하위문화(subculture)는 전체조직의 목표달성이나 조직 내의 의사소통을 촉진하기도 하고 방해하기도 한다.

넷째, 문화의 개념과 특성은 이미 소멸된 산업이나 미래 산업의 근로환경과 근로문화를 분석하는 데 도움이 된다. 또한 문화적 통찰력과 문화적 해결방식은 우리가 리더십과 경영관리실무에 대해 문화적 영향을 최소화할 수 있는 비교경영기법을 연구하는 데 큰 힘이 된다.

다섯째, 다양한 문화적응능력은 기업의 세계적 경영과 교역활동에 있어서 필수불가결한 것이라고 할 수 있다. 문화적 민감성(culture astuteness)은 기업이 다양한 시장수요를 쉽게 파악할 수 있게 만들며, 자국과 또는 해외시장에 존재하는 특정 소비계층이나 소수민족에 대한 전략을 개선하는 데 많은 도움이 된다.

여섯째, 문화적 분별력(cultural understanding)은 국내 또는 해외에서 얻은 경험을 다른 문화에 이전할 수 있게 도와준다. 이는 특히 경영자 개인뿐만 아니라 그들의 가족이나 부하들이 지역적 이동으로 말미암아 겪게 되는 문화변화와 그에 따른 문화충격의 문제를 해결하는 데에도 큰 효과가 있다.

일곱째, 문화적 분별력과 문제해결방식은 모든 해외진출시스템에 적용되어야 한다. 이문화에 대한 효과적인 적응은 해외에서의 경험과 생산성을 개선시킬 뿐만 아니라 해외에서 다시 자국과 모기업의 문화 안으로 재진입하는 데에도 도움이 된다.

여덟째, 문화적 역량(cultural capability)은 경영자가 국제적 조직에 관여하거나 국제적인 모임에 참여하는 데 큰 힘이 되며, 문화적 능숙함은 개인의 경험을 타문화에 적합하게 바꾸어 적용해야 하는 문제에 효과적으로 대처할 수 있게 한다.

2. 글로벌기업과 비교경영연구

1) 비교경영연구의 중요성과 연구과제

위에서 우리는 '문화요소'를 출발점으로 하여 그것의 글로벌기업에 대한 영향 또는 관계에 대하여 살펴보았다. 여기에서는 경영효율성의 관점에서 환경과 문화가 글로벌기업이 채택하는 경영관리기능과 방법에 대하여 어떻게 영향을 미치는지를 살펴보도록 하겠다.

경영학에서 외부환경요소를 경영이론과 연구의 범위에 포함시키기 시작한 것은 그리 오래 전의 일이 아니다. 1960년대에 미국의 저명한 경영학자인 파머와 리치만(Farmer and Richman, 1964)은 당시의 경영이론에 대하여 느끼고 있던 불만을 다음과 같이 토로하였다.

> "사실상 지금까지의 경영에 대한 연구는 대부분 '하나의 경영'이라고 불리우는 블랙박스(black box) 속에 국한된 것이었다. 기업은 경영활동을 영위하는 데 있어서 의존하지 않으면 안될 외부환경에 대해서는 거의 고려하지 않았다. 만일 모든 기업의 생존에 필요한 외부환경이 한결같이 똑같다면 지금까지의 그와 같은 연구방법은 확실히 효과적이고 실행가능한 것이라고 할 수 있다. 그러나 사실상 기업의 외부환경은 많은 상황하에서 모두 중대한 차이를 지니게 된다. 이러한 경우에 있어서 현재의 이론으로는 기업의 경영효율성을 비교하거나 그 차이를 합리적으로 해석할 수 없다. 따라서 국가와 국가 간에서와 같이 서로 다른 환경하에서는 반드시 외적 압력이나 제한조건의 내적 경영관리에 대한 영향을 고려하여야 한다."

소위 '비교경영학'이란 서로 다른 국가에서의 경영방식과 그 효과에 관한 문제를 연구대상으로 하여 국가들 사이의 공통점과 상이점을 찾아내어 그것을 분류·측정·해석하는 학문이다. 본질적으로는 이러한 연구방법이 중시하는 것은 '객관적 사물이나 현상'이며, 그러한 사물이나 현상은 '반드시 어떠해야 한다'는 것이 아니다(Donnelly, Jr. 등, 1975 : 400).

환경 및 문화요소를 경영연구에 포함시킨 후, 다시 말하면 경영연구가 특정 문화체계의 제약으로부터 벗어난 후에 다음과 같은 연구문제들이 증가하게 되었다(Massie and Luytjes, 1972 : 335).

첫째, 서로 다른 문화체계 안에서 사람들은 경영자가 사회에서 행하는 역할에 대하여 공통적인 생각을 가지고 있는가?

둘째, 경영자가 다른 나라에서 역할이 바뀐다면 그러한 변화는 경영이론이나 실무에도 영향을 미치는가?

셋째, 한 나라의 특정 시기에 가장 적합한 경영방법은 무엇인가? 그리고 그러한 경영방법은 경제발전단계에 따라 달라지는가?

넷째, 경영이론이나 실무 중에서 어느 부분을 다른 환경에 이전하여 응용할 수 있는가?

다섯째, 과거 10년 동안 변하지 않고 계속 유지되어온 경영사상은 없는가?

여섯째, 상이한 정치와 경제주의는 경영이념에 대하여 중대한 영향을 미치지 않을 것인가?

일곱째, 현재의 다양한 연구방법들 중에서 새로운 구상과 실험방식을 찾아낼 수는 없는가?

여덟째, 과거에 비하여 광범해진 이러한 경영에 대한 생각이 각 국가 및 국가들 간의 경영의 발전추세를 보다 명확하게 예측하는 데 도움이 되는가?

이들 문제에 대하여 아직까지 명확한 대답을 할 수 없다. 따라서 이와 같은 연구문제는 앞으로도 연구자들이 해결해야 할 과제라고 할 수 있다.

2) 비교경영의 연구모형

몇몇 학자들은 문화와 환경요소가 경영유효성에 미치는 영향을 보다 효과적으로 연구하기 위하여 일련의 '개념적 틀'(conceptual framework)을 개발하여 자료의 수집과 분석을 용이하게 하고 관련 이론과의 관계를 살펴볼 수 있도록 하였다. 여기에서는 비교경영의 '네간디와 에스타펜모형'(Negandhi and Estafen model)을 중심으로 살펴보도록 하겠다(Negandhi and Estafen, 1965 ; Negandhi, 1965).

네간디와 에스타펜모형에는 환경요소와 경영철학(management philosophy), 경영관리실천(management practices), 경영유효성(management effectiveness) 등 네 개의 변수가 포함되어 있다. 네간디와에스타펜 모형의 주요 구조는 [그림 13-4]에서 보는 바와 같다.

[그림 13-4] 네간디와 에스타펜의 비교경영연구모형

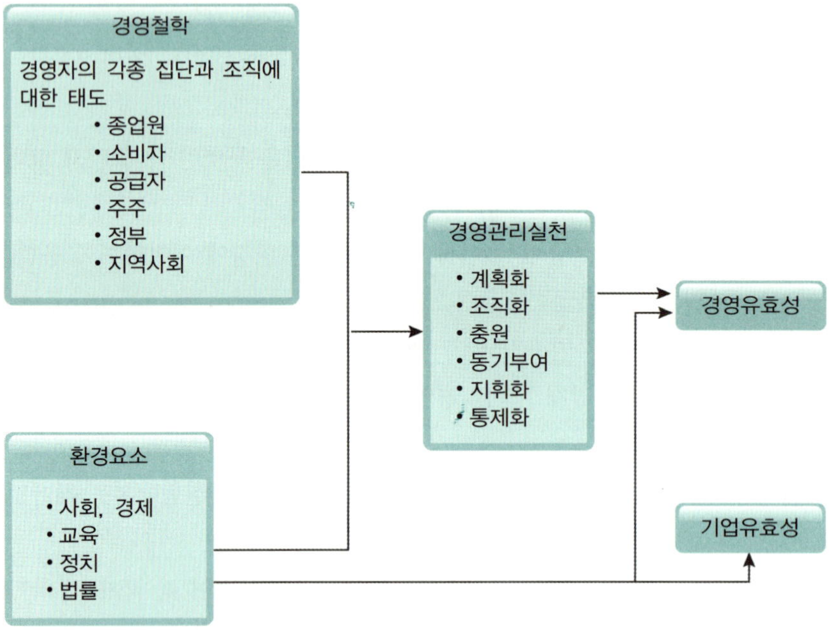

네간디와 에스타텐모형에서 환경요소를 제외한 나머지 세 개의 변수에 관하여 설명하면 다음과 같다.

(1) 경영철학

경영철학을 경영관리실천과 분리시켜 하나의 독립적인 변수로 취급하고 있는 것이 이 모형의 가장 두드러진 특징이라고 할 수 있다. 네간디와 에스타펜은 다른 학자들과 마찬가지로 넓은 의미로서의 경영철학이 문화와 환경의 영향을 받는다는 것에는 이의를 제기하지 않는다. 그러나 그들은 경영철학에서 어떤 성분은 한 나라에서 다른 나라에 이전시켜 성공적으로 응용할 수 있다는 사실을 발견하였다. 따라서 적어도 그렇게 이전가능한 부분은 문화와 환경의 영향을 받지 않는다고 주장한다.

그들은 인도에서 서로 상반된 경영철학을 견지하고 있는 방직회사를 예로 들어 그러한 사실을 설명한다. 즉, 한 기업은 단기적이고 빠른 이윤을 추구하며 다른 기업은 장기적인 이윤을 추구하는데, 기업의 그러한 경영철학은 이들 기업의 조직과 경영관리행동(예를 들면 종업원의 사기, 생산성, 조직구조, 권한위양, 관리폭, 커뮤니케이션)에 대하여 중대한 영향을 미친다는 것이다. 그리고 그러한 서로 다른 경영철학을 인도 이외의 다른 국가에서도 똑같이 발견할 수 있다는 사실을 들어 경영철학은 문화와 환경에 의하여 결정되는 것이 아니라고 말한다.

따라서 네간디와 에스타펜모형에서 일컫는 경영철학은 광범위한 의미에서의 경영철학을 의미하는 것이 아니고 고객·종업원·공급자·주주·지역사회 등의 국한된 집단에 대하여 기업이 취하는 태도 및 그러한 집단과의 관계에 한정된다.

(2) 경영관리실천

경영관리실천은 계획화, 조직화, 충원, 동기부여 및 지휘화, 통제화 등과 같은 경영관리기능을 실행하는 방식을 말한다. 이와 같은 경영관리실천은 경영철학과 외부환경의 영향을 받는다.

경영관리기능과 그것의 실행방식으로서의 경영관리실천을 보다 상세히 열거하면 [표 13-2]와 같다.

[표 13-2] 경영관리기능과 경영관리실천

경영관리기능	경영관리실천
계획화	• 계획기간 • 계획수립권한의 귀속 • 방법·기술·도구의 사용
조직화	• 권한-책임의 관계 • 조직도 • 집권화와 분권화의 정도 • 통제의 범위 • 비공식조직의 이용과 경영자의 그러한 집단에 대한 태도 • 직무의 분류와 부문화 • 전문스탭의 이용 및 스탭과 라인의 관계
충원	• 종업원의 평가·선발·훈련 등의 방법 • 승진을 위한 표준 • 경영자개발방법
동기부여 및 지휘화	• 상부계층으로 하여금 협력하고 노력하여 조직목표를 달성하도록 하는 동기부여의 방법 • 하부계층에 대한 동기부여의 방법과 기술 • 커뮤니케이션기술 • 감독기술
통제화	• 서로 다른 업무범위(재무·생산·마케팅·인사 등)에 사용하는 각종 통계기법 • 통제의 표준유형 • 정보의 피드백시스템과 그것의 개선과정

(3) 경영유효성

경영유효성은 실제로 매우 복잡하고 측정하기 어려운 개념이다. 네간디와 에스타펜모형에서는 경영유효성으로 다음과 같은 요소를 들고 있다.

① 과거 5년간의 순이윤총액
② 과거 5년간의 매년 이윤증가율
③ 기업의 주요 제품선의 시장점유율과 과거 5년간의 증감률
④ 기업주식의 시가와 과거 5년 동안의 증감률
⑤ 과거 5년간 기업매출액의 증가율
⑥ 종업원의 사기와 유동률
⑦ 종업원의 기업에 대한 평가와 다른 기업과의 비교평가
⑧ 일반대중의 기업에 대한 전체적 평가 및 다른 기업들과의 비교평가
⑨ 소비자의 기업에 대한 평가 및 다른 기업들과의 비교평가

이상에서 열거한 여러 요소들 중에는 사실 경영유효성이 아닌 기업유효성(enterpre effectiveness)에 속하는 것들도 상당수 포함되어 있다고 할 수 있다. 예를 들면, 이윤과 주가 그리고 매출액 등과 같은 요소는 실제로 경영유효성뿐만 아니라 당시의 외부환경의 영향을 받는 기업유효성에 속하는 요소라고도 볼 수 있다. 어떤 극단적인 상황하에서 경영유효성이 양호한 기업이라 할지라도 외부환경이 불리하게 역전됨으로써 이윤과 주가 등 방면에 심한 타격을 입을 수도 있을 것이다. 따라서 네간디와 에스타펜모형에서 경영유효성과 기업유효성의 측정표준을 분리하지 않았다는 것은 하나의 결함이라고 할 수 있다.

3) 연구설계의 예시

비교경영의 문제에 대하여 과학적인 연구를 실시하기 위해서는 위에서 설명한 개념적 틀이 있어야 할 뿐만 아니라 나아가 그러한 모형에 근거하여 연구계획을 설계하여야 한다. 여기에서는 네간디와 에스타펜모형을 근거로 하여 그들이 제시한 연구설계에 관하여 설명하기로 한다.

먼저 경영철학·경영관리실천·경영유효성 등 세 개의 변수는 각기 X·P·Z의 기호로 표시하기로 한다. 그리고 미국 내 미국기업의 경영철학을 X_1, 경영관리실천을 P_1, 그리고 경영유효성을 Z_1으로 표시한다. 그리고 이 미국기업의 인도 내에 있는 자회사는 모기업과 똑같은 경영철학(X_1)을 지니고 있지만 그가 채택하고 있는 경영관리

실천과 경영유효성은 모기업과 다르므로 이것을 각기 P_2와 Z_2로 표시한다. 마지막으로 인도 내에서 인도인에 의해서 경영되는 다른 기업의 경영철학과 경영관리실천 그리고 경영유효성 등은 모두 미국기업이나 자회사와는 모두 다르므로 이것을 각기 X_3 · P_3 · Z_3로 표시한다. 이와 같은 내용을 정리하면 [표 13-3]에서 보는 바와 같다.

[표 13-3] 비교경영의 연구설계 예시

분류	표본의 구성	경영철학	경영관리실천	경영유효성
제1조	미국 내의 미국기업	X_1	P_1	Z_1
제2조	인도 내에 있는 미국기업의 자회사[1]	X_1	P_2	Z_2
제3조	인도 내에 있는 인도기업[2]	X_3	P_3	Z_3

1) 모기업과 같은 경영철학을 갖고 있지만 그 외부환경은 서로 다르다.
2) 미국기업의 자회사와 같은 외부환경을 갖고 있지만 경영철학은 다르다.

이상과 같은 연구설계를 통하여 만일 제1조와 제2조의 경영관리실천이 현저한 차이가 있다는 것을 발견하였다면 그러한 차이는 외부환경의 영향으로부터 기인된 결과라고 생각할 수 있다. 그리고 제2조와 제3조 간의 경영관리실천의 차이는 상이한 경영철학에서 기인하는 것으로 볼 수 있다.

만일 경영유효성을 비교·분석하여 Z_2가 Z_3보다 양호하다는 사실을 발견했다면 제3조에 속하는 기업은 반드시 원래부터 지니고 있는 경영관리실천(P_3)을 P_2로 바꿔서 실천하여야 한다. 여기서 경영관리실천을 P_3에서 P_2로 바꾸기 위해서는 먼저 원래의 경영철학(X_3)을 X_1으로 변화시켜야 할 것이라는 정책적인 의미가 있다.

요컨대, 경영관리실천 P_1과 P_2의 차이는 외부환경의 차이로부터 기인된 것이며, 경영관리실천 P_2와 P_3의 차이는 경영철학의 차이로부터 기인된 것이라고 할 수 있다.

제 14 장

현대기업의 경영관리와 경영자

제1절 경영환경변화와 의사결정

제2절 지식경영의 실천과 지식경영시스템

제3절 경영혁신과 비전경영의 구현

제4절 현대경영자의 능력과 역할

제14장 현대기업의 경영관리와 경영자

제1절 경영환경변화와 의사결정

1. 환경문제의 본질

경영관리란 사람들이 문제를 해결하고 과업을 달성하기 위하여 취하는 일련의 과정이라고 할 수 있다. 초기의 경영관리는 오직 기업조직에 국한되었으며 그 과업 또한 이윤추구를 위주로 하는 것이 었다. 그러나 근래에 경영관리의 응용범위가 확대되고 과업 역시 많은 변화를 가져오게 되었는데, 그와 같은 현상은 경영관리의 동태적 성질을 보여줌과 동시에 우리로 하여금 경영관리의 미래와 발전방향에 대한 흥미와 연구의 필요성을 갖도록 하기에 충분하다.

다시 말하면, 경영관리는 그 시대의 사회적 배경 및 환경조건과 밀접한 관계를 가진다. 따라서 미래의 한 시기에 우리가 생활하는 세계는 어떻게 변화할 것인지를 예측하고, 그러한 환경에서 나타날 수 있는 중대하고 새로운 문제들을 경영관리를 통하여 해결할 수 있는 방안을 모색하여야 한다. 동시에 경영관리 자체에도 변화를 가져와 그 효율성을 한층 더 증대시킬 수 있어야 한다.

1980년대와 1990년대에 우리는 이미 특수하고도 중대한 조직운용상의 문제를 불러일으킨 각종 사건과 그로 인한 환경의 변화를 경험했다. 예를 들면 에너지위기, 국제화폐제도의 붕괴, 통화팽창, 정변과 난민, 동구사회의 변화 등과 같이 시시각각으로 변하는 외부환경은 각종 조직들이 어디서부터 어떻게 적응해야 될지 모를 정도로 큰 혼란에 빠지게 만들었다. 그리고 기업의 사회적 지위와 기능에 대한 관념도 많은 변화를 가져와 기업은 이윤추구의 기본과업을 달성하는 동시에(심지어는 그 이전에) 반드시 '사회에 대한 책임'을 다할 것이 요구되기에 이르렀다. 또한 비영리·서비스조직의 사회적 비중과 중요성이 증대됨에 따라 기업조직의 경영관리방식을 효과적으로 응용할 수 있는 방법을 모색하는 것도 중요한 문제로 대두되었다. 뿐만 아니라 각종 기업조직(특히 글로벌기업)의 규모가 확대된 이후에는 부문이나 단위 간의 비협조적이고 자기중심적인 태도와 충돌로 말미암아 전체 목표의 달성에 어려움이 야기되는 등 경영이론과 실무에도 큰 충격과 함께 영향을 미치게 되었다.

이러한 문제의 발생에 상응하여 우리는 경영관리의 개념과 방법상의 많은 발전도 경험하였다. 예를 들면 전략적 계획과 환경예측기법, 시스템적 및 상황적응적 사고와 방법, 비영리·서비스조직의 경영관리 그리고 기업의 사회적 책임 등은 모두 경영관리가 시대적 배경과 요구에 부응하기 위하여 취한 동태적 변화의 대표적인 것들이다.

본 장에서는 이와 같은 내용에 근거하여 미래에 우리가 직면해야 할 환경의 중대한 변화와 문제 그리고 기업이 담당해야 할 과업과 역할에 관하여 살펴보도록 하겠다. 또한 경영관리 그 자체는 어떠한 변화를 가져올 것인지 그리고 앞으로 경영자의 지위와 성격은 어떻게 변할 것인지 하는 것도 여기서 살펴볼 중요한 문제들이다.

2. 경영환경의 변화추이

경영환경이란 매우 개괄적으로 문화·사회·경제·정치·과학기술 등 적든 많든 기업조직에 영향을 미치는 모든 환경을 일컫는다. 따라서 여기에서는 미래의 한 시기에 변화가 발생할 수 있는 환경 중에서 특히 경영관리와 밀접한 관계를 지니는 몇 가지만을 중심으로 살펴보도록 하겠다.

이들 환경은 시간적 요소는 물론이고 공간적 요소의 지배를 받는다. 예컨대, 같은 시기에 미국의 경영환경과 아프리카에 있는 국가의 그바와는 많은 차이가 있으며 우리나라의 경영환경과도 차이가 있다. 그러나 오늘날 교통과 통신의 발달로 인하여 문화·경제·무역 등 각 방면의 교류가 빈번해짐에 따라 국가와 국가 간에 발생하는 문제와 그 해결방법은 공통점이 날로 증가하고 있으며, 국가와 국가 간의 경영환경 역시 공통점이 점차 증가하는 추세에 있다. 여기에서는 이와 같이 많은 국가와 사회에서 존재하는 경영환경의 변화에 대해 살펴보도록 하겠다.

1) 조직의 성격

경영관리는 조직이 없으면 역시 존재할 수 없다. 따라서 조직의 성격은 경영관리에 대하여 가장 직접적으로 영향을 미치는 환경요인이라고 할 수 있다.

우리가 경험하고 있듯이 다국적기업이나 초대형복합기업의 전형적인 형태인 콩글로머리트(conglomerate)와 같은 기업조직의 출현은 한 기업이 서로 다른 여러 시장과 상호관련성이 없는 업종에 동시에 진입하도록 만들었다. 예컨대, 미국의 대표적 다국적 기업인 싱거(singer)가 진출해 있는 해외시장의 수가 180여 개에 달하고 생산하고 있는 제품도 재봉틀 · 컴퓨터 · 라디오 · 청결제 · 방직기 · 탁상시계 등 그 종류가 다양하다.

그러나 앞으로 우리가 주의를 기울여야 할 것은 기업과는 또 다른 종류의 조직이 갈수록 중시되고 있다는 사실이다. 그와 같은 현상은 교육 · 국방 · 항공 · 해양 · 의료 등 여러 분야에서 나타나고 있다. 이들 분야의 조직들이 공통적으로 가지고 있는 특징은 다음과 같다.

첫째, 일상화(routinized)된 문제해결방법이 없고, 일관작업의 방식을 응용한 대량생산이 불가능하며, 항상 새로운 해결방법의 개발을 필요로 한다.

둘째, 조직은 주로 과학기술을 응용하는 과학자나 엔지니어들로 구성된다.

셋째, 제품은 오직 하나의 계획일 뿐일 수도 있으며 실제의 제품이라 할지라도 그 단위는 많지 않다.

넷째, 그 제품은 상당히 광범한 문제들과 관련되어 있으며 정부나 교육계 또는 산업계 등과 같은 여러 방면에서의 협조와 협력을 필요로 한다.

다섯째, 이와 같은 조직들이 추구하는 것은 전통적인 이윤이 아닌 서비스(service)이기 때문에 구체적으로 측정하기가 어렵다.

2) 작업성질과 작업자의 구성

위에서와 같은 조직의 출현은 자연적으로 조직 내에서 이루어지는 작업의 성질에도 영향을 미치게 된다. 따라서 기업조직의 제조나 생산직에 종사하는 종업원의 수는 현저하게 감소하는 반면에, 마케팅 · 금융 · 운수 · 통신 · 문화 · 사회복지 · 교육 등 서비스 분야에 종사하는 사람의 수가 증가하게 된다. 그리고 그들은 대부분 교육수준이 높고 특정 분야에서 전문적인 교육훈련을 받은 사람들이다. 따라서 그들의 직무에 대한 태도와 가치관은 이전의 작업자들과는 매우 다른 특성을 지니게 된다.

그 밖에 앞으로는 작업자들의 연령과 성별 역시 지금과는 많은 차이를 보이게 될 것이다. 사실상 많은 국가에서는 지금도 나이어린 근로자(특히 20세 이하)의 수는 현저하게 감소하고 반대로 30세 이상의 중장년 근로자의 수가 현저하게 증가하는 추세에 있다. 또한 여성근로자들이 역시 급격히 증가하고 있으며, 특히 높은 직위를 담당하거나 전문직에 종사하는 여성들도 많아지고 있다. 따라서 이와 같은 변화는 모두 조직이 채용하는 경영관리방식과 경영자의 리더십 스타일에 영향을 미칠 것이다.

3) 가치관과 직무태도

조직은 구성원들이 자발적으로 노력하고 능력을 발휘하여 조직목표를 달성하는 데 기여할 수 있도록 하여야 한다. 따라서 구성원들에게 직무에 대한 동기를 부여한다는 것은 경영관리에 있어서 가장 기본적인 기능이다. 그리고 구성원들의 가치관과 직무태도는 그러한 동기에 결정적인 영향을 미치는 매우 중요한 요인으로 작용한다.

미국과 유럽에서는 사회에서 전통적으로 중시해온 근로가치관(work values)인 청교도윤리(protestant ethic), 즉 "사람은 일을 하기 위해 존재하기 때문에 누구나 일을 위해서 자발적으로 노력해야 한다"는 신념이 이미 상당히 흔들리고 있다고 생각한다. 따라서 사람들이 이전과 같이 자발적으로 열심히 일할 수 있도록 하기 위해서는 그들에게 새로운 흡인력으로서의 보상을 제공하여야 한다. 그리고 그러한 새로운 흡인력으로서의 보상은 금전적이 것이 아닌 사람들이 흥미를 가지고 나름대로의 능력과 소질을 발휘하여 성취감을 느낄 수 있는 '직무 그 자체'가 되어야 할 것이다.

또한 사람들은 갈수록 많은 여가시간을 갖기를 원할 것이다. 한 학자는 이미 오래전에 2000년대가 되면 미국인들의 여가시간이 차지하는 비율은 전체 작업시간의 40% 이상이 될 것이라고 예측하였다(Fulmer, 1978 : 467). 우리나라에서도 현재 '주5일 근무제'를 채용하는 조직이 상당수에 달하고 있으며, 이러한 현상은 앞으로 여러 조직으로 더욱 확대되어 갈 것이 예상된다. 그리고 이와 같은 변화 역시 앞으로 조직의 경영관리에 영향을 미칠 것이다.

4) 정부와 기업의 관계

오래전부터 정부의 역할과 관리권한은 계속 확대되어 왔으며 그러한 추세는 이제 보편적이고 매우 중요한 것으로 인식되어지고 있다. 즉 정부는 자체 조직의 확대, 많은 인력의 고용, 문화・교육・복지・건설・교통 등 분야에서의 봉사뿐만 아니라 다른 조직의 안전・취업・표준화・처우 등과 같은 문제들에 대한 규정과 통제를 더욱 강화시켜 오고 있다.

정부의 이와 같은 변화는 전체 사회의 기업에 대한 태도의 변화와 밀접한 관계가 있다. 사회가 기업을 신뢰하지 않고 심지어 회의적인 태도를 갖게 되는 가장 큰 원인은 기업이 너무나 자기의 이익만을 추구하려 하기 때문에 항상 사회와 소비자의 이익에 반하는 행동을 취한다고 생각하기 때문이다. 따라서 사회는 정부를 통하여 기업에 대한 제재를 더욱 강화하게 되는 것이다. 사람들은 기업이 될 수 있는 한 많은 역량을 발휘하여 각종 사회문제를 해결해 줄 것을 기대한다. 또 그것이 기업의 사회적 책임이라고 생각한다. 그렇기 때문에 기업은 언제나 사회의 정치적 압력에 부딪치지 않으면 안 된다. 따라서 앞으로 기업을 경영하는 사람이 이와 같은 문제를 도외시하고 기업을 성공적으로 이끌어갈 수는 없는 것이다.

5) 과학기술의 발전

학자들은 이미 40여년 전에 1985년 이후에는 컴퓨터가 경영관리에 미치는 영향이 엄청나게 클 것이라는 것을 예측하였다(Anshen and Bach, 1960). 당시에 그들은 구매와 제품가격 등과 같이 일상적으로 이루어지는 고도로 정형화된 의사결정은 모두 컴퓨터를 이용하는 자동화된 경영관리시스템을 통하여 이루어지기 때문에 앞으로 그와 같은 직무를 담당하는 하부계층과 중간계층경영자의 수가 감소할 것이라고 생각했다.

또한 최고경영층의 경영자가 주로 담당해야 하는 신제품개발이나 노사협상 등과 같은 의사결정문제는 컴퓨터를 이용하는 것이 비교적 어려우나 이것 역시 기술적 관점에서 보면 부분적으로 가능해진다고 생각했다. 그 밖에 시스템개념의 응용과 계획의 시간폭을 연장하는 문제는 모두 컴퓨터의 개발 및 응용과 밀접한 관계가 있을 것이라고 생각했다(Simon, 1960).

그러나 그와 같은 컴퓨터의 응용에 대한 당시의 예측은 너무 낙관적이었다는 사실이 밝혀지기도 하였다. 예컨대, 중간경영자의 수와 중요성은 아직까지도 컴퓨터의 사용으로 인하여 결코 감소하지 않았다는 사실이다. 또한 컴퓨터의 사용이 조직의 "집권화를 가져올 것이다" 또는 오히려 "분권화를 가속화시킬 것이다"라는 상반된 주장에 대하여 최근의 비교적 합리적인 생각은 두 주장 모두 가능하며 어떤 경우이든 간에 컴퓨터는 경영자를 보조하는 기능을 발휘한다는 것이다.

특히 최근에는 고도로 발전된 정보기술을 이용한 가격이 저렴하면서도 높은 성능의 다양한 정보통신기기들이 개발되어 사무실의 다른 사무기구와 결합하여 사용할 수 있게 됨에 따라 사무자동화는 큰 진전을 보게 되었다. 그리고 그와 같은 '사무기구혁명'(business machine revolution)은 조직구조, 계획 및 통제과정, 의사결정의 수준, 직무설계 등에 중대한 영향을 미치게 되었다. 따라서 경영자가 앞으로 시대에 뒤지지 않기 위해서는 이러한 과학기술의 발전추세를 직시하고 그에 대한 지식과 능력을 갖추기 위하여 끊임없는 노력을 기울여야 할 것이다.

3. 전통적 의사결정과 현대적 의사결정

이상에서 살펴본 경영환경의 변화추세는 경영관리의 이론과 실무에도 반드시 그에 상응하는 변화를 가져오게 된다. 몇몇 학자들은 오래전에 이미 이러한 환경의 변화는 특히 의사결정의 내용·과정·정보에 많은 영향을 미친다고 생각하고 [표 14-1]에서 보는 바와 같이 전통적 의사결정과 현대적 의사결정을 이들 세 가지 측면에서 비교하였다(Hellriegal and Slocum, Jr., 1974 : 463-464 ; 박영배, 1999 : 440-441). 그리고 이와 같은 의사결정 성격의 변화와 더불어 기업조직에서 앞으로 반드시 중요하게 받아들여야 할 것으로 지식경영·경영혁신·비전경영 등이 있는데, 이에 대해서는 아래에서 상세히 살펴보도록 하겠다.

한편, 이와 함께 우리 모두가 주지해야 할 것은 지금까지 이 책에서 고찰·토의해온 경영관리의 전통적 이론체계와 그 원리가 무시되어서는 안 된다는 것이다. 뿌리가 깊은 나무가 모진 비바람에도 강건하게 성장하듯이, 심오하고 체계적인 이론과 원리가 굳게 자리잡고 있는 학문으로서의 경영관리가 있어야 아름다운 경영실천의 꽃을 피울 수 있기 때문이다.

[표 14-1] 전통적 의사결정과 현대적 의사결정

의사결정	전통적 의사결정	현대적 의사결정
의사결정의 내용	• 작업문제, 기업정책 • 기업의 국내에서의 지위와 경제 및 기술적 발전의 강화	• 전략의 수립, 전략집행시스템의 설계 • 제품과 시장 및 기술의 혁신 • 기업의 국제적 지위와 경제적·사회적·정치적·기술적 발전의 강화
의사결정의 과정	• 역사적 경험과 판단 및 과거에 유사한 문제를 해결하는 데 사용했던 방법을 강조한다. • 사람을 위주로 하는 과정	• 예측과 합리적 분석 그리고 새로운 의사결정문제를 해결하는 데 필요한 각 방면의 전문가와 기술을 강조한다. • 과학기술을 위주로 하는 과정
의사결정의 정보	• 내부성과의 표현을 위한 공식적 정보시스템 • 일방적·하향적인 정보의 흐름 • 정보시스템은 용량과 속도가 강조된다. • 정기적인 작업계획과 자본 및 경영지출예산이 강조된다.	• 예측과 외부환경에 관한 정보를 위한 공식적 정보시스템 • 쌍방적인 정보의 흐름 • 정보시스템은 다양성과 탄력성이 강조된다. • 작업과 프로젝트 등에 대한 계속적이고 끊임없는 계획이 강조된다. 그리고 이러한 계획은 그 통제를 용이하게 하기 위하여 비용 - 효과분석을 기초로 이루어진다.

자료 : Hellriegal and Slocum, 1974 수정

제2절 지식경영의 실천과 지식경영시스템

1. 환경변화와 지식경영의 중요성

21세기에 들어오면서 기업의 글로벌경영의 가속화와 인터넷 사용의 확산으로 기업환경은 갈수록 복잡해지고 빠르게 변화하고 있다. 경쟁심화, 정보기술의 급속한 변화, 다양한 소비자의 욕구변화에 따른 제품의 수명주기 단축 등은 기업이 인식하여야 할 중요한 요소들이다. 특히, 정보와 지식은 가장 강력한 기업의 가치이며 부의 원천인 동시에 본원적 생산요소 중에서 핵심적인 자원이 되고 있다(Druker, 1993). 최근 세계경제포럼(WEF)과 경영컨설팅회사(PWC)가 미국, 유럽, 아시아, 남미지역 802명을 대상으로 실시한 조사결과, "성공적인 기업경영은 지식경영에 바탕을 두고 있다"고 답변한 응답자가 97%에 달하고 있는 것으로 나타났다.

많은 전문가들은 우리가 살아갈 21세기는 지식산업과 정보화의 시대일 것이라고 예측한다. 따라서 기업의 생존과 경쟁의 근본요소가 유연한 환경적응력과 지식창조역량임을 인식하고 지식을 기업의 가장 중요한 자원으로 활용할 수 있는 방안을 수립하는 것은 매우 중요하다고 할 수 있다(김영실 등, 1998). 기업은 지식을 창출하고 축적하며 이러한 지식이 기업 내에 확산될 수 있도록 제도를 개선하고 시스템을 갖추는데 노력을 기울여야 한다.

최근, 경영패러다임의 변화가 지식사회 또는 지식경제로 가속화되면서 효과적인 지적자산의 확보 및 활용이 기업경영의 경쟁력 원천이자 성공의 핵심요인이 되고 있다. 드러커(P.E. Drucker)는 새로운 사회에서는 지식만이 가장 중요한 역할을 하게 될 것이라고 천명하였다. 정보로서의 지식은 신제품 개발과 마케팅, 고객창출, 판매, 서비스, 연구, 전략적 계획, 예측, 위험관리 등에 결정적인 영향을 미친다(Radding, 1998).

지식경영(knowledge management)은 향후 업무수행에 도움이 될 것으로 기대되는 정보와 경험, 선진사례 등의 학습내용을 전사적인 차원에서 체계적이고 용이하게 창출·수집·관리·활용하는 시스템을 말한다고 할 수 있다. 따라서 지식경영의 대상은 제안서와 보고서 등 사내의 주요한 문서와 업무관련 기술 및 노하우, 특허권 등의 전문지식 및 접촉지점, 업무경험, 성공과 실패경험 등을 모두 포함한다. 또 고객정보와 협력업체정보, 제품정보 등과 같은 핵심적인 기업정보 또한 지식경영시스템 내에서 관리된다.

지식경영은 최고경영층의 강력한 리더십하에서 경쟁우위 창출을 위한 전략으로 활용될 때 그 가치를 십분 발휘할 수 있다. 이를 위해서 전사적인 입장에서 전략적으로 관리해야 할 지식요소를 도출하고 체계화하는 노력이 필요하다. 지식경영이 성공하기 위해서는 먼저 지식창출과 공유의 프로세스가 각각의 업무프로세스 속으로 내면화되어야 한다. 이러한 활동의 결과가 업무흐름의 효율화로 귀결될 때 지식경영시스템은 업무담당자들에게 하나의 부담이 아니라 자연스럽고 필요한 도구가 될 것이다.

지식경영이 성공적으로 정착되려면 사용자들이 손쉽게 지식경영시스템을 활용할 수 있도록 하여야 한다. 필요한 정보를 쉽게 검색할 수 있고, 언제 어디서나 접근할 수 있으며, 새로운 정보기술의 성과들을 용이하게 접목시킬 수 있어야 한다. 이러한 모든 노력에도 불구하고 결국 지식경영의 관건은 지식을 창출하고 공유함으로써 이를 업무경쟁력 향상에 활용하고자 하는 조직구성원들의 자세에 있다고 할 수 있다.

사실, 지식경영의 성공은 최고경영자의 리더십과 조직구성원들의 참여와 함께 체계적인 지식경영시스템의 구축에 달려 있다. 기업은 생산요소의 비교우위보다는 지식을 활용한 효율성과 효과성 증대로 성장할 수 있다. 즉, 기업은 지식의 생산 및 공유의 경제적 단위가 되어야 한다. [그림 14-1]은 기업의 이와 같은 경영성과와 관련된 지식경영의 틀을 보여준다.

[그림 14-1] 지식경영의 틀

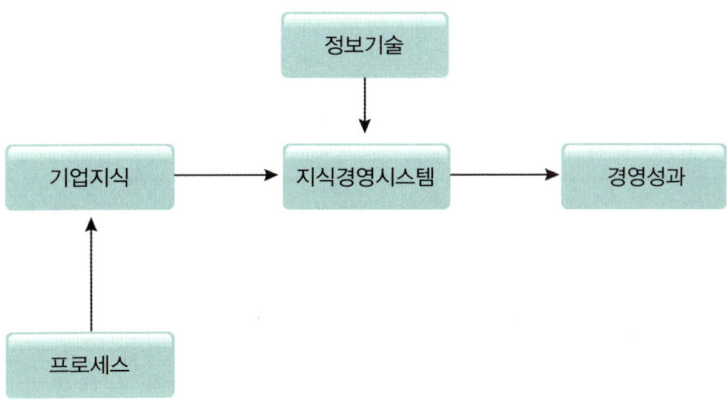

2. 기업경영과 지식

지난 20세기 전반까지는 지식을 노동에 적용하여 생산성에 커다란 변화를 가져왔다. 대표적인 예로, 테일러의 과학적 관리방법은 작업을 분석할 때에 지식을 적용했던 것이다. 그런데 21세기에는 기업의 경쟁우위 확보에 있어 지식은 자본과 노동보다도 더 중요한 경제요소로 부상하고 있다. 부가가치창출에서 지식이 차지하는 역할이 과거 어느 때보다도 소중해지고 있는 것이다.

지식에 관해서는 많은 정의가 있지만, 지식경영에서 의미하는 지식은 문법, 논리학, 수사학 같은 일반적인 지식을 의미하지 않는다. 여기에서 지식이라고 생각하는 것은 스스로 행동을 증명하는 것이라고 할 수 있다. 즉, 지식은 행동을 하는 데 효과가 있는 정보를 말하며 그 결과에 초점을 맞춘다(Drucker, 1993). 따라서, 지식은 보다 구체적이고 전문화된 성격을 가지고 있으며, 그것을 통해 결과물을 산출해 낼 수 있어야 한다.

조직 내의 지식은 크게 암묵지(tacit knowledge)와 형식지(explicit knowledge)로 구분된다(Nonaka와 Takeuchi, 1995). 암묵지는 학습과 체험을 통해 개인이 소유하고 있지만, 드러나지 않은 상태의 지식으로 겉으로 표현되기 어렵다. 이는 개인·집단·조직의 경험, 이미지 혹은 숙련적 기능, 조직문화, 풍토 등의 형태로 존재한다. 반면에 형식지는 언어와 구조를 갖춘 형태로 존재하는 지식을 의미한다. 이것은 제품의 모양, 문서, 데이터베이스, 매뉴얼, 공식, 컴퓨터 프로그램 등의 형태로 표현된다. 암묵지의 지식과 형식지의 지식에 대한 내용을 요약하면 [표 14-2]에서 보는 바와 같다.

[표 14-2] 지식의 유형

구분	암묵지	형식지
정의	언어로 표현하기 어려운 주관적인 지식	언어로 표현가능한 객관적 지식
획득	경험을 통해 몸에 체득한 지식	언어를 통해 습득된 지식
지식의 형태	아날로그적 지식	디지털적 지식

암묵지와 형식지는 서로 배타적이지 않고, 상호 순환적·보완적인 관계를 가지며, 시간이 지남에 따라 상호 간의 전이를 통해서 지식이 창조되고 확장된다. 이외에도 지식경영을 연구하는 사람들은 지식을 계층적인 접근에 의해서 체계적으로 이해하는 경향이 있다. 계층적 접근에 따르면 [그림 14-2]에서 보는 바와 같이 지식은 원천적인

거래자료로부터 최고 단계인 지혜의 단계로 나누어진다.

지식 피라미드의 최하단에는 거래자료와 묵시자료가 위치한다. 거래자료는 데이터베이스와 그 밖의 다양한 방법에 의해서 저장되었거나 사용되는 자료를 의미한다고 할 수 있다. 묵시자료는 기록되어 있어 있지 않은 자료를 의미한다(Radding, 1998). 거래자료와 묵시자료는 경영정보를 구성하는 중요한 요인으로 작용한다고 할 수 있다.

경영정보의 단계에서는 보다 중요한 전환이 발생하게 된다. 이 수준에서는 거래자료와 묵시자료가 그룹화되어 저장되고, 체계화되어 문장의 형태로 나타난다. 따라서 경영자는 보다 체계화된 정보를 이용하여 의사결정을 하거나 행동방안을 강구할 수 있게 된다.

경영정보가 잘 요약되고 차원화되면 이것을 '기업지능'이라고 하며, 기업지능이 정제된 형태로 기업경영에 영향을 미치는 것을 '기업지식'이라고 한다. 그리고 다양한 기업지식이 내면화되고 구체적인 실천방안을 제시를 하게 되면 이것을 지혜라고 정의할 수 있다. 그러나 이러한 지식에 대한 계층적인 접근에도 불구하고 현실적으로는 지식과 정보를 정확하게 구분하는 것은 어렵다고 할 수 있다.

[그림 14-2] 지식 피라미드

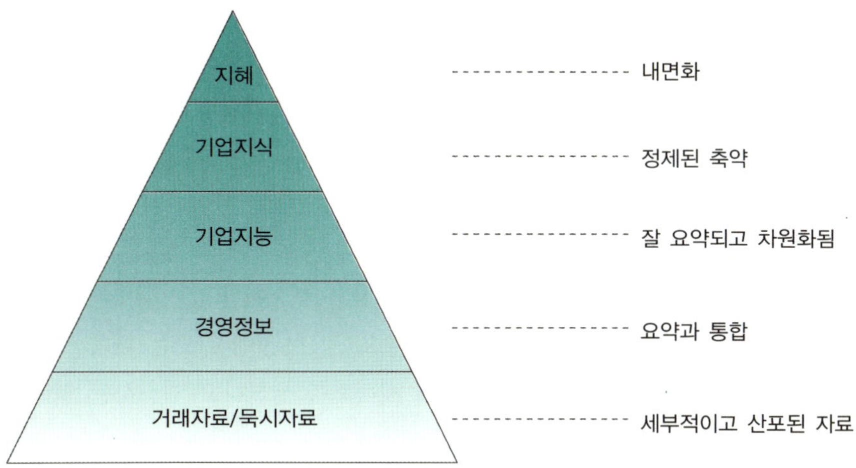

3. 지식경영과 지식경영시스템

1) 지식경영의 개념과 과정

서구의 경영자들이 지식경영에 대하여 언급하기 시작한 것은 1990년대 중반이라고 할 수 있다(Hansen 등, 1999). 그리고 지식경영의 개념이 국내에 도입되기 시작한 것은 최근의 일이다. 지식경영에 관심을 가지고 있는 컨설턴트와 학자들 사이에서는 이 용어가 추상적인 언어에 불과해서 일시적인 유행에 편승한 경영기법의 일부로 전락하지 않을까 하는 우려와 함께 구체적인 내용이 있는지에 대해 의구심을 표시하기도 한다. 과거의 기업도 지식을 습득하고 공유하며 창출하는 활동들을 하였다. 그러나 그같은 일련의 활동들이 뚜렷한 방향성을 가지고 전략적인 차원에서 관리되었던 것은 아니다.

지식경영은 급진적으로 새로운 개념이 아니다(Shana 등, 1998). 지식경영은 지식을 획득하고 획득된 지식을 활용하여 새로운 부가가치를 창출하는 모든 경영활동을 말한다. 다시 말하자면, 보유한 지식의 활용이나 새로운 지식의 창출을 통해 수익을 올리거나 미래에 수익을 올릴 수 있는 역량을 구축하는 모든 활동들을 말한다. 따라서 지식경영의 목적은 기업이 지식을 습득하고 공유하며 활용하는 과정 속에서 수익과 전략적인 경쟁우위를 확보하는 데 있다(http:// www.grapevine.com, 피터 드럭커 등, 1999). 최근에는 이러한 지식경영의 전 과정을 하나의 시스템으로 보고 체계적으로 접근하려는 노력이 이루어지고 있다.

지식경영은 조직이 가지고 있는 지적 자산뿐만 아니라 구성원 개개인의 지식이나 노하우를 체계적으로 발굴하여 조직내부의 보편적인 지식으로 공유하고, 이의 활용을 통해 조직 전체의 경쟁력을 향상시키는 새로운 기법이다. 이와 같이 지식경영은 일정한 과정을 거치게 된다. 지식경영은 대체적으로 [그림 14-3]에서 보는 바와 같이 지식을 획득·창출하고 전파·공유하여 제품이나 서비스를 생산하고 제공하는 일련의 과정으로 이루어진다(김인수, 1999).

[그림 14-3] 지식경영 프로세스

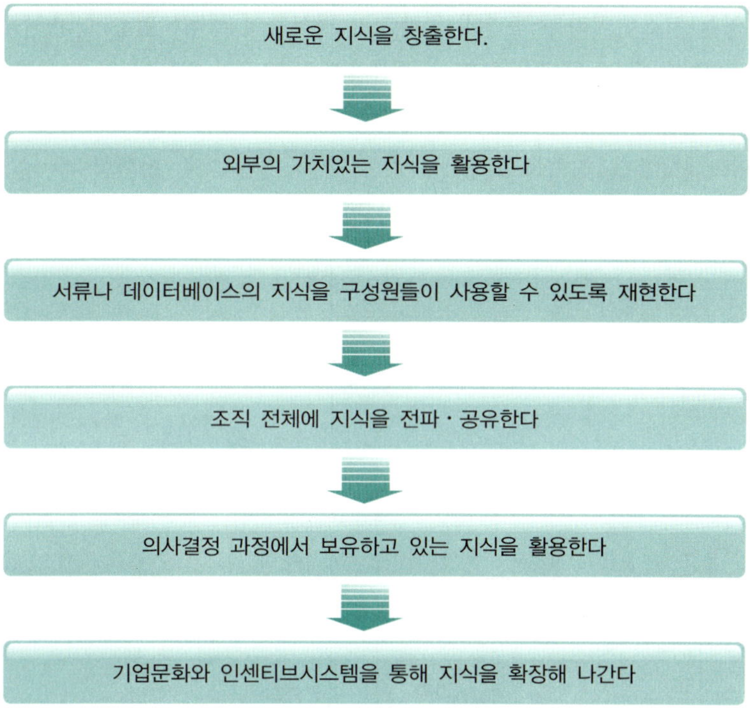

자료 : 매일경제 지식프로젝트팀, '지식혁명보고서', 매일경제신문, 1998, p.125.

2) 지식경영시스템

우리는 한치 앞도 내다보지 못할 정도로 급격히 변화하는 불확실성의 시대에 살고 있다. 개인이나 기업 그리고 사회조직들은 모두 나름대로의 생존과 번영을 위해서 불확실성을 줄이면서 이에 대처하려고 끊임없이 노력하고 있다. 이러한 것을 가능하게 해주는 것 중 하나가 시스템이론이다.

시스템(system)이란 "특정한 목적을 가지고 이를 성취하기 위해 여러 구성인자가 서로 유기적으로 연결되어 목적달성을 위해 상호작용하는 것"을 말한다(Miles, 1971). 예를 들어, 동물도 여러 가지 요소가 합쳐져서 생명을 유지하고 번식할 수 있도록 잘 고안된 하나의 시스템이라고 할 수 있다(Boulding, 1985). 시스템은 투입물(inputs), 전환과정(transform), 산출물(outputs), 피드백(feedback)으로 구성되어 있다. 일반시스템에 투입되는 것으로 자본, 인력, 정보, 에너지, 재료 등을 들 수 있는데, 이들 투입물은 시스템의 목적달성을 위해 전환과정을 거쳐 재화나 서비스와 같은 산출물로 출력된다.

지식경영을 시스템이라는 측면에서 본다면 지식들이 생성·활용·소멸하는 체계적인 과정을 의미한다. 여기에서 협의의 지식경영은 지식의 획득과 창출 그리고 활용까지를 의미하며(김영걸, 1998), 광의의 지식경영은 경영자원과 경영지식을 창출하려는 기업의 노력에서부터 경영목표 달성까지의 모든 과정으로 정의할 수 있다. [그림 14-4]는 이와 같은 지식경영시스템을 나타낸 것이다.

[그림 14-4] 지식경영시스템

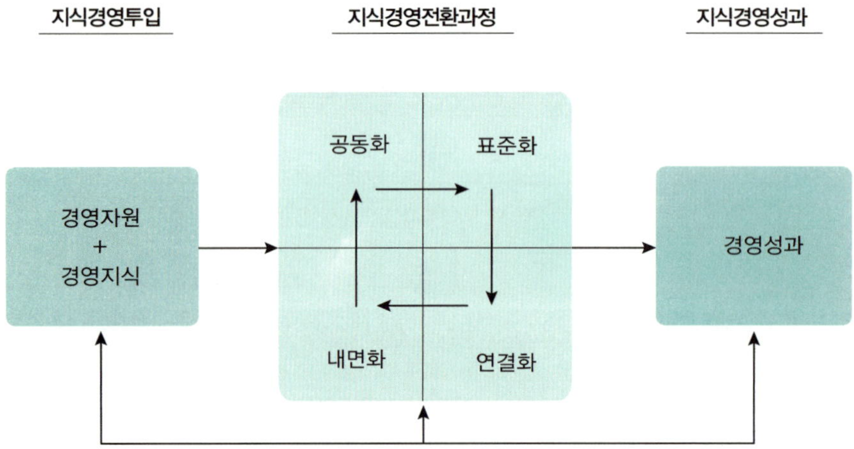

(1) 지식경영의 투입

기업이 필요로 하는 지식은 그것이 어떤 것이든 간에 크게 두 가지로 구분할 수 있다. 첫째는 이미 존재하는 지식으로 조직의 내부와 외부에 모두 존재한다. 둘째는 존재하지 않은 지식으로서 연구개발 또는 기존 지식의 응용 등을 통해서 새롭게 창출해야 하는 지식들이다. 이와 같이 획득한 경영지식은 경영자원과 함께 지식경영시스템에 투입된다.

(2) 지식경영의 전환과정

여러 방법과 경로를 통해 획득·투입된 지식들은 전환과정을 통하여 각종 경영자원들과 결합하면서 조직의 목표달성에 도움이 되는 형태로 바뀌어 조직의 전체 구성원들이 공유하고 학습함으로써, 경영관리기능과 업무기능을 보다 창의적·효율적으로 수행하고 경영혁신을 실천하는 데 활용하게 된다.

[표 14-3]에서 보는 바와 같이 지식전환은 공동화, 표출화, 연결화, 내면화 등의 과정을 통해 이루어진다. 먼저, 공동화는 암묵지의 지식이 암묵지로 바뀌는 과정을 말한다. 즉, 타인의 느낌이나 이해차원의 지식을 습득하는 과정이라고 할 수 있다. 표출화는 암묵지에서 형식지로 지식이 변화되는 과정으로서 말로 표현되지 않은 감이나 이해를 문서나 데이터베이스로 형식화하는 과정이다. 연결화는 형식지에서 형식지로 지식이 변화되는 과정으로서 문서나 데이터베이스에 축적되어 있는 지식을 서로 결합하는 것을 나타낸다. 끝으로 내면화는 형식지에서 암묵지로 변화되는 과정을 말하는데, 문서나 데이터베이스에 있는 내용을 학습하는 것이 여기에 해당된다.

이와 같은 지식의 전환과정을 통해 지식의 창출과 활용이 더욱 활발해진다. 최근에는 컴퓨터통신과 데이터베이스의 기술이 고도로 발전함에 따라 이러한 지식의 획득·창출·활용 등에 관한 개인의 능력을 넘어서게 되었다. 따라서 이제는 지식의 소유자 및 활용자를 개인이나 단일 조직차원에서 조직의 내·외부로 확장하지 않으면 안 되게 되었다.

[표 14-3] 지식전환의 흐름

구분	암묵지로	형식지로
암묵지에서	공동화(socialization)	표출화(externalization)
형식지에서	내면화(internalization)	연결화(combination)

(3) 지식경영의 성과

지식경영의 실천과 관련하여 그에 대한 성공사례는 그리 많지 않다. 지식경영의 성공사례는 주로 컨설팅업에서 나타나고 있는데(Hansen 등, 1999), 이는 지식이 핵심자산이 되고 있는 컨설팅업에서 경영자들이 지식경영에 보다 많은 투자와 노력을 아끼지 않기 때문이다. 한편, 컴퓨터 소프트웨어의 신제품개발과정에 지식경영을 활용함으로써 제품의 경쟁우위를 확보하는 데 큰 도움이 되는 것으로 밝혀지기도 하였다(Tiger 등, 1998).

또한 지식경영을 통해 지식의 손실방지, 향상된 의사결정, 유연성향상, 경쟁우위 확보, 지적자산의 증가, 제품과 서비스의 품질향상, 고객만족의 향상, 인적자원의 효율적인 관리 등의 성과도 나타나고 있으며, 특히 기업의 변화역량이 향상됨으로써 다음과 같은 경영성과를 얻을 수 있다(Sanit-Onge, 1995).

첫째, 시장상황과 고객욕구의 변화에 빨리 반응할 수 있다.

둘째, 이머징 마케팅, 새로운 비즈니스를 창조할 수 있다.

셋째, 새로운 아이디어를 만들고 이러한 아이디어가 혁신으로 연결된다.

넷째, 새로운 가치를 부가하는 비즈니스 프로세스를 창조하고 조직구조를 만들 수 있다

다섯째, 서비스와 품질의 개선을 가져온다.

4. 지식경영의 성공요인

지식경영에는 조직의 경쟁우위의 원천으로서 핵심역량을 제고시키기 위한 여러 가지의 활동들이 포함되어 있다. 이와 같은 지식경영에 관하여 많은 학자들과 지식 관련 컨설팅회사들은 지식경영의 성공요인을 다양한 측면에서 제시하고 있다.

지금까지 연구자들과 관련 기업을 통해 제시된 지식경영의 성공요인들 중에서 대체적으로 상호일치하거나 유사성을 가지는 요인들을 살펴보면 [표 14-4]에서 보는 바와 같다. 그리고 이들 요인들을 각 차원별로 활용빈도 내지 중요성에 따라 순서대로 열거하면 다음과 같다(임찬중, 2002 : 70-71).

① **전략차원** : 최고경영자의 지식경영인지도, 핵심지식인지도, 가치공유

② **프로세스차원** : 보상체계, 의사소통채널, 교육훈련 프로그램, 관계다양성, 문서관리체계, 지식용이성과 지식접근성

③ **문화·사람차원** : 개방성, 창의성, 신뢰성, 협력성, 구성원의 컴퓨터 활용능력

④ **기술차원** : 지식축적도구, 지식공유도구

이와 같이 지식경영의 성공요인을 그 중요성에 따라 살펴보면, 최고경영자의 지식경영인지도(전략차원), 보상체계(프로세스차원), 개방성(문화·사람차원), 지식축적도(기술차원) 등이 가장 핵심적인 요인임을 이해할 수 있다.

[표 14-4] 지식경영의 성공요인

<table>
<tr><th>차원</th><th>요인</th><th colspan="2">정의</th></tr>
<tr><td rowspan="3">전략</td><td>핵심지식에 대한 인지도</td><td colspan="2">조직의 핵심전략과제를 달성하는 데 있어 핵심지식이 무엇인지 알고 있는 정도</td></tr>
<tr><td>가치공유</td><td colspan="2">지식경영이 무엇인지 알고 지식경영의 가치를 파악하고 있는 정도</td></tr>
<tr><td>최고경영자의 지식경영 인지도</td><td colspan="2">최고경영자가 지식경영의 가치를 파악하고 있는 정도</td></tr>
<tr><td rowspan="5">프로세스</td><td>의사소통채널</td><td colspan="2">구성원 간의 의사소통 채널의 종류</td></tr>
<tr><td>관계의 당양성</td><td colspan="2">구성원 간의 형성하고 있는 관계의 다양성 정도</td></tr>
<tr><td>교육훈련프로그램</td><td colspan="2">조직 내 존재하는 교육훈련 프로그램의 종류와 내용</td></tr>
<tr><td>문서관리체계</td><td colspan="2">조직내 문서 · 정보 · 지식을 전달하여 관리하는 역할과 책임체계의 존재 유무</td></tr>
<tr><td>지식접근성</td><td colspan="2">조직 내에 존재하는 정보에 접근하여 획득할 수 있는 정도</td></tr>
<tr><td rowspan="5">문화 및 사람</td><td>창의성</td><td colspan="2">새로운 방법으로 업무를 해결하려는 의지</td></tr>
<tr><td>신뢰성</td><td colspan="2">다른 개인 또는 집단의 말과 약속, 입으로 말하거나 쓰여진 표현들 혹은 지식이 믿을만하다고 생각하는 정도</td></tr>
<tr><td>협력성</td><td colspan="2">상호의존적 직무의 완성을 위한 개인적 노력의 의식적 공헌도</td></tr>
<tr><td>개방성</td><td colspan="2">타인에게 지식을 제공하거나 타인의 지식을 받아들이려는 정도</td></tr>
<tr><td>구성원의 컴퓨터활용능력</td><td colspan="2">조직구성원의 컴퓨터 사용능력</td></tr>
<tr><td rowspan="4">기술</td><td>정보기술 이용도</td><td colspan="2">조직 내 업무수행에 있어 정보기술의 활용 정도</td></tr>
<tr><td>정보기술 인프라</td><td colspan="2">조직 내 정보기술 기반의 상태</td></tr>
<tr><td rowspan="2">지식경영도구</td><td>지식축적도구</td><td>지식을 포착하여 저장하는 도구의 유무</td></tr>
<tr><td>지식공유도구</td><td>저장된 지식을 공유할 수 있는 도구의 유무</td></tr>
</table>

자료 : 김효근 등(2001), p.49 수정

제3절 경영혁신과 비전경영의 구현

1. 혁신의 성격과 조직혁신

1) 혁신의 성격

경영환경의 급속한 변화에 따라 향후 각종 조직이 담당해야 할 과업과 종업원을 채용하는 방법 그리고 당면하는 문제는 모두 과거와는 매우 다른 양상을 보일 것이다. 따라서 조직의 혁신능력은 앞으로 모든 조직의 성패를 결정하는 중요한 조건이 될 것이다.

소위 '혁신(innovation)'은 그 관점에 따라 여러 가지로 정의될 수 있다. 그러나 여기에서는 이것을 "변화를 창조하는 과정"(the process of creating change)으로 정의하기로 한다(Steele, 1975 : 19-20). 다시 말하면, 여기서 강조하려는 혁신은 신제품·신재료·신제도·신개념 등과 같은 변화의 결과 또는 그 내용이 아닌 그러한 새로운 사물을 생각해내고 실현시키는 역량과 요인 및 과정을 말한다. 예컨대, 한 제조기업이 신제품을 설계하거나 개발하기 위해서는 시험제조와 시험사용 그리고 시험판매를 거친 후에 정식으로 시장에 내 놓을 것인지를 결정하게 되는데, 그러한 일련의 과정이 곧 혁신이다. 또한 한 조직이 새로운 계획기법을 사용하여 업무에 응용해 나가는 과정 또한 혁신이라고 할 수 있다. 따라서 혁신은 "종래의 방식에서 적극적으로 탈피, 이를 파괴해서 새로운 방식을 확립하거나 새로운 관계를 설정하는 과정"이라고도 이해할 수 있다(한희영, 1987 : 411).

이상과 같은 정의를 근거로 하면 혁신은 다음과 같은 성격을 갖는다.

첫째, 혁신은 미래에 있어서의 필요성을 나타낸다. 그러한 필요성은 과거에서부터 이미 존재해오는 것에 대한 불만으로부터 생긴 것일 수도 있다. 예를 들면, 과거의 교통 및 운송수단의 속도·쾌적감·안전성 등에 대한 불만은 이들 측면에 대한 앞으로의 필요성을 증대시킬 것이다. 또한 오염방지와 에너지절약의 필요성과 같이 미래에 있어서의 필요성이 과거에는 존재하지 않았던 것으로부터 생길 수도 있다. 어쨌든 미래에 있어서 모든 조직의 존재가치는 이와 같은 필요성에 대하여 기여할 수 있어야 한다는 데 있다.

둘째, 혁신은 행동지향적인 것이다. 혁신은 결코 일종의 신학설이나 신지식 또는 신발명을 지칭하는 것이 아니고 시장과 같은 외부환경에 대하여 어떤 영향을 미칠 수 있는 일련의 실제적 행동을 말한다. 따라서 아무리 위대한 발견이나 발명이라고 할지라도 필요한 자원이나 실제적인 뒷받침이 부족하여 현실세계를 조금이라도 변화시키지 못했다면 그것을 혁신이라고 할 수 없는 것이다.

셋째, 혁신은 사회적·심리적 과정에 속하는 것이지 결코 기술적 과정에 속하는 것이 아니다. 사람들이 새로운 사물이나 행동을 받아들이는 이유가 그것의 기술적·경제적 요인에 있는 것이 결코 아니다. 사람들이 새로운 사물을 수용한다는 것은 그들이 지금까지 지니고 있던 관념과 지식 그리고 행동방식을 변화시킨다는 것을 의미하기 때문에 많은 저항에 부딪치게 된다. 따라서 성공적인 혁신을 위해서는 이와 같은 사회적·심리적 요인을 중시해야 한다.

2) 조직혁신의 실천

역사적으로 볼 때 혁신을 주도해온 사람은 주로 '기업가'(enterpreneur)적인 인물이나 '발명가'(inventer)들이었다. 그들은 필요한 자원과 뒷받침에 대한 외부의 협조에 힘입어 자신들이 발명한 새로운 사물을 하나의 사업으로 발전시켜 사람들에게 보다 나은 제품과 서비스를 제공함으로써 인류의 생활수준을 향상시키고 더 나아가 사회를 진보시켰다. 서구사회에서 19세기는 그야말로 그러한 기업가들의 시대라고 해도 과언이 아닌 시기에 속한다. 그들이 남겨 놓은 전기는 모두 전설적인 색채를 띄고 아직까지도 많은 사람들로부터 경탄과 추앙의 대상이 되고 있다.

그러나 과학기술이 발전하고 시장이 놀랄만큼 확대됨에 따라 현대의 혁신은 종종 각 방면의 지식과 기술을 결합시킴으로써 이루어지게 된다. 그리고 이러한 혁신을 이룩하기 위해서는 반드시 많은 비용이 필요하기 때문에 기업이나 발명가 혼자의 힘으로는 불가능한 경우가 대부분이다. 따라서 이와 같은 혁신활동은 주로 각 방면의 인재와 설비 그리고 자금을 풍부하게 가지고 있는 조직에 의해 주도되게 되었다. 그러나 혁신활동이 조직을 통하여 이루어진다고 해서 모두 유리한 것만은 아니고 불리한 측면도 있다. 조직혁신의 불리한 측면으로는 주로 다음과 같은 것을 들 수 있다 (Quinn, 1979).

첫째, 조직혁신은 기업가가 지니고 있는 것 같은 개인적인 열정이 결여되어 있기 때문에 어려운 문제나 좌절에 봉착하게 되면 그것을 극복하지 못하고 포기하는 경우가 있다. 또한 기업가적인 성격을 지니는 사람은 조직 내의 분위기와 작업방식에 적응하지 못하여 자신의 기질을 발휘하지 못하게 된다.

둘째, 조직에서는 계획과 절차를 중시하기 때문에 혁신을 일반업무와 같이 질서정연하게 진행시키기를 원한다. 그러나 실제로 혁신과정에서는 사전에 예측할 수 없는 많은 문제에 봉착하게 되는데, 그러한 상황을 계획의 실패로 간주하는 경향이 있다. 또한 혁신담당자는 당초의 계획을 실행하고 그 가치만을 증명하려고 하기 때문에 혁신 자체의 목적을 무시하는 결과를 초래하기도 한다.

셋째, 조직혁신은 막대한 비용지출을 필요로 한다. 즉, 조직에서는 혁신프로젝트를 위하여 갖가지 간접비용과 직접비용을 지출하여야 한다. 그리고 그러한 비용은 개인이 어려움을 참거나 곤란을 극복하는 방식으로 절약할 수 있는 성질의 것이 아니다.

넷째, 조직의 통제시스템은 전통적으로 재무적 성과에 중점을 두어왔기 때문에 혁신계획에 대하여 매우 불리하게 작용한다. 또한 조직 내의 부문책임자들 역시 단기간 내의 높은 성과를 통하여 승진이나 그 밖의 보상을 받기를 원한다. 따라서 그들은 많은 자원을 장기간에 걸쳐 혁신계획에 투하하게 되면 그 결과를 사전에 예측하기가 어렵고 또 많은 시간을 허비해야 되기 때문에 결국 자신의 이익에 불리하다고 생각하는데, 이는 결국 혁신활동을 최소한도로 감소시키는 결과를 가져온다.

다섯째, 혁신의 위험부담에 대한 보상이 결여되어 있다. 일반적으로 조직에서는 하급자가 의사결정이나 행동을 잘못하게 되면 제재를 받게 된다. 그러나 그들이 좋은 기회를 놓치게 되어 조직이 눈에 보이지 않는 손실을 입게 되는 경우에는 아무런 제재도 받지 않게 된다. 또한 그들이 자발적으로 노력하여 혁신이 성공을 거두는 경우에도 받는 보상은 극히 제한적이거나 심지어는 전혀 아무런 보상도 받지 못한다. 따라서 이러한 보상시스템하에서 조직구성원은 혁신의 위험을 부담하려는 동기가 결여될 수밖에 없다.

여섯째, 이 밖에 조직을 통한 혁신을 어렵게 만든 요인으로 전통적 경영사상과의 충돌 문제를 빼놓을 수 없다. 예컨대, 베버(Max Weber)의 조직이론은 계층조직과 기능적 전문화 그리고 엄격한 규정 등을 강조하는데, 이러한 조직특성하에서는 명령계통의 획일성, 의견의 일치성, 의사결정결과의 정확성 등을 지나치게 요구하는 경향이 있다. 따라서 전통적인 경영사상은 보다 개방적인 분위기하에서 충분한 의견교환을 통하여 변화를 창조하려는 혁신정신에 대하여 부정적인 영향을 미치게 된다. 혁신적 경영의 목적은 '모든 사람이 지키고 행하여야 할 규칙'을 만드는 데 있는 것이 아니고 바로 '변화의 과정을 제도화'하는 데 있는 것이다(Steele, 1975 : 1-7).

드러커(Drucker, 1974 : 787)는 혁신적인 조직은 혁신정신을 제도화할 수 있고 일종의 혁신습관을 배양할 수 있는 조직이라고 말한다. 또한 그는 혁신능력의 많고 적음은 경영관리 그 자체로부터 결정되는 것이지 산업이나 조직규모 또는 역사와는 무관한 것이라고 강조한다.

2. 기술혁신과 경영전략

우리는 이 책의 앞부분에서 기업의 계획과정을 설명하면서 미래의 기업발전에 대한 지침을 제시하였다. 만일 기업이 기술혁신을 통하여 경영혁신을 이룩하기 위해서는 반드시 관련기술의 개발활동을 '기업계획의 틀' 안으로 끌어들여야 할 것이다. 다시 말하면, 조직에서 기술개발을 담당하는 경영자나 부서는 기업의 계획과정을 통하여 기술혁신을 추진하고 그 방향을 선택하며 성과를 평가할 수 있는 방안을 모색하여야 한다.

1) 기술혁신활동의 유형

전통적으로 기술혁신을 위한 연구활동은 실용성의 정도에 따라 기초연구(basic research), 응용연구(applied research), 개발(development) 등으로 분류된다. 그러나 이러한 분류방식은 위험을 부담해야 하는 경영자의 입장이 아닌 순수한 연구자의 입장만을 고려한 것이기 때문에 기업의 계획과정에 적용하기가 쉽지 않다. 왜냐하면, 경영자의 입장에서는 순수한 연구개발의 성질보다는 연구개발의 결과와 그것의 경영상의 의의에 보다 관심을 가지고 있기 때문이다(Steele, 1975 : 66-75). 따라서 여기에서는 기술혁신활동을 연구개발성과가 지니는 위험의 정도를 기초로 하여 현기술의 응용, 현기술의 확대, 신기술의 개발 등 세 가지로 분류하여 설명하도록 하겠다. 이러한 분류방식은 경영자의 입장에서 보면 매우 적합한 것이라고 할 수 있다.

(1) 현기술의 응용

여기서 말하는 '현기술'(state-of-the-art)이란 넓은 의미로 특정 전문분야의 지식·개념·연구방법·기술로서 이 분야에 대하여 전문적인 훈련을 받은 사람은 모두 이해하고 응용할 수 있는 것을 말한다.

사람들이 보통 말하는 기술혁신은 대체적으로 신기술의 개발을 의미하지만, 사실상 대부분의 기술혁신은 이러한 현기술의 응용에 속하는 것이다. 예컨대, 현존하는 몇 가지 기술을 결합하여 어떤 필요성을 충족시킨다든지 또는 새로운 용도나 범위에 응용한다든지 하는 것은 모두 이러한 현기술의 응용에 속하는 것이다. 최근에 기술융합으로 불리우는 이와 같은 기술혁신활동도 역시 고도의 창의성과 기교를 필요로 한다. 그러나 그것이 지니는 위험 정도는 상당히 낮다. 또한 사람들은 그에 대한 결과, 효율성, 소요되는 시간과 비용 등을 비교적 정확하게 평가할 수 있다.

(2) 현기술의 확대

이와 같은 기술혁신활동은 설계의 개선, 사용재료와 사용과정의 개선, 그리고 사용도구의 개선 등으로 분류할 수 있다. 이러한 현존기술의 확대는 적은 비용을 들여서 제품의 품질과 성능을 개선하고 제품의 새로운 특성을 증가시키는 것을 목적으로 한다.

이러한 기술혁신활동의 위험 정도는 비록 현기술을 응용하는 것에 비하여는 높다고 할 수 있지만, 기술개발자는 대부분의 경우에 그가 원하는 목적을 상당히 정확하게 평가할 수 있다. 비교적 문제가 되는 것은 투하하는 시간과 비용을 예측하기가 어렵다는 데 있다. 또한 이와 같은 현기술의 확대를 생산계획이나 마케팅계획에 도입하려고 한다면 비교적 높은 불확실성을 예상하여야 한다.

(3) 신기술의 개발

사람들은 대부분 신기술의 개발을 가장 바람직하고 현명한 기술혁신활동으로 생각하는 경향이 있다. 그러나 투자자나 경영자의 입장에서 보게 되면 이러한 활동의 위험부담의 정도는 가장 큰 것이다. 따라서 똑같은 목적이라면 현기술을 응용하거나 확대하는 방법을 생각하는 것이 바람직하다고 할 수 있다.

신기술의 개발은 그것을 적용하려는 기능의 관점에서 다음과 같이 두 가지로 분류할 수 있다.

첫째는 현존하는 똑같은 기능의 새로운 기술을 개발하는 것이다. 예를 들면, 분사식 엔진을 프로펠러식의 추진엔진으로 대체한다든지 하는 경우가 그것이다. 그러나 이러한 경우에 있어서 신기술개발자는 종종 자신의 투자이익을 보호하려고 하는 현기술개발자의 강한 반발에 부딪치게 된다. 따라서 이와 같은 새로운 기술을 실용화하기 위해서는 그것을 이해관계가 없는 분야에 응용할 수 있는지 고려해 보아야 한다.

둘째는 과거나 현재에도 존재하지 않는 전혀 새로운 기능이나 제품을 개발하는 것이다. 그러나 그러한 기술의 발명은 실현하기가 매우 어렵고 여기서 다루고 있는 기술혁신활동과도 그 성격이 다른 경우이기 때문에 정상적 계획이나 경영관리과정에 포함시키는 것이 쉽지않다.

2) 기술혁신과 경영전략의 결합

위에서는 경영자의 입장에서 몇 가지 기술혁신 유형의 역할과 기능에 관하여 살펴보았다. 지금부터는 기업의 계획과정의 관점에서 그러한 과학기술활동을 경영전략 내에 어떻게 도입시켜야 할 것인가 하는 문제에 대하여 살펴보도록 하겠다. 여기에서는 경영전략을 현상유지전략・성장전략・확대전략・다각화전략으로 분류하기로 한다. 계획과정과 전략에 관한 그 밖의 내용은 이 책의 제4장과 제5장을 참고하기 바란다.

(1) 현상유지전략

이것은 일종의 가장 소극적인 전략이다. 그러나 절대로 바람직하지 못한 전략이라고는 할 수 없다. 현상유지전략은 주로 시장의 성장잠재력은 거의 없으나 경쟁이 치열한 상황에서 기업이 단기간 내에 최대의 이익을 획득하기 위한 전략이다. 그러나 그렇다고 해서 기업이 아무런 활동도 하지 않는 것은 결코 아니다. 이러한 상황이라고 할지라도 기업이 최대의 단기이익을 획득하기 위해서는 반드시 기술혁신을 포함하는 일련의 전략적 활동을 계획하고 실행하여야 한다. 물론 이러한 상황하에서의 전략적 활동은 그 비용을 극소화하는 방향에서 이루어지게 된다.

(2) 성장전략

만일 시장이 여전히 성장잠재력이 존재한다면 기업은 그러한 기존의 시장에서 똑같은 용도를 충족시키기 위한 똑같은 제품을 똑같은 경로를 통하여 공급하면서 판매량이나 시장점유율을 증대시켜 계속 성장하려고 할 것이다.

따라서 기업이 이와 같은 목적을 달성하기 위해서는 제품의 가격을 내리고 품질을 향상시킬 수 있는 방안을 강구해야 할 것이다. 물론 이와 같은 전략을 전적으로 기술혁신에만 의존할 필요는 없다. 예를 들면, 제품은 생산량의 증대에 의한 생산원가절감을 통하여 보다 저렴한 가격으로 시장에 내어놓을 수가 있는 것이다. 그러나 또한 부인할 수 없는 사실은 기업의 이러한 계속적인 성장전략하에서 기술혁신은 역시 중요한 역할을 할 것이라는 것이다.

(3) 확대전략

확대전략이란 기업이 현재 생산하고 있는 제품과 진출해 있는 시장을 기반으로 하여 관련분야의 사업을 확대・발전시키려는 전략을 말한다. 이 전략은 확대하려는 방향에 따라 다음과 같이 분류할 수 있다.

① **새로운 제품선의 증가** : 이는 현시장의 수요를 충족시키거나 관련 시장에 진입하려는 전략이다.

② **기존 제품의 개선** : 이는 새로운 시장에 진입하기 위한 전략이다.

③ **수직적 통합**(vertical integration) : 이는 시장이나 고객의 확보에 목적을 둔 전방수직통합(foward integration)과 자원이나 원료의 확보에 목적을 둔 후방수직통합(backward integration)으로 분류된다.

(4) 다각화전략

위에서 설명한 확대전략이 기본적으로 기존의 제품과 시장을 확대하는 전략인 데 반하여, 다각화전략은 기업이 재무자원과 인적자원 그리고 경영능력 등을 이용하여 새로운 제품을 개발하거나 새로운 시장에 진출하는 것을 뜻한다. 따라서 새로운 제품과 시장은 기존의 그바와는 직접적인 관련이 없는 것이다. 1960년대 미국에서 발전된 복합기업형태의 하나인 '콩글로머리트'(conglomerates)는 이러한 다각화전략의 산물이라고 할 수 있다.

사실상 다각화전략은 '매수'(acquisition)의 방식을 통하여 실행하게 되는 경우가 많으며, 때에 따라서는 '라이센싱'(licensing) 방식을 이용하여 기술을 이전받는다. 따라서 기업내부에서의 기술개발은 비교적 적은 편이다. 그러나 그렇다고 해서 기술혁신활동이 다각화전략하에서는 중요한 역할을 하지 못한다고 할 수는 없는 것이다.

이와 같은 경영전략의 선택은 미래의 기업발전에 결정적인 영향을 미치게 된다. 일반적으로 기업이 어떤 전략을 채택할 것인가 하는 것은 현재의 시장발전상황과 경쟁압력 그리고 기업 자체의 능력과 최고경영층의 기본목적 및 신념 등에 따라서 결정되는 문제이다.

또한 중요한 것은 이들 전략을 선택한 후에 그것을 어떻게 실행에 옮기느냐 하는 문제이다. 앞에서는 전략의 실행과정에 있어서 기술혁신을 반드시 관련시켜야 하는 것만은 아니라는 사실을 설명하였다. 그러나 만일 기술을 이용해야 한다면 어떠한 성질의 기술이 필요한지를 설명할 수 있어야 하는데, 이는 지금까지 살펴본 기술혁신활동의 유형과 경영전략을 연결시킬 수 있는 교량을 설치하는 문제이다.

특정의 기업전략을 실행하는 데 있어서 기술요소의 역할과 그 지위를 이해하기 위해서는 다음과 같은 요소를 고려해야 한다.

① **시장특성** : 이것은 제품의 가격이나 품질 등과 같이 어느 특정 시장에서 중시되는 조건을 말한다. 만일 시장에서 중시되는 것이 제품의 품질이라면 기존의 기술이나 비교적 새로운 기술을 응용하여 보다 우수한 품질의 제품을 생산할 수 있도록 기술개발활동이 필요하다는 사실을 발견할 수 있다. 물론 기업은 기술개발의 과정에서 비용과 가격 등과 같은 제약요인을 무시할 수 없을 것이다.

② **경쟁지위** : 이것은 경쟁자와 비교하여 자체의 제품과 마케팅상의 장점과 단점 및 기업의 장점을 발휘할 수 있는 측면을 찾아내고, 기술혁신을 통하여 이러한 필요성을 만족시킬 수 있는 방법을 강구하는 데 매우 중요한 요소이다.

③ **기술응용상황** : 이것은 현재 응용되고 있는 기술을 검토하여 제품기능의 장점과 단점을 파악하고 기존의 기술과 신기술을 똑같이 응용할 수 있는지의 여부를 파악하는 데 필요한 요소이다. 기업의 계획수립자는 이러한 상태를 파악함으로써 기술개발의 유형과 그 역할을 발견할 수 있게 된다.

기술혁신활동과 경영전략 사이의 관련성에 대한 지금까지의 설명을 매트릭스형식을 빌려 표시하면 [표 14-5]에서 보는 바와 같다. 여기에서는 전기모터를 생산·판매하는 한 기업을 예로 들어 세 종류의 경영전략하에서 기술을 어떻게 개발하고 응용할 것인가 하는 상황을 보여준다. 이 표에서 Ⓐ는 생산과정설계의 변경과 같이 생산원가를 절감하기 위한 목표를 달성하기 위해서는 현기술을 응용해야 한다는 것을 나타낸다. Ⓑ는 모터의 축에서 나타나는 문제점을 제거하여 그 효율성을 높이고 시장점유율을 제고시키기 위해서는 현기술을 확대하여야 한다는 것을 의미한다. Ⓒ는 무용매 코팅(solventless coating)기술을 사용하여 자철선(magnet wire)을 자체생산하기 위해서는 후방수직통합을 해야 할 필요가 있다는 것을, 그리고 Ⓓ는 가장 과감한 방법으로서 어린이들을 위한 장난감 전기기차 시장에 진입하기 위해서는 새로운 선형모터(liner motor)를 개발해야 한다는 것을 나타낸다.

이러한 매트릭스방식을 통하여 기업은 각종 경영전략과 그에 상응하는 가능한 기술개발활동을 비교·평가할 수 있게 된다.

[표 14-5] 기술혁신과 경영전략의 매트릭스

기술혁신활동	현상유지전략			성장전략			확대전략		
	효율성 개선	원가의 절감	특징의 증가	효율성 개선	원가의 절감	특징의 증가	관련 제품	관련 시장	관련 기술
현기술의 응용		Ⓐ							
현기술의 확대				Ⓑ					
대체기술의 채용							Ⓒ		
신기술의 개발							Ⓓ		

3. 현대기업의 비전경영

기업이 현재의 성공에 만족하지 않고 미래에 세계수준의 기업으로 발돋움하기 위해서는 기업의 발전방향을 명시한 경영비전을 정립하는 것이 중요하다. 경영비전은 기업의 역사와 전통, 그리고 미래에 대한 희망 등을 종합적으로 반영하여 기업이 나아가야 할 미래의 모습을 제시하고 이정표 역할을 하는 것으로, 기업이 미래에 도달하고자 하는 일종의 이상적인 모습(ideal picture), 또는 기업의 전체적인 방향을 제시해 주는 청사진을 일컫는다. 기업이 미래지향적 발전방향을 제시하는 이같은 경영비전을 창출하고 내외의 경영활동에 주체적으로 작용하여 새로운 미래를 창조하려는 경영관리활동을 비전경영(vision management)라고 하는데, 이와 같은 비전경영을 성공적으로 수행하여 초인류기업으로 도약하기 위해서는 다음과 같은 몇 가지 방향으로의 지속적인 노력이 필요하다(신유근, 1996 : 464-481).

첫째, 비전경영을 실현하기 위해서는 먼저 경영혁신을 지속적으로 추진해 나가야 한다. 이를 위해서는 경영혁신이 추진되는 과정을 체계적으로 관리하고, 경영혁신제도를 개선해나가야 하며, 조직의 구조적 관성, 즉 오랜기간 동안 축적된 조직차원의 병폐와 혁신에 대한 조직구성원들의 저항을 극복해야만 한다.

둘째, 비전경영을 성공적으로 수행하기 위해서는 또한 기업조직이 지금까지 경영관리활동을 통해 축적·보유해 온 정신적 강점을 계승하고 새로운 아이디어를 접목시킬 수 있는 기업문화를 개발할 필요가 있다. 그리고 그러한 기업문화를 개발하기 위해서는 기업이 지향할 수 있는 가장 바람직한 문화유형을 선택함으로써 기업문화 개발의 기본방향을 확실하게 설정하고 그것을 생활화하도록 해야 한다.

셋째, 비전경영을 실현하는 데 있어서는 경영혁신의 추진과 기업문화의 개발을 위한 각각의 노력도 중요하지만 이 두 가지 방향이 상호유기적으로 연계되도록 하는 것이 더욱 중요하다. 양자를 연계하기 위해서는 그 전제로서 경영비전을 구체화함으로써 변화목표를 명시해야 하고, 이를 추진할 조직적 기반으로서 책임경영체제를 갖추어야 하며, 또한 이것을 실행할 주체인 노사 간에 공감대가 형성되어야 할 것이다.

제4절 현대경영자의 능력과 역할

경영환경이 급속히 변하고 조직의 과업이 복잡하고 어려워짐에 따라 경영자가 담당하는 역할도 갈수록 중요해지고 있다. 따라서 경영자는 조직이 과업을 달성하는 데 없어서는 안될 중요한 자원으로 인식되고 있다.

여기에서는 이와 같이 조직의 과업을 달성하는 데 가장 결정적인 영향을 미치는 경영자가 앞으로 지녀야 할 특징과 능력 그리고 그 역할에 대하여 살펴보도록 하겠다.

1. 현대경영자의 특징과 능력

현대의 경영자는 빠르게 변하는 외부환경과 조직의 혁신적 사업에 적응하기 위해서는 이른바 '제너럴리스트'(generalist)가 되지 않으면 안 된다. 이에 대해 좀 더 자세히 설명하면 다음과 같다.

첫째, 비록 한 사람의 경영자가 재무나 인사 또는 마케팅과 기술 등과 같은 어느 특정 부문을 책임지고 있다고 할지라도 기타의 기능에 대한 전반적인 지식과 경험을 갖추어야 할 필요가 있다. 또한 자기가 익숙해 있는 생각이나 행동방식만을 고집해서는 곤란하다.

둘째, 목표를 설정하는 데 있어서 어느 한쪽에 편중함이 없이 경제·사회·기술 등과 같은 여러 목표들 간에 균형을 유지하려는 입장을 취해야 한다. 또한 자기의 단기적 이익만을 추구하거나 어리석게 헛된 이상만을 고집해서는 안 된다.

셋째, 환경과 기술이 고도로 복잡해짐에 따라 한 사람의 경영자가 여러 방면에 대하여 모두 깊은 지식을 겸비할 수는 없는 것이다. 따라서 경영자는 반드시 그러한 방면에 대하여 여러 전문가들의 도움을 청할 수 있어야 한다. 그리고 그러한 전문가들과 의견을 교환할 수 있는 능력을 갖추어야 한다.

넷째, 경영자는 자기가 지니고 있는 능력과 기술을 다른 단위나 조직에 효과적으로 응용할 수 있어야 한다.

또한 경영자는 앞으로 여러 방면에서 다음과 같은 능력을 갖추어야 할 것이다(박영배, 1999 : 451-452).

첫째, 종업원들로 하여금 자신의 능력을 충분히 발휘하여 조직에 기여하도록 동기를 부여할 수 있어야 한다.

둘째, 경제와 사회적 목표를 조화시킬 수 있어야 한다.

셋째, 동료와 하급자 간에 양호한 관계를 유지할 수 있어야 한다.

넷째, 환경변화와 경영전략에 적합한 효과적인 조직구조를 설계할 수 있어야 한다.

다섯째, 종업원들이 자기통제를 통하여 조직에 기여하도록 할 수 있어야 한다.

여섯째, 조직혁신과 기술혁신을 추진하고 그것을 평가할 수 있어야 한다.

일곱째, 정부기관과 사회의 다양한 이익단체 및 시민단체 등과 양호한 관계를 유지하고 발전시킬 수 있어야 한다.

여덟째, 비전경영을 통해 기업의 경영시스템에 대한 전체적이고 통합적인 기본방향을 제시하고, 종업원들의 상상력과 창의력을 고무시키며, 기업 내·외부의 이해관계자에 대해 희망과 신뢰감을 심어줄 수 있어야 한다(신유근, 1996 : 453~454).

2. 경영자의 역할

1) 공공경영자로서의 역할

경영자의 개념은 오랜기간을 통하여 부단히 변천되어 왔다. 경영자의 개념을 그 생성단계의 측면에서 몇 가지 유형으로 분류하여 살펴보면 다음과 같다.

첫째, 소유경영자(owner manager)로서 이는 출자자 자신이 기업의 소유권을 가지고 경영까지도 담당해나가는 경우를 말한다. 즉, 소유경영자는 소유(자본)와 경영이 일치되어 있는 경영자이다.

둘째, 고용경영자(employed manager, salaried manager)로서 이는 소유경영자인 자본가 또는 기업가가 담당하던 경영이나 경영관리기능의 일부를 위임받아 소유경영자의 대리적 역할을 하는 고용된 경영자이다. 다시 말하며, 기업규모가 차츰 커지고 경영활동의 내용이 점점 복잡해짐에 따라 소유경영자만으로서는 경영과 경영관리기능의 전부를 담당하기가 어렵게 된다. 따라서 대리인을 고용하여 일부의 기능을 떠맡게 할 경우가 생기는데, 이 경우 고용된 대리인을 고용경영자라고 일컫는다. 그러나 고용경영자는 설사 경영에 대한 전문적인 지식과 경험을 가지고 있다고 할지라도 주로 소유경영자의 이익만을 대변할 뿐이므로 실질적으로는 소유경영자와 그 성격이 별로 다를 바가 없는 것이다.

셋째, 전문경영자(professional manager)로서 이는 출자나 소유와는 전혀 관계가 없이 오직 전문적인 경영지식과 경영능력에 따라 선발되어 독자적이며 전문적인 경영관리기능을 수행하는 경영자를 말한다.

이상에서 살펴본 바와 같이 경영자의 개념은 세 가지 유형으로 분류하여 설명할 수 있다. 그 중에서 전문경영자는 특히 오늘날 기업의 소유와 경영이 분리된 주식회사가 전형적인 기업형태가 되고 있는 상황하에서 중시되고 있는 경영자의 개념이다.

미국의 경우를 예로 들면 이러한 전문경영자가 1930년대 이후부터 지금까지 미국의 경제와 부의 축적에 끼친 공로는 그야말로 눈부신 것이었다. 현재 세계상의 거의 모든 민주국가에서는 이러한 전문경영자가 경제성장에 있어서 없어서는 안될 절대적인 존재라는 사실을 잘 보여주는 것이다.

그러나 이러한 전문경영자들의 능력과 책임하에서 기업과 사회가 모두 발전하였음에도 불구하고 최근에 기업은 오히려 각 방면으로부터 많은 비난과 공격의 대상이 되고 있다. 예를 들면, 소비자단체들은 기업이 제공하는 제품이 소비자들의 욕구를 충족시키지 못하고 있다고 공격하며, 기업의 광고와 판촉활동이 고객들에게 제품에 대한 정보를 제공하기보다는 그들을 현혹시키는 효과밖에는 없다고 비난한다. 그리고 환경보호주의자들은 기업이 환경을 오염시켜 생태계의 균형을 파괴하고 있다고 비난하며, 정부는 기업독점과 탈세를 방지하기 위한 각종 법규를 제정하는 데 주력하고 있다. 또한 종업원들의 단조로운 작업과 표현기회의 부족에 대한 불만으로 유동률이 점차 증가하고 있다. 이와 같이 전문경영자들은 과거와 매우 다른 환경에 직면하고 있으며, 사회의 그들에 대한 요구 역시 기업 자체의 목표를 달성하는 것만으로는 만족시킬 수 없게 되었다.

따라서 여러 학자들은 현대의 경영자는 기업의 이익을 책임져야 할 뿐만 아니라 사회의 기업에 대한 각 방면의 요구를 동시에 충족시킬 수 있어야 한다고 강조한다. 그리고 그들은 그러한 경영자를 특별히 '공공경영자'(public manage) 또는 '공공지향적 경영자'라고 부른다. 다시 말하면, 경영자로서의 공공경영자는 기업의 시장에서의 지위를 증진시켜야 할 뿐만 아니라(즉, 기업이익을 극대화시켜야 할 뿐만 아니라) 자원을 확보하고 효율적으로 이용하여 사회대중의 '생활의 질'을 증진시켜야 한다(즉, 기업의 사회적 책임을 다해야 한다)는 것이다.

물론 기업이익에 대한 책임과 사회적 책임을 조화시키고 그들 사이의 갈등을 감소시킨다는 것은 결코 용이한 문제가 아니다. 그러나 "앞으로 경영자들은 반드시 사회적 책임에 대한 확고한 신념을 의사결정시스템에 반영하여야 한다"는 것이 이미 많은 사람들이 원칙적으로 받아들이고 있는 개념이라는 데에는 의심할 여지가 없다.

2) 글로벌경영자로서의 역할

금세기에 들어오면서 대부분의 기업들은 업종이나 규모에 관계없이 글로벌한 경영환경에 노출될 수밖에 없는 상황을 맞게 되었다. 따라서 기업의 경영자들은 싫든 좋든 글로벌경영자로서의 역할을 수행하지 않으면 그 지위를 유지하기가 어려워지고 있다. 특히 이와 같은 글로벌환경에서 필연적으로 발생하게 되는 문화갈등의 문제를 해결하고, 나아가 이것을 조직의 경쟁력과 성장의 힘이 되는 기업의 강점으로 전환시키는 일은 경영자들에게 새로운 위기이자 도전의 기회로 작용하고 있다.

글로벌경영자가 다문화환경 속에서 문화차이를 효과적으로 관리하고 문화적 시너지를 창출하기 위해서는 기업조직 내에 자기실현적인 분위기가 제도적으로 정착되도록 노력해야 한다. 따라서 글로벌경영자는 조직구성원들이 다양한 문화와 협조하고 소통할 수 있도록 교육하고 훈련시키야 하며, 상이한 문화들 사이에 공동이익이 창출되는 데 도움이 되는 행동을 학습할 수 있는 인적자원개발시스템을 설계·운용해야 한다.

이 밖에도 글로벌경영자가 시너지적 리더로서의 역할과 기능을 충분히 발휘하기 위해서는 기업조직 내에서 다음과 같은 변화를 이끌어 내어야 한다(Moran 등, 2007 : 124-125 ; 박영배, 2008 : 347-348).

첫째, 상품과 서비스의 양보다는 조직구성원들과 고객들의 '생활의 질'이 중시되어야 한다.

둘째, 환경과 생태적인 면에 관심을 가지고 자연과 조화를 이루 수 있는 작업과 기술의 개발이 강조되어야 한다.

셋째, 경쟁보다는 협력과 상호의존의 개념이 중시되어야 한다.

넷째, 기술적 효율성이나 생산성보다는 '조직의 사회적 책임'이 기업의 주요 목표라는 인식이 확산되어야 한다.

다섯째, 독단주의나 종속관계가 아닌 참여를 통해 자기성취를 이룰 수 있는 조직문화가 정착되어야 한다.

여섯째, 종업원들이 개인의 성실성, 근로윤리, 타인소유의 존중, 개인적 책임, 사회적 응집력 등에 관련된 전통적 가치에 관하여 새롭게 인식할 수 있어야 한다.

일곱째, 통찰력, 창의성, 유연성, 개발성, 집단감수성, 변화를 위한 목표지향적 계획기능 등이 조직 내에서 활성화되어야 한다.

3. 최고경영팀의 운용과 중간경영층의 역할

기업조직의 경영계층은 일반적으로 최고경영층・중간경영층・하부경영층 등의 세 계층으로 나눌 수 있다. 그리고 각 계층경영자들의 역할과 기능은 계층에 따라 큰 차이가 있다. 특히 그 중에서 최고경영층의 역할과 기능은 매우 광범하기 때문에 경영자 한 사람의 능력이나 경험만으로는 그것을 담당하기가 어렵게 된다. 따라서 많은 사람들은 앞으로 서로 다른 능력과 경험을 가지고 있는 여러 경영자들로 '최고경영팀'(top management team)을 구성하여 최고경영층의 역할과 기능을 공동으로 담당해야 한다고 강조한다.

예를 들면, 드러커(Drucker, 1974 ; 618-626)는 일찍이 이러한 최고경영팀의 운용에 관하여 다음과 같은 의견을 제시했다.

첫째, 최고경영팀의 구성원들은 각자 그의 성격・자격・경험 등에 따라서 마케팅과 생산 그리고 연구개발 등과 같은 특정 방면의 과업을 담당한다. 그리고 각 개인은 자기가 담당하는 범위에 대하여 최종결정권을 갖는다.

둘째, 구성원 각자는 자기가 담당하지 않는 범위에 대해서는 결정을 내리지 않는다.

셋째, 구성원들은 상호존중하고 상대방의 과실을 들추어내어 공박하거나 비평하지 않는다. 또한 상대방을 칭찬하거나 찬양할 필요도 없다. 팀의 리더는 특히 이와 같은 점을 주의하여야 한다.

넷째, 최고경영팀은 일종의 위원회조직과는 다른 것이다. 전자는 팀의 리더를 필요로 하는 데 반하여 후자는 리더나 상사가 존재하지 않는다. 몇몇 기업의 실제 경험에 따르면 팀의 리더기능을 담당하는 대표이사도 오직 한 표의 투표권만을 가지며 대부분의 경우에 중요한 결정은 모두 전원찬성의 방식을 취하게 된다. 그러나 중대한 위기에 대해서는 안전한 해결을 위하여 리더가 반드시 전반적인 책임을 맡게 된다.

다섯째, 최고경영팀의 구성원들은 각기 책임져야 할 전문분야가 있지만 상호 간에 양호한 커뮤니케이션이 이루어져야 다른 동료들의 결정을 충분히 이해할 수 있게 된다. 또한 그러한 분위기하에서 팀의 구성원들은 각기 자주적인 지위를 유지할 수 있게 된다.

드러커의 최고경영팀 운용에 대한 이와 같은 의견은 한편으로는 최고경영층의 직무가 이미 한 사람의 능력으로는 감당할 수 없을 정도로 복잡해졌으며, 다른 한편으로는 세계의 여러 성공한 기업을 관찰해 온 경험을 통하여 내려진 결론이다. 그러나 드러커가 제시한 이러한 의견이 표면적으로는 상당히 합리적이고 이상적인 것 같이 보이나 실제 그대로 실행한다는 것은 쉽지 않거나 심지어는 거의 불가능하다고 할 수 있다. 왜냐하면 그의 의견대로 운용하기 위해서는 수많은 조건과 환경이 서로 일치하여야 하며 최소한 구성원들 간에 협조와 화합에 대한 묵계관계가 반드시 이루어져야 하기 때문이다. 또한 이러한 문제들은 하루아침에 해결할 수 있는 것이 아니며 사회의 의식 및 문화적 배경과 밀접한 관계를 지닌다. 따라서 최고경영팀을 효과적으로 운용하는 데 필요한 공동체의식과 협력관계를 어떻게 창출할 것인가 하는 문제는 경영자가 반드시 해결해야 할 하나의 큰 과제에 속하는 것이다.

한편, 그동안 컴퓨터 등 정보처리기기들을 응용할 수 있게 됨에 따라 사람들은 오래전부터 이러한 기기들이 중간경영자의 업무를 많은 부분 대신할 수 있을 것이라고 예상하였는데, 이것은 기업의 업무처리방식이 자동화의 방향으로 갈 것이라는 사실을 의미한다. 그리고 이러한 예측이 전혀 부정확하다고는 할 수가 없다. 예를 들면 중간경영자가 처리해 온 일상적인 업무의 많은 부분이 지금은 컴퓨터와 같은 자동화기기를 이용하여 처리할 수 있게 되었다.

그러나 그러한 업무처리방식의 변화로 인하여 중간경영자의 지위나 중요성이 결코 감소된다고 할 수가 없다. 왜냐하면 앞으로는 중간경영자의 직무 역시 과거와는 달리 많은 변화가 예상되기 때문이다. 즉, 최고경영자는 앞으로 대부분의 시간을 외부와의 관계와 전략적 계획 같은 직무를 수행하는 데 보내야 하기 때문에 기업내부의 원래의 직무는 대부분 중간경영자에게 위임하여야 한다. 그리고 조직에서 분권화의 정도가 갈수록 높아짐에 따라 중간경영자의 직무와 책임은 크게 증가하게 된다.

따라서 이와 같은 정보처리기술이 업무처리에 전적으로 활용된다고 해도 중간경영자의 역할과 중요성은 과거에 비하여 결코 감소하지 않는다고 할 수 있다. 또 한 가지 중요한 사실은 정보처리기술은 결코 '책임부담'과 같은 경영자의 기능을 대신할 수 없다는 것이다. 다시 말하면 사람들은 정보처리기기에 대하여 어떠한 책임도 지울 수 없으며, 그 행동에 대해서도 어떠한 보상이나 제재를 가할 수 없기 때문에 그러한 핵심적인 기능은 반드시 사람이 담당해야 한다는 것이다.

4. 경영자의 교육과 훈련

경영자가 가장 유념해야 할 일은 경영자의 '무능화' 또는 '퇴화'(obsolescence)에 관한 문제이다. 현대의 경영자는 주어진 직무를 열심히 수행하는 것만으로는 부족하다. 경영자는 반드시 자기 자신에게 충실하고, 새로운 지식과 능력을 강화하고 새롭게 하여 시대와 과업의 변화에 적응할 수 있도록 사전에 준비하여야 한다. 그렇지 않으면 장래에 도태되는 위험을 피할 수 없게 된다.

경영자가 자신의 퇴화를 방지하기 위해서는 다음과 같은 자기훈련을 위한 노력이 필요하다.

첫째, 여러 방면에 대한 관심과 학식을 배양해야 한다. 일반적으로 다양한 방면에 대하여 많은 관심과 지식을 가지고 있는 사람은 상식이 풍부할 뿐만 아니라 새로운 지식과 경험을 빨리 터득하여 배경이 다른 사람과의 의사소통과 협력을 용이하게 할 수 있다. 따라서 경영자는 현재 자기의 직무에 관한 문제나 지식에만 매달릴 것이 아니라 그 이외의 업무나 경영관리기능에 대한 기본적인 지식도 갖추어야 할 필요가 있다.

둘째, 계속적인 학습기회를 가져야 한다. 과거의 단계적인 학교교육만 가지고는 충분하지가 않다. 경영자는 직무를 수행하는 과정에서 예상하지 못한 각종 토론이나 계획에 참여해야 하며 관련 서적이나 연구논문을 읽어야 할 필요가 있다. 따라서 그러한 필요성에 대비하기 위해서 경영자는 일반적인 교육 이외에 장·단기적인 교육과정과 훈련에 참여하는 기회를 증대시켜야 할 것이다.

셋째, 담당하고 있는 직무의 의의와 가치를 이해할 수 있어야 한다. 경영자가 보다 적극적이고 진취적인 태도와 어려움을 극복할 수 있는 능력을 계속 유지하기 위해서는 자기가 담당하고 있는 직무의 의의와 가치를 충분히 이해할 수 있어야 한다. 그러나 그렇게 되기까지는 경영자 개인의 노력이나 소양만으로는 부족하며 조직이나 최고경영자 차원의 지원과 협조가 필요하다. 즉, 최고경영자는 지식경영시스템을 도입하거나 학습조직화, 직무충실화 등과 같은 방법을 이용하여 경영자들이 보다 높은 차원의 욕구를 충족시키고, 잠재능력을 발견하며, 또 그것을 발휘할 수 있는 기회를 지속적으로 제공하여야 한다.

신화의 인물, 불멸의 기업 6

현대기업가의 전형 : 빌 게이츠와 마이크로소프트

빌 게이츠의 기업가정신*

윌리엄 헨리 게이츠 3세(William Henry Gates Ⅲ)는 1955년 미국 워싱턴주 시애틀에서 태어나 어렸을 때부터 컴퓨터 프로그램을 만드는 것을 좋아하였다. 고교시절부터 컴퓨터에 흥미를 갖기 시작한 게이츠는 이미 1967년 13세의 나이에 학교선배인 폴 앨런과 함께 자신이 다니던 레이크사이드 고등학교의 월급관리시스템을 개발해 돈을 벌었다. 그리고 폴 앨런과 트래프오데이터(Traf-O-Data)라는 회사를 차려 프로그램을 개발하여 돈을 벌기도 했다. 1975년, 하버드대학교 법학과 예과에 다니던 게이츠는 머지 않아 각 가정에서 퍼스널 컴퓨터를 사용하게 되리라는 기사를 보고 학업을 그만두고 폴 앨런과 함께 세계적인 기업이 된 마이크로소프트(Microsoft)사를 창설했다. 이 회사는 전 세계 소프트웨어 산업을 주도하면서 빌 게이츠에게 엄청난 부와 명예를 안겨주었다.

게이츠의 재산과 컴퓨터 사업의 토대는 IBM 또는 IBM 호환컴퓨터의 운영체제로 널리 쓰이는 MS-DOS(Microsoft Disk Operating System)와 윈도우(Windows)였다. 마이크로소프트사는 1980년 국제사무기기회사(IBM)의 하청을 받아 MS-DOS를 개발해 냈고, 이 체제로 운영되는 IBM 퍼스널 컴퓨터가 1981년 8월에 모습을 보였다. 그로부터 마이크로소프트사는 아직 초기단계에 있던 퍼스널컴퓨터 산업을 지배하게 되었다. 또한 게이츠는 1985년 복잡한 키보드 명령어 대신 그래픽과 마우스로 작동되는 윈도우를 처음으로 선보여, 1995년말 윈도우 95를 발표하기까지 개정을 계속했다.

MS-DOS와 윈도우로 세계 컴퓨터시장을 제압한 게이츠는 단지 소프트웨어를 개발하는 데 그치지 않고 전 세계적인 네트워크를 통한 정보서비스 사업을 구상하는 등 '손가락 끝에 모든 정보를'(information at your fingertips)이라는 기치 아래 최첨단 정보화사회에 대한 비전을 제시했다. 2007년에는 스위스 다보스 세계경제포럼의 기조연설에서 기업의 복지의 의무를 주장하는 '창조적 자본주의'를 주창하였으며, 2008년 6월 27일에 공식적으로 마이크로소프트사에서 퇴임한 후에는 사회사업에 전념하고 있다.

---

* 브리태니커, 한국어 위키백과 요약 · 정리

빌 게이츠가 모기떼를 날려보낸 까닭*

자선사업가로 변신한 빌 게이츠 전 마이크로소프트 회장이 강연 도중 갑자기 모기떼를 날려보냈다. 말라리아에 대한 경각심을 일깨우기 위해서이다.

AFP통신에 따르면 게이츠가 미국 캘리포니아 롱비치에서 열린 '2009 기술 · 오락 · 디자인회의(TED)'에서 연설하던 중 돌연 유리병을 꺼내든 뒤 이 안에 담아온 모기들을 강연장에 풀어 놨다는 것이다.

그는 "말라리아는 모기에 의해 전파된다"며 "몇 마리를 가져왔는데 여기서 돌아다니게 해보자"고 불쑥 제안했다. 그러면서 "가난한 이들만 말라리아에 걸리라는 법은 없다"고 겁을 줬다. IT기업 간부, 정치인, 할리우드 스타 등으로 이루어진 청중들은 동요했다. 그러자 잠시 뜸을 들인 뒤 "지금 풀어놓은 모기에는 말라리아가 없다"고 안심시켰다고 한다.

게이츠의 유머는 이뿐이 아니었다. 말라리아 퇴치를 위한 선진국들의 노력 부족을 대머리와 연결시켜 설명하면서 좌중을 웃기기도 하였다. 그는 "말라리아약보다 대머리치료제 개발에 더 많은 자금이 쓰인다"며 "이는 부자들도 대머리가 되기 때문으로, 이 같은 상황으로 인해 우선순위가 바뀐다"고 지적했다.

시장경제 시스템으로 인한 모순도 거론됐다. 게이츠는 "과학자 · 사상가 · 정부 등으로 하여금 올바른 일을 하도록 시장은 만들지 않는다"며 "이들의 관심을 끌어내야만 우리가 필요로 하는 진보가 이루어진다"고 역설했다.

그가 부인과 함께 설립한 '빌 앤드 멜린다 게이츠 재단'은 말라리아 등 후진국에서 만연하고 있는 질병들을 퇴치하기 위해 여러 사업을 추진하고 있다.

---

* 중앙일보, 2009년 2월 7일자

참고문헌

[국내문헌]

김남현 역(1985), 경영조직론 : 조직이론과 구조의 설계, 경문사.

김성수(1997), "한국경제발전에 있어서 호암의 산업적 기여에 관한 고찰," 경영사학, 제15집, pp.71~125.

______(1999), "아산 정주영의 생애와 경영이념," 경영사학, 제19집, pp.5~45.

김영걸(1998), "지식자원 전략적 활용하는 새 경영패러다임," 경영과 컴퓨터, KAIST.

김영실 · 임덕순 · 장승권(1998), 지식경영의 실천, 삼성경제연구소.

김원수(1994), 신경영학원론, 경문사.

김인수(1999), "지식경영 : 학문적 연계성과 연구방향," 경영학연구, 한국경영학회, 제28권, 제3호, pp.567~586.

김정석(1994), 무한경쟁시대의 패러다임 전환 : 경영혁신, 창현출판사.

김찬중(2002), 한국기업의 지식경영 성공요인, 충북대학교 대학원 박사학위논문.

김효근 · 한희영 · 정성휘(2001), "조직의 지식경영 준비도 측정도구 개발에 관한 연구," 지식경영연구, 제2권, 제1호, pp.45~62.

박내회(1987), 현대리더십이론, 법문사.

박내회(1991), 경영관리론, 세영사.

박영배 · 홍승배(2003), "조직공정성이 조직유효성에 미치는 영향," 세명대학교 인문사회과학연구, 제11집, pp.235~255.

박영배(1995), 조직행위론 : 이론과 비교문화적 이해, 법문사.

______(2008), 글로벌경영 다문화관리, 도서출판 청람.

______(2008), 현대기업과 조직행동, 법문사.

박우동(1989), 경영학원론, 법문사.

배종석(2006), 사람기반 경쟁우위를 위한 인적자원론, 홍문사.

백기복(2000), 이슈리더십, 창민사.

신동엽(1999), "신뢰의 경영: 신뢰기반 경영의 이론적 바탕과 실제 예들," 연세경영연구, 제36권, pp.65~105.

신유근(1983), 조직론, 다산출판사.

______(1985), 조직행위론, 다산출판사.

______(1988), 인사관리 : 현대인적자원관리, 경문사.

______(1989), 조직행위론(개정판), 다산출판사.

______(1996), 현대경영학 : 원론적 접근, 다산출판사.

안관영(1999), "조직공정성지각이 조직시민행동에 미치는 효과 : 개인특성의 조절효과를 중심으로," 인사관리연구, 제23권, 제1호, pp.115~144.

안중호(1998), 경영을 위한 정보시스템, 홍문사.

이경근 · 박성수(1999), "조직공정성과 임금만족간의 인과관계 : 절차적 공정성, 상호작용적 공정성, 분배적 공정성간의 관계와 역할을 중심으로," 인사조직연구, 제7권, 제2호, pp.191~229.

이광규(1971), 문화인류학, 일조각.

이광종(1999), "현대그룹이 한국경제발전에 미친 영향," 경영사학, 제19집, pp.217~258.

이기을(1990), 경영학원론, 법문사.

이문웅 역(1986), 문화의 개념 : 문화결정론과 문화진화론의 입장, 일지사.

이순철(1999), "지식경영구축을 위한 방법론," 제2회 지식경영 학술심포지엄, p.256.

이승영 · 박영배(1990), 비교경영론 : 조직행위와 문화, 법문사.

이재규(1998), "지식사회적 관점에서 재조명한 프레더릭 테일러의 생애와 사상," 경영사학, 제17집, pp.37~57.

______(1999), "프레더릭 테일러와 피터 드러커의 경영사상에서의 생산성연구," 경영사학, 제20집, pp.47~68.

이재훈(1998), "조직공정성과 임파워먼트가 조직몰입에 미치는 영향," 경영연구, 제13권, 제1호, pp.253~272.

이학종(1987), 인사관리 : 인적자원관리 이론과 사례연구, 세경사.

임준철 · 윤정구(1999), "부하에 의해 인지된 상사의 변혁적 및 거래적 리더십이 부하의 혁신성향에 미치는 영향 : 자기효능감의 매개역할을 중심으로," 인사조직연구, 제7권, 제1호, pp.1~42.

정구현(1988), 국제경영학, 법문사.

정수영(1994), 신경영학원론, 박영사.

조동성(2006), 21세기를 위한 전략경영(제4판), 서울경제경영.

조동수 · 백태영(2008), "공공부문에서의 BSC 이행 : K공단 사례," 경영교육연구 제12권 제1호, pp.83~107.

추 헌(1993), 현대경영학원론, 형설출판사.

한상복 · 이문웅 · 김광억(1982), 문화인류학, 서울대학교 출판부.

한 현(1986), 경영학원론, 법문사.

한희영(1987), 경영학원론, 법문사.

http://www.grapevine.com

[국외문헌]

許士軍(1985), 管理學, 東華書局, 台北.

Adams, J.S.(1965), "Inequity in Social Exchange," In L. Berkowitz(ed.), *Advances in Experimental Social Psychology*, New York, Academic Press.

Alderfer, C.P.(1969), "An Empirical Test of a New Theory of Human Needs," *Organizational Behavior and Human Performance*, May, pp.147~175.

Alexander, S. and Ruderman, M.(1987), "The Role of Procedural and Distributive Justice in Organizational Behavior," *Social Justice Research*, Vol.1, pp.177~198.

Anshen, M. and Bach, G.L.(1960), *Management and Corporations* 1985, N.Y. : McGraw~Hill.

Anthony, R.N., Dearden, J. and Vencil, R.F.(1965), *Management Control Systems : Cases and Readings*, Homewood, Ill. : Richard D. Irwin.

Argyris, C.(1957), *Personality and Organization*, N.Y. : Harper & Row.

Argyris, C.(1962), *Interpersonal Competence and Organizational Effectiveness*, Homewood, Ill. : Richard D. Irwin.

Argyris, C.(1964), "T-Groups for Organizational Effectiveness," *Harvard Business Review*, Vol.42(March~April), pp.60~74.

Argyris, C.(1970), *Intervention Theory and Methods : A Behavioral Science View*, Reading, Mass : Addison Wesley.

Barnard, C.I.(1938), *The Functions of the Executive*, Cambridge, Mass : Harvard University Press.

Barnes, R.M.(1968), *Motion and Time Study*, 6th ed., N.Y : John Wiley & Sons.

Barret, M. E. and Fraser Ⅲ, Le Roy B.(1977), "Conflicting Roles in Budgeting for Operations," *Harvard Business Review*, Vol.55(July~August), pp.137~146.

Bass, B.M. and Avolio, B J.(1990), "The Implications of Transactional and Transformational Leadership for Individual, Team, and Organizational Development," *Research in*

Organizational Change and Development, Vol.4, pp.231~272.

Bass, B.M.(1985), *Leadership and Performance beyond Expectations*, New York : Free Press.

Bateman, T.S. and Zeithaml, C.P.(1991), *Management : Function and Strategy*, Homewood : Irwin.

Berelson, B. and Steiner, C.A.(1964), *Human Behavior*, New York : Harcourt, Brace and World.

Berlo, D.K.(1960), *The Process of Communication*, N.Y. : Holt Rinehart and Winston.

Bernstein, L.A.(1974), *Financial Statement Analysis*, Homewood, Ⅲ. : Richard D. Irwin.

Bertalanffy, Ludwig Von(1950), "The Theory of Open Systems in Physics and Biology," *Science*, Vol.13(January), pp.23~29.

Bies, R J. and Moag, J.S.(1986), "Interactional Justice: Communication Criteria of Fairness," *Research in Negotiations in Organizations*, Vol.1, pp.43~55.

Blake, R.R. and Mouton, J.S.(1964), *The Managerial Grid*, Houston : Gulf.

Blake, R.R. and Mouton, J.S.(1969), *Building a Dynamic Corporation through Grid Organization Development*, Reading; MA: Addison~Wesley.

Blake, R.R., Avis, W.E. and Mouton, J.S.(1996), *Corporate Darwinism*, Houston, Texas, Gulf Publishing Co.

Blood, M.R and Hulin, C.L.(1967), "Alienation Environmental Characteristice and Worker Reponeses," *Journal of Applied Psychology*, Vol.51, pp.284~290.

Bock, R.H. and Holstein, W.K.(1963), *Production Planning and Control : Texas*, Gulf Publishing Co.

Boulding, K.E.(1956), "General Systems Theory : The Skeletion of Science," *Management Science*, Vol.2(April), pp.197~208.

Boulding, K.E.(1985), *The World as A Total System*, SAGE Publications, Inc.

Bowers, D.G. and Seashore, S.E.(1973), *Predicting Organizational Effectiveness with a Four~Factor Theory of Leadership*, In Cummings. L.L. and Scott. W.E., *Readings in Organizational Behavior and Human Performance*, Revised Edition Homewood, Illinois : Richard D. Irwin, Inc.

Bunge, W.R.(1968), *Managerial Budgeting for Profit Improvement*, N.Y. : McGraw~Hill.

Burns, J.M.(1978), *Leadership*, N.Y: Harper & Row.

Burns, T. and Stalker, G.M.(1961), *The Management of Innovation*, London : Tavistock.

Business Week(1966), *Robert Dons Chef's That to Speed up Burger*, No. 1912(April 23).

Byham, W.C.(1970), "Assessment Centers for Spotting Future Managers," *Harvard Business Review*, Vol.48(July-August), pp.150~167.

Campbell, J.P.(1971), "Personnel Training and Development," *Annual Review of Psychology*, Vol.22, pp.565~602.

Campbell, J.P., Dunnette, M., Lawler, E.E. and Weick, Jr., K.E.(1970), *Managerial Behavior, Performance, and Effectiveness*, N.Y. : McGraw-Hill.

Chandler, A.D.(1962), *Strategy and Structure*, Cambridge MA : The M.I.T. Press.

Charlisle, H.M.(1982), *Management : Concepts, Methods and Application* 2nd(ed.), Chicago, Ill. : Science Research Associates.

Churchman, C.W., Ackoff, R.L. and Arnoff, E.L.(1957), *Introduction to Operations Research*, N.Y. : John Wiley and Sons.

Cohen, A.R., Fink, S.L., Gadon. H. and Willits. R.D.(1976), *Effective Behavior in Organizations*, Homewood, Ill, : Richard D. Irwin.

Collins, J.C. and Porras, J.I.(1994), *Built to Last : Successful Habit of Visionary*, New York : Curtis Brown.

Conge, J.A. and Kanungo, R.(1987), "Toward a Behavior Theory of Charismatic Leadership in Organizational Settings," *Academy of Management Review*, Vol.12, No.4, pp.637~647.

Connor, P.E.(1974), *Dimensions in Modern Management, Boston* : Houghton Mifflie.

Cyert, R.M. and March, J.G.(1963), *A Behavioral Theory of the Firm*, Englewood Cliffs, N.J. : Prentice-Hall.

Daft, L.R.(1999), *Leadership : Theory and Practice*, Dryden Press.

Davis, K.(1968), "Success of Chain-of-Command Oral Communication in a Manufacturing Management Group," *Academy of Management Journal*, December, pp.379~381.

Davis, L.E. and Taylor, R.N.(1972), *The Design of Work*, London : Penguin.

Dessler, G.(1980), *Organization Theory : Integrating and Behavior*, Englewood Cliffs, New Jersey : Prentice-Hall, Inc.

Donnelly, Jr., James, H., Gibson, J.L. and Invancevich, J.M.(1975), *Fundamentals of Management : Functions, Behavior, Models*, Review(ed.), Dallas TX : Business Publications.

Drucker, P.F.(1973), *The Unseen Revolution : How Pension Fund Socialism Came to America*, New York, Happer & Rows.

Drucker, P.F.(1974), *Management: Tasks, Responsibilities, Practices*, London : Heinmann.

Drucker, P.F.(1977), *An Introductory View of Management*, New York, Harper & Rows.

Druker, P.E.(1993), *Innovation and Entrepreneurship : Practice and Principles*, New York : Harper & Row.

Dykeman, F.C.(1969), *Financial Reporting and Techniques*, Englewood Cliffs, N.J. : Prentice-Hall.

Fayol, H.(1949), *General and Industrial Management*, Trans. by Constance Storrs. London : Sir Issac Pitman & Son, Ltd.

Fiedler, F.E.(1967), *A Theory of Leadership Effectiveness*, N.Y. : McGraw-Hill.

Fiedler, F.E.(1971), "Validation and Extension of the Contingency Model of Leadership Effectiveness : A Review of Empirical Findings," *Psychological Bulletin*, Vol.76, p.131.

Fisher, C.D., Schoenfeldt, L.F. and Shaw, J.B.(1996), *Human Resource Management*, Boston : Houghton Mifflin Co.

Fleishman, E.A. and Harris, E.F.(1962), "Patterns of Leadership Behavior Related to Employee Grievance and Turnover," *Personnel Psychology*, Vol.15, pp.45~56.

Fleishman, E.A.(1973), *Twenty Years of Consideration and Structure*, In Edwin, A., Fleishman, E.A. and Hunt, J.G., *Current Developments in the Study of Leadership*, eds., Carbondale: Southern Illinois University.

Flolger, R. and Konovsky, M.A.(1989), "Effects of Procedural and Distributive Justice on Reactions to Pay Raise Decisions," *Academy of Management Journal*, Vol. 32, pp.15~130.

Folger, R. and Geenberg, J.(1985), *Procedural Justice : An Interpretive Analysis of Personnel Systems*, In Rowland, K. and Ferris, G., *Research in Personnel and Human Resources Management*, Greenwich, CT : JAI Press, pp.141~183.

Ford, R.M.(1969), *Motivation through the Work Itself*, N.Y. : American Management Association.

Forrestor, J.W.(1962), *Managerial Decision Making*, In Martin Greenberger(eds.), *Management and the Computer of the Future*, Cambridge, Mass : M.I.T. Press.

French, W.(1974), *The Personnel Management Process*, Boston : Houghton-Mifflin.

Fulmer, R.M.(1978), *The New Management*, 2nd(ed.), N.Y. : Mcmillan.

Garson, B.(1972), "Luddites in Lordstown," *Harper's Magazine*, June, pp.68~69.

Ghiselli, T.E.(1971), *Exploration in Managerial Talent*, Pacific Palisades, Calif. : Goodyear.

Gilbert, G.R. and Hyde, A.C.(1998), "Followership and Federal Worker," *Public Administration Review*, November, pp.962~968.

Glueck, W.F.(1977), *Management*, Hinsdale, Ill. : The Dryden Press.

Gonzalez, R.F. and McMillan, Jr., C.(1961), "The University of American Management Philosophy," *Academy of Management Journal*, April, p.4.

Gouldner, A.W.(1954), *Patterns of Industrial Bureaucracy*, N.Y. : The Free Press of Glencoe.

Graicunas, A.V.(1947), *Relationship in Organization*, In Gulick, L., and Urwick, L, *Pappers on the Science of Administrations*, eds., N.Y. : Columbia Univ. Press.

Greenberg, J.(1990), "Looking Fair vs. Being Fair : Managing Impressions of Organizational Justice," In Staw, B.M. and Cummings, L.L.(eds.), *Research in Organization Behavior*, Greeswich, Ct. JAI Press, 12, pp.11~157.

Greiner, L.E.(1972), "Evolution and Revolution as Organizations Grow," *Harvard Business Review*, July-August, pp.37~46.

Guest, R.H.(1965), "Men and Machines: An Assembly~Line Worker Looks at His Job," *Personnel*, Vol.42, May, p.6.

Gulick, L. and Urwick, L.F.(1937), *Papers on the Science of Administration*, N.Y. : Institute of Public Administration, Columbia University.

Guth, W.T. and Tagiuri, R.(1965), "Personal Value and Corporate Strategies," *Harvard Business Review*, September-October, pp.125~126.

Hackman, J.R. and Lawler, E.E.(1971), "Employee Reaction to Job Characteristics," *Journal of Applied Psychology*, Vol.55, pp.259~286.

Hackman, J.R. and Oldham, G.R.(1975), "Development of the Job Diagnosic Survey," *Journal of Applied Psychology*, Vol.60, p.161.

Hall, R.H.(1963), "The Concept of Bureaucracy : An Empirical Assessment," *American Journal of Sociology*, July, p.33.

Hansen, M.T., Nohria, N. and Tierney, T.(1999), "What Your Strategy for Managing Knowledge?," *Administrative Science Quarterly*, March-April, pp.106~116.

Hawkins, L. and Preston, P.(1984), "Analysis of the Communication," In Dunham,

R.B., *Organizational Behavior, People and Process in Management*, Richard D. Irwin, Inc.

Hellriegel, D. and Slocum, Jr., J.W.(1974), "Organization Climate : Measures Research and Contingencies," *Academy of Management Journal*, Vol.17(June), pp.255~280.

Herman, E.S.(1981), *Corporate Control, Corporate Power*, Cambridge : Cambridge University Press.

Hersey, P. and Blanchard, K.H.(1982), *Management of Organizational Behavior : Utilizing Human Resources*, 4th(ed.), Englewood Cliffs, N.Y. : Prentice-Hall, Inc.

Hershey, R.(1966), "The Grapevine... Here to say. But Not beyond Control," *Personnel*, Vol.43(January-February), pp.62~66.

Herzberg, F.(1968), "One More Time : How Do You Motivate Employees?," *Harvard Business Review*, Vol.46(January-February), pp.53~62.

Hodge, B.J. and Johnson, H.J.(1970), *Management and Organizational Behavior : A Multidimensional Approach*, N.Y. : John Wiley & Sons.

Hodgetts, R.M. and Altman, S.(1979), *Organizational Behavior*, W.B. Saunders Co.

Homans, G.C.(1961), *Social Behavior: Its Elementary Forms*, New York: Harcourt Brace and World.

Hopkins, D.S.(1975), "The Role of Project Teams and Venture Groups in New Product Development," *Research Management*, Vol.18(January), pp.7~12.

House, R.J. and Mitchell, T.(1974), "Path~Goal Theory of Leadership," *Journal of Contemporary Business*, Autumn, pp.81~97.

House, R.J.(1967), "T-Group Education and Leadership Effectiveness : A Review of the Empirical Literature and A Critical Evaluation," *Personnel Psychology*, Vol.20(Spring), pp.1~32.

House, R.J.(1971), "A Path-Goal Theory of Leader Effectiveness," *Administrative Science Quarterly*, Vol.16, pp.321~338.

House, R.J.(1977), *A 1976 Theory of Charismatic Leadership*, In Hunt, J.G. and Larson, L.L.(eds.), *Leadership : The Cutting Edge*, Carbondale : Southern Illinois University Press.

Hutchinson, J.(1976), "Evolving Organizational Forms," *Columbia Journal of World Business*, Summer, pp.48~58.

Johens, G.R.(1983), "Transaction Costs, Property, Rights, and Organizational Culture :

An Exchange Perspective," *Administrative Science Quarterly*, Vol.28 (September), p.454.

Johnson, R.A., Kart F.E. and Rosenzweig, J.E.(1964), *The Business Quarterly*, Vol. 29(Summer), pp.59~65.

Kaplan, R.S. and Noron, D.P.(1992), "The Balanced Scorecard-Measure that Drive Performance," *Harvard Business Review*, pp.71~79.

Kast, F.E. and Rosenzweig, J.E.(1970), *Organization and Management : A Systems Approach*, N.Y : McGraw-Hill.

Kast, F.E. and Rosenzweig, J.E.(1960), "Minimizing the Planning Gap," *Advanced Management*, October, pp.20~23.

Kelly, R.E.(1974), *The Power of Followership*, N.Y. : Doubleday Dell.

Kilman, R.H., Saxton, M.J. and Serpa, R.(1985), *Five Key Issues in Understanding and Changing Culture*, In Kilmann. R.H. et al.(eds.), *Gaining Control of the Corporate Culture*, San Francisco : Jossey-Bass.

Konovsky, M.A. and Pugh, S.D.(1994), "Citizenship Behavior and Social Exchange," *Academy of Management Journal*, Vol.37, pp.656~669.

Koontz, H. and O'Donnell, C.(1979), *Principles of Management*, 6th(ed.), New York. : McGraw-Hill Book Co.

Koontz, H. and O'Donnell, C.(1976), *Management : A Systems and Contingency Analysis of Managerial Functions*, 6th(ed.), N.Y. : McGraw-Hill.

Koontz, H.(1969), "A Model for Analyzing the Universality and Transferability of Management," *Academy of Management Journal*, Vol.12(December), pp.415~430.

Kornhauser, A.(1965), *Mental Health of the Industrial Worker*, N.Y. : John Wiley & Sons.

Kreitner, R. and Kinicki, A.(1995), *Organizational Behavior*, 3rd(ed.), Homewood : Irwin Inc.

Lawler, E.E.(1970), "Job Attitudes and Employee Motivation : Theory, Research and Practice," *Personnel Psychology*, Vol.23, pp.223~237.

Lawrence, P.R. and Lorsch, J.W.(1967), *Organization and Environment*, Boston : Division of Research, Graduate School of Business Administration, Harvard University Press.

Leavitt, H.J. and Whisler, T.L.(1958), "Management in the 1980's," *Harvard Business*

Review, Vol.36(November-December), pp.41~48.

Leventhal, G.S.(1980), " What Should Be Done With Equity Theory?," In Gergen, K.G., Greenberg. M.S and Willis. R.H.(eds.), "Social Exchange," *Advances in Theory and Research*, New York : Plenum Press, pp.27~55.

Levinson, H.(1965), " Reciprocation : The Relationship between Man and Organization," *Administrative Science Quarterly*, March, p.373.

Light, Jr., D. and Keller, S.(1975), *Sociology*, N.Y. : Alfred A. Knopf.

Likert, R.(1961), *New Patterns of Management*, N.Y. : McGraw-Hill.

Likert, R.(1967), *The Human Oraganization : Its Management and Value*, N.Y. : McGraw-Hill.

Lind, E.A. and Tyler, T.(1988), *The Social Psychology of Procedural Justice*, N.Y.: Plenum.

Litterer, J.A.(1973), *The Analysis of Organizations*, N.Y. : John Wiley & Sons.

Litwin, G.H. and Stringer, Jr., R.A.(1968), *Motivation and Organization Climate*, Boston, Harvard Graduate School of Business Administration.

Logan, H.H.(1966), " Line and Staff : An Obsolete Concept?," *Personnel*, January-February.

Lucas, Jr. and Henry C.(1973), *Computer-Based Informations in Organizations*, Chicago : Science Research Associator, Inc.

Luthans, F.(1992), *Organizational Behavior*, 6th(ed.), New York : McGraw-Hill Book Co.

Maier, N.R.F.(1952), *Principles of Human Relations*, N.Y. : John Wiley & Sons.

March, J.G. and Simon, H.A.(1958), Organizations, N.Y. : John Wiley & Sons.

Martin, C.L. and Bennett, N.(1996), " The Role of Justice Judgement in Explaining the Relationship Between Job Satisfaction and Organization Commitment," *Group and Organization Management*, Vol.21, pp.84~104.

Maslow, A,H.(1943), "A Theory of Human Motivation," *Psychological Review*, Vol.50, pp.370~396.

Massie, J.L. and Luyties, J.(1972), *Management in An International Context*, eds., N.Y. : Harper & Row.

Massie, J.L.(1964), *Essentials of Management*, Englewood Cliffs, N.Y. : Prentice-Hill.

Mayers, B.T.(1978), "Some Boundary Consideration in the Application of Motivation Models," *Academy of Management Review*, January, pp.51~52.

Mayo, E.(1933), *The Human Problems of an Industrial Civilization*, N.Y. : Mcmillan.

McClelland, D.C.(1961), *The Achieving Society,* Princeton, N.Y. : D. Van Nostrand.

McEnrue, M.P.(1989), *The Perceived Pairness of Managerial Promotion*, Manuscript.

McGregor, D.(1960), *The Human Side of Enterprise*, New York, McGraw-Hill Book Company.

Melcher, A.J. and Beller, R.(1967), "Toward a Theory of Organization Communication," *Academy of Management Journal*, Vol.10(March), pp.35~52.

Merton, Robert K.(1957), "Bureaucratic Structure and Personality," In *Social Theory and Social Structure* Review, ed., N.Y. : The Free Press of Gleucoe.

Meyer, J.N.(1969), *Financial Statement Analysis*, Englewood Cliffs, N.Y. : Prentice-Hill.

Miles, R.F. Jr.(1971), *System Concept*, A Wiley~Interscience Publications.

Miller, F.C.(1973), "Job Rotation Raises Productivity," *Industrial Engineering*, Vol. 5, pp.24~26.

Mintzberg, H.(1975), "The Manager's Job : Folkore and Fact," *Harvard Business Review*, Vol.53(July~August), pp.49~61.

Mockler, R.J.(1974), *Information Systems for Management*, Columbus Ohio : Charles E. Merril.

Mooney, J.D. and Reiley, A.C.(1931), *Onward Industry*, N.Y. : Harper & Row.

Moorman, C., Deshpande, R. and Zaltman, G.(1993), "Factors Affecting Trust in Market Research Relationships," *Journal of Marketing*, Vol.57, No.1, pp.81~101.

Moran, R.T., Harris, P.R. and Moran, S.V.(2007), *Managing Cultural Differences : Global Leadership Strategies for the 21st Century*, 7th ed. Elsevier Inc.

Mossholder, K.W., Bennett, N., Kemery, E.R. and Wesolowski, M.A.(1998), "Relationships Between Bases of Power and Work Reactions : The Mediation Role of Procedural Justice," *Journal of Management*, Vol.24, pp.533~552.

Murdick, R.G. and Ross, J.E.(1971), *Information Systems for Modern Management*, Englewood Cliffs, N.J. : Prentice-Hall.

Nash, G.N., Muczyk, J.P. and Vettori, F.L.(1971), "The Role and Practical Effectiveness of Programmed Instruction," *Personnel Psychology*, Vol.24, pp.397~418.

Negandhi, A.R. and Estafen, B.D.(1965), "A Research Model to Determine the Applicability of American Management : Know-How in Differing Cultures and/or Environments," *Academy of Management Journal*, Vol.8(December), pp.309~318.

Newman, W.H. and Warren, E.K.(1977), *The Process of Management : Concepts, Behavior, and Practice*, 4th(ed.), Englewood Cliffs, N.Y. : Prentice-Hall.

Niehoff, R.G. and Moorman, R.H.(1993), "Justice as a Mediator of the Relationship Between Methods of Monitoring and Organizational Citizenship Behavior," *Academy of Management Journal*, Vol.36, No.3, pp.527~556.

Nonaka, I. and Takeuchi, H.(1995), *The Knowledge-Creating Company*, New York : Oxford University Press.

Novick, D.(1970), *Program Budgeting*, Palo Alto, Calif. : RAND.

Odiorne, G.S.(1965), *Management by Objectives*, N.Y. : Piteman ; Ouchi, W.(1981), *Theory Z, Reading*, Massachusetts : Addison-Wesley Publishing Company.

Pearce Ⅱ, J.A. and Robbinson, R.B.(1989), *Management*, N.Y. : McGraw-Hill.

Pettigrew, A.M.(1983), "On Studying Organizational Cultures," *Administrative Science Quartely*, Vol.28, p.574.

Porter, L.W. and Lawler Ⅲ, E.E.(1968), *Managerial Attitudes and Performance*, Richard D. Irwin, Inc.

Porter, L.W., Lawler, E.E. Ⅲ and Hackman, J.R.(1975), *Behavior in Organization*, N. Y: McGraw-Hill.

Pyke, D.L. and North, H.Q.(1969), "Probes of the Technological Future," *Harvard Business Review*, Vol.47(May-June), pp.68~82.

Quinn, J.B.(1967), "Technological Forecasting," *Harvard Business Review*, March-April.

Radding, A.(1998), *Knowledge Management*, Computer Technology Research Corp.

Rice, A.K.(1963), *The Enterprise and Its Environment*, London : Tavistock Publications.

Richman, B.M. and Farmer, R.N.(1975), *Management and Organization*, N.Y. : Random House.

Robbins, S.P.(1988), *Management : Concepts and Applications*, Englewood Cliffs, N. J. : Prentice-Hall, Inc.

Robbins, S.P.(1989), *Organizational Behavior : Concept, Controversies, and Applications*, 4th(ed.), Prentice-Hall International, Inc.

Robbins, S.P.(1991), *Management*, 3rd(ed.), Englewood Cliffs : Prentice-Hall, Inc.

Robert, K.H. and Hunt, D.M.(1991), *Organizational Behavior*, Boston : PWS/KENT Publishing Co.

Roethlisverger, F.R. and Dickson, W. J.(1939), *Management and the Worker*, Cambridge,

Mass : Harvard University Press.

Rubenstein, A.H. and Haberstroh, C J.(1966), *Some Theories of Organization*, eds., Homewood, Ill. : Irwin.

Saint-Onge, H.(1995), *Learning Strategy at CIBC*, CIBC Leadership Center.

Sathe, V.(1983), "Implication of Culture : A Manager's Guide to Action," *Organizational Dynamics*, Autumn, pp.13~18.

Sauvant, K.P. and Lavipour, F.G.(1976), eds., *Controlling Multinational Enterprises : Problems, Strategies, Counter Strategies*, Boulder, Colorado : Westview Press.

Schumacher, C.C. and Smith, B.E.(1965), "A Sample Survey of Industrial Operation Research Activities," *Operations Research*, November-December, pp.1,025.

Scott, W.E.(1966), "Activation Theory and Task Design," *Organizational Behavior and Human Performance*, Vol.1, pp.3~30.

Selznick, P.(1949), *TVA and the Gross Roots*, Berkeley, Calif. : University of California Press.

Sheppard, H. and Herrick, N.(1972), *Where Have All the Robots Gone?*, N.Y. : The Free Press.

Shetty, Y.K. and Carlislle, H.M.(1972), "Contingency Model of Organizational Design," *California Management Review*, Vol.15, pp.38~45.

Simon, H.A.(1959), *Administrative Behavior*, 2nd(ed.), N.Y. : Mcmillan.

Simon, H.A.(1960), *The New Science of Management Decision*, N.Y. : Harper & Row.

Smith, H.L. and Kruger, L.M.(1993), "A Brief Summary of Literature on Leadership," *Bulletin of the School of Education*, Indiana University, Vol.9, pp.3~80.

Steele, L.W.(1975), *Innovation in Big Business*, N.Y. : American Elsevier Publishing Co.

Steiner, G.A and Miner, J.B(1977), *Management Policy and Strategy*, N.Y. Mcmillan Publishing Co., Inc.

Steiner, G.A.(1969), *Top Management Planning*, N.Y. : Mcmillan Publishing Co., Inc.

Stogdill, R.M. and Coons, A.E.(1957), "Leader Behavior : Its Descriptions and Management," *Bureau of Business Research*, Ohio State University.

Stogdill, R.M.(1948), "Personal Factors Associated with Leadership : A Survey of Literature," *Journal of Psychology*, January, p.63.

Stogdill, R.M.(1974), *Handbook of Leadership*, New York : The Free Press.

Stopford, J.M. and Weels, Jr., Louis T.(1972), *Managing the Multinational Enterprise*,

N.Y. : Basic Books.

Suver, J.D. and Brown, R.L.(1977), "Where Does Zero~Base Budgeting Work ?," *Harvard Business*, November-December, pp.123~128.

Swalm, R.O.(1966), "Utility Theory : Insights into Risk Taking," *Harvard Business Review*, November-December, pp.123~128.

Symonds, G.H.(1957), "The Institute of Management Science : Progress Report," *Management Science*, January, p.126.

Szilagyi, Jr., A.D. and Wallace, Jr., M.J.(1983), *Organizational Behavior and Performance*, 2nd(ed.), Santa Monica, Calif. : Goodyear Publishing Company, Inc.

Talor, D.W.(1965), *Decision Making and Problem Solving*, In March. J.G. *Handbook of Organization*, ed., Chicago : Rand McNally, pp.48~86.

Tannenbaum, R., Weschler, L.R. and Massarick, F.(1959, 1961), *Leadership and Organization : A Behavioral Science Approach*, N.Y. : McGraw~Hill.

Tead, O.(1935), *The Art of Leadership*, New York : McGraw-Hill.

Terpstra, V.(1978), *The Cultural Enviornment of International Business*, Cincinnati, OH. : South-Western Publishing Company.

Thackray, J.(1978), "General Electric's Planned Prognosis," *Management Today*, Auguest, pp.54~62.

Thompson, J.D.(1967), *Organizations in Action*, N.Y. : McGraw-Hill.

Thompson, S.(1962), *How Company Plan*, N.Y. : American Management Association.

Tiger, L., Calantone, R.J.(1998), "The Impct of Market Knowledge Competemce on New Product Advantage : Conceptualization and Empirical Examination," *Journal of Marketing*, Vol.62, Issue 4(October), pp.13~29.

Tosi, H.L., Rizzo, J.R. and Carroll, S J.(1991), *Managing Organizational Behavior*, 2nd(ed.), New York : Harper & Row.

Turner, A.N. and Lawrence, P.R.(1965), *Industrial Jobs and the Workers*, Boston: Graduate School of Business Administation, Harvard University.

Vroom, V.H.(1964), *Work and Motivation*, New York : John Wiley & Sons.

Walker, C.R. and Guest, R.H.(1952), *The Man on the Assembly Line*, Boston : Harvard University Press.

Walker, C.R., Guest, R.H. and Turner, A.N.(1956), *The Foreman on The Assembly Line*, Cambridge Mass : Harvard University Press.

Walker, Charles C.R. and Guest, R.H.(1952), *The Man on the Assembly Line*, Boston : Harvard University Press.

Wanous, J.P. and Zwany, A.(1977), "A Cross~Sectional Test of Need Hierarchy Theory," *Organizational Behavior and Human Performance*, Vol.18, pp.78~97.

Weber, M.(1947), *The Theory of Social and Economic Organization*, New York : Oxford University Press.

Whisler, T.L.(1964), *Measuring Centralization of Control in Business Organizations*, In Coper, W.W., Leacitt, H.J. and Shelly, M.W., *New Perspectives in Organization Research*, eds., N.Y. : John Wiley & Son.

White, L.A.(1973), *Concept of Culture*, Minneapolis : Burgess Publishing Company.

Woodward, J.(1965), *Industrial Organization : Theory and Practice*, London Oxford University Press.

Wortman, M.S.(1986), "Strategic Management and Changing Leader-Followers Roles," *Journal of Applied Behavior Science*, Vol.18, pp.371~383.

Yukl, G.A.(1981), *Leadership in Organizations*, Englewood Cliffs, New Jersey : Prentice-Hall.

찾아보기

ㄱ

ㅇ

ㅈ

ㅊ

ㅋ

ㅌ

ㅍ

저자 약력

한양대학교 공과대학 졸업
성균관대학교 경영학 석사
타이완 중국문화대학 대학원 합작경제학과 수학
타이완 국립정치대학 경영학 박사
세명대학교 경영학과 학과장, 경상학부 학부장 역임
세명대학교 교무처장, 경영행정대학원장, 대학원장 역임
한국중소기업학회 부회장, 한국인적자원개발학회 부회장 역임
대한경영학회 이사, 한국생산성학회 상임이사 역임
현재) 세명대학교 경영학과 교수
　　　한국인사관리학회 이사

주요 저서

비교경영론; 조직행위와 문화(공저, 법문사, 1990)
조직행위론; 이론과 비교문화적 이해(법문사, 1995)
현대경영학원론; 경영이론과 사례연구(교우사, 1997)
중소기업경영론(공저, 학문사, 1998)
중소기업과 현대경영(도서출판 청람, 2007)
현대기업과 조직행동(법문사, 2008)
글로벌경영 다문화관리(도서출판 청람, 2008) **외 저서 10여 권**

주요 논문

한국과 대만의 중소기업 국제화전략의 비교연구(공동연구, 중소기업연구, 1994)
기업종업원의 근로가치관과 리더십 스타일이 직무만족에 미치는 영향(경영학연구, 1996)
기업종업원의 성격특성, 직무특성 및 직무적합성이 조직몰입에 미치는 영향(대한경영학회지, 1998)
벤처기업 경영성과의 영향요인에 관한 탐색적 연구(벤처경영연구, 2001)
조직의 학습지향성이 조직성과에 미치는 영향과 상황요인의 조절효과에 관한 연구(공동연구, 인사관리연구, 2003)
기업조직의 환경불확실성, 학습지향성, 조직성과의 구조적 인과관계에 관한 연구(공동연구, 세명대학교 세명논총, 2005)
벤처기업의 경쟁전략과 산업환경특성이 경영성과에 미치는 영향(벤처경영연구, 2006)
대학조직에서 변혁적·거래적 리더십이 조직냉소주의에 미치는 영향과 조직신뢰의 조절효과
(공동연구, 세명대학교 인문사회과학연구, 2008) **외 논문 50여 편**

현대기업과 경영관리

2009년 6월 5일 1판 1쇄 발행
2016년 8월 20일 1판 2쇄 발행

저　자 | 박영배
발행인 | 이수영
발행처 | 도서출판 **청람**
서울시 마포구 독막로 288(대흥동, 세양상가 109호)
전　화 | 02)3272-2601~2
팩　스 | 02)3272-2603
홈페이지 | www.crbooks.co.kr
이메일 | crbooks@hanmail.net
등　록 | 2000.8.26 제6-0509호

ISBN 978-89-5972-109-2 93320　　[정가 28,000원]